/ CRIMINAL LAW /

형법 기본판례

배종대

홍문사

머 리 말

우리나라 법률가 양성 시스템, 즉 로스쿨제도에서 판례는 이제 가장 핵심 자리를 차지하고 있다. 싫고 좋고의 문제도 아니고, 옳고 그름의 문제도 아니다. 그냥 현실이 그렇다. 변호사시험(변시)을 통과하려면 판례를 모르고는 불가능하다. 이유를 물으면 안 되고 무조건이다. 우리나라가 판례법 체계의 영국이나 미국과 같은 나라도 아닌데 왜 그러냐고 묻는다면, 그건 괜한 객기를 부리는, 사치스러운 질문일 뿐이다. 이 문제 말고도 변시가 얼마나 비인간적인 시험의 나락으로 빠져들고 있는가는 이미 다른 곳에 대자보를 붙인 적이 있기 때문에(형법총론 14판, "변시&괴물") 여기에서는 반복하지 않는다. 내 관심은 오직 하나, 어떻게 하면 여러분이 이 판례라는 '괴물' 언덕을 쉽게 잘 넘어갈 수 있는가 하는 것뿐이다.

여러분은 알파고와 이세돌 기사의 바둑대국을 알고 있을 것이다. 이세돌은 5판 가운데 1판을 간신히 이겼다. 그것이 불과 5년 전 이야기인데(2016년 3월), 지금은 인간이 AI와 대국해서 이길 수 있다고 믿는 사람은 아무도 없다. 바둑해설자가 모범답안을 AI한테 물어보면서 진행하는, 그런 세상이 되었다. 바둑기사 지망생들도 옛날처럼 누구의 문하생이 되기보다는 오히려 AI를 '스승으로' 삼는다.

그러면 AI가 어떻게, 경우의 수가 무한에 가깝다는 바둑세계에서 '신의 경지'에 오르게 되었을까? 처음에는 사람이 만든 수만의 기보를 입력하여 암기하는 것으로 시작한다. 즉 데이터를 축적하는 것으로 시작한다. 그런데 AI의 가공할 위력은 방대한 데이터가 아니라, 이것을 활용하여 스스로 최선의 수를 찾아내는 '학습능력'에 있다. 컴퓨터의 암기능력은 무한대, 여기에 스스로 학습능력이 붙으니 인간으로서는 당해낼 재간이 없게 된 것이다.

생뚱맞게 바둑이 우리의 관심사일리는 없고, 두꺼운 판례집은 수만의 기보와 비교될 수 있다. 이 판례를 몽땅 암기하는 것이 판례공부의 지름길이라고 생각하는 것은 – 물론 그런 암기력을 가진 사람도 없겠지만 – 기보를 많이 암기할수록 바둑을 잘 둔다는 가설과 맞닿아 있다. 그러나 그렇게 생각하는 기사는 없을 뿐만 아니라, AI가 그 방법으로 무적이 된 것도 아니다.

핵심은 '스스로 학습능력'이다. 여러분은 '물리物理를 터득한다'는 말을 들어 알고 있을 것이다. 사물의 근본이치를 깨달아 안다는 의미인데, 물리를 터득한 사람은 사물을 환히 꿰뚫어 알 수 있다. 무슨 사이비 종교를 이야기 하는 것이 아니다. 법의 물리는 리걸 마인드*legal mind*, 법적 판단능력이다. 그러기 위해서는 먼저 데이터를 축적해야 하니, 많이 읽고 또 읽어야 한다. 이해와 상관없이 읽고 또 읽어야 한다. 조금씩 기본 도그마틱을 곁들이면서 읽다 보면 점점 이해의 폭이 넓어질 것이다. 판례도 사람이 만드는 것, 하늘에서 떨어진 물건이 아니다. 그렇게 계속해 나아가다 보면, 내가 그 판결하는 사람의 마음을 읽어낼 수 있는, 추측할 수 있는 경지가 다가올 것이다. 그것이 다름 아닌 리걸 마인드이다. 이 '학습능력'을 갖추면, 최선의 수 내지는 경우의 수를 찾아낼 수 있다. 이 사건이라면 '대법관이 이렇게 판단했을 것이야'라고, 비록 점쟁이는 아니지만 얼마든지 추론이 가능하다.

알파고와 여러분의 공부가 무슨 공통점과 차이점이 있을까? 선택은 여러분의 몫이다. 다만 나는 여러분에게 방대한 자료를 더욱더 쉽게 읽을 수 있는 기회를 제공해야 할 필요를 느꼈고, 경제적 부담도 가장 적어야만 그 조건이 갖추어진다고 믿었다. 30년 넘게 많은 책을 내왔지만 처음으로 출판사에 특청을 했다. 제작비만 받으라고. 내 마음을 이해해 준 사장님이 고마울 뿐이다. 복을 받을 것이다.

마지막으로 기술적인 언급 하나, 이 판례집에는 총론과 각론의 기존 판례뿐만 아니라 본문과 사례문제에 들어있는 판례도 모두 정리해서 넣었다. 아울러 교과서 개정판이 나온 이후, 그러니까 지난 해 12월에서 올해 5월까지의 판례를 새롭게 추가하였다. 올해 6월에서 12월까지 6개월간의 판례는 2022년 1월 변시 출제대상이 되지 않는다. 이 판례집이 '2022년 판'이라고 이름 붙은 이유가 바로 거기에 있으니, 이해해 주면 고맙겠다.

여러분이나 나나 모두 어렵다. 우리나라 전체가 어렵고 지구촌 전체가 중병을 앓고 있다. 우리나라 로스쿨생은 겹으로 더 어렵다. 이런 때에는 우선 살아남는 것이 무엇보다도 중요하다. 자중 또 자중 그리고 미리미리 준비하는 습관, 마음에 새긴다.

2021년 6월

배 종 대

목 차

형법총론

제1편 형법의 기초이론

제2편 범 죄 론

제3편 특수한 범죄유형

제 4 편 죄 수 론

제 5 편 형벌과 보안처분

형법각론

제 1 편 개인적 법익에 대한 죄

제2편 사회적 법익에 대한 죄

제 3 편 국가적 법익에 대한 죄

제1편 형법의 기초이론

Ⅰ. 죄형법정주의

[1] 1. 관습형법금지원칙 1

① 형법 제370조 소정 경계라 함은 소유권 등 권리의 장소적 한계를 나타내는 지표를 말한다. **실체상의 권리관계**에 부합하지는 않더라도 관습으로 인정되었거나 일반적으로 승인되어 왔으면, 이해관계인의 명시 또는 묵시의 합의도 없고 또는 권한 있는 당국에 의해 확정된 바 없이 **사실상의 경계표**로 되어 있다면 침해객체가 된다.[1]

② 법률의 시행령은 모법인 법률의 위임 없이 법률이 규정한 개인의 권리·의무에 관한 내용을 변경·보충하거나 법률에서 규정하지 않은 새로운 내용을 규정할 수 없다. 특히 법률의 시행령이 형사처벌에 관한 사항을 규정하면서 법률의 **명시적인 위임 범위**를 벗어나 처벌대상을 확장하는 것은 죄형법정주의원칙에도 어긋나는 것이므로, 그러한 시행령은 위임입법의 한계를 벗어난 것으로서 무효이다.[2]

[2] 2. 명확성원칙

(1) 명확성원칙 판단기준 1

① 법관의 보충적 해석을 필요로 하는 개념을 사용하였더라도 통상의 해석방법에 의하여 **건전한 상식과 통상적인 법감정**을 가진 사람이면 당해 처벌법규의 보호법익과 금지된 행위 및 처벌의 종류와 정도를 알 수 있도록 규정하였으면 명확성원칙에 배치되는 것은 아니다. 법규범의 명확성 여부는, 수범자에 대한 **예측가능성 및 자의적 법집행 배제**가 확보되는지 여부에 따라 판단할 수 있다. 결국 법규범이 명확성 원칙에 위반되는지 여부는 해석방법에 의하여 그 의미내용을 합리적으로 파악할 수 있는 **해석기준**을 얻을 수 있는지 여부에 달려 있다.[3]

---

* 각주에 있는 "제○회" 표기는 변호사시험 기출문제를 뜻함.

1) 대판 1976. 5. 25. 75도2564.

2) 대판 2017. 2. 16. 2015도16014 전원합의체.

3) 대판 2014. 1. 29. 2013도12939.

② 구성요건이 명확하여야 한다는 것은 그 법률을 적용하는 단계에서 가치판단을 전혀 배제한 무색투명한 서술적 개념으로 규정되어져야 한다는 것을 의미하는 것은 아니고 입법자의 입법의도가 건전한 일반상식을 가진 자에 의하여 **일의적으로 파악될 수 있는 정도**의 것을 의미하는 것이다.[1]

③ 범죄의 구성요건이 추상적 또는 모호한 개념으로 이루어지거나, 그 적용범위가 너무 광범위하고 포괄적이어서 불명확하게 되어 통상의 판단능력을 가진 국민이 법률에 의하여 **금지된 행위가 무엇인가**를 알 수 없는 경우에는 죄형법정주의의 원칙에 위배된다.[2]

2 (2) 명확성원칙 위반

① "도박 기타 범죄 등 **선량한 풍속** 및 사회질서에 반하는 행위"를 처벌요건으로 하는 것(외국환관리규정 제6-15조의4 제2호)은 죄형법정주의가 요구하는 형벌법규의 명확성의 원칙에 반한다.[3]

② "공익을 해할 목적"으로 "**허위의 통신**"을 한 자를 처벌하는 것(전기통신사업법 제47조 제1항)은 명확성원칙에 위반된다.[4]

③ 하객들에 대한 음식접대의 기준으로 "가정의례의 **참뜻**", "**합리적인 범위 내**"를 제시한 것(가정의례에 관한 법률 제4조 제1항 제7호)은 명확성원칙에 위배된다.[5]

④ "공공의 안녕질서 또는 미풍양속을 해하는"이라는 불온통신의 개념(전기통신사업법)은 너무나 불명확하고 애매하다. "**공공의 안녕질서**", "**미풍양속**"은 매우 추상적인 개념이어서 어떠한 표현행위가 과연 "공공의 안녕질서"나 "미풍양속"을 해하는 것인지, 아닌지에 관한 판단은 사람마다의 가치관, 윤리관에 따라 크게 달라질 수밖에 없고, 법집행자의 통상적 해석을 통해 그 의미내용을 객관적으로 확정하기도 어렵다.[6]

⑤ 어떤 자동차가 화물자동차이면서 동시에 승용 또는 승합자동차일 수 있다고 하는 해석은 여객자동차운수사업법위반 형벌법규의 명확성이나 엄격해석을 요구하는 죄형법정주의 원칙에 반하는 것이어서 허용될 수 없다.[7]

⑥ 부정선거관련자처벌법 제5조 제4항에 동법 제5조 제1항의 예비음모는 이를 처벌한다고만 규정하고 있을 뿐이고 그 형에 관하여 따로 규정하고 있지 아니한 이상 죄형법정주의의 원칙상 위 예비음모를 처벌할 수 없다.[8]

⑦ 특정범죄가중법 제4조 제1항 "**정부관리기업체**"라는 용어는 수뢰죄와 같은 이른바 신분범에 있어서 그 주체에 관한 구성요건의 규정을 지나치게 광범위하고 불명확하게 규정하

---

1) 헌재 2002. 5. 30. 2001헌바5.
2) 헌재 1997. 6. 25. 96헌가16.
3) 대판 1998. 6. 18. 97도2231 전원합의체.
4) 헌재 2010. 12. 28. 2008헌바157, 2009헌바88(병합).
5) 헌재 1998. 10. 15. 98헌마168 전원재판부.
6) 헌재 2002. 6. 27. 99헌마80.
7) 대판 2004. 11. 18. 2004도1228 전원합의체.
8) 대판 1977. 6. 28. 77도251. 제3회.

여 전체로서 구성요건의 명확성을 결여한 것으로 죄형법정주의에 위배된다. 나아가 그 법률 자체가 불명확함으로 인하여 그 법률에서 대통령령에 규정될 내용의 대강을 예측할 수 없는 경우라 할 것이므로 위임입법의 한계를 일탈한 것으로서 위헌이다.[1)]

⑧ 대통령령인 전기통신사업법시행령 제10조의2에 의하면, 국가비상사태 하에서 재해의 예방 · 구조, 교통 · 통신 및 전력공급의 확보 또는 **질서의 유지**를 위하여 필요한 경우(제1호)와 **기타 공공의 이익**을 위하여 필요하거나 전기통신사업자의 사업경영에 지장을 초래하지 아니하는 경미한 사항으로서 정보통신부장관이 인정하는 경우(제2호)가 그 예외라고 규정하고 있다. 이와 같이 처벌대상에서 제외되는 대상행위가 어떤 것일지는 법률에서 도저히 예측할 수 없어 국민들로서는 어떤 행위가 금지되고 어떤 행위가 허용되는지를 알 수 없다. 이 법률조항은 명확성의 원칙에 위배되고 위임입법의 한계를 일탈하여 헌법에 위반된다.[2)]

⑨ 범죄의 구성요건이 추상적 또는 모호한 개념으로 이루어지거나, 그 적용범위가 너무 광범위하고 포괄적이어서 불명확하게 되어 **통상의 판단능력**을 가진 국민이 법률에 의하여 금지된 행위가 무엇인가를 알 수 없는 경우에는 죄형법정주의의 원칙에 위배된다.[3)] *건축법 제79조 제4호 중 '이 법의 규정에 의한 명령, 처분 기타 관계법령이 정한 기준'에 **적합하게 유지 · 관리**하지 않은 경우에 이를 처벌하도록 한 규정에 대한 불명확성.

⑩ 미성년자보호법 조항의 불량만화에 대한 정의 중 "**잔인성을 조장할** 우려", "**범죄의 충동**을 일으킬 수 있게", "아동의 덕성을 심히 해할 우려" 등의 구성요건은 법관의 보충적인 해석을 통하여도 그 규범내용이 확정될 수 없는 모호하고 막연한 개념으로서 그 적용범위를 법집행기관의 자의적 판단에 맡길 수 있으므로 죄형법정주의에서 파생된 명확성의 원칙에 위배된다.[4)]

⑪ **위임입법**(*표준판례) 형벌법규에서 법률의 위임은 부득이한 사정이 있는 경우에 한정되어야 한다. 이 경우에도 법률에서 범죄 구성요건은 처벌대상인 행위를 예측할 수 있을 정도로 구체적으로 정하고, 형벌의 종류 및 그 상한과 폭을 **명백히 규정해야** 한다. 복표발행 현상懸賞 기타 사행행위단속법 제9조는 벌칙규정이면서도 **형벌만을 규정**하고 범죄구성요건은 각령閣令에 백지위임하고 있는 것이나 다름없다. 이는 위임입법의 한계를 규정한 헌법 제75조와 죄형법정주의를 규정한 헌법 제12조 제1항, 제13조 제1항에 위반된다.[5)] *죄형법정주의의 의의와 위임입법의 한계에 대해 명확하게 판단한 최초 결정.

(3) 명확성원칙 허용 3

① 수권법률(위임법률)이 처벌대상인 행위가 어떤 것인지 이를 예측할 수 있을 정도로 구체적으로 정하고, 형벌의 종류 및 그 상한과 폭을 명확히 규정하는 것을 전제로 **위임입법**

1) 헌재 1995. 9. 28. 93헌바50.
2) 헌재 2002. 5. 30. 2001헌바5.
3) 헌재 1997. 9. 25. 96헌가16.
4) 헌재 2002. 2. 28, 99헌가8.
5) 헌재 1991. 7. 8. 91헌가4 전원재판부.

은 허용된다. 이러한 위임입법은 죄형법정주의에 반하지 않는다.[1)]

② 국가보안법 제7조(찬양 · 고무죄) 제1, 5항은 국가의 존립 안전을 위태롭게 하거나 **자유 · 민주적 기본질서**에 위해를 줄 명백한 위험이 있는 경우에만 적용되는 것으로 해석하면 헌법에 위배되지 않는다.[2)]

③ 형법 제243조, 제244조에서 규정하는 "**음란**" 개념은 일반 보통인의 성욕을 자극하여 성적 흥분을 유발하고 정상적인 성적 수치심을 해하여 성적 도의관념에 반하는 것이라고 풀이되므로 이를 불명확하여 죄형법정주의에 반하는 것이라고 할 수 없다.[3)]

④ 국가보안법 제4조에서 말하는 "**국가기밀**"개념은 내용이 다소 불명확하기는 하지만 일반적인 의미를 헌법 합치적으로 한정 해석한다면 죄형법정주의의 명확성원칙에 위반한다고 볼 수 없다.[4)]

⑤ 형사소송법 제122조 단서의 "**급속을 요하는 때**", 동법 제307, 308조에 규정된 "**증거**", "**자유심증**"은 명확성원칙에 위배되지 않는다.[5)]

⑥ 구 정보통신망이용촉진 및 정보보호등에 관한 법률 제65조 제1항 제3호에서 규정하는 "**불안감**"은 명확성원칙에 위배되지 않는다.[6)]

⑦ 청소년보호법 제26조의2 제8호 "**풍기를 문란**하게 하는 영업을 하거나 그를 목적으로 장소를 제공하는 행위"의 규정은 명확성원칙에 반하지 아니한다.[7)]

⑧ "**부당한 방법**으로 탐지 · 수집한 자"라는 구성요건은 관계법령이 정하고 있는 적법절차에 의하지 않고 군사기밀을 탐지 · 수집한 자를 의미하는 것임이 분명하다. 이러한 내용은 **통상의 판단능력**을 가진 사람이라면 충분히 그 의미를 이해할 수 있다고 사료되므로 "부당한 방법으로"라는 용어를 썼다는 이유만으로 구성요건의 구체성 내지 명확성을 결여하였다고 할 수는 없다.[8)]

⑨ **위임입법**(*표준판례) 공공기관의 운영에 관한 법률 제53조는 공기업의 임직원으로서 공무원이 아닌 사람은 형법 제129조의 적용에서는 이를 공무원으로 본다고 규정하고 있다. 구체적 공기업 지정에 관하여는 법령에서 비교적 구체적으로 요건과 범위를 정해 공공기관 유형의 지정을 하위법인 기획재정부장관의 고시에 의하도록 규정하였다. 이는 위임입법 한계를 일탈한 것이 아니다.[9)] *법률에서 비교적 구체적으로 요건과 범위를 정해 장관에게 위임한 것이 관건.

⑩ ***표준판례** 형법 제349조 제1항(부당이득죄) 중 '궁박', '현저하게 부당한 이익' 등의

1) 대판 2002. 11. 26. 2002도2998.
2) 헌재 1990. 4. 2. 89헌가113.
3) 대판 1995. 6. 16. 94도2413.
4) 헌재 1997. 1. 16. 92헌바6 · 26, 93헌바34 · 36 병합.
5) 대판 2012. 10. 11. 2012도7455; 대결 2006. 5. 26. 2006초기92.
6) 대판 2008. 12. 24. 2008도9581.
7) 대판 2003. 12. 26. 2003도5980.
8) 헌재 1992. 9. 25. 89헌가104.
9) 대판 2013. 6. 13. 2013도1685.

개념은, 형법의 '지려천박知慮淺薄', '기망', '임무위배' 등의 개념과 마찬가지로 구체적 사안에서 사회통념, 건전한 상식, 통상적 법감정에 따라 합리적으로 판단할 수 있는 일반적 · 규범적 개념의 하나이다. 이 사건 법률조항이 지니는 **약간의 불명확성**은 죄형법정주의에서 요구되는 명확성원칙에 위배되지 않는다.[1]

[3] 3. 소급효금지원칙

(1) 소급효허용 1

① 전자감시제도가 처음 시행될 때 그 부착대상에서 제외되었던 사람의 일부에 대해서도 전자장치를 부착할 수 있도록 규정한 전자장치부착법 부칙 제2조 제1항은 형벌불소급원칙에 위배되지 않는다.[2] ***전자장치부착명령**은 비형벌적 보안처분. 소급효금지원칙이 적용되지 않음. 재범방지의 공익적 목적 추구.

② 대법원 양형위원회가 설정한 '**양형기준**'이 발효하기 전에 공소가 제기된 범죄에 대해 위 '양형기준'을 참고하여 형을 양정한 것은 소급적용금지원칙을 위반한 것이 아니다.[3]

③ 도로교통법 제148조의2 제1항 제1호의 '도로교통법 제44조 제1항을 2회 이상 위반한' 것에 구 도로교통법 제44조 제1항 위반 **음주운전 전과**도 포함된다고 해석하는 것은 형벌불소급원칙이나 일사부재리원칙 또는 비례원칙에 위배되지 않는다.[4]

④ 형법 제62조의2 제1항에 의한 형의 집행을 유예를 하는 경우의 **보호관찰**은 형벌이 아니라 보안처분의 성격을 갖는 것으로서, 그에 관하여 반드시 행위 이전에 규정되어 있어야 하는 것은 아니다. 재판시의 규정에 의해서도 보호관찰을 받을 것을 명할 수 있고, 이와 같은 해석은 형벌불소급원칙 내지 죄형법정주의에 위배되지 않는다.[5]

⑤ 성폭력처벌법 제32조 제1항에 규정된 **등록대상 성폭력범죄를** 범한 자가 같은 법 제37조, 제41조 시행 전에 해당 범죄를 범하여 공소제기 되었더라도, 그 시행 당시까지 공개명령 또는 고지명령이 선고되지 않았다면, 같은 법 제37조, 제41조에 의한 공개명령 또는 고지명령의 대상이 될 수 있다.[6]

⑥ 2010. 7. 23. 개정된 청소년성보호법이 공개명령 제도가 시행된 2010. 1. 1. 이전에 범한 범죄에 대하여도 공개명령 제도를 적용하도록 한 것은 소급입법금지 원칙에 반하지 않는다.[7]

⑦ 형벌불소급원칙은 "행위의 가벌" 즉 형사소추가 "언제부터 어떠한 조건하에서" 가능한가의 문제에 관한 것이고, "얼마동안" 가능한가의 문제에 관한 것은 아니다. 따라서 과거에

1) 헌재 2006. 7. 27. 2005헌바19 전원재판부.
2) 헌재 2012. 12. 27. 2010헌가82.
3) 대판 2009. 12. 10. 2009도11448.
4) 대판 2012. 11. 29. 2012도10269.
5) 대판 1997. 6. 13. 97도703.
6) 대판 2012. 6. 28. 2012도2947, 2012전도65.
7) 대판 2011. 3. 24. 2010도14393, 2010전도120.

이미 행한 범죄에 대해 **공소시효를 정지**시키는 법률이라 하더라도, 그 사유만으로 헌법 제12조 제1항 및 제13조 제1항 형벌불소급원칙에 위배되는 것은 아니다.[1)]

⑧ 형벌조항에 대한 위헌결정의 경우, 위헌결정의 소급효와 그에 따른 재심청구권을 명시적으로 규정한 법률의 문언에 반하여, **해석으로 소급효** 및 피고인의 재심에 관한 권리를 제한하는 것은 허용되기 어렵다. 그에 따른 현저한 불합리는 결국 입법으로 해결할 수밖에 없다.[2)]

⑨ 허위로 신고한 사실이 무고행위 당시 형사처분의 대상이 될 수 있었던 경우에는 국가의 형사사법권의 적정한 행사를 그르치게 할 위험과 부당하게 처벌받지 않을 개인의 법적 안정성이 침해될 위험이 이미 발생하였으므로 무고죄는 기수에 이른다. 이후 그러한 사실이 형사범죄가 되지 않는 것으로 **판례가 변경되었더라도** 특별한 사정이 없는 한 이미 성립한 무고죄에는 영향을 미치지 않는다.[3)]

2
(2) 소급효금지

① **노역장유치**는 실질적으로 신체의 자유를 박탈하는 징역형과 유사한 형벌적 성격을 가진다. 따라서 벌금형을 선고할 때 노역자유치기간의 하한을 정한 형법 제70조 제2항을, 시행일 이후 최초로 공소 제기되는 경우부터 적용하도록 한 형법 부칙 제2조 제1항은 형벌불소급원칙에 위반되어 위헌이다.[4)]

② 가정폭력처벌법이 정한 **사회봉사명령**은 보안처분의 성격을 갖는 것은 사실이지만, 가정폭력범죄에 대해 형벌 대신 부과하는 것이고 여가시간을 박탈하여 실질적으로 신체의 자유를 제한하는 점에서, 형벌불소급원칙에 따라서 행위시법을 적용하는 것은 상당하다.[5)]

③ 가정폭력처벌법의 사회봉사명령을 부과하면서, 행위시법상 사회봉사명령 부과시간의 상한인 100시간을 초과하여 상한을 200시간으로 올린 신법을 적용한 것은 위법하다.[6)]

④ 특정 범죄자에 대한 전자장치부착법 제9조 제1항 단서에서 정한 위치추적 전자장치 부착기간 **하한의 2배** 가중 규정은 같은 법 시행 전에 19세 미만의 사람에 대해 특정범죄를 저지른 경우에 소급 적용되지 않는다.[7) 8)]

3
(3) 소급효금지의 범위

① 행위 당시의 판례에 의하면 처벌대상이 되지 않는 것으로 해석되었던 행위를 **판례의 변경**에 따라 확인된 내용의 형법 조항에 근거하여 처벌한다고 하여 그것이 헌법상 평등원칙

1) 헌재 1996. 2. 16. 96헌가2, 96헌바7, 96헌바13 전원재판부.
2) 대판 2011. 4. 14. 2010도5605.
3) 대판 2017. 5. 30. 2015도15398.
4) 헌재 2017. 10. 26. 2015헌바239, 2016헌바177 전원재판부.
5) 대판 2008. 7. 24. 2008어4. 제1, 6회.
6) 대결 2008. 7. 24. 자 2008어4.
7) 대판 2013. 7. 25. 2013도6181, 2013전도122.
8) 같은 전자장치부착법을 두고서도 헌법재판소와 대법원은 시각차이가 있음.

과 형벌불소급원칙에 반한다고 할 수는 없다.[1] *판례는 법률이 아니고 법률을 해석한 것이므로 행위자에게 불리하게 판례를 변경하여도 형벌불소급원칙에 반하지 않음.

② 일반적으로 국민이 소급입법을 예상할 수 있었거나 법적 상태가 불확실하고 혼란스러워 보호할 만한 신뢰이익이 적은 경우와 소급입법에 의한 당사자의 손실이 없거나 아주 경미한 경우 그리고 신뢰보호의 요청에 우선하는 심히 중대한 공익상의 사유가 소급입법을 정당화하는 경우 등에는 예외적으로 **진정소급입법**이 허용된다.[2]

③ **사회봉사명령**은 가정폭력범죄를 범한 자에게 의무적 노동을 부과하고 여가시간을 박탈하여 실질적으로는 신체의 자유를 제한하게 되므로, 이에 대하여는 원칙적으로 형벌불소급의 원칙에 따라 **행위시법을** 적용함이 상당하다. 사회봉사명령을 부과하면서, 행위시법상 사회봉사명령 부과시간의 상한인 100시간을 초과하여 상한을 200시간으로 올린 신법을 적용한 것은 위법하다.[3] *사회봉사명령을 형벌에 준하는 제재로 보고 형벌불소급원칙을 적용한 판결.

④ 법률조항의 개정이 자구(字句)만 형식적으로 변경된 데 불과하여 개정 전후 법률조항의 동일성이 그대로 유지되는 경우, **'개정 전 법률조항'**에 대한 위헌결정의 효력은 '개정 법률조항'에 대해서도 미친다. 그러나 법률조항의 개정이 자구만 형식적으로 변경된 것에 불과하여 개정 전후 법률조항들 사이에 실질적 동일성이 인정되는 경우에도, **'개정 법률조항'에 대한 위헌결정의** 효력이 '개정 전 법률조항'에까지 그대로 미치는 것은 아니다.[4] *위헌결정의 소급효를 무제한으로 인정하면 과거에 형성된 법률관계가 전복되어 법적 안정성에 중대한 영향을 미치게 됨.

⑤ **보호관찰은** 형벌이 아니라 보안처분의 성격을 갖는 것으로서, 과거의 불법에 대한 제재가 아니라 장래의 위험성으로부터 행위자를 보호하기 위한 합목적적인 조치이므로, 그에 관하여 반드시 행위 이전에 규정되어 있어야 하는 것은 아니다. 따라서 **재판시의 규정에** 의해 보호관찰을 명할 수 있고, 이는 형벌불소급원칙 내지 죄형법정주의에 위배되는 것은 아니다.[5]

⑥ 형법 제1조 제2항 및 제8조에 의하면 범죄 후 법률의 변경에 의하여 형이 구법보다 경한 때에는 신법에 의한다고 규정하고 있으나 **신법에 경과규정을** 두어 이러한 신법의 적용을 배제하는 것도 허용된다. 형을 종전보다 가볍게 형벌법규를 개정하면서 그 부칙으로 개정된 법의 시행 전의 범죄에 대해 종전의 형벌법규를 적용하도록 규정한다 하여 헌법상의 형벌불소급원칙이나 신법우선주의에 반한다고 할 수 없다.[6]

---

1) 대판 1999. 9. 17. 97도3349. 제1회.
2) 헌재 1999. 7. 22. 97헌바76. 제1회.
3) 대결 2008. 7. 24. 2008어4. 제1, 6, 10회.
4) 대결 2020. 2. 21. 2015모2204.
5) 대판 1997. 6. 13. 97도703. 제10회.
6) 대결 1999. 4. 13. 99초76. 제10회.

1 ## [4] 4. 유추적용금지원칙

① 죄형법정주의는 국가형벌권의 자의적인 행사로부터 개인의 자유와 권리를 보호하기 위하여 범죄와 형벌을 법률로 정할 것을 요구한다. 그러한 취지에 비추어 보면 형벌법규의 해석은 엄격하여야 하고, 명문의 형벌법규의 의미를 **피고인에게 불리한** 방향으로 지나치게 확장해석하거나 유추해석하는 것은 죄형법정주의의 원칙에 어긋나는 것으로서 허용되지 않는다.1)

② 형벌법규의 해석에 있어서 유추해석이나 확장해석도 피고인에게 유리한 경우에는 가능한 것이나, 문리를 넘어서는 이러한 해석은 그렇게 해석하지 아니하면 그 결과가 현저히 **형평과 정의**에 반하거나 **심각한 불합리가 초래**되는 경우에 한하여야 한다. 그렇지 않은 한 입법자의 재량을 존중하여야 한다.2)

2 ### (1) 유추해석금지

① 전자장치부착법 제5조 제1항 제3호의 '성폭력범죄를 2회 이상 범하여'라고 함은, 피부착명령청구자가 당해 피고사건의 범죄사실과 그 전에 확정된 유죄판결에서 인정된 성폭력범죄를 합하여 2회 이상 되는 경우로 해석될 뿐이다. 따라서 '**소년보호처분을 받은 경우**'를 포함시켜 성폭력범죄를 2회 이상 범한 경우로 해석하는 것은 피부착명령청구자에게 불리한 유추해석이거나 확장해석이어서 허용될 수 없다.3)

② 사적 인터넷 게시공간의 운영자가 사적 인터넷 게시공간에 게시된 타인의 글을 **삭제할 권한이 있는데도** 이를 삭제하지 아니하고 그대로 두었다. 사정만으로 사적 인터넷 게시공간의 운영자가 타인의 글을 국가보안법 제7조 제5항의 '**소지**'**를** 한 것으로 해석하는 것은 유추해석금지원칙에 위반된다.4)

③ 형법 제258조의2 **특수상해죄의 신설**로 형법 제262조, 제261조의 특수폭행치상죄에 대해 그 문언상 특수상해죄의 예에 의하여 처벌하는 것이 가능하게 되었다. 이 이유만으로 형법 제258조의2 제1항의 예에 따라 처벌하는 것은 법개정의 취지에 맞지 않고 비례성원칙, 책임원칙에도 반한다. 법원이 **해석**으로 특수폭행치상에 대한 가중규정을 신설한 것과 같은 결과가 되어 죄형법정주의원칙에도 어긋나는 결과가 된다.5)

④ 성폭력처벌법 제13조의 '통신매체를 통하여'에 '**직접**' **상대방**에게 말, 글, 물건 등을 도달하게 하는 행위까지 포함하는 것으로 해석하는 것은 법문의 가능한 범위를 벗어나는 해석이다.6)

⑤ ***표준판례** 공직선거법 제262조의 "자수"를 '**범행발각 전에 자수한 경우**'로 한정하

1) 대판 2011. 8. 25. 2011도7725.
2) 대판 2004. 11. 11. 2004도4049.
3) 대판 2012. 3. 22. 2011도15057 전원합의체. 제6회.
4) 대판 2012. 1. 27. 2010도8336. 제6회.
5) 대판 2018. 7. 24. 2018도3443.
6) 대판 2016. 3. 10. 2015도17847.

는 풀이는, '언어의 가능한 의미'를 넘어 공직선거법 제262조 "자수"의 범위를 그 문언보다 제한함으로써 공직선거법 제230조 제1항 등의 처벌범위를 실정법 이상으로 확대하는 것이 된다. 따라서 이는 단순한 목적론적 축소해석에 그치는 것이 아니라, 형 면제 사유에 대한 제한적 유추를 통해 처벌범위를 실정법 이상으로 확대하는 것으로서 죄형법정주의의 파생원칙인 **유추해석금지**에 위반된다.[1] *위법성조각사유나 책임조각사유를 언어의 가능한 의미를 넘어 제한적으로 해석해도 유추해석금지에 해당.

⑥ 형법 제229조, 제228조 제1항에서 규정한 '공정증서원본'에는 **공정증서의 정본**이 포함된다고 볼 수 없다. 부실의 사실이 기재된 공정증서 정본을 그 정을 모르는 법원 직원에게 교부한 행위는 형법 제229조 불실기재공정증서원본행사죄에 해당하지 않는다.[2]

⑦ 죄형법정주의 정신에 비추어 형벌법규인 축산물가공처리법 제2조 소정의 "수축" 중의 하나인 "**양**"의 개념 속에 "**염소**"가 당연히 포함되는 것으로 해석할 수 없다.[3]

⑧ ***표준판례*** 항공보안법 제2조에서 정한 '**항로**'의 정의규정이 없는 경우에는 원칙적으로 사전적인 정의 등 일반적으로 받아들여진 의미에 따라야 한다. 국립국어원의 표준국어대사전은 항로를 '항공기가 통행하는 **공로**空路로 정의하고 있어 국어학적 의미의 항로는 공중의 개념을 내포하고 있음이 분명하다. 이 죄의 객체는 '운항 중'의 항공기이다. 그러나 위계 또는 위력으로 변경할 대상인 '항로'는 별개의 구성요건요소로서 그 자체로 죄형법정주의 원칙에 부합되게 해석해야 한다. 지상의 항공기가 이동할 때 '운항 중'이 된다는 이유만으로 그때 다니는 지상의 길까지 '항로'로 해석하는 것은 문언의 가능한 의미를 벗어난다.[4] *문리해석의 허용범위인 '법문의 가능한 의미'에 관한 판결. **KAL기 '땅콩 회항' 사건.**

⑨ 아파트 단지 안에 있는 **지하주차장은** 아파트 주민이나 그와 관련된 용건이 있는 사람만 이용할 수 있고 경비원 등이 자체적으로 관리하는 곳이다. 이는 도로교통법 제2조 제1호에서 정하는 "도로"에 해당하지 않을 수 있다. 도로에서 운전하지 않았는데도 무면허운전으로 처벌하는 것은 유추해석이나 확장해석에 해당된다.[5]

⑩ 저작권법 제2조 제24호에서 말하는 '**복제하여 배포하는 행위**'에 저작물을 복제한 것만으로 해당하지 않는다.[6]

⑪ '자동차관리법 제80조 제7호의2의 '**허위 제공**'의 의미에 '단순 누락'의 경우를 포함시켜 해석하는 것은 죄형법정주의 원칙상 허용되지 않는다.[7]

⑫ 선박안전법 제82조는 대행검사기관인 공단의 임직원을 형법 제129조 내지 제132조의 적용에 있어 **공무원으로 의제**하는 것으로 규정한다. 이들이 공문서위조죄나 허위공문서작

---

1) 대판 1997. 3. 20. 96도1167 전원합의체.
2) 대판 2002. 3. 26. 2001도6503.
3) 대판 1977. 9. 28. 77도405.
4) 대판 2017. 12. 21. 2015도8335 전원합의체.
5) 대판 2017. 12. 28. 2017도17762.
6) 대판 2018. 1. 24. 2017도18230.
7) 대판 2017. 11. 14. 2017도13421.

성죄에서의 공무원으로도 될 수 있다고 보는 것은 죄형법정주의 원칙에 반한다.[1]

⑬ 도로교통법 제43조의 '**운전면허**를 받지 아니하고'라는 법률문언의 통상적 의미에 '운전면허를 받았으나 그 후 운전면허의 효력이 정지된 경우'가 당연히 포함된다고 볼 수는 없다.[2]

⑭ 성폭력처벌법 제5조 제2항에 정하는 **특수강도강제추행죄의 주체**는 형법 제334조 소정의 특수강도범 및 특수강도미수범의 신분을 가진 자에 한정되는 것으로 보아야 한다. 형법 제335조, 제342조에서 규정하고 있는 준강도범 내지 준강도미수범은 그 행위주체가 될 수 없다.[3]

⑮ 술에 취한 피고인이 자동차 안에서 잠을 자다가 추위를 느껴 히터를 가동시키기 위해 자동차의 원동기(모터)의 시동을 걸었는데, 실수로 자동차가 움직인 경우는 도로교통법 제2조 제19호에서 말하는 '**운전**' 자동차의 운전에 해당하지 않는다.[4]

⑯ 청탁금지법 제8조 제3항 제1호에서 정한 "**상급 공직자 등**"은 금품 등 제공의 상대방보다 높은 직급이나 계급의 사람으로서 금품 등 제공 상대방과 직무상 상하관계에 있고 사회통념상 위로 · 격려 · 포상 등을 할 수 있는 지위에 있는 사람을 말한다. 금품 등 제공자와 그 상대방이 **직무상 명령 · 복종이나 지휘 · 감독관계**에 있어야만 이에 해당하는 것은 아니다.[5]

⑰ 군형법 제64조 제1항의 상관면전모욕죄의 구성요건은 '상관을 그 면전에서 모욕하는' 것이다. 여기에서 '**면전에서**'라 함은 얼굴을 마주 대한 상태를 의미하는 것임이 분명하므로, 전화를 통하여 통화하는 것을 면전의 대화라고 할 수는 없다.[6]

⑱ 형법 제207조 제3항의 '외국에서 통용하는 지폐'에 일반인의 관점에서 **통용할 것으로 오인할 가능성**이 있는 지폐까지 포함시키면, 이는 가능한 의미의 범위를 넘어서는 유추해석 내지 확장해석에 해당된다.[7]

⑲ '전기통신의 감청'은, '감청'의 개념 규정에 비추어 전기통신이 이루어지고 있는 상황에서 실시간으로 전기통신의 내용을 지득 · 채록하는 경우와 통신의 송 · 수신을 직접 방해하는 경우를 의미한다. 이미 **수신이 완료**된 전기통신에 관해 남아 있는 기록이나 내용을 열어보는 등의 행위는 포함하지 않는다.[8]

⑳ 투자금 반환과 관련하여 을로부터 지속적인 변제독촉을 받아오던 갑이 을의 핸드폰으로 **하루 간격으로 2번 문자메시지**를 발송한 행위는 '정보통신망 이용촉진 및 정보보호 등에 관한 법률' 제74조 제1항 제3호에 정한 '공포심이나 불안감을 유발하는 문언을 반복적으

---

1) 대판 2016. 1. 14. 2015도9133.
2) 대판 2011. 8. 25. 2011도7725. 제6회.
3) 대판 2006. 8. 25. 2006도2621.
4) 대판 2004. 4. 23. 2004도1109.
5) 대판 2018. 10. 25. 2018도7041.
6) 대판 2002. 12. 27. 2002도2539.
7) 대판 2004. 5. 14. 2003도3487.
8) 대판 2016. 10. 13. 2016도8137. 제6회.

로 도달하게 한 행위'에 해당하지 않는다.[1]

㉑ 친고죄에 관한 고소의 주관적 불가분원칙을 규정하고 있는 형사소송법 제233조가 **공정거래위원회의 고발**에도 유추적용된다고 해석한다면, 이는 공정거래위원회의 고발이 없는 행위자에 대해서까지 형사처벌범위를 확장하는 것으로서, 결국 피고인에게 불리하게 형벌법규의 문언을 유추해석한 경우에 해당한다.[2]

㉒ 청소년성보호법 제16조에 규정된 반의사불벌죄라고 하더라도, 피해자인 청소년에게 의사능력이 있는 이상, 그는 단독으로 피고인 또는 피의자의 처벌을 희망하지 않는다는 의사표시 또는 처벌희망 의사표시를 철회할 수 있다. 거기에 법정대리인의 동의가 있어야 하는 것은 아니다. 명문의 근거 없이 그 의사표시에 **법정대리인의 동의**가 필요하다고 보는 것은 유추해석금지원칙에 반한다.[3]

(2) 유추해석 허용 3

① 소송촉진법 제23조의2 제1항 재심규정은 동법 제23조 특례 규정에 따라 진행된 제1심 불출석 재판에 대해 검사만 항소하고 항소심도 불출석 재판으로 진행한 후에 제1심판결을 파기하고 새로 또는 다시 유죄판결을 선고하여 유죄판결이 확정된 경우에도, **재심 규정**을 유추 적용하여 귀책사유 없이 제1심과 항소심의 공판절차에 출석할 수 없었던 피고인은 재심 규정이 정한 기간 내에 항소심 법원에 유죄판결에 대한 재심을 청구할 수 있다.[4]

② 형법 제170조 제2항에서 말하는 '**자기의 소유에 속하는** 제166조 또는 제167조에 기재한 물건'이라 함은 '자기의 소유에 속하는 제166조에 기재한 물건 또는 자기의 소유에 속하든, 타인의 소유에 속하든 불문하고 제167조에 기재한 물건'을 의미하는 것으로 해석해야 한다. 이렇게 해석하더라도 그것이 죄형법정주의 원칙상 금지되는 유추해석이나 확장해석에 해당한다고 볼 수는 없다.[5]

③ 후보자의 **배우자와 선거사무원** 사이의 현금 수수는, 그로 하여금 불특정 다수의 선거인들을 매수하여 지지표를 확보하는 등 부정한 선거운동에 사용하도록 제공한 것으로서 공직선거법 제112조 제1항 소정의 '**기부행위**'에 해당한다. 기부행위를 실행하기 위한 준비 내지 예비 행위에 불과하다고 할 수는 없다.[6]

④ 도시 및 주거환경정비법 제85조 제5호에서 규정한 '**조합의 임원**'에는 법원이 선임한 임시이사도 해당한다.[7]

⑤ 정보통신망에 의해 처리 · 보관 또는 전송되는 타인의 정보를 훼손하거나 타인의 비

---

1) 대판 2009. 4. 23. 2008도11595. 제7회.
2) 대판 2010. 9. 30. 2008도4762. 제2, 3회.
3) 대판 2009. 11. 19. 2009도6058 전원합의체. 제2, 3회.
4) 대판 2015. 6. 25. 2014도17252 전원합의체.
5) 대판 1994. 12. 20. 94모32 전원합의체.
6) 대판 2002. 2. 21. 2001도2819 전원합의체.
7) 대판 2016. 10. 27. 2016도138.

밀을 침해 · 도용 또는 누설하는 행위를 금지 · 처벌하는 규정인 정보통신망법 제49조 및 제62조 제6호의 '**타인**'에는 생존하는 개인뿐만 아니라 이미 사망한 자도 포함된다.[1]

⑥ 피고인들이 해외 베팅사이트의 운영업체와 중계계약을 체결하여 중계사이트를 개설하고 회원을 모집하여 각종 스포츠 경기의 승부에 베팅을 하게 한 경우는, 국민체육진흥법 제26조 제2항 제1호에서 규정하는 '정보통신망을 이용하여 **체육진흥투표권** 등을 발행하는 시스템을 공중이 이용할 수 있도록 제공하는 행위'에 해당한다.[2]

⑦ 갑은 자신의 뇌물수수 혐의에 대한 결백을 주장하기 위해 제3자로부터 사건 관련자들이 주고받은 이메일 출력물을 교부받아 징계위원회에 제출하였다. 이메일 출력물 그 자체는 정보통신망법에서 말하는 '정보통신망에 의하여 처리 · 보관 또는 전송되는' 타인의 비밀에 해당하지 않는다. 그러나 이를 **징계위원회에 제출하는 행위**는 '정보통신망에 의해 처리 · 보관 또는 전송되는 타인의 비밀'인 이메일의 내용을 '**누설하는 행위**'에 해당한다.[3]

⑧ 독일에서 거주하다가 대한민국 국적을 상실한 사람이 국적 상실을 전후하여 북한을 방문하였다. 대한민국 국적을 상실하기 전의 방문행위는 국가보안법 제6조 제2항의 탈출에 해당하지만 **국적 상실 후의** 방문행위는 이에 해당하지 않는다.[4] *송두율 사건.

⑨ 지역 일대의 주차난 해소 등의 공익목적을 가지고 설치된 **공영주차장은** 불특정 다수의 사람 또는 차량의 통행을 위해 공개된 장소로서 도로교통법 제2조 제1호에서 말하는 도로에 해당한다.[5]

⑩ 제37조 후단의 "판결이 확정된 죄"가 "금고 이상의 형에 처한 판결이 확정된 죄"로 개정되었다(2004. 1. 20.). 형법 제37조는 경합범의 처벌에 관해 형을 가중하는 규정으로서 일반적으로 두 개의 형을 선고하는 것보다는 하나의 형을 선고하는 것이 피고인에게 유리하므로 **형법 제1조 제2항을 유추적용**하여 위 개정법률 시행 당시 법원에 계속 중인 사건 중 위 개정법률 전에 **벌금형에 처한 판결**이 확정된 경우에도 적용되는 것으로 보아야 한다.[6]

1 [5] 5. 적정성원칙

① 부패방지법 제86조 제3항의 규정에 의한 추징가액은 범인이 그 물건을 보유하고 있다가 몰수선고를 받았더라면 잃었을 이득 상당액을 의미한다. 나아가 재물을 취득하면서 그 대가를 지급하였더라도 범죄행위로 취득한 재물 자체를 몰수하고, 몰수가 불가능하다면 그 가액 상당을 추징하는 것이며, 재물을 취득하기 위한 대가로 지급한 금원 등을 뺀 나머지를 추징해야 하는 것은 아니다. 그 결과 추징액이 실제 범인이 재물의 취득으로 **받은 이익을 초**

1) 대판 2007. 6. 14. 2007도2162.
2) 대판 2018. 10. 30. 2018도7172 전원합의체.
3) 대판 2008. 4. 24. 2006도8644.
4) 대판 2008. 4. 17. 2004도4899 전원합의체. 제4회.
5) 대판 2005. 9. 15. 2005도3781. 제2회.
6) 대판 2004. 1. 27. 2001도3178.

과하더라도 헌법상의 재산권 보장, 과잉금지의 원칙 등에 위배된다고 할 수 없다.[1]

② **강도상해죄의 법정최저형**이 살인죄의 그것보다 높으나, 이는 살인죄에 있어서는 그 행위의 태양이나 동기가 극히 다양하므로 그 죄질 또는 비난가능성 정도가 매우 가변적이다. 이에 반해 강도상해죄의 경우 그 행위태양이나 동기가 비교적 단순하여 죄질과 정상의 폭이 넓지 않다 할 것이며 일반적으로 행위자의 비난가능성도 크다고 할 것이다. 준강도가 범한 강도상해죄의 법정형의 하한이 살인죄의 그것보다 높다고 하여 바로 과잉금지의 원칙을 위배하였다고 할 수 없다.[2]

[6] 6. 형법해석방법론 1

① 죄형법정주의의 취지에 비추어 보면 형벌법규의 해석은 엄격해야 하고, 명문의 형벌법규의 의미를 피고인에게 불리한 방향으로 지나치게 확장해석하거나 유추해석하는 것은 허용되지 않는다. 그러나 형벌법규의 해석에서도 법률문언의 통상적인 의미를 벗어나지 않는 한, 그 법률의 입법취지와 목적, 입법연혁 등을 고려한 **목적론적 해석**이 배제되는 것은 아니다.[3]

② 형벌법규를 해석할 때 문언의 가능한 의미 안에서 입법 취지와 목적 등을 고려하고 법률규정의 체계적 연관성에 따라 문언의 논리적 의미를 분명히 밝히는 **체계적 · 논리적 해석방법은** 규정의 본질적 내용에 가장 접근한 해석을 위한 것으로서 죄형법정주의원칙에 부합한다.[4]

③ 어떤 자동차가 화물자동차이면서 동시에 승용 또는 승합자동차일 수 있다는 해석은 자동차의 종류를 구분하여 따로 취급하고자 하는 자동차관리법의 입법 취지에 어긋난다. 뿐만 아니라 관련 법령들 간의 **유기적 · 통일적 해석을** 그르치는 것으로서 그 자동차에 대해 화물자동차로 형식승인을 받아 등록하거나 화물자동차운송사업의 등록이나 허가까지 받은 자의 예상을 뛰어 넘는 것이다. 이는 법적 안정성을 해치는 것이 되며, 형벌법규의 명확성이나 그 엄격해석을 요구하는 죄형법정주의원칙에도 반한다.[5]

Ⅱ. 형법의 시간적 적용범위

[7] 1. 행위시법주의 1

① 노역장유치기간의 하한을 정한 형법 제70조 제2항 시행 전에 행해진 피고인의 범죄행위에 대해 형법 제70조 제1항, 제2항을 적용하여 노역장유치기간(525일)을 정한 판결이 선

1) 대판 2015. 11. 12. 2015도9123.
2) 헌재 1997. 8. 21. 96헌바9 전원재판부.
3) 대판 2018. 7. 24. 2018도3443.
4) 대판 2018. 10. 25. 2016도11429.
5) 대판 2004. 11. 18. 2004도1228 전원합의체.

고되었다. 원심판결 선고 후 헌법재판소는, 형법 제70조 제2항을 시행일 이후 최초로 공소 제기되는 경우부터 적용하도록 한 **형법 부칙**(2014. 5. 14.) **제2조 제1항은** 헌법상 형벌불소급 원칙에 위반되어 위헌이라고 판결하였다. 헌법재판소의 위헌결정 선고로 위 부칙조항은 소급하여 효력을 상실하였으므로 원심판결은 유지될 수 없다.1)

② 포괄일죄에 관한 기존 처벌법규에 대해, 애초에 죄가 되지 않던 행위를 구성요건 신설로 포괄일죄의 처벌대상으로 삼는 경우에는, 신설된 포괄일죄 처벌법규가 시행되기 이전의 행위에 대하여는 신설된 법규로 처벌할 수 없다(형법 제1조 제1항). 구성요건이 신설된 **상습강제추행죄**가 시행되기 이전의 범행은 상습강제추행죄로는 처벌할 수 없고, **행위시법**에 기초하여 강제추행죄로 처벌할 수 있을 뿐이다.2)

③ 포괄일죄로 되는 개개의 범죄행위가 **법 개정의 전후**에 걸쳐서 행해진 경우에는, 범죄 실행 종료시의 법이라고 할 수 있는 신법을 적용하여 포괄일죄로 처단해야 한다. 원심이 위 법 개정 전후에 걸쳐 있는 범죄사실들을 포괄일죄로 보아 신법을 적용하여 처벌한 것은 적법하다.3)

④ 일반적으로 **계속범**의 경우 실행행위가 종료되는 시점의 법률이 적용되어야 한다. 그러나 법률이 개정되면서 그 부칙에서 '개정된 법 시행 전의 행위에 대한 벌칙의 적용에 있어서는 종전의 규정에 의한다'는 경과규정을 두고 있는 경우, 개정된 법이 시행되기 전의 행위에 대해서는 개정 전의 법을, 그 이후의 행위에 대해서는 개정된 법을 각각 적용해야 한다.4)

⑤ **외국환관리규정**의 개정으로 일정한 범위의 외화의 사용과 투자가 허용되었다고 하여도, 이는 범죄 후 **법률의 변경**에 의하여 특정경제범죄법 제4조 제1항 소정의 범죄행위가 범죄를 구성하지 않거나 형이 가볍게 된 경우에 해당하는 것이 아니므로 형법 제1조 제2항이 적용될 여지가 없다.5)

⑥ 법원이 인정하는 범죄사실이 공소사실과 차이가 없이 동일한 경우에는, 비록 검사가 재판시법인 개정 후 신법 적용을 구하였더라도 그 범행에 대한 **형의 경중의 차이**가 없으면, 피고인의 방어권 행사에 실질적으로 불이익을 초래할 우려도 없으므로 공소장 변경절차를 거치지 않고도 행위시법인 구법을 적용할 수 있다.6)

⑦ 형법 제37조 후단 '판결이 확정된 죄'가 '금고 이상의 형에 처한 판결이 확정된 죄'로 개정되었다. 형법 제37조는 경합범의 처벌에 관해 형을 가중하는 규정으로서, 일반적으로는 두 개의 형을 선고하는 것보다는 **하나의 형을 선고**하는 것이 피고인에게 유리하다. 따라서 형법 제1조 제2항을 유추 적용하여 위 개정 법률 시행 당시 법원에 계속 중인 사건 중, 위 개정 법률 시행 전에 벌금형 및 그보다 가벼운 형에 처한 판결이 확정된 경우에도 적용되는

1) 대판 2018. 2. 13. 2017도17809. 제10회
2) 대판 2016. 1. 28. 2015도15669. 제8회.
3) 대판 1998. 2. 24. 97도183. 제4회.
4) 대판 2001. 9. 25. 2001도3990. 제3회.
5) 대판 1989. 2. 14. 88도2211.
6) 대판 2002. 4. 12. 2000도3350.

것으로 보아야 한다.[1]

⑧ 범죄 후 법률의 변경이 있더라도 형이 중하게 변경되는 경우나 형의 변경이 없는 경우에는 형법 제1조 제1항에 따라 행위시법을 적용해야 한다.[2]

⑨ 양벌규정이 개정되어 해당 업무에 관해 상당한 주의와 감독을 게을리 하지 않은 경우에는 법인을 처벌하지 않도록 하는 **면책규정**이 추가되었다. 이는 범죄 후 법률의 변경에 의해 그 행위가 범죄를 구성하지 않거나 형이 구법보다 경한 경우에 해당한다고 할 것이어서 형법 제1조 제2항에 따라 개정된 정보통신망법의 양벌규정이 적용되어야 한다.[3]

⑩ 위헌결정으로 형벌에 관한 법률 또는 법률조항이 **소급하여 그 효력을 상실**한 경우에는 당해 법조를 적용하여 기소한 피고사건이 범죄로 되지 않는 경우에 해당된다. 범죄 후 법령의 개폐로 형이 폐지되었을 때에 해당하거나, 혹은 공소장에 기재된 사실이 진실하더라도 범죄가 될 만한 사실이 포함되지 않은 때에 해당한다고 할 수 없다.[4]

⑪ 형법 제1조 제2항 및 제8조에 의하면 범죄 후 법률의 변경에 의하여 형이 구법보다 경한 때에는 신법에 의한다고 규정하고 있으나 **신법에 경과규정을** 두어 이러한 신법의 적용을 배제하는 것도 허용된다. 형을 종전보다 가볍게 형벌법규를 개정하면서 그 부칙으로 개정된 법의 시행 전의 범죄에 대해 종전의 형벌법규를 적용하도록 규정한다 하여 헌법상의 형벌불소급원칙이나 신법우선주의에 반한다고 할 수 없다.[5]

[8] 2. 한 시 법

(1) 법적 견해의 변경 1

① 형법 제324조(강요), 제285조, 제283조 제1항(상습협박), 제264조, 제260조 제1항(상습폭행)의 각 가중적 구성요건을 규정하고 있던 구 폭력행위처벌법 제2조 제1항을 삭제한 것은 종전의 형벌규정이 과중하다는 데에서 나온 **반성적 조치**라고 보아야 한다. 이는 형법 제1조 제2항에 따라서 경한 신법을 적용해야 한다.[6]

② 2016년 형법 제324조 강요죄를 개정하면서 벌금형을 추가한 것은 행위의 형태와 동기가 다양함에도 죄질이 경미한 강요행위에 대해 반드시 징역형으로 처벌하도록 한 종전의 조치가 과중하다는 데에서 나온 **반성적 조치**로서, 형법 제1조 제2항에 따라서 경한 신법을 적용해야 한다.[7]

③ 피고인은 특정강력범죄법상 '특정강력범죄'인 **강도상해죄**로 징역형을 선고받아 그 형의 집행을 마친 때로부터 10년이 경과되기 전에 흉기나 그 밖의 위험한 물건을 휴대함이

1) 대판 2005. 7. 14. 2003도1166. 제6회.
2) 대판 2010. 6. 10. 2010도4416. 제4회.
3) 대판 2012. 5. 9. 2011도11264. 제2회.
4) 대판 1992. 5. 8. 91도2825. 제5회.
5) 대결 1999. 4. 13. 99초76. 제10회.
6) 대판 2016. 3. 10. 2015도19258.
7) 대판 2016. 6. 23. 2016도1473.

없이 단독으로 강간상해죄를 저질러 기소되었다. 위 강간상해죄는 2010. 3. 31.자 개정 전의 위 특례법을 적용할 경우 '특정강력범죄'에 해당한다고 볼 수 있지만, 위 개정 후의 같은 법을 적용하면 **'특정강력범죄'에 해당하지** 아니하여 같은 법 제5조에 따라 집행유예 결격자가 아니므로 집행유예를 선고할 수 있다.[1)]

④ 자동차관리법 시행규칙의 개정으로 폐차업자는 원동기를 압축, 파쇄, 절단하지 않고 재사용할 수 있도록 변경된 것은, 자동차 생산기술의 발달로 그 부품의 성능과 품질이 향상됨에 따라 폐차되는 **자동차 원동기**를 재사용할 필요가 있고, 이를 일정한 조건 아래에서 허용하더라도 별다른 문제가 발생할 여지가 없다는, 종전의 조치가 부당하다는 데에서 나온 **반성적 조치**라고 보아야 한다.[2)]

⑤ *표준판례 혼인빙자간음죄(구 형법 제304조)는 2012. 12월 삭제되었다. 이 개정에 앞서 이 조문은 헌법재판소 결정(2009. 11. 26. 2008헌바58)으로 위헌판단을 받았지만, 위 개정 형법 부칙 등에서 그 시행 전의 행위에 대한 **벌칙 적용**에 관해 아무런 경과규정을 두지 않았다. 이러한 사정 등에 비추어 보면, 구 형법 제304조의 삭제는 법률이념의 변천에 따라 과거에 범죄로 본 음행의 상습 없는 부녀에 대한 위계간음 행위에 관해 현재의 평가가 달라짐에 따라 이를 처벌대상으로 삼는 것이 부당하다는 **반성적 고려**에서 비롯된 것으로 봄이 타당하다. 이것은 범죄 후의 법령개폐로 범죄를 구성하지 않게 되어 형이 폐지된 경우에 해당된다. 그렇다면 구 형법 제304조에 해당하는 위계간음 행위는 형사소송법 제326조 제4호에 의해 면소판결 대상이 된다.[3)]

2

(2) 사실관계의 변화

① 형법 제1조 제2항이나 형사소송법 제326조 제4호의 규정은, 형벌법령 제정이유가 된 법률이념의 변경에 따라 종래의 처벌자체가 부당하거나 또는 과형이 과중하다는 **반성적 고려**에서 법령을 개폐한 경우에 적용된다. 교통질서유지를 위한 규제방법의 변경 등 **그때그때의 특수한 필요**에 대처하기 위해 법령을 개폐한 것에 불과한 경우에는, 구법 당시 범한 위반행위에 대한 가벌성을 소멸시키거나 축소시킬 아무런 이유가 없다. 후일 그 법령이 개폐되더라도 행위당시의 형벌법령에 비추어 그 위반행위를 처벌해야 한다.[4)]

② 식품위생법 제30조가 규정한 단란주점 영업시간 제한을 해제한 것은, 법률이념의 변천으로 종래의 규정에 따른 처벌 자체가 부당하다는 반성적 고려에서 비롯된 것이라기보다는 **사회상황의 변화**에 따른 특수한 정책적 필요에 대처하기 위한 조치에 불과하다. 영업시간제한이 해제되더라도 그 이전에 범한 위반행위에 대한 가벌성이 소멸되는 것은 아니다.[5)]

---

1) 대판 2010. 10. 28. 2010도7997.
2) 대판 2003. 10. 10. 2003도2770. 제5회.
3) 대판 2014. 4. 24. 2012도14253.
4) 대판 1987. 3. 10. 86도42. 제8회.
5) 대판 2000. 6. 9. 2000도764. 제5회.

③ 주택재개발사업 등의 시공자, 설계자 또는 정비사업전문관리업자의 선정과 관련하여 금품을 수수하는 등의 행위를 처벌하는 규정인 도시 및 주거환경정비법 제84조의2를 신설한 것은, 조합 임원을 형법상의 수뢰죄 또는 특가법 위반죄로 처벌하는 것이 너무 과중하여 부당하다는 **반성적 고려**에서 나온 것으로 보이지는 않는다.[1)]

④ '납세의무자가 정당한 사유 없이 1회계연도에 3회 이상 체납하는 경우'를 처벌하는 구 조세범처벌법 제10조의 삭제는 **경제 · 사회적 여건 변화**를 반영한 정책적 조치에 따른 것으로 보일 뿐 법률이념의 변천에 따른 **반성적 고려**에서 비롯된 것이라고 보기 어렵다. 위 규정 삭제 이전에 범한 위반행위의 가벌성이 소멸되는 것은 아니다.[2)]

⑤ 사용이 금지되었던 식품첨가물이 '건강기능식품에 관한 법률' 및 '건강기능식품의 기준 및 규격' 등에 의해 그 **제한적 사용**이 가능하도록 법률이 변경된 경우, 위 법률 및 고시가 시행되기 전에 이미 범하여진 위반행위에 대한 가벌성이 소멸되는 것은 아니다.[3)]

Ⅲ. 형법의 지역적 · 인적 적용범위

[9] 1. 속지주의 1

① 외국인이 대한민국 공무원에게 알선한다는 명목으로 금품을 수수하는 행위가 **대한민국 영역 내에서** 이루어진 이상, 비록 금품수수의 명목이 된 알선행위를 하는 장소가 대한민국 영역 외라 하더라도 대한민국 영역 내에서 죄를 범한 것이라고 하여야 한다. 형법 제2조에 의해 대한민국의 형벌법규인 변호사법이 적용되어야 한다.[4)]

② 국외에서 국외로 운반중인 히로뽕이 경유지인 국내 공항에서 환적을 위하여 항공사측에 의해 일시적으로 지상 반출된 경우도 향정신성의약품의 수입에 해당한다. 형법 제2조를 적용함에 있어서 공모공동정범의 경우 **공모지도 범죄지로** 보아야 한다. 미국인인 피고인 C가 공동피고인들과 함께 홍콩에서 히로뽕을 매수하여 한국을 경유하여 괌으로 운반하기로 공모하였다. 공모지는 한국이다. 원심은 C가 홍콩에서 향정신성의약품을 매수한 행위를 외국인의 국외범에 해당한다고 보았으나, 이는 형법 제2조의 국내범에 관한 법리를 오해한 위법이 있다.[5)]

[10] 2. 속인주의 가미 1

① 도박죄를 처벌하지 않는 외국 카지노에서 도박했다는 사정만으로 그 위법성이 조각

---

1) 대판 2016. 10. 27. 2016도9954.
2) 대판 2011. 7. 14. 2011도1303.
3) 대판 2005. 12. 23. 2005도747.
4) 대판 2000. 4. 21. 99도3403. 제8회.
5) 대판 1998. 11. 27. 98도2734.

된다고 할 수 없다.[1]

② 베트남 법령에 의해 **합법적으로 도박장소를 개설**한 경우에도, 형법 제20조에서 정하고 있는 '법령에 의한 행위' 또는 '사회상규에 위배되지 아니하는 행위'에 해당하여 위법성이 조각되지 않는 한, 우리 형법 제3조에 의한 처벌이 가능하다.[2]

③ 서울에 있는 **미국문화원이 치외법권**(외교관계면제)지역이고, 그곳을 미국영토의 연장으로 보더라도, 그곳에서 죄를 범한 피고인들에 대해 우리 법원에 먼저 공소가 제기되고 미국이 자국의 재판권을 주장하지 않고 있는 이상, 속인주의를 함께 채택하고 있는 우리나라의 재판권은 피고인들에게도 당연히 미친다.[3]

④ 캐나다 국적을 가진 피고인이 북한의 지령을 받고 국내에 잠입하여 활동하던 중 그 목적수행을 위해 서울 김포공항에서 대한항공편으로 중국 북경으로 출국한 후 중국 북경에서 북한 평양으로 들어간 행위는 대한민국의 항공기 내 및 대한민국의 통치권이 미치지 아니하는 제3국에 걸쳐서 이루어진 것이다. 이와 같은 경우에는 피고인의 국적과 상관없이 형법 제2조, 제4조에 의해 **대한민국의 형벌법규가** 적용되어야 하고, 형법 제5조, 제6조에 정한 외국인의 국외범 문제로 다룰 것은 아니다.[4]

⑤ 대한민국 국민이던 사람이 대한민국 국적을 상실하기 전 4회에 걸쳐 북한의 초청에 응하여 거주하고 있던 독일에서 출발하여 북한을 방문하였고, 그 후 독일 국적을 취득함에 따라 대한민국 국적을 상실한 후에도 거주지인 독일에서 출발하여 북한을 방문하였다. 대한민국 국적을 상실하기 전의 방문행위는 국가보안법 제6조 제2항의 탈출에 해당하지만 **대한민국 국적을 상실한** 후의 방문행위는 국가보안법 제6조 제2항의 탈출 개념에 해당하지 않는다.[5] *송두율사건.

1 [11] 3. 보호주의

① 내국 법인의 대표자인 외국인이, 내국 법인이 외국에 설립한 특수목적법인에 위탁해 둔 자금을 정해진 목적과 용도 외에 임의로 사용한 데 따른 횡령죄의 피해자는, 당해 금전을 위탁한 **내국 법인**이다. 따라서 그 행위가 외국에서 이루어진 경우에도 그 외국인에 대해 우리 형법이 적용된다(형법 제6조).[6]

② ***표준판례** **캐나다 시민권자인** 피고인이 캐나다에 거주하는 대한민국 국민을 기망하여 캐나다에서 직접 또는 현지 은행계좌로 투자금을 수령한 경우는 외국인이 대한민국 영역 외에서 대한민국 국민에 대해 범죄를 저지른 경우에 해당된다. 이러한 공소사실이 행위지

---

1) 대판 2004. 4. 23. 2002도2518. 제4, 10회.
2) 대판 2018. 8. 30. 2018도10042.
3) 대판 2001. 9. 25. 99도337.
4) 대판 1997. 11. 20. 97도2021 전원합의체.
5) 대판 2008. 4. 17. 2004도4899 전원합의체.
6) 대판 2017. 3. 22. 2016도17465.

인 캐나다 법률에 의해 범죄를 구성하고, 그에 대한 소추나 형 집행이 면제되지 않는 경우에 한하여 우리 형법을 적용해야 한다.[1] *형법 제5–6조의 '대한민국 또는 대한민국 국민에 대하여 죄를 범한 때'라 함은 대한민국 또는 대한민국 국민의 법익이 직접적으로 침해되는 경우를 의미.

③ 내국인이 아닌 피고인이 **중국 북경의 대한민국 영사관**에서 공소외인 명의의 여권발급신청서 1장을 위조하였다는 취지의 공소사실에 대해, **외국인의 국외범**에 해당한다는 이유로 피고인에 대한 재판권이 없다고 판단한 것은 옳다. 중국 북경시에 소재한 대한민국 영사관 내부는 여전히 중국의 영토에 속할 뿐 이를 대한민국의 영토로서 그 영역에 해당한다고 볼 수 없다. **사문서위조죄**가 형법 제6조 대한민국 또는 대한민국 국민에 대해 범한 죄에 해당하지 않는다.[2]

[12] 4. 외국에서 받은 형벌 1

① ***표준판례*** 형법 제7조에서 '외국에서 형의 전부 또는 일부가 집행된 사람'은 문언과 취지에 비추어 '외국 법원의 유죄판결에 의해 자유형이나 벌금형 등 형의 전부 또는 일부가 **실제로 집행된 사람**'을 말한다고 해석하여야 한다. 따라서 형사사건으로 외국 법원에 기소되었다가 무죄판결을 받은 사람은, 설령 그가 무죄판결을 받기까지 상당 기간 **미결구금**되었더라도 이를 유죄판결에 의해 형이 실제로 집행된 것으로 볼 수는 없다. 그 미결구금 기간은 형법 제7조에 의한 산입대상이 될 수 없다.[3] *개정된 형법 제7조의 적용범위에 외국에서 집행된 미결구금은 포함되지 않음.

② 형법 제7조의 규정취지는 외국에서 형의 전부 또는 일부를 받은 자에 대하여 법원의 재량으로 형을 감경 또는 면제할 수 있다는 것이므로 외국에서 형의 집행을 받은 자에 대하여 형을 선고한 것을 위법하다고 할 수 없다.[4] ***필요적 감면사유**로 형법개정.

[13] 5. 인적 적용범위의 예외 1

① 미합중국 국적을 가진 미합중국 군대의 군속인 피고인은 범행 당시 10년 넘게 하는 등 생활근거지를 대한민국에 두고 있었다. 피고인은 대한민국과 아메리카합중국 간의 상호방위조약 제4조에 의한 시설과 구역 및 대한민국에서의 합중국 군대의 지위에 관한 협정에서 말하는 **'통상적으로 대한민국에 거주하는 자'**에 해당한다. 피고인에게는 위 협정에서 정한 미합중국 군대의 군속에 관한 형사재판권 관련 조항이 적용되지 않고 대한민국 형사재판권을 바로 행사할 수 있다.[5]

---

1) 대판 2011. 8. 25. 200도6507. 제10회.
2) 대판 2006. 9. 22. 2006도5010. 제4, 10회.
3) 대판 2017. 8. 24. 2017도5977 전원합의체.
4) 대판 1988. 1. 19. 87도2287.
5) 대판 2006. 5. 11. 2005도798.

② "대통령은 내란 또는 외환의 죄를 범한 경우를 제외하고는 재직 중 형사상 소추를 받지 아니한다"라고 규정한 헌법 제84조는 공소시효의 진행에 대한 소극적 요건을 규정한 것이므로 **공소시효의 정지에 관한 규정**이라고 보아야 한다. 이 사건에서 각 범죄의 공소시효가 피고인이 대통령으로 취임한 2008. 2. 25.경 정지되었다가 피고인의 퇴임일인 2013. 2. 24.경부터 다시 진행된다고 본 원심의 판단은 위 법리를 따른 것으로 정당하다.1) *이명박 대통령 사건.

제2편 범 죄 론

Ⅰ. 구성요건해당성

1 [14] 1. 처벌장애사유

폭행죄는 피해자의 명시한 의사에 반하여 공소를 제기할 수 없는 **반의사불벌죄**로서, 처벌불원의 의사표시는 의사능력이 있는 피해자가 단독으로 할 수 있는 것이다. 피해자가 사망한 후 그 **상속인**이 피해자를 대신하여 처벌불원의 의사표시를 할 수 있는 것은 아니다.2)

1 [15] 2. 계속범과 상태범

① ***표준판례** 구 농지법(2005. 1. 14. 법률 제7335호로 개정되기 전의 것) 제2조 제9호에서 말하는 '농지의 전용'이 이루어지는 태양은, 첫째로 성토 등을 하여 농지의 형질을 외형상으로 뿐만 아니라 사실상 변경시켜 원상회복이 어려운 상태로 만드는 경우가 있다. 둘째로 농지에 대해 외부적 형상을 변경하더라도 사회통념상 원상회복이 어려운 정도에 이르지 않은 상태에서 그 농지를 다른 목적에 사용하는 경우 등이 있다. 전자의 경우와 같이 농지전용행위 자체에 의해 당해 토지가 농지 기능을 상실하여 그 이후 토지를 농업생산 외의 목적으로 사용하는 행위가 더 이상 '농지의 전용'에 해당하지 않을 수 있다. 이 경우에 허가 없이 농지를 전용한 죄는, 그 행위가 종료됨으로써 즉시 성립·완성되는 **즉시범**에 해당된다. 그러나 후자의 경우와 같이 당해 토지를 농업생산 등 다른 목적으로 사용하는 행위를 여전히 농지전용으로 볼 수 있으면, 허가 없이 농지를 전용하는 죄는 계속범으로서 그 토지를 다른 용도로 사용하는 한 가벌적인 위법행위가 계속되는 것으로 보아야 한다.3) *이 판결은 농지법상 '농지의 전용'

1) 대판 2020. 10. 29. 2020도3972.
2) 대판 2010. 5. 27. 2010도2680. 제2, 3회.
3) 대판 2009. 4. 16. 2007도6703 전원합의체.

에 관한 것이지만, 대법원이 즉시범(상태범)과 계속범을 구별하고, 그 실익을 **공소시효의 기산점**에서 찾은 판결임. 즉시범의 경우 정지작업의 종료시점이 공소시효의 기산점이 됨.

② 구 장사법의 문언과 체계에 비추어 보면, 처벌규정이 금지하는 **무허가 법인묘지를 설치한** 죄는 법인묘지의 설치행위, 즉 법인이 '분묘를 설치하기 위해 부지를 조성하는 행위'를 종료할 때 즉시 성립하고 그와 동시에 완성되는 이른바 즉시범이라고 보아야 한다.[1]

③ 주차장법 제29조 제1항 제2호 위반의 죄는 이른바 계속범으로서, 종전에 **용도외 사용행위에** 대해 처벌받은 일이 있다고 하더라도 그 후에도 계속하여 용도외 사용을 하고 있는 이상 종전 재판 후의 사용에 대해 다시 처벌할 수 있는 것이다.[2]

[16] 3. 법인의 범죄능력 1

① *표준판례 형법 제355조 제2항 배임죄에서 타인의 사무를 처리할 의무의 주체가 법인이 되는 경우라도, 법인은 다만 사법상의 의무주체가 될 뿐 범죄능력은 없다. 그 타인의 사무는 법인을 대표하는 자연인인 대표기관의 의사결정에 따른 대표행위에 의해 실현될 수밖에 없다. 그 대표기관은 마땅히 법인이 타인에 대하여 부담하고 있는 의무내용 대로 사무를 처리할 임무가 있다. 법인이 처리할 의무를 지는 타인의 사무에 관하여는 **법인이 배임죄의 주체**가 될 수 없다. 그 법인을 대표하여 사무를 처리하는 **자연인인 대표기관**이 바로 타인의 사무를 처리하는 자 즉 배임죄의 주체가 된다.[3] *형법상 의무 주체가 법인인 경우 법인 자체는 범죄능력이 없어 범죄 주체가 될 수 없고, 그 법인 대표자인 자연인이 의무 주체가 되어 범죄의 주체가 됨.

② 공중위생법 제45조의 규정은, 법인의 경우 종업원의 위반행위에 대해 행위자인 종업원을 벌하는 외에 업무주체인 법인도 처벌한다. 이 경우 법인은 엄격한 무과실책임은 아니더라도 그 **과실의 추정**을 강하게 하고, 그 입증책임도 법인에게 부과함으로써 양벌규정의 실효를 살리자는 데 그 목적이 있다.[4]

③ 법인을 처벌하는 '양벌조항'은 형벌의 자기책임원칙에 비추어 보았을 때 법인이 상당한 주의 또는 관리감독 의무를 게을리 한 경우에 한하여 적용된다고 봄이 상당하다. 구체적인 사안에서 법인이 **상당한 주의 또는 관리감독 의무**를 게을리 하였는지 여부는 당해 위반행위와 관련된 모든 사정을 전체적으로 종합하여 판단해야 한다.[5]

④ **책임주의**(*표준판례) '보건범죄단속에 관한 특별조치법' 제6조 중 제5조에 의한 처벌 부분은 종업원의 업무 관련 무면허의료행위가 있으면, 이에 대해 영업주가 비난받을 만한 행위가 있었는지 여부와 관계없이 자동적으로 영업주도 처벌하도록 규정하고 있다. 이에 대해

---

1) 대판 2018. 6. 28. 2017도7937.
2) 대판 2006. 1. 26. 2005도7283.
3) 대판 1984. 10. 10. 82도2595 전원합의체. 제2, 5회.
4) 대판 1992. 8. 18. 92도1395.
5) 대판 2010. 2. 25. 2009도5824.

그 문언상 명백한 의미와 달리 "종업원의 범죄행위에 대해 영업주의 **선임감독상의 과실**(기타 영업주의 귀책사유)이 인정되는 경우"라는 요건을 추가하여 해석하는 것은, 문리해석의 범위를 넘어서는 것으로서 허용될 수 없다. 결국 위 법률조항은 다른 사람의 범죄에 대해 그 책임 유무를 묻지 않고 형벌을 부과함으로써, 법정형에 나아가 판단할 것 없이, 형사법의 기본원리인 '책임 없는 자에게 형벌을 부과할 수 없다'는 **책임주의**에 반한다.1) *종업원의 위법행위에 대해 영업주의 책임 여부를 불문하고 처벌하도록 한 양벌규정은 책임주의에 반하여 위헌.

⑤ 양벌규정에 의한 영업주의 처벌은 금지위반행위자인 종업원의 처벌에 종속하는 것이 아니라 독립하여 그 자신의 종업원에 대한 선임감독상의 과실로 인하여 처벌되는 것이다. **종업원의 범죄성립이나 처벌이** 영업주 처벌의 전제조건이 될 필요는 없다.2)

⑥ 양벌규정에 의한 법인의 처벌은 어디까지나 형벌의 일종이므로 합병으로 인하여 소멸한 법인이 그 종업원 등의 위법행위에 대해 양벌규정에 따라 부담하던 형사책임은 그 성질상 이전을 허용하지 않는 것으로서 합병으로 인하여 존속하는 **법인에 승계**되지 않는다.3)

⑦ 지방자치단체가 그 고유의 자치사무를 처리하는 경우 지방자치단체는 국가기관의 일부가 아니라 국가기관과는 별도의 **독립한 공법인**으로서 양벌규정에 의한 처벌대상이 되는 법인에 해당한다.4)

⑧ 약국을 **실질적으로 경영하는 약사가** 다른 약사를 고용하여 그 고용된 약사를 명의상의 개설약사로 등록하게 해두고 실질적인 영업약사가 약사 아닌 종업원을 직접 고용하여 영업하던 중 그 종업원이 약사법위반 행위를 하였다면 약사법 제78조의 양벌규정상의 형사책임은 그 실질적 경영자가 지게 된다.5)

⑨ 법인은 기관을 통하여 행위하므로 법인이 대표자를 선임한 이상 법인 대표자의 범죄행위에 대하여는 법인 자신이 책임을 져야 한다. 법인 대표자의 법규위반행위에 대한 법인의 책임은 **법인 자신의 법규위반행위**로 평가될 수 있는 행위에 대한 법인의 직접책임이다. 대표자의 고의, 과실에 의한 위반행위에 대하여는 법인 자신이 고의, 과실의 책임을 진다.6)

⑩ 법인의 직원 또는 사용인이 위반행위를 하여 양벌규정에 의해 법인이 처벌받는 경우, 법인에게 **자수감경에 관한 형법의 규정을** 적용하기 위하여는 법인의 이사 기타 대표자가 수사책임이 있는 관서에 자수한 경우에 한한다. 그 위반행위를 한 직원 또는 사용인이 자수한 것만으로는 위 규정에 의해 형을 감경할 수 없다.7)

⑪ 양벌규정으로 영업주의 책임을 묻는 것은 종업원 등에 대한 영업주의 선임감독상의 과실책임을 근거로 한다. 영업주 스스로 고용한 자가 아니고 **타인의 고용인**으로서 타인으로

---

1) 헌재 2007. 11. 29. 2005헌가10 전원재판부. 제10회.
2) 대판 2006. 2. 24. 2005도7673.
3) 대판 2007. 8. 23. 2005도4471. 제2회.
4) 대판 2009. 6. 11. 2008도6530.
5) 대판 2000. 10. 27. 2000도3570. 제10회.
6) 대판 2010. 9. 30. 2009도3876. 제10회.
7) 대판 1995. 7. 25. 95도391.

부터 보수를 받고 있다 하더라도 객관적 외형상으로 영업주의 업무를 처리하고 영업주의 종업원을 통해 간접적으로 감독통제를 받는 자라면 위에 포함된다.1)

⑫ 회사 대표자의 위반행위에 대하여 징역형의 **형량을 작량감경하고** 병과하는 벌금형에 대하여 선고유예를 한 이상 양벌규정에 따라 그 회사를 처단함에 있어서도 같은 조치를 취하여야 한다는 논지는 독자적인 견해에 지나지 않아 받아들일 수 없다.2)

⑬ 법인에 대한 양벌규정이 개정되어 **면책규정이** 추가된 것은 형법 제1조 제2항에 정한 '범죄 후 법률의 변경에 의하여 그 행위가 범죄를 구성하지 아니하거나 형이 구법보다 경한 경우'에 해당한다.3)

⑭ 양벌규정에 면책규정이 신설된 이후에 구법을 적용한 원심판결은 잘못이다. 피고인인 법인이 위와 같은 위반행위를 방지하기 위해 필요한 상당한 주의 또는 **관리감독의무를** 다하지 않은 과실이 충분히 인정되는 이상 현행 양벌규정에 의하더라도 유죄이다. 이러한 잘못이 판결결과에 영향을 미치지는 않는다.4)

⑮ 공정거래위원회의 고발이 있어야 공소를 제기할 수 범죄에 대해 **고소의 주관적 불가분 원칙을** 규정한 형사소송법이 공정거래법에 준용된다고 볼 아무런 근거도 없다. 양벌규정에 따라 처벌되는 법인이나 개인에 대한 고발의 효력이 그 대표자나 대리인, 사용인 등으로서 행위자인 사람에게까지 미친다고 볼 수 없다.5)

⑯ 고소인은 범죄사실을 특정하여 신고하면 족하고 범인이 누구인지 나아가 범인 중 처벌을 구하는 자가 누구인지를 적시할 필요도 없다. 친고죄의 경우에 있어서도 행위자의 범죄에 대한 고소가 있으면 족하고, 나아가 양벌규정에 의하여 처벌받는 자에 대해 **별도의 고소를** 요한다고 할 수는 없다.6)

⑰ 법인격 없는 사단에 고용된 사람이 벌칙규정에 위반하는 행위를 하였더라도, **법인격 없는 사단의 구성원 개개인**을 양벌규정의 개인 사업주로 보아 이를 근거로 실제 위반행위자를 처벌할 수는 없다.7)

⑱ 주식회사의 주식이 사실상 1인의 주주에 귀속하는 **1인회사**의 경우에도 양벌규정에 따른 책임을 부담한다.8)

⑲ 법인이 설립되기 이전의 행위에 대하여는 법인에게 어떤 선임감독상의 과실이 있다고 할 수 없다. 특별한 근거규정이 없는 한 **법인이 설립되기 이전에** 자연인이 한 행위에 대해 양벌규정을 적용하여 법인을 처벌할 수 없다.9)

1) 대판 1987. 11. 10. 87도1213.
2) 대판 1995. 12. 12. 95도1893. 제2회.
3) 대판 2012. 5. 9. 2011도11264. 제2회.
4) 대판 2011. 3. 24. 2009도7230.
5) 대판 2011. 7. 28. 2008도5757.
6) 대판 1996. 3. 12. 94도2423.
7) 대판 2017. 12. 28. 2017도13982. 제2회.
8) 대판 2018. 4. 12. 2013도6962.
9) 대판 2018. 8. 1. 2015도10388.

⑳ **저작권법** 제141조 양벌규정을 적용할 때에는 행위자인 법인의 대표자나 법인 또는 개인의 대리인 · 사용인, 그 밖의 종업원의 위와 같은 습벽 유무에 따라 친고죄 해당 여부를 판단해야 한다.[1)]

㉑ 회사 대표자의 위반행위에 대해 징역형의 **형량을 작량감경**하고 병과하는 벌금형에 대해 선고유예를 한 이상, 양벌규정에 따라 그 회사를 처단함에 있어서도 같은 조치를 취해야 한다는 논지는 독자적인 견해에 지나지 않아 받아들일 수 없다.[2)]

㉒ 폐기물관리법 제67조 양벌규정은 동법 제66조 등의 벌칙 규정이 적용되는 폐기물처리시설의 설치 · 운영자가 아니면서 그러한 업무를 실제로 집행하는 자가 있을 때 벌칙 규정의 실효성을 확보하기 위해 적용대상자를 해당 업무를 **실제로 집행**하는 자까지 확장하여 처벌하려는 데 있다. 이러한 양벌규정은 해당 업무를 실제로 집행하는 자에 대한 처벌의 근거 규정이 된다.[3)]

㉓ **합병으로** 인해 소멸한 법인이 그 종업원 등의 위법행위에 대해 양벌규정에 따라 부담하던 형사책임은 그 성질상 이전을 허용하지 않는 것으로서 합병으로 존속하는 법인에 승계되지 않는다.[4)]

㉔ ***표준판례** '사행행위 등 규제 및 처벌특례법'(2006. 3. 24. 법률 제7901호로 개정된 것) 제31조는, 법인이 종업원 등의 위반행위와 관련하여 선임 · 감독상의 주의의무를 다하여 아무런 잘못이 없는 경우까지도 법인에게 형벌을 부과하도록 하고 있다. 이는 법치국가의 원리 및 죄형법정주의로부터 도출되는 **책임주의원칙**에 반하므로 헌법에 위반된다.[5)] *법인의 범죄능력을 부정하면서도 양벌규정에 의한 법인의 형벌능력은 인정할 수 있다는 입장을 뒤집은 판례. 법인의 반사회적 법익침해활동에 대해 법인을 직접 처벌해야 할 필요성이 강하더라도, 입법자가 일단 "형벌"을 선택한 이상, 형벌에 관한 헌법상 원칙, 법치주의와 죄형법정주의로부터 도출되는 책임주의원칙은 준수해야 함.

㉕ ***표준판례** 법인은 기관을 통해 행위하므로 **법인이 대표자를 선임한 이상** 그의 행위로 인한 법률효과는 법인에게 귀속된다. 법인 대표자의 법규위반행위에 대한 법인의 책임은 법인 자신의 법규위반행위로 평가될 수 있는 행위에 대한 법인의 직접책임이다. 대표자의 고의에 의한 위반행위에 대하여는 법인 자신의 고의 책임, 대표자의 과실에 의한 위반행위에 대하여는 법인 자신의 과실 책임을 부담한다. 따라서 구농산물품질관리법(2002. 12. 26. 법률 제6816) 제37조 중 법인 대표자의 위반행위에 대해 법인에게도 해당 조의 벌금형을 과한다는 부분은 대표자의 책임을 요건으로 법인을 처벌하므로 책임주의원칙에 반하지 않는다.[6)] *법인의 **종업원 위반행위**에 대한 처벌은 법인의 선임감독상 의무위반이 인정되어야 하는 것과

1) 대판 2011. 9. 8. 2010도14475.
2) 대판 1995. 12. 12. 95도1893. 제10회.
3) 대판 2017. 11. 14. 2017도7492.
4) 대판 2007. 8. 23. 2005도4471. 제2회.
5) 헌재 2009. 7. 30. 2008헌가14 전원재판부.
6) 헌재 2010. 7. 29. 2009헌가25, 29, 36, 2010헌가6, 25(병합) 전원재판부.

달리, 법인 **대표자의 위법행위**에 대하여는 법인의 선임감독상 주의의무위반 여부와 관계없이 법인에게 형벌을 부과할 수 있다는 결정.

㉖ 법률의 벌칙규정의 적용대상자가 **일정한 '업무주'로** 한정되어 있는 경우, 업무주가 아니면서 그 업무를 실제로 집행하는 자가 그 벌칙규정의 위반행위를 한 경우, 양벌규정에 의하여 처벌할 수 있도록 한 행위자의 처벌규정임과 동시에 그 위반행위의 이익귀속주체인 업무주에 대한 처벌규정이라고 할 것이다.[1]

[17] 4. 인과관계

(1) 상당인과관계 부정 1

① 파도수영장에서 물놀이하던 초등학교 6학년생이 사망한 사고에 대해 그 **사망원인이 구체적으로** 밝혀지지 않은 상태에서 수영장 안전요원과 수영장 관리책임자에게 업무상 주의의무를 게을리 한 과실을 인정하기는 어렵다.[2]

② 강간 피해자가 집에 돌아가 음독자살한 것은, 원인이 강간을 당함으로 인하여 생긴 수치심과 장래에 대한 절망감 등에 있었다 하더라도, 그 자살행위가 바로 강간행위로 인하여 생긴 **당연의 결과**라고 볼 수는 없으므로 강간행위와 피해자의 자살행위 사이에 인과관계를 인정할 수는 없다.[3]

③ 피고인이 말한 차용금 용도의 목적이 실현 안 되더라도 어차피 금원을 대여하기로 합의하여 이를 교부한 경우에는, 피고인이 말한 **차용금 용도가** 거짓이었다 하여도, 이 기망행위와 피해자의 재산처분행위 사이에는 상당인과관계가 있다고 보기 어렵다. 위 금원이 차용금에 불과하다면 피고인이 당초부터 변제할 의사와 능력이 없이 차용한 것이라고 인정되지 않는 한 사기죄를 구성한다고 볼 수 없다.[4]

④ 신호등이 있는 교차로를 녹색등화에 따라 직진하는 운전자에게 대향차선의 차량이 **신호를 위반하여** 자기 앞을 가로질러 좌회전할 경우까지 예상하여 특별한 조치를 강구하여야 할 업무상 주의의무는 없다. 직진차량 운전자가 사고지점을 통과할 무렵 제한속도를 위반하여 과속 운전한 잘못이 있더라도 그러한 잘못과 교통사고발생 사이에 상당인과관계가 있다고 볼 수는 없다.[5]

⑤ 여관 4층에 **감금당한 강간 피해자가** 피고인이 화장실에 간 사이에 창밖으로 뛰어내리다가 상해를 입었다. 이 상황에서 피해자가 강간을 모면하기 위해 4층에서 창문을 넘어 뛰어내리거나 또는 이로 인하여 상해를 입기까지 되리라고는 예견할 수 없다고 봄이 경험칙에 부합한다.[6]

---

1) 대판 1999. 7. 15. 95도2870 전원합의체. 제10회.
2) 대판 2002. 4. 9. 2001도6601.
3) 대판 1982. 11. 23. 82도1446.
4) 대판 1984. 1. 17. 83도2818.
5) 대판 1993. 1. 15. 92도2579.
6) 대판 1993. 4. 27. 92도3229.

⑥ 피고인은 남편의 폭행으로 목을 다쳤을 뿐인데도 교통사고로 상해를 입었다는 취지로 보험금을 청구하여 다수의 보험회사들로부터 보험금을 교부받아 편취하였다는 내용으로 기소되었다. 피고인이 수술을 받고 후유장해가 남은 것은 일반재해에 해당되므로, 피고인의 교통재해를 이유로 한 보험금청구가 보험회사에 대한 기망에 해당할 수 있으려면 각 **보험약관상 교통재해만이** 보험사고로 규정되어 있어야 한다. 각 보험의 보험사고의 내용, 피고인의 기망 등을 상세히 심리 · 판단하지 않고 사기죄의 인과관계를 쉽게 단정한 것은 위법이 있다.[1]

⑦ *표준판례 한의사인 피고인이 피해자에게 문진하여 **과거 봉침을 맞고도** 별다른 이상반응이 없었다는 답변을 듣고 부작용에 대한 충분한 사전 설명 없이 환부에 봉침시술을 하였다. 피해자는 위 시술 직후 쇼크반응을 나타내는 등 상해를 입었다. 피고인의 설명의무 위반과 피해자의 상해 사이에 상당인과관계를 인정하기 어렵다.[2]

⑧ 의사가 설명의무를 다하지 않았더라도 피해자가 수술의 위험성을 충분히 인식하고 있어 의사의 **설명과 상관없이** 피해자가 수술을 거부하지 않았을 것으로 판단되는 경우, 의사의 설명의무위반과 피해자의 사망 사이에 상당인과관계가 있다고 단정할 수 없다.[3]

⑨ 차량운행도중 버스의 페달브레이크 장치가 작동하지 않게 된 경우에 **싸이드 브레이크**를 조작하지 않았다 하여 운전수에게 과실이 있다 할 수 없다.[4]

⑩ 차를 도로에 주차한 점이나 **차의 미등 및 차폭등**을 켜 놓지 않은 것이 가령 도로교통법위반의 잘못이 있다손 치더라도, 그로 인해 오토바이운전자가 위 차를 뒤늦게 발견하여 사고가 일어났다고 인정되지 않는다면, 위 사고와 위 차의 주차 사이에 상당인과 관계가 있다고 할 수 없다.[5]

⑪ 고속도로를 운행하는 자동차 운전자는, 일반적인 경우에 **고속도로를 횡단**하는 보행자가 있을 것까지 예견하여 보행자와 충돌사고를 예방하기 위해 급정차 등의 조치를 취할 수 있도록 대비하면서 운전할 주의의무는 없다.[6]

⑫ 초지조성공사를 도급받은 수급인이, **불경운작업(산불작업)을 하도급**을 준 이후에 계속하여 그 작업을 감독하지 않은 잘못이 있다 하더라도, 이는 도급자에 대한 도급계약상의 책임이지 위 하수급인의 과실로 인해 발생한 산림실화에 상당인과관계가 있는 과실이라고 할 수는 없다.[7]

⑬ 강간을 당한 피해자가 집에 돌아가 음독자살하기에 이르렀다. 그 원인이 강간을 당함으로 생긴 수치심과 장래에 대한 절망감 등에 있었다 하더라도, 그 자살행위가 바로 강간

1) 대판 2011. 2. 24. 2010도17512.
2) 대판 2011. 4. 14. 2010도10104.
3) 대판 2015. 6. 24. 2014도11315.
4) 대판 1977. 3. 8. 76도4174.
5) 대판 1990. 11. 9. 90다카8760.
6) 대판 2000. 9. 5. 2000도2671.
7) 대판 1987. 4. 28. 87도297.

행위로 인해 생긴 당연한 결과라고 볼 수는 없다. **강간행위와 피해자의 자살행위** 사이에 인과관계를 인정할 수 없다.[1]

⑭ 고등학교 교사가 제자의 잘못을 징계코자 왼쪽 뺨을 때려 뒤로 넘어지면서 사망에 이르게 하였다. 피해자는 두께 0.5미리밖에 안 되는 비정상적인 얇은 두개골과 뇌수종을 가진 **심신허약자로서** 좌측뺨을 때리자 급성뇌성압상승으로 넘어지게 된 것이었다. 위 소위와 피해자의 사망 사이에는 인과관계가 인정되지 않는다.[2] *피해자가 허약체질인 경우, 폭행과 사망 간의 인과관계를 부정한 흔하지 않은 판결. 가해자의 행위 정도, 피해자의 허약체질의 정도가 관건으로 보임.

(2) 상당인과관계 인정 2

① 피고인이 제왕절개수술 후 대량출혈이 있었던 피해자를 전원 조치하였으나, 전원 받는 병원 의료진의 조치가 다소 미흡하여 도착 후 약 1시간 20분이 지나 수혈이 시작되었다. 피고인의 **전원지체 등의 과실로** 신속한 수혈 등의 조치가 지연된 이상, 피해자의 사망과 피고인의 과실 사이에 인과관계가 인정된다.[3]

② 피고인이 주먹으로 피해자의 복부를 1회 강타하여 장 파열로 인한 복막염으로 사망한 경우, 비록 **의사의 수술지연 등의 공동원인이** 있었더라도, 양자 사이에는 인과관계가 인정된다.[4]

③ ***표준판례*** 피해자를 2회에 걸쳐 두 손으로 힘껏 밀어 땅바닥에 넘어뜨리는 폭행을 가함으로써 심장마비로 사망하게 하였다면, 피해자에게 **심장질환 등의 지병이** 있었고 음주로 만취된 상태였더라도 피고인의 폭행과 피해자의 사망 사이에는 상당인과관계가 인정된다.[5] *피해자의 허약체질이 결과발생에 일부 영향을 주었더라도 상당인과관계 인정에는 영향이 없다는 판결.

④ 피고인은 갑의 뺨을 1회 때리고 오른손으로 목을 쳐 갑으로 하여금 뒤로 넘어지면서 머리를 땅바닥에 부딪치게 하여 상해를 가하였다. 갑이 두부 손상을 입은 후 병원에서 입원치료를 받다가 **합병증**으로 사망에 이른 경우에도, 피고인의 범행과 갑의 사망 사이에 인과관계를 부정할 수 없다.[6]

⑤ 피고인이 야간에 오토바이를 운전하다가 도로를 **무단 횡단하던** 피해자를 치어, 그로부터 약 40초 내지 60 후에 **다른 사람이 운전하던 트럭**이 도로 위에 넘어져 있던 피해자를 다시 치어 사망하였다. 피고인의 과실과 피해자의 사망 사이에는 상당인과관계가 있다.[7]

---

1) 대판 1982. 11. 23. 82도1446.
2) 대판 1978. 11. 28. 78도1961.
3) 대판 2010. 4. 29. 2009도7070.
4) 대판 1984. 6. 26. 84도831.
5) 대판 1986. 9. 9. 85도2433.
6) 대판 2012. 3. 15. 2011도17648.
7) 대판 1990. 5. 22. 90도580.

⑥ 야간에 비로 시계까지 불량한 상황에서 **도로에 누워있던 피해자**를 미리 발견하지 못하고 역과한 경우, 피고인의 업무상 과실은 인정된다.[1]

⑦ *표준판례 호텔로 유인된 강간피해자가 피고인이 전화를 하는 사이 **객실 창문**을 열고 뛰어내리다가 28m 아래 지상으로 추락하여 사망한 경우, 피고인의 폭행 협박과 피해자의 사망 사이에는 상당인과관계가 있다.[2] *범죄에서 벗어나기 위해 피난행위를 하다가 사망한 경우에도 범행과 결과 사이에 인과관계가 인정된다는 판결.

⑧ 금융기관에 **허위의 재무제표 등을 제출**하여 대출을 받은 경우에는 기망행위와 대출 사이에 상당인과관계가 인정된다.[3]

⑨ 구회사채를 지급 보증한 금융기관이 회사의 요청에 따라 자신의 자금으로 구회사채를 우선 상환한 다음, 그 직후 회사가 발행하는 신회사채를 지급 보증하는 방법으로 자금을 조달하여 위 구회사채 우선상환 자금을 변제받기로 하는 **포괄적 약정**을 체결하였다. 금융기관의 신회사채에 대한 지급보증과 회사의 재무상황에 대한 기망행위 사이에 인과관계가 인정된다.[4]

⑩ 피고인은 고속도로 2차로를 따라 자동차를 운전하다가 1차로를 진행하던 갑의 차량 앞에 **급하게 끼어 든 후 곧바로 정차**하여, 갑의 차량 및 이를 뒤따르던 차량 두 대는 급정차하였으나, 그 뒤를 따라오던 을의 차량이 앞의 차량들을 연쇄적으로 추돌케 하여 을을 사망에 이르게 하고 나머지 차량 운전자 등 피해자들에게 상해를 입혔다. 이 경우 피고인의 정차행위와 사상의 결과 발생 사이에 상당인과관계가 있고, 사상의 결과 발생에 대한 예견가능성도 인정되어 일반교통방해치사상죄가 성립한다.[5]

⑪ 피고인은 운행하던 자동차로 도로를 횡단하던 피해자를 충격하여 피해자로 하여금 반대차선의 1차선상에 넘어지게 하여 피해자가 **반대차선을 운행하던** 자동차에 역과되어 사망하게 하였다. 피고인은 그와 같은 사고를 충분히 예견할 수 있었고 또한 피고인의 과실과 피해자의 사망사이에는 인과관계가 인정된다.[6]

⑫ 운전자 갑은 차를 세워 시동을 끄고 1단 기어가 들어가 있는 상태에서 시동열쇠를 끼워놓은 채 11**세 남짓한 어린이**를 조수석에 남겨두고 차에서 내려왔다. 그 동안 이 어린이가 시동열쇠를 돌리며 악셀러레이터 페달을 밟아 차량이 진행하여 사고가 발생하였다. 갑의 업무상 주의의무를 게을리 한 과실은 사고결과와 인과관계가 인정된다.[7]

⑬ *표준판례 피고인의 범행으로 피해자에게 급성신부전증이 발생하였고 또 그 합병증으로 피해자의 직접사인이 된 패혈증 등이 유발되었다. 비록 그 직접사인의 유발에 피해자

---

1) 대판 2001. 12. 11. 2001도5005.
2) 대판 1995. 5. 12. 95도425.
3) 대판 2003. 10. 10. 2003도3516.
4) 대판 2007. 6. 1. 2006도1813.
5) 대판 2014. 7. 24. 2014도6206. 제5회.
6) 대판 1988. 11. 8. 88도928.
7) 대판 1986. 7. 8. 86도1048.

자신의 과실이 개재되었더라도, 이와 같은 사실은 **통상 예견할 수** 있으므로 이 사건 범행과 위 피해자의 사망 사이에는 인과관계가 있다.[1] *범죄행위와 결과의 중간에 다른 사실이 개재되더라도 인과관계가 인정될 수 있다는 판례.

⑭ 폭행 또는 협박으로 타인의 재물을 강취하려는 행위와, 이에 극도의 흥분을 느끼고 **공포심에 사로잡혀 이를 피하려다** 상해에 이르게 된 사실과는 상당인과관계가 인정된다. 이 경우 강취행위자가 상해결과를 예견할 수 있었다면 이를 강도치상죄로 다스릴 수 있다.[2]

⑮ 야간에 2차선의 굽은 도로 상에 **미등과 차폭등**을 켜지 않은 채 화물차를 주차시켜 놓음으로써 오토바이가 추돌하여 그 운전자가 사망한 사안에서, 주차행위와 사고발생 사이에 인과관계가 인정된다.[3]

⑯ 피해자가 피고인의 자상(刺傷)행위로 부상한 후 1개월이 지난 후 **패혈증** 등으로 사망하였다. 그 패혈증이 위 자창으로 인한 과다출혈과 상처의 감염 등에 연유한 것인 이상, 피고인의 행위와 피해자의 사망사이에 인과관계의 존재를 부정할 수는 없다.[4]

⑰ ***표준판례*** 피고인의 택시가 4거리에서 적색 등화임에도 횡단보도 앞 정지선에 정지하지 않고 횡단보도에 진입하였다. 횡단보도에 들어선 이후 신호등이 녹색 등화로 바뀌자 교차로로 계속 직진하여 교차로를 거의 통과한 갑의 승용차를 추돌하였다. 피고인이 적색 등화에 따라 **정지선 직전에 정지하였더라면** 교통사고는 발생하지 않았을 것이 분명하여 피고인의 신호위반행위가 교통사고 발생의 직접 원인이 되었다고 보아야 한다. 이와 달리 보고 공소를 기각한 원심판결은 인과관계 법리를 오해한 위법이 있다.[5] *피고인이 적색등화에서 정지선 직전에 정지 하지 않은 것을 교통사고의 직접원인이라고 본 판례.

⑱ ***표준판례*** 피해자의 수술에 사용된 마취제 할로테인은, 드물게는 간에 해독을 끼치고 특히 이미 간장애가 있는 경우에는 간장애를 격화시킬 위험이 있으므로 개복수술 환자의 경우 간기능검사를 하는 것이 보편적이다. 그러나 피고인들은 **종합적인 간기능검사**를 하지 않고 시진, 문진 등 검사결과와 정확성이 떨어지는 소변에 의한 간 검사 결과만을 믿고 이 사건 개복수술을 감행하였다. 그 결과 피해자는 수술 후 22일 만에 급성전격성간염으로 사망하였다면 피고인들에게는 업무상 과실이 인정된다. 피고인들의 과실과 피해자 사망 사이에 인과관계가 인정되기 위해서는 피고인들이 수술 전에 피해자에 대한 간 기능검사를 하였더라면, 피해자의 간 기능에 이상이 있다는 검사결과가 나왔으리라는 점이 증명되어야 한다. 원심은 피해자가 수술당시에 이미 간 손상이 있었다는 사실을 **증거 없이 인정함으로써** 채증법칙위반 및 인과관계에 관한 법리오해의 위법을 저질렀다.[6] *과실행위의 인과관계는 **적법한 행위**를 하였으면 결과가 발생하지 않았을 것인지 인정되어야 한다는 판결. 이 경우 학설은 일반적으

1) 대판 1994. 3. 22. 93도3612. 제7회.
2) 대판 1996. 7. 12. 96도1142.
3) 대판 1996. 12. 20. 96도2030.
4) 대판 1982. 12. 28. 82도2525. 제7회.
5) 대판 2012. 3. 15. 2011도17117.
6) 대판 1990. 12. 11. 90도694.

로 객관적 귀속의 주의의무위반관련 문제로 다루지만, 판례는 인과관계 문제로 해결함.

⑲ ***표준판례**(가습기살균제 사건)* 유해성이 명확하게 밝혀지지 않은 물질 PHMG와 소비자의 사망 간의 인과관계 여부가 쟁점이 된 사건이다. 피고인 1의 **흡입독성시험 미실시로** 인한 주의의무 위반과 결과발생 사이의 인과관계가 없다는 주장은 다음과 같은 이유로 받아들일 수 없다. ㉮ 피고인 1이 (제품명 1 생략)의 주원료를 변경하는 과정에서 흡입독성이 없는 살균제 성분을 사용하거나, PHMG를 원료물질로 사용하더라도 흡입독성시험을 실시하는 등으로 흡입독성에 관한 객관적 자료를 확인하여 인체에 무해한 농도로 권장사용량을 정하였다면, (제품명 1 생략)을 사용한 피해자들이 폐질환으로 사망하거나 상해를 입는 결과가 발생하지 않았을 것으로 판단된다. ㉯ (제품명 1 생략)의 제조·판매가 중단된 이후 안전성평가연구소에서 실시한 PHMG에 대한 급성 흡입독성시험 결과, 고농도 노출군 전부 및 중농도 노출군 중 일부가 사망하고, 폐사한 중농도·고농도 노출군의 폐에서 염증세포 병소, 포말대식세포 축적, 기관지상피 변성·재생, 섬유증 등의 병변이 관찰되었다. (제품명 1 생략)의 제조·판매가 중단된 이후 안전성평가연구소에서 실시한 급성 흡입독성시험에서도, 고농도 노출군의 대부분이 사망하고, 중농도·고농도 노출군에서 시험물질에 의한 폐포벽 비후, 대식세포 탐식, 염증세포 증가 등이 관찰되었다. 피고인이 급성 흡입독성시험을 실시하지 않은 업무상 과실과 사상의 결과 사이에 인과관계가 인정된다.[1] *2000년 가습기 살균제를 판매하면서 독성 화학물질 폴리헥사메틸렌구아니딘(PHMG)의 안전성을 검증하지 않아 사망 73명 등 181명의 피해자를 낸 사건. 독성물질의 사용과 표시 등과 사망, 상해라는 결과 사이의 인과관계를 인정한 판결.

⑳ 선행 교통사고와 후행 교통사고 중 어느 쪽이 원인이 되어 피해자가 사망에 이르게 되었는지 밝혀지지 않은 경우, 후행 교통사고를 일으킨 사람의 과실과 피해자의 사망 사이에 인과관계가 인정되기 위해서는 **후행 교통사고를 일으킨 사람이** 주의의무를 게을리 하지 않았다면 피해자가 사망에 이르지 않았을 것이라는 사실이 증명되어야 하고, 그 증명책임은 검사에게 있다.[2]

[18] 5. 고 의

1 ### (1) 고의의 인식양태

① 성적 수치심 또는 혐오감의 유발 여부는 **일반적이고 평균적인 사람**들을 기준으로 하여 판단함이 타당하다. 특히 성적 수침심의 경우, 피해자와 같은 성별과 연령대의 일반적이고 평균적인 사람들을 기준으로 그 유발 여부를 판단해야 한다.[3]

② 절도의 범의는 타인이 점유하는 타인소유물을 그 의사에 반하여 자기 또는 제3자의

---

1) 대판 2018. 1. 25. 2017도12537.
2) 대판 2007. 10. 26. 2005도8822. 제10회.
3) 대판 2017. 6. 8. 2016도21389.

점유로 옮기는 데 대한 인식을 말한다. 타인이 그 소유권을 포기하고 **버린 물건으로** 오인하여 이를 취득하였다면, 이와 같이 오인하는 데에 정당한 이유가 있으면 절도의 범의를 인정할 수 없다.[1)]

(2) 미필적 고의 인정사례 2

① 미필적 고의는 중대한 과실과 달리 범죄사실의 발생 가능성에 대한 인식이 있고, 나아가 범죄사실이 발생할 위험을 **용인하는 내심의 의사**가 있어야 한다. 행위자가 범죄사실이 발생할 가능성을 용인하고 있었는지는, 행위자의 진술에 의존하지 않고 외부에 나타난 행위형태와 행위상황 등 구체적 사정을 기초로, 일반인이라면 범죄사실이 발생할 가능성을 어떻게 평가할 것인지를 고려하면서 행위자의 입장에서 그 **심리상태를 추인해야** 한다.[2)]

② 의무경찰이 택시 약 30㎝ 전방에 서서 이유를 설명하고 있는데, 운전자 갑은 신경질적으로 **갑자기 좌회전하는** 바람에 택시 우측 앞 범퍼부분으로 의무경찰의 무릎을 들이받았다. 갑은 앞에 있던 의무경찰을 충격하리라는 사실을 쉽게 알고도 이러한 결과발생을 용인하는 내심의 의사, 즉 미필적 고의가 있었다고 봄이 경험칙상 당연하다.[3)]

③ 피고인이 무술교관 출신으로서 인체급소를 잘 알고 있으면서도, **무술의 방법**으로 피해자의 울대를 가격하여 피해자를 사망케 한 행위는 살인의 미필적 고의가 있었다고 봄이 타당하다.[4)]

④ 피고인 갑은 시위대원 3명과 같이 시내버스를 탈취한 후, 술이 취한 채 탈취한 버스를 운전하여 시위대를 진압하기 위해 차도를 차단하여 포진하고 있는 충남경찰국 기동대원을 향해 시속 50킬로미터의 속력으로 돌진하였다. 갑이 인도쪽으로 피하는 대원들을 따라 **일부러 핸들을 우측**으로 틀면서, 위 버스 전면차체부위로 피해자들을 들이받아 쓰러뜨려 대원들을 사망, 상해하게 한 경우는 살인과 살인미수의 미필적 고의를 인정할 수 있다.[5)]

⑤ 피고인이 9세의 여자 어린이에 불과하여 항거를 쉽게 제압할 수 있는 피해자의 목을 감아서 졸라 **실신시킨 후** 그곳을 떠나버린 이상, 그와 같은 자신의 가해행위로 피해자가 사망에 이를 수도 있다는 사실을 인식하지 못하였다고 볼 수 없으므로 살인의 범의가 인정된다.[6)]

⑥ 어음이 지급기일에 결제되지 않으리라는 점을 예견하였거나 지급기일에 지급될 수 있다는 **확신이 없으면서도**, 그러한 내용을 수취인에게 고지하지 않고 이를 속여서 할인을 받았다면 사기죄가 성립한다. 그 범의는 확정적인 고의가 아닌 미필적인 고의로도 족하다.[7)]

---

1) 대판 1989. 1. 17. 88도971.
2) 대판 2017. 1. 12. 2016도15470. 제7회.
3) 대판 1995. 1. 24. 94도1949.
4) 대판 2000. 8. 18. 2000도2231.
5) 대판 1988. 6. 14. 88도692.
6) 대판 1994. 12. 22. 94도2511.
7) 대판 1997. 12. 26. 97도2609.

⑦ 면허증에 그 유효기간과 적성검사를 받지 않으면 면허가 취소된다는 사실이 기재되어 있고, 이미 **적성검사 미필로** 면허가 취소된 전력이 있는데도, 갑은 면허증에 기재된 유효기간이 5년 이상 지나도록 적성검사를 받지 않은 채 자동차를 운전하였다. 갑은, 비록 적성검사 미필로 인한 운전면허 취소사실이 통지되지 않고 공고되었다 하더라도, 면허취소사실을 알고 있었다고 보아야 하므로 무면허운전죄가 성립한다.[1]

⑧ 갑과 을은 당시 고등학교 3학년 학생들이었고, 을은 **특히 나이가 어려 보였다는** 것이므로, 병으로서는 갑과 을이 함께 여관에 들어가려고 하는 경우 신분증이나 다른 확실한 방법으로 청소년인지 여부를 확인해야 했다. 따라서 병이 이러한 확인을 하지 않고 갑과 을의 혼숙을 허용하였다면, 적어도 청소년 이성혼숙에 대한 미필적 고의가 있었다고 보아야 한다.[2]

⑨ 유흥업소 업주는, 다른 **공적 증명력 있는** 증거를 확인하지 않고 단순히 건강진단결과서의 생년월일을 확인하는 것으로는 청소년보호를 위한 연령확인의무이행을 다했다고 볼 수 없다. 따라서 이러한 의무이행을 다하지 않고 **대상자가 성인이라는** 말만 믿고 타인의 건강진단결과서만을 확인한 채 청소년을 청소년유해업소에 고용한 업주는 적어도, 청소년 고용에 관한 미필적 고의가 인정된다.[3]

⑩ ***표준판례** 살인죄의 범의는 자기행위로 인해 피해자가 사망할 수도 있다는 사실을 인식·예견하는 것으로 족하지 피해자의 사망을 희망하거나 목적으로 할 필요는 없다. 또 확정적 고의가 아닌 미필적 고의로도 충분하다. 피해자들에 대한 가해행위를 분담하여 직접 실행한 피고인 1·3·5·6 등이 피해자들의 머리나 가슴 등 치명적 부위를 낫이나 칼로 찌르지는 않았더라도, 쇠파이프와 각목으로 피해자들의 머리와 몸을 마구 때리고 낫으로 팔과 다리를 난자한 이상, 피고인들이 자신들의 가해행위로 인해 **피해자들이 사망할 수도 있다는** 사실을 인식하지 못하였다고 볼 수는 없다. 오히려 살인의 미필적 고의가 있었다고 인정된다.[4]

⑪ ***표준판례** 피고인들이 피조개양식장에 피해를 주지 않도록 할 의도에서 선박의 닻줄을 7샤클(175미터)에서 5샤클(125미터)로 감아놓았다. 그 경우에 피조개양식장까지 거리는 약 30미터 근접한다는 것이므로 닻줄을 50미터 더 늘여서 7샤클로 묘박하였다면, 선박이 태풍에 밀려 피조개양식장을 침범하여 **물적 손해가** 예상된다. 그럼에도 불구하고 태풍에 대비한 선박의 안전을 위해 선박의 닻줄을 7샤클로 늘여 놓았다면, 이는 피조개양식장의 물적 피해를 인용한 것이라 할 것이어서 재물손괴의 점에 대한 미필적 고의를 인정할 수 있다.[5] *미필적 고의의 내용은 결과발생가능성을 예상하고 이를 인용한 것이라는 판례.

⑫ ***표준판례** 청소년유해업소 업주가 피고인 자신이 운영하는 유흥주점에 청소년인 갑(17세)을 종업원으로 고용하였다는 청소년보호법 위반으로 기소되었다. 원심판결은 업주인

---

1) 대판 2002. 10. 22. 2002도4203.
2) 대판 2002. 10. 8. 2002도4282.
3) 대판 2002. 6. 28. 2002도2425.
4) 대판 1994. 3. 22. 93도3612.
5) 대판 1987. 1. 20. 85도221.

피고인이 갑을 직접 고용하였다고 볼 수 없고, 위 주점 **지배인이** 갑을 고용한 것으로 보일 뿐이라는 이유로 피고인에게 무죄를 선고하였다. 이는 같은 법 제24조 '고용'의 해석 및 그 적용에 관한 법리오해의 위법이 있다. 공소외 1은 면접 당시 지배인 공소외 2로부터 주민등록증을 보여 달라는 요구를 받고도 이를 제시하지 않고 자신의 나이를 속였다. 그럼에도 피고인은 채용을 보류하거나 거부하지 않았다. 그 후 공소외 1이 2주 동안 위 유흥주점에서 일하였는데도 그의 신분과 연령을 확인하지 않았다. 피고인에게는 청소년임에도 불구하고 공소외 1을 고용한다는 점에 관해 미필적 고의가 있었다고 봄이 상당하다.[1] *청소년의 고용과 관련한 미필적 고의 인정 사례.

(3) 미필적 고의 부정사례 3

① 신임 목사로 부임한 피고인이 전임목사에 관한 교회내의 불미스러운 **소문의 진위**를 확인하기 위해 이를 교회집사들에게 물어보았다. 이는 **경험칙상** 충분히 있을 수 있는 일로서 명예훼손의 고의 또는 미필적 고의가 없는 단순한 확인에 지나지 아니하여 사실의 적시라고 할 수 없다.[2]

② 관할 경찰당국이 운전면허취소처분의 통지에 갈음하는 **적법한 공고를** 거쳤다 하더라도, 그것만으로 운전자가 면허가 취소된 사실을 알게 되었다고 단정할 수는 없다. 이 경우 운전자가 그러한 사정을 알았는지는, 각각의 사안에서 면허취소의 사유와 취소사유가 된 위법행위의 경중, 같은 사유로 면허취소를 당한 전력의 유무 등을 두루 참작하여 구체적 · 개별적으로 판단해야 한다.[3]

③ *표준판례 **대구지하철화재 사고현장**을 수습하기 위한 청소 작업이 한참 진행되고 있는 시간 중에 실종자 유족들로부터 이의제기가 있었음에도, 대구지하철공사 A는 즉각 청소 작업을 중단하도록 지시하지 않고 수사기관과 협의하거나 확인하지 않았다. 위 A에게 그러한 청소 작업으로 인한 증거인멸의 결과가 발생할 **가능성을 용인**하는 내심의 의사까지 있었다고 단정하기는 어렵다.[4] *미필적 고의가 인정되려면 범죄사실의 발생 가능성에 대한 인식과 범죄사실이 발생할 위험을 용인하는 **내심의 의사**가 있어야 함. 또한 고의의 유무는 행위자의 진술에 의존하지 않고 외부에 나타난 행위상황 등 구체적 사정을 기초로 **일반인이라면** 당해 범죄사실이 발생할 가능성을 어떻게 평가할 것인가를 고려하면서 **행위자의 입장**에서 그 심리상태를 추인해야 한다고 판시함.

(4) 고의의 판단방법 4

고의는 내심적 사실이므로 피고인이 이를 부정하는 경우에는 사물의 성질상 고의와 상

1) 대판 2011. 1. 13. 2010도10029.
2) 대판 1985. 5. 28. 85도588.
3) 대판 2004. 12. 10. 2004도6480.
4) 대판 2004. 5. 14. 2004도74.

당한 관련성이 있는 **간접사실을 증명하는 방법**에 의하여 입증할 수밖에 없다. 이때 무엇이 상당한 관련성이 있는 간접사실에 해당할 것인지는 정상적인 경험칙에 바탕을 두고, 치밀한 관찰력이나 분석력에 의해 사실의 연결상태를 합리적으로 판단하는 외에 다른 방법은 없다.[1]

1 [19] 6. 사실의 착오

① 피고인은 갑과 동인의 처를 살해할 의사로 **농약 1포를 숭늉그릇**에 투입하여 갑의 식당에 놓아둠으로써, 그 정을 알지 못한 갑의 장녀가 이를 마시고 사망하였다. 피고인은 갑의 장녀를 살해할 의사는 없었다 하더라도 사람을 살해할 의사로 이와 같은 행위를 하였다. 그 행위로 살해라는 결과가 발생한 이상 피고인의 행위와 살해결과 사이에는 인과관계가 인정되고, 갑의 장녀에 대한 살인죄가 성립한다.[2] *방법의 착오의 법정적 부합설.

② 사람을 **살해할 목적으로** 총을 발사한 이상 그것이 목적하지 않은 다른 사람에게 명중하여 사망결과가 발생하였더라도 살인의 고의는 인정된다. 피고인이 하사 甲을 살해할 목적으로 발사한 총탄이, 이를 제지하려고 피고인 앞으로 뛰어들던 乙에게 명중하여 乙이 사망한 경우 乙에 대한 살인죄가 성립한다.[3]

③ ***표준판례** 피고인이 먼저 피해자 甲(피고인의 형수)을 향해 살의를 갖고 소나무 몽둥이로 힘껏 후려친 가격으로 갑이 피를 흘리며 마당에 고꾸라졌고, 갑의 등에 업힌 피해자 乙(피고인의 조카, 남 1세)의 머리부분이 함께 가격당해 乙이 현장에서 두개골절 및 뇌좌상으로 사망한 경우는 살인죄가 인정된다. 소위 **타격의 착오가 있는 경우**라 할지라도 행위자의 살인의 범의성립에는 영향이 없다.[4] *방법의 착오에 고의기수를 인정한 판결.

④ **개괄적 고의설**(*표준판례) 갑은 피해자 병이 자기 부인을 희롱하였다는 말을 듣고 을과 함께 병을 구타하던 중 순간적으로 살인의 고의를 가지고 병의 머리를 돌멩이로 후려쳤다. 병이 정신을 잃고 축 늘어지자 갑은 병이 **죽은 것으로 오인하고** 사체를 몰래 파묻어 증거를 인멸할 목적으로 병을 개울가로 끌고 가 웅덩이를 파고 매장하였다. 병은 사망하였는데 실제로 그의 사망원인은 웅덩이에 매장된 끝에 일어난 질식사였다. 피해자가 피고인들의 살해의 의도로 행한 구타행위에 의하여 직접 사망한 것이 아니라 죄적을 인멸할 목적으로 행한 매장행위에 의하여 직접 사망하게 되었다 하더라도 전 과정을 **개괄적으로 보면** 피해자의 살해라는 처음에 예견된 사실이 결국은 실현된 것으로서 피고인들은 살인죄의 죄책을 면할 수 없다.[5]

⑤ 피고인이 이건 고양이를 가져간 것은 김옥순의 고양이인 줄 알고 절취한 것이라기보다는 피고인이 잃어버린 고양이로 잘못 알고 가져간 것이라는 피고인의 진술에 수긍이 간다.

---

1) 대판 2012. 6. 28. 2012도2628.
2) 대판 1968. 8. 23. 68도884.
3) 대판 1975. 4. 22. 75도727.
4) 대판 1984. 1. 24. 83도2813.
5) 대판 1988. 6. 28. 88도650. 제2, 5, 9회.

그렇다면 절도죄에 있어서 **재물의 타인성을 오신하여** 그 재물이 자기에게 취득(빌린 것)할 것이 허용된 동일한 물건으로 오인하고 가져온 경우에는 범죄사실에 대한 인식이 있다고 할 수 없으므로 범의를 조각하여 절도죄가 성립하지 않는다 할 것이다.[1] *사실의 착오에 해당되지 않는 유형.

Ⅱ. 위 법 성

[20] 1. 정당행위

(1) 양심적 병역거부 인정 1

① 병역법 제88조 제1항은 국방의 의무를 실현하기 위해 현역입영 또는 소집통지서를 받고도 정당한 사유 없이 이에 응하지 않은 사람을 처벌한다. 이른바 **양심적 병역거부**는 종교적 · 윤리적 · 도덕적 · 철학적 또는 이와 유사한 동기에서 형성된 양심상 결정을 이유로 집총이나 군사훈련을 수반하는 병역의무이행을 거부하는 행위를 말한다. 양심적 병역거부의 허용 여부는, 병역법 제88조 제1항에서 정한 '**정당한 사유**' 해석으로 해결해야 한다. 양심적 병역거부자들은 헌법상 국방의무 자체를 부정하지 않고, 단지 그 병역의무 이행의 방법으로 정하고 있는 집총이나 군사훈련을 수반하는 행위를 거부한다. **양심의 자유**는 인간의 존엄성을 유지하기 위한 필수적 조건이다. 진정한 양심적 병역거부자에게 집총과 군사훈련을 수반하는 병역의무 이행을 강제하고 그 불이행을 처벌하는 것은 양심의 자유에 대한 과도한 제한이 되거나 본질적 내용에 대한 위협이 된다. 자유민주주의는 다수결의 원칙에 따라 운영되지만, **소수자에 대한 관용과 포용**을 전제로 할 때에만 정당성을 확보할 수 있다. 그 신념에 선뜻 동의할 수 없더라도 이제 이들을 관용하고 포용할 수 있어야 한다. 진정한 양심에 따른 병역거부라면, 이는 병역법 제88조 제1항의 '정당한 사유'에 해당한다.[2]

② 인간의 내면에 있는 양심 자체는 직접 객관적으로 증명할 수 없을지라도, 피고인이 **특정 종교를 신봉하고** 있다는 취지로 변소하는 것만으로는 진정한 양심에 기반을 둔 병역거부라고 단정할 수 없다. 종교적 신념에 따른 양심적 병역거부의 주장에 관해서는 양심과 관련된 **간접사실 또는 정황사실이** 객관적으로 증명되었는지를 신중하고 충실하게 심리해야 한다. 이를 바탕으로 피고인이 병역거부에 이르게 된 원인으로 주장하는 '양심'이 과연 그 주장에 상응하는 만큼 깊고 확고하며 진실된 것인지, 종교적 신념에 의한 것이라는 피고인의 병역거부가 실제로도 절박하고 구체적인 양심에 따른 것으로서 병역법 제88조 제1항의 정당한 사유에 해당하는지를 판단해야 한다.[3] *9년 동안 여호와의 증인 활동을 중단했다가 **입영전**

1) 대판 1983. 9. 13. 83도1762, 83감도315.
2) 대판 2018. 11. 1. 2016도10912.
3) 대판 2020. 7. 23. 2018도14415.

날 입영을 거부하기로 마음먹고 종교활동을 재개한 경우는 '정당한 사유'에 해당되지 않음.[1]

③ 진정한 양심에 따른 병역거부는 병역법 제88조 제1항의 '정당한 사유'에 해당한다. 예비군훈련도 집총이나 군사훈련을 수반하는 병역의무의 이행이라는 점에서 병역법 제88조 제1항에서 정한 '정당한 사유'에 관한 법리에 따라 예비군법 제15조 제9항 제1호에서 정한 정당한 사유'를 해석함이 타당하다. 따라서 진정한 양심에 따른 **예비군훈련 거부의** 경우에도 예비군법 제15조 제9항 제1호에서 정한 '정당한 사유'에 해당한다고 보아야 한다.[2]

④ 종교적 신념이 아닌 '인간에 대한 폭력과 살인 거부'라는 **윤리적 · 도덕적 · 철학적 신념** 등을 이유로 예비군훈련과 병력동원훈련소집에 따른 입영을 거부한 경우에도, 이른바 '양심적 예비군훈련거부'에서 말하는 '진정한 양심'에 따라 예비군법의 '정당한 사유'에 해당될 수 있다.[3]

2

(2) 법령에 의한 행위

① *표준판례 소속 중대장의 당번병이 사건당일 중대장의 지시에 따라 관사를 지키고 있던 중 중대장과 함께 외출나간 그 처로부터 24:00경 비가 오고 밤이 늦어 혼자 귀가할 수 없으니 관사로부터 1.5킬로미터 가량 떨어진 지점까지 우산을 들고 마중을 나오라는 연락을 받았다. 당번병으로서 당연히 해야 할 일로 생각하고 그 지점까지 나가 동인을 마중하여 그 다음날 01:00경 귀가하였다. 위와 같은 당번병의 관사이탈 행위는 중대장의 직접 허가를 받지 않았더라도 **당번병의 임무범위** 내에 속하는 일로 오인하고 한 행위로서 그 **오인에 정당한 이유가** 있어 위법성이 없다고 볼 것이다.[4]

② 내용 중에 일부 허위사실이 포함된 신문기사를 보도한 사안에서, 기사 작성의 목적이 공공의 이익에 관한 것이고, 그 기사 내용을 **작성자가 진실하다고 믿었으며**, 그와 같이 믿은 데 객관적인 상당한 이유가 있는 경우, 명예훼손의 위법성을 부인한 원심판결은 정당하다.[5]

③ 공무원이 그 직무를 수행하면서 상관은 하관에게 범죄행위 등 위법한 행위를 하도록 명령할 직권은 없다. 하관은 소속상관의 **적법한 명령에 복종할 의무**는 있으나, 그 명령이 참고인으로 소환된 사람에게 가혹행위를 가하라는 등과 같이 **명백한 위법 내지 불법한 명령**인 경우, 이는 직무상 지시명령이라 할 수 없으므로 이를 따라야 할 의무는 없다.[6]

3

(3) 체벌의 예외적 허용

① 학생에게 신체적, 정신적 고통을 가하는 체벌, 비하하는 말 등의 언행은 교육상 불가피한 때에만 허용되는 것이어서, **사회통념상 용인**될 수 있을 만한 객관적 타당성을 갖추었

---

1) 대판 2020. 9. 3. 2020도8055.
2) 대판 2021. 1. 28. 2018도4708.
3) 대판 2021. 2. 25. 2019도18442.
4) 대판 1986. 10. 28. 86도1406.
5) 대판 1996. 8. 23. 94도3191.
6) 대판 1988. 2. 23. 87도2358.

을 경우에만 정당행위로 볼 수 있다. 지도교사의 **성격 또는 감정**에서 비롯된 지도행위라든가, 다른 사람이 없는 곳에서 개별적으로 훈계, 훈육의 방법으로 지도 · 교정될 수 있는 상황이었음에도 **공개적으로** 가하는 지도행위라든가, 학생의 신체나 정신건강에 위험한 물건 또는 지도교사의 신체를 이용하여 학생의 신체 중 부상의 위험성이 있는 부위를 때리거나, 학생의 성별, 연령, 개인적 사정에서 **견디기 어려운 모욕감**을 주는 지도행위 등은, 사회통념상 객관적 타당성을 갖추었다고 보기 어렵다.[1]

② 교사가 학생을 엎드리게 한 후 몽둥이와 당구큐대로 그의 둔부를 때려 3주간의 치료를 요하는 우둔부심부혈종좌이부좌상을 입혔다. 비록 학생주임을 맡고 있는 교사로서 제자를 훈계하기 위한 것이었다 하더라도, 이는 **징계의 범위**를 넘는 것으로서 형법 제20조 정당행위에 해당하지 않는다.[2]

(4) 쟁의행위 4

1) 쟁의행위 정당성의 조건

① 근로자의 쟁의행위가 형법상 정당행위가 되기 위하여는, 첫째 그 주체가 단체교섭의 주체로 될 수 있는 자이어야 한다. 둘째 그 목적이 근로조건의 향상을 위한 노사간의 자치적 교섭을 조성하는 데 있어야 한다. 셋째 사용자가 근로자의 근로조건 개선에 관한 구체적 요구에 대해 단체교섭을 거부하였을 때 개시하되, 특별한 사정이 없는 한 조합원의 찬성결정 등 법령이 규정한 절차를 거쳐야 한다. 넷째 그 수단과 방법이 사용자의 재산권과 조화를 이루어야 함은 물론 폭력의 행사에 해당되지 않아야 한다. 특히 쟁의행위를 할 때에는, 조합원의 **직접 · 비밀 · 무기명투표에 의한 찬성결정이**라는 절차를 거쳐야 한다는 노동조합법 제41조 제1항의 규정을 지켜야 한다. 이 절차는 조합원의 **민주적 의사결정이** 실질적으로 확보되었다고 하여 생략될 수 있는 것은 아니다.[3]

② 노동조합의 활동이 정당하다고 하려면, 첫째 주체측면에서 행위의 성질상 **노동조합의 활동으로** 볼 수 있거나 노동조합의 묵시적인 수권 혹은 승인을 받았다고 볼 수 있어야 한다. 둘째 목적측면에서 **근로조건의 유지 · 개선과** 근로자의 경제적 지위의 향상을 도모하기 위해 필요하고 근로자들의 단결강화에 도움이 되는 행위이어야 한다. 셋째 시기측면에서 취업규칙이나 단체협약에 별도의 허용규정이 있거나, 관행이나 사용자의 승낙이 있는 경우 외에는 원칙적으로 **근무시간 외에** 행해져야 한다. 넷째 수단 · 방법의 측면에서 사업장 내 조합활동에서는 **사용자의 시설관리권에** 바탕을 둔 합리적인 규율이나 제약에 따라야 하고, 폭력과 파괴행위 등의 방법에 의하지 않아야 한다.[4]

---

1) 대판 2004. 6. 10. 2001도5380.
2) 대판 1991. 5. 14. 91도513.
3) 대판 2001. 10. 25. 99도4837 전원합의체.
4) 대판 2020. 7. 29. 2017도2478.

2) 정당한 쟁의행위

① **사용자의 직장폐쇄**는, 사용자와 근로자의 교섭태도와 교섭과정, 근로자의 쟁의행위의 목적과 방법 및 그로 인해 사용자가 받는 타격의 정도 등 구체적 사정에 비추어 근로자의 쟁의행위에 대한 방어수단으로서 상당성이 있어야 한다. 사용자의 직장폐쇄가 정당한 쟁의행위로 인정되지 않으면, 근로자가 평소 출입이 허용되던 사업장 안에 들어가는 것은 **주거침입죄**를 구성하지 않는다.1)

② 연장근로가 당사자의 합의에 의해 이루어지는 것이라고 하더라도, 근로자들을 선동하여 근로자들이 통상적으로 해오던 **연장근로**를 집단적으로 거부하도록 함으로써 회사업무의 정상운영을 방해하였다면, 이는 쟁의행위로 보아야 한다.2)

③ 노동조합법 시행령 제17조에서 규정하고 있는 쟁의행위의 일시 · 장소 · 참가인원 및 그 방법에 관한 서면신고의무는, 쟁의행위를 하는데 그 세부적 · 형식적 절차를 규정한 것으로서, 쟁의행위에 적법성을 부여하기 위해 필요한 본질적인 요소는 아니다. 따라서 **신고절차의 미준수**만을 이유로 쟁의행위의 정당성을 부정할 수는 없다.3)

④ 병원의 업무개시 전이거나 점심시간을 이용하여 구호를 외치거나 노동가 등 노래를 합창하고, 또는 피켓을 들고, 침묵시위를 하며 행진하는 등 **폭력행위를 수반하지** 아니한 점에 비추어, 그 수단, 방법에 있어 정당성이 결여되었다고 하기도 어려워 업무방해죄의 형사책임을 물을 수 없다.4)

⑤ 쟁의행위가 전체적으로 협력업체노동조합의 지침에 따라 이루어졌고, 그 기간이 매우 짧고 시간도 오전 또는 오후의 반나절만 이용하였으며, 폭력은 전혀 사용되지 아니하였던 점에서, 이는 **노동조합의 합법적인 단체행동권** 행사에 자연히 수반되는 것으로서 사용자의 수인의무의 범위 내라고 봄이 상당하므로 그 수단 및 방법에 있어서도 정당성을 인정할 수 있다.5)

⑥ 노동조합이 노동위원회에 노동쟁의 조정신청을 하여 조정절차가 마쳐지거나 조정이 종료되지 아니한 채 **조정기간이 끝나면** 조정절차를 거친 것으로서 쟁의행위를 할 수 있다.6)

⑦ 쟁의행위가 **냉각기간이나 사전신고의** 규정이 정한 시기와 절차에 따르지 않았다고 하여 무조건 정당성이 결여된 것으로 볼 것이 아니다. 그 위반행위로 말미암아 사회, 경제적 안정이나 사용자의 사업운영에 예기치 않는 혼란이나 손해를 끼치는 등 부당한 결과를 초래할 우려가 있는지 여부 등 구체적 사정을 살펴서 그 정당성 유무를 가려야 한다.7)

⑧ 쟁의행위의 목적이 위법하지 아니하고 시위행위가 병원의 업무개시 전이거나 점심

---

1) 대판 2002. 9. 24. 2002도2243.
2) 대판 1996. 2. 27. 95도2970.
3) 대판 2007. 12. 28. 2007도5204.
4) 대판 1992. 12. 8. 92도1645.
5) 대판 2004. 9. 24. 2004도4641.
6) 대판 2003. 12. 26. 2001도1863.
7) 대판 1992. 9. 22. 92도1855.

시간을 이용하여 현관로비에서 이루어졌고 **쟁의행위의 방법**이 폭력행위를 수반하지 않은 점에 비추어 업무방해죄의 성립을 인정하기 어렵다.1)

3) 부당한 쟁의행위

① 근로자의 쟁의행위 등 구체적 사정에 비추어 직장폐쇄의 개시 자체는 정당하다고 할 수 있지만, 어느 시점 이후에 근로자가 쟁의행위를 중단하고 **업무에 복귀할 의사를** 표시하였음에도 사용자가 직장폐쇄를 계속 유지하면서, 근로자의 쟁의행위에 대한 방어적 목적에서 벗어나 적극적으로 노동조합의 조직력을 약화시키기 위한 **공격적 직장폐쇄**의 성격으로 변질된 경우, 그 이후의 직장폐쇄는 정당성을 상실한 것으로 보아야 한다.2)

② 회사와 노동조합이 체결한, '노동조합과 합의에 의해 정리해고를 실시할 수 있다'는 취지의 단체협약 조항에도 불구하고, 쟁의행위의 주된 목적은 회사의 긴박한 경영상 필요에 의해 실시되는 정리해고 자체를 전혀 수용할 수 없다는 노동조합 측 입장을 관철하기 위한 것이었다. 이러한 요구는 **사용자의 정리해고**에 관한 권한 자체를 전면적으로 부정하고, 경영권의 본질적인 내용을 침해하는 것으로서 **단체교섭의 대상**이 될 수 없는 사항에 관한 것이므로, 목적의 정당성을 인정받을 수 없다.3)

③ 쟁의행위가 추구하는 목적이 여러 가지로서, 그 중 일부가 정당하지 못한 경우에는, **주된 목적 내지 진정한 목적**을 기준으로 정당성 여부를 판단해야 한다. 만일 부당한 요구사항을 뺐더라면 쟁의행위를 하지 않았을 것이라고 인정될 때에는, 그 쟁의행위 전체가 정당성을 갖지 못한다고 보아야 한다.4)

④ 직장 또는 **사업장시설을 전면적, 배타적으로 점거**하여 조합원이외의 자의 출입을 저지하거나, 사용자측의 관리지배를 배제하여 업무의 중단 또는 혼란을 야기케 하는 것과 같은 행위는, 이미 정당성의 한계를 벗어난 것이라고 볼 수 있다.5)

⑤ 집단적 노무제공의 거부가 본질적으로 위력성을 가져 외형상 업무방해죄의 구성요건에 해당한다 하더라도, 그것이 **헌법과 법률이 보장하고 있는 범위** 내의 행사로서 정당성이 인정되는 경우에는 위법성이 조각되어 처벌할 수 없다. 이는 헌법이 보장하는 근로3권의 내재적 한계를 넘어선 행위(헌법의 보호영역 밖에 있는 행위)를 규제하는 것일 뿐 정당한 권리행사까지 처벌하는 것은 아니므로, 본인의 의사에 반하여 강제노역을 강요하는 것이라고 할 수도 없다.6)

⑥ **정리해고에** 관한 노동조합의 요구내용이 사용자는 정리해고를 해서는 안 된다는 취지라면, 이는 사용자의 경영권을 근본적으로 제약하는 것이 되어 원칙적으로 단체교섭의 대상이 될 수 없다. 단체교섭사항이 될 수 없는 사항을 달성하려는 쟁의행위는 그 목적의 정당

1) 대판 1992. 12. 8. 92도1645.
2) 대판 2017. 7. 11. 2013도7896.
3) 대판 2011. 1. 27. 2010도11030.
4) 대판 2014. 11. 13. 2011도393.
5) 대판 1991. 6. 11. 91도383.
6) 대판 2003. 12. 26. 2001도1863.

성을 인정할 수 없다.1)

⑦ 노동조합 대표자가 사용자와 합의하여 단체협약안을 마련하더라도 **조합원 총회의 결의**를 거친 후 단체협약을 체결할 것을 명백히 한 경우, 사용자가 그 사유로 단체교섭을 회피한 것에 대항하여 노동쟁의행위를 한 것은 정당성이 없다.2)

⑧ **노동조합의 승인 없이** 일부 조합원에 의해 이루어진 쟁의행위는 그 경위와 목적, 태양 등에 비추어 정당행위에 해당하지 않는다. 그 쟁의행위에 참가한 일부 조합원이 **병가 중이어서** 직무유기죄의 주체로 될 수는 없다 하더라도 직무유기죄의 주체가 되는 다른 조합원들과의 공범관계가 인정되면, 그 쟁의행위에 참가한 조합원들 모두 직무유기죄로 처단되어야 한다.3) *이 사건은 병가중인 철도공무원들이 그렇지 아니한 철도공무원들과 함께 전국철도노동조합의 일부 조합원들로 구성된 임의단체인 전국기관차협의회가 주도한 파업에 참가한 사례임.

⑨ 9시 이전에 출근하여 업무준비를 한 후 9시부터 근무하도록 되어 있음에도 피고인이 쟁의행위의 적법한 절차를 거치지도 아니한 채 조합원들로 하여금 집단으로 **9시 정각에 출근**하도록 지시를 한 것은 정당한 쟁의행위의 한계를 벗어난 것으로 업무방해죄를 구성한다.4)

⑩ 회사가 단체협약에 따라 관행적으로 휴일근로를 시켜 왔음에도 불구하고, 근로자들이 자신들의 주장을 관철할 목적으로 정당한 이유도 없이 집단적으로 회사가 지시한 **휴일근로를 거부한** 것은, 회사업무의 정상적인 운영을 저해하는 것으로서 노동쟁의조정법 제3조 소정의 쟁의행위에 해당한다.5)

⑪ 회사 건물에서 복도 점거, 꽹과리 등에 의한 소음발생 등의 방법으로 한 점거농성은 직장 또는 **사업장시설의 전면적 또는 배타적인 점거**에 해당한다. 아울러 폭력에 의한 업무저해행위까지도 수반한 것이어서 쟁의행위의 정당성의 한계를 벗어난 업무방해죄에 해당된다.6)

5

(5) 의사의 치료행위

① *표준판례 한의사인 피고인은 피해자에게 문진하여 과거 봉침을 맞고도 별다른 이상반응이 없었다는 답변을 듣고, 부작용에 대한 충분한 사전 설명 없이 환부인 목 부위에 봉침시술을 하였다. 피해자는 위 시술 직후 쇼크반응을 나타내는 등 상해를 입었다. 피고인이 봉침시술에 앞서 **설명의무**를 다하였더라도 피해자가 반드시 **봉침시술을 거부**하였을 것으로 볼 수 없으면, 피고인의 설명의무 위반과 피해자의 상해 사이에 상당인과관계를 인정하기 어렵다.7)

1) 대판 2001. 4. 24. 99도4893.
2) 대판 1998. 1. 20. 97도588.
3) 대판 1997. 4. 22. 95도748.
4) 대판 1996. 5. 10. 96도419.
5) 대판 1991. 7. 9. 91도1051.
6) 대판 1991. 6. 11. 91도383.
7) 대판 2011. 4. 14. 2010도10104.

② 피고인이 **태반의 일부**를 떼어낸 행위는, 그 의도, 수단, 절단부위 및 그 정도 등에 비추어 볼 때, 의사로서의 정상적인 진찰행위의 일환이라고 못 볼 바 아니어서 형법 제20조 소정의 정당행위에 해당한다.[1]

③ 의사가 모발이식시술을 하면서, 이에 관해 어느 정도 지식을 가지고 있는 **간호조무사**로 하여금 모발이식시술행위 중 일정 부분을 직접 하도록 맡겨둔 채 별반 관여하지 않은 것은, 정당행위에 해당하지 않는다.[2]

(6) 사회상규 6

1) 사회상규의 판단기준(*표준판례)

형법 제20조 소정의 '사회상규에 위배되지 아니하는 행위'라 함은 **법질서 전체의 정신**이나 그 배후에 놓여 있는 **사회윤리 내지 사회통념**에 비추어 용인될 수 있는 행위를 말한다. 어떤 행위가 사회상규에 위배되지 않는 정당한 행위로서 위법성이 조각되는 것인지는 구체적인 사정 아래서 합목적적, 합리적으로 고찰하여 개별적으로 판단해야 한다. 이와 같은 정당행위를 인정하려면, 첫째 그 행위의 동기나 **목적의 정당성**, 둘째 행위의 수단이나 **방법의 상당성**, 셋째 보호이익과 침해이익과의 **법익균형성**, 넷째 **긴급성**, 다섯째 그 행위 외에 다른 수단이나 방법이 없다는 **보충성** 등의 요건을 갖추어야 한다.[3] *옛날 판례에는, "국가질서의 존중이라는 인식을 바탕으로 한 국민일반의 **건전한 도의적 감정**에 반하지 않는 행위로서 **초법규적 기준**"으로 판단해야 한다는 말이 나온다.[4] 40여 년 전 일이고, 지금은 이런 표현 쓰지 않음.

2) 사회상규에 위배되는 행위(정당행위 아님)

① 시민단체의 특정 후보자에 대한 **낙선운동은** 시민불복종운동으로서 정당행위 또는 긴급피난에 해당한다고 볼 수 없다.[5]

② 피고인이 찜질방 내에서 **부항과 부항침을** 놓고 일정한 금원을 받은 행위는 사회상규에 위배되지 않는 행위로 보기 어렵다.[6]

③ 신고한 옥외집회에서 **고성능 확성기** 등을 사용하여, 시위의 목적달성 범위를 넘어 사회통념상 용인될 수 없는 정도로 타인에게 심각한 피해를 주는 소음을 발생시킨 행위는 업무방해죄를 구성한다.[7]

④ 교사가 **스스로의 감정을 자제하지 못한** 나머지, 많은 낯모르는 학생들이 있는 교실 밖에서 피해자 학생들을 손이나 주먹으로 머리 부분을 때렸고, 자신이 신고 있던 슬리퍼로

---

1) 대판 1976. 6. 8. 76도144.
2) 대판 2007. 6. 28. 2005도8317. 제5회.
3) 대판 2010. 5. 27. 2010도2680. 같은 내용인 대판 2000. 4. 25. 98도2389를 표준판례로 선정함. 여기서는 가장 최근 것으로 하였음.
4) 대판 1983. 11. 22. 83도2224. 제8회.
5) 대판 2004. 11. 12. 2003다5222.
6) 대판 2004. 10. 28. 2004도3405. 제8회.
7) 대판 2004. 10. 15. 2004도4467.

학생들의 양손을 때렸으며, 감수성이 예민한 여학생인 피해자들에게 모욕감을 느낄 지나친 욕설을 한 행위는, 사회관념상 객관적 타당성을 잃은 지도행위여서 정당행위로 볼 수 없다.1)

⑤ 피해자에 대해 금전채권을 갖고 있는 자가, **사회통념상 용인되기 어려운** 협박 수단을 이용하여 재물의 교부 또는 재산상의 이익을 받은 경우는 공갈죄에 해당된다.2)

⑥ ***표준판례** 상관의 적법한 직무상 명령에 따른 행위는 정당행위로서 형법 제20조에 의해 그 위법성이 조각된다. 그러나 상관의 **위법한 명령에** 따라 범죄행위를 한 경우에는, 상관의 명령에 따랐다고 하여 부하가 한 범죄행위의 위법성이 조각되는 것은 아니다.3) *12.12 쿠데타와 광주민주화운동진압에 대한 판결. 부당한 침해가 존재하지 않는 경우에는 정당방위가 성립하지 않음.

⑦ 사단법인 이사장이 의안에 관하여 발언하다가 타인의 명예를 훼손하는 내용의 말을 하였다면, 사회상규에 반하지 않는다고 할 수 없다.4)

⑧ 아파트 입주자대표회의 회장이 다수 입주민들의 민원에 따라 위성방송 수신을 방해하는 **케이블TV방송의** 시험방송 송출을 중단시키기 위해 위 케이블TV방송의 방송안테나를 절단하도록 지시한 행위는, 긴급피난 내지 정당행위에 해당한다고 볼 수 없다.5)

⑨ 의사인 피고인들은, 자신들이 운영하는 병원의 모든 시술에서 특별한 제한 없이 **프로포폴**을 투여해 준다는 소문을 듣고 찾아온 사람들에게 환자에 대한 진료 및 간호사와 간호조무사에 대한 구체적인 지시 · 감독 없이, 간호사와 간호조무사로 하여금 프로포폴을 제한 없이 투약하게 한 것은 무면허의료행위에 해당된다.6)

⑩ 피해자의 개가 자신의 개를 물어뜯자 소지하고 있던 기계톱으로 공격하는 개를 절개하여 죽인 경우는, 동물보호법 제8조 제1항 제1호 '**잔인한 방법으로** 죽이는 행위'에 해당되고, 위법성 조각사유가 있다고 보기 어렵다.7)

⑪ 불법 감청 · 녹음 등에 관여하지 않는 언론기관이, 그 통신 또는 대화내용이 **불법 감청 · 녹음 등에 의해 수집된** 것이라는 사정을 알면서도, 그것이 공적인 관심사항에 해당한다고 판단하여 이를 보도하여 공개하는 행위는 형법 제20조 정당행위에 해당되지 않는다.8) *위법한 방법에 의해 통신비밀을 취득한 것이 아니어야 함.

⑫ 후보자가 선거구 내 거주자에 대한 결혼축의금으로서 중앙선거관리위원회규칙이 정한 금액인 금 30,000원을 초과하여 금 50,000원을 지급한 사유가, 후보자가 모친상시 그로부터 받은 같은 금액의 **부의금에 대한 답례취지였다** 하더라도, 그것이 미풍양속으로서 사회상

1) 대판 2004. 6. 10. 2001도5380. 제9회.
2) 대판 2000. 2. 25. 99도4305.
3) 대판 1997. 4. 17. 96도3376 전원합의체.
4) 대판 1990. 12. 26. 90도2473.
5) 대판 2006. 4. 13. 2005도9396. 제8회.
6) 대판 2014. 9. 4. 2012도16119. 제5회.
7) 대판 2016. 1. 28. 2014도2477. 제6회.
8) 대판 2011. 3. 17. 2006도8839 전원합의체.

규에 위배되지 않는다고 볼 수 없다.1)

⑬ 공직선거법 제250조 제2항 소정의 **허위사실공표죄가 성립**하는 경우에는, 그 행위가 공공의 이익을 위한 것이라고 하여 위법성이 조각된다고 볼 수 없다. 아울러 피고인의 행위가 사회상규에 위배되지 않는 행위로서 형법 제20조 소정의 정당행위라고 볼 수도 없다.2)

⑭ 택시 운전사인 피고인이 고객인 가정주부들에게 입에 담지 못할 욕설을 퍼부은 데서 발단이 되어, 가정주부인 피해자 등으로부터 핸드백과 하이힐 등으로 얻어맞게 되었다. 피고인은 그 때문에 입은 상처를 고발하기 위해 파출소로 끌고 감을 빙자하여 **피해자의 손목을 잡아 틀어** 상해를 가하였다. 피고인의 행위는 사회통념상 용인될 만한 상당성이 있는 정당행위라고 볼 수 없다.3)

⑮ 피고인은 외근형사로서 조직폭력배 특별단속 전담업무를 맡아 오면서 무기를 휴대할 필요를 느껴 왔다. 그 무렵 마침 위 경찰서 구내방송에서 경찰청장이 권장하는 분사기를 구입하라고 하여 다른 동료들과 함께 이를 구입하였으나, 제작회사에서 즉시 제작증을 발급해 주지 않아 **소지허가를** 받지 못한 경우는 위법성이 조각되지 않는다.4)

⑯ 남북정상회담의 개최과정에서 이루어진 대북송금 행위는 형법상 정당행위에 해당되지 않는다.5)

⑰ 사무실 임차인이 임대차계약 종료 후 갱신계약 여부에 관한 의사표시나 명도의무를 지체하고 있다는 이유로, **임대인이 단전조치**를 취한 경우는 정당행위가 되지 않는다.6)

⑱ 채권자가 채권관리를 위해 근저당권이 설정된 회사의 공장건물에 무단침입하고, 건물에 부착되어 있던 자물쇠를 손괴한 행위는 정당행위가 되지 않는다.7)

⑲ 피해자가 **불특정 · 다수인의 통행로로** 이용되어 오던 기존통로의 일부 소유자인 피고인으로부터 사용승낙을 받지 않고, 통로를 활용하여 공사차량을 통행하게 함으로써 피고인의 영업에 다소 피해가 발생하였다. 피고인이 공사차량을 통행하지 못하도록 자신 소유의 **승용차를 통로에** 주차시켜 놓은 행위는 정당행위가 되지 않는다.8)

⑳ 갑 주식회사 대표이사인 피고인이 주주총회 등에서 특정 의결권 행사방법을 독려하기 위한 방법으로, 갑 회사의 주주총회 등에 참석하여 사전투표 또는 직접투표 방식으로 의결권을 행사한 주주들에게 **갑 회사에서 발행한 상품교환권 등을** 제공한 행위는, 상법상 주주의 권리행사에 관한 이익공여죄에 해당한다.9)

㉑ 주위토지통행권의 존부와 범위에 관한 확인 및 주위통행권을 방해하는 옹벽 부분에

1) 대판 1999. 5. 25. 99도983.
2) 대판 2011. 12. 22. 2008도11847.
3) 대판 1991. 12. 27. 91도1169.
4) 대판 1996. 7. 30. 95도2408.
5) 대판 2004. 3. 26. 2003도7878.
6) 대판 2006. 4. 27. 2005도8074.
7) 대판 2005. 4. 29. 2005도381.
8) 대판 2005. 9. 30. 2005도4688.
9) 대판 2018. 2. 8. 2015도7397.

관한 철거를 명하는 판결과 그 강제집행을 따르지 않고 **임의로 옹벽을** 철거한 행위는, 도로에 관한 주위통행권을 인정할 수 있는지 여부와 관계없이 정당행위에 해당하지 않는다.1)

㉒ 갑 주식회사 감사인 피고인은 회사 경영진과의 불화로 한 달 가까이 결근하다가, 자신의 **출입카드가** 정지되어 있는데도, 이른 아침에 경비원에게서 출입증을 받아 컴퓨터 하드디스크를 절취하기 위해 회사 감사실에 들어갔다. 피고인의 위 방실침입 행위는 정당행위에 해당하지 않는다.2)

㉓ 피고인이 백범 김구의 암살범인 **안두희를 살해한 범행**의 동기나 목적은 주관적으로 정당성을 가진다고 하더라도, 우리 법질서 전체의 관점에서는 사회적으로 용인되기 어렵다. 피고인은 그 처단의 방법으로 살인을 선택하였으나, 우리나라 현재 상황이 안두희를 살해해야 할 만큼 긴박한 상황으로 볼 수도 없다. 피고인의 행위는 사회상규에 위배되지 않는 행위로서 정당행위에 해당한다고 볼 수 없다.3)

㉔ 자신의 종교적 신념에 반하는 **상징물(단군상)이 공공의 시설 내에** 설치된 경우에, 적법한 절차나 방법으로써 이를 비판하거나 그 시정을 촉구하는 것은 각자의 종교적 자유의 영역에 속하는 것이다. 하지만 폭력적 방법으로 타인의 재산인 그 상징물을 제거하거나 손괴하는 것은, 우리 사회의 법질서에 비추어 허용될 수 없다.4)

㉕ 주택재건축조합 조합장인 피고인이 자신에 대한 감사활동을 방해하기 위하여 조합 사무실에 있던 **컴퓨터에 비밀번호를 설정**하고, 하드디스크를 분리 · 보관함으로써 조합 업무를 방해한 행위는, 형법 제314조 제2항 컴퓨터 등 장애 업무방해죄에 해당한다.5)

㉖ *표준판례 호텔 내 주점의 임대인이 임차인의 차임 연체를 이유로 **계약서상 규정에** 따라 단전 · 단수조치를 취하였다. 이 경우, 약정 기간이 만료되었고 임대차보증금도 차임 연체 등으로 공제되어 이미 남아있지 않은 상태에서 미리 예고하고 단전 · 단수조치를 하였다면, 임대인의 행위는 형법 제20조 정당행위에 해당된다. 그러나 약정 기간이 만료되지 않았고 임대차보증금도 상당한 액수가 남아있는 상태에서 계약해지의 의사표시와 경고만을 한 후 단전 · 단수조치를 하였다면 정당행위로 볼 수 없다.6) *계약서에 의한 정당행위 기준을 제시한 판결.

3) 사회상규에 위배되지 않는 행위(정당행위 해당)

① 시장번영회 회장이 이사회의 결의와 시장번영회의 관리규정에 따라서, **관리비 체납자의 점포에** 대해 실시한 단전조치는, 정당행위로서 업무방해죄를 구성하지 않는다.7)

② **수지침을 시술한 행위**는 체침과 현저한 차이가 있고, 일반인들도 관용의 입장에 기

1) 대판 2008. 3. 27. 2007도7933.
2) 대판 2011. 8. 18. 2010도9570. 제5회.
3) 대판 1997. 11. 14. 97도2118.
4) 대판 2001. 9. 4. 2001도3167.
5) 대판 2012. 5. 24. 2011도7943.
6) 대판 2007. 9. 20. 2006도9157.
7) 대판 2004. 8. 20. 2003도4732. 제2회.

울어 있기 때문에 정당행위로 볼 수 있다.[1] *대가를 받지 않는 수지침 시술행위를 사회상규에 위배되지 않는 정당행위로 본 판결. 그러나 영리목적의 부항시술행위[2]나 체침[3]의 경우에는 위법성을 인정하였음.

③ 후보자의 회계책임자가 자원봉사자인 후보자의 배우자, 직계혈족 기타 친족에게 **식사를 제공한 행위**는, 지극히 정상적인 생활형태의 하나로서 역사적으로 생성된 사회질서의 범위 안에 있는 것이어서 사회상규에 위배되지 않고 위법성이 조각된다.[4]

④ ***표준판례*** 피고인의 차를 손괴하고 도망하려는 피해자를 도망하지 못하게 멱살을 잡고 흔들어 피해자에게 전치 14일의 흉부찰과상을 가한 경우는, 정당행위에 해당한다.[5] *현행범 체포에서 적정한 한계를 벗어나는 행위인가 여부는 결국 정당행위의 일반적 요건을 갖추었는지 여부에 따라 결정되어야 할 것이지, 그 행위가 소극적 방어행위인가 적극적 공격행위인가에 따라 결정되는 것은 아니라는 판결.

⑤ "앞으로 **수박이 없어지면** 네 책임으로 한다"고 말한 경우, 그것만으로는 구체적으로 어떤 법익에 어떤 해악을 가하겠다는 것인지 알 수 없어 이를 해악의 고지로 보기 어렵다. 피고인이 위와 같이 말한 것으로 인해 피해자가 어떤 공포심을 느꼈더라도, 이는 정당한 훈계의 범위를 벗어나는 것이 아니어서 사회상규에 위배되지 않는다.[6]

⑥ 조사보고서의 관련 자료에 타인에 대한 **고소장 사본을 첨부**한 행위가, 자신의 주장의 정당성을 입증하기 위한 자료의 제출행위로서, 그 고소장의 내용에 다소 타인의 명예를 훼손하는 내용이 들어 있다 하더라도 위법하지 않다.[7]

⑦ 뽕밭을 유린하는 소의 고삐가 나무에 얽혀 풀 수 없는 상황에서, **고삐를 낫으로 끊고** 소를 밭에서 끌어낸 것은, 사회상규상 용인되는 행위로서 처벌할 수 없다.[8]

⑧ 회사의 이익을 빼돌린다는 소문을 확인할 목적으로, 피해자가 사용하면서 비밀번호를 설정하여 비밀장치를 한 전자기록인 개인용 컴퓨터의 **하드디스크를 검색한 행위**는 형법 제20조 '정당행위'에 해당된다.[9]

⑨ 집회의 신고내용에 포함되지 않은 **삼보일배 행진**을 한 것은, 신고제도의 목적 달성을 심히 곤란하게 하는 정도에 이른다고 볼 수 없으므로 사회상규에 반하지 않는 행위로서 위법성이 조각된다.[10]

⑩ 신문기자인 피고인은 고소인에게 2회에 걸쳐 증여세 포탈에 대한 취재를 요구하면

---

1) 대판 2000. 4. 25. 98도2389.
2) 대판 2004. 10. 8. 2004도3405.
3) 대판 2002. 12. 26. 2002도5077.
4) 대판 1999. 10. 22. 99도2971.
5) 대판 1999. 1. 26. 98도3029.
6) 대판 1995. 9. 29. 94도2187.
7) 대판 1995. 3. 17. 93도923.
8) 대판 1976. 12. 28. 76도2359.
9) 대판 2009. 12. 24. 2007도6243.
10) 대판 2010. 4. 8. 2009도11395.

서, 이에 응하지 않으면 자신이 **취재한 내용대로** 보도하겠다고 말하면서 협박하였다. 설령 협박죄에서 말하는 해악의 고지에 해당하더라도, 특별한 사정이 없는 한 사회상규에 반하지 아니하는 행위라고 보는 것이 타당하다.1)

⑪ 갑과 자신의 남편과의 관계를 의심하게 된 상대방은, 자신의 아들 등과 함께 갑의 아파트에 찾아가 현관문을 발로 차는 등 소란을 피우다가, 출입문을 열어주자 곧바로 갑을 밀치고 신발을 신은 채로 거실로 들어가 상대방 일행이 서로 합세하여 갑을 구타하기 시작하였다. 갑은 이를 벗어나기 위해 손을 휘저으며 발버둥치는 과정에서 상대방 등에게 상해를 가하였다. 이는 **위법한 공격으로부터** 자신을 보호하고, 이 상황을 벗어나기 위해 사회관념상 상당성 있는 방어행위에 해당된다.2)

⑫ 갑 주식회사를 사실상 관리하는 을은, 갑 회사가 사업용 부지로 매수한 토지에 관하여 처분금지가처분등기를 마쳐두었다. 을은 토지를 매수하려는 병에게서 가처분을 취하해 달라는 청탁과 함께 돈을 수수하였다. 을에게는 배임수재죄가 성립하나, 병이 돈을 교부한 행위는 사회상규에 위배되지 아니하여 **배임증재죄를** 구성할 정도의 위법성은 없다.3)

⑬ '남성의 발기된 성기사진'은 음란물에 해당하지만, 이를 블로그에 게재한 것은 사진과 학술적, 사상적 표현 등이 결합된 결합표현물로서, 형법 제20조 사회상규에 위배되지 않는 행위에 해당한다.4)

⑭ 공직선거법 위반행위(제112조 제1항)의 경우에 같은 법 제2항 의례적 행위, 직무상 행위에 해당하지 않더라도, 그것이 **지극히 정상적인 생활형태의** 하나로서 역사적으로 생성된 사회질서의 범위 안에 있는 것이라면, 의례적 행위나 직무상의 행위로서 사회상규에 위배되지 않는다.5)

⑮ 가정주부가 술에 취하여 비틀거리던 피해자의 **행패를 저지하려고** 동인의 어깨를 밀자 동인이 시멘트 바닥에 넘어지며 이마를 부딪쳐 사망한 경우, 위 행위는 정당행위에 해당한다.6)

⑯ *표준판례 목이 졸리게 된 피고인이 피해자를 떼어놓기 위해, 왼손으로 자신의 목 부근 넥타이를 잡은 상태에서 오른손으로 피해자의 손을 잡아 비틀면서 서로 밀고 당기고 하였다면, 피고인의 그와 같은 행위는 목이 졸린 상태에서 벗어나기 위한 **소극적인 저항행위**에 불과하여, 형법 제20조 소정의 정당행위에 해당한다.7) *정당방위에 해당되는 사례를 소극적 저항행위의 정당행위로 판결한 내용. 판례는 정당방위 인정에 매우 인색함.

⑰ 피고인이 그 소유건물에 인접한 대지 위에 건축허가조건에 위반되게 건물을 신축, 사용하는 소유자로부터, 일조권 침해 등으로 인한 **손해배상에 관한 합의금**을 받은 것은, 사

1) 대판 2011. 7. 14. 2011도639.
2) 대판 2010. 2. 11. 2009도12958. 제3회.
3) 대판 2011. 10. 27. 2010도7624.
4) 대판 2017. 10. 26. 2012도13352.
5) 대판 2017. 4. 28. 2015도6008.
6) 대판 1992. 3. 10. 92도37.
7) 대판 1996. 5. 28. 96도979.

회통념상 용인되는 범위를 넘지 않는 것이어서 공갈죄가 성립하지 않는다.1)

⑱ 분쟁이 있던 옆집 사람이 야간에 술에 만취된 채 시비를 하며 거실로 들어오려 하므로, 이를 제지하며 **밀어내는 과정에서** 2주 상해를 입힌 피고인의 행위는 정당행위에 해당한다.2)

⑲ 사용자인 수급인에 대한 정당성을 갖춘 쟁의행위가 도급인의 사업장에서 이루어져 형법상 보호되는 **도급인의 법익을** 침해한 경우, 그것이 항상 위법하다고 볼 것은 아니다. 그것이 법질서 전체의 정신이나 그 배후에 놓여있는 사회윤리 내지 사회통념에 비추어 용인될 수 있는 행위에 해당하는 경우에는 형법 제20조의 '사회상규에 위배되지 아니하는 행위'로서 위법성이 조각된다.3)

[21] 2. 정당방위

(1) 정당방위 성립요건 1

① **긴급구조**(*표준판례) 노동위원회 위원장인 피고인은, 조합원들이 전투경찰대원들에게 불법적으로 체포되는 것을 제지하기 위해 방패를 당기고 밀치는 등 유형력을 행사하여 그들에게 상해결과를 발생시켰다. 그러나 이 유형력의 행사는 전투경찰대원들의 불법체포행위로 조합원들의 신체자유가 침해되는 것을 방위하기 위한 수단으로, 그 정도가 **전투경찰대원들의 피고인에 대한 유형력의 정도에 비해** 크다고 보이지 않는다. 따라서 피고인이 유형력을 행사한 경위와 동기 등 모든 사정에 비추어, 피고인의 행위가 정당방위에 해당된다는 원심의 판단은 정당하다.4)

② *표준판례 차량통행문제를 둘러싸고 피고인의 부와 다툼이 있던 피해자가, 그 소유의 차량에 올라타 문안으로 운전해 들어가려 하자, 피고인의 부가 양팔을 벌리고 이를 제지하였다. 그러나 위 피해자가 이에 불응하고 그대로 차를 피고인의 부 앞쪽으로 약 3미터가량 전진시켰다. 위 차의 운전석 부근 옆에 서 있던 피고인이 부가 위 차에 다치겠으므로 이에 당황하여, 위 차를 정지시키기 위해 운전석 옆 창문을 통해 피해자의 머리털을 잡아당겼다. 이때 피해자의 흉부가 차의 창문틀에 부딪혀 약간의 상처를 입은 경우, 이는 **부의 생명, 신체**에 대한 현재의 부당한 침해를 방위하기 위한 행위로서 정당방위에 해당한다.5) *자초한 정당방위상황의 경우 정당방위가 제한될 수 있다는 판결.

③ 국군보안사령부의 민간인에 대한 **정치사찰을 폭로한다는 명목**으로 군무를 이탈한 행위는 정당방위나 정당행위에 해당하지 않는다.6) *국가를 위한 정당방위 아님.

④ **싸움과 정당방위**(*표준판례) 가해자의 행위가 피해자의 부당한 공격을 방위하기 위

---

1) 대판 1990. 8. 14. 90도114.
2) 대판 1995. 2. 28. 94도2746.
3) 대판 2020. 9. 3. 2015도1927.
4) 대판 2017. 3. 15. 2013도2168.
5) 대판 1986. 10. 14. 86도1091.
6) 대판 1993. 6. 8. 93도766. 제6회.

한 것이라기보다는, 서로 공격할 의사로 싸우다가 먼저 공격을 받고, 이에 대항하여 가해하게 된 것이라고 봄이 상당한 경우, 그 가해행위는 **방어행위인 동시에 공격행위**의 성격을 가지므로 정당방위 또는 과잉방위행위라고 볼 수 없다.1) *싸움의 경우에는 공격과 방위의사가 교차하기 때문에 방위의사만 있다고 할 수 없고 따라서 정당방위가 인정되지 않음.

⑤ ***표준판례** 싸움을 하면서 격투를 하는 자 중의 한사람의 공격이 그 격투에서 **당연히 예상할 수 있는 정도**를 초과하여 살인의 흉기 등을 사용하였다. 이는 '부당한 침해'에 해당하므로 이에 대하여는 정당방위를 할 수 있다.2) *초소근무 교대시간에 늦었다는 이유로 언쟁 중 구타를 당하자 피해자가 카빙소총을 피고인의 등 뒤에 겨누며 장전하는 등 발사할 듯이 위협하자 피고인이 먼저 사살한 사건. 살인사건에 정당방위를 인정한 드문 케이스. 총기의 살해의사는 실제로 발사해봐야 알 수 있다는 해석은 정당방위의 상당성으로 채택되지 않음. 오상방위 문제도 결합되어 있음. 판례원본 필독.

⑥ 피고인과 피해자가 서로 욕설을 하던 중에 **싸움이 일어났다는** 이유만으로 피고인의 행위가 정당방위에 해당된다는 주장을 배척하였다. 싸우는 과정에서 발생한 상해라 하여, 그 **구체적 발생원인은** 살펴보지도 않고 별다른 증거 없이 상대방의 행위로 인한 것으로 단정한 것은 법리 오해의 위법이 있다.3)

⑦ 겉으로는 서로 싸움을 하는 것처럼 보이더라도, 실제로는 한쪽 당사자가 일방적으로 위법한 공격을 가하고, 상대방은 이러한 공격으로부터 자신을 보호하고 이를 벗어나기 위한 **저항수단으로서 유형력을 행사**하였다. 이는 사회관념상 허용될 수 있는 상당성이 있는 것으로서 위법성이 조각된다.4)

2

(2) 상당성: 비례성원칙

① **비례성원칙의 내용** 어떤 행위가 위법성조각사유로서 정당행위나 정당방위가 되는지 여부는 구체적 경우에 따라 합목적적 · 합리적으로 가려야 한다. 또 행위의 적법 여부는 국가질서를 벗어나서 이를 가릴 수는 없다. 정당행위로 인정되려면, 첫째 행위의 동기나 **목적의 정당성**, 둘째 행위의 수단이나 **방법의 상당성**, 셋째 보호법익과 침해법익의 **법익균형성**, 넷째 **긴급성**, 다섯째 그 행위 이외의 다른 수단이나 방법이 없다는 **보충성**의 요건을 모두 갖추어야 한다. 그리고 정당방위가 성립하려면, 침해행위에 의해 침해되는 법익의 종류, 정도, 침해의 방법 등 일체의 구체적 사정을 참작하여 방위행위가 **사회적으로 상당**한 것이어야 한다.5)

② **균형성은 정당방위 요건 아님**(*표준판례) 갑과 을은 공동으로, 인적이 드문 심야에 혼자 귀가중인 병여에게 뒤에서 느닷없이 달려들어 양팔을 붙잡고 어두운 골목길로 끌고들어가 담벽에 쓰러뜨린 후, 갑이 음부를 만지며 반항하는 병여의 옆구리를 무릎으로 차고 억

---

1) 대판 2000. 3. 28. 2000도228. 제3회.
2) 대판 1968. 5. 7. 68도370.
3) 대판 1996. 12. 23. 96도2745.
4) 대판 2010. 2. 11. 2009도12958. 제3, 6회.
5) 대판 2018. 12. 27. 2017도15226.

지로 키스를 하였다. 병여는 정조와 신체를 지키려는 일념에서 엉겁결에 갑의 **혀를 깨물어 설절단상을** 입혔다. 병여의 범행은 자기의 신체에 대한 현재의 부당한 침해에서 벗어나려고 한 행위로서, 그 행위에 이르게 된 경위 등 제반사정에 비추어 보았을 때 위법성이 결여된 행위이다.[1] *정당방위에 해당함.

③ 경찰관이 **현행범의 체포요건을** 갖추지 못하였는데도 실력으로 현행범인을 체포하려고 하였다면, 적법한 공무집행이라고 할 수 없다. 현행범인 체포행위가 적법한 공무집행을 벗어나 불법인 것으로 볼 수밖에 없다면, 현행범이 체포를 면하려고 반항하는 과정에서 경찰관에게 상해를 가한 것은, **불법체포**로 인한 신체에 대한 현재의 부당한 침해에서 벗어나기 위한 행위로서 정당방위에 해당된다.[2]

④ 절도범으로 오인 받은 자가 야간에 군중들로부터 무차별 구타를 당하자, 이를 방위하기 위해 소지하고 있던 손톱깎이 칼을 휘둘러 상해를 입힌 행위는 정당방위에 해당한다.[3]

⑤ 검사가 참고인 조사를 받는 줄 알고 검찰청에 자진출석한 변호사사무실 사무장을 **합리적 근거 없이 긴급체포**하자, 그 변호사가 이를 제지하는 과정에서 위 검사에게 상해를 가한 것은 정당방위에 해당한다.[4]

⑥ ***표준판례** 정당방위는 긴급피난과 달리 불법한 침해를 **달리 피할 방법이** 없어야 하는 것은 아니다. 피고인이 다중의 가해를 피할 수 있었다는 한 가지 이유만을 들어 상당성이 없는 것으로 피고인의 정당방위 주장을 배척한 것은, 결국 정당방위에 관한 법리를 오해하여 법률적용을 그르친 것이라고 할 수 있다.[5] *옛날 판결로는 보기 드물게 정당방위를 인정함. 정당방위는 긴급피난과 달리 **보충성을** 요하지 않는다는 판결. 행위 당시의 구체적 사정을 종합한 상당성 판단.

⑦ 피해자가 피고인 운전의 **차량 앞에** 뛰어 들어 함부로 타려고 하고, 이에 항의하는 피고인의 바지춤을 잡아 당겨 찢고 피고인을 끌고 가려다가 넘어지자, 피고인이 피해자의 양 손목을 경찰관이 도착할 때까지 약 3분간 잡아 누른 경우는 정당방위에 해당한다.[6] *술에 취해 인도에서 택시를 기다리고 있던 피해자가 피고인 운전의 차를 자신의 회사직원이 타고 가는 차로 오인하고 차도로 나와 위 승용차를 세워 타려고 하면서 발생한 사건.

⑧ ***표준판례** **의붓아버지의 강간행위에** 의해 정조를 유린당한 후 계속적으로 성관계를 강요받아 온 피고인이, 상피고인과 사전에 공모하여 범행을 준비하고, 의붓아버지가 제대로 반항할 수 없는 상태에서 식칼로 심장을 찔러 살해한 행위는, **사회통념상 상당성**을 결여하여 정당방위가 성립하지 않는다.[7]

---

1) 대판 1989. 8. 8. 89도358.
2) 대판 2011. 5. 26. 2011도3682. 제7회.
3) 대판 1970. 9. 17. 70도1473.
4) 대판 2006. 9. 8. 2006도148. 제6회.
5) 대판 1966. 3. 5. 66도63.
6) 대판 1999. 6. 11. 99도943. 제9회.
7) 대판 1992. 12. 22. 92도2540.

⑨ **경찰비례의 원칙** 병원에서 일어난 난동을 제압하기 위해 출동한 경찰관이 칼을 들고 항거하던 피해자를 총격 사망하게 하였다. 그러나 경찰관 등은 공포를 발사하거나 소지한 가스총과 경찰봉을 사용하여 위 망인의 항거를 억제할 시간적 여유와 **보충적 수단**이 있었다고 보여진다. 또 부득이 총을 발사할 수밖에 없었더라도 하체부위를 향하여 발사함으로써 그 **위해를 최소한도**로 줄일 여지도 있었다고 판단된다. 위 경찰관의 직무집행상의 총기사용은 한계를 벗어난 것으로서 위법하다.1)

⑩ **적법한 총기사용**(*표준판례) 경찰관인 피고인 갑이 **공포탄 1발을 발사하여 경고**를 하였음에도, 을은 병의 몸 위에 올라탄 채 계속하여 병을 폭행하고 있었다. 또 을이 소지하고 있던 칼을 꺼내어 병이나 피고인을 공격할지 알 수 없다고 생각하고 있던 급박한 상황에서, 피고인 갑은 병을 구출하기 위해 을을 향해 권총을 발사하였다. 이러한 피고인의 권총사용이, 경찰관직무집행법 제10조의4 제1항의 허용범위를 벗어난 위법한 행위라거나 피고인에게 업무상 과실치사의 죄책을 지울만한 행위라고 선뜻 단정할 수는 없다.2)

⑪ 공직선거 후보자 합동연설회장에서 후보자 갑이 적시한 연설 내용은, 다른 후보자 을에 대한 명예훼손 또는 후보자비방의 요건에 해당되나 그 위법성이 조각되는 경우이다. 이때 갑의 연설 도중 을이 마이크를 빼앗고 욕설을 하는 등 갑의 연설을 방해한 행위는, 갑의 '위법하지 않은 **정당한 침해**'에 대해 이루어진 것일 뿐만 아니라, '상당성'을 결여하여 정당방위요건을 갖추지 못하였다.3)

⑫ **침해의 현재성 없음** 피해자의 침해행위에 대해 자기의 권리를 방위하기 위한 부득이한 행위가 아니고, 그 **침해행위에서 벗어난 후** 분을 풀려는 목적에서 나온 공격행위는 정당방위에 해당한다고 할 수 없다.4)

⑬ *표준판례 피고인은 피해자와 말다툼을 하다가, 건초더미에 있던 낫을 들고 **반항하는 피해자로부터 낫을 빼앗아** 그 낫으로 피해자의 가슴, 배, 등, 뒤통수, 목, 왼쪽 허벅지 부위 등을 10여 차례 찔러, 피해자로 하여금 다발성 자상에 의한 기흉 등으로 사망하게 하였다. 피고인의 행위는 살인죄에 해당되고, 정당방위나 과잉방위는 성립하지 않는다.5)

⑭ 피고인과 피해자가 서로 싸우면서 구타한 행위에 관하여 그 판시와 같은 싸움의 경위와 그 수단 등 제반사정에 비추어 볼 때, 그 구타행위는 일련의 상호 쟁투 중에 이루어진 행위로서 서로 **상대방의 폭력행위를 유발한** 것임을 전제하고 피고인이 주장하는 정당방위 또는 과잉방위는 성립되지 아니한다고 판시하였다. 이러한 판단은 수긍되고 소론과 같은 법리오해의 위법이 없다.6) *도발한 침해에 대한 정당방위문제가 아니라 싸움과 정당방위의 문제.

---

1) 대판 1991. 9. 10. 91다19913.
2) 대판 2004. 3. 25. 2003도3842.
3) 대판 2003. 11. 13. 2003도3606.
4) 대판 1996. 4. 9. 96도241.
5) 대판 2007. 4. 26. 2007도1794. 제6회.
6) 대판 1986. 12. 23. 86도1491.

(3) 과잉방위 3

① 피고인은 22:40경 그의 처와 함께 극장구경을 마치고 귀가하는 도중이었다. 피해자(19세)는 피고인의 질녀(14세) 등 소녀들에게(음경을 내놓고 소변을 보면서) 키스를 하자고 달려들었다. 피고인이 술에 취했으니 집에 돌아가라고 타이르자, 피해자는 도리어 피고인의 뺨을 때리고 돌을 들어 구타하려고 따라왔다. 피고인이 피하자 위 피해자는 피고인의 처를 땅에 넘어뜨려 깔고 앉아서 구타하였다. 피고인이 다시 제지하였지만 듣지 않고 **돌로서 그의 처를 때리려는 순간**, 피고인이 그 침해를 방위하기 위해 농구화 신은 발로 위 피해자의 복부를 한 차례 걷어찼다. 이로 인해 피해자는 약 2개월 후 십이지장파열로 사망에 이르게 되었는데, 피고인의 행위는 형법 제21조 제2항 소정의 **과잉방위에 해당**한다.1)

② 갑은 각목을 들고, 을은 전화 케이블선을 들고 계속 쫓아와 마구 휘두르며 피고인의 어깨, 머리, 왼손, 옆구리 등을 마구 때렸다. 피고인도 이에 대항하여 곡괭이자루를 마구 휘두른 결과, 갑의 머리뒷부분을 1회 힘껏 맞게 하여 동인도 사망하고 을은 상해를 입었다. 피고인도 왼쪽 셋째손가락이 부러지는 상해를 입었다. 이 경우, **집단구타**를 당하게 된 피고인이 더 이상 도피하기 어려운 상황에서 이를 방어하기 위해 반격행위를 하려던 것이 그 정도가 지나친 행위를 한 것이 뚜렷하므로, 이는 **과잉방위**에 해당한다.2)

③ ***표준판례** 이혼소송중인 남편이 찾아와 가위로 폭행하고 **변태적 성행위**를 강요하는 데 격분하여, 처가 칼로 남편의 복부를 찔러 사망에 이르게 한 경우, 그 행위는 방위행위의 한도를 넘어선 것으로서 사회통념상 용인될 수 없고 정당방위나 과잉방위에 해당하지 않는다.3) *폭행행위와 살해행위 사이의 불균형을 이유로 정당방위를 인정하지 않은 판결.

(4) 오상방위 4

① 피고인 상병 갑은 소속대의 경비병으로 야간근무를 하던 중 교대근무자인 상병 을이 1시간 30분이나 늦게 나타나자 화가 난 나머지 언쟁을 하다가 을을 구타하여 코피를 흘리게 하였다. 을은 코피를 닦으며 흥분한 상태에서 "월남에서 사람 죽이는 것은 파리 죽이는 것과 같았다. 너 하나 못 죽일 줄 아느냐"라고 하면서 소지하고 있던 카빙 소총을 갑의 등 뒤에 겨누며 실탄을 장전하는 등 **발사할 듯이** 위협하였다(그러나 을에게 정말 살해의사가 있었는지는 확인할 길이 없다). 갑은 당황하여 먼저 동인을 사살치 않으면 위험하다고 느낀 피고인 갑은 뒤로 돌아서면서 소지하고 있던 카빙소총을 동인의 복부를 향하여 발사함으로서 동인을 사망케 하였다. 구타에 카빙 총을 꺼내 발사할 듯이 겨눈 행위는 싸움에서 당연히 예상되는 방위행위로 인정할 수 없는 부당한 침해이다. 갑의 발사행위는 현재의 급박하고도 부당한 침해를 방위하기 위한 행위로서 상당한 이유가 있는 행위이다. 설사 피해자 을에게 피고인 갑을 살해할 의사가 없고 객관적으로 급박하고 부당한 침해가 없었다고 가정하더라도 갑으로서는 현재의 급

1) 대판 1974. 2. 26. 73도2380.
2) 대판 1985. 9. 10. 85도1370.
3) 대판 2001. 5. 15. 2001도1089. 제8회.

박하고도 부당한 침해가 있는 것으로 오인하는 데 대한 정당한 사유가 있는 경우에 해당된다. 피고인의 정당방위 주장을 배척한 원심은 **오상방위의 법리**를 오해한 위법이 있다.[1]

② 피고인이 자전거를 절취한 사실이 없는데 자전거 **절취범으로 오인하고** 군중들이 피고인을 에워싸고 무차별 구타를 하기에 자기는 자전거 절도범이 아니라고 외쳤으나, 군중들은 그것을 믿지 않고 무차별 구타를 계속하였다. 피고인은 이를 제지하고 자기의 신체에 대한 가해행위의 **부당한 침해를 방위하기** 위해, 또 야간에 위와 같은 불안스러운 상태하에서 당황으로 인하여 피고인이 소지하고 있던 손톱깎이에 달린 줄칼을 꺼내 들어 휘둘렀다. 이에 공소외인이 등을 찔려 1주간의 치료를 요하는 상해를 입었다. 사실관계가 그렇다면 이는 형법 제21조 제1항에서 말하는 소위 정당방위에 해당한다 할 것이다.[2] *군중의 폭행행위는 갑이 자전거를 훔친 것으로 잘못 알고 방어행위를 한 것이기 때문에 위법성조각사유의 객관적 전제사실에 관한 착오(허용상황의 착오)에 빠진 행위이고, 갑의 행위는 이에 대한 방위행위가 됨.

[22] 3. 긴급피난

1 ### (1) 자초위난(*표준판례)

피고인 갑은 간음할 목적으로 피해자 을의 집에 침입하였다. 갑이 을을 향해 손을 뻗는 순간, 을이 놀라서 소리를 치자 그의 입을 왼손으로 막고 오른손으로 음부 부위를 더듬던 중 을이 갑의 손가락을 깨물며 반항하자 물린 손가락을 비틀며 잡아 뽑아 을로 하여금 우측하악측절치치아결손의 상해를 입게 하였다. 을이 입은 상해는 피고인 갑이 저지르려던 강간에 수반하여 일어난 행위에서 비롯된 것이다. 피고인을 강간치상죄로 처단한 원심의 조처는 정당하다. 또 피고인이 **스스로 야기한 범행의 와중에서** 피해자에게 위와 같은 상해를 입힌 소위를 가리켜 법에 의하여 용인되는 피난행위라 할 수도 없다.[3]

2 ### (2) 긴급피난의 상당성

① **상당성 내용** 형법 제22조 제1항의 긴급피난은 자기 또는 타인의 법익에 대한 현재의 위난을 피하기 위한 상당한 이유 있는 행위를 말한다. 여기서 '상당한 이유 있는 행위'에 해당하려면, 첫째 피난행위는 위난에 처한 법익을 보호하기 위한 **유일한 수단**이어야 하고, 둘째 피해자에게 가장 **경미한 손해**를 주는 방법을 택하여야 하며, 셋째 피난행위에 의하여 보전되는 이익은 이로 인하여 **침해되는 이익보다 우월**해야 하고, 넷째 피난행위는 그 자체가 사회윤리나 법질서 전체의 정신에 비추어 **적합한 수단**일 것을 요하는 등의 요건을 갖추어야 한다.[4] *이것은 일반적인 비례성원칙(적합성, 필요성, 균형성)의 내용. 상당성과 비례성을 같은 것으로 보고 있음.

---

1) 대판 1968. 5. 7. 68도370.
2) 대판 1970. 9. 17. 70도1473.
3) 대판 1995. 1. 12. 94도2781.
4) 대판 2006. 4. 13. 2005도9396. 제7회.

② **긴급피난 인정 사례**(*표준판례) 피고인들이 피조개양식장에 피해를 주지 않기 위해서는, 선박의 닻줄을 5샤클(125미터)로 감아 놓아야 피조개양식장까지 거리가 약 30미터가 된다. 태풍에 대비한 선박의 안전을 위해 선박의 닻줄을 7샤클(175미터)로 늘여 놓았다면, 피조개양식장의 재물손괴에 대한 미필적 고의가 인정된다. 피고인들이 다른 해상으로 이동을 하지 못하고 있는 사이에 태풍을 만난 위급한 상황에서, 선박과 선원들의 안전을 위해 **사회통념상 가장 적절하고 필요불가결하다고** 인정되는 조치를 취하였다면, 형법상 긴급피난에 해당되어 범죄가 성립하지 않는다.[1]

③ 피고인은 우회전을 하다가 전방에 정차하고 있는 버스를 발견하고 급제동조치를 취하였으나, **빗길 때문에 미끄러져** 미치지 못하고 중앙선을 침범하게 되었다. 피고인이 버스를 피하기 위해 다른 적절한 조치를 취할 방도가 없는 상황에서 부득이 중앙선을 침범하게 된 것이라면, 교통사고처리특례법 제3조 제2항 단서 제2호에 해당되지 않는다.[2]

④ **긴급피난 부정** 피고인의 모가 갑자기 기절을 하여 이를 치료하기 위해 군무를 이탈하였더라도, 이는 본조 **범행의 동기에** 불과하므로 이를 법률상 긴급피난에 해당한다고 할 수 없다.[3]

⑤ 피고인 갑은, 상관인 피해자 을로부터 뺨을 한 대 얻어맞고 홧김에 그 뒤통수를 대검 뒷자루로 한 번 치자, 을도 야전삽으로 대항하던 중 갑이 위 대검으로 다시 을의 쇄골부분을 찔러 사망하게 하였다. 을의 구타행위가 부정한 침해행위이기는 하지만 **급박한 경우에** 해당한다고 볼 수도 없고, 갑의 반격행위도 상당한 이유가 있어 보이지 않는다. 갑의 행위는 긴급피난에 해당되지 않는다.[4]

⑥ 피고인은 갑에게 어떤 채무도 없는 상황에서, 갑의 요청으로 단순히 **잠시 빌려준 피고인 발행약속어음**을, 갑이 을에게 배서 양도하여 을이 소지중 피고인이 이를 찢어버린 것은 문서손괴죄에 해당한다. 이를 자구행위 또는 긴급피난이라고 볼 수 없다.[5] *법정절차에 따른 구제가 우선해야 함.

⑦ *표준판례 아파트 입주자대표회의 회장이 다수 입주민들의 민원에 따라 위성방송 수신을 방해하는 케이블TV방송의 시험방송 송출을 중단시키기 위해, 위 케이블TV방송의 **방송안테나를 절단하도록** 지시한 행위는, 긴급피난 내지 정당행위에 해당한다고 볼 수 없다.[6] *방송국에 방송송출 중단을 요청하지도 않고 바로 절단하였음. 상당성 요건의 결여.

⑧ 갑 정당 당직자인 피고인 등은 국회 외교통상 상임위원회 회의장 앞 복도에서 출입이 봉쇄된 회의장 출입구를 뚫을 목적으로, 회의장 출입문 및 그 안쪽에 쌓여있던 집기를 손상하고, 국회 심의를 방해할 목적으로 회의장 내에 물을 분사하였다. 피고인들의 **공용물건손**

1) 대판 1987. 1. 20. 85도221. 제3, 7회.
2) 대판 1990. 5. 8. 90도606.
3) 대판 1969. 6. 10. 69도690.
4) 대판 1970. 8. 18. 70도1364.
5) 대판 1975. 5. 27. 74도3559.
6) 대판 2006. 4. 13. 2005도9396.

상 및 국회회의장소동 행위는 위법성이 조각되는 정당행위나 긴급피난의 요건을 갖춘 행위로 평가하기 어렵다.1)

⑨ 자신의 애완견을 공격하는 피해견을 **기계톱으로** 절개하여 죽인 행위는 동물보호법 제8조 제1항 제1호에서 규정하는 '잔인한 방법으로 죽이는 행위'에 해당하고, 긴급피난이나 책임을 조각하는 과잉피난에 해당되지 않는다.2)

1 [23] 4. 자구행위

① 피고인이 피해자에게 석고를 납품한 대금을 받지 못하고 있던 중 피해자가 화랑을 폐쇄하고 도주하자, 피고인이 야간에 폐쇄된 화랑의 베니어판 문을 미리 준비한 드라이버로 뜯어내고 피해자의 물건을 몰래 가지고 나왔다. 위와 같은 피고인의 강제적 채권추심 내지 이를 목적으로 하는 물품의 취거행위를 형법 제23조 소정의 자구행위라고 볼 수 없다.3)

② 소유권의 귀속에 관한 분쟁이 있어 **민사소송이 계속 중인** 건조물에 관하여 현실적으로 관리인이 있음에도 위 건조물의 자물쇠를 쇠톱으로 절단하고 침입한 소위는 법정절차에 의하여 그 권리를 보전하기가 곤란하고 그 권리의 실행불능이나 현저한 실행곤란을 피하기 위해 상당한 이유가 있는 행위라고 할 수 없다.4)

③ *표준판례 이 사건에서 피고인들에 대한 채무자인 피해자가 부도를 낸 후 도피하였고 다른 채권자들이 채권확보를 위하여 피해자의 물건들을 취거해 갈 수도 있다는 사정만으로는 피고인들이 법정절차에 의하여 자신들의 피해자에 대한 청구권을 보전하는 것이 불가능한 경우에 해당한다고 볼 수 없다. 또한 피해자 소유의 가구점에 **관리종업원이 있음에도** 불구하고 위 가구점의 시정장치를 쇠톱으로 절단하고 들어가 가구들을 무단으로 취거한 행위가 피고인들의 피해자에 대한 청구권의 실행불능이나 현저한 실행곤란을 피하기 위한 상당한 이유가 있는 행위라고도 할 수 없다.5)

④ 이 사건 도로는 피고인 소유 토지상에 무단으로 확장 개설되어 그대로 방치할 경우 **불특정 다수인이 통행할** 우려가 있다는 사정만으로는 피고인이 법정절차에 의하여 자신의 청구권을 보전하는 것이 불가능한 경우에 해당한다고 볼 수 없다. 또한 이미 불특정 다수인이 통행하고 있는 육상의 통로에 구덩이를 판 행위가 피고인의 청구권의 실행불능이나 현저한 실행곤란을 피하기 위한 상당한 이유가 있는 행위라고도 할 수 없다.6)

⑤ 피고인이 이 사건 토지의 소유권자로서 공소외 주식회사에 대하여 사용대차계약을 해지하고 이 사건 **토지의 인도 등을 구할 권리가** 있다는 이유만으로 공소외 주식회사로 들어

1) 대판 2013. 6. 13. 2010도13609. 제7회.
2) 대판 2016. 1. 28. 2014도2477. 제6, 7회.
3) 대판 1984. 12. 26. 84도2582.
4) 대판 1985. 7. 9. 85도707.
5) 대판 2006. 3. 24. 2005도8081.
6) 대판 2007. 3. 15. 2006도9418.

가는 진입로를 폐쇄하였다. 피고인이 법정절차에 의하여 자신의 공소외 주식회사 및 피해자에 대한 토지인도 등 청구권을 보전하는 것이 불가능하였거나 현저하게 곤란하였다고 볼 수 없다. 뿐만 아니라 피고인의 행위가 그 청구권의 보전불능 등을 피하기 위한 상당한 행위라고 할 수도 없어 자구행위에 해당되지 않는다.[1]

⑥ **인근 상가의 통행로로** 이용되고 있는 토지의 사실상 지배권자가 위 토지에 철주와 철망을 설치하고 포장된 아스팔트를 걷어냄으로써 통행로로 이용하지 못하게 하였다. 이는 일반교통방해죄를 구성하고 자구행위에 해당하지 않는다.[2]

[24] 5. 피해자의 승낙

(1) 피해자승낙 요건 1

① *표준판례 산부인과 전문의 수련과정 2년차인 의사가 자신의 시진, 촉진결과 등을 과신한 나머지 초음파검사 등 피해자의 병증이 자궁외 임신인지, 자궁근종인지를 판별하기 위한 정밀한 진단방법을 실시하지 않은 채 피해자의 병명을 자궁근종으로 오진하였다. 이에 근거하여 의학에 대한 전문지식이 없는 피해자에게 자궁적출술의 불가피성만을 강조하고, 진단상의 과오가 없었으면 **당연히 설명 받았을** 자궁외 임신에 관한 내용을 설명 받지 못한 피해자로부터 수술승낙을 받았다. 위 승낙은 부정확 또는 불충분한 설명을 근거로 이루어진 것으로서 수술의 위법성을 조각할 유효한 승낙이라고 볼 수 없다.[3] *피해자가 충분한 정보를 갖지 않는 상태에서 **의사의 불충분한 설명**에 기초하여 행한 승낙은 유효한 승낙이 될 수 없다는 판결. 피해자가 이미 난소를 제거하여 임신불능상태에 있었다는 사정은 신체의 완전성, 생활기능에 대한 장애의 판단에 영향이 없음. 업무상과실치상죄 성립.

② 피할 만한 여유도 없는 좁은 장소와, 상급자인 피고인이 하급자인 피해자로부터 아프게 반격을 받을 정도의 상황에서, 신체가 더 건강한 피고인이 피해자에게 약 1분 이상 가슴과 배를 때렸다면, 사망결과에 대한 예견가능성을 부정할 수 없다. 위와 같은 상황에서 이루어진 폭행이 **장난권투**로서 피해자의 승낙에 의한 사회상규에 어긋나지 않는 것으로 볼 수는 없다.[4]

③ *표준판례 피고인은 피해자와 공모하여 교통사고를 가장하여 **보험금을 편취할 목적으로** 피해자에게 상해를 가하였다. 비록 피해자의 승낙이 있었다고 하더라도, 이는 **위법한 목적에** 이용하기 위한 것이므로, 피고인의 행위는 피해자의 승낙에 의해 위법성이 조각된다고 할 수 없다.[5] *피해자의 승낙이 윤리적 · 도덕적으로 사회상규에 반하면 위법성이 조각되지 않는다는 판결.

---

1) 대판 2007. 5. 11. 2006도4328.
2) 대판 2007. 12. 28. 2007도7717. 제3회.
3) 대판 1993. 7. 27. 92도2345. 제5회.
4) 대판 1989. 11. 28. 89도201.
5) 대판 2008. 12. 11. 2008도9606. 제1, 10회.

2

(2) 추정적 승낙

① 일반인의 출입이 허용된 음식점이라 하더라도, 영업주의 명시적 또는 추정적 의사에 반하여 들어간 것이라면 주거침입죄가 성립된다. 기관장들의 조찬모임 대화내용을 도청하기 위한 **도청장치를 설치할 목적**으로 손님을 가장하여 그 조찬모임 장소인 음식점에 들어간 경우에는, 영업주가 그 출입을 허용하지 않았을 것으로 보는 것이 경험칙에 부합한다. 그와 같은 행위는 주거침입죄가 성립한다.[1)]

② 명의자의 명시적 승낙이나 동의가 없다는 것을 알면서도, 명의자 이외의 자의 의뢰로 문서를 작성하는 경우, 명의자가 문서작성 사실을 알았다면 **승낙하였을 것으로 기대하거나 예측**한 것만으로는 그 승낙이 추정된다고 단정할 수 없다.[2)]

③ 비록 **채권을 확보할 목적일지라도** 취거 당시에 점유 이전에 관한 점유자의 명시적 · 묵시적인 동의가 있었던 것으로 인정되지 않는 한, 점유자의 의사에 반하여 점유를 배제하는 행위를 함으로써 절도죄는 성립한다. 그러한 경우에 특별한 사정이 없는 한 불법영득의사는 인정된다.[3)]

④ **해고근로자인 피고인들**이 당시 노조간부들이 무단으로 점거하여 사용하고 있던 노조 임시사무실에 출입한 행위는, 관리자인 회사측의 의사 내지 추정적 의사에 반하는 것이다.[4)]

⑤ 건물의 소유자라고 주장하는 피고인과 그것을 점유관리하고 있는 피해자 사이에 건물의 **소유권에 대한 분쟁이** 계속되고 있는 상황이라면, 피고인이 그 건물에 침입하는 것에 대한 피해자의 추정적 승낙이 있었다거나, 피고인의 이 사건 범행이 사회상규에 위배되지 않는다고 볼 수 없다.[5)]

⑥ *표준판례 피고인이 피해자에게 이 사건 밍크 45마리에 관하여, 자기에게 그 권리가 있다고 주장하면서 이를 가져간 데 대해 **피해자의 묵시적인 동의**가 있었다. 피고인의 주장이 후에 허위임이 밝혀졌더라도 피고인의 행위는 절도죄의 절취행위에 해당하지 않는다.[6)]

⑦ 피고인은 계원들로 하여금 甲 대신 자신을 계주로 믿게 하여 계금을 지급하고 불입금을 지급받아 위계를 사용하여 甲의 계 운영업무를 방해하였다. 피고인에 대해 다액의 채무를 부담하고 있던 甲으로서는 채권확보를 위한 피고인의 요구를 거절할 수 없었기 때문에, 피고인이 계주의 업무를 대행하는 것을 **승인 내지 묵인한 사실**이 인정된다. 피고인의 소위는 甲의 승낙이 있었던 것으로서 위법성이 조각되어 업무방해죄가 성립하지 않는다.[7)]

⑧ 종친회 결의서의 피위조명의자 중 피고인의 **형제 2명이 승낙한 사안**에서, 피고인의

1) 대판 1997. 3. 28. 95도2674.
2) 대판 2008. 4. 10. 2007도9987.
3) 대판 2006. 3. 24. 2005도8081.
4) 대판 1994. 2. 8. 93도120.
5) 대판 1989. 9. 12. 89도889.
6) 대판 1990. 8. 10. 90도1211.
7) 대판 1983. 2. 8. 82도2486.

아들들이나 위 형제들의 아들들은 나이가 젊고 각자 먹고 살기가 바빠서 종중일에 관심이 없었다. 행정대서업을 하는 피고인이 사전에 그들의 개별적 승낙을 받지 않고 혼자서 위 서류를 작성하였다고 할 경우, 추정적 승낙을 인정할 여지가 있다.[1)]

⑨ 피고인 갑은 병을 앓고 있는 피해자 을에게 몸속에 있는 잡귀 때문에 병이 있다고 말하였고, 을은 자신의 몸으로부터 **잡귀를 물리쳐줄** 것을 부탁하였다. 이에 피고인 갑은 피해자 을의 집에서 처음에는 피고인 1－4, 그 다음에는 피고인 5－8과 함께 을의 몸에서 잡귀를 물리친다면서 빰 등을 때리고 팔과 다리를 붙잡고 배와 가슴을 손과 무릎으로 힘껏 누르고 밟는 등의 방법으로 을을 우측간 저면파열, 복강내출혈로 사망에 이르게 하였다. 피고인 등 간에는 상호 공동가공의 의사가 있었다고 인정된다(*폭행치사죄의 공동정범－결과적 가중범의 공동정범 긍정설). 형법 제24조의 규정에 의하여 위법성이 조각되는 소위 피해자의 승낙은 법률상 이를 처분할 수 있는 사람의 승낙을 말할 뿐만 아니라 그 승낙이 **윤리적, 도덕적으로 사회상규**에 반하는 것이 아니어야 한다. 이 사건에 있어서와 같이 폭행으로 사람을 사망에 이르게 하는 일에 있어서 피해자의 승낙은 범죄성립에 아무런 장애가 되지 않을 뿐만 아니라 윤리적, 도덕적으로 허용될 수 없는, 즉 사회상규에 반하는 것이라고 할 수 있다.[2)] *안수기도 사건.

Ⅲ. 책 임

[25] 1. 책임의 본질 1

형사법상 책임원칙은 기본권의 최고이념인 인간의 존엄과 가치에 근거한 것으로, 형벌은 범행의 경중과 행위자의 책임, 즉 **형벌 사이에 비례성**을 갖추어야 함을 의미한다. 따라서 기본법인 형법에 규정되어 있는 구체적 법정형은 개별적 보호법익에 대한 통일적 가치체계를 표현하는 것으로 보아야 한다. 사회적 상황의 변경으로 특정 범죄에 대한 형량이 더 이상 타당하지 않을 때에는 원칙적으로 법정형에 대한 새로운 검토를 요하나, 특별한 이유로 형을 가중하는 경우에도 형벌의 양은 **행위자의 책임 정도**를 초과해서는 안 된다.[3)] *책임의 내용으로서 비례성.

[26] 2. 책임능력 1

① 소년법이 적용되는 '소년'이란 심판시에 19세 미만인 사람을 말하므로, 소년법의 적용을 받으려면 심판시에 19세 미만이어야 한다. 따라서 소년법 제60조 제2항의 적용대상인

---

1) 대판 1993. 3. 9. 92도3101.
2) 대판 1985. 12. 10. 85도1892.
3) 헌재 2004. 12. 16. 2003헌가12.

'소년'인지의 여부도 심판시, 즉 **사실심판결 선고시**를 기준으로 판단해야 한다.[1]

② 심신장애의 유무는 법원이 형벌제도의 목적 등에 비추어 판단해야 할 법률문제로서, 그 판단에 전문감정인의 **정신감정결과**가 중요한 참고자료가 되기는 하나, 법원이 반드시 그 의견에 구속되는 것은 아니다. 그러한 감정결과뿐만 아니라 범행의 경위, 수단, 범행 전후의 피고인의 행동 등 기록에 나타난 여러 자료 등을 종합하여 **독자적으로 심신장애의 유무**를 판단해야 한다.[2]

③ *표준판례 형법 제10조에서 말하는 사물을 판별할 능력 또는 의사를 결정할 능력은, 자유의사를 전제로 한 의사결정의 능력에 관한 것이다. 그 능력의 유무와 정도는 **감정사항에 속하는 사실문제**라 할지라도, 그 능력에 관한 확정된 사실이 심신상실 또는 심신미약에 해당하는 여부는 **법률문제**에 속한다.[3] *심신장애의 유무 및 정도의 판단은 법률적 판단으로서 반드시 감정인의 판단에 기속되는 것은 아님. 전문 감정인의 감정결과는 참고자료.

④ 피고인에게 우울증 기타 정신병이 있고 특히 생리도벽이 발동하여 절도 범행을 저지른 의심이 들면, 전문가에게 피고인의 정신상태를 감정시키는 등의 방법으로 **심신장애 여부를 심리해야** 한다.[4]

⑤ 범행당시 정신분열증으로 심신장애의 상태에 있었던 피고인이 **피해자를 살해한다는 명확한 의식**이 있었고 범행 경위를 소상하게 **기억**하고 있다고 하여, 범행당시 사물의 변별능력이나 의사결정능력이 결여되지 않고 미약한 상태에 있었다고 단정할 수는 없다. 피고인은 피해자를 "사탄"이라고 생각하고, 피해자를 죽여야만 피고인 자신이 천당에 갈 수 있다고 믿어 살해하기에 이르렀다. 따라서 피고인은 범행당시 **정신분열증에 의한 망상**에 지배되어 사물의 선악과 시비를 구별할 만한 판단능력이 결여된 상태에 있었던 것으로 볼 여지가 있다.[5]

⑥ *표준판례 **소아기호증**과 같은 질환(또는 **충동조절장애**와 같은 성격적 결함[6])**이 있다는 사정이나** 그 자체만으로는 형의 감면사유인 심신장애에 해당하지 않는다. 다만 그 증상이 매우 심각하여 원래 의미의 정신병이 있는 사람과 동등하다고 평가할 수 있거나, 다른 심신장애사유와 경합된 경우 등에는 심신장애를 인정할 여지가 있다,[7] *중한 소아기호증은 상황에 따라서 심신장애로 볼 수 있다는 판결.

⑦ 피고인이 범행을 기억하고 있지 않다는 사실만으로 바로 피고인이 범행당시 심신상실 상태에 있었다고 단정할 수는 없다.[8]

---

1) 대판 2009. 5. 28. 2009도2682, 2009전도7. 제3회.
2) 대판 2018. 9. 13. 2018도7658. 제10회.
3) 대판 1968. 4. 30. 68도400.
4) 대판 1999. 4. 27. 99도693, 99감도17.
5) 대판 1990. 8. 14. 90도1328.
6) 대판 1995. 2. 24. 94도3163. '정신병질'도 같은 개념.
7) 대판 2007. 2. 8. 2006도7900. 제4, 6, 8, 10회.
8) 대판 1985. 5. 28. 85도361.

⑧ 피고인이 평소 **간질병 증세가** 있었더라도 범행 당시에는 간질병이 발작하지 않았다면, 이는 책임감면사유인 심신장애 내지는 심신미약의 경우에 해당하지 않는다.[1)]

⑨ 무생물인 옷 등을 성적 각성과 희열의 자극제로 믿고 이를 성적 흥분을 고취시키는데 쓰는 **성주물성애증**이라는 정신질환이 있다. 하지만 그러한 사정이 있다는 것만으로 절도 범행에 대한 형의 감면사유인 심신장애에 해당한다고 볼 수 없다. 다만 그 증상이 매우 심각하여 원래 의미의 정신병이 있는 사람과 동등하다고 평가할 수 있거나, 다른 심신장애사유와 경합된 경우 등에는 심신장애를 인정할 여지가 있다.[2)]

⑩ 형법 제10조에 규정된 심신장애는, 정신병 또는 비정상적 정신상태와 같은 정신적 장애가 있는 외에, 이와 같은 정신적 장애로 말미암아 **사물에 대한 변별능력**이나 그에 따른 행위통제능력이 결여 또는 감소되었음을 요한다. 정신적 장애가 있는 자라고 하여도 범행 당시 정상적 사물변별능력과 행위통제능력이 있었다면 심신장애로 볼 수 없다.[3)]

⑪ 원칙적으로 충동조절장애와 같은 성격적 결함은 형의 감면사유인 심신장애에 해당하지 않는다. 그러나 **충동조절장애**와 같은 성격적 결함이라 할지라도 그것이 매우 심각하여 원래 의미의 **정신병을 가진 사람과 동등**하다고 평가할 수 있는 경우에는, 그로 인한 범행은 심신장애로 인한 범행으로 보아야 한다.[4)]

⑫ 피해자가 '음주 후 필름이 끊겼다'고 진술한 경우 음주량과 음주속도 등 사정들을 심리하지 않은 채 알코올 **블랙아웃의 가능성을** 쉽사리 인정해서는 안 된다. 알코올의 영향은 개인적 특성 및 상황에 따라 다르게 나타날 수 있으므로, 피해자가 어느 순간 몸을 가누지 못할 정도로 비틀거리지는 않고 스스로 걸을 수 있다거나, 자신의 이름을 대답하는 등의 행동이 가능하였다는 점만을 들어 범행 당시 심신상실 등 상태에 있지 않았다고 섣불리 단정할 것은 아니다. 피해자와 피고인의 관계 등 제반 사정에 대한 고려 없이, 블랙아웃이 발생하여 피해자가 당시 상황을 기억하지 못한다는 이유만으로 바로 피해자가 동의하였을 가능성이 있다고 보아 이를 합리적 의심의 근거로 삼는 것은 타당하지 않다.[5)]

[27] 3. 원인에서 자유로운 행위 1

① **고의의 원인에서 자유로운 행위**(*표준판례) 피고인들은 피해자들을 살해할 의사를 가지고 범행을 공모한 후 대마초를 흡연하고 범행을 하였다. 대마초 흡연 시에 이미 **범행을 예견**하고 자의로 심신장애를 야기하였으므로 형법 제10조 제3항의 심신장애로 인한 감경을 할 수 없다.[6)] *원인에서 자유로운 행위가 고의범으로 처벌될 수 있다는 것을 명시한 판결.

---

1) 대판 1983. 10. 11. 83도1897.
2) 대판 2013. 1. 24. 2012도12689. 제9회.
3) 대판 2013. 1. 24. 2012도12689. 제4회.
4) 대판 2009. 2. 26. 2008도9867. 제6회.
5) 대판 2021. 2. 9. 2018도9781.
6) 대판 1996. 6. 11. 96도857. 제10회.

원인행위시에 이중의 고의(원인행위와 실행행위)가 있어야 함.

② **과실의 원인에서 자유로운 행위**(*표준판례) 형법 제10조 제3항은 위험의 발생을 예견할 수 있었는데도 자의로 심신장애를 야기한 경우도 그 적용 대상이 된다고 할 것이다. 피고인이 **음주운전을 할 의사를** 가지고 음주만취한 후 운전을 결행하여 교통사고를 일으켰다면, 피고인은 음주시에 교통사고를 일으킬 위험성을 예견하였는데도 자의로 심신장애를 야기한 경우에 해당하므로 위 법조항에 의하여 심신장애로 인한 감경 등을 할 수 없다.[1]

[28] 4. 법률의 착오

1

(1) 위법성조각사유의 객관적 전제사실에 관한 착오

① *표준판례 소속 중대장의 당번병 갑은 근무시간 중은 물론 근무시간 후에도 밤늦게까지 수시로 영외에 있는 중대장 관사에 머물면서 집안일을 도와주고 그 자녀들을 보살피고, 중대장 또는 그 처의 심부름을 관사를 떠나서까지 시키는 대로 하였다. 갑은 사건당일 중대장의 지시에 따라 관사를 지키고 있던 중, 중대장과 함께 외출나간 그 처로부터 24:00경 비가 오고 밤이 늦어 혼자 귀가할 수 없으니 관사로부터 1.5킬로미터 가량 떨어진 지점까지 우산을 들고 마중을 나오라는 연락을 받았다. 갑은 **당번병으로서 당연히 해야 할 일로 생각하고** 그 지점까지 나가 동인을 마중하여 그 다음날 01:00경 귀가하였다. 갑의 관사이탈 행위는 중대장의 직접 허가를 받지 않았다 하더라도, 당번병으로서 그 임무범위 내에 속하는 일로 오인하고 한 행위로서 그 오인에 정당한 이유가 있어 위법성이 없다고 볼 것이다.[2] *위법성의 오인에 정당한 이유가 있는 경우에는 위법성이 조각될 수 있다고 본 판결.

② 내용 중에 일부 허위사실이 포함된 신문기사를 보도한 사안에서, 기사 작성의 목적이 공공의 이익에 관한 것이고 그 기사 내용을 **작성자가 진실하다고 믿었으며**, 그와 같이 믿은 데 객관적인 상당한 이유가 있는 경우 명예훼손의 위법성을 부인한 원심판결은 정당하다.[3]

2

(2) 형법 제16조의 '정당한 이유'

1) 회피가능성

A. **정당한 이유 인정 판례**

① 정당한 이유는, 행위자에게 자기 행위의 위법 가능성에 대해 심사숙고하거나 조회할 수 있는 계기가 있어, 자신의 지적 능력을 다해 **진지한 노력을 했더라면 위법성을 인식할 수 있었는가**에 따라 판단해야 한다. 이러한 위법성의 인식에 필요한 노력의 정도는, 구체적 행위정황과 행위자 개인의 인식능력 그리고 행위자가 속한 사회집단에 따라 달리 평가되어야 한다.[4] *정당한 이유 판단기준.

---

1) 대판 1992. 7. 28. 92도999. 제8, 10회.
2) 대판 1986. 10. 28. 86도1406.
3) 대판 1996. 8. 23. 94도3191.
4) 대판 2017. 3. 15. 2014도12773. 제8회.

② 갑은 행정청의 허가가 있어야 함에도 불구하고 허가를 받지 않아 처벌대상이 되는 행위를 하였다. 갑은 허가를 담당하는 **공무원이 허가를 요하지 않는 것으로 잘못 알려주어** 이를 믿었기 때문에 허가를 받지 않은 것이었다. 갑이 허가를 받지 않더라도 죄가 되지 않는 것으로 착오를 일으킨 것은 정당한 이유가 있는 경우에 해당된다.1)

③ 가사 18세 이상 19세 미만의 사람을 비디오감상실에 출입시킨 업주는 형사처벌 대상이 된다고 하더라도, 마치 법에 의해 부과된 "18세 이상 19세 미만의 청소년에 대한 출입금지 의무"가 다시 법시행령 제19조와 위 음반 등 법 및 그 시행령의 연관해석을 통해 면제될 수 있을 것 같은 외관을 제시하고 있다. 실제로 개정된 법이 시행된 후에도 관할부서는 '만 18세 미만의 연소자' 출입금지표시를 업소출입구에 부착하라고 행정지도를 하였을 뿐, 법에서 금지하고 있는 **'만 18세 이상 19세 미만'**의 청소년 출입문제에 관하여는 특별한 언급을 하지 않았다. 이로 인해 피고인을 비롯한 비디오물감상실 업주들은 여전히 출입금지대상이 **'18세 미만의 연소자'**에 한정되는 것으로 인식하였다. 사정이 위와 같다면, 피고인이 자신의 비디오물감상실에 18세 이상 19세 미만의 청소년을 출입시킨 행위가 법률에 의해 허용된다고 믿은 것은 정당한 이유가 있는 경우에 해당한다.2)

④ 광역시의회 의원이, 선거구민들에게 **의정보고서를** 배부하기에 앞서 미리 관할 선거관리위원회 소속 공무원들에게 자문을 구하고, 그들의 지적에 따라 수정한 의정보고서를 배부한 경우는 형법 제16조에 해당하여 벌할 수 없다.3)

⑤ 피고인은 발가락 삽입부가 5개로 형성된 양말을 주문받아 생산하던 중, 이 사건 피해자로부터 발가락 삽입부가 5개로 형성된 양말은 동인의 의장권을 침해한다 하여 그 제조의 중지요청을 받고 그 즉시 **변리사에게 문의**하였다. 피고인은 변리사로부터, 양자의 의장이 색채와 모양에 있어 큰 차이가 있으므로 동일 유사하다고 할 수 없다는 회답을 받았다. 피고인은 또 **감정인에게 감정**을 의뢰하여 양자의 의장은 동일 또는 유사하다고 할 수 없다는 전문 감정을 받았다. 이에 따라 피고인 스스로 자신이 제조하는 양말에 대해 의장등록출원을 하여 특허국으로부터 등록사정까지 받았다. 피고인이 피해자의 의장권을 침해하는 것이 아니라고 믿은 것은 정당한 이유가 있는 경우에 해당한다.4)

⑥ 관할관청은, 장의사영업허가를 받은 상인에게 장의소요기구, 물품을 판매하는 도매업에 대하여는 같은 법 제5조 제1항의 **영업허가가 필요 없는** 것으로 해석하여 영업허가를 해 주지 않고 있다. 피고인 역시 영업허가 없이 도매를 해 왔다면, 동인에게는 같은 법률위반에 대한 인식이 있었다고 보기 어렵다.5)

⑦ ***표준판례** 서울특별시 공문, 식품제조허가지침 등의 공문은, 곡물을 단순히 볶아

1) 대판 1992. 5. 22. 91도2525.
2) 대판 2002. 5. 17. 2001도4077.
3) 대판 2005. 6. 10. 2005도835. 제3회.
4) 대판 1982. 1. 19. 81도646.
5) 대판 1989. 2. 28. 88도1141.

서 판매하거나 가공위탁자로부터 제공받은 고추, 참깨, 들깨, 콩 등을 가공할 경우, 양곡관리법 및 식품위생법상의 허가대상이 아니라는 취지였다. 따라서 피고인은, 사람들이 물에 씻어 오거나 볶아온 쌀 등을 빻아서 미숫가루를 제조하는 행위는 별도의 허가를 얻을 필요가 없다고 믿었다. 피고인이 자기행위가 법령에 의해 죄가 되지 않는 것으로 오인함에 어떤 **과실이 있음을** 가려낼 수 없어 정당한 이유가 있는 경우에 해당한다.1)

⑧ 갑은 가감삼십전대보초와 한약 가짓수에만 차이가 있는 십전대보초를 제조하고 그 효능에 관해 광고를 한 사실에 대해 이전에 **검찰의 혐의없음** 결정을 받은 적이 있다. 갑이 비록 허가 없이 의약품인 가감삼십전대보초를 판매하였더라도, 자기 행위가 법령에 의해 죄가 되지 않는 것으로 오인한 것은 정당한 이유가 있다.2)

⑨ 피고인은 건설폐기물 처리업 허가를 받고 건설폐기물 처리시설을 설치한 후 변경허가를 받음으로써 **변경허가 없이** 그 시설 소재지를 변경하였다고 하여 건설폐기물법 위반으로 기소되었다. 피고인이 시설 등을 미리 갖추고 실제 영업행위를 하기 전에 변경허가를 받으면 된다고 그릇 인식한 것은, 정당한 이유 있는 법률의 착오에 해당한다.3)

⑩ 내용 중에 일부 허위사실이 포함된 신문기사를 보도한 사안에서, 기사 작성의 목적이 공공의 이익에 관한 것이고, 그 기사 내용을 작성자가 **진실하다고 믿었으며**, 그와 같이 믿은 데 객관적인 상당한 이유가 있는 경우, 명예훼손의 위법성을 부인한 원심판결은 정당하다.4)

B. **정당한 이유 부정 판례**

① 피고인들은 갑이 이 사건 아파트의 관리소장으로 관리업무를 수행하기 전에 공무원을 찾아가 주택관리사보자격만 있는 갑에게 이 사건 아파트의 관리업무를 수행하도록 하여도 법 위반이 되는지 질의하였다. 위 공무원은 법에 위반되지 않는다는 **확실한 답변은** 하지 않았다. 따라서 피고인들이 공무원에게 질의를 하였다는 사정만으로는 오인에 정당한 이유가 있는 경우라고 할 수 없다.5)

② 식사와 함께 부수적으로 음주행위가 허용되는 영업허가를 받은 업소라고 하더라도, 실제로는 **주로 주류를** 조리 · 판매하는 영업행위가 이루어지고 있는 경우에는 청소년보호법상의 19세 미만자 고용금지업소에 해당한다. 주간에는 주로 음식류, **야간에는** 주로 주류를 조리 · 판매하는 업소도 청소년고용금지업소에 해당한다.6)

③ 긴급명령 위반행위 당시 **긴급명령이 시행된 지** 그리 오래되지 않아 금융거래의 실명전환 및 확인에만 관심이 집중되어 있었고, 비밀보장의무는 관계기관의 유권해석이나 금융관행이 확립되어 있지 않았다는 사정은, **단순한 법률의 부지**에 불과하다. 해당 은행에서는 긴급명령상의 비밀보장에 관해 상당한 교육을 시행하였음을 알 수 있어, 피고인들의 행위가 죄

1) 대판 1983. 2. 22. 81도2763.
2) 대판 1995. 8. 25. 95도717.
3) 대판 2015. 1. 15. 2013도15027.
4) 대판 1996. 8. 23. 94도3191.
5) 대판 2003. 4. 11. 2003도451.
6) 대판 2004. 2. 12. 2003도6282.

가 되지 않는다고 믿은 것은 정당한 이유가 있는 경우에 해당하지 않는다.1)

④ **스크린 스크래핑 프로그램** 제작자가 변호사에게 프로그램을 통한 고객 정보 수집의 적법 여부만을 검토한 것만으로는, 금융실명법 제4조 제1항 위반행위에 정당한 이유가 없어 법률의 착오에 해당하지 않는다.2)

⑤ 가처분결정으로 직무집행정지 중에 있던 종단대표자가, 종단소유의 보관금을 소송비용으로 사용하면서 **변호사의 조언을** 받았다는 것만으로는, 보관금인출 사용행위가 법률의 착오에 의한 것이라 할 수 없다.3)

⑥ *표준판례 한국간행물윤리위원회나 정보통신윤리위원회가 이 사건 만화에 대해 심의하여 음란성 등을 이유로 청소년유해매체물로 판정하였을 뿐, 더 나아가 **관계기관에 형사처벌** 또는 행정처분을 요청하지 않았다 하더라도, 피고인들의 행위가 죄가 되지 않는 것으로 오인한 데 정당한 이유가 있다고 볼 수 없다.4) *부작위에 의해서도 방조범이 성립할 수 있음을 명시한 판결.

⑦ 부동산중개업자가 **부동산중개업협회의 자문**을 통해 인원수의 제한 없이 중개보조원을 채용하는 것이 허용되는 것으로 믿었다고 하더라도, 그러한 사정만으로 자신의 행위가 법령에 저촉되지 않는 것으로 오인함에 정당한 이유가 있는 경우에 해당한다거나 범의가 없었다고 볼 수는 없다.5)

⑧ 기공원을 운영하면서 환자들을 대상으로 척추교정시술행위를 한 자가, 정부 공인의 체육종목인 '활법'의 **사회체육지도자 자격증**을 취득한 자라 하여도, 자신의 행위가 무면허 의료행위에 해당되지 않는다고 믿은 데 정당한 사유가 있다고 할 수 없다.6)

⑨ 피고인 을은 신축 당시 의료시설(병원)로 건축허가를 받고, 지하 1층 부분에 대해 의료시설(병원) 및 제2종 근린생활시설(음식점)로 사용승인을 받았다. 피고인 갑이 피고인 을로부터 지하 1층 장례식장 시설을 임차하여 **장례예식장 등으로** 영업신고 및 사업자등록을 마쳤다는 사정만으로는, 법률상 제한된 용도인 장례식장을 운영한 피고인들의 행위가 죄가 되지 않는 것으로 오인하는 데 정당한 이유가 있다고 볼 수 없다.7)

⑩ 사무실 임차인이 임대차계약 종료 후 갱신계약 여부에 관한 의사표시나 명도의무를 지체하고 있다는 이유로 **임대인이 단전조치를** 취한 경우는 법률의 착오에 해당하지 않는다.8)

⑪ *표준판례 피고인은 그 보좌관을 통해 관할 선거관리위원회 직원에게 구두로 문의하여, 이 사건 의정보고서에 낙천대상자로 선정된 사유에 대한 해명과 낙천대상자 선정이 부당하다는 취지의 제3자의 반론 내용과 이를 보도한 내용을 전재하는 것이 허용된다는 답변

1) 대판 1997. 6. 27. 95도1964.
2) 대판 2009. 5. 28. 2008도3598.
3) 대판 1990. 10. 16. 90도1604.
4) 대판 2006. 4. 28. 2003도4128.
5) 대판 2000. 8. 18. 2000도2943.
6) 대판 2002. 5. 10. 2000도2807.
7) 대판 2005. 9. 29. 2005도4592.
8) 대판 2006. 4. 27. 2005도8074.

을 들었다. 이것만으로는 자신의 지적 능력을 다하여 이를 회피하기 위한 **진지한 노력**을 다 하였다고 볼 수 없다.[1] *법률착오의 '정당한 이유'를 구체화한 판결. 죄가 되지 않는 것을 오인한 정당한 이유는 심사숙고나 조회 등 자신의 지적능력을 다한 진지한 노력이 있어야 인정됨. **단순한 회신만으로는** 부족하다고 봄.

⑫ **수사처리 관례상** 일부 상치된 내용을 일치시키기 위해 적법하게 작성된 참고인 진술조서를 찢어버리고, 진술인의 진술도 듣지 않고 그 내용을 일치시킨 새로운 진술조서를 작성한 행위는, 그 행위를 적법한 것으로 잘못 믿었다고 할지라도 그렇게 잘못 믿은 데 대해 정당한 이유가 있다고 볼 수 없다.[2]

⑬ 자격기본법에 의한 민간자격관리자로부터 **대체의학자격증**을 수여받은 자가 사업자등록을 한 후 침술원을 개설하였다. 국가의 공인을 받지 못한 민간자격을 취득하였다는 사실만으로는, 자신의 행위가 무면허 의료행위에 해당되지 않는다고 믿은 데 정당한 사유가 있다고 할 수 없다.[3]

⑭ 피고인은 이 사건 아파트 분양권의 매매를 중개할 당시 '일반주택'이 아닌 '**일반주택을 제외한 중개대상물**'을 중개하는 것이어서 교부 받은 수수료가 법에서 허용되는 범위 내의 것으로 믿었다. 그러한 사정만으로는 자신의 행위가 법령에 저촉되지 않는 것으로 오인함에 정당한 사유가 있는 경우에 해당한다고 볼 수는 없다.[4]

⑮ 관할 환경청은 비록 폐기물 배출업자가 차량을 임차하여 폐기물을 수집 · 운반하는 경우에도 '스스로 폐기물을 수집 · 운반하는 경우'에 해당하는 것으로 해석하고 **특정폐기물 수집 · 운반차량증**을 발급해 주었다. 그러한 사정만으로는 관할 환경청이 무허가 업자에게 위탁하여 폐기물을 수집 · 운반하게 하는 행위까지 적법한 것으로 해석하였다고 볼 수는 없다. 피고인이 피고인 회사의 폐기물 수집 · 운반 방법이 죄가 되지 않는 것으로 믿었다 하더라도, 그와 같이 믿는데 정당한 이유가 있다고 보기는 어렵다.[5]

2) 양심긴장과 조회의무

① **정당한 이유의 판단 기준** 형법 제16조의 "정당한 이유"는, 행위자에게 자기 행위의 위법 가능성에 대해 **심사숙고하거나 조회**할 수 있는 계기가 있었고, 자신의 지적 능력을 다하여 이를 회피하기 위한 **진지한 노력**을 하였더라면, 스스로의 행위에 대해 위법성을 인식할 수 있는 가능성이 있어야 한다. 그럼에도 이를 다하지 못한 결과 자기 행위의 위법성을 인식하지 못한 것인지에 따라 판단해야 한다.[6]

② **단순한 법률의 부지와 적극적 오인** 피고인이 자신의 행위가 건축법상의 허가대상인 줄을 몰랐다는 사정은 **단순한 법률의 부지**에 불과하다. 특히 법령에 의해 허용된 행위로

1) 대판 2006. 3. 24. 2005도3717. 제3, 5회.
2) 대판 1978. 6. 27. 76도2196.
3) 대판 2003. 5. 13. 2003도939.
4) 대판 2005. 5. 27. 2004도62.
5) 대판 1998. 6. 23. 97도1189.
6) 대판 2017. 3. 15. 2014도12773.

서 죄가 되지 않는다고 **적극적으로 그릇 인식한** 경우가 아니어서, 이를 법률의 착오에 기인한 행위라고 할 수 없다.[1]

③ *표준판례 유흥접객업소의 업주가 경찰당국의 단속대상에서 제외되어 있는 만 18세 이상의 고등학생이 아닌 미성년자는 출입이 허용되는 것으로 알고 있었더라도 이는 미성년자보호법 규정을 알지 못한 **단순한 법률의 부지에** 해당한다. 특히 법령에 의하여 허용된 행위로서 죄가 되지 않는다고 적극적으로 그릇 인정한 경우는 아니므로 비록 경찰당국이 단속대상에서 제외하였다 하여 이를 법률의 착오에 기인한 행위라고 할 수는 없다.[2]

④ *표준판례 피고인 갑은 면사무소 호병계장으로 재직하고 있음을 기화로 동거여인인 을 사이에 출생한 자를 자신의 법률상 처인 병 사이에서 출생한 것처럼 호적부에 허위기재 한 후 **그 정을 모르는 면장으로** 하여금 이에 날인케 하여 허위내용의 호적부를 작성하였다. 갑의 행위는 허위공문서작성죄의 구성요건을 충족함이 뚜렷하고, 위법의 인식은 그 범죄사실이 **사회정의와 조리에** 어긋난다는 것을 인식하는 것으로서 족하고 구체적인 해당 법조문까지 인식할 필요는 없다. 설사 피고인이 위의 판시 소위가 형법상 허위공문서작성죄에 해당되는 줄 몰랐다고 가정하더라도, 그와 같은 사유만으로는 피고인에게 위법성의 인식이 없었다고 할 수는 없다.[3] *금지착오와 허위공문서작성죄의 간접정범에 관한 판례.

[29] 5. 기대가능성

(1) 기대가능성의 초법규성 1

① **납북어부사건** 북괴에 납북된 피고인들은 앞으로 대한민국으로 돌아갈 수 있을 것인지조차 명백히 알 수 없는 상태에서, 그들 요구대로 강연을 하는 등 북괴의 활동을 찬양고무하고 정보를 제공하는 행위를 하였다. 피고인들의 행위는 생명, 신체에 대한 위해를 방어할 방법이 없는 협박에 의해 강요된 행위이며, 이를 **거부할 기대가능성이 없다**고 봄이 상당하다.[4] *강요된 행위 문제.

② 입학시험에 응시한 **수험생으로서** 자기 자신이 부정한 방법으로 탐지한 것이 아니고 우연한 기회에 미리 출제될 시험문제를 알게 되어 그에 대한 답을 암기하였을 경우, 그 암기한 답에 해당된 문제가 출제되었다 하여도 위와 같은 경위로서 암기한 답을 그 입학시험 답안지에 기재하여서는 아니 된다는 것을 그 일반수험생에게 기대한다는 것은 보통의 경우 도저히 불가능하다 할 것이다.[5] *업무방해죄의 고의 문제.

③ 피고인 A는 출제교수들로부터 대학원신입생전형시험문제를 제출받아 알게 된 것을 틈타서 피고인 D, E 등에게 그 시험문제를 알려주었다. 그렇게 알게 된 D, E 등이 그 답안

1) 대판 2011. 10. 13. 2010도15260. 제5회.
2) 대판 1985. 4. 9. 85도25.
3) 대판 1987. 3. 24. 86도2673.
4) 대판 1971. 12. 14. 71도1657.
5) 대판 1966. 3. 22. 65도1164.

쪽지를 작성한 다음 이를 답안지에 그대로 베껴 써서 그 정을 모르는 시험감독관에게 제출하였다. 이는 **위계로써 입시감독업무를** 방해한 것에 해당되고, 업무방해죄 내지 기대가능성에 대한 법리를 오해한 위법이 없다.[1] *역시 업무방해죄에 관한 문제.

④ **기대불가능성을 일반적 면책사유로 인정한 하급심심판결** 피고인 甲은 乙에게 공소사실기재 건물에 대한 소유권이전등기 소요서류를 구비하여 주면 이를 사장 丙에게 보이고 자금을 지원받아 가등기 등으로 담보된 채무와 매매잔대금을 정리해 주겠다고 거짓말을 하여 위 등기서류를 교부받은 다음 피고인의 처 이름으로 소유권이전등기를 마침으로써 사기, 공정증서원본부실기재, 동행사죄를 범하였다는 이유로 수원지방법원에 구속 · 기소되어 사건이 계류 중이었다. 그러던 중 1983. 6. 29일 서울지방법원 북부지원에서 위 乙에 대한 배임사건의 증인으로 소환을 받아 선서한 다음 증언함에 있어 위에서 본 바와 같이 乙을 속여 소유권이전등기서류를 교부받아 그의 처 이름으로 등기이전을 하였음에도 불구하고 "당시 乙이 위 건물에 다른 채권자들이 압류하게 될지 모르고 또 인감시효도 만료되어가니 빨리 피고인 甲앞으로 명의를 이전해가라고 독촉을 하여 위 건물의 소유권을 피고인의 처 앞으로 이전한 것이다"라고 기억에 반하는 허위진술을 하여 위증한 사실이 인정되었다.

형사소송법 제148조에 의하면 누구든지 자기의 유죄판결을 받을 사실이 발로될 염려 있는 증언을 거부할 수 있다고 규정하고 있으나 한편 동 제150조에 의하면 그 증언거부사유를 소명하여야 한다고 규정하고 있으므로 증인으로 소환된 피고인으로서는 ㉮ 자기가 유죄판결을 받을 범죄사실을 암시함으로써 증언을 거부하든가 또는 위 암시를 하지 아니하고 선서한 후 ㉯ 피고인의 범죄사실(피고인이 고소인 乙을 기망하여 소유권이전등기에 소요되는 서류를 교부받아 피고인의 처 앞으로 그 소유권을 이전한 사실)을 진술하든가 또는 ㉰ 허위진술을 함으로써 위증죄의 처벌을 각오하든가의 삼자택일을 하지 아니하면 아니 된다. 그러나 증언거부권을 인정한 입법취지나 형사소추된 피고인에게 묵비권을 인정한 인권의 기본원칙에 비추어 볼 때 피고인이 증언을 거부하거나 혹은 진실한 증언을 한다는 것은 기대할 수 없다고 할 것이고 따라서 마지막 남은 방법인 허위진술의 길을 택한 피고인의 이 사건 행위는 **적법행위의 기대가능성**이 없어서 범죄로 되지 아니한다.[2]

⑤ 피고인은 공범이기는 하나 강도상해죄로 이미 유죄판결이 확정된 상태여서, 공동피고인의 경우와 달리 증언거부권이 인정되지 않는다. 피고인으로서는 공범으로 별건 기소된 甲의 피고사건에 증인으로 채택되어 소환된 이상, 위와 같은 사유를 들어 증언을 거부할 수는 없다. 위증죄로부터 탈출할 수 있는 길이 마련되어 있지 않은 피고인에게, 그동안의 일관된 진술을 뒤엎고 자신의 범죄사실을 시인하는 증언을 기대하는 것은 어렵다. 자신의 범행사실을 부인하는 증언을 한 피고인의 행위는 **적법행위의 기대가능성**이 없으므로 무죄이다.[3]

⑥ **기대불가능성의 일반적 면책사유성을 부정한 대법원 판결** 원심은, 피고인이 증인

1) 대판 1991. 11. 12. 91도2211.
2) 서울형사지방법원 1986. 7. 4. 85노6824. 이 하급심판결의 결론은 종래의 판례태도(대판 1961. 7. 13. 4294형상194)와 일치함.
3) 부산지방법원 2005. 12. 14. 2005노3276.

으로 선서한 이상 진실대로 진술하면 자신의 범죄를 시인하는 것이 되고, 증언을 거부하면 자기범죄를 암시하는 것이 되어 피고인에게 **사실대로의 진술을 기대할 수 없다는** 이유로 위증죄성립을 부정하였다. 피고인과 같은 처지의 증인에게는 증언을 거부할 수 있는 권리를 인정하여 위증죄로부터의 탈출구를 마련하고 있는 만큼 적법행위의 기대가능성이 없다고 할 수 없다. 선서한 증인이 증언거부권을 포기하고 허위진술을 한 이상 위증죄 처벌을 면할 수 없다. 자기에게 형사상 불리한 진술을 강요당하지 아니할 권리(헌법 제11조 제2항)는 결코 **적극적으로 허위진술을** 할 권리를 보장하는 것은 아니다.[1]

⑦ ***표준판례** 피고인에게 적법행위를 기대할 가능성이 있는지 여부를 판단하기 위하여는 평균인의 관점에서 판단하여야 한다. 자기에게 형사상 불리한 진술을 강요당하지 않을 권리가 결코 적극적으로 허위진술을 할 권리를 보장하는 취지는 아니다. 이미 유죄의 확정판결을 받은 경우에는 **일사부재리의 원칙**에 따라서 다시 처벌되지 않으므로 증언을 거부할 수 없다. 이는 사실대로의 진술 즉 **자신의 범행을** 시인하는 진술을 기대할 수 있기 때문이다. 설사 피고인이 자신의 형사사건에서 시종일관 그 범행을 부인하였다 하더라도, 이를 이유로 피고인에게 사실대로 진술할 것을 기대할 가능성이 없다고 볼 수는 없다.[2] *적법행위에 대한 기대가능성 기준을 사회적 평균인으로 본 판결.

(2) 강요된 행위 2

① 형법 제12조 소정의 **저항할 수 없는 폭력**은, 심리적 의미에서 육체적으로 어떤 행위를 절대적으로 하지 않을 수 없게 하는 경우와 윤리적 의미에서 강압된 경우를 말한다. **협박은** 자기 또는 친족의 생명, 신체에 대한 위해를 달리 막을 방법이 없는 협박을 말한다. **강요는** 피강요자의 자유스런 의사결정을 하지 못하게 하면서 특정한 행위를 하게 하는 것을 말한다.[3]

② 18세 소년이 취직할 수 있다는 감언에 속아 도일하여, 조총련 간부들의 감시 내지 감금하에 강요에 못 이겨, 공산주의자가 되어 북한에 갈 것을 서약한 행위는 강요된 행위에 해당된다.[4]

③ **자초한 강제상태** 어로저지선을 넘어 어로작업을 하면 북괴구성원에게 납치될 염려가 있으며, 만약 납치되면 대한민국의 각종 정보를 북괴에게 제공하게 되는 것은 일반적으로 예견되는 일이다. 피고인은 그전에 납북경험이 있는 자로서 **월선하자고 상의하여** 월선조업을 하다가 납치되어 북괴의 물음에 답하여 제공한 사실은 강요된 행위에 해당되지 않는다.[5]

④ 북괴에 가게된 것이 자의가 아니었다고 하더라도, 북괴로부터 무전기와 난수표, 공작금을 받고 남한에 잠입한 점, 잠입 후 바로 수사기관에 자수하지 않은 점 등에 비추어 보면, 피고인의 북괴지역에서의 행위 내지 남한에서의 간첩방조행위가 강요된 행위 내지 기대

---

1) 대판 1987. 7. 7. 86도1724 전원합의체.
2) 대판 2008. 10. 23. 2005도10101. 제1, 6회.
3) 대판 1983. 12. 13. 83도2276. 제6, 7회.
4) 대판 1972. 5. 9. 71도1178.
5) 대판 1971. 2. 23. 70도2629.

가능성이 없는 행위라고 볼 수는 없다.1)

⑤ 단체사이의 **상하관계**에서 오는 구속력 때문에 이루어진 행위라는 사유만으로는 그 행위를 강요된 행위라 볼 수 없다.2)

⑥ *표준판례 형법 제12조에서 말하는 강요된 행위는, 저항할 수 없는 폭력이나 생명, 신체에 위해를 가하겠다는 협박 등 다른 사람의 강요행위에 의해 이루어진 행위를 의미한다. 어떤 사람의 성장교육과정을 통해 형성된 **내재적 관념 내지 확신**으로 인해, 행위자 스스로의 의사결정이 사실상 강제되는 경우까지 의미하는 것은 아니다.3) *KAL기 폭파 김현희 사건.

⑦ 안기부가 엄격한 상명하복의 관계에 있는 조직이라고 하더라도 안기부 직원의 정치 관여는 법률로 엄격히 금지되어 있다. 피고인도 상관 갑의 의도를 잘 알고 있었다. 상관의 지시에 따라, 대통령선거를 앞두고 특정 후보에 대한 부정적 여론을 조성할 목적으로 **허위사실의 책자를** 발간, 배포한 행위는 강요된 행위로서 적법행위에 대한 기대가능성이 없다고 볼 수는 없다.4)

⑧ 설령 **대공수사단 직원은** 상관의 명령에 절대 복종하여야 한다는 것이 불문율로 되어 있다 할지라도, 국민의 기본권인 신체의 자유를 침해하는 고문행위 등이 금지되어 있는 우리의 국법질서에 비추어 볼 때, 그와 같은 불문율이 있다는 것만으로는 고문치사와 같이 중대하고도 명백한 위법명령에 따른 행위가 정당한 행위에 해당하거나 강요된 행위로서 적법행위에 대한 기대가능성이 없는 경우에 해당한다고 볼 수는 없다.5)

⑨ 직장 상사의 범법행위에 가담한 부하에 대하여 **직무상 지휘 · 복종관계에** 있다는 이유만으로 범법행위에 가담하지 않을 기대가능성이 없다고는 할 수 없다.6)

⑩ 휘발유 등 군용물의 불법매각이 상사인 포대장이나 인사계 **상사의 지시에** 의한 것이라 하여도 그 같은 지시가 저항할 수 없는 폭력이나 자기 또는 친족의 생명, 신체에 대한 위해를 방어할 방법이 없는 협박에 상당한 것이라고 인정되지 않은 이상 강요된 행위로서 책임성이 조각된다고 할 수 없다.7)

3 (3) 위법한 명령, 의무의 충돌 등

1) 기대가능성 부정

① 입학시험에 응시한 수험생으로서, 자기 자신이 부정한 방법으로 탐지한 것이 아니고 **우연한 기회**에 미리 출제될 시험문제를 알게 되어 그에 대한 답을 암기하였을 경우, 그 암기한 답을 그 입학시험 답안지에 기재해서는 안 된다는 것을 일반 수험생에게 기대하는 것은

1) 대판 1968. 9. 24. 68도841.
2) 대판 1986. 9. 23. 86도1547.
3) 대판 1990. 3. 27. 89도1670.
4) 대판 1999. 4. 23. 99도636.
5) 대판 1988. 2. 23. 87도2358.
6) 대판 2007. 5. 11. 2007도1373.
7) 대판 1983. 12. 13. 83도2543.

불가능하다.1)

② 시험 출제위원이 문제를 선정하여 **시험실시자에게** 제출하기 전에 이를 유출하였다고 하더라도, 이러한 행위 자체는 위계를 사용하여 시험실시자의 업무를 방해하는 행위가 아니라 그 준비단계에 불과하다. 그 후 그와 같이 유출된 문제가 시험실시자에게 제출되지도 않았다면, 그러한 문제유출로 인해 시험실시 업무가 방해될 추상적 위험조차도 없으므로 업무방해죄가 성립하지 않는다.2)

③ 수학여행 온 대학교 3학년생 중 일부만의 학생증을 제시받아 성년임을 확인하고 나이트클럽에 단체입장을 시켰는데, 그들 중에 섞여 있던 미성년자(19세 4개월 남짓 된 여학생) 1인을 위 업소에 출입시킨 결과가 되었다. 피고인이 단체 입장하는 학생들이 모두 성년자일 것으로 믿은 데에는 정당한 이유가 있었다고 할 것이다. 이 상황에서 학생들 중에 미성년자가 섞여 있을지도 모른다는 것을 예상하여, 그들의 증명서를 일일이 확인할 것을 요구하는 것은 **사회통념상 기대가능성이 없다**고 봄이 상당하다.3)

④ 기업이 불황이라는 사유만으로 사용자가 근로자에 대한 **임금이나 퇴직금을** 체불하는 것은 허용되지 않는다. 그러나 모든 성의와 노력을 다했어도 임금이나 퇴직금의 체불이나 미불을 방지할 수 없었다는 것이 사회통념상 긍정할 정도가 되어, 사용자에게 적법행위를 기대할 수 없는 경우에는 근로기준법 등에서 정하는 임금 및 퇴직금지급의무 위반죄의 책임은 조각된다.4)

2) 기대가능성 인정

① 피고인이 비서라는 특수신분 때문에 **주종관계에 있는** 공동피고인들의 지시를 거절할 수 없어 뇌물을 공여하였더라도, 그와 같은 사정만으로는 피고인에게 뇌물공여 이외의 반대행위를 기대할 수 없는 경우였다고 볼 수 없다.5)

② 직장 상사의 범법행위에 가담한 부하에 대해, **직무상 지휘 · 복종관계**에 있다는 이유만으로 범법행위에 가담하지 않을 기대가능성이 없다고는 할 수 없다.6)

③ *표준판례 자신의 강도상해 범행을 일관되게 부인하였으나 유죄판결이 확정된 피고인이, 별건으로 기소된 공범의 형사사건에서 **자신의 범행사실을 부인하는** 증언을 한 경우, 피고인에게 사실대로 진술할 기대가능성이 있으므로 위증죄가 성립한다.7)

④ 영업정지처분에 대한 집행정지 신청이 잠정적으로 받아들여졌다는 사정만으로는, 구 음반 · 비디오물 및 게임물에 관한 법률 위반으로 기소된 피고인에게 적법행위의 기대가능성이 없다고 볼 수는 없다.8)

---

1) 대판 1966. 3. 22. 65도1164.
2) 대판 1966. 3. 22. 65도1164.
3) 대판 1987. 1. 20. 86도874.
4) 대판 2015. 2. 12. 2014도12753. 제8, 9회.
5) 대판 1983. 3. 8. 82도2873.
6) 대판 2007. 5. 11. 2007도1373. 제7회.
7) 대판 2008. 10. 23. 2005도10101.
8) 대판 2010. 11. 11. 2007도8645.

⑤ 당국이, 피고인이 간부로 있는 전국교직원노동조합이나 기타 단체에 대해 모든 옥내외 **집회를 부당하게** 금지하고 있다고 하여, 그 집회신고의 기대가능성이 없다고 할 수는 없다. 위와 같은 이유만으로 관할경찰서장에게 신고하지 않고 옥외집회를 주최한 것이 죄가 되지 않는다고 할 수 없다.[1]

⑥ 양손을 뒤로 결박당하고 양 발목마저 결박당한 피해자의 양쪽 팔, 다리, 머리 등을 밀어누름으로써 피해자의 얼굴을 욕조의 물속으로 강제로 찍어 누르는 가혹행위를 반복할 때 욕조의 턱에 피해자의 목부분이 눌려 질식현상 등의 치명적인 결과를 가져올 수 있다는 것은 우리의 경험칙상 어렵지 않게 예견할 수 있다. 공무원이 그 직무를 수행함에 있어 하관은 소속상관의 적법한 명령에 복종할 의무는 있으나 그 명령이 참고인으로 소환된 사람에게 가혹행위를 가하라는 등과 같이 명백한 **위법 내지 불법한 명령인** 때에는 이는 벌써 직무상의 지시명령이라 할 수 없으므로 이에 따라야 할 의무는 없다.[2] *박종철 고문치사사건.

Ⅳ. 미 수 론

[30] 1. 장애미수

1 ### (1) 실행착수 인정

① 야간에 타인의 재물을 절취할 목적으로 사람의 주거에 침입한 경우에는, 주거에 침입한 행위의 단계에서 이미 형법 제330조에서 규정한 **야간주거침입절도죄**라는 범죄행위의 실행에 착수한 것이다.[3]

② 피고인이 격분하여 피해자를 살해할 것을 마음먹고 밖으로 나가 낫을 들고 피해자에게 다가서려고 하였으나, 제3자가 이를 제지하여 그 틈을 타서 피해자가 도망함으로써 살인의 목적을 이루지 못한 경우, 피고인이 낫을 들고 **피해자에게 접근**함으로써 살인의 실행행위에 착수하였다고 할 것이므로 살인미수에 해당한다.[4]

③ ***표준판례** 피고인이 방화의사로 뿌린 휘발유가 인화성이 강한 상태로 주택주변과 피해자의 몸에 적지 않게 살포되어 있는 **사정을 알면서도** 라이터를 켜 불꽃을 일으킴으로써 피해자의 몸에 불이 붙었다. 비록 외부적 사정에 의해 불이 방화 목적물인 주택 자체에 옮겨 붙지는 않았다고 하더라도 현주건조물방화죄의 실행착수가 있었다고 봄이 상당하다.[5] *범죄의 실행착수는 구성요건 일부가 실현된 경우뿐만 아니라 구성요건이 실현될 **현실적 위험성이** 있는 행위를 시작하는 것으로도 인정됨.

---

1) 대판 1992. 8. 14. 92도1246.
2) 대판 1988. 2. 23. 87도2358.
3) 대판 1984. 12. 26. 84도2433.
4) 대판 1986. 2. 25. 85도2773.
5) 대판 2002. 3. 26. 2001도6641.

④ *표준판례 야간에 아파트에 침입하여 물건을 훔칠 의도로, 아파트의 베란다 철제난간까지 올라가 **유리창문을 열려고** 시도하였다면, 야간주거침입절도죄의 실행에 착수한 것으로 보아야 한다.1) *원심이 인정한 사실관계는 피고인이 베란다 난간을 잡고 소형손전등으로 아파트 창문이 잠겨 있는지 살피던 중 발각되었다는 것이고(예비단계), 대법원은 철제난간까지 올라가 유리창을 열려고 시도하였다는 것으로 차이가 있음.

⑤ 법률사무의 수임에 관하여 당사자를 특정 변호사에게 소개한 후 그 대가로 금품을 수수하면, 변호사법 제109조 제2호, 제34조 제1항을 위반하는 죄가 성립한다. 그 경우 소개의 대가로 금품을 받을 고의를 가지고 **변호사에게 소개를 하면** 실행행위의 착수가 있다.2)

⑥ 주거침입죄의 실행착수는 구성요건의 일부를 실현하는 행위까지 요구하는 것은 아니고, 구성요건실현에 이르는 현실적 위험성을 포함하는 행위를 개시하는 것으로 충분하다. 출입문이 열려 있으면 안으로 들어가겠다는 의사 아래 **출입문을 당겨보는 행위**는 바로 주거의 사실상의 평온을 침해할 객관적 위험성을 포함하는 행위이다. 그것으로써 주거침입죄의 실행착수는 인정된다.3)

⑦ 피고인 등이 사기도박에 필요한 준비를 갖추고 피해자들에게 **도박에 참가하도록 권유한 때** 또는 늦어도 그 정을 알지 못하는 피해자들이 도박에 참가한 때에는 이미 사기죄의 실행에 착수하였다.4)

⑧ 진정한 임차권자가 아니면서 허위의 **임대차계약서를 법원에 제출**하여 임차권등기명령을 신청하면, 그로써 소송사기의 실행행위에 착수한 것으로 보아야 한다. 그 임차보증금반환채권에 관하여 현실적으로 청구의 의사표시를 해야만 사기죄의 실행착수가 있다고 볼 것은 아니다.5)

⑨ 소유권이전등기청구권에 대한 압류는, 당해 부동산에 대한 경매 실시를 위한 사전단계의 의미를 가지나, 전체로서의 강제집행절차를 위한 일련의 시작행위라고 할 수 있다. 허위 채권에 기한 공정증서를 집행권원으로 하여 채무자의 소유권이전등기청구권에 대해 **압류신청을 한 시점**에 소송사기의 실행착수는 인정된다.6)

⑩ 피고인 갑은 피해자 을 소유 자동차 안에 들어 있는 **밍크코트를** 발견하고 이를 절취할 생각으로 공범이 위 차 옆에서 망을 보는 사이 위 차 오른쪽 앞문을 열려고 앞문손잡이를 잡아당기다가 을에게 발각되었다면 절도의 실행에 착수하였다고 봄이 상당하다.7)

⑪ 소매치기가 피해자의 주머니에 손을 넣어 금품을 절취하려 한 경우, 비록 그 **주머니 속에 금품이** 들어있지 않았었다 하더라도 위 소위는 절도라는 결과 발생의 위험성을 충분히

1) 대판 2003. 10. 24. 2003도4417.
2) 대판 2006. 4. 7. 2005도9858 전원합의체.
3) 대판 2006. 9. 14. 2006도2824.
4) 대판 2011. 1. 13. 2010도9330. 제9회.
5) 대판 2012. 5. 24. 2010도12732.
6) 대판 2015. 2. 12. 2014도10086.
7) 대판 1986. 12. 23. 86도2256.

내포하고 있으므로 이는 절도미수에 해당한다.[1)] *빈 주머니 소매치기.

⑫ 피고인이 간음할 목적으로 새벽 4시에 여자 혼자 있는 방문 앞에 가서 피해자가 방문을 열어 주지 않으면 부수고 들어갈 듯한 기세로 방문을 두드렸다. 피해자가 위험을 느끼고 창문에 걸터앉아 **가까이 오면 뛰어내리겠다고** 하는데도 베란다를 통해 창문으로 침입하려고 하였다. 피해자는 이를 피하기 위해 뛰어내리다가 중상을 입었다. 피고인의 행위는 강간수단으로 폭행에 착수한 것이므로 강간의 실행착수를 인정할 수 있다. 피고인의 행위는 강간치상죄에 해당된다.[2)] *강간의 실행착수와 결과적 가중범에 관한 판례.

⑬ ***표준판례*** 피고인이 밤에 술을 마시고 배회하던 중, 버스에서 내려 혼자 걸어가는 피해자 갑을 발견하고 마스크를 착용한 채 뒤따라가다가 인적이 없고 외진 곳에서 가까이 접근하여 껴안으려 하였다. 그러나 갑이 뒤돌아보면서 소리치자 그 상태로 몇 초 동안 쳐다보다가 다시 오던 길로 되돌아갔다. 갑의 행위는 **강체추행미수죄**에 해당한다.[3)] *청소년성보호법 제7조 제3항의 강제추행죄는 폭행협박 후 추행행위를 하는 경우뿐만 아니라 **폭행행위 자체가 추행행위로** 인정되는 경우도 포함. 후자의 경우에는 폭행행위를 한 때에 실행착수가 인정됨.

⑭ ***표준판례*** 주거침입죄의 범의는 반드시 신체의 전부가 타인의 주거 안으로 들어간다는 인식이 있어야 하는 것은 아니다. **신체의 일부라도** 타인의 주거 안으로 들어간다는 인식이 있으면 족하다. 예컨대 주거로 들어가는 문의 시정장치를 부수거나 문을 여는 등 침입을 위한 구체적 행위를 시작하였으면 주거침입죄의 실행착수는 인정된다. 야간에 타인의 집 창문을 열고 **집 안으로 얼굴을 들이미는 등의 행위를** 하였다면 피고인이 자신의 신체 일부가 집 안으로 들어간다는 인식하에 하였더라도 주거침입죄 범의는 인정된다. 또한 비록 신체 일부만이 집 안으로 들어갔다고 하더라도 사실상 주거의 평온을 해하였다면 주거침입죄 기수는 인정된다.[4)] *주거침입죄의 실행종료시기에 관한 대표적 판례.

⑮ ***표준판례*** 피고인 갑은 피해자 소유의 **영산홍 1그루를** 캔 다음, 남편 을에게 전화를 걸어 영산홍을 차에 싣는 것을 도와 달라고 하여 을이 그곳으로 와서 함께 운반하였다. 피고인이 영산홍을 캐낸 시점에 이미 피해자의 점유가 침해되어 절도죄는 기수에 이르렀다. 그 이후 을이 영산홍을 차까지 운반한 행위는 다른 죄에 해당하는지의 여부는 별론으로 하고(장물운반죄), 을이 갑과 합동으로 절취행위를 하였다고 할 수는 없다.[5)] *입목立木에 대한 절도죄는 이를 캐낸 시점에 기수가 되고 운반이나 반출 등의 행위는 필요하지 않다는 판결.

⑯ ***표준판례*** 피고인은 이 사건 수목 40그루를 피해자 C를 위해 보관하던 중, 위 피해자로부터 이 사건 수목을 처분해도 좋다는 허락을 받지 않았음에도, D와 E에게 이 사건 수목을 대금 1억 9,000만 원에 매도하는 매매계약을 체결하였다. 그리고 즉석에서 **계약금 명**

1) 대판 1986. 11. 25. 86도2090, 86감도231.
2) 대판 1991. 4. 9. 91도288.
3) 대판 2015. 9. 10. 2015도6980, 2015모2524. 제8회.
4) 대판 1995. 9. 15. 94도2561.
5) 대판 2008. 10. 23. 2008도6080. 제2회.

목으로 5,000만 원을 교부받아 이를 임의로 사용하였다. 피고인은 시가 1,200만 원 상당의 피해자 C 소유의 수목 40그루를 임의로 처분하여 횡령한 혐의로 기소되었다. 그러나 피고인이 단순히 수목에 관한 매매계약을 체결하고 계약금을 수령한 사실만으로는 횡령죄의 '실행착수'의 단계를 넘어 '기수범'에 이르렀다고 보기는 어렵다.[1] *횡령행위의 종료시기를 명확히 한 판결. 계약금을 수령한 단계에서는 계약금의 배액 상환으로 얼마든지 해약 가능. 매수인 명의의 명인, 수목의 분리 보관이나 반출이 없는 한 횡령죄는 미수에 그침.

⑰ ***표준판례** 갑 주식회사 대표이사인 피고인이, 자신이 별도로 대표이사를 맡고 있던 을 주식회사의 병 은행에 대한 대출금채무를 담보하기 위해 병 은행에 갑 회사 명의로 액면금 29억 9,000만 원의 **약속어음**을 발행하였다. 피고인이 대표권을 남용하여 약속어음을 발행한 사실은 병 은행이 알았거나 알 수 있었던 때에 해당하여 그 발행행위는 갑 회사에 대해 효력이 인정되지 않는다. 따라서 피고인의 행위로 갑 회사에 현실적인 손해나 재산상 실해 발생위험이 초래되었다고 볼 수는 없다. 피고인의 행위를 배임죄 기수로 판단한 원심판결은 법리오해의 잘못이 있다.[2] *배임죄 미수. 의무부담행위의 결과 실제로 채무이행이 이루어졌거나 민법상 불법행위책임을 부담해야 배임죄 기수가 됨.

⑱ ***표준판례** 신용카드를 절취한 사람이 대금을 결제하기 위해 신용카드를 제시하고 카드회사 승인까지 받았다고 하더라도, 매출전표에 **서명한 사실이 없고** 도난카드임이 밝혀져 최종적으로 매출취소로 거래가 종결되었다면, 신용카드 부정사용 미수행위에 불과하다.[3] *이 판례는 미수행위에 대한 처벌규정이 없어 불가벌이라는 결론을 내리고 있지만, 2009년 여신전문금융업법이 부정사용 미수행위에 대한 처벌규정을 도입함으로써 현재는 **신용카드부정사용 미수죄가** 성립함.

⑲ 피고인은 성폭력처벌법위반(카메라등이용촬영)죄의 미수로 기소되었다. 원심은 휴대전화를 든 피고인의 손이 피해자가 용변을 보고 있던 화장실 칸 너머로 넘어온 점, 카메라 기능이 켜진 위 휴대전화의 화면에 피해자의 모습이 보인 점 등에 비추어 그 실행의 착수가 인정된다고 보아 유죄로 판단하였고, 대법원은 원심의 판단을 수긍하였다.[4] *카메라등이용 **촬영범행에 밀접한 행위가** 판단기준.

(2) 실행착수 부정 2

① 소매치기의 경우, 피해자의 양복상의 주머니로부터 금품을 절취하려고 그 호주머니에 손을 뻗쳐 **그 겉을 더듬은 때에는**, 절도 범행은 예비단계를 지나 실행에 착수하였다고 봄이 상당하다.[5]

② 가압류는 강제집행의 보전방법에 불과한 것이어서, 허위 채권을 피보전권리로 삼아

1) 대판 2012. 8. 17. 2011도9113.
2) 대판 2017. 7. 20. 2014도1104 전원합의체.
3) 대판 2008. 2. 14. 2007도8767. 제7회.
4) 대판 2021. 3. 25. 2021도749.
5) 대판 1984. 12. 11. 84도2524.

가압류를 하였다고 하더라도, 그 채권에 관하여 현실적으로 청구의 의사표시를 한 것이라고 볼 수는 없다. 본안소송을 제기하지 않고 가압류를 한 것만으로는 사기죄의 실행에 착수하였다고 할 수 없다.1)

③ 갑은 필로폰을 매수하려는 자로부터 필로폰을 구해 달라는 부탁과 함께 돈을 지급받았다. 그러나 당시 필로폰을 소지 또는 입수한 상태에 있었거나 그것이 가능하였다는 등 **매매행위에 근접 · 밀착한 상태**에서 대금을 받은 것은 아니었다. 단순히 필로폰을 구해 달라는 부탁과 함께 돈을 받은 것에 불과한 경우, 갑의 행위는 필로폰 매매행위의 실행착수에 이른 것으로 볼 수 없다.2)

④ 피고인이 히로뽕 제조원료 구입비로 금 3백만 원을 제1심 공동피고인에게 제공하였는데, 공동피고인이 그 돈을 가지고 **구입할 원료를 물색 중** 적발되었다. 피고인의 소위는 히로뽕제조에 착수하였다고 볼 수 없다.3)

⑤ 입영대상자가 병역면제처분을 받을 목적으로 병원으로부터 **허위의 병사용진단서**를 발급받았다고 하더라도, 이러한 행위만으로는 사위행위의 실행에 착수하였다고 볼 수 없다.4)

⑥ 은행강도 범행으로 강취할 돈을 송금받을 **계좌를 개설한** 것만으로는 범죄수익 등의 은닉에 관한 죄의 실행에 착수한 것으로 볼 수 없다.5)

⑦ ***표준판례** 갑은 강도의 범의로 야간에 칼을 휴대한 채 타인의 주거에 침입하여 집안의 동정을 살피다가 피해자를 발견하고 갑자기 욕정을 일으켜 칼로 협박하여 강간을 하였다. 이 경우, 야간에 흉기를 휴대한 채 타인의 주거에 침입하여 **집안의 동정을** 살피는 것만으로는 특수강도의 실행에 착수한 것으로 볼 수 없다. 특수강도의 실에 착수하기도 전에 저질러진 갑의 강간행위는 특정범죄가중법상의 특수강도강간죄에 해당하지 않는다.6) *특수강도강간죄의 실행착수 시기는 주거침입시가 아니라 **폭행 또는 협박시를** 기준으로 해야 한다고 본 판결. **야간주거침입강도죄**의 경우에는 주거침입시를 실행착수 시기로 보고 있음.7)

⑧ 태풍 피해복구보조금 지원절차는 행정당국에 의한 실사를 거쳐 피해자로 확인된 경우에 한하여 보조금 지원신청을 할 수 있도록 되어 있다. 피해신고는 국가가 보조금의 지원 여부 및 정도를 결정하는 데 그 직권조사를 개시하기 위한 참고자료에 불과하다. **허위의 피해신고**만으로는 위 보조금 편취범행의 실행에 착수한 것으로 볼 수 없다.8)

⑨ 부동산 이중양도에 있어서 매도인이 제2차 매수인으로부터 계약금만을 지급받고 **중도금**을 수령한 바 없다면, 배임죄의 실행착수가 있었다고 볼 수 없다.9)

---

1) 대판 1988. 9. 13. 88도55.
2) 대판 2015. 3. 20. 2014도16920.
3) 대판 1983. 11. 22. 83도2590.
4) 대판 2005. 9. 28. 2005도3065.
5) 대판 2007. 1. 11. 2006도5288.
6) 대판 1991. 11. 22. 91도2296.
7) 대판 1992. 7. 28. 92도917.
8) 대판 1999. 3. 12. 98도3443.
9) 대판 2010. 4. 29. 2009도14427.

⑩ 부동산 경매절차에서 피고인들이 허위의 공사대금채권을 근거로 **유치권 신고**를 한 경우, 소송사기의 실행착수는 인정되지 않는다.[1]

⑪ 위장결혼의 당사자 및 브로커와 공모한 피고인이 허위로 결혼사진을 찍고 혼인신고에 필요한 서류를 준비하여 **위장결혼의 당사자에게** 건네준 것만으로는, 공전자기록 등 부실기재죄의 실행에 착수한 것으로 볼 수 없다.[2] *이 죄의 실행착수시기는 공무원에 대해 허위신고를 하는 때.

⑫ 형법 제331조 제2항 **특수절도의 주거침입은** 그 구성요건이 아니다. 절도범인이 그 범행수단으로 주거침입을 한 경우에, 그 주거침입행위는 절도죄에 흡수되지 않고 별개로 주거침입죄를 구성하여 절도죄와 실체적 경합관계에 있다. 2인 이상이 합동하여 야간이 아닌 주간에 절도목적으로 타인의 주거에 침입하여도 아직 절취할 물건의 **물색행위를** 시작하기 전이라면 특수절도죄의 실행에 착수한 것으로 볼 수 없어 그 미수죄가 성립하지 않는다.[3]

⑬ 피고인이 아파트 신축공사 현장 안에 있는 건축자재 등을 훔칠 생각으로 공범과 함께 위 공사현장 안으로 들어간 후, 창문을 통해 신축 중인 **아파트 지하실 안쪽을 살핀 행위**는 특수절도죄의 실행착수에 해당하지 않는다.[4]

⑭ 피고인은 일화 500만￥은 기탁화물로 부치고 일화 400만￥은 휴대용 가방에 넣어 국외로 반출하려고 하였다. 500만￥에 대하여는 기탁화물로 부칠 때 이미 국외로 반출하기 위한 행위에 **근접 · 밀착한 행위**가 이루어졌다고 보아 실행의 착수가 있었다고 할 것이다. 그러나 휴대용 가방에 넣어 비행기에 탑승하려고 한 나머지 400만￥에 대하여는 그 휴대용 가방을 보안검색대에 올려놓거나 이를 휴대하고 통과하는 때에 비로소 실행착수가 있다고 볼 것이다. 피고인이 휴대용 가방을 가지고 공항에서 탑승을 기다리던 중 체포되었다면, 일화 400만￥에 대하여는 실행착수가 있다고 볼 수 없다.[5]

⑮ 절도죄의 실행착수 시기는 재물에 대한 타인의 사실상 지배를 침해하는 밀접한 행위를 개시한 때라고 보아야 한다. **야간이 아닌 주간**에 절도목적으로 타인의 주거에 침입하였다고 하여도, 아직 절취할 물건의 물색행위를 시작하기 전이라면 주거침입죄만 성립하고 절도죄의 실행에 착수한 것으로 볼 수 없어 절도미수죄는 성립하지 않는다.[6]

⑯ 피고인이 다세대주택 2층의 불이 꺼져있는 것을 보고 물건을 절취하기 위해 **가스배관을** 타고 올라가다가, 발은 1층 방범창을 딛고 두 손은 1층과 2층 사이에 있는 가스배관을 잡고 있던 상태에서 순찰 중이던 경찰관에게 발각되자 그대로 뛰어내렸다. 이러한 피고인의 행위만으로는 주거의 **사실상의 평온을 침해할 현실적 위험성이** 있는 행위를 개시한 때에 해당한다고 보기 어렵다. 원심의 판단은 야간주거침입절도죄의 실행의 착수시기에 관한 법리오

---

1) 대판 2009. 9. 24. 2009도5900.
2) 대판 2009. 9. 24. 2009도4998. 제1회.
3) 대판 2009. 12. 24. 2009도9667.
4) 대판 2010. 4. 29. 2009도14554.
5) 대판 2001. 7. 27. 2000도4298. 제3회.
6) 대판 1992. 9. 8. 92도1650, 92감도80. 제2회.

해의 위법이 없다.[1]

⑰ 피고인은 노상에 세워 놓은 자동차 안에 있는 물건을 훔칠 생각으로 자동차의 유리창을 통해 그 **내부를 손전등으로** 비추어 보았다. 당시 그는 유리창을 따기 위해 면장갑을 끼고 있었고 칼을 소지하고 있었다. 피고인의 행위는 절도 예비행위로 볼 수는 있겠으나, 타인의 재물에 대한 지배를 침해하는데 밀접한 행위를 한 것으로 볼 수는 없어 절취행위의 실행착수를 인정하기 어렵다.[2]

⑱ 피고인은 강간할 목적으로 피해자의 집에 침입하여 안방에서 자고 있는 피해자의 **가슴과 엉덩이를** 만지면서 간음을 기도하였다. 피고인은 피해자가 '야' 하고 크게 고함을 치자 도망감으로서 그 목적을 이루지 못하고 미수에 그쳤다. 이 사실만으로는 강간의 수단으로 피해자에게 폭행이나 협박을 개시하였다고 하기는 어렵다. 제1심판결은 강간미수죄의 법리를 오해하여 유죄를 인정한 허물이 있다.[3]

⑲ *표준판례 피고인은 정보관계 담당 순경으로서 증거수집을 위해 설시 정당의 지구당집행위원회에서 쓸 회의장소에 몰래 도청기를 마련해 놓았지만 회의 개최 전에 들켜 뜯겼다. 이 때문에 회의가 열릴 시간이 10분 늦어졌다. 원심은 도청장치의 설치가 정당한 목적으로 적법한 범위에서 한 일이 아니며, 비록 사전에 발각되어 도청은 못했지만 회의를 예정보다 10분 지연시켰으니 권리행사방해죄가 성립하는 것으로 판시하였다. 회의가 10분 늦어진 것은 공소범위를 벗어난 것으로 인정된다. 도청장치가 뜯겨 도청을 못하였다면, 회의진행을 도청당하지 않을 **권리가 침해된 현실적 사실은** 없으므로 직권남용죄 기수는 아니다. 미수에 대한 처벌규정은 없으니 직권남용죄의 죄책을 지울 수는 없다.[4] *권리방해행위 이외에 그 결과가 발생할 것을 명시하고 있는 판결.

[31] 2. 중지미수

1 (1) 자의성 판단기준

범죄의 실행행위에 착수하고 그 범죄가 완수되기 전에 자기의 자유로운 의사에 따라 범죄의 실행행위를 중지하였다. 그 중지가 일반 사회통념상 범죄를 완수하는 데 **장애가 되는 사정에** 의한 것이 아니라면 이는 중지미수에 해당된다.[5]

2 (2) 중지미수 인정

*표준판례 피고인이 피해자를 강간하려다가 피해자가 다음번에 만나 **친해지면 응해주겠다고** 간곡한 부탁을 하자 그 목적을 이루지 못하고 피해자를 자신의 차에 태워 집까지

1) 대판 2008. 3. 27. 2008도917.
2) 대판 1985. 4. 23. 85도464.
3) 대판 1990. 5. 25. 90도607.
4) 대판 1978. 10. 10. 75도2665.
5) 대판 1997. 6. 13. 97도957.

데려다 주었다. 피고인은 자의로 강간행위를 중지한 것이고, 피해자의 다음에 만나 친해지면 응해 주겠다는 취지의 간곡한 부탁은 사회통념상 범죄실행에 대한 장애로 여겨지지 않으므로 피고인의 행위는 중지미수에 해당한다.[1]

(3) 중지미수 부정 3

① 피고인은 갑에게 위조한 예금통장 사본 등을 보여주면서 외국회사에서 투자금을 받았다고 거짓말하며 자금 대여를 요청하였다. 그러나 갑과 함께 그 **입금 여부를 확인하기** 위해 은행에 가던 중 은행 입구에서 차용을 포기하고 돌아가 사기미수로 기소되었다. 이는 피고인이 범행이 발각될 것이 두려워 범행을 중지한 것으로서, 일반 사회통념상 범죄를 완수하는 데 장애가 되는 사정에 해당하여 자의에 의한 중지미수로 볼 수 없다.[2]

② 강도가 강간하려고 하였으나 잠자던 피해자의 **어린 딸이** 잠에서 깨어 우는 바람에 도주하였고, 또 피해자가 시장에 간 **남편이** 곧 돌아온다고 하면서 임신 중이라고 말하자 도주한 경우에는, 자의로 강간행위를 중지하였다고 볼 수 없다.[3]

③ *표준판례 피고인은 피해자를 강간하려고 작은 방으로 끌고 가 팬티를 강제로 벗기고 음부를 만지던 중, 피해자가 수술한 지 얼마 안 되어 **배가 아프다면서** 애원하는 바람에 그 뜻을 이루지 못하였다. 피고인이 간음행위를 중단한 것은 피해자를 불쌍히 여겨서가 아니라, 피해자의 신체조건상 강간을 하기에 지장이 있다고 본 데에 기인한 것이므로, 중지범의 요건인 자의성을 결여하였다.[4]

④ *표준판례 피고인들은 야간에 피해자 H의 집에 이르러 피고인 C가 담을 넘어 들어가 대문을 열고, 나머지 피고인들이 집에 들어가 피고인 F가 부엌에서 식칼을 들고 방안에 들어가는 순간 **비상벨이 울려** 도주함으로써 뜻을 이루지 못하였다. 피고인들이 위와 같이 야간에 주거에 침입한 이상 특수강도죄의 실행에 착수한 것으로서 그 미수범으로 처단되어야 한다.[5] *야간주거침입강도죄는 주거침입과 강도의 결합범으로서 시간적으로 주거침입행위가 선행되는 것이므로 주거침입을 한 때에 본죄의 실행에 착수한 것으로 봄.

⑤ 갑은 살해의사로 피해자를 칼로 수회 찔렀으나 **많은 피가** 흘러나오는 것을 보고 겁을 먹고 범행을 그만 두었다. 이는 일반 사회통념상 범죄를 완수함에 장애가 되는 사정으로 보아야 하므로, 갑의 행위는 자의에 의한 중지미수에 해당되지 않는다.[6]

⑥ 피고인 갑은 장롱 안에 있는 옷가지에 불을 놓아 건물을 소훼하려 하였으나 **불길이 치솟는** 것을 보고 겁이 나서 물을 부어 불을 껐다. 위와 같은 상황에서 치솟는 불길에 놀라거나 자신의 신체안전에 대한 위해 또는 범행 발각시의 처벌 등에 두려움을 느끼는 것은 일

1) 대판 1993. 10. 12. 93도1851.
2) 대판 2011. 11. 10. 2011도10539. 제5회.
3) 대판 1993. 4. 13. 93도347.
4) 대판 1992. 7. 28. 92도917.
5) 대판 1992. 7. 28. 92도917.
6) 대판 1999. 4. 13. 99도640.

반 사회통념상 범죄를 완수함에 장애가 되는 사정에 해당한다. 갑의 행위는 자의에 의한 중지미수라고 볼 수 없다.1)

⑦ 갑은 범행당일 미리 제보를 받은 세관직원들이 범행장소 주변에 잠복근무를 하고 있어 그들이 왔다갔다하는 것을 보았다. 갑은 범행의 **발각을 두려워한 나머지** 자신이 분담하기로 한 실행행위를 하지 못하였다. 이는 갑의 자의에 의한 범행중지가 아니어서 형법 제26조 중지범에 해당하지 않는다.2)

⑧ 피고인 등의 이 사건 범행은 **원료불량으로 인한** 제조상의 애로, 제품의 판로문제, **범행탄로시의 처벌공포**, 원심 공동피고인의 포악성 등으로 인해 히로뽕 제조를 단념한 것이므로, 자의에 의한 범행의 중지에 해당되지 않는다.3)

⑨ 피고인은 기밀탐지 임무를 부여받고 대한민국에 입국하여 기밀을 탐지 수집중, 경찰관이 피고인의 **행적을 탐문하고** 갔다는 말을 전해 듣고 지령사항 수행을 보류하고 있다가 체포되었다. 피고인은 기밀탐지의 기회를 노리다가 검거된 것이므로 이를 중지범으로 볼 수는 없다.4)

⑩ 타인의 재물을 공유하는 자가 공유자의 승낙을 받지 않고 공유대지를 담보에 제공하고 **가등기를 경료한** 경우 횡령행위는 기수에 이르고, 그 후 가등기를 말소했다고 하여 중지미수에 해당하는 것은 아니다.5)

⑪ 피고인은 대마 2상자를 사가지고 돌아오다, 이 장사를 다시 하게 되면 내 인생을 망치게 된다는 생각이 들어 이를 불태웠다. 이는 양형에 참작되는 사유는 될 수 있을지언정, **이미 성립한 죄에는** 아무 소장이 없어 중지미수에 해당된다고 할 수 없다.6)

4

(4) 예비의 중지

***표준판례** 중지범은 범죄의 실행에 착수한 후 자의로 그 행위를 중지한 때를 말하는 것이고, 실행의 착수가 있기 전인 **예비음모의** 행위를 처벌하는 경우에 있어서 중지범의 관념은 이를 인정할 수 없다.7)

5

(5) 공범과 중지미수

① **결과가 발생한 경우** 피고인은 **갑과 합동하여** 피해자를 텐트 안으로 끌고 간 후 갑, 피고인의 순으로 성관계를 하기로 하고, 피고인은 주변에서 망을 보고 갑은 피해자의 반항을 억압한 후 1회 간음하여 강간하였다. 이어 피고인이 위 텐트 안으로 들어가 피해자를 강간하려 하였으나, 피해자가 반항을 하며 강간을 하지 말아 달라고 사정을 하여 강간을 하지 않았다. 갑이 피고인과 공모하여 강간행위에 나아간 이상, 비록 피고인이 **강간행위를 하**

1) 대판 1997. 6. 13. 97도957.
2) 대판 1986. 1. 21. 85도2339.
3) 대판 1985. 11. 12. 85도2002.
4) 대판 1984. 9. 11. 84도138.
5) 대판 1978. 11. 28. 78도2175.
6) 대판 1983. 12. 27. 83도2629, 83감도446.
7) 대판 1999. 4. 9. 99도424. 제1, 4, 10회.

지 않았다고 하더라도 중지미수에 해당하지 않는다.[1)]

② 피고인은 갑 중위와 **범행을 공모하여** 갑 중위는 엔진오일을 매각 처분하고, 피고인은 송증정리를 하기로 한 것은 사후에 범행이 용이하게 탄로 나지 않도록 하는 안전방법의 하나이지, 갑 중위가 보관한 위 군용물을 횡령하는 데 송증정리가 없으면 절대 불가능한 것은 아니었다. 피고인이 후에 범의를 철회하고 송증정리를 거절하였다 하여도 공범자인 갑 중위의 **범죄 실행을 중지케** 한 것은 아니므로 중지미수를 인정할 수 없다.[2)]

③ 피고인은 갑이 위조약속어음인 정을 알고 그것을 행사할 의사가 있다는 사실을 알면서 이를 교부하였다. 피고인은 후에 이를 다시 **회수하려고** 노력하였지만 갑이 이 어음을 행사하였다면, 피고인은 갑과 위조약속어음 행사죄와 사기죄의 공동정범에 해당한다.[3)] *결과발생 방지의 실패.

④ 행위자 상호간에 범죄실행을 공모하였다면, 다른 공모자가 이미 실행에 착수한 이후에는 그 **공모관계에서 이탈**하였다고 하더라도 공동정범의 책임을 면할 수 없다. 피고인 등이 금품을 강취할 것을 공모하고 피고인은 집 밖에서 망을 보기로 하였으나, 다른 공모자들이 피해자의 집에 침입한 후 담배를 사기 위해 망을 보지 않았다고 하더라도, 피고인은 강도상해죄 공동정범의 죄책을 면할 수 없다.[4)]

⑤ 피고인은 공범들과 **다단계금융판매조직의** 사기범행을 공모하고 피해자들을 기망하여 그들로부터 투자금명목으로 피해금원의 대부분을 편취한 단계에서 위 조직의 관리이사직을 사임하였다. 피고인의 사임 이후 피해자들이 납입한 나머지 투자금명목의 편취금원도 같은 기망상태가 계속된 가운데 같은 공범들에 의해 같은 방법으로 수수된 경우, 피해자별로 포괄일죄의 관계에 있으므로 이에 대하여도 피고인은 공범의 책임을 부담한다.[5)]

⑥ ***표준판례*** 상습의 절도전과가 있는 피고인 갑과 을은 함께 대전역 부근에 있는 병이 경영하는 사무실의 금품을 절취하기로 공모하고, 갑은 그 부근 포장마차에 있고 을은 위 사무실의 열려진 출입문을 통해 안으로 들어가 훔칠 물건을 물색하였다. 이때 갑은 자신의 범행전력 등을 생각하여 가책을 느낀 나머지 스스로 결의를 바꾸어 사무시리 주인 병에게 을의 침입사실을 알리고 그와 함께 을을 체포하여 그 범행을 중지하여 **결과발생을 방지**하였다. 피고인 갑의 소위는 중지미수의 요건을 갖추었다고 할 것이다.[6)]

[32] 3. 불능미수

(1) 환 각 범 1

수입자동승인품목을 수입제한 또는 **금지품목으로** 잘못 알고 수입허가를 받을 의도로 반

---

1) 대판 2005. 2. 25. 2004도8259. 제4회.
2) 대판 1969. 2. 25. 68도1676.
3) 대판 1970. 2. 10. 69도2070.
4) 대판 1984. 1. 31. 83도2941.
5) 대판 2002. 8. 27. 2001도513.
6) 대판 1986. 3. 11. 85도2831.

제품인 양 표시하여 수입허가를 받았더라도, 이를 사위 기타 부정한 행위로써 수입허가를 받은 경우로 볼 수 없다.1)

2 ### (2) 주체의 불가능

법령에 기한 임명권자에 의하여 임용되어 공무에 종사하여 온 사람이, 나중에 그가 임용결격자이었음이 밝혀져 당초의 **임용행위가 무효라고** 하더라도, 그가 임용행위라는 외관을 갖추어 실제로 공무를 수행한 이상 공무 수행의 공정과 그에 대한 사회의 신뢰 및 직무행위의 불가매수성은 여전히 보호되어야 한다. 따라서 이러한 사람은 형법 제129조에서 규정한 공무원으로 봄이 타당하고, 그가 그 직무에 관하여 뇌물을 수수한 때에는 수뢰죄로 처벌할 수 있다.2)

3 ### (3) 장애미수와 불능미수의 구별

① *표준판례 피고인이 피해자를 독살하려 하였으나 **동인이 토함으로써** 그 목적을 이루지 못한 경우에는, 피고인이 사용한 독의 양이 치사량 미달이어서 결과발생이 불가능한 경우도 있을 것이다. 한편 형법은 장애미수와 불능미수를 구별하여 처벌하고 있으므로, 원심으로서는 이 사건 독약의 치사량을 좀 더 심리하여 피고인의 소위가 위 미수 중 어느 경우에 해당하는지 가렸어야 할 것이다.3)

② **불능미수 부정** 피고인은 요구르트 한 병에 1.6그램의 농약을 섞어 사람을 살해하려고 하였다. 그런데 실험에 의하면, 쥐에 대한 농약의 치사량은 체중 1킬로그램 당 0.451그램이라고 한다. 따라서 성인의 체중을 60킬로그램으로 할 때 치사량은 27.06그램, 체중 10킬로그램인 어린의 경우는 4.51그램이 된다. 그러나 이 사건 농약의 치사추정량은 **쥐에 대한 것을** 인체에 대해 추정하는 극히 일반적 추상적인 것이다. 피고인이 요구르트 한 병마다 섞은 농약 1.6그램이 그 치사량에 약간 미달한다 하더라도, 이를 마시는 경우 사망의 결과발생 가능성을 완전히 배제할 수는 없다.4)

③ 피고인이 갑에게 피해자 을을 살해하라고 하면서 준 원비-디 병에 성인 남자를 죽게 하기에 족한 용량의 농약이 들어 있었다. 또 피고인은 피해자 소유 승용차의 브레이크호스를 잘라 브레이크액을 유출시켜 주된 제동기능을 완전히 상실시켰다. 그 때문에 피해자가 자동차를 몰고 가다가 반대차선의 자동차와 충돌을 피하기 위해 브레이크 페달을 밟았으나 전혀 제동이 되지 않아서 사이드브레이크를 잡아당김과 동시에 인도에 부딪치게 함으로써 겨우 위기를 모면하였다. 피고인의 위 행위는 어느 것이나 사망의 **결과발생에 대한 위험성**을 배제할 수 없다 할 것이므로 각 살인미수죄를 구성한다.5)

④ 권총에 탄자를 충전하여 발사하였으나 **탄자가 불량**하여 불발된 경우에도, 이러한 총

---

1) 대판 1984. 6. 26. 84도341.
2) 대판 2014. 3. 27. 2013도11357.
3) 대판 1984. 2. 14. 83도2967.
4) 대판 1984. 2. 28. 83도3331.
5) 대판 1990. 7. 24. 90도1149.

탄을 충전하여 발사하는 행위는 결과발생을 초래할 위험이 내포되어 있으므로 (불가벌적) 불능범은 아니다.1)

⑤ 불능범은 범죄행위의 성질상 결과발생의 위험이 절대로 불가능한 경우를 말한다. 피고인 갑은 향정신성의약품인 메스암페타민, 속칭 "히로뽕" 제조를 위해 그 원료인 염산에 페트린 및 수종의 약품을 교반하여 "히로뽕" 제조를 시도하였으나, 그 **약품배합미숙**으로 완제품을 제조하지 못하였다. 갑의 위 행위는 그 성질상 결과발생의 위험성이 있으므로 이를 습관성의약품제조미수범으로 처단한 것은 정당하다.2)

⑥ 피고인이 우물과 펌프에 혼입한 농약(스미치온)의 악취가 심하여 보통의 경우에 마시기가 어렵고 또 그 혼입한 농약의 분량으로 보아 사람을 치사에 이르게 할 정도는 아니었다. 그럼에도 위 농약의 혼입으로 **살인의 결과가** 발생할 위험성이 없다고 단정할 수 없는 이상 피고인에게 살인미수 등의 죄책을 인정하였음은 정당하다.3)

⑦ 피고인이 갑과 공모하여 일정량 이상을 먹으면 사람이 사망에 이를 수도 있는 '초우뿌리' 또는 '부자' 달인 물을 피해자에게 마시게 하여 피해자를 살해하려고 하였으나 피해자가 이를 **토해버림으로써** 미수에 그친 행위는 불능범이 아닌 살인미수죄에 해당된다.4)

⑧ 피고인이 다른 공범자들과 공모하여 향정신성의약품인 메스암페타민을 매수하려 하였으나 매도인이 **소금을 대신 교부**함으로써 미수에 그친 경우, 위 매매행위가 성사될 가능성이 있었다고 보이므로 이를 향정신성의약품의 매매미수범으로 처단한 원심의 조치는 옳다.5)

⑨ **불능미수 인정** 임대인과 임대차계약을 체결한 임차인이 임차건물에 거주하기는 하였으나 그의 처만이 전입신고를 마친 후, 경매절차에서 배당을 받기 위해 임대차계약서상의 **임차인 명의를 처로 변경**하여 경매법원에 배당요구를 하였다. 실제의 임차인은 그 명의를 처로 변경하지 않았더라도 소액임대차보증금에 대한 우선변제권 행사로 배당금을 수령할 권리가 있다. 경매법원이 **실제의 임차인을 처로 오인**하여 배당결정을 하였더라도, 이로써 재물의 편취라는 결과발생은 불가능하다. 이러한 임차인의 행위를 객관적으로 결과발생 가능성이 있는 행위로 볼 수도 없으므로, 형사소송법 제325조에 따라서 무죄를 선고해야 한다.6)

⑩ *표준판례 민사소송법상 소송비용의 청구는 **소송비용액 확정절차**에 의하도록 규정하고 있다. 이 절차에 의하지 않고 손해배상금청구의 소 등으로 소송비용의 지급을 구하는 것은, 소의 이익이 없는 부적법한 소로서 허용될 수 없다. 따라서 소송비용을 편취할 의사로 **소송비용의 지급을** 구하는 손해배상청구의 소를 제기하였더라도, 이는 객관적으로 결과발생 가능성이 없어 위험성이 인정되지 않는다.7) *불능범의 위험성판단 기준으로 피고인이 행위

1) 대판 1954. 1. 30. 4286형상103.
2) 대판 1985. 3. 26. 85도206.
3) 대판 1973. 4. 30. 73도354.
4) 대판 2007. 7. 26. 2007도3687.
5) 대판 1998. 10. 23. 98도2313.
6) 대판 2002. 2. 8. 2001도6669.
7) 대판 2005. 12. 8. 2005도8105. 제1, 2, 4, 10회.

당시에 인식한 사정을 토대로 객관적으로 일반인 관점에서 판단해야 함.

⑪ 불능범의 판단기준으로서 위험성 판단은, 피고인이 행위 당시에 인식한 사정을 놓고 이것이 객관적으로 일반인의 판단으로 보아 결과발생가능성이 있느냐를 따져야 한다. 히로뽕 제조를 위해 에페트린에 빙초산을 혼합한 행위가 (불가벌적) 불능범이 아니라고 인정하려면, 위와 같은 사정을 놓고 객관적으로 제약방법을 아는 **과학적 일반인의 판단**으로 보아 결과발생가능성이 있어야 한다.[1]

⑫ *표준판례 피고인이 피해자가 심신상실 또는 항거불능상태에 있다고 인식하고 그러한 상태를 이용하여 간음할 의사로 피해자를 간음하였으나, 피해자가 실제로는 심신상실 또는 **항거불능의 상태에** 있지 않았던 경우, 준강간죄의 불능미수가 성립한다.[2] *실행의 수단 또는 대상의 착오로 준강간죄에서 규정하고 있는 구성요건결과의 발생이 처음부터 불가능. 준강간의 고의실현이 불가능. 재판부의 견해가 갈렸는데, 다수의견은 준강간의 결과가 발생할 위험성을 인정. 반대의견은 실행수단 내지 대상의 착오 자체를 부정.

[33] 4. 예 비 죄

1 ### (1) 음모의 의미

형법상 음모죄가 성립하는 경우의 음모란 2인 이상의 자 사이에 성립한 범죄실행의 합의를 말한다. 범죄실행의 합의가 있다고 하기 위하여는 단순히 범죄결심을 외부에 표시·전달하는 것만으로는 부족하고, 객관적으로 보아 **특정한 범죄의 실행을 위한 준비행위**라는 것이 명백히 인식되고, 그 합의에 실질적인 위험성이 인정될 때 비로소 음모죄가 성립한다.[3]

2 ### (2) 예비죄의 이중고의

① *표준판례 피고인 갑은 피해자 병을 살해하기 위해 피고인 을과 정을 고용하였고 그들에게 살인의 대가를 지급하기로 약정하였다. 피고인 갑에게는 **살인죄를 범할 목적 및 살인의 준비에 관한 고의가** 인정될 뿐 아니라, 그가 살인죄의 실현을 위한 준비행위를 하였음을 인정할 수 있다. 따라서 피고인 갑에 대하여 살인예비죄가 성립한다.[4] *예비죄의 개념과 예비죄의 성립요건을 명시한 판결.

② 피고인이 **북한공작원들과의** 사전 연락하에 주도한 민중당의 방북신청은, 그러한 정을 모르는 다른 민중당 인사들에게는 남북교류협력의 목적이 있었다 할 수 있음은 별론으로 하고, 피고인 자신에 대한 관계에서는 남북교류협력을 목적으로 한 것이라고 볼 수 없다. 피고인의 방북신청은 국가보안법상의 탈출예비에 해당한다.[5]

1) 대판 1978. 3. 28. 77도4049.
2) 대판 2019. 3. 28. 2018도16002 전원합의체. 제9회.
3) 대판 1999. 11. 12. 99도3801.
4) 대판 2009. 10. 29. 2009도7150. 제10회.
5) 대판 1993. 10. 8. 93도1951.

③ 피고인은 행사할 목적으로 미리 준비한 물건들과 옵세트 인쇄기를 사용하여 한국은행권 100원권을 사진 찍어 그 필름 원판 7매와 이를 확대하여 현상한 **인화지 7매를** 만들었다. 피고인의 행위는 아직 통화위조의 착수에는 이르지 않았고 그 준비단계에 불과하다.1)

④ 피고인들은 실제 북한과 범민족단합대회추진을 위한 예비회담을 하기 위해 판문점을 향해 출발하려고 하였다. 비록 피고인들이 그 주체와 의사연락하에 위 행위를 하였고, 당국의 제지가 없었더라면 위 회담이 **반드시 불가능하지는** 않았다고 보여진다. 위 피고인들의 소위는 국가보안법 제8조 제4항, 제1항 회합예비죄에 해당한다. 회합장소인 판문점 평화의 집으로 가던 중 그에 훨씬 못 미치는 **검문소에서** 경찰의 저지로 그 뜻을 이루지 못한 것이라면, 아직 반국가단체의구성원과의 회합죄의 실행에 착수하였다고 볼 수 없다.2)

⑤ 갑은 관세를 포탈할 목적으로 수입 물품의 수량과 가격이 낮게 기재된 계약서를 첨부하여 수입예정 물량 전부에 대한 과세가격 사전심사를 신청함으로써 과세가격을 허위로 신고하였다. 그리고 갑이 이에 따른 **과세가격 사전심사서를** 미리 받아둔 것은 관세포탈예비죄에 해당한다.3)

⑥ **예비죄 성립 부정** 살해용도로 쓰기 위해 흉기를 준비했더라도 그 흉기로써 살해할 **대상자가 확정되지** 않았으면 살인예비죄로 다스릴 수 없다.4)

⑦ 피고인은 간첩에 당하여 불특정 다수인인 경찰관으로 부터 체포 기타 방해를 받을 경우에는 이를 배제하기 위해 무기를 휴대한 것이 명백하다. 이 경우의 무기소지는 **살인대상**이 특정되지 않았으므로 살인예비죄가 성립하지 않는다.5)

⑧ 종범에서 타인의 범죄는 정범이 범죄의 실현에 착수한 경우를 말하는 것이므로 종범이 처벌되기 위하여는 정범의 실행착수가 있는 경우에만 가능하다. 형법 전체의 정신에 비추어 정범이 실행의 착수에 이르지 않고 **예비단계에** 그친 경우에는 이에 가공하는 행위가 예비의 공동정범이 되는 경우를 제외하고는 종범의 성립을 부정하는 것이 타당하다.6)

⑨ ***표준판례** 내란음모가 성립하기 위해서는 개별 범죄행위에 관한 세부적 합의가 있을 필요는 없다. 그러나 **공격 대상과 목표가** 설정되어 있고, 그 밖의 실행계획에 사항의 윤곽을 공통적으로 인식할 정도의 합의는 있어야 한다. 내란음모죄에 해당하는 합의는 단순히 내란에 관한 범죄결심을 외부에 표시 · 전달하는 것만으로는 부족하다. **객관적으로** 내란범죄의 실행을 위한 합의라는 것이 명백하고, 그러한 합의에 실질적인 위험성이 있어야 한다.7) *특정 정당 소속의 국회의원 피고인 갑 및 지역위원장 피고인 을을 비롯한 피고인들이, 이른바 조직원들과 회합을 통하여 회합 참석자 130여 명과 한반도에서 전쟁이 발발하는 등 유사시

1) 대판 1966. 12. 6. 66도1317.
2) 대판 1990. 8. 28. 90도1217.
3) 대판 1999. 4. 9. 99도424.
4) 대판 1959. 9. 1. 4292형상387.
5) 대판 1959. 7. 31. 4292형상308.
6) 대판 1976. 5. 25. 75도1549. 제1, 3, 4, 6, 10회.
7) 대판 2015. 1. 22. 2014도10978 전원합의체.

에 상부 명령이 내려지면 바로 전국 각 권역에서 국가기간시설 파괴 등 폭동할 것을 주장한 행위에 대해 내란선동죄의 유죄는 인정하였으나 폭동의 통모에 대한 내란음모죄는 인정하지 않음. ***통진당 이석기 내란선동사건.**

V. 정범과 공범

1 [34] 1. 정범과 공범의 구별

공동정범의 본질은 분업적 역할분담에 의한 **기능적 행위지배에** 있다. 공동정범은 공동의사에 의한 기능적 행위지배가 있음에 반하여, 종범은 그 행위지배가 없는 점에서 양자가 구별된다.1)

1 [35] 2. 동 시 범

① **이시異時의 독립행위 경합** 시간적 차이가 있는 독립된 상해행위나 폭행행위가 경합하여 사망결과가 일어나고, 그 사망의 원인된 행위가 판명되지 않은 경우에는 공동정범의 예에 의하여 처벌한다. 2시간 남짓한 시간적 간격을 두고 피고인이 두 번째의 가해행위인 이 사건 범행을 한 후, 피해자가 사망하였다. 그 **사망원인**을 알 수 없다고 보아 피고인을 **폭행치사죄의 동시범**으로 처벌한 원심판단은 정당하다.2)

② 형법 제263조의 동시범은 상해와 폭행죄에 관한 특별규정으로서, 동 규정은 그 보호법익을 달리하는 **강간치상죄**에는 적용할 수 없다.3)

③ 2인 이상이 상호의사연락 없이 동시에 범죄구성요건에 해당하는 행위를 하였을 때 그 결과발생의 원인된 행위가 분명하지 않으면 각 행위자를 미수범으로 처벌한다(독립행위의 경합). 이 독립행위가 경합하여, 특히 상해의 경우에는 공동정범의 예에 따라 처단(동시범)하는 것이므로, **상호 의사연락이 있어** 공동정범이 성립하면, 독립행위경합 등의 문제는 아예 제기될 여지가 없다.4)

④ 피고인 갑이 술에 취해 쓰러지려고 하는 것을 피해자가 부축하여 서있는 상태였다면, 술에 취해 몸을 잘 가누지 못할 정도의 갑이 피고인 을의 가해행위에 가세하여 자기를 부축하고 있는 피해자의 얼굴을 7, 8회 때리는 등 폭행에 가담하였다고 함은 선뜻 납득하기 어렵다. **가해행위를 한 것** 자체가 분명치 않은 사람에 대하여는 동시범으로 다스릴 수 없다.5)

1) 대판 1989. 4. 11. 88도1247. 제7회.
2) 대판 2000. 7. 28. 2000도2466. 제7, 9회.
3) 대판 1984. 4. 24. 84도372.
4) 대판 1997. 11. 28. 97도1740. 제7회.
5) 대판 1984. 5. 15. 84도488. 제2회.

⑤ *표준판례 피고인 갑은 공동피고인을, 병, 그리고 공소외인 정 등과 함께 뱃놀이를 하면서 술을 마셔 만취된 상태에서 술을 더 마시자고 의논이 되어 사건현장 술집에 가게 되었다. 갑과 을이 앞서 가다가 갑이 마루에 걸터앉아 있던 피해자 무 앞을 지나면서 그의 발을 걸은 것이 발단이 되어 시비가 일어났다. 화가 난 갑은 손으로 피해자 무의 멱살을 잡아 흔들다 뒤로 밀어버려 피해자로 하여금 그곳 토방 시멘트바닥에 넘어져 나무기둥에 뒷머리를 부딪치게 하였다. 이때 뒤따라 들어오던 병이 그 장면을 보고 들고 있던 쪽대(고기망태기)를 마당에 집어던지고 욕설을 하면서 피해자 무에게 달려들어 양손으로 멱살을 잡고 수회 흔들다가 밀어서 피해자를 뒤로 넘어뜨려 피해자로 하여금 뒷머리를 토방 시멘트바닥에 또 다시 부딪치게 하였다. 이어 병은 그곳 부엌근처에 있던 삽을 손에 들고 피해자 무의 얼굴 우측부위를 1회 때려 동인으로 하여금 넘어지면서 뒷머리를 장독대 모서리에 부딪치게 하였다. 그 결과 피해자는 뇌저부경화동맥파열상을 입고 사망에 이르렀다. 갑과 병의 각 범행은 우발적으로 발생한 독립적인 것으로 보일 뿐 사전모의가 있었던 것으로는 보이지 않는다. 이 사건은 전형적인 동시범에 해당된다. 그럼에도 이 점을 살피지 않고 원심이 갑과 병을 바로 상해치사죄의 공동정범으로 처단한 것은 위법하다. **동시범특례는 상해치사죄에도** 적용되지만, 원인행위가 판명되지 않을 경우에만 예외적으로 처벌된다는 점에서, 이 부분을 살피지 않은 원심은 동시범의 법리를 오해한 위법이 있다.[1] *결과적 가중범의 공동정범, 즉 과실범의 공동정범을 인정하는 대법원의 결론. 상해의 동시범특례 규정 자체가 문제가 많음.

[36] 3. 대 향 범 1

① 2인 이상의 서로 대향된 행위의 존재를 필요로 하는 **대향범에 대하여는 공범에 관한 형법총칙 규정**이 적용될 수 없다. **공무상비밀누설죄**(제127조)는 공무원 또는 공무원이었던 자가 법령에 의한 직무상 비밀을 누설하는 행위만을 처벌하고 있을 뿐, 직무상 비밀을 누설 받은 상대방을 처벌하는 규정은 없다. 따라서 직무상 비밀을 누설 받은 자에 대하여는 공범에 관한 형법총칙 규정이 적용될 수 없다.[2]

② 특정범죄가중법 제8조의2 제1항, 조세범처벌법 제10조 제3항 제3호의 처벌대상인 '재화 또는 용역을 공급하는 자가 허위의 매출처별 세금계산서합계표를 정부에 제출하는 행위'와 '재화 또는 용역을 공급받는 자가 허위의 매입처별 세금계산서합계표를 정부에 제출하는 행위'가 **대향범 관계에 있지는** 않다. 그러나 재화 또는 용역을 공급받는 자가 이를 공급하는 자의 허위 매출처별 세금계산서합계표 제출행위에 가담한 경우, 범행의 공동정범이나 교사범 또는 종범이 성립할 수 있다.[3]

③ 금품 등을 공여한 자에게 따로 처벌규정이 없는 이상, 그 공여행위는 그와 **대향적**

---

1) 대판 1985. 5. 14. 84도2118. 제9회.
2) 대판 2017. 6. 19. 2017도4240. 제4, 7회.
3) 대판 2014. 12. 11. 2014도11515.

행위의 존재를 필요로 하는 상대방의 범행에 대해 공범관계가 성립하지 않는다. 오로지 금품 등을 공여한 자의 행위에만 관여하여 그 공여행위를 교사하거나 방조한 행위도 **상대방의 범행에 대해** 공범관계가 성립하지 않는다.[1]

④ **변호사 아닌 자에게** 고용된 변호사를, 변호사 아닌 자가 변호사를 고용하여 법률사무소를 개설 · 운영하는 행위를 처벌하도록 규정하고 있는 변호사법 제109조 제2호, 제34조 제4항 위반죄의 공범으로 처벌할 수는 없다.[2]

⑤ 정범의 판매목적의 의약품 취득범행과 **대향범 관계**에 있는 정범에 대한 의약품 판매행위에 대하여는 형법총칙상 공범이나 방조범 규정이 적용될 수 없어 정범의 범행에 대한 방조범으로 처벌할 수 없다.[3]

⑥ ***표준판례** 변호사 사무실 직원인 피고인 갑은 법원공무원인 피고인 을에게 부탁하여, 수사 중인 사건의 체포영장 발부자 53명의 명단을 누설 받았다. 피고인 을이 직무상 비밀을 누설한 행위와 피고인 갑이 이를 누설 받은 행위는 **대향범 관계**에 있으므로 공범에 관한 형법총칙 규정이 적용될 수 없다. 그럼에도 피고인 갑의 행위가 공무상비밀누설교사죄에 해당한다고 본 원심판단은 법리오해의 위법이 있다.[4]

⑦ 형법 제127조는 공무원 또는 공무원이었던 자가 법령에 의한 직무상 비밀을 누설하는 행위만을 처벌하고 있을 뿐, 직무상 비밀을 누설 받은 상대방을 처벌하는 규정은 없다. 직무상 비밀을 누설 받은 자에 대하여는 공범에 관한 형법총칙규정이 적용될 수 없다.[5]

⑧ 정치자금을 기부한 자와 기부 받은 자는 이른바 **대향범인 필요적 공범관계**에 있다. 이러한 공범관계는 행위자들이 서로 대향적 행위를 하는 것을 전제로 하는데, 각자의 행위가 범죄구성요건에 해당하면 그에 따른 처벌을 받을 뿐이고 반드시 협력자 전부에게 범죄가 성립해야 하는 것은 아니다. 정치자금을 기부하는 자의 범죄가 성립하지 않더라도, 정치자금을 기부 받는 자가 정치자금법이 정하지 않은 방법으로 정치자금을 제공받는다는 의사를 가지고 받으면 정치자금부정수수죄가 성립한다.[6] *대향범 일방의 범죄 불성립과 상대방의 처벌문제.

1 [37] 4. 공범종속성

정범의 성립은 교사범, 방조범의 구성요건의 일부를 형성하고, 교사범, 방조범의 성립에는 먼저 **정범의 범죄행위가** 인정되어야 한다. 교사범, 방조범의 사실 적시에 있어서도 정범의 범죄 구성요건이 되는 사실 전부를 적시해야 하고, 이 기재가 없는 교사범, 방조범의 사실 적시는 죄가 되는 사실의 적시라고 할 수 없다.[7]

---

1) 대판 2014. 1. 16. 2013도6969. 제10회.
2) 대판 2004. 10. 28. 2004도3994. 제5회.
3) 대판 2001. 12. 28. 2001도5158. 제6회.
4) 대판 2011. 4. 28. 2009도3642. 제4회.
5) 대판 2017. 6. 19. 2017도4240.
6) 대판 2017. 11. 14. 2017도3449.
7) 대판 1981. 11. 24. 81도2422.

[38] 5. 공동정범

(1) 주관적 요건 1

1) 공동범행의사

① 공동정범이 성립하기 위해서는 범죄실현의 전 과정을 통해 행위자들 각자의 지위와 역할, 다른 행위자에 대한 권유 내용 등을 구체적으로 검토하고 이를 종합하여 공동가공의 의사에 기한 **상호 이용의 관계가** 합리적인 의심을 할 여지가 없을 정도로 증명되어야 한다.[1]

② 범죄의 실행에 가담한 사람의 경우에도 그가 공동의사에 따라 다른 공범자를 이용하여 실현하려는 행위가 **자신에게는 범죄를** 구성하지 않으면, 특별한 사정이 없는 한 공동정범의 죄책을 지지 않는다.[2] *자기 자신을 무고하기로 제3자와 공모하고 무고행위에 가담한 사건. 자기 자신은 무고죄의 구성요건에 해당하지 않음.

③ ***표준판례** 공동정범은 행위자 상호간에 범죄행위를 공동으로 한다는 공동가공의 의사를 가지고 범죄를 공동 실행하는 경우에 성립한다. 여기에서의 공동가공의 의사는 공동행위자 상호간에 있어야 하며 **행위자 일방의 가공의사만**으로는 공동정범관계가 성립할 수 없다.[3] *편면적 공동정범.

④ **질적 초과**(***표준판례**) 갑, 을, 병 세 사람은 **강도를 공모하고** 피해자의 집 안방에 들어가 갑과 병은 피해자에게 과도를 들이대고, 다시 갑이 전화선으로 피해자의 손발을 묶고 병이 주먹과 발로 피해자를 수회 때려 반항을 억압하였다. 갑은 장롱 등을 뒤져 여자 손목시계 1점 등 시가 합계 510,000원 상당을 가지고 나와 이를 강취하고, 병은 그녀의 유방을 만지고 을은 강제로 1회 간음하여 강간하였다. 갑이 을의 강간사실을 알게 된 것은 이미 **실행의 착수가 이루어지고** 난 다음이었다. 강간사실을 알고 나서도 암묵리에 그것을 용인하여 그로 하여금 강간하도록 할 의사로 강간의 실행범인 을과, 강간 피해자의 머리 등을 잡아준 병과 함께 일체가 되어, 을, 병의 행위를 통해 자기의사를 실행하였다고 볼 수는 없다. 갑에게 강도강간의 공모사실을 인정할 증거는 없다.[4]

⑤ **양적 초과** 수인이 가벼운 상해 또는 **폭행 등의 범의**로 범행 중 1인의 행위로 **살인 결과**를 발생케 한 경우, 그 나머지 자들은 상해 또는 폭행죄 등과 결과적 가중범의 관계에 있는 상해치사 또는 폭행치사 등의 죄책은 면할 수 없다. 그러나 위 살인 등 행위는 전혀 예기치 못하였다 할 것이므로, 그들에게 살인죄의 책임을 물을 수는 없다.[5] *판례는 공동정범의 양적 초과에 결과적 가중범의 공동정범 인정.

⑥ 피고인들은 **등산용 칼을** 이용하여 노상강도를 하기로 공모하였다. 범행 당시 차안에서 망을 보고 있던 피고인 갑이나, 등산용 칼을 휴대하고 있던 피고인 을과 함께 차에서 내

---

1) 대판 2015. 10. 29. 2015도5355.
2) 대판 2017. 4. 26. 2013도12592. 제9회.
3) 대판 1985. 5. 14. 84도2118. 제1, 9회.
4) 대판 1988. 9. 13. 88도1114.
5) 대판 1984. 10. 5. 84도1544.

려 피해자로부터 금품을 강취하려 했던 피고인 병으로서는, 그때 우연히 현장을 목격하게 된 다른 피해자를 피고인 을이 등산용 칼로 살해하여 강도살인행위에 이를 것을 전혀 예상하지 못하였다고 할 수 없다. 피고인들 모두 강도치사죄로 의율 처단함이 옳다.[1] *공동정범의 양적 초과와 결과적 가중범의 공동정범.

⑦ 강도의 공범자 중 1인이 강도기회에 피해자에게 폭행 또는 상해를 가하여 살해한 경우, 다른 공모자가 **살인의 공모를 하지** 않았더라도, 그 살인행위나 치사의 결과를 예견할 수 없었던 경우가 아니면, 강도치사죄의 죄책을 면할 수 없다.[2] *결과적 가중범의 공동정범.

⑧ **공모관계 인정** 2인 이상이 범죄에 공동 가공하는 공범관계에서 공모는 법률상 어떤 정형을 요구하는 것이 아니고, 2인 이상이 공모하여 어느 범죄에 공동 가공하여 그 범죄를 실현하려는 의사의 결합만 있으면 된다. 비록 전체의 모의과정이 없었다고 하더라도, 수인 사이에 **순차적으로 또는 암묵적으로 상통**하여 그 의사의 결합이 이루어지면 공모관계가 성립한다. 이러한 공모가 이루어진 이상 실행행위에 직접 관여하지 않은 자라도 다른 공모자의 행위에 대해 공동정범의 형사책임을 진다. 이와 같은 공모에 대하여는 직접증거가 없더라도 정황사실과 경험법칙에 의해 이를 인정할 수 있다. **상명하복관계**에 있는 자들 사이에도 범행에 공동 가공한 이상 공동정범이 성립하는 데 아무런 지장이 없다.[3]

⑨ 형법상 공모는 반드시 사전에 이루어질 필요는 없다. 사전모의가 없더라도 **우연히 모인 장소**에서 수인이 각자 상호간의 행위를 인식하고 암묵적으로 의사의 투합, 연락하에 범행에 공동가공하면, 수인은 각자 공동정범의 책임을 면할 수 없다.[4]

⑩ 특수강도의 범행을 모의한 이상 범행의 실행에 가담하지 않고, 공모자들이 강취해 온 **장물의 처분을 알선**만 하였더라도, 특수강도의 공동정범이 성립하므로 장물알선죄로 의율할 것은 아니다.[5]

⑪ 갑은 안수기도에 참여하여 목사가 안수기도의 방법으로 폭행을 하는 데 시종일관 폭행행위를 보조하였을 뿐 아니라, 더 나아가 스스로 피해자를 폭행하기도 하였다. 갑은 목사의 폭행행위를 인식하고도 이를 안수기도의 한 방법으로 알고 묵인함으로써 폭행행위에 관하여 **묵시적으로 의사가 상통**하였고, 나아가 그 행위에 공동 가공함으로써 공동정범의 책임을 면할 수 없다.[6]

⑫ 갑이 이른바 **딱지어음을** 발행하여 매매한 이상 사기의 실행행위에 직접 관여하지 않았더라도 공동정범의 책임을 면하지 못한다. 갑이 딱지어음의 전전유통경로나 중간 소지인들 및 그 기망방법을 구체적으로 몰랐다고 하더라도 공모관계를 부정할 수 없다.[7]

---

1) 대판 1990. 11. 27. 90도2262. 제5회.
2) 대판 1991. 11. 12. 91도2156. 제3회.
3) 대판 2012. 1. 27. 2010도10739.
4) 대판 1987. 10. 13. 87도1240. 제7회.
5) 대판 1983. 2. 22. 82도3103, 82감도666.
6) 대판 1994. 8. 23. 94도1484.
7) 대판 1997. 9. 12. 97도1706.

⑬ 피고인이 갑 등과 공모하여 이른바 **딱지어음을** 대량 발행한 후 일정한 가격으로 시중에 유통시켰다. 을 등이 그 중 일부를 취득하여 이러한 사실을 숨긴 채 피해자들에게 교부하여 어음할인금을 편취하거나 채무이행의 유예를 받았다. 피고인 등 딱지어음 발행인들과 을 등 딱지어음 취득자들 사이에 사기 범행에 관하여 공모관계가 성립되어 사기죄의 공동정범이 성립한다.1)

⑭ ***표준판례** 학부모들이 대학교 교무처장 등에게 자녀들의 부정입학을 청탁하면서 그 대가로 대학교측에 기부금명목의 금품을 제공하고 이에 따라 교무처장 등은 그들의 실제 입학시험성적을 임의로 고쳐 그 석차가 모집정원의 범위 내에 들도록 **사정부를 허위로** 작성하였다. 그리고 이를 그 정을 모르는 입학사정위원들에게 제출하여 그들로 하여금 그 사정부에 따라 입학사정을 하게 함으로써 자녀들을 합격자로 사정처리 하게 한 것은 위계로써 입학사정위원들의 사정업무를 방해한 것이다.2) *피고인, 부정입학을 알선의뢰 받은 교수, 교무처장 사이의 암묵적 의사연락에 의한 순차공모관계를 인정한 판결.

⑮ 공동정범이 성립하기 위해서는 반드시 공범자간에 사전에 모의가 있어야 하는 것은 아니다. **우연히 만난 자리에서** 서로 협력하여 공동의 범의를 실현하려는 의사가 암묵적으로 상통하여 범행에 공동 가공하더라도 공동정범은 성립한다.3)

⑯ **공모관계 부정** 회사직원이 영업비밀을 경쟁업체에 유출하거나 스스로의 이익을 위해 이용할 목적으로 **무단으로 반출한 때** 업무상배임죄의 기수에 이르렀다고 할 것이다. 그 이후에 위 직원과 접촉하여 영업비밀을 취득하려고 한 자는 업무상배임죄의 공동정범이 될 수 없다.4)

⑰ 오토바이를 절취해 오면 그 물건을 사 주겠다고 한 것은, 절도죄에 있어 공동정범의 성립을 인정하기 위해 필요한 공동가공의 의사가 있었다고 보기 어렵다.5)

⑱ 을이 이미 주식회사의 대표이사를 사임하고 회사의 고문으로 있던 갑에게, 병의 문제를 해결하기 위해서는 병에게 금 3억 원을 주어 무마하는 수밖에 없다고 보고하자, 피고인 갑이 **아무 말도 없이 창밖만** 쳐다보았으므로 을은 이에 동의한 것으로 알았다. 그 후 을은 갑에게, 돈을 준 사실을 보고하지 않았다. 이 사실만으로는 피고인 갑이 을과 공모하여 횡령 범행을 저질렀다고 인정하기에는 부족하다.6)

⑲ 어음, 수표의 발행인이 그 지급기일에 결제되지 않으리라는 정을 예견하면서도 이를 발행하고 거래상대방을 속여 할인을 받거나 물품을 매수하였다면, 위 발행인의 사기행위는 이로써 완성된다. **거래 상대방이** 그 어음, 수표를 타에 양도함으로써 전전 유통되고 최후소지인이 지급기일에 지급 제시하였으나 부도된 경우, 그 최후소지인에 대한 관계에서 발행인

---

1) 대판 2011. 12. 22. 2011도9721.
2) 대판 1994. 3. 11. 93도2305.
3) 대판 1984. 12. 26. 82도1373. 제10회.
4) 대판 2003. 10. 30. 2003도4382. 제1, 6회.
5) 대판 1997. 9. 30. 97도1940.
6) 대판 1999. 9. 17. 99도2889.

의 행위를 사기죄로 의율할 수는 없다.[1]

⑳ *표준판례 피고인은 피해자 일행을 한 사람씩 나누어 강간하자는 피고인 일행의 제의에 **아무런 대답도** 하지 않고 따라 다니다가 자신의 강간 상대방으로 남겨진 공소외인에게 일체의 신체적 접촉도 시도하지 않은 채 다른 일행이 인근 숲 속에서 강간을 마칠 때까지 공소외인과 함께 이야기만 나누었다. 이 경우 피고인에게 다른 일행의 강간 범행에 공동으로 가공할 의사가 있었다고 볼 수 없다.[2]

2) 승계적 공동정범

① 공범자가 공갈행위의 실행에 착수한 후 그 범행을 인식하면서 **그와 공동의 범의를** 가지고, 그 후의 공갈행위를 계속하여 재물의 교부나 재산상 이익의 취득에 이른 때에는 공갈죄의 공동정범이 성립한다.[3]

② *표준판례 범인도피죄는 범인을 도피하게 함으로써 기수에 이르지만, 범인도피행위가 계속되는 동안에는 범죄행위도 계속되고 행위가 끝날 때 비로소 범죄행위가 종료된다. 공범자의 범인도피행위 도중에 그 범행을 인식하면서, 그와 공동의 범의를 가지고 **기왕의 범인도피상태를** 이용하여 스스로 범인도피행위를 계속한 자에 대하여는, 범인도피죄의 공동정범이 성립한다.[4] *계속범은 범행이 기수가 된 이후에도 공동정범이 성립할 수 있다는 판결.

③ **승계적 공동정범 부정** 연속된 필로폰 제조행위 도중에 공동정범으로 범행에 가담한 자는, 비록 그가 그 범행에 가담할 때에 이미 이루어진 **종전의 범행을** 알았다 하더라도, 그 가담 이후의 범행에 대해서만 공동정범의 책임을 진다. 비록 이 사건에서 을의 제조행위 전체가 포괄하여 하나의 죄가 된다 할지라도, 피고인 갑에게 그 가담 이전의 제조행위까지 유죄를 인정할 수는 없다.[5]

④ 2인 이상이 범죄에 공동 가공하는 공범관계에서 공모관계를 인정하기 위해서는 엄격한 증명이 요구된다. 그러나 피고인이 범죄의 주관적 요소인 **공모의 점을 부인하는** 경우에는 사물의 성질상 이와 상당한 관련성이 있는 **간접사실 또는 정황사실**을 증명하는 방법으로 이를 증명할 수밖에 없다. 이때 무엇이 상당한 관련성이 있는 간접사실에 해당할 것인가는, 정상적인 경험칙에 바탕을 두고 치밀한 관찰력이나 분석력에 의해 사실의 연결상태를 합리적으로 판단하는 방법으로 하여야 한다.[6]

⑤ *표준판례 비록 타인이 미성년자를 약취. 유인한 행위에는 가담한 바 없다 하더라도 **사후에 그 사실을 알면서** 약취 · 유인한 미성년자를 부모 기타 그 미성년자의 안전을 염려하는 자의 우려를 이용하여 재물이나 재산상의 이익을 취득하거나 요구하는 타인의 행위에 가담하여 이를 방조한 때에는 단순히 재물 등 요구행위의 종범이 되는 데 그치지 않는다.

1) 대판 2005. 10. 13. 2005도4589.
2) 대판 2003. 3. 28. 2002도7477.
3) 대판 1997. 2. 14. 96도1959.
4) 대판 1995. 9. 5. 95도577.
5) 대판 1982. 6. 8. 82도884. 제2회.
6) 대판 2011. 12. 22. 2011도9721.

종합범인 특정범죄가중법 제5조의2 제2항 제1호 위반죄의 종범에 해당한다.[1]

⑥ **포괄일죄의 범행 도중에** 공동정범으로 범행에 가담한 자는, 비록 그가 그 범행에 가담할 때에 이미 이루어진 종전의 범행을 알았다 하더라도 그 가담 이후의 범행에 대하여만 공동정범으로 책임을 진다.[2] *피고인 3인의 포괄일죄인 업무상 배임행위에 대해, 그 중 1인이 가담하기 이전의 일부 범행에 대해 그 1인은 책임이 없다고 판시함.

3) 과실범의 공동정범

① **장작트럭사건** 운전사가 트럭에 장작을 가득 싣고 밤 11경 검문소에 이르렀는데, 검문 경찰관이 전지를 들고 정차신호를 하자 시속 5마일로 서행하면서 정차 하던 중, 옆에 앉아 있던 하주가 '**그대로 가자**'라고 하기에 운전사는 급속력을 내어 다시 달렸다. 이때 검문을 하려던 경찰관이 뒷바퀴에 치어 사망하였다. 형법 제30조에 '공동하여 죄를 범한 때'의 '죄'는 고의범이고 과실범이고를 불문한다고 해석하여야 할 것이다. 2인 이상이 어떤 과실행위를 서로 의사연락을 하고 범죄 되는 결과를 발생시켰으면, 여기에 **과실범의 공동정범**이 성립한다. 피고인은 원심 공동 피고인과 서로 의사를 연락하여 경관의 검문에 응하지 않고 트럭을 질주케 하였음이 명백하므로, 피고인은 본 건 과실치사죄의 공동정범이 된다.[3]

② ***표준판례** 운전병이 운전하던 **짚차의 선임 탑승자**는 운전병의 안전운행을 감독해야 할 책임이 있는데, 오히려 운전병을 데리고 주점에 들어가서 같이 음주한 다음 운전케 하였다. 그 결과 운전병이 음주로 인해 취한 탓으로 사고가 발생한 경우에는 위 선임 탑승자에게도 과실범의 공동정범이 성립한다.[4] *제30조 "공동하여 죄를 범한 때"의 "죄"가 고의범, 과실범을 불문한다고 명시한 판결. 과실범의 공동정범 긍정설.

③ 형법 제30조 "2인 이상이 공동하여 죄를 범한 때"의 "죄"에는 **고의범뿐만 아니라 과실범도** 포함된다. 이 사건의 경우 피고인 갑과 을 및 원심 공동피고인 병 등은 각자 협력하여 이 사건 건물을 안전하고도 견고하게 신축해야 할 주의의무가 있을 뿐만 아니라, 서로 의사를 연락하여 이 사건 건물을 신축하였던 것이므로, 이들 사이에는 형법 제30조 소정의 공동정범관계가 성립한다. 이와 견해를 같이 하여 피고인 갑과 원심 공동피고인 병 사이에 업무상과실치사상죄의 공동정범관계가 성립하는 것으로 본 원심판단은 정당하다.[5] ***건축주와 수급인** 사이의 과실범 공동정범.

④ 건물(**삼풍백화점**) 붕괴의 원인이 건축계획의 수립, 건축설계, 건축공사공정, 건물 완공 후의 유지관리 등의 과실이 복합적으로 작용한 데에 있으므로 각 단계별 관련자들은 업무상과실치사상죄의 공동정범에 해당된다.[6]

⑤ 터널굴착공사를 도급받은 **건설회사 현장소장** 갑과 **공사발주회사의 지소장** 을은 공

1) 대판 1982. 11. 23. 82도2024.
2) 대판 2019. 8. 29. 2019도8357.
3) 대판 1962. 3. 29. 4294형상598. 제4회.
4) 대판 1979. 8. 21. 79도1249.
5) 대판 1994. 3. 22. 94도35.
6) 대판 1996. 8. 23. 96도1231.

사의 진행 정도를 정확하게 파악하고 암반상태 등을 확인하여 발파시기를 정하는 등 사고를 미연에 방지할 업무상 주의의무가 있다. 그럼에도 이를 게을리 하여 운행하던 열차가 전복되었다면, 양자의 의사연락 하에 과실행위를 하여 범죄결과를 발생하게 한 것으로서 과실범의 공동정범이 성립한다.1)

⑥ 본 건 제116 **열차의 퇴행**에서 피고인은 원심 피고인 갑 및 을과 서로 상론 동의함으로써 이에 가공하였다는 사실을 수긍할 수 있다. 피고인이 정기관사의 지휘감독을 받는 부기관사이기는 하나, 위 열차의 퇴행에 관하여 상론 동의한 이상 이에 과실이 있다면 과실책임을 면할 수 없다. 이때 공동정범은 고의범이나 과실범을 불문하고 의사의 연락이 있으면 모두 해당된다.2)

⑦ ***표준판례** **가습기살균제의** 개발 · 제조 · 판매에 관여한 피고인 15명은 공동의 주의의무와 인식 아래 업무상 과실로 결함 있는 가습기살균제를 각각 제조 · 판매하였고, 그 결함으로 그 중 두 종류 이상의 가습기살균제를 사용한 피해자들에게 사망 또는 상해결과가 발생하였다. 위 피고인들과 공소외 8명 중 특정 피해자가 중복 사용한 가습기살균제들의 제조 · 판매에 관해 업무상 과실이 있는 사람들 간에는 업무상과실치사상죄의 공동정범이 성립한다.3) *밀폐된 공간에서 사용할 경우 건강에 위험할 수 있으므로 살균제 농도가 올라가지 않도록 정확한 사용법과 위험성을 경고하지 않은 과실 인정.

⑧ **성수대교**와 같은 교량이 그 수명을 유지하기 위하여는 건설업자의 완벽한 시공, 감독공무원들의 철저한 제작 시공상의 감독 및 유지 · 관리를 담당하고 있는 공무원들의 철저한 유지 · 관리라는 조건이 합치되어야 한다. 위 각 단계에서의 과실 그것만으로 붕괴원인이 되지 못한다고 하더라도, 그것이 합쳐지면 교량이 붕괴될 수 있다는 점은 쉽게 예상할 수 있다. 따라서 위 각 단계에 관여한 자는 특별한 사정이 있는 경우를 제외하고는 붕괴에 대한 공동책임을 면할 수 없다.4)

⑨ **과실범의 공동정범 부정** 갑은 운전자의 부탁으로 차량의 조수석에 동승한 후, 운전자의 차량운전행위를 살펴보고 잘못된 점이 있으면 이를 지적하여 교정해 주려고 하였다. 갑이 전문적인 운전교습자가 피교습자에게 차량운행에 관해 모든 지시를 하는 경우와 같이 **주도적 지위에서** 동 차량을 운행할 의도가 있었다거나, 실제로 그 같은 운행을 하였다고 보기는 어렵다. 그 같은 운행 중에 야기된 사고에 대해 과실범의 공동정범 책임을 물을 수는 없다.5)

⑩ 운전자가 아닌 **동승자가** 교통사고 후 운전자와 공모하여 운전자의 도주행위에 가담하였더라도, 동승자에게 과실범의 공동정범의 책임을 물을 수 있는 특별한 경우가 아닌 한,

1) 대판 1994. 5. 24. 94도660.
2) 대판 1982. 6. 8. 82도781.
3) 대판 2018. 1. 25. 2017도12537. 제8회.
4) 대판 1997. 11. 28. 97도1740.
5) 대판 1984. 3. 13. 82도3136.

특정범죄가중법의 도주차량죄 공동정범으로 처벌할 수는 없다.[1]

(2) 객관적 요건 2

1) 공동의 실행행위

① **행위공동 인정 판례** 피고인은 공범들과 함께 강도범행을 저지른 후, 피해자의 신고를 막기 위해 공범들이 묶여있는 피해자를 옆방으로 끌고 가 강간범행을 할 때 **자녀들을 감시하고** 있었다. 피고인은 공범들의 강도강간범죄에 공동 가공한 것이므로, 비록 직접 강간행위를 하지 않았다 하더라도 강도강간의 공동죄책을 면할 수 없다.[2]

② 두목급 수괴의 지위에 있는 을은 부하들이 흉기를 들고 싸움을 하고 있는 도중에, 폭력 현장에 모습을 나타내고, 더욱이나 부하들이 흉기들을 소지하고 있어 살상결과를 초래할 것을 예견하면서도 **전부 죽이라는 고함을** 쳤다. 을은 이로써 위 싸움에 가세한 것이라고 보지 않을 수 없다. 나아가 부하들이 칼, 야구방망이 등으로 피해자들을 난타, 난자하여 사망하게 하였다면, 을은 살인죄의 공동정범의 죄책을 면할 수 없다.[3]

③ 공동피고인은 위조된 부동산임대차계약서를 담보로 제공하고 피해자로부터 돈을 빌려 편취할 것을 계획하면서, 피해자가 계약서상의 임대인에게 전화를 하여 확인할 것에 대비하여 피고인에게 미리 전화를 하여 임대인 행세를 해달라고 부탁하였다. 피고인은 위와 같은 사정을 잘 알면서도 이를 승낙하였다. 그리고 실제로 피해자 남편으로부터 전화를 받자, **자신이 실제의 임대인인 것처럼** 행세하여 전세금액 등을 확인해 줌으로써 위조사문서행사에 관한 역할분담을 하였다, 피고인의 행위는 위조사문서행사에 있어서 기능적 행위지배의 공동정범 요건을 갖추었다고 할 것이다.[4]

④ **행위공동 부정 판례** 보호자가 의학적 권고에도 불구하고 치료를 요하는 환자의 퇴원을 간청하여 담당 전문의와 주치의가 치료중단 및 퇴원을 허용하는 조치를 취함으로써 환자를 사망에 이르게 하였다. 보호자, 담당 전문의 및 주치의가 **부작위에 의한 살인죄의 공동정범**으로 기소되었다. 담당 전문의와 주치의에게 환자의 사망이라는 결과발생에 대한 정범의 고의는 인정되나, 환자의 사망이라는 결과나 그에 이르는 사태의 핵심적 경과를 계획적으로 조종하거나 저지 · 촉진하는 등으로 지배하고 있었다고 보기는 어렵다. 이들에게 공동정범의 객관적 요건인 기능적 행위지배가 흠결되어 있어 **작위에 의한 살인방조죄**만 성립한다.[5]

⑤ 갑 주식회사의 지사 직원들인 피고인 을 등이 갑 회사의 대표이사 등과 공모하여 **무등록 다단계판매조직**을 개설 · 관리 · 운영하였다고 하여 방문판매법 위반으로 기소되었다. 회사 내 직위 · 역할을 비롯한 제반 사정에 비추어 피고인 을은 대표이사 등이 행한 위 **범행을 공동으로** 실현하려는 의사로 범행에 가담하였다고 보기는 어렵다. 피고인 을에 대해서까

1) 대판 2007. 7. 26. 2007도2919.
2) 대판 1986. 1. 21. 85도2411.
3) 대판 1987. 10. 13. 87도1240.
4) 대판 2010. 1. 28. 2009도10139.
5) 대판 2004. 6. 24. 2002도995.

지 유죄를 인정한 원심의 조치는 공동정범에 관한 법리오해 등 위법이 있다.[1]

⑥ *표준판례 피고인은 갑, 을의 부탁으로 자신이 운영하는 가게 옆에 크레인 게임기들을 설치할 장소와 이용할 전력을 제공하고 대가를 받음으로써 이들과 공모하여 무등록 청소년게임제공업을 영위하였다는 내용으로 기소되었다. 영업활동에 지배적으로 관여하지 않고 단순히 영업자의 직원으로 일하거나 영업을 위하여 보조한 경우, 또는 영업자에게 **영업장소 등을 임대하고** 사용대가를 받은 경우 등에는 게임산업진흥법 제45조 위반에 대한 본질적인 기여를 통한 기능적 행위지배를 인정하기 어렵다. 이들을 방조범으로 처벌할 수 있을지는 별론으로 하고 공동정범으로 처벌할 수는 없다.[2] *공동범행의사에 의한 기능적 행위지배는 타인의 범행을 단순히 인식, 용인하는 차원을 넘어 다른 사람의 행위를 이용하여 자기의사를 실행에 옮겨야 함.

2) 공모공동정범

A. **공모자는 모두 정범**

① 형법 제30조에서 "2인 이상이 공동하여 죄를 범한 때"라 함은 반드시 범죄의 구성요건에 해당하는 행위의 전부 또는 일부의 실행에 공동 가공한 경우만을 가리키는 것은 아니다. 수인이 공동하여 범죄의 실행을 모의하고 그 공동의사를 실행하기 위해 **모의자 중의 일부만이** 실행행위를 담당하여 범죄를 수행한 경우에도 공모자는 모두 정범으로 처벌된다.[3]

② 2인 이상이 범죄에 공동 가공하는 공범관계에서 공모는 법률상 어떤 정형을 요구하는 것은 아니다. 2인 이상이 공모하여 어느 범죄에 공동 가공하여 그 범죄를 실현하려는 의사결합만 있으면 된다. 비록 전체 모의과정이 없었더라도, 수인 사이에 **순차적 또는 암묵적으로** 상통하여 그 의사결합이 이루어지면 공모관계가 성립한다. 이런 공모가 이루어진 이상 실행행위에 **직접 관여**하지 않은 자라도 다른 공모자의 행위에 공동정범의 형사책임을 진다.[4]

B. **학설대립**

① **공동의사주체설** 공모공동정범은 공동범행 인식으로 범죄를 실행하는 것으로 공동의사주체로서 집단 전체가 하나의 범죄행위를 실행함으로써 성립한다. 공모자 모두 그 실행행위를 분담하여 실행할 필요가 없고, 실행행위를 분담하지 않아도 공모로 수인간에 **공동의사주체가 형성**되어 범죄의 실행행위가 있으면, 공동의사주체로서 정범의 죄책을 면할 수 없다.[5]

② **간접정범유사설** 공모공동정범이 성립하려면 두 사람 이상이 공동의사로 특정 범죄행위를 하기 위해 일체가 되어 서로 **다른 사람의 행위를 이용**, 각자 자기의사를 실행에 옮기는 것을 내용으로 하는 모의를 하고, 그에 따라 범죄를 실행한 사실이 인정되어야 한다. 이와 같이 공모에 참여한 사실이 인정되는 이상 직접 실행행위에 관여하지 않았더라도, 다른

1) 대판 2012. 4. 26. 2010도2905.
2) 대판 2011. 11. 10. 2010도11631.
3) 대판 1990. 9. 11. 90도16.
4) 대판 2004. 8. 30. 2004도3212.
5) 대판 1983. 3. 8. 82도3248.

사람의 행위를 자기의사의 수단으로 하여 범죄를 하였다는 점에서, 자기가 직접 실행행위를 분담한 경우와 형사책임의 성립에 차이를 둘 이유가 없다.1)

③ **기능적 행위지배설**(*표준판례) 건설회사 대표 갑은 장기간에 걸쳐 건설공사 현장소장들의 뇌물공여행위를 보고받고 이를 확인 · 결재하는 등의 방법으로 위 행위에 관여하였다. 비록 갑이 사전에 구체적인 대상 및 액수를 정하여 뇌물공여를 지시하지 않았더라도, 그 핵심경과를 계획적으로 조종하거나 촉진하는 등 **기능적 행위지배**를 하였으면 공모공동정범의 죄책을 진다.2) *공모자가 직접 실행행위를 분담하지 않았더라도 공동의사의 기능적 행위지배를 통한 범죄실행이 있으면 공모공동정범으로 처벌될 수 있다는 판결.

④ 국가정보원 원장 피고인 갑, 3차장 피고인 을, 심리전단장 피고인 병은 심리전단 산하 사이버팀 직원들과 공모하여 인터넷 게시글과 댓글 작성, 찬반클릭, 트윗과 리트윗 행위 등의 사이버 활동을 함으로써 국가정보원 직원의 직위를 이용하여 정치활동에 관여하고, 동시에 제18대 대통령선거와 관련하여 공무원의 지위를 이용한 선거운동을 하였다고 하여 국가정보원법과 공직선거법 위반으로 기소되었다. 사이버팀 직원들이 한 사이버 활동 중 일부에 대해, 그들과 순차 공모하여 **범행에 대한 기능적 행위지배**를 함으로써 범행에 가담한 사실을 인정하여 유죄를 선고한 원심판단은 정당하다.3)

⑤ *표준판례 노조의 조합원 중 약 2,500명은 조합장 또는 집행부 간부들인 피고인들의 주도 아래 포스코의 출입을 통제하고 본사 건물을 점거하였다. 그 과정에서 조합원들이 다중의 위력을 이용하여 감금, 시설물 손괴, 진입 경찰 등에 대한 폭행 및 상해 등의 범죄행위를 저질렀다. 피고인들로서는 당시의 인원 규모나 과열된 분위기 등을 감안할 때 노조원들의 과격한 행동, 진압을 위한 경찰과의 물리적 충돌과 그에 따른 집단적 폭행, 상해 및 손괴 행위가 뒤따를 것을 충분히 예상할 수 있었다. 이를 방지하는 데 충분한 합리적이고 적절한 조치를 취하지 않고 오히려 집단행동을 독려하고 감행하였다. 피고인들은 비록 조합원들의 감금, 손괴, 폭행, 상해 등 범죄행위들 중 일부에 대해 직접 모의하거나 실행행위를 분담하지 않았더라도, 각 범행에 대한 **암묵적인 공모**와 본질적 기여를 통한 **기능적 행위지배**가 인정된다.4)

⑥ 공범관계에서 공모가 이루어진 이상 실행행위에 직접 관여하지 않은 자라도 다른 공모자의 행위에 대해 공동정범의 형사책임을 진다. 이와 같은 공모에 대해 직접증거가 없더라도 정황사실과 경험법칙으로 이를 인정할 수 있다. **상명하복관계에** 있는 자들 사이에서도 범행에 공동 가공한 이상 공동정범이 성립하는 데 아무런 지장이 없다.5)

⑦ 공모공동정범의 공모자들은 그 공모한 범행을 수행하거나 목적 달성을 위해 나아가

---

1) 대판 1988. 4. 12. 87도2368.
2) 대판 2010. 7. 15. 2010도3544.
3) 대판 2018. 4. 19. 2017도14322 전원합의체.
4) 대판 2007. 4. 26. 2007도428. 제10회.
5) 대판 2013. 7. 11. 2011도15056. 제10회.

는 도중에 부수적인 다른 범죄가 파생될 것을 예상하거나 충분히 예상할 수 있었다. 그럼에도 이를 방지하기 위한 합리적 조치를 취하지 않고 공모한 범행에 나아갔다가 결국 예상된 범행들이 발생하였다. 이 경우 비록 **파생된 범행 하나하나에** 대한 개별적 의사연락이 없었더라도 당초의 공모자들 사이에 그 범행 전부에 대해 암묵적 공모와 기능적 행위지배가 존재한다고 보아야 한다.1)

C. **제한해석**

① **제한해석 1: 단순한 공모에 본질적 기여의 요구** 형법 제30조의 공동정범은 공모자 중 구성요건행위를 직접 분담하여 실행하지 않은 사람도 공모공동정범의 죄책을 질 수 있다. 구성요건행위를 직접 분담하여 실행하지 않은 공모자가 공모공동정범으로 인정되기 위해서는 전체 범죄에서, 그가 차지하는 지위·역할, 범죄 경과에 대한 지배나 장악력 등을 종합하여, 그가 **단순한 공모자**에 그치는 것이 아니라 **범죄에 대한 본질적 기여를** 통한 기능적 행위지배가 존재한다고 인정되어야 한다.2)

② **제한해석 2: 확실한 증명 요구** 형법 제30조 공동정범에서 공모공동정범의 성립 여부는, 범죄 실행의 전 과정을 통해 각자의 지위와 역할, 공범에 대한 권유내용 등을 구체적으로 검토하고 이를 종합하여, **상호이용의 관계가** 합리적 의심을 할 여지가 없을 정도로 증명되어야 한다. 그와 같은 증명이 없다면, 설령 피고인에게 유죄의 의심이 간다고 하더라도 피고인의 이익으로 판단할 수밖에 없다.3)

③ 전국금속노동조합 부위원장인 피고인 갑은 공장점거파업 중인 갑 주식회사 노조(지부)와 공모하여 위력으로 갑 회사의 업무를 방해하였다는 내용으로 기소되었다. 지부의 불법파업으로 인한 업무방해행위에 대한 암묵적 공모 및 그에 대한 **본질적 기여를** 통한 기능적 행위지배를 인정하여, 갑에게 유죄를 인정한 원심판단은 수긍할 수 있다.4)

④ **종래 입장: 단순 공모만으로 공동정범 성립** 형법 제30조 공동정범은 공범자들 상호 간에 비록 전체의 모의과정이 없었더라도, 순차적 또는 암묵적으로 상통하여 어느 범죄에 공동 가공하고, 그 범죄를 실현하려는 의사의 결합이 이루어지면 공모관계가 성립한다. 이러한 **공모가 이루어진 이상** 실행행위에 직접 관여하지 않은 자라도, 다른 공모자의 행위에 대해 공동정범의 형사책임을 진다.5)

⑤ **공모공동정범 인정 판례** 공모공동정범에 있어서 공모는 2인 이상의 자가 협력해서 공동의 범의를 실현시키는 의사에 대한 연락을 말하는 것으로서, 실행행위를 담당하지 않은 공모자에게 그 실행자를 통해 자기의 범죄를 실현시킨다는 주관적 의사가 있어야 한다. 그러나 반드시 **배후에서 범죄를 기획하고** 그 실행행위를 부하 또는 자기가 지배할 수 있는 사람

1) 대판 2018. 4. 19. 2017도14322 전원합의체. 제10회.
2) 대판 2018. 4. 19. 2017도14322 전원합의체. 제4회.
3) 대판 2018. 9. 13. 2018도7658, 2018전도54, 55, 2018보도6, 2018모2593. 제9회.
4) 대판 2011. 10. 27. 2010도7733.
5) 대판 2010. 4. 29. 2009도13868.

에게 실행하게 하는 **실질상의 괴수의 위치**에 있어야 할 필요는 없다.[1]

⑥ 피고인 등은 상피고인의 **사무실에서 대기**하고, 실행행위를 분담한 공모자 일부가 사건현장에 가서 피해자를 상해하여 사망케 하였다면, 피고인은 상해치사범죄의 공동정범에 해당한다.[2]

⑦ 미신고 옥외집회 또는 시위의 주최에 관하여 공동가공의사와 공동의사에 기한 기능적 행위지배를 통해 그 실행을 공모한 자는, 비록 구체적 실행행위에 직접 관여하지 않았더라도 다른 공범자의 **미신고 옥외집회** 또는 시위의 주최행위에 대해 공모공동정범의 죄책을 면할 수 없다.[3]

⑧ **배임증재의 공모공동정범**이 다른 공모공동정범에 의하여 수재자에게 재물 또는 재산상 이익이 제공되는 방법을 구체적으로 몰랐다고 하더라도 공모관계를 부정할 수 없다.[4]

⑨ 공범관계에서 공모는 **법률상 어떤 정형을** 요구하는 것이 아니고 2인 이상이 공모하여 범죄에 공동 가공하여 범죄를 실현하려는 의사의 결합만 있으면 충분하다. 비록 전체의 모의과정이 없더라도 여러 사람 사이에 순차적으로 또는 암묵적으로 의사의 결합이 이루어지면 공모관계가 성립한다. 이러한 공모관계를 인정하기 위해서는 **엄격한 증명이** 요구되지만, 피고인이 범죄의 주관적 요소인 공모관계를 부인하는 경우에는 사물의 성질상 이와 상당한 관련성이 있는 간접사실 또는 정황사실을 증명하는 방법으로 이를 증명할 수밖에 없다.[5]

⑩ 공모공동정범의 공모는, 두 사람 이상이 공동의사로 특정한 범죄행위를 하기 위해 일체가 되어 서로가 다른 사람의 행위를 이용하여 각자 자기의 의사를 실행에 옮기는 것을 내용으로 한다. 그 **공모의 판시는** 모의의 구체적인 일시, 장소, 내용 등을 상세하게 판시해야 할 필요는 없고 의사합치가 성립된 것이 밝혀지는 정도면 된다.[6]

⑪ **공모공동정범 부정 판례** 전국노점상총연합회가 주관한 도로행진시위에 참가한 피고인 갑은 다른 시위 참가자들과 함께 경찰관 등에 대한 **특수공무집행방해** 행위를 하던 중 체포되었다. 단순 가담자인 갑에게, 체포된 이후에 이루어진 다른 시위참가자들의 범행에 대하여는 본질적 기여를 통한 기능적 행위지배가 존재한다고 보기 어려워 공모공동정범의 죄책을 인정할 수 없다.[7]

3) 암묵적 의사연락

① *표준판례 공동정범이 성립하기 위해서는 공모가 있는 이상 반드시 각 범행의 실행을 분담할 것을 요하지 않고, **단순히 망을 보았어도** 공범의 책임을 면할 수 없다. 강간을 모의한 공동피고인중의 1인이 강간하고 있는 중, 다른 피고인이 강간피해자의 딸을 살해하

1) 대판 1980. 5. 20. 80도306.
2) 대판 1991. 10. 11. 91도1755.
3) 대판 2011. 9. 29. 2009도2821.
4) 대판 2015. 7. 23. 2015도3080.
5) 대판 2018. 4. 19. 2017도14322 전원합의체. 제10회.
6) 대판 1996. 3. 8. 95도2930.
7) 대판 2009. 6. 23. 2009도2994.

고, 다시 전자는 강간을 끝내고 망을 보고 있는 사이에 후자가 강간피해자를 묶고 집에 불을 놓아 피해자를 살해한 경우, 전자는 강간 이후의 다른 피고인의 일련의 범행에 대해 공동정범의 죄책을 면할 수 없다.[1)]

② 2인 이상이 범죄에 공동 가공하는 공범관계에 있어 공모가 이루어진 이상, 실행행위에 직접 관여하지 않음 사람이라도 다른 공범자의 행위에 대해 공동정범의 형사책임을 진다. 따라서 사기의 공모공동정범이 그 **기망방법을 구체적으로** 몰랐다고 하더라도 공모관계를 부정할 수 없다.[2)]

③ 수인이 재물강취의 의사로 피해자를 상해하고, 그 중 1인이 몰래 피해자가 도망가면서 남겨 둔 옷에서 돈을 꺼내어 사용한 경우, 위 1인의 강도행위를 나머지 행위자들이 예측할 수 있었다고 보이므로 강도상해의 공동정범이 성립한다.[3)]

④ 피고인들이 공소외인과 **암묵적으로 상통하여** 피해자를 살해하기로 공모하였다고 인정되고, 피고인들이 직접 삽으로 피해자를 내려쳐 살해하지 않았다는 것만으로는 위 공소외인의 행위에 대해 공동정범의 책임을 면하지 못한다.[4)]

⑤ 명시적 또는 암묵적 공모관계가 성립하면 그 수수한 금품이나 이익 전부에 관하여 각 죄의 공모공동정범이 성립한다. 수수할 금품이나 이익의 규모나 정도 등에 대해 사전에 서로 의사연락이 있거나, **수수한 금품 등의** 구체적 금액을 공범자가 알아야 공모공동정범이 성립하는 것은 아니다.[5)]

3 ### (3) 공모관계이탈

① **공모관계이탈의 요건** 공모공동정범의 공모자 중 1인이 다른 공모자가 실행행위에 이르기 전에 그 공모관계에서 이탈하면, 그 이후의 다른 공모자의 행위에 관하여는 공동정범의 책임을 지지 않는다. 그러나 공모관계이탈은 공모자가 공모로 담당한 **기능적 행위지배를 해소**하는 것이 필요하다. 공모자가 공모에 주도적으로 참여하여 다른 공모자의 실행에 영향을 미친 때에는, 범행을 저지하기 위해 적극적으로 노력하는 등 실행에 미친 **영향력을 제거해야** 한다. 공모자가 구속되었다는 등의 사유만으로는 공모관계에서 이탈하였다고 할 수 없다.[6)]

② **공모관계이탈 부정** 갑은 을과 공모하여 가출 청소년 병(여, 16세)에게 낙태수술비를 벌도록 해 주겠다고 유인하였고, 을로 하여금 병의 성매매 홍보용 나체사진을 찍도록 하였다. 병이 중도에 약속을 어길 경우 민형사상 책임을 진다는 각서를 작성하도록 한 후, 자신이 별건으로 체포되어 구치소에 수감 중인 동안 병이 을의 관리 아래 12회에 걸쳐 불특정 다수 남성의 성매수 행위의 상대방이 된 대가로 받은 돈을 병, 을 및 갑의 처 등이 나누어

1) 대판 1982. 10. 26. 82도1818.
2) 대판 2013. 8. 23. 2013도5080. 제2회.
3) 대판 2004. 10. 28. 2004도4437.
4) 대판 2004. 3. 12. 2004도126.
5) 대판 2010. 10. 14. 2010도387. 제2회.
6) 대판 2010. 9. 9. 2010도6924. 제2, 4회.

사용하였다. 병의 성매매 기간 동안 **갑이 수감되어** 있었더라도 갑은 을과 함께 미성년자유인죄, 청소년성보호법 위반죄의 책임을 진다.1)

③ 피고인 갑은 공범들과 다단계금융판매조직에 의한 사기범행을 공모하고, 피해자들을 기망하여 그들로부터 투자금 명목으로 피해금원의 **대부분을 편취한 단계**에서, 위 조직의 관리이사직을 사임하였다. 갑의 사임 이후 피해자들이 납입한 나머지 투자금 명목의 편취금원도 같은 기망상태가 계속된 가운데 같은 공범들에 의해 같은 방법으로 수수되었다. 이 행위들은 피해자별로 포괄일죄의 관계에 있으므로 이에 대해서도 피고인은 공범의 책임을 부담한다.2)

④ 처가 구속된 남편을 대행하여 그의 지시를 받아 회사를 운영하면서 조세포탈행위를 하다가 협의이혼하고 스스로 회사를 경영한 사안에서, 남편은 처와 조세포탈의 공범관계에 있으며 **협의이혼 후의 조세포탈에** 관하여도 마찬가지이다.3)

⑤ 피고인 갑은 다른 공범들과 특정 회사 주식의 시세조종 주문을 내기로 공모한 다음, 시세조종행위의 일부를 실행한 후 공범관계로부터 이탈하였다. 다른 공범들은 그 이후의 나머지 시세조종행위를 계속하였다. 갑이 다른 공범들의 범죄실행을 저지하지 않은 이상, 그 이후 나머지 공범들이 행한 시세조종행위에 대하여도 공동정범의 죄책을 부담한다.4)

⑥ **공모관계 종료 후의 이탈** 소말리아 해적인 피고인 등은 공모하여 공해상에서 대한민국 해운회사가 운항 중인 선박을 납치하여 대한민국 국민인 선원 등에게 해상강도 등 범행을 저질렀다는 내용으로 국내법원에 기소되었다. 피고인 갑이 선장 을을 살해할 의도로 을에게 총격을 가하여 미수에 그친 사실은 충분히 인정할 수 있다. 그러나 해적행위에 관한 **공모관계가 실질적으로 종료**된 상황에서, 나머지 피고인들로서는 피고인 갑이 을을 살해하려고 할 것이라는 점까지 예상할 수는 없었다고 보는 것이 타당하다.5)

⑦ ***표준판례** 다른 3명의 공모자들과 강도모의를 주도한 피고인이, 다른 공모자들이 피해자를 뒤쫓아 가자 단지 “어?”라고만 하고 더 이상 만류하지 아니하여 공모자들이 강도상해의 범행을 하였다. 피고인은 공모관계에서 이탈하였다고 볼 수 없다.6)

⑧ **공모관계 이탈 인정** 피고인 갑은 다른 피고인들과 택시강도를 하기로 모의한 일이 있지만, 다른 피고인들이 피해자에 대한 폭행에 착수하기 전에 겁을 먹고 미리 **현장에서 도주**해 버렸다. 이 경우 갑에게 다른 피고인들과 사이에 강도의 실행행위를 분담한 협동관계가 있었다고 보기는 어렵다. 갑을 특수강도의 합동범으로 다스릴 수는 없다.7)

⑨ 피고인은 갑, 을과 함께 명진상사 창고에 몰래 들어가 피혁을 훔치기로 약속하였으

---

1) 위 판례.
2) 대판 2002. 8. 27. 2001도513.
3) 대판 2008. 7. 24. 2007도4310.
4) 대판 2011. 1. 13. 2010도9927.
5) 대판 2011. 12. 22. 2011도12927. 제7회.
6) 대판 2008. 4. 10. 2008도1274. 제3회.
7) 대판 1985. 3. 26. 84도2956.

나, 피고인은 절취할 마음이 내키지 않고 처벌이 두려워, 만나기로 한 시간에 **약속장소로 가지 않고** 포장마차에서 술을 마신 후, 인근 여관에서 잠을 잤다. 갑 등은 약속장소에서 피고인을 기다리다가 그들끼리 모의된 범행을 결행하기로 하였다. 갑은 그 창고 앞에서 망을 보고 을은 창고에 침입하여 가죽 약 1만 평을 절취하였다. 그렇다면 피고인은 특수절도의 공동정범이 성립될 수 없음은 물론, 다른 공모자들이 실행행위에 이르기 이전에 그 공모관계로부터 이탈한 것이 분명하므로, 그 이후의 다른 공모자의 절도행위에 관하여도 공동정범의 책임을 지지 않는다.[1]

⑩ ***표준판례** 구체적 살해방법이 확정되어 피고인을 제외한 나머지 공범들이 피해자의 팔, 다리를 묶어 저수지 안으로 던지는 순간에 피해자에 대한 살인행위의 실행착수가 있다 할 것이다. 따라서 피고인은 살해모의에는 가담하였으나 다른 공모자들이 실행행위에 이르기 전에 그 **공모관계에서 이탈**하였다 할 것이고(피고인은 피해자를 살려주자고 하였으나 다른 공범들이 말을 듣지 않음), 그렇다면 피고인이 위 공모관계에서 이탈한 이후의 다른 공모자의 행위에 관하여는 공동정범의 책임을 지지 않는다.[2]

⑪ 피고인은 갑 등과 같이 술을 마시고 있다가 같은 조직원으로부터 '파라다이스'파에게 보복을 하기 위해 무심천 롤러스케이트장에 간다는 말을 들었다. 다른 조직원들이 여러 대의 차에 분승하여 출발하려고 할 때, 피고인은 사태의 심각성을 실감하고 범행에 휘말리기 싫어서 그곳에서 택시를 타고 집에 왔다. 그렇다면 피고인은 피해자 을에 대한 폭력행위처벌법 위반 및 피해자 병에 대한 살인의 점에 대해 모의가 있었다고 보기 어렵다. 설령 피고인에게도 그 범행에 가담하려는 의사가 있어 공모 관계가 인정된다 하더라도, 다른 조직원들이 범행에 이르기 전에 그 **공모관계에서 이탈**하였으므로, 피고인은 그 이후의 행위에 대하여는 공동정범의 책임을 지지 않는다.[3]

4
(4) 합 동 범

① **성립요건** 합동범이 성립하기 위해서는 주관적 요건으로 공모와 객관적 요건으로 실행행위의 분담이 있어야 한다. 그러나 그 공모는 법률상 어떤 정형을 요구하는 것이 아니어서 공범자 상호간에 직접 또는 간접으로 범죄의 **공동가공의사가 암묵리에 상통하면** 된다. 사전에 반드시 어떤 모의과정이 있어야 하는 것도 아니어서, 범의내용에 대해 포괄적 또는 개별적인 의사연락이나 인식이 있었다면 공모관계가 성립한다. 그 실행행위는 **시간적 · 장소적으로 협동관계**에 있다고 볼 수 있는 사정이 있으면 된다.[4]

② 피고인 갑이 피해자를 간음하기 위해 화장실로 갈 무렵에는 피고인들이 술에 취해 반항할 수 없는 피해자를 간음하기로 공모하였다. 피고인 을이 갑에게 간음하기에 편한 자세

1) 대판 1989. 3. 14. 88도837.
2) 대판 1986. 1. 21. 85도2371, 85감도347. 제1회.
3) 대판 1996. 1. 26. 94도2654.
4) 대판 2012. 6. 28. 2012도2631. 제8회.

를 가르쳐 주고, 갑이 간음 행위를 하는 방식으로 실행행위를 분담하였다. 피고인들은 시간적 · 장소적 협동관계에 있었다고 판단할 수 있다.[1]

③ 피고인들 중 피고인 C가 피해자의 집 담을 넘어 들어가 대문을 열어 피고인 A, F로 하여금 들어오게 한 다음, 피고인 F, C는 드라이버로 현관문을 열고 들어가 그곳에 있던 식칼 두 개를 각자 들고, 피고인들 모두 안방에 들어가서 피해자들을 칼로 협박하고 손을 묶은 뒤 장롱서랍을 뒤져 귀금속과 현금 등을 강취하였다. 피고인 A가 소론과 같이 직접 문을 열거나 식칼을 든 일이 없다고 하여도, 다른 피고인들과 함께 행동하면서 범행에 협동한 이상 **현장에서 실행행위를 분담**한 것이라고 볼 것이다.[2]

④ 피고인은 갑, 을과 실행행위의 분담을 공모하고 갑, 을의 절취행위 장소부근에서 피고인이 운전하는 차량 내에 대기하여 실행행위를 분담하였다. 다만 갑, 을이 범행대상을 물색하는 과정에서 절취행위 장소가 피고인이 대기 중인 차량으로부터 다소 떨어지게 된 때가 있었으나, 그렇다고 하여 **시간적, 장소적 협동관계**에서 이탈하였다고 보이지는 않는다. 피고인에게 특수절도를 인정한 원심판결은 정당하다.[3]

⑤ 피고인 등이 특정한 1명씩의 피해자만 강간하기로 하고, 사전모의에 따라 심야에 인가에서 멀리 떨어져 있어 쉽게 도망할 수 없는 야산으로 피해자들을 유인한 다음, 곧바로 암묵적 합의에 따라 각자 마음에 드는 피해자를 데리고, 불과 100m 이내의 거리에 있는 곳으로 흩어져 동시 또는 순차적으로 피해자들을 강간하였다. 이 경우 각 강간의 실행행위는 **시간적, 장소적으로 협동관계**에 있다고 보아야 할 것이므로, 피해자 3명 모두에 대한 특수강간죄가 성립한다.[4]

⑥ 피고인들에게는 강간범행에 대한 공동가공의 의사가 암묵리에 서로 상통하여 그 의사의 결합이 이루어져 있었다고 보인다. 강간범행도 양인이 연속적으로 행하면서 상대방이 강간범행의 실행행위를 하는 동안에 방문 밖에서 교대로 대기하고 있었던 이상 강간범행의 실행행위도 **시간적으로나 장소적으로 협동관계에** 있었다고 판단된다. 원심이 성폭력처벌법 위반의 점을 무죄로 판단한 것은 합동범에 관한 법리를 오해한 위법이 있다.[5] *공동피고인 2명이 피해자(여, 14세)에게 의도적으로 술을 많이 먹여 의식을 잃게 하고 교대로 강간한 사건.

⑦ **합동범의 공동정범 부정 판례** 형법 제331조 제 2 항 후단의 합동절도의 경우에는 주관적 요건으로서 공모 외에 객관적 요건으로서 시간적으로나 장소적으로 협동관계가 있는 실행행위의 분담이 있어야 하므로 甲이 공모한 내용대로 국도상에서 乙, 丙 등이 당일 마을에서 절취하여 온 **황소를 대기하던 트럭에 싣고** 운반한 행위는 시간적으로나 장소적으로 절취행위와 협동관계가 있다고 할 수 없어 합동절도죄로 문의할 수는 없으나 공동정범에 있어

1) 대판 2016. 6. 9. 2016도4618.
2) 대판 1992. 7. 28. 92도917.
3) 대판 1988. 9. 13. 88도1197. 제2회.
4) 대판 2004. 8. 20. 2004도2870. 제8회.
5) 대판 1996. 7. 12. 95도2655.

서 범죄행위를 공모한 후 그 실행행위에 직접 가담하지 아니하더라도 다른 공범자의 죄책을 면할 수 없으니 甲의 소위는 본건 공소사실의 범위에 속한다고 보아지므로 甲은 일반 절도죄의 공동정범 또는 합동절도방조로서의 죄책을 면할 수 없다.[1] *황소절취 사건.

⑧ ***표준판례** 3인 이상이 합동절도를 모의한 후 2인 이상이 범행을 실행한 경우, 직접 실행행위에 가담하지 않은 자에게도 공모공동정범이 인정된다. 피고인이 갑, 을과 공모한 후 범행도구인 면장갑과 쇼핑백을 건네주었고, 갑, 을은 피해자 회사의 사무실 금고에서 현금을 절취하고, 피고인은 위 사무실로부터 약 100m 떨어진 곳에서 망을 보고 그들을 기다려 절취한 현금을 함께 운반한 후 그 중 일부를 분배 받았다. 피고인은 공동피고인 갑, 을의 합동절도 범행의 단순한 공모를 넘어 **본질적 기여를 통한** 기능적 행위지배를 한 것으로 인정되어 공동정범의 죄책을 면할 수 없다.[2]

⑨ **합동범의 공동정범 긍정 판례** 속칭 **삐끼주점 지배인**인 피고인은 피해자로부터 신용카드를 강취하고 신용카드의 비밀번호를 알아낸 후, 현금자동지급기에서 인출한 돈을 삐끼주점의 분배관례에 따라 분배하기로 하였다. 원심 공동피고인 갑(삐끼), 을(삐끼주점 업주) 및 공소외인 병(삐끼)과 피고인은 삐끼주점 안에서 피해자를 계속 붙잡아 두면서 감시하는 동안, 갑, 을 및 병은 피해자의 신용카드를 이용하여 현금자동지급기에서 현금을 인출하기로 공모하였다. 그에 따라 갑, 을 및 병이 합동하여 현금자동지급기에서 현금 4,730,000원을 절취하였다. 비록 피고인이 범행 현장에 간 일이 없다 하더라도, 위와 같은 사실관계에서 보면, 피고인은 합동절도의 범행을 현장에서 실행한 갑, 을 및 병과 공모한 것만으로도 그들의 행위를 자기의사의 수단으로 하여 **합동절도 범행의 정범성 표지**를 갖추었다고 할 것이다.[3] *삐끼주점 사건.

[39] 6. 간접정범

1 (1) 피이용자 범위

1) 객관적 구성요건에 해당하지 않는 도구

① ***표준판례** 피고인은 스마트폰 채팅 앱을 통해 알게 된 피해자들을 협박하여 나체사진, 동영상 등을 촬영하도록 하여 이를 전송받았다. **강제추행죄**는 정범 자신이 직접 범죄를 실행해야 성립하는 자수범이 아니므로 처벌되지 않는 타인을 도구로 삼아 피해자를 강제로 추행하는 **간접정범의 형태**로도 범할 수 있다. 즉 강제추행에 관한 간접정범의사를 실현하는 도구의 타인에는 피해자도 포함된다. 피해자를 도구로 삼아 피해자의 신체를 이용하여(구성요건해당성이 없는 자기촬영행위의 이용) 추행행위를 한 경우에도 강제추행죄의 간접정범에 해당된다.[4]

② 갑은 **보이스피싱 범죄**에서 피해자에 대한 사기범행을 실현하는 수단으로 타인 을을

1) 대판 1976. 7. 27. 75도2720.
2) 대판 2011. 5. 13. 2011도2021.
3) 대판 1998. 5. 21. 98도321 전원합의체.
4) 대판 2018. 2. 8. 2016도17733. 제8회.

기망하여 그를 피해자로부터 편취한 재물이나 재산상 이익을 전달하는 도구로 이용하였다. 갑에게 피해자에 대한 사기죄 외에 도구로 이용된 타인 을에 대한 사기죄의 간접정범이 별도로 성립하는 것은 아니다.[1)]

③ ***표준판례** 피고인은 동거한 사실이 있는 피해자인 공소외인 여인에게 피고인을 탈영병이라고 헌병대에 신고한 이유와 다른 남자와 정을 통한 사실들을 추궁하였다. 피해자가 이를 부인하자 하숙집 뒷산으로 데리고 가 계속 부정을 추궁하면서 상대 남자를 말하자, 대답을 하지 못하고 당황하던 동 여인에게 소지 중인 면도칼 1개를 주면서 "네가 네 코를 자르지 않을 때는 돌로서 죽인다"는 등 위협을 가하였다. 생명에 위험을 느낀 동 여인은 자신의 생명을 보존하기 위해 위 면도칼로 콧등을 길이 2.5센치, 깊이 0.56센치 절단함으로써 동 여인에게 전치 3개월을 요하는 상처를 입혔다. 이와 같이 피고인에게 피해자 여인의 상해결과에 대한 인식이 있고, 또 그 여인에게 대한 협박정도가 그의 의사결정 자유를 상실케 할 정도인 이상 피고인에게는 **중상해의 간접정범이** 성립한다.[2)]

2) 고의 없는 도구

자기에게 유리한 판결을 얻기 위해 소송상의 주장이 사실과 다름이 객관적으로 명백하거나 증거가 조작되어 있다는 정을 인식하지 못하는 제3자를 이용하여, 그로 하여금 소송의 당사자가 되게 하고, 법원을 기망하여 소송 상대방의 재물 또는 재산상 이익을 취득하려 하였다면, **간접정범의 형태에 의한 소송사기죄**가 성립한다.[3)]

3) 신분이나 목적 없는 고의의 도구

① ***표준판례** 피고인들은 12.12 **군사반란으로** 군의 지휘권을 장악한 후, 국헌문란의 목적을 달성하기 위해 비상계엄을 전국적으로 확대하는 것이 전군지휘관회의에서 결의된 군부의 의견인 것을 내세워, 그와 같은 조치를 취하도록 대통령과 국무총리를 강압하고, 폭력적 불법수단을 동원하여 비상계엄의 전국 확대를 의결 · 선포하게 하였다. 위 비상계엄 전국확대가 국무회의의 의결을 거쳐 대통령이 선포함으로써 외형상 적법하였다고 하더라도, 이는 피고인들에 의하여 국헌문란의 목적을 달성하기 위한 수단으로 이루어진 것이므로 내란죄의 폭동에 해당한다. 또한 이는 피고인들에 의해 국헌문란의 목적을 달성하기 위해 그러한 **목적이 없는 대통령을 이용하여** 이루어진 것이므로, 피고인들이 간접정범의 방법으로 내란죄를 실행한 것으로 보아야 한다.[4)] *목적범에서 목적 없는 자를 이용한 간접정범.

② ***표준판례** 국회의원이 **후원회를 통해** 후원금을 받은 경우에도 국회의원이 직접 후원금을 기부 받은 것과 마찬가지로 보아야 한다. 따라서 정치자금법 제32조 제3호가 금지하는 공무원이 담당 · 처리하는 사무에 관하여 청탁 또는 알선하는 일과 관련하여 정치자금을 수수한 것이라 할 것이다. 에쓰오일 회장인 피고인은, 자세한 **내막을 알지 못하여** 정치자금

1) 대판 2017. 5. 31. 2017도3894. 제8, 9회.
2) 대판 1970. 9. 22. 70도1638.
3) 대판 2007. 9. 6. 2006도3591.
4) 대판 1997. 4. 17. 96도3376 전원합의체. 제3회.

법 위반죄를 구성하지 않는 직원들의 기부행위를 유발하고, 이를 이용하여 자신의 범죄를 실현한 것이어서 간접정범의 죄책을 면할 수 없다.[1]

③ 피고인이 축산업협동조합이 점유하는 타인 소유의 창고의 패널을 점유자인 위 조합으로부터 명시적 허락을 받지 않은 채 소유자인 타인으로 하여금 취거하게 한 경우, **소유자를 도구**로 이용한 절도죄의 간접정범이 성립될 수 있다.[2]

④ 경찰서 보안과장인 피고인이 갑의 음주운전을 눈감아주기 위해 그에 대한 음주운전자 적발보고서를 찢어버리고, 부하로 하여금 일련번호가 동일한 가짜 음주운전 적발보고서에 을에 대한 음주운전 사실을 기재하도록 하였다. 그리고 **그 정을 모르는 담당 경찰관**으로 하여금 주취운전자 음주측정처리부에 을에 대한 음주운전 사실을 기재하도록 하였다. 피고인은 을이 음주운전으로 처벌을 받았는지 여부와 관계없이 허위공문서작성 및 동 행사죄의 간접정범의 죄책을 면할 수 없다.[3]

⑤ 보증인이 아니더라도 허위보증서 작성의 **고의 없는 보증인**들로 하여금 허위의 보증서를 작성하게 한 경우에는, 부동산소유권 이전등기 특별조치법 제13조 제1항 제3호에 정한 '허위보증서작성죄'의 간접정범이 성립한다.[4]

⑥ 출판물에 의한 명예훼손죄는 간접정범으로 범하여질 수도 있다. 타인을 비방할 목적으로 허위의 기사재료를 그 정을 모르는 기자에게 제공하여 신문 등에 보도되게 한 경우에도 성립할 수 있다. 그러나 제보자가 **기사의 취재 · 작성과 직접 연관이 없는 자**에게 허위사실을 알렸을 뿐인 경우에는 출판물에 의한 명예훼손죄의 책임을 물을 수 없다.[5]

⑦ ***표준판례** 유가증권변조죄에 있어서 변조는, 설사 진실에 합치하도록 변경하였더라도 권한 없이 변경한 경우에는 변조로 되는 것이고, 정을 모르는 제3자를 통해 **간접정범의 형태로도** 범할 수 있다. 신용카드를 제시받은 상점점원이 그 카드의 금액란을 정정 기재하였다 하더라도, 그것이 카드소지인이 점원에게 자신이 금액을 정정기재 할 수 있는 권리가 있는 양 기망하여 이루어졌다면, 이는 간접정범에 의한 유가증권변조로 봄이 상당하다.[6] *유가증권변조의 **고의가 없는 자를 이용하여** 유가증권 내용을 변경한 경우에 유가증권변조죄의 간접정범이 성립할 수 있음.

4) 위법하지 않는 행위이용

정당행위 이용(*표준판례) 감금죄는 간접정범의 형태로도 행하여질 수 있다. 인신구속에 관한 직무를 행하는 자 또는 이를 보조하는 자가 피해자를 구속하기 위해 **진술조서 등을 허위로** 작성한 후, 이를 기록에 첨부하여 구속영장을 신청하고, 진술조서 등이 허위로 작성된 정을 모르는 검사와 **영장전담판사를 기망하여** 구속영장을 발부받은 후, 그 영장에 의해

1) 대판 2008. 9. 11. 2007도7204.
2) 대판 2006. 9. 28. 2006도2963.
3) 대판 1996. 10. 11. 95도1706.
4) 대판 2009. 12. 24. 2009도7815.
5) 대판 2002. 6. 28. 2000도3045.
6) 대판 1984. 11. 27. 84도1862.

피해자를 구금하였다면, 형법 제124조 제1항 직권남용감금죄가 성립한다.[1]

5) 허위공문서작성죄의 간접정범

① 허위공문서작성의 주체는 직무상 그 문서를 작성할 권한이 있는 공무원에 한하고 작성권자를 보조하는 직무에 종사하는 공무원은 허위공문서작성죄의 주체가 되지 못한다. 다만 공문서의 작성권한이 있는 **공무원의 직무를 보좌하는 사람이** 그 직위를 이용하여 행사할 목적으로 허위내용이 기재된 문서 초안을 그 정을 모르는 상사에게 제출하여 결재하도록 하는 등의 방법으로 작성권한이 있는 공무원으로 하여금 허위공문서를 작성하게 한 경우에는 허위공문서작성죄의 간접정범이 성립한다.[2]

② ***표준판례** 공문서의 작성권한 있는 **공무원의 직무를 보좌하는 자가** 그 직위를 이용하여 행사할 목적으로 허위내용이 기재된 문서 초안을 그 정을 모르는 상사에게 제출하여 결재하도록 하는 등의 방법으로 허위 공문서를 작성하게 한 경우에는 간접정범이 성립한다. 이와 공모한 자 역시 그 **간접정범의 공범의 죄책을** 면할 수 없다. 여기서 말하는 공범은 반드시 공무원의 신분이 있는 자로 한정되는 것은 아니다.[3] *피고인은 예비군훈련을 받은 사실이 없음에도 예비군동대 방위병 B에게 예비군훈련을 받았다는 내용의 확인서를 발급하여 달라고 부탁하자, 동인은 작성권자인 예비군 동대장 C에게 그 사실을 보고하여 그로부터 피고인이 예비군훈련에 참가한 여부를 확인한 후 확인서를 발급하도록 지시를 받았다. B는 미리 예비군 동대장의 직인을 찍어 보관하고 있던 예비군훈련확인서용지에 피고인의 성명 등 인적사항과 위 부탁받은 훈련일자 등을 기재하여 피고인에게 교부한 사건.

③ ***표준판례** 위조문서행사죄에서 행사 상대방에는 아무런 제한이 없고, 다만 문서가 위조된 것임을 이미 알고 있는 공범자 등에게 행사하는 경우에는 위조문서행사죄가 성립할 수 없다. 그러나 **간접정범을 통한 위조문서행사범행에** 도구로 이용된 자라고 하더라도 문서가 위조된 것임을 알지 못하는 자에게 행사한 경우에는 위조문서행사죄가 성립한다. 이 사건 피고인은 위조한 전문건설업등록증 등의 컴퓨터 이미지 파일을 공사 수주에 사용하기 위해 발주자인 갑과 을에게 이메일로 송부하였다. 갑과 을은 피고인으로부터 이메일로 송부 받은 컴퓨터 이미지 파일을 프린터로 출력할 당시 그 이미지 파일이 위조된 것임을 알지 못하였다. 피고인의 행위는 형법 제229조의 위조 · 변조공문서행사죄를 구성한다.[4] *위조된 이미지 파일을 전송하여 그들로 하여금 출력하여 인식할 수 있는 상태에 놓이게 하는 것이 행사. 위조문서행사의 도구를 행사 상대방으로 하는 위조문서행사죄 성립 가능.

(2) 신분범 · 자수범과 간접정범 2

① **비신분자의 신분자 이용** 레미콘 제조업자인 피고인들은 한국산업규격을 위반한 레

1) 대판 2006. 5. 25. 2003도3945.
2) 대판 2011. 5. 13. 2011도1415. 제4회.
3) 대판 1992. 1. 17. 91도2837.
4) 대판 2012. 2. 23. 2011도14441.

미콘을 생산하여 건설업체들에 공급하였다고 하여 건설기술관리법 위반으로 기소되었다. **건설업자 아닌 피고인**들이 간접정범의 형태로 '건설업자'라는 일정한 신분을 요하는 신분범인 같은 법 위반죄를 범할 수는 없으므로 무죄를 인정한 원심판단은 정당하다.[1)]

② ***표준판례** 부정수표단속법의 목적이 부정수표 등의 발행을 단속 처벌함에 있고(제1조), 허위신고죄를 규정한 위 법 제4조가 "수표금액의 지급 또는 거래정지처분을 면하게 할 목적"이 아니라 "수표금액의 지급 또는 거래정지처분을 면할 목적"을 요건으로 하고 있다. 수표금액의 지급책임을 부담하는 자 또는 거래정지처분을 당하는 자는 오로지 발행인에 국한되는 점에 비추어 볼 때, 발행인 아닌 자는 위 법조가 정한 허위신고죄의 주체가 될 수 없다. 허위신고의 고의 없는 발행인을 이용하여 간접정범의 형태로 허위신고죄를 범할 수도 없다.[2)]

③ **자수범은 간접정범 성립 불가** 형법 제155조 제1항에서 타인의 형사사건에 관하여 증거를 위조한다 함은 증거 자체를 위조하는 것을 말한다. 선서무능력자로서 범죄현장을 목격하지도 못한 사람으로 하여금 형사법정에서 범죄현장을 목격한 양 허위증언을 하도록 하는 것은, 위 조항이 규정하는 증거위조죄를 구성하지 않는다.[3)] ***위증죄는 자수범**이고 자수범은 간접정범 성립 불가.

④ 농업협동조합법 제50조 제2항 소정의 호별방문죄는 '임원이 되고자 하는 자'라는 신분자가 스스로 호별방문을 한 경우만을 처벌하는 것으로 보아야 한다(**자수범**), 비록 신분자가 비신분자와 통모하였거나 신분자가 비신분자를 시켜 방문케 하였다고 하더라도(**간접정범**), 비신분자만이 호별방문을 한 경우에는 신분자는 물론 비신분자도 같은 죄로 의율하여 처벌할 수 없다.[4)]

1 [40] 7. 교 사 범

① **함정수사의 위법성** 본래 범의를 가지지 않은 자에 대해 수사기관이 사술이나 계략 등을 써서 범의를 유발시켜 범죄인을 검거하는 함정수사는 위법하다. 이러한 함정수사에 기한 공소제기는 그 절차가 법률의 규정에 위반하여 무효인 때에 해당한다. 그러나 범의를 가진 자에 대해 단순히 **범행의 기회를 제공**하는 것에 불과한 경우에는 위법한 함정수사라고 단정할 수 없다. 경찰관이 취객을 상대로 한 이른바 **부축빼기 절도범**을 단속하기 위해, 공원 인도에 쓰러져 있는 취객 근처에서 감시하고 있다가, 마침 피고인이 나타나 취객을 부축하여 10m 정도를 끌고 가 지갑을 뒤지자, 현장에서 체포하여 기소한 경우는 위법한 함정수사에 해당되지 않는다.[5)]

② **교사범의 인과관계**(*표준판례) 피교사자가 범죄실행에 착수한 경우, 그 범행결의가

---

1) 대판 2011. 7. 28. 2010도4183.
2) 대판 1992. 11. 10. 92도1342. 제7회.
3) 대판 1998. 2. 10. 97도2961.
4) 대판 2003. 6. 13. 2003도889.
5) 대판 2007. 5. 31. 2007도1903.

교사자의 교사행위에 의해 생긴 것인지는 교사자와 피교사자의 관계, 교사행위의 내용 및 정도, 피교사자가 범행에 이르게 된 과정 등 제반 사정을 종합적으로 고려하여 판단해야 한다. 이러한 판단 방법에 의할 때, 피교사자가 교사자의 **교사행위 당시**에는 일응 범행을 승낙하지 않은 것으로 보여지더라도, 이후 그 **교사행위에 의해 범행을 결의한 것으로 인정**되는 이상 교사범의 성립에는 영향이 없다.1) *피고인이 결혼을 전제로 교제하던 여성 갑의 임신 사실을 알고 수회에 걸쳐 낙태를 권유하다가 거부당하였는데, 그 후 갑이 피고인에게 알리지 않고 낙태시술을 받은 사안에서 낙태교사죄 인정. 낙태죄는 현재 헌법불합치결정으로 전부 무효가 되었고 개정 과제를 남겨놓고 있음.2)

③ ***표준판례*** 피고인은 갑, 을, 병이 절취하여 온 장물을 상습으로 19회에 걸쳐 시가의 3분의1 내지 4분의 1의 가격으로 매수하여 취득하여 오다가, 갑, 을에게 **일제 드라이버** 1개를 사주면서 "병이 구속되어 도망 다니려면 돈도 필요할 텐데 열심히 일을 하라(도둑질을 하라)"고 말하였다. 그 취지는 종전에 병과 같이 하던 범위의 절도를 다시 계속하면 그 장물은 매수하여 주겠다는 것으로서 절도의 교사가 있었다고 보아야 한다.3)

④ 피고인이 연소한 제1심 피고인에게 "밥값을 구하여 오라"고 말한 점은 절도범행을 교사한 것으로 볼 수 없다.4)

⑤ 무면허 운전으로 사고를 낸 사람이 동생을 경찰서에 대신 출두시켜 피의자로 조사받도록 한 행위는 범인도피교사죄를 구성한다.5)

⑥ ***표준판례*** 교사범의 교사가 정범이 죄를 범한 유일한 조건일 필요는 없다. 교사행위에 의해 정범이 실행을 결의하게 된 이상, 비록 정범에게 범죄습벽이 있어 그 습벽과 함께 교사행위가 원인이 되어 정범이 범죄를 실행한 경우에도 교사범의 성립에 영향이 없다.6)

⑦ 위증죄로 처벌되지 않는 **선서무능력자**로서 사고현장을 목격한 일이 없는 사람에게 부탁하여, 타인의 형사사건을 재판하는 법정에서 현장을 목격한 것처럼 허위진술을 하게 하는 것은 증거위조죄에 해당되지 않는다.7) *증거위조죄는 증거자체에 대한 위조가 있어야 함.

⑧ **양적 초과** 피고인은 자신의 영업에 관하여 사사건건 방해를 하면서 협박을 해 오던 피해자를 보복하기 위해 피해자의 경호원으로 있다가 사이가 나빠진 공소외인을 소개받아 착수금 명목으로 금 5백만 원을 제공하면서 동인으로 하여금 피해자에게 **중상해를 가해 활동을** 못하도록 교사하였다. 위 공소외인은 피해자의 온몸을 칼로 찔러 살해하였고, 그 당시 상황으로 보아 피고인은 중상해를 가하면 피해자가 죽을 수도 있다는 점을 예견할 가능성이 있었던 사실은 인정된다. 피고인을 상해치사죄의 교사범으로 처단한 조치는 정당하다.8)

---

1) 대판 2013. 9. 12. 2012도2744.
2) 헌재 2019. 4. 11. 2017헌바127.
3) 대판 1991. 5. 14. 91도542.
4) 대판 1984. 5. 15. 84도418.
5) 대판 2006. 12. 7. 2005도3707.
6) 대판 1991. 5. 14. 91도542.
7) 대판 1998. 2. 10. 97도2961.
8) 대판 1993. 10. 8. 93도1873.

⑨ **양적 초과** 교사자가 피교사자에 대하여 상해를 교사하였는데 피교사자가 이를 넘어 살인을 실행하였다. 이런 경우에 일반적으로 교사자는 상해죄에 대한 교사범이 된다. 다만 교사자에게 피해자의 사망결과에 대해 과실 내지 예견가능성이 있으면 상해치사죄 교사범의 죄책을 지울 수 있다.[1] *피해자를 "**정신차릴 정도로 때려주라**"고 교사한 것은 상해에 대한 교사로 보는 것이 상당함.

⑩ **교사범의 공범관계 이탈**(*표준판례) 피고인 갑은 을에게 전화하여 피해자 병의 불륜관계를 이용하여 공갈할 것을 교사하였다. 이에 을은 피해자를 미행하여 피해자 병이 여자와 함께 호텔에 들어가는 현장을 카메라로 촬영한 후, 피고인 갑에게 이를 알렸다. 그러나 피고인 갑은 을에게 여러 차례 전화하여, 그 동안의 수고비로 500만 원 내지 1,000만 원을 줄 테니 촬영한 동영상을 넘기고 피해자를 공갈하는 것을 단념하라고 범행을 만류하였다. 그럼에도 을은 피고인의 제안을 거절하고 촬영한 동영상을 피해자 병의 핸드폰에 전송하고, 전화나 문자메시지 등으로 1억 원을 주지 않으면, 여자와 호텔에 들어간 동영상을 가족과 회사에 유포하겠다고 피해자에게 겁을 주어 현금 500만 원을 교부받았다. 갑의 교사행위로 인해 을이 범행결의를 가지게 되었고, 그 후 공갈의 실행행위에 착수하여 피해자로부터 500만 원을 교부받음으로써 **범행이 기수**에 이르렀으므로, 피고인 갑의 교사행위와 을의 범행 결의 및 실행행위 사이에 인과관계가 인정된다. 또 피고인이 전화로 범행을 만류하는 취지의 말을 한 것만으로는, 피고인 갑의 교사행위와 을의 실행행위 사이에 **인과관계가 단절**되었다거나 피고인이 **공범관계에서 이탈**한 것으로 볼 수 없다.[2]

⑪ 무면허 운전으로 사고를 낸 사람이 동생을 경찰서에 대신 출두시켜 피의자로 조사받도록 한 행위는 범인도피교사죄를 구성한다.[3]

⑫ 교사범의 교사가 정범이 죄를 범한 유일한 조건일 필요는 없다. 교사행위에 의해 정범이 실행을 결의하게 된 이상, 비록 **정범에게 범죄습벽이 있어** 그 습벽과 함께 교사행위가 원인이 되어 정범이 범죄를 실행한 경우에도 교사범의 성립에는 영향이 없다.[4]

⑬ 피고인이 연소한 제1심 피고인에게 "밥값을 구하여 오라"고 말한 점은 절도범행을 교사한 것으로 볼 수 없다.[5] *고의의 특정이 없음.

⑭ ***표준판례** 피고인 1은 피고인 3, 4, 5 및 원심 공동피고인 7에게 피고인과 사업관계로 다툼이 있었던 피해자를 혼내 주되, 평생 후회하면서 살도록 허리 아래 부분을 찌르고, 특히 허벅지나 종아리를 찔러 **병신을 만들라는 취지로** 이야기하였다. 피고인 2는 위와 같이 1이 상 피고인들에게 범행을 지시할 때 그들에게 연락하여 모이도록 하였으며, "피고인 1을 좀 도와주어라" 등의 말을 하였다. 그 결과 상피고인들이 피해자의 종아리 부위 등을 20여

1) 대판 1997. 6. 24. 97도1075. 제9회.
2) 대판 2012. 11. 15. 2012도7407. 제8회.
3) 대판 2006. 12. 7. 2005도3707.
4) 대판 1991. 5. 14. 91도542.
5) 대판 1984. 5. 15. 84도418.

회 칼로 찔러 살해한 사실을 인정하였다. 그 당시 상황으로 보아 피고인 1과 2는 공모관계에 있고, 피해자가 죽을 수도 있다는 점을 예견할 가능성이 있었다고 판단하여, 상해치사죄로 의율한 조치는 정당하다.[1] *상해 내지 중상해 교사에 살인을 행한 경우 결과에 대한 예견가능성이 있으면 교사자(피고인 1과 2)에게 상해치사의 책임을 물을 수 있다는 판결.

⑮ 무고죄에서 스스로 본인을 무고하는 자기무고는 무고죄 구성요건에 해당하지 아니하여 무고죄를 구성하지 않는다. 그러나 **피무고자의 교사·방조** 하에 제3자가 피무고자에 대한 허위사실을 신고한 경우에는 제3자의 행위는 무고죄 구성요건에 해당한다. 따라서 제3자를 교사·방조한 피무고자도 교사·방조범의 죄책을 부담한다.[2]

[41] 8. 종 범 1

① 공동정범의 본질은 분업적 역할분담에 의한 기능적 행위지배에 있다고 할 것이므로 공동정범은 공동의사에 의한 기능적 행위지배가 있음에 반하여 종범은 그 **행위지배가 없는** 점에서 양자가 구별된다.[3]

② 이미 스스로 입영기피를 결심하고 집을 나서는 공소외 (갑)에게 피고인이 이별을 안타까워하는 뜻에서 '**잘 되겠지 몸조심하라**' 하고 악수를 나눈 행위는 입영기피의 범죄의사를 강화시킨 방조행위에 해당한다고 볼 수 없다.[4]

③ 진료부는 환자의 계속적인 진료에 참고로 제공되는 진료상황부이다. 간호보조원의 무면허진료행위가 있은 후에 이를 의사가 진료부에다 기재하는 행위는 정범의 실행행위종료 후의 단순한 사후행위에 불과하다고 볼 수 없고 **무면허 의료행위의 방조**에 해당한다.[5]

④ ***표준판례** 저작권법이 보호하는 복제권의 침해를 방조하는 행위는 정범의 복제권 침해행위 중에 이를 방조하는 경우는 물론, 복제권 침해행위에 착수하기 전에 장래의 복제권 침해행위를 예상하고 이를 용이하게 해주는 경우도 포함한다. P2P 프로그램을 이용하여 음악파일을 공유하는 행위가 대부분 정당한 허락 없는 음악파일의 복제임을 예견하면서도 MP3 파일 공유를 위한 P2P **프로그램인 소리바다 프로그램을** 개발하여 이를 무료로 널리 제공한 행위는, 이용자는 복제, 서비스 운영자는 복제권 침해행위의 방조에 해당한다.[6] *방조범에 있어 정범의 고의는 미필적 인식 또는 예견으로 충분하다는 판결.

⑤ ***표준판례** 공범자의 범인도피행위 도중에 그 범행을 인식하면서 그와 공동의 범의를 가지고 기왕의 범인도피상태를 이용하여 **스스로 범인도피행위**를 계속한 경우에는 범인도피죄의 공동정범이 성립한다. 이는 공범자의 범행을 방조한 종범의 경우도 마찬가지이

1) 대판 2002. 10. 25. 2002도4089.
2) 대판 2008. 10. 23. 2008도4852. 제9회.
3) 대판 1989. 4. 11. 88도1247.
4) 대판 1983. 4. 12. 82도43.
5) 대판 1982. 4. 27. 82도122. 제1회.
6) 대판 2007. 12. 14. 2005도872.

다.[1] *甲이 수사기관 및 법원에 출석하여 乙 등의 사기범행을 자신이 저질렀다는 취지로 허위 자백하였다. 그 후 甲의 사기 피고사건 변호인으로 선임된 피고인이 甲과 공모하여 진범 乙 등을 은폐하는 허위자백을 유지하게 함으로써 범인을 도피하게 하였다는 내용으로 기소된 사건. 실행착수 전에 장래의 범죄행위를 예상하고 이를 용이하게 한 경우에도 방조범이 성립할 수 있음을 명시한 판결.

⑥ **방조의 방법** 형법상 방조행위는, 정범이 범행을 한다는 정을 알면서 그 실행행위를 용이하게 하는 직접·간접의 모든 행위를 가리킨다. **유형적, 물질적인 방조**뿐만 아니라 정범에게 범행결의를 강화하도록 하는 것과 같은 **무형적, 정신적 방조행위**까지도 포함한다. 종범은 정범의 실행행위 중에 이를 방조하는 경우뿐만 아니라, 실행착수 전에 장래의 실행행위를 예상하고 이를 용이하게 하는 행위를 하여 방조한 경우에도 성립한다.[2]

⑦ **이중의 고의와 증명방법** 방조범은 정범의 실행을 방조한다는 이른바 **방조의 고의**와 정범의 행위가 구성요건에 해당하는 행위인 점에 대한 **정범의 고의**가 있어야 한다. 그러나 이와 같은 고의는 내심적 사실이므로 피고인이 이를 부정하는 경우에는, 사물의 성질상 고의와 상당한 관련성이 있는 **간접사실을 증명**하는 방법에 의하여 증명할 수밖에 없다. 방조범에서 요구되는 정범의 고의는, 정범에 의해 실현되는 범죄의 구체적 내용을 인식할 것을 요하는 것은 아니고 미필적 인식이나 예견으로 족하다.[3]

⑧ **방조 인정** 덕적도 핵폐기장 설치 반대 시위의 일환으로 행하여진 대학생들의 인천시청 기습점거 시위에 대해 전혀 모르고 있다가, 시위 직전에 주동자로부터 지시를 받고 **시위현장의 사진촬영**을 한 행위는, 시위행위에 대한 공동정범의 범의는 인정되지 않지만 방조범의 죄책은 인정된다.[4]

⑨ 의사인 피고인이, 입원치료를 받을 필요가 없는 환자들이 보험금 수령을 위해 입원치료를 받으려고 하는 사실을 알면서도 **입원을 허가하여**, 형식상으로 입원치료를 받도록 한 후 입원확인서를 발급하여 준 경우에는 사기방조죄가 성립한다.[5]

⑩ 자동차운전면허가 없는 자에게 **승용차를 제공하여** 그로 하여금 무면허운전을 하게 하였다면, 이는 도로교통법위반(무면허운전) 범행의 방조행위에 해당한다.[6]

⑪ 도박하는 자리에서 도박자금으로 사용하리라는 점을 알면서 채무변제조로 금원을 교부하였다면, 도박을 방조한 행위에 해당한다.[7]

⑫ 부동산소개업자로서 부동산의 등기명의수탁자가 그 명의신탁자의 승낙 없이, 이를 제3자에게 매각하여 불법영득하려고 하는 점을 알면서도, 그 범행을 도와주기 위해 수탁자에

1) 대판 2012. 8. 30. 2012도6027.
2) 대판 2018. 9. 13. 2018도7658. 제9회.
3) 대판 2018. 9. 13. 2018도7658, 2018전도54, 55, 2018보도6, 2018모2593. 제9, 10회.
4) 대판 1997. 1. 24. 96도2427.
5) 대판 2006. 1. 12. 2004도6557.
6) 대판 2000. 8. 18. 2000도1914.
7) 대판 1970. 7. 28. 70도1218.

게 **매수할 자를 소개하여 주는** 등의 방법으로 그 횡령행위를 용이하게 하였다면, 이러한 부동산소개업자의 행위는 횡령죄의 방조범에 해당한다.1)

⑬ 갑 주식회사 전무이사 피고인 B는, 갑 주식회사가 시공 중인 아파트의 시행사 대표인 피고인 A로부터, 위 아파트에 관한 갑 주식회사 대표이사 명의의 분양계약서, 분양대금 입금표 등을 위조하여, 이를 담보로 중앙상호저축은행 등으로부터 대출금 명목으로 금원을 편취하겠다는 제의를 받았다. B는 이를 승낙하고 갑 주식회사의 법인 인감증명서를 A에게 교부하여 주었다. B의 행위는 정범인 A에게 **범행결의를 강화하도록** 하고, 그의 대출금편취 범행을 용이하게 하여 이를 방조한 행위에 해당한다.2)

⑭ 백화점 입점점포의 위조상표 부착 상품 판매사실을 알고도 방치한 백화점 직원은 **부작위**에 의한 상표법위반 방조 및 부정경쟁방지법위반 방조죄에 해당된다.3)

⑮ 종범은 정범이 실행행위에 착수하여 범행을 하는 과정에서 이를 방조한 경우뿐 아니라, 정범의 실행착수 이전에 **장래의 실행행위**를 미필적으로나마 예상하고 이를 용이하게 하기 위해 방조한 경우에도, 그 후 정범이 실행행위에 나아갔다면 성립할 수 있다.4)

⑯ 진료부는 환자의 계속적인 진료에 참고로 제공되는 진료상황부이므로, 간호보조원의 무면허 진료행위가 있은 후에 이를 의사가 진료부에다 기재하는 행위는, 정범의 실행행위종료 후의 단순한 사후행위에 불과하다고 볼 수 없고 **무면허 의료행위의 방조**에 해당한다.5)

⑰ **양적 초과** 피고인 을은 처음에 피고인 갑이 피해자를 폭행하려는 것을 제지하였다. 피고인은, 갑이 취중에 남의 자동차를 손괴하고도 상급자에게 무례한 행동을 하는 피해자를 교육시킨다는 정도로 가볍게 생각하고, 각목을 갑에게 건네주었다. 피고인은 그 후에도 양인 사이에서 폭행을 제지하려고 애쓴 사실이 인정된다. 피고인으로서는 피해자가 **갑의 폭행으로 사망할 것으로 예견하기는** 어렵기 때문에, 피고인에 대해 특수폭행치사방조의 점은 무죄로 판단하고, 특수폭행방조를 인정한 것은 타당하다.6)

⑱ **질적 초과** **방조자의 인식과 피방조자의 실행간**에 착오가 있고, 양자가 구성요건을 달리하는 경우에는 원칙적으로 방조자의 고의는 조각된다. 그러나 그 구성요건이 중첩되는 부분이 있으면, 그 **중복되는 한도 안에서** 방조자의 죄책을 인정해야 한다. 피고인은, 정범인 갑 등이 특가법상 밀수행위에 해당하는 범죄행위를 한 것을 전혀 인식하지 못하고, 오로지 관세법상 관세포탈행위를 방조하는 것으로 인식하였다. 그렇다면 특정범죄가중법상 밀수행위의 방조범으로 처벌할 수는 없고, 동 죄와 구성요건이 중복되는 **관세포탈행위의 종범**으로서만 처벌해야 한다.7)

---

1) 대판 1988. 3. 22. 87도2585.
2) 대판 2007. 4. 27. 2007도1303.
3) 대판 1997. 3. 14. 96도1639.
4) 대판 2013. 11. 14. 2013도7494.
5) 대판 1982. 4. 27. 82도122.
6) 대판 1998. 9. 4. 98도2061.
7) 대판 1985. 2. 26. 84도2987.

⑲ **방조 부정** 정범 갑은 사위의 방법으로 병사용 진단서를 발급받았지만 관할 병무청에 제출하지는 않았으므로 병역법 제86조에서 정하고 있는 **사위행위의 실행에 착수**한 것으로 볼 수는 없다. 그와 같은 갑의 사위행위를 방조하였다는 공소사실은 무죄이다.[1]

⑳ 종범은 정범의 실행행위 전이나 실행행위 중에 정범을 방조하여 그 실행행위를 용이하게 하는 것을 말하므로, 정범의 범죄종료 후의 이른바 **사후방조**를 종범이라고 볼 수는 없다.[2]

㉑ 웨이타인 피고인들은 손님들을 단순히 출입구로 안내를 하였을 뿐, 미성년자 여부의 판단과 출입허용 여부는 2층 출입구에서 **주인이 결정하게** 되어 있었다. 피고인들의 위 안내행위를 곧 미성년자를 클럽에 출입시킨 행위 또는 그 방조행위로 볼 수는 없다.[3]

㉒ 병원 원장인 피고인 갑 등은 을 등에게 허위의 입 · 퇴원확인서를 작성한 후 교부하여, 을 등이 보험회사로부터 보험금을 편취하는 것을 방조하였다는 내용으로 기소되었다. **정범인 을 등의 범죄가** 성립되지 않는 이상 방조범에 불과한 피고인 갑 등의 범죄도 성립될 수 없다.[4]

㉓ *표준판례 인터넷 이용자가 링크 부분을 클릭함으로써 저작권자에게서 이용허락을 받지 않은 저작물을 게시하거나, 인터넷 이용자에게 그러한 저작물을 송신하는 등의 방법으로, 저작권자의 복제권이나 공중송신권을 침해하는 웹페이지 등에 직접 연결된다고 하더라도, 침해행위의 실행 자체를 용이하게 한다고 할 수는 없다. 이러한 **링크 행위만으로는** 저작재산권 침해행위의 방조행위에 해당한다고 볼 수 없다.[5]

㉔ **예비의 방조**(*표준판례) 형법 제32조 제1항(종범)에서 타인의 범죄는, 정범이 범죄의 실행에 착수한 경우를 말하는 것이므로 종범이 처벌되기 위하여는 **정범의 실행착수가 있는** 경우에만 가능하다. 형법 전체의 정신에 비추어 정범이 실행착수에 이르지 않고 예비단계에 그친 때, 이에 가공하는 행위는 예비의 공동정범이 되는 경우를 제외하고는 종범이 성립하지 않는다.[6] *정범의 예비행위를 방조한 다음 그 정범이 실행착수로 나아가면 결국 정범의 실행행위를 방조한 것이므로 정범의 실행행위에 대한 방조의 죄책.

[42] 9. 공범과 신분

1 ### (1) 제33조 본문과 단서

① **제33조 본문 적용** 공무원 신분이 없는 자라 하더라도 **공무원과 공모하여** 공무원이 직무에 위배한 배임행위를 하여 국가에 손해를 입혔을 때는 형법 제33조에 의해 업무상 배

1) 대판 2005. 11. 10. 2005도1995.
2) 대판 2009. 6. 11. 2009도1518.
3) 대판 1984. 8. 21. 84도781.
4) 대판 2017. 5. 31. 2016도12865.
5) 대판 2015. 3. 12. 2012도13748.
6) 대판 1976. 5. 25. 75도1549. 제6회.

임의 공동정범으로 처벌할 것이다.[1]

② 병가중인 자의 경우는, 구체적 작위의무 내지 국가기능의 저해에 대한 구체적 위험성이 있다고 할 수 없어 직무유기죄의 주체가 되지 않는다. 그러나 병가중인 피고인들과 나머지 피고인들 사이에 **직무유기의 공범관계가** 인정되면, 병가중인 피고인들도 직무유기죄의 공동정범으로 처벌받아야 할 것이다.[2]

③ 점포의 임차인 갑은, 임대인이 그 점포를 타에 매도한 사실을 알고 있으면서, 점포의 임대차 계약 당시 "타인에게 점포를 매도할 경우 우선적으로 임차인에게 매도한다"는 특약을 구실로, 임차인이 매매대금을 일방적으로 결정하여 공탁하고, **임대인과 공모하여** 임차인 명의로 소유권이전등기를 경료하였다. 갑은 임대인의 배임행위에 적극 가담한 것으로서 배임죄의 공동정범에 해당한다.[3]

④ **제33조 단서 적용** 상호신용금고법 제39조 제1항 제2호 위반죄는 상호신용금고의 발기인 · 임원 등의 지위에 있는 자의 배임행위에 대한 형법상의 배임 내지 업무상배임죄의 가중규정이고, 형법 제355조 제2항의 배임죄와 관계에서는 신분관계로 인하여 형의 경중이 있는 경우이다. 위와 같은 신분관계가 없는 자가 그러한 신분관계에 있는 자와 공모하여 위 상호신용금고법위반죄를 저질렀다면, 그러한 신분관계가 없는 자에 대하여는 **형법 제33조 단서에 의해** 형법 제355조 제2항에 따라 처단해야 한다. 그러한 경우에는 신분관계가 없는 자에게도 일단 업무상 배임으로 인한 상호신용금고법 제39조 제1항 제2호 위반죄가 성립한 다음, 형법 제33조 단서에 의하여 중한 형이 아닌 형법 제355조 제2항에 정한 형으로 처벌된다.[4]

⑤ 은행원이 아닌 자가 은행원들과 공모하여 업무상배임죄를 저질렀다 하여도, 이는 업무상 타인의 사무를 처리하는 신분관계로 형의 경중이 있는 경우이다. 따라서 그러한 신분관계가 없는 자에 대하여서는 **형법 제33조 단서에 의해** 형법 제355조 제2항에 따라 처단해야 한다.[5]

⑥ ***표준판례** 업무상배임죄는, 타인의 사무를 처리하는 지위라는 점에서 보면 신분관계로 인하여 성립될 범죄이고, 업무상 타인의 사무를 처리하는 지위라는 점에서 보면 단순배임죄에 대한 가중규정으로서 **신분관계로 인하여 형의 경중이** 있는 경우이다. 그와 같은 신분관계가 없는 자가 그러한 신분관계가 있는 자와 공모하여 업무상배임죄를 저질렀다면, 그러한 신분관계가 없는 공범에 대해서는 형법 제33조 단서에 의해 단순배임죄에 정한 형으로 처단해야 한다. 이 경우에 신분관계 없는 공범에게도 같은 조 본문에 따라 일단 신분범인 업무상배임죄가 성립하고, 다만 과형에서만 무거운 형이 아닌 단순배임죄의 법정형이 적용 된다[6] *다른 예로서 **상습도박죄는** 단순도박죄에 대한 가중규정으로 신분관계로 형의 경중이

1) 대판 1961. 12. 28. 4294형상564.
2) 대판 1997. 4. 22. 95도748.
3) 대판 1983. 7. 12. 82도180.
4) 대판 1997. 12. 26. 97도2609. 제8회.
5) 대판 1986. 10. 28. 86도1517. 제1, 5회.
6) 대판 1999. 4. 27. 99도883. 제8, 10회.

있는 경우에 속함. 상습도박자인 갑이 도박의 습벽 없는 을을 도박에 가담하도록 교사한 경우, 갑은 상습도박죄의 교사범, 을은 단순도박죄의 정범으로 처벌.1)

⑦ 회계관계직원이라는 신분관계가 없는 자가 그러한 신분관계 있는 자의 횡령 범죄를 방조하는 방법으로 국고손실 범행에 가담하였다면 **신분관계 없는 공범에** 대하여는 형법 제33조 단서에 의해 형법상 단순 횡령방조죄에 정한 형으로 처벌해야 하고, 이 경우 공소시효도 형법상 단순 횡령방조죄의 법정형에 의해야 한다.2) ***이명박 대통령 사건. 이 전 대통령이 전 국정원장으로부터 국정원장 특별사업비를 받은 것은 대통령의 직무와 관련이 있다거나 대가관계에 있는 금원을 교부받은 것으로 보기 어렵다고 판단함.**

2 **(2) 전 3조의 의미**

① 형법 제323조의 권리행사방해죄는 타인의 점유 또는 권리의 목적이 된 자기의 물건을 취거, 은닉 또는 손괴하여 타인의 권리행사를 방해함으로써 성립하는 것이므로, 그 취거, 은닉 또는 손괴한 물건이 자기의 물건이 아니라면 권리행사방해죄가 성립할 수 없다. **물건의 소유자가 아닌 사람**은 형법 제33조 본문에 따라 소유자의 권리행사방해 범행에 가담한 경우에 한하여 그의 공범이 될 수 있을 뿐이다. 그러나 권리행사방해죄의 공범으로 기소된 물건의 소유자에게 고의가 없는 등으로 **범죄가 성립하지 않는다면** 공동정범이 성립할 여지가 없다.3)

② 치과의사가 환자의 대량유치를 위해 **치과기공사**들에게 내원환자들에게 진료행위를 하도록 지시하여, 동인들이 각 단독으로 진료행위를 하였다면 무면허의료행위의 교사범에 해당한다.4)

③ ***표준판례** 의사가 **간호사**에게 의료행위의 실시를 개별적으로 지시하거나 위임한 적이 없음에도, 간호사가 그의 주도 아래 전반적인 의료행위의 실시 여부를 결정하고, 간호사에 의한 의료행위의 실시과정에도 의사가 지시·관여하지 않은 경우라면, 이는 무면허의료행위에 해당한다. 그리고 의사가 이러한 방식으로 의료행위가 실시되는 데 간호사와 함께 공모하여 그 공동의사에 의한 기능적 행위지배가 있었다면, **의사도 무면허의료행위의 공동정범**으로서 죄책을 진다.5)

④ 의료인일지라도 **의료인 아닌 자의 의료행위**에 공모하여 가공하면 의료법 제25조 제1항이 규정하는 무면허의료 행위의 공동정범으로서의 책임을 진다.6)

⑤ 공무원이 뇌물공여자로 하여금 공무원과 뇌물수수죄의 공동정범 관계에 있는 비공무원에게 뇌물을 공여하게 한 경우에는, 공동정범의 성질상 **공무원 자신에게 뇌물을 공여하**

---

1) 제9회.
2) 대판 2020. 11. 5. 2019도12284.
3) 대판 2017. 5. 30. 2017도4578. 제9회.
4) 대판 1986. 7. 8. 86도749.
5) 대판 2012. 5. 10. 2010도5964.
6) 대판 1986. 2. 11. 85도448. 제5회.

계 한 것으로 볼 수 있다. 공무원과 공동정범 관계에 있는 비공무원은 제3자뇌물수수죄에서 말하는 **제3자가 될 수 없고**, 공무원과 공동정범 관계에 있는 비공무원이 뇌물을 받은 경우에는 공무원과 함께 뇌물수수죄의 공동정범이 성립하고 제3자뇌물수수죄는 성립하지 않는다.[1] *박근혜 · 이재용 사건.

⑥ 금품이나 이익 전부에 관하여 뇌물수수죄의 공동정범이 성립한 이후에 뇌물이 실제로 공동정범인 공무원 또는 비공무원 중 누구에게 귀속되었는지는 이미 성립한 뇌물수수죄에 영향을 미치지 않는다. 공무원과 비공무원이 사전에 **뇌물을 비공무원에게 귀속시키기로** 모의하였거나, 뇌물의 성질상 비공무원이 사용하거나 소비할 것이라고 하더라도, 이러한 사정은 뇌물수수죄의 공동정범이 성립한 이후 **뇌물의 처리에 관한** 것에 불과하므로 뇌물수수죄가 성립하는 데 영향이 없다.[2] *박근혜 · 이재용 사건.

⑦ 의료인이 비의료인의 의료기관 개설행위에 공모하여 가공하면 의료법위반죄의 공동정범에 해당된다.[3]

⑧ 변호사가 변호사 아닌 자에게 고용되어 법률사무소의 개설 · 운영에 관여하는 행위는, 변호사법 위반죄가 당연히 예상되고 또한 범죄가 성립해야 한다. 그러나 이를 처벌하는 규정이 없는 이상, 그 입법 취지에 비추어 볼 때 변호사 아닌 자에게 고용되어 법률사무소의 개설 · 운영에 관여한 변호사의 행위가 일반적인 형법 총칙상의 공모, 교사 또는 방조에 해당되더라도, 변호사를 **변호사 아닌 자의 공범**으로 처벌할 수는 없다.[4]

⑨ ***표준판례** B는 육군 보충대에 입영하였다가 국군병원에서 실시된 **신체검사결과 귀향조치를** 받음으로써 현역병 입영대상자 신분으로 복귀하였다. B는 더 이상 군인 신분을 갖고 있지 않아서 군형법 제41조 위반행위의 주체가 될 수 없다. 피고인들이 위 B와 공모하여 신체검사장에서 B가 재검에서 정신이상자 행세를 함으로써 제2 국민역 판정을 받아 군무를 기피할 목적으로 위계하였다는 것이다. B는 재검 당시 군인신분을 갖고 있지 않아서 병역법 제75조 위반죄가 됨은 별론으로 하고 군형법 제41조(근무기피 목적의 사술詐術)의 행위주체가 될 수는 없다. 피고인들을 군형법 위반죄의 공범으로 처벌할 수는 없다.[5]

⑩ 형법 제152조 제1항과 제2항은 위증을 한 범인이 형사사건의 피고인 등을 '**모해할 목적**'을 가지고 있었는가 아니면 그러한 목적이 없었는가 하는 범인의 특수한 상태에 따라서 범인에게 과할 형의 경중을 구별하고 있다. 이는 바로 형법 제33조 단서 소정의 "신분관계로 인하여 형의 경중이 있는 경우"에 해당한다고 봄이 상당하다.[6]

⑪ ***표준판례** 피고인이 갑을 모해할 목적으로 을에게 위증을 교사한 이상, 가사 정범인 을에게 모해목적이 없었다고 하더라도, 형법 제33조 단서규정에 의해 피고인을 **모해위증**

1) 대판 2019. 8. 29. 2018도2738. 제9회.
2) 대판 2019. 8. 29. 2018도13792.
3) 대판 2017. 4. 7. 2017도378.
4) 대판 2004. 10. 28. 2004도3994. 제5회.
5) 대판 1992. 12. 24. 92도2346.
6) 대판 1994. 12. 23. 93도1002. 제5회.

교사죄로 처단할 수 있다. 신분관계로 인해 형의 경중이 있는 경우에, **신분이 있는 자가** 신분이 없는 자를 교사하여 죄를 범하게 한 때에는, 형법 제33조 단서가 형법 제31조 제1항에 우선하여 적용됨으로써, 신분이 있는 교사범이 신분이 없는 정범보다 중하게 처벌된다.1)

⑫ ***표준판례** 위증죄는 위증을 한 범인이 형사사건의 피고인 등을 '**모해할 목적**'을 가지고 있었는가 아니면 그러한 목적이 없었는가 하는 범인의 특수한 상태의 차이에 따라 범인에게 과할 형의 경중을 구별하고 있다. 이는 바로 형법 제33조 단서 소정의 "신분관계로 인하여 형의 경중이 있는 경우"에 해당한다고 봄이 상당하다. 피고인이 갑을 모해할 목적으로 을에게 위증을 교사한 이상, 가사 정범인 을에게 모해목적이 없었다고 하더라도, 형법 제33조 단서의 규정에 의하여 피고인을 모해위증교사죄로 처단할 수 있다.2) *모해목적을 신분으로 파악한 판결. 도달하려는 목표인 목적과 사회의 계속적 · 일반적 지위인 신분이 같은 개념인가는 논란이 될 수 있음.

제 3 편 특수한 범죄유형

Ⅰ. 과 실 법

1 ### [43] 1. 과실의 종류

① **행정상의 단속**을 주안으로 하는 법규라 하더라도, '명문규정이 있거나 해석상 과실범도 벌할 뜻이 명확한 경우'를 제외하고는, 형법의 원칙에 따라 '고의'가 있어야 벌할 수 있다.3)

② **중과실인정** 형법 제171조가 정하는 중실화는, 행위자가 **극히 작은 주의**를 함으로써 결과발생을 예견할 수 있었는데도 부주의로 이를 예견하지 못하는 경우를 말한다.4)

③ 피고인이 성냥불로 담배를 붙인 다음 그 **성냥불이** 꺼진 것을 확인하지 아니한 채, 휴지가 들어 있는 플라스틱 휴지통에 던진 것은 중대한 과실이 있는 경우에 해당한다.5)

④ 피고인이 관리하던 주차장 출입구 문주의 하단부분에 금이 가 있어 **도괴될 위험성이** 있었다면, 피고인으로서는 소유자에게 그 보수를 요청하는 외에, 그 보수가 있을 때까지 **임시적으로라도** 받침대를 세우는 등 도괴를 방지하거나, 그 근처에 사람이나 자동차 등의 근접

1) 대판 1994. 12. 23. 93도1002. 제3, 6회.
2) 대판 1994. 12. 23. 93도1002.
3) 대판 2010. 2. 11. 2009도9807. 제2, 6회.
4) 대판 1988. 8. 23. 88도855.
5) 대판 1993. 7. 27. 93도135.

을 막는 등, 도괴로 인한 인명의 피해를 막도록 조치를 해야 할 주의의무가 있다. 동 주차장에는 사람이나 자동차의 출입이 빈번하고, 근처 거주의 어린아이들이 문주근방에서 놀이를 하는 사례가 많은데도 불구하고 소유자에게 그 보수를 요구하는 데 그쳤다면, 그 주의의무를 심히 게을리한 중대한 과실이 있다고 할 것이다.[1]

⑤ **중과실부정** 전기에 관한 전문지식이 없는 오락실경영자가 **부실공사를 그대로** 방치하였는데, 그로 인하여 전선의 합선에 의한 방화가 발생할 것 등을 쉽게 예견할 수 있었다고 보기는 어렵다. 위 오락실경영자에게 위와 같은 과실이 있었더라도 사회통념상 이를 화재발생에 관한 중대한 과실이라고 평가하기는 어렵다.[2]

⑥ 연탄아궁이로부터 80센티미터 떨어진 곳에 쌓아둔 스폰지요, 솜 등이 연탄아궁이 쪽으로 넘어지면서 화재현장에 의한 화재가 발생한 경우라고 하더라도, 그 스폰지요, 솜 등을 쌓아두는 방법이나 상태 등에 관하여 **아주 작은 주의만** 기울였더라면, 스폰지요나 솜 등이 넘어지고 또 그로 인해 화재가 발생할 것을 예견하여 회피할 수 있었다. 그럼에도 부주의로 이를 예견하지 못한 것은 "중대한 과실"로 화재가 발생한 것으로 볼 수 있다.[3]

⑦ ***표준판례** 호텔 사장 또는 영선과장인 피고인들이 **오보가 잦다는** 이유로 자동화재조기탐지 및 경보시설인 수신기의 지구경종스위치를 내려 끈 채 봉하고, 영업상 미관을 해친다는 이유로 각층에 설치된 갑종방화문을 열어두게 하고 옥외 피난계단으로 통하는 을종방화문은 도난방지 등의 이유로 고리를 끼워 **피난구의 역할을** 다하지 못하게 하였다. 이와 같은 피고인들의 주의의무 해태는 결과적으로 건물의 화재발생시에 숙박객 등을 비상구를 통해 신속하게 옥외로 대피시키지 못하게 하는 것은 경험상 명백하다. 이 사건 화재로 인한 숙박객 등의 사상 결과는 충분히 예견가능하다.[4] *결과발생에 대한 인식가능성이 없는 경우에도 인식없는 과실로서 과실책임이 인정됨.

[44] 2. 주의의무 1

① **주의의무 판단기준** 임차인이 자신의 비용으로 설치 · 사용하던 **가스설비의 휴즈콕크를** 아무런 조치 없이 제거하고 이사를 간 후, 가스공급을 개별적으로 차단할 수 있는 주밸브가 열려져 가스가 유입되어 폭발사고가 발생하였다. 휴즈콕크를 제거하면서 그 제거부분에 아무런 조치를 하지 않으면, 주밸브가 열리는 경우 유입되는 가스를 막을 안전장치가 없다. 이는 가스 유출로 인한 대형사고로 이어질 수 있다는 것은 **평균인의 관점**에서 충분히 예견할 수 있다. 임차인의 과실과 가스폭발사고 사이에는 상당인과관계가 인정된다.[5]

② **의사의 주의의무** 의료과오사건에서 의사의 과실을 인정하려면, 결과 발생을 예견

---

1) 대판 1982. 11. 23. 82도2346.
2) 대판 1989. 10. 13. 89도204.
3) 대판 1989. 1. 17. 88도643.
4) 대판 1984. 2. 28. 83도3007.
5) 대판 2001. 6. 1. 99도5086.

할 수 있고 또 회피할 수 있었는데도 예견하거나 회피하지 못한 점을 인정할 수 있어야 한다. 의사의 과실이 있는지는, 같은 업무 또는 분야에 종사하는 **평균적인 의사가 보통 갖추어야 할 통상의 주의의무**를 기준으로 판단하여야 하고, 사고 당시의 일반적인 의학 수준, 의료 환경과 조건, 의료행위의 특수성 등을 고려해야 한다.[1]

③ 의사에게는 환자의 상황, 당시의 의료수준, 자신의 지식 · 경험 등에 따라 적절하다고 판단되는 **진료방법을 선택할** 폭넓은 재량권이 있다. 의사가 특정 진료방법을 선택하여 진료를 하였다면, 해당 진료방법 선택과정에 합리성이 결여되어 있다고 볼 만한 사정이 없는 이상, **진료결과만을 근거로** 하여, 그 중 어느 진료방법만이 적절하고 다른 진료방법을 선택한 것은 과실에 해당한다고 말할 수 없다.[2]

④ 마취환자의 마취회복업무를 담당한 의사는, 마취환자가 수술 도중 특별한 이상이 있었는지 확인하여, 이상이 있었던 경우에는 보통 환자보다 더욱 감시를 철저히 해야 한다. 또한 마취환자가 의식이 회복되기 전에는 호흡이 정지될 가능성이 적지 않으므로, 의식이 완전히 회복될 때까지 주위에서 관찰하거나, 적어도 환자를 떠날 때는 피해자를 **담당하는 간호사를 특정하여**, 그로 하여금 환자상태를 계속 주시하도록 하고, 만일 이상이 발생할 경우에는 즉시 응급조치가 가능하도록 할 의무가 있다.[3]

⑤ 미용성형을 시술하는 의사는 고도의 전문적 지식에 입각하여 시술 여부, 시술의 시기, 방법, 범위 등을 충분히 검토한 후, 그 미용성형 시술의 의뢰자에게 **생리적, 기능적 장해**가 남지 않도록 신중을 기해야 한다. 회복이 어려운 후유증이 발생할 개연성이 높은 경우, 그 미용성형 시술을 거부 내지 중단해야 할 의무가 있다.[4]

⑥ 피해자와 공소외 갑은 피고인이 수술 위험성에 관해 설명하였는지 여부와 관계없이, 간경변증을 앓고 있는 피해자에게 이 사건 수술이 위험할 수 있다는 점을 **이미 충분히 인식**하고 있었던 것으로 보인다. 그렇다면 피고인이 피해자나 갑에게, 공소사실 기재와 같은 내용으로 수술 위험성에 관해 설명하였다고 하더라도, 피해자나 갑이 수술을 거부하였을 것으로 단정하기는 어렵다. 피고인의 **설명의무 위반과** 피해자의 사망 사이에 상당인과관계가 있다는 사실이 합리적 의심의 여지없이 증명되었다고 보기는 어렵다.[5]

⑦ *표준판례 간호사가 의사의 처방에 의한 **정맥주사**(Side Injection 방식)를 의사의 입회 없이 간호실습생(간호학과 대학생)에게 실시하도록 하여 발생한 의료사고에 대해 의사에게는 과실이 부정된다.[6] *의사의 지시를 받은 간호사의 이전 주사에는 부작용이 없었음.

⑧ **운전자 주의의무** 보행신호등의 녹색등화의 **점멸신호 전에 횡단을** 시작하였는지 여부와 상관없이, 보행신호등의 녹색등화가 점멸하고 있는 동안에 횡단보도를 통행하는 모든

1) 대판 2018. 5. 11. 2018도2844.
2) 대판 2015. 6. 24. 2014도11315.
3) 대판 1994. 4. 26. 92도3283.
4) 대판 2007. 5. 31. 2007도1977.
5) 대판 2015. 6. 24. 2014도11315. 제6, 7회.
6) 대판 2003. 8. 19. 2001도3667.

보행자는 도로교통법 제27조 제1항에서 정한 횡단보도의 **보행자보호의무의 대상**이 된다.[1]

⑨ 피해자는 보행신호등의 녹색등화가 점멸되고 있는 상태에서 횡단보도를 횡단하기 시작하여 횡단을 완료하기 전에 보행신호등이 **적색등화로 변경**된 후, 차량신호등의 녹색등화에 따라서 직진하던 피고인 운전차량에 충격되었다. 피해자는 신호기가 설치된 횡단보도에서 **녹색등화의 점멸신호에** 위반하여 횡단보도를 통행하고 있었던 것이어서 횡단보도를 통행중인 보행자라고 보기는 어렵다. 피고인은 도로교통법 제24조 제1항 소정의 보행자보호의무를 위반한 잘못은 없다.[2]

⑩ 고속도로 노면이 결빙된 데다가 짙은 안개로 시계가 20m 정도 이내였다면, 차량운전자는 제한시속에 관계없이 장애물 발견 즉시 제동 정지할 수 있을 정도로 속도를 줄여야 한다. 단순히 제한속도를 준수하였다는 사실만으로는 주의의무를 다하였다고 할 수 없다.[3]

⑪ 피고인이 녹색등화에 따라 사거리 교차로를 통과할 무렵 **제한속도를 초과하였더라도**, 신호를 무시한 채 왼쪽도로에서 사거리 교차로로 가로 질러 진행한 피해자에 대한 업무상 과실치사의 책임은 없다.[4]

[45] 3. 신뢰의 원칙

(1) 내 용 1

① 고속도로 **양측에 휴게소가** 있는 경우에도 고속도로를 무단 횡단하는 보행자가 있음을 예상하여 감속 등의 조치를 취할 주의의무는 없다.[5]

② 고속도로에서 **상대방차량이** 중앙선을 침범하여 진입할 것까지 예견하고 감속 등의 조치를 취해야 할 주의의무는 없다.[6]

③ 중앙선이 표시되어 있지 아니한 비포장도로라고 하더라도 승용차가 서로 마주보고 진행할 수 있는 정도의 너비가 되는 도로라면, 마주 오는 차가 도로의 중앙이나 **좌측부분으로** 진행하여 올 것까지 예상하여 특별한 조치를 강구해야 할 업무상 주의의무는 없다.[7]

④ **자동차전용도로인** 강변도로에서 그 도로 안으로 사람이 들어오리라는 것을 예견할 수는 없다.[8]

⑤ **자전거출입이** 금지된 서울시 잠수교에서 운전자는 자전거를 탄 사람이 갑자기 나타날 것으로 예상할 수 없다.[9]

---

1) 대판 2009. 5. 14. 2007도9598.
2) 대판 2001. 10. 9. 2001도2939.
3) 대판 1990. 12. 26. 89도2589.
4) 대판 1990. 2. 9. 89도1774.
5) 대판 2000. 9. 5. 2000도2671.
6) 대판 1982. 4. 13. 81도2720.
7) 대판 1992. 7. 28. 92도1137.
8) 대판 1977. 9. 28. 77도2559.
9) 대판 1980. 8. 12. 80도1446.

⑥ 신호등의 표시(녹색신호)에 따라서 직진한 차량의 운전자는 다른 차량이 **신호를 위반하여** 좌회전할 경우까지 예상하여 주의할 의무는 없다.[1]

⑦ 보행자의 횡단이 금지된 **육교 밑을** 운행하는 운전자는 보행자가 뛰어들 것을 예상하여 주의할 의무는 없다.[2]

⑧ 횡단보도의 신호가 적색인 상태에서 반대차선상에 정지해 있는 차량의 뒤로 보행자가 건너오지 않을 것이라고 신뢰하는 것은 당연하다.[3]

⑨ 'ㅏ'자형 삼거리 교차로에 이르기 직전 왼쪽 도로 쪽에서 오토바이가 빠른 속도로 나올 것까지 기대할 수 없다.[4]

⑩ 교차로에 진입한 이상 **통행의 후순위 차량이** 통행법규를 위반하면서 빠르게 진입해 들어올 가능성까지 예상하여 운전해야 할 주의의무는 없다.[5]

⑪ 운전자에게 야간에 무등화인 자전거를 타고 차도를 무단 횡단하는 경우까지 예상하여 제한속력을 감속하고, 잘 보이지 않는 **반대차선상의 동태까지** 살피면서 서행 운행할 주의의무는 없다.[6]

⑫ 피해자 운전의 오토바이가 **신호를 무시하고** 갑자기 횡단보도를 **무단 횡단하는** 경우까지 예상하여 사고예방을 위해 필요한 조치를 취해야 할 업무상 주의의무는 없다.[7]

⑬ 교차로에 먼저 진입한 운전자에게, 다른 차량이 **자신의 진행속도보다** 빠른 속도로 교차로에 진입하여 자신의 차량과 충격할지 모른다는 것까지 예상하고 대비하여 운전해야 할 주의의무는 없다.[8]

⑭ 차 높이 제한표지가 설치되어 있는 지점을 통과하는 운전자들은, 그 표지판이 차량의 **통행에 장애가 없을 정도의 여유고**를 계산하여 설치된 것이라고 믿고 운행하면 된다. 구조물의 실제 높이와 제한표지상의 높이와의 차이가 전혀 없어졌을 가능성을 예견하여, 차량을 일시 정차시키고 그 충돌 위험성이 있는지 여부까지 확인한 후 운행해야 할 주의의무는 없다.[9]

⑮ 편도 5차선 도로의 1차로를 신호에 따라 진행하던 자동차 운전자에게, 도로의 오른쪽에 연결된 소방도로에서 오토바이가 나와 맞은편 쪽으로 가기 위해서 편도 **5차선 도로를 대각선 방향으로 가로 질러** 진행하는 경우까지 예상하여 진행할 주의의무는 없다.[10]

⑯ 피고인이 **좌회전 금지구역에서** 좌회전한 것은 잘못이나, 이러한 경우에도 피고인으

1) 대판 2001. 11. 9. 2001다56980.
2) 대판 1985. 9. 10. 84도1572.
3) 대판 1993. 2. 23. 92도2077.
4) 대판 1994. 6. 28. 94도995.
5) 대판 1999. 8. 24. 99다21264.
6) 대판 1984. 9. 25. 84도1695.
7) 대판 1994. 4. 26. 94도548.
8) 대판 1992. 8. 18. 92도934.
9) 대판 1997. 1. 24. 95도2125.
10) 대판 2007. 4. 26. 2006도9216.

로서는 50여 미터 후방에서 따라오던 후행차량이 **중앙선을 넘어** 피고인 운전차량의 좌측으로 돌진하는 등 극히 비정상적인 방법으로 진행할 것까지 예상하여 사고발생 방지조치를 취해야 할 주의의무는 없다.[1] *좌회전금지와 중앙선침범의 불법차이.

⑰ 중앙선에 서서 도로횡단을 중단한 **피해자의 팔을 갑자기 잡아끌어** 도로를 횡단하게 하여 피해자가 사망하는 교통사고가 발생한 경우, 피고인은 피해자의 안전을 위한 주의의무를 다하지 않았으므로 피해자의 사망에 대한 과실책임을 면할 수 없다.[2]

⑱ ***표준판례** 녹색등화에 따라 왕복 8차선 간선도로를 직진하는 차량의 운전자는, 특별한 사정이 없는 한 왕복 2차선의 접속도로에서 진행하여 오는 다른 차량들도 **교통법규를 준수하여** 함부로 금지된 좌회전을 시도하지 않을 것으로 신뢰할 수 있다. 접속도로에서 진행하여 오던 차량이 아예 허용되지 않는 좌회전을 감행하여 직진하는 자기 차량의 앞을 가로질러 진행하여 올 경우까지 예상하여 주의해야 할 의무는 없다. 또한 운전자가 제한속도를 초과하여 과속으로 진행한 잘못이 있다 하더라도, 그러한 잘못과 교통사고 발생 사이에 상당인과관계가 있다고 볼 수는 없다.[3] *교통신호를 신뢰하고 운행한 운전자는 사고발생을 방지하기 위한 특별한 조치를 강구할 의무가 없다는 판결.

(2) 인색한 판례태도 2

① 정신병(조증)으로 입원한 환자에게 투여한 조증치료제인 클로르포르마진의 부작용으로 발생한 기립성저혈압을 치유하기 위해 포도당액을 과다 주사한 과실로, 환자가 전해질이상 등으로 인한 쇼크로 사망하였다. 이 경우 그 치료과정에서 **야간 당직의사의 과실이** 일부 개입하였다고 하더라도, 그의 **주치의사 및 환자와의 관계에** 비추어 볼 때, 환자의 주치의사는 업무상과실치사죄의 책임을 면할 수 없다.[4]

② 의사가 다른 의사와 의료행위를 분담하는 경우에도 자신이 환자에 대해 **주된 의사의 지위에** 있거나 다른 의사를 사실상 지휘 감독하는 지위에 있다면, 의사는 자신이 주로 담당하는 환자에 대해 다른 의사가 하는 의료행위의 내용이 적절한 것인지 여부를 확인하고 **감독해야 할 업무상 주의의무**가 있다. 만약 의사가 이와 같은 업무상 주의의무를 소홀히 하여 환자에게 위해가 발생하였다면, 의사는 그에 대한 과실 책임을 면할 수 없다.[5]

③ 의사는 간호사로 하여금 의료행위에 관여하게 하는 경우에도, 그 의료행위는 **의사의 책임**하에 이루어지는 것이고 **간호사는 그 보조자**에 불과하므로, 간호사가 과오를 범하지 않도록 충분히 지도 · 감독하여 사고발생을 미연에 방지해야 할 주의의무가 있다. 이를 소홀히 하여 간호사의 과오로 환자에게 위해가 발생하면, 의사는 그에 대한 과실책임을 면할 수 없다.[6]

---

1) 대판 1996. 5. 28. 95도1200.
2) 대판 2002. 8. 23. 2002도2800. 제7회.
3) 대판 1998. 9. 22. 98도1854.
4) 대판 1994. 12. 9. 93도2524.
5) 대판 2007. 2. 22. 2005도9229.
6) 대판 1998. 2. 27. 97도2812.

④ ***표준판례** 내과의사가 신경과 전문의에 대한 협의진료 결과 피해자의 증세와 관련하여 신경과 영역에서 **이상이 없다는 회신**을 받았다. 그는 그 회신내용을 신뢰하여 뇌혈관계통 질환의 가능성을 염두에 두지 않고 내과 영역의 진료행위를 계속하다가, 피해자의 증세가 호전되기에 이르자 퇴원하도록 조치하였다. 위 내과의사는 피해자의 지주막하출혈을 발견하지 못한 데 대해 업무상 과실이 인정되지 않는다.[1] *의료사고에서 **전문의와 협의진료를** 신뢰한 경우에는 과실을 인정할 수 없다는 판결.

⑤ 의료사고에서 의료종사자의 과실을 인정하기 위해서는, 의료종사자가 결과발생을 예견할 수 있고 또 회피할 수 있었는데도 이를 예견하거나 회피하지 못한 과실이 인정되어야 한다. 그러한 과실 유무를 판단할 때에는 같은 업무와 직무에 종사하는 **보통인의 주의 정도를 표준**으로 해야 하며, 이에는 사고 당시의 일반적 의학 수준과 의료환경 및 조건, 의료행위의 특수성 등을 고려해야 한다.[2]

⑥ ***표준판례** 의사는 자기의 지식경험에 따라 적절하다고 판단되는 진료방법을 선택할 **상당한 범위의 재량을** 가진다. 그것이 합리적인 범위를 벗어난 것이 아닌 한 진료 결과를 놓고 그중 어느 하나만이 정당하고 이와 다른 조치를 취한 것은 과실이 있다고 말할 수는 없다. 소아외과 의사가 5세의 급성 림프구성 백혈병 환자의 항암치료를 위해 쇄골하 정맥에 중심정맥도관을 삽입하는 수술을 하는 과정에서 환자의 우측 쇄골하 부위를 주사바늘로 10여 차례 찔렀다. 이로 인해 환자가 우측 쇄골하 혈관 및 흉막 관통상에 따른 외상성 혈흉으로 인한 순환혈액량 감소성 쇼크로 사망하였다. 이 경우 담당 소아외과 의사에게 형법 제268조의 업무상 과실은 인정되지 않는다.[3]

3 ### (3) 적용한계

① 위험한 곡로에서 **도로중앙선을** 제한시속을 초과한 과속으로 운전하다가 반대방향에서 우측으로 진행하여 오던 택시의 전면좌측부분을 충돌케 하였다면 이는 오로지 피고인의 과실로 인하여 발생한 것이다.[4]

② 같은 방향으로 달려오는 후방차량이 교통법규를 준수하여 진행할 것이라고 신뢰하며 우측전방에 진행 중인 손수레를 피하여 자동차를 진행하는 운전수로서는 위 **손수레를 피하기** 위해 중앙선을 약간 침범하였다 하더라도, 후방에서 오는 차량의 동정을 살펴 그 차량이 무모하게 추월함으로써 야기될지도 모르는 사고를 미연에 방지해야 할 주의의무는 볼 수 없다.[5]

③ 고속도로를 무단 횡단하는 보행자를 충격하여 사고를 발생시킨 경우라도 운전자가 상당한 거리에서 **보행자의 무단횡단을** 미리 예상할 수 있는 사정이 있었고, 그에 따라 즉시

---

1) 대판 2003. 1. 10. 2001도3292.
2) 대판 2011. 9. 8. 2009도13959. 제2, 6회.
3) 대판 2008. 8. 11. 2008도3090.
4) 대판 1973. 6. 12. 73다280.
5) 대판 1970. 2. 24. 70도176.

감속하거나 급제동하는 등의 조치를 취하였다면 보행자와의 충돌을 피할 수 있었다는 등의 특별한 사정이 인정되는 경우에만 자동차 운전자의 과실이 인정될 수 있다.[1]

④ 보행자 신호가 **녹색신호에서 정지신호로** 바뀔 무렵 전후에 횡단보도를 통과하는 자동차 운전자는 보행자가 교통신호를 철저히 준수할 것이라는 신뢰만으로 자동차를 운전할 것은 아니다. 좌우에서 이미 횡단보도에 진입한 보행자가 있는지 여부를 살펴보고 또한 그의 동태를 두루 살피면서 서행하는 등하여 그와 같은 상황에 있는 보행자의 안전을 위해 어느 때라도 정지할 수 있는 태세를 갖추고 자동차를 운전해야 할 업무상의 주의의무가 있다.[2]

⑤ 버스운전자가 40미터 전방 우측노변에 **어린아이가 같은 방향**으로 걸어가고 있음을 목격한 경우에, 자동차운전자는 그 아이가 진행하는 버스 앞으로 느닷없이 튀어나올 수 있음을 예견하고 이에 대비할 주의의무가 있다.[3]

⑥ 피해자를 감시하도록 **업무를 인계받지 않은 간호사가** 자기 환자의 회복처치에 전념하고 있었다면, 회복실에 다른 간호사가 남아있지 않은 경우에도 다른 환자의 이상증세가 인식될 수 있는 상황에서라야 이에 대한 조치를 할 의무가 있다고 보일 뿐, 회복실 내의 모든 환자에 대해 적극적, 계속적으로 주시, 점검을 할 의무가 있다고 할 수 없다.[4]

⑦ *표준판례 신뢰원칙은 상대방 교통관여자가 도로교통의 제반법규를 지켜 도로교통에 임하리라고 신뢰할 수 없는 특별한 사정이 있는 경우에는 그 적용이 배제된다. 이 사건의 사고지점이 **노폭 약 10미터의 편도 1차선 직선도로이며,** 진행방향 좌측으로 부락으로 들어가는 소로가 정(T)자형으로 이어져 있는 곳이고, 당시 피해자는 자전거 **짐받이에 생선상자를** 적재하고 앞서서 진행하고 있었다. 이 경우 피해자를 추월하고자 하는 자동차운전사는 자전거와 간격을 넓힌 것만으로는 부족하고, 경적을 울려서 자전거를 탄 피해자의 주의를 환기시키거나 속도를 줄이고 그의 동태를 주시하면서 추월하였어야 할 주의의무가 있다.[5]

(4) 감독과실 4

이 사건 교량의 시공을 맡은 동아건설 주식회사의 당시 기술담당 상무이사인 피고인 갑과, 같은 공장의 철구부장인 공동피고인 을은, 이 사건 트러스를 설계도대로 정밀하게 제작하도록 **지휘 · 감독할 직접적이고** 구체적인 업무상 주의의무가 있다. 그럼에도 이들에 대해 무리하게 트러스 제작 공기단축을 독려하고 **감독을 소홀**히 하여 부실용접을 방치하였다. 그리고 당시 동아건설 주식회사 현장소장인 피고인 병은, 성수대교 시공현장에 거의 나타나지 않았다. 병은 행정적인 업무뿐만 아니라 공사에 관한 **기술적 지휘 · 감독**을 해야 하고, 시공하는 교량의 공법과 구조 등을 숙지하여 공사를 지휘하고 시공에 사용되는 자재의 재질이나 규격이 설계도대로 제작되어 정확한지 여부 등을 최종적으로 확인 · 점검할 의무가 있다. 현

1) 대판 2000. 9. 5. 2000도2671.
2) 대판 1986. 5. 27. 86도549.
3) 대판 1970. 8. 18. 70도1336.
4) 대판 1994. 4. 26. 92도3283.
5) 대판 1984. 4. 10. 84도79.

장소장에게 요구되는 통상의 주의를 기울였다면 이 사건 트러스의 제작상의 잘못을 발견할 수 있었을 것이다.[1] *성수대교붕괴 사건.

Ⅱ. 결과적 가중범

1 [46] 1. 직접성원칙

① 피고인들이 공동하여 피해자를 폭행하여 당구장 3층에 있는 화장실에 숨어 있던 피해자를 다시 폭행하려고 피고인 갑은 화장실을 지키고, 피고인 을은 당구치는 기구로 문을 내려쳐 부수자 위협을 느낀 피해자가 화장실 창문 밖으로 숨으려다가 실족하여 떨어짐으로써 사망한 경우에는 피고인들의 위 폭행행위와 피해자의 사망 사이에는 인과관계가 있다고 할 것이므로 폭행치사죄의 공동정범이 성립된다.[2] ***피해자 스스로 초래한 중한 결과에** 대해서도 직접성 인정.

② 피고인이 아파트 안방에서 안방문에 못질을 하여 동거하던 피해자가 술집에 나갈 수 없게 감금하고, 피해자를 때리고 옷을 벗기는 등 가혹행위를 하여 피해자가 피고인이 거실로 나오는 사이에 갑자기 안방 창문을 통해 알몸으로 아파트 아래 **잔디밭에 뛰어내리다가** 다발성 실질장기파열상 등을 입고 사망한 경우, 피고인의 중감금행위와 피해자의 사망 사이에는 인과관계가 있어 중감금치사죄가 성립한다.[3]

1 [47] 2. 부진정결과적 가중범

① ***표준판례** 기본범죄를 통하여 고의로 중한 결과를 발생하게 한 경우에 가중 처벌하는 **부진정결과적 가중범**에 있어서, 고의로 중한 결과를 발생하게 한 행위가 별도의 구성요건에 해당하고, 그 고의범에 대해 결과적 가중범에 정한 형보다 더 무겁게 처벌하는 규정이 있는 경우에 그 고의범과 결과적 가중범은 상상적 경합관계에 있다. 그러나 고의범에 대해 더 무겁게 처벌하는 규정이 없는 경우에 결과적 가중범은 고의범에 대해 특별관계에 있으므로 결과적 가중범만 성립하고, 이와 법조경합관계에 있는 고의범에 대하여는 별도의 죄가 성립하지 않는다. 따라서 직무를 집행하는 공무원에 대해 위험한 물건을 휴대하여 고의로 상해를 가한 경우에는 **특수공무집행방해치상죄**만 성립하고, 이와 별도로 폭력행위처벌법 위반죄(집단·흉기 등 상해)를 구성하지 않는다.[4] *부진정결과적 가중범에서 중한 결과에 대한 고의가 있으면 양죄가 상상적 경합이나 법조경합이 될 수 있음.

---

1) 대판 1997. 11. 28. 97도1740.
2) 대판 1990. 10. 16. 90도178.
3) 대판 1991. 10. 25. 91도2085.
4) 대판 2008. 11. 27. 2008도7311. 제2, 4, 5회.

② 불을 놓은 집에서 빠져 나오려는 피해자들을 막아 소사케 한 행위는 1개의 행위가 수개의 죄명에 해당하는 경우라고 볼 수 없다. **방화행위와 살인행위는** 법률상 별개의 범의에 의하여 별개의 법익을 해하는 별개의 행위라고 할 것이다. 현주건조물방화죄와 살인죄는 실체적 경합관계에 있다.[1]

③ 피고인들이 피해자들의 재물을 강취한 후 그들을 살해할 목적으로 현주건조물에 방화하여 사망에 이르게 한 경우, 피고인들의 행위는 강도살인죄와 **현주건조물방화치사죄**에 모두 해당하고, 그 두 죄는 상상적 경합범관계에 있다.[2]

④ ***표준판례** 형법 제164조 후단이 규정하는 **현주건조물방화치사상죄**는, 그 전단이 규정하는 죄에 대한 일종의 가중처벌 규정으로서 과실이 있는 경우뿐만 아니라 고의가 있는 경우도 포함한다. 사람을 살해할 목적으로 현주건조물에 방화하여 사망에 이르게 한 경우에는 현주건조물방화치사죄로 의율해야 하고, 이와 더불어 살인죄와 상상적 경합범으로 의율할 것은 아니다. 다만 존속살인죄와 현주건조물방화치사죄는 상상적 경합범 관계에 있으므로, 법정형이 중한 존속살인죄로 의율함이 타당하다.[3] *1995년 개정된 현행 형법에서 **존속살인죄**의 법정형은 사형, 무기 또는 7년 이상의 징역으로 현주건조물방화치사죄와 같아짐. 따라서 양죄의 법정형이 동일한 이상 상상적 경합으로 할 필요는 없고, 어느 죄명으로 처벌하더라도 상관없게 되었음.

⑤ **개괄적 과실** 피고인은 피해자에게 우측 흉골골절 등 늑골골절상과 이로 인한 우측 심장벽좌상과 심낭내출혈 등의 상해를 가함으로써, 피해자가 바닥에 쓰러진 채 정신을 잃고 빈사상태에 빠지자, 피해자가 **사망한 것으로 오인**하였다. 피고인은 자신의 행위를 은폐하고 피해자가 자살한 것처럼 가장하기 위해, 같은 날 03:10경 피해자를 베란다로 옮긴 후 베란다 밑 약 13미터 아래의 바닥으로 떨어뜨려 피해자로 하여금 현장에서 좌측 측두부 분쇄함몰골절에 의한 뇌손상 및 뇌출혈 등으로 사망에 이르게 하였다. 피고인의 행위는 **포괄하여 단일의 상해치사죄**에 해당한다.[4] *제1의 상해고의 행위와 제2의 과실행위를 결합시켜 행위전체를 상해치사죄라는 개괄적 과실범으로 파악한 판결. 상해치사죄는 결과적 가중범이고, 결과적 가중범은 과실범. 개괄적 고의와 개괄적 과실의 구별점 유념.

[48] 3. 예견가능성 1

① **예견가능성 인정** 피고인은 고속도로 2차로를 따라 자동차를 운전하다가 1차로를 진행하던 갑의 차량 앞에 급하게 끼어든 후 곧바로 정차하여, 갑의 차량 및 이를 뒤따르던 차량 두 대는 연이어 급제동하여 정차하였으나, 그 뒤를 따라오던 을의 차량이 앞의 차량들을 연쇄적으로 추돌케 하여 을을 사망에 이르게 하고 나머지 차량 운전자 등에게 상해를 입

1) 대판 1983. 1. 18. 82도2341. 제9회.
2) 대판 1998. 12. 8. 98도3416. 제3, 6, 7회.
3) 대판 1996. 4. 26. 96도485. 제6회.
4) 대판 1994. 11. 4. 94도2361.

혔다. 피고인은 일반인의 운전 습관 · 행태 등에 비추어 고속도로를 주행하는 다른 차량 운전자들이 제한속도 준수나 안전거리 확보 등의 **주의의무를 완전하게 다하지** 않을 수도 있다는 점을 충분히 알 수 있었다. 피고인의 정차 행위와 사상의 결과발생 사이에는 상당인과관계가 있고, **일반교통방해치사상죄**가 성립한다.[1)]

② 평소 **고혈압증세가** 있는 피해자가 피고인의 폭행행위로 지면에 전도할 때의 자극으로 뇌출혈을 일으켜 사망한 경우, 폭행과 치사 사이에 상당인과관계가 인정된다.[2)]

③ **상해행위를 피하려고** 하다가 차량에 치어 사망한 경우, 상해행위와 피해자의 사망 사이에 상당인과관계가 있으므로 상해치사죄가 성립한다.[3)]

④ 피고인은 자신이 경영하는 속셈학원의 강사로 피해자를 채용하고, 학습교재를 설명하겠다는 구실로 **호텔 객실에 유인하여** 감금한 후 강간하려 하자, 피해자가 완강히 반항하던 중 피고인이 대실시간 연장을 위해 전화하는 사이에 객실 창문을 통해 탈출하려다가 지상에 추락하여 사망하였다. 피고인의 강간미수행위와 피해자의 사망 사이에 상당인과관계가 인정되고 강간치사죄가 성립한다.[4)]

⑤ 피고인 갑은 피해자의 뺨을 2회 때리고 두 손으로 어깨를 잡아 땅바닥에 넘어뜨리고 머리를 세멘트벽에 부딪치게 하여, 피해자가 그 다음날부터 머리통증으로 병세가 계속 악화되어 뇌손상(뇌좌상)으로 사망하였다. 피해자의 고혈압 등 평소 **지병이 사망결과에 영향**을 주었더라도, 갑이 피해자를 폭행할 당시 이미 폭행과 그 결과에 대한 예견가능성이 있었다 할 것이므로, 치사결과가 발생하였다면 갑은 결과적가중범의 죄책을 면할 수 없다.[5)]

⑥ 피해자가 도박으로 차지한 금원을 강취당하지 않기 위해 반항하면서, 경우에 따라서는 베란다 외부로 통하는 창문을 통해 주택 아래로 뛰어 내리는 등 **탈출을 시도할 가능성이** 있다. 그러한 경우에는 피해자가 상해를 입을 수 있다는 예견도 가능하였다고 봄이 상당하므로, 피고인의 행위는 강도치상죄를 구성한다.[6)] *피고인이 다른 공범자들과 함께 식칼을 가지고 도박에서 잃은 돈을 빼앗으려고 한 사건.

⑦ *표준판례 피고인의 구타행위로 상해를 입은 피해자가 정신을 잃고 빈사상태에 빠지자 **사망한 것으로 오인하고**, 자신의 행위를 은폐하고 피해자가 자살한 것처럼 가장하기 위해 피해자를 베란다 아래 바닥으로 떨어뜨려 사망케 하였다. 피고인의 행위는 포괄하여 단일의 상해치사죄에 해당된다.[7)] *결과적 가중범에서 개괄적 고의와 유사한 사례는 포괄하여 상해치사죄가 성립한다고 본 판결.

⑧ 피해자는 평소 고혈압과 선천성혈관기형인 좌측전고동맥류의 증세가 있었다. 피고인

---

1) 대판 2014. 7. 24. 2014도6206. 제5회.
2) 대판 1967. 2. 28. 67도45.
3) 대판 1996. 5. 10. 96도529. 제9회.
4) 대판 1995. 5. 12. 95도425.
5) 대판 1983. 1. 18. 82도697.
6) 대판 1996. 7. 12. 96도1142.
7) 대판 1994. 11. 4. 94도2361.

의 폭행으로 피해자가 사망함에 있어 위와 같은 **지병이 사망결과에 영향을 주었다고 해서** 피고인의 폭행과 피해자의 사망간에 상당인과관계가 없다고 할 수 없다. 피고인이 피해자를 폭행할 당시에 이미 폭행과 그 결과에 대한 예견가능성이 있었다 할 것이고, 그로 인해 치사결과가 발생하였다면 결과적가중범의 죄책을 면할 수 없다.[1] *아래 '특수체질자'의 경우와 비교할 때, 이 사건 '피해자의 뺨을 2회 때리고 두 손으로 어깨를 잡아 땅바닥에 넘어뜨리고 머리를 세멘트벽에 부딪치게 한 행위' 정도와 '떠밀어 땅에 엉덩방아를 찧게 한 정도'의 차이가 예견가능성을 결정한 것으로 보임.

⑨ **예견가능성 부정** 강간을 당한 피해자가 집에 돌아가 음독자살하기에 이른 원인이 강간을 당함으로써 생긴 수치심과 장래에 대한 절망감 등에 있었다 하더라도, 그 자살행위가 바로 강간행위로 생긴 **당연한 결과라고** 볼 수는 없다. 강간행위와 피해자의 자살행위 사이에 인과관계를 인정할 수는 없다.[2]

⑩ 피해자가 피고인과 만나 함께 놀다가 큰 저항 없이 여관방에 함께 들어갔으며, 피고인이 강간을 시도하면서 한 폭행 또는 협박정도가 강간의 수단으로는 비교적 경미하였다. 피해자가 여관방 창문을 통해 아래로 뛰어내릴 당시에는 피고인이 소변을 보기 위해 화장실에 가 있는 때이어서 **피해자가 일단 급박한 위해상태에서** 벗어나 있었다. 무엇보다도 4층에 위치한 위 방에서 밖으로 뛰어내리는 경우에는 크게 다치거나 심지어 생명을 잃을 수도 있다는 점을 아울러 본다면, 이 상황에서 피해자가 강간을 모면하기 위해 4층에서 창문을 넘어 뛰어내리거나 또는 이로 인해 상해를 입기까지 되리라고는 예견할 수 없다고 봄이 경험칙에 부합한다.[3]

⑪ 피고인과 피해자가 여관에 투숙하여 별다른 저항이나 마찰 없이 성행위를 한 후, 피고인이 잠시 방밖으로 나간 사이에 피해자는 안에서 방문을 잠그고 구내전화를 통해 여관종업원에게 구조요청까지 하였다. 일반 경험칙상 이러한 상황에서 피해자가 피고인의 **방문 흔드는 소리에 겁을 먹고** 강간을 모면하기 위해 3층에서 창문을 넘어 탈출하다가 상해를 입을 것으로 예견하기는 어렵다. 피고인을 강간치상죄로 처단할 수 없다.[4]

⑫ ***표준판례** 피고인이 피해자에게 상당한 힘을 가하여 넘어뜨린 것이 아니라, 단지 공장에서 동료 사이에 말다툼을 하던 중 피고인이 삿대질하는 것을 피하고자 **피해자 자신이** 두어 걸음 뒷걸음치다가 회전 중이던 십자형 스빙기계 철받침대에 걸려 넘어졌다. 당시 바닥에 위와 같은 장애물이 있어서 뒷걸음치면 장애물에 걸려 넘어질 수 있다는 것까지는 예견할 수 있었다고 하더라도, 그 정도로 넘어지면서 머리를 바닥에 부딪쳐 두개골절로 사망한다는 것은 이례적인 일이어서 통상적으로 **일반인이 예견하기** 어려운 결과라고 할 수 있다. 피고인에게 폭행치사죄의 책임을 물을 수 없다.[5] *결과적 가중범의 성립에 폭행과 중한 결과, 즉

1) 대판 1983. 1. 18. 82도697.
2) 대판 1982. 11. 23. 82도1446.
3) 대판 1993. 4. 27. 92도3229.
4) 대판 1985. 10. 8. 85도1537.
5) 대판 1990. 9. 25. 90도1596.

사망 사이의 인과관계와 함께 사망에 대한 예견가능성이 있어야 한다는 판결.

⑬ *표준판례 피고인이 속칭 '**생일빵**'을 한다는 명목으로 피해자를 가격하여 사망에 이르게 하였다. 원심은, 비록 피고인의 폭행과 피해자 사망 간에 인과관계는 인정되지만, 판시와 같은 폭행의 부위와 정도 등 제반 사정을 고려할 때, 피고인이 폭행 당시 피해자가 사망할 것이라고 예견할 수 없어 폭행치사 무죄를 선고한 원심 판단은 수긍할 수 있다.1) *폭행치사죄에서 기본범죄인 폭행죄가 성립하더라도 **중한 결과에 대한 예견가능성이** 없으면 결과적 가중범인 폭행치사죄는 성립하지 않음.

⑭ 피고인의 폭행 정도가 서로 시비하다가 피해자를 떠밀어 땅에 엉덩방아를 찧고 주저앉게 한 정도에 지나지 않은 것이었고 또 피해자는 외관상 건강하여 전혀 병약한 흔적이 없는 자인데 사실은 관상동맥경화 및 협착증세를 가진 **특수체질자**였다. 위와 같은 정도의 폭행에 의한 충격에도 심장마비를 일으켜 사망하게 된 것이라면, 피고인에게 사망결과에 대한 예견가능성이 있었다고 보기 어려워 결과적 가중범인 폭행치사죄로 의율할 수는 없다.2)

1 [49] 4. 공 범

① **결과적 가중범의 공동정범**(*표준판례) 종합관 지휘부에 속하는 피고인 1, 피고인 2, 피고인 3, 피고인 4는 종합관 농성학생들을 지휘하면서 옥상 사수대의 편성 및 배치 등에 관여하고, 피고인 5는 옥상 사수대의 총지휘자로서 사수대원들로 하여금 종합관으로 진입하는 경찰관들을 향해 돌 등을 던지도록 지시하였다. 피고인 6은 사수대원으로서 직접 돌 등을 던진 사실이 인정된다. 피고인들과 옥상에 위치한 사수대원들 사이에는 **순차적 또는 암묵적으로** 의사가 상통하여 이 사건 특수공무집행방해의 범행에 대한 공모관계가 성립한다. 따라서 의경 김종희의 사망 당시 옥상에 있지 않았거나, 그를 향해 돌을 던지는 등의 실행행위를 직접 분담하지 않았더라도, 다른 공범자의 행위에 대해 공동정범의 책임을 진다. 피고인들은 모두 다른 공범자의 한 사람인 성명불상의 사수대원이 보도블록을 던짐으로써 의경 김종희가 그에 맞아 사망에 이른 이 사건 특수공무방해치사의 죄책을 면할 수 없다.3) *결과적 가중범의 공동정범은 기본행위를 공동으로 할 의사가 있으면 성립하고 결과를 공동으로 할 의사는 필요 없음. 결과적 가중범의 공동정범 긍정설.

② 결과적 가중범인 상해치사죄의 공동정범은 폭행 기타의 신체침해 행위를 공동으로 할 의사가 있으면 성립되고 **결과를 공동으로 할 의사**는 필요 없다. 여러 사람이 상해의 범의로 범행 중 한 사람이 중한 상해를 가하여 피해자가 사망에 이르게 된 경우, 나머지 사람들은 사망결과를 예견할 수 없는 때가 아닌 한 상해치사의 죄책을 면할 수 없다.4) *결과적 가중범의 공동정범.

1) 대판 2010. 5. 27. 2010도2680. 제2, 3회.
2) 대판 1985. 4. 3. 85도303.
3) 대판 1997. 10. 10. 97도1720.
4) 대판 2000. 5. 12. 2000도745. 제3, 4, 10회.

③ 피고인이 공범들과 공동하여 피해자의 신체를 상해하거나 폭행을 가하는 기회에 공범 중 1인이 고의로 피해자를 살해한 경우, 피고인은 살인행위를 공모하거나 공범의 살인행위에 관여하지 않았으므로 살인죄의 죄책은 지지 않는다. 그러나 서로 상해나 폭행행위에 관한 인식은 있었고, **예견가능한 공범의 가해행위**로 사망결과가 초래된 이상, 상해치사죄의 죄책은 면할 수 없다.[1]

④ 교사자가 피교사자에게 상해 또는 중상해를 교사하였는데 피교사자가 이를 넘어 살인을 실행한 경우, 일반적으로 교사자는 상해죄 또는 중상해죄의 교사범이 된다. 그러나 이 경우 교사자에게 피해자의 사망이라는 결과에 대한 **과실 내지 예견가능성**이 있으면 상해치사죄 교사범의 죄책을 지울 수 있다.[2]

⑤ 피고인은 원심 공동피고인들과 공모하여 피해자들의 패와 패싸움을 하여 서로 치고 맞고 때리던 중 원심 공동피고인이 사온 칼로 그가 찔러서 찔린 자들이 죽게 된 사실을 증거에 의해 인정하고 있다. 피고인은 원심 공동피고인들과 **폭행행위를 공동으로** 하는 의사의 공동이 있다고 인정될 수 있다. 피고인은 공동자로서 본 건 죽음의 결과에 대해 책임이 있다.[3]
*상해치사죄의 공동정범.

[50] 5. 미 수 1

① 강간죄에 있어서의 폭행 또는 협박은 피해자의 반항을 현저히 곤란하게 할 정도의 것이어야 함은 물론이고, 그 **미수에 그친 경우라도** 강간의 수단이 된 폭행에 의하여 피해자가 상해를 입었으면 강간치상죄가 성립한다.[4]

② 강도상해, 치상죄는 재물강취의 **기수와 미수를 불문**하고 범인이 강도범행의 기회에 사람을 상해하거나 치상하게 되면 성립한다.[5]

③ 성폭력처벌법 제9조 제1항에 의하면 같은 법 제6조 제1항에서 규정하는 특수강간죄를 범한 자뿐만 아니라, **특수강간이 미수**에 그친 경우에도 그로 인해 피해자가 상해를 입었으면 특수강간치상죄가 성립한다. 같은 법 제9조 제1항에 대한 미수범 처벌규정은 특수강간죄를 범하거나 미수에 그친 자가 **상해의 고의**를 가지고 피해자에게 상해를 입히려다가 미수에 그친 경우에 적용된다. 위험한 물건인 전자충격기를 사용하여 강간을 시도하다가 미수에 그치고, 피해자에게 약 2주간의 치료를 요하는 안면부 좌상 등의 상해를 입힌 경우 성폭력처벌법의 특수강간치상죄가 성립한다.[6]

④ 특정범죄가중법 제5조의10의 죄는 제1항, 제2항 모두, 운행 중인 자동차의 운전자를

1) 대판 1991. 5. 14. 91도580.
2) 대판 1993. 10. 8. 93도1873. 제3, 5회.
3) 대판 1978. 1. 17. 77도2193.
4) 대판 1972. 7. 25. 72도1294.
5) 대판 1986. 9. 23. 86도1526.
6) 대판 2008. 4. 24. 2007도10058. 제3, 7, 10회.

대상으로 하는 범행이 교통질서와 시민의 안전 등 공공의 안전에 대한 위험을 초래할 수 있다고 보아 이를 가중 처벌하는 추상적 위험범이다. 그 중 **제2항**은 제1항의 죄를 범하여 사람을 상해나 사망이라는 중한 결과에 이르게 한 경우 제1항에 정한 형보다 중한 형으로 처벌하는 **결과적 가중범 규정**이다. 따라서 운행 중인 자동차의 운전자를 폭행하거나 협박하여 운전자나 승객 또는 보행자 등을 상해나 사망에 이르게 하였다면, 이로써 특정범죄가중법 제5조의10 제2항의 구성요건을 충족한다.1)

Ⅲ. 부작위범

1 [51] 1. 보증인지위

① **부작위범의 보충성**(*표준판례) 어떤 범죄가 적극적 작위뿐만 아니라 결과발생을 방지하지 않는 소극적 부작위에 의해서도 실현될 수 있는 경우, 이는 **작위에 의한 범죄**로 보는 것이 원칙이다. 작위에 의해 악화된 법익 상황을 다시 되돌이키지 않은 점을 주목하여 부작위범으로 볼 것은 아니다. 나아가 악화되기 이전의 법익 상황이, 그 행위자가 과거에 행한 또 다른 작위결과에 의해 유지되고 있었다 하여 달리 볼 이유는 없다.2)

② **보라매병원 사건**(*표준판례) 보호자가 의학적 권고에도 불구하고 치료를 요하는 환자의 퇴원을 간청하여 담당 전문의와 주치의가 치료중단 및 퇴원을 허용하는 조치를 취함으로써 환자가 사망에 이르게 되었다. 이에 대해 보호자, 담당 전문의 및 주치의는 부작위에 의한 살인죄의 공동정범으로 기소되었다. **담당 전문의와 주치의**에게 환자의 사망이라는 결과발생에 대한 정범의 고의는 인정되나, 환자의 사망이라는 결과나 그에 이르는 사태의 핵심적 경과를 계획적으로 조종하는 등 지배하고 있었다고 보기는 어렵다. 이들에게 공동정범의 객관적 요건인 기능적 행위지배는 없으므로 **작위에 의한 살인방조죄**만 성립한다.3)

③ 백화점 직원은 자신이 관리하는 특정매장에서 가짜 상표가 새겨진 상품이 판매되고 있는 사실을 발견하면, 고객들이 이를 구매하도록 방치해서는 안 되고 이를 시정해야 할 의무가 있다. 그럼에도 점주 등에게 시정조치를 요구하거나 상급자에게 이를 보고하지 않고 방치한 것은, 작위에 의해 점주의 상표법위반 등 행위를 용이하게 하는 경우와 **동등한 형법적 가치**가 있다. 백화점 직원인 피고인은 **부작위**에 의해 점주의 상표법위반 및 부정경쟁방지법 위반 행위를 **방조**하였다.4)

④ 중고 자동차 매매에 있어서 매도인의 할부금융회사 또는 보증보험에 대한 **할부금 채**

1) 대판 2015. 3. 26. 2014도13345. 제5회.
2) 대판 2004. 6. 24. 2002도995. 제2회.
3) 대판 2004. 6. 24. 2002도995. 제1, 2, 3, 5, 10회.
4) 대판 1997. 3. 14. 96도1639.

무는 매수인에게 당연히 승계되는 것은 아니다. 그 할부금 채무의 존재를 매수인에게 고지하지 아니하였다고 하여 부작위에 의한 기망에 해당되지는 않는다.1)

⑤ 도로교통법의 **구호조치의무 및 신고의무**는 교통사고를 발생시킨 당해 차량의 운전자에게 그 사고발생에 있어서 고의 · 과실 혹은 유책 · 위법의 유무에 관계없이 부과된 의무라고 해석함이 상당하다. 당해 사고에 있어 귀책사유가 없는 경우에도 위 의무는 있고, 또 위 의무는 신고의무에만 한정되는 것이 아니므로 **타인에게 신고를 부탁하고** 현장을 이탈한 경우에도 위 의무를 다한 것은 아니다.2)

⑥ 피고인 갑은 미성년자를 유인하여 포박 감금한 후, 그 감금상태가 계속된 어느 시점에 살해의 범의가 생겨 피감금자에 대한 위험발생을 방지하지 않고 **그대로 방치하여** 사망하게 하였다. 갑의 부작위는 살인죄의 구성요건행위를 충족하는 것으로 평가하기에 충분하므로 부작위에 의한 살인죄를 구성한다.3)

⑦ 재산권에 관한 거래 상대방이 계약 목적물의 권리를 위험하게 할 수도 있는 사정에 관한 고지를 받았더라면 당해 **거래관계를 맺지 아니하였을** 것임이 **경험칙상 명백한 경우**, 그 재물의 수취인은 신의성실원칙상 상대방에게 그와 같은 사정을 고지해야 할 의무가 있다. 재물의 수취인이 이를 고지하지 않은 것은, 고지할 사실을 묵비함으로써 상대방을 기망한 것이 되어 사기죄를 구성한다.4)

⑧ 형법상 부작위범이 성립하기 위해서는, 일정한 작위의무를 지고 있는 자가 그 의무를 이행하지 않은 부작위가 작위에 의한 법익침해와 **동등한 형법적 가치**가 있는 것이어서 그 범죄의 실행행위로 평가될 만한 것이어야 한다. 그래야만 작위에 의한 실행행위와 동일하게 부작위범으로 처벌할 수 있다. 여기서 작위의무는 법적인 의무이어야 하므로 단순한 도덕상 또는 종교상의 의무는 포함되지 않는다. 작위의무는 법령, 법률행위, 선행행위로 인한 경우는 물론이고 **기타 신의성실원칙이나** 사회상규 혹은 조리상 작위의무가 기대되는 경우에도 인정된다.5)

⑨ 매수인이 매도인에게 매매잔금을 지급하면서 착오에 빠져 지급해야 할 **금액을 초과하는** 돈을 교부하였다. 매도인이 사실대로 고지하였다면 매수인은 초과하여 교부하지 않았을 것이 경험칙상 명백하다. 매도인이 매매잔금을 교부받기 전 또는 교부받던 중에 그 사실을 알게 되었으면, 매도인은 매수인에게 사실대로 고지해야 할 신의칙상 의무가 있다. 이를 이행하지 않고 매수인이 건네주는 돈을 그대로 수령한 것은 **사기죄**에 해당된다. 그러나 그 사실을 미리 알지 못하고 매매잔금을 건네주고 받는 행위를 **끝마친 후에** 비로소 알게 되었으면, 주고받는 행위는 이미 종료된 후이므로 고지의무의 불이행은 더 이상 초과된 금액의 편

---

1) 대판 1998. 4. 14. 98도231. 제3, 7회.
2) 대판 2002. 5. 24. 2000도1731. 제8회.
3) 대판 1982. 11. 23. 82도2024. 제3회.
4) 대판 1998. 4. 14. 98도231. 제3회.
5) 대판 1996. 9. 6. 95도2551. 제1회.

취수단으로서 의미가 없다. 이 경우 교부하는 돈을 그대로 받은 행위는 **점유이탈물횡령죄**가 될 수 있음은 별론으로 하고 사기죄를 구성하지는 않는다.1)

⑩ 이미 다른 회사가 **같은 용도와 성능을** 가진 이름도 같은 제품을 국내에 판매하고 있다는 사실을 알리지 않고 그 물건의 국내 독점판매계약을 체결하였을 경우에는, 고지해야 할 사실을 묵비함으로써 상대방을 기망한 것이 되어 사기죄를 구성한다.2)

⑪ 임대인이 임대차계약을 체결하면서 임차인에게 임대목적물이 **경매진행중인** 사실을 알리지 않은 경우, 임차인이 등기부를 확인 또는 열람하는 것이 가능하더라도 사기죄가 성립한다.3)

⑫ **법무사가 아닌 사람이** 법무사로 소개되거나 호칭되는 데에도 자신이 법무사가 아니라는 사실을 밝히지 않은 채, 법무사 행세를 계속하면서 근저당권설정계약서를 작성하였다면, 부작위에 의한 법무사법 제3조 제2항 위반죄를 인정할 수 있다.4)

1 [52] 2. 동가치성

① 비록 피고인이 공사대금을 받을 목적으로 건축자재를 치우지 않았다고 하더라도, 피고인이 자신의 공사를 위해 쌓아 두었던 건축자재를 공사 완료 후에 단순히 치우지 않은 행위가 위력으로써 피해자의 추가 공사 업무를 방해하는 업무방해죄의 실행행위로서 피해자의 업무에 대하여 하는 **적극적인 방해행위와 동등한 형법적 가치**를 가진다고 볼 수는 없다.5)

② **부작위에 의한 살인죄 처음 인정**(세월호 사건 *표준판례) 세월호 선장 이준석(이하 피고인)은 승선경험이 풍부한 선장으로서 포괄적이고 절대적인 권한을 행사하여 세월호 승객 등의 안전이 종국적으로 확보될 때까지 적극적 · 지속적으로 **구조조치를 다할 의무**가 있음을 잘 알고 있었다. 뿐만 아니라 당시 세월호의 침몰상황이나 구조세력과의 교신내용 등을 통하여, 지체할 경우 자신의 명령에 따라 선내 대기 중인 승객 등이 세월호에서 빠져나오지 못하고 익사할 수밖에 없다는 것도 **충분히 예상**하였다고 할 것이다. 그럼에도 피고인은 해경 등 구조세력의 수차례에 걸친 퇴선요청마저 묵살하고, 승객 등을 선실 내에 계속 대기하도록 내버려 둔 채 해경 경비정이 도착하자 승객 등보다 먼저 퇴선하였다. 이는 구조작업이나 승객 등의 안전에 대한 선장의 역할을 의식적, 전면적으로 포기한 것으로 보아야 한다. 나아가 피고인은 퇴선 직전이라도 선내 대기 중인 승객 등에게 직접 또는 다른 선원을 통해 쉽게 퇴선상황을 알려 피해를 줄일 수도 있었다. 그것마저도 하지 않은 채 퇴선하였을 뿐 아니라, 해경 경비정에 승선한 후에도 구조세력에게 선내 상황에 대한 정보를 제공하지 않는 등 승객의 안전에 대해 철저하게 무관심한 태도로 일관하였다. 피고인의 이와 같은 행태는 자신의 부작

1) 대판 2004. 5. 27. 2003도4531.
2) 대판 1996. 7. 30. 96도1081.
3) 대판 1998. 12. 8. 98도3263. 제1, 7, 10회.
4) 대판 2008. 2. 28. 2007도9354. 제2회.
5) 대판 2017. 12. 22. 2017도13211.

위로 승객 등이 사망에 이를 수 있음을 예견하고도 이를 **용인하는 내심의 의사**에서 비롯되었다고 할 것이므로, **부작위에 의한 살인의 미필적 고의**가 인정된다. 피고인이 해경 등 구조세력의 퇴선요청에 따라 퇴선 대피 안내방송을 실시하는 등 구조조치를 하였다면, 적어도 승객 등이 사망에 이르지는 않았을 것으로 보인다. 피고인의 부작위와 익사자 303명의 사망 결과 사이에 인과관계가 인정된다.[1]

③ **세월호 사건의 동가치성**(*표준판례) 피고인 이준석은 승객 등의 구조를 위해 가장 핵심적 역할을 수행해야 할 선장으로서, 퇴선명령 등을 통해 적극적으로 선내에 대기하고 있던 승객들의 **사망결과를 방지해야 할 의무**가 있다. 그는 승객 등이 선내 대기 안내방송에 따라 침몰하는 세월호 선내에 계속 대기하다가 탈출 자체에 실패하여 사망에 이르게 되는 상황은 쉽게 방지할 수 있었다. 그럼에도 피고인은 아무런 조치를 취하지 아니하여 승객 등이 스스로 세월호에서 탈출하는 것을 불가능하게 만들었다. 피고인의 퇴선조치의 불이행은 승객 등을 **적극적으로 물에 빠뜨려** 익사시키는 행위와 다름없다고 할 것이다. 피고의 부작위는 **작위에 의한 살인행위와** 동일하게 평가할 수 있고, 승객 등의 사망 또는 상해의 결과는 작위행위에 의해 결과가 발생한 것과 규범적으로 동일한 가치가 있다.[2]

④ 피고인은 조카인 피해자(10세)를 살해하기로 마음먹고 **저수지로 데리고 가서** 미끄러지기 쉬운 제방 쪽으로 유인하여 함께 걷다가, 피해자가 물에 빠지자 그를 구호하지 아니하여 피해자를 익사하게 하였다. 피고인은 피해자의 숙부로서 어린 나이의 피해자를 익사위험이 있는 저수지로 데리고 갔던 것이므로 피해자를 구호해야 할 법적 의무가 있다. 피해자가 물에 빠진 후 살해의 범의를 가지고 이를 방관한 행위(부작위)는, 피고인이 그를 직접 물에 빠뜨려 익사시킨 살인행위와 형법적으로 동일하게 평가되는 것이 상당하다.[3] ***부진정부작위범의 성립요건**을 명시한 판결, 부작위가 작위에 의한 법익침해와 동등한 형법적 가치가 있는 것이어서 그 범죄의 실행행위로 평가될 만한 것이라면, 작위에 의한 실행행위와 동일하게 부작위범으로 처벌할 수 있음.

⑤ 작위를 내용으로 하는 범죄를 부작위로 범하는 **부진정부작위범**이 성립하기 위하여는 부작위를 실행행위의 작위와 동일시할 수 있어야 한다. 이 사건에서 음란한 정보를 반포·판매한 것은 정보제공업체이므로, 위와 같은 작위의무에 위배하여 그 **반포·판매를 방치**하였다는 것만으로는 음란한 정보를 반포·판매하였다는 것과 동일시할 수는 없다. 따라서 피고인들의 방조범행은 별론으로 하고, 위와 같은 작위의무 위배만으로 전기통신기본법 위반죄의 정범에 해당한다고 할 수는 없다.[4] *인터넷 포털 사이트를 운영하는 회사와 그 대표이사가 정보제공업체들의 음란정보 반포·판매 행위를 방치한 사건.

⑥ 피고인은 모텔 방에 투숙하여 담배를 피운 후 재떨이에 담배를 끄게 되었으나 담뱃

1) 대판 2015. 11. 12. 2015도6809 전원합의체. 제6, 7회.
2) 위 판례. 제10회.
3) 대판 1992. 2. 11. 91도2951. 제1회.
4) 대판 2006. 4. 28. 2003도80.

불이 완전히 꺼졌는지 여부를 확인하지 않은 채, 불이 붙기 쉬운 휴지를 재떨이에 버리고 잠을 잔 과실로 담뱃불이 휴지와 침대시트에 옮겨 붙게 하여 화재가 발생하였다. 위 화재가 피고인의 중대한 과실 있는 선행행위로 발생한 이상 화재를 소화할 법률상 의무는 있다. 그러나 화재 발생 사실을 안 상태에서 모텔을 빠져나오면서도, 모텔 주인이나 다른 투숙객들에게 이를 **알리지 않았다는** 사정만으로 화재를 용이하게 소화할 수 있었다고 보기는 어렵다. **부작위에 의한 현주건조물방화치사상죄**가 성립하지 않는다.1)

⑦ 보험사기에서 기망은 보험계약자가 보험자와 보험계약을 체결하면서 **상법상 고지의무를 위반한 부작위**에 의해서도 인정될 수 있다. 고지의무 위반은 보험사고가 이미 발생하였음에도 이를 묵비한 채 보험계약을 체결하거나, 보험사고 발생의 개연성이 농후함을 인식하면서도 보험계약을 체결하는 경우, 또는 보험사고를 임의로 조작하려는 의도를 가지고 보험계약을 체결하는 경우와 같이, '**보험사고의 우연성**'이라는 보험의 본질을 해할 정도에 이르러야 비로소 보험금 편취를 위한 고의의 기망행위에 해당한다.2)

⑧ *표준판례 공중위생관리법 위반죄는 구성요건이 부작위에 의해서만 실현될 수 있는 진정부작위범에 해당한다. 한편 부작위범 사이의 공동정범은 다수의 **부작위범에게 공통의무가** 부여되어 있고 그 의무를 공통으로 이행할 수 있을 때에만 성립한다. 이 사건 케어코리아 각 지점의 실장직에 있던 피고인들은, 위 회사의 근로소득자에 불과하고 영업상의 권리의무의 귀속주체가 아니기 때문에, 공중위생업의 신고의무를 부담하는 자에 해당하지 않는다. 나아가 피고인들에게 공통된 신고의무가 부여되어 있지 않은 이상 부작위범인 신고의무 위반으로 인한 **공중위생관리법 위반죄의 공동정범**도 될 수 없다.3)

제4편 죄 수 론

Ⅰ. 일 죄

1 [53] 1. 죄수결정의 기준

① 상상적 경합은 1개의 행위가 실질적으로 수개의 구성요건을 충족하는 경우를 말하고, 법조경합은 1개의 행위가 외관상 수개의 죄의 구성요건에 해당하는 것처럼 보이나 실질적으로 1죄만을 구성하는 경우를 말한다. 실질적으로 1죄인가 또는 수죄인가는 **구성요건적 평가**와 보호법익의 측면에서 고찰하여 판단해야 한다.4)

---

1) 대판 2010. 1. 14. 2009도12109, 2009감도38. 제2, 6회.
2) 대판 2017. 4. 26. 2017도1405.
3) 대판 2008. 3. 27. 2008도89. 제1, 6회.
4) 대판 2007. 7. 7. 2000도1899.

② 강도가 동일한 장소에서 동일한 방법으로 시간적으로 접착된 상황에서 수인의 재물을 강취하였다고 하더라도, **수인의 피해자**들에게 폭행 또는 협박을 가하여 그들로부터 각각 재물을 강취하였다면, 피해자의 수에 따라 수개의 강도죄를 구성한다. 다만 강도 범인이 피해자들의 반항을 억압하는 수단인 폭행 · 협박행위를 **사실상 공통**으로 하였으면 **법률상 1개의 행위**로 평가되어 상상적 경합으로 보아야 한다.1)

③ 강도가 시간적으로 접착된 상황에서 가족을 이루는 수인에게 폭행 · 협박을 가하여 집안에 있는 재물을 탈취한 경우, 그 재물은 **가족의 공동점유** 아래 있는 것으로서, 이를 탈취하는 행위는 그 소유자가 누구인지 상관없이 단일한 강도죄의 죄책을 진다.2)

④ **수인의 피해자**에 대해 각각 기망행위를 하여 재물을 편취한 경우에는 범의가 단일하고 범행방법이 동일하더라도 각 피해자의 피해법익은 독립한 것이다. 이는 포괄하여 일죄가 되지 않고 피해자별로 독립한 사기죄가 성립한다.3)

⑤ **행위표준설** 여신전문금융업법 제70조 제2항 제3호는 '물품의 판매 또는 용역의 제공을 가장하거나 실제 매출금액을 초과하여 신용카드 매출전표를 작성하고 자금을 융통하여 준 자'를 처벌하도록 규정하고 있다. 위 규정 위반의 죄는 **신용카드를 이용한 자금융통행위** 1회마다 하나의 죄가 성립한다. 일정기간 다수인을 상대로 동종의 자금융통행위를 계속하였더라도 그 범의가 단일하지 않으므로 포괄하여 하나의 죄가 성립하지는 않는다.4)

⑥ 무면허운전으로 인한 도로교통법위반죄는 사회통념상 운전한 날을 기준으로 **운전한 날마다 1개의 운전행위**가 있다고 보는 것이 상당하다. 따라서 운전한 날마다 무면허운전으로 인한 도로교통법위반의 1죄가 성립한다고 보아야 한다. 비록 계속적으로 무면허운전을 할 의사를 가지고 여러 날에 걸쳐 무면허운전행위를 반복하였다 하더라도 이를 포괄하여 일죄로 볼 수는 없다.5)

⑦ 음주 또는 약물의 영향으로 정상적 운전이 곤란한 상태에서 자동차를 운전하여 사람을 **상해에 이르게 함과 동시에** 다른 사람의 재물을 손괴한 때에는, 특정범죄가중법의 위험운전치사상죄 외에 업무상 과실재물손괴로 인한 도로교통법 위반죄가 성립한다. 이 두 죄는 1개의 운전행위로 인한 것으로서 상상적 경합관계에 있다.6)

[54] 2. 법조경합 1

① 법조경합의 한 형태인 특별관계는, 어느 구성요건이 다른 구성요건의 모든 요소를 포함하는 외에 **다른 요소를 구비해야** 성립한다. 특별관계에서는 특별법의 구성요건을 충족하

1) 대판 1991. 6. 25. 91도643.
2) 대판 1996. 7. 30. 96도1285.
3) 대판 2001. 12. 28. 2001도6130.
4) 대판 2001. 6. 12. 2000도3559.
5) 대판 2002. 7. 23. 2001도6281.
6) 대판 2010. 1. 14. 2009도10845. 제2회.

는 행위는 일반법의 구성요건을 충족하지만, 반대로 일반법의 구성요건을 충족하는 행위는 특별법의 구성요건을 충족하지 못한다.1)

② 폭행 또는 협박으로 부녀를 강간한 경우에는 강간죄만 성립하고, 그것과 별도로 강간의 **수단으로 사용된 폭행 · 협박**이 형법상의 폭행죄나 협박죄 또는 폭력행위처벌법 위반의 죄를 구성한다고 볼 수는 없다. 강간죄와 이들 각 죄는 법조경합의 관계일 뿐이다.2)

③ **불가벌적 수반행위** 신용카드부정사용죄에서 매출표의 서명 및 교부는 별도로 사문서위조 및 동행사죄의 구성요건을 충족하여도 신용카드부정사용죄에 흡수되어 그 1죄만 성립한다.3)

④ 음주로 인한 특정범죄가중법상의 위험운전치사상죄는 그 입법취지와 문언에 비추어 볼 때, 형법상 제68조 업무상과실치사상죄의 특례를 규정한 것이다. 따라서 특정범죄가중법상의 죄가 성립하는 때에는, 차의 운전자가 형법 제268조의 죄를 범한 것을 내용으로 하는 **교통사고처리특례법 위반죄**는 그 죄에 흡수되어 별죄를 구성하지 아니한다.4)

⑤ *표준판례 피고인은 살해목적으로 동일인에게 일시, 장소를 달리하여 수차에 걸쳐 단순한 예비행위를 하거나 또는 공격을 가하였으나 미수에 그치다가 드디어 그 목적을 달성하였다. 이 경우 피고인의 예비행위 내지 공격행위가 **동일한 의사발동에서** 나오고, 그 사이에 범의의 갱신이 없는 한, 각 행위의 일시, 장소, 범행방법을 불문하고 살해목적을 달성할 때까지의 모든 행위는 포괄적으로 한 개의 살인기수죄로 처벌된다. 피고인의 행위를 살인예비 내지 미수죄와 동 기수죄의 경합범으로 처단할 문제는 아니다.5)

⑥ **감금행위**가 강간죄나 강도죄의 수단이 된 경우에도 감금죄는 강간죄나 강도죄에 흡수되지 않고 별죄를 구성한다.6) *강간죄의 성립에는 언제나 필요한 수단으로 감금행위를 수반하는 것은 아니기 때문임.

⑦ 공직선거법 제237조 제5항 제2호 **선거의 자유방해죄**와 형법 제314조 제1항 **업무방해죄**는 보호법익과 구성요건을 달리한다. 따라서 위 양죄는, 선거자유방해죄가 성립하면 업무방해죄가 이에 흡수되는 법조경합관계로 볼 수는 없다.7)

⑧ 범죄단체 구성원으로 활동하는 행위와 집단감금 또는 집단상해행위는 각각 별개의 범죄구성요건을 충족하는 독립된 행위로 보아야 한다. 따라서 집단감금 또는 집단상해 행위가 범죄단체활동에 흡수된다고 보아 양자가 단순일죄관계에 해당하는 것은 아니다.8)

⑨ *표준판례 **업무방해죄와 폭행죄**는 구성요건과 보호법익을 달리하고 있고, 업무방

1) 대판 2012. 8. 30. 2012도6503.
2) 대판 2002. 5. 16. 2002도51 전원합의체.
3) 대판 1992. 6. 9. 92도77. 제4회.
4) 대판 2008. 12. 11. 2008도9182. 제7회.
5) 대판 1965. 9. 28. 65도695.
6) 대판 1997. 1. 21. 96도2715. 제6회.
7) 대판 2006. 6. 15. 2006도1667.
8) 대판 2008. 5. 29. 2008도1857.

해죄 성립에 일반적 · 전형적으로 사람에 대한 폭행행위를 수반하는 것은 아니다. 폭행행위가 업무방해죄에 비해 별도로 고려되지 않을 만큼 경미한 것으로 볼 수도 없다. 설령 피해자에 대한 폭행행위가 동일한 피해자에 대한 업무방해죄의 수단이 되었더라도, 그러한 폭행행위가 '불가벌적 수반행위'에 해당하여 업무방해죄에 흡수되는 것은 아니다.1)

⑩ **불가벌적 사후행위 부정** 피고인이 **예금통장**을 강취하고 예금자 명의의 예금청구서를 위조한 다음, 이를 은행원에게 제출 행사하여 예금인출금 명목의 금원을 교부받았다면 강도, 사문서위조, 동행사, 사기의 각 범죄가 성립하고, 이들은 실체적 경합관계에 있다.2)

⑪ **신용카드**를 절취한 후 이를 사용한 경우, 신용카드의 부정사용행위는 새로운 법익침해로 보아야 하고, 그 법익침해가 절도범행보다 큰 것이 대부분이므로, 위와 같은 부정사용행위가 절도범행의 불가벌적 사후행위가 되는 것은 아니다.3)

⑫ 자동차를 절취한 후 **자동차등록번호판을** 떼어내는 행위는 새로운 법익의 침해로 보아야 하므로 절도범행의 불가벌적 사후행위가 되는 것은 아니다.4)

⑬ 부정한 이익을 얻거나 기업에 손해를 가할 목적으로 그 기업에 유용한 **영업비밀이** 담겨 있는 타인의 재물을 절취한 후 그 영업비밀을 사용하는 경우, 영업비밀의 부정사용행위는 새로운 법익침해로 보아야 하므로 위와 같은 부정사용행위가 절도범행의 불가벌적 사후행위가 되는 것은 아니다.5)

⑭ ***표준판례** 타인의 부동산을 보관 중인 자가 불법영득의사를 가지고 그 부동산에 근저당권설정등기를 경료하면 일단 횡령행위는 기수가 된다. 그 후 같은 부동산에 별개의 근저당권을 설정하여 **새로운 법익침해 위험을 추가**함으로써 법익침해 위험을 증가시키거나, 해당 부동산을 매각함으로써 기존의 근저당권과 관계없이 법익침해 결과를 발생시키면, 이는 당초 근저당권으로 인해 당연히 예상될 수 있는 범위를 넘어 새로운 법익침해 위험을 추가시킨 것이 된다. 이 행위는 불가벌적 사후행위가 아니라 별도의 횡령죄를 구성한다.6)

⑮ 사람을 살해한 다음 그 범죄의 흔적을 은폐하기 위해 그 시체를 다른 장소로 옮겨 유기하였을 때에는, 살인죄와 사체유기죄의 경합범이 성립하고, **사체유기를** 불가벌적 사후행위라 할 수 없다.7)

⑯ **불가벌적 사후행위 인정** 피고인이 피해자를 기망하여 **약속어음**을 교부받으면 즉시 사기죄가 성립한다. 그 후 이를 피해자에 대한 피고인의 채권 변제에 충당하였더라도 불가벌적 사후행위가 되어 별도로 횡령죄를 구성하지 않는다.8)

---

1) 대판 2012. 10. 11. 2012도1895. 제3, 9회.
2) 대판 1991. 9. 10. 91도1722. 제4, 6회.
3) 대판 1996. 7. 12. 96도1181.
4) 대판 2007. 9. 6. 2007도4739.
5) 대판 2008. 9. 11. 2008도5364.
6) 대판 2013. 2. 21. 2010도10500 전원합의체. 제4, 5회.
7) 대판 1984. 11. 27. 84도2263. 제1회.
8) 대판 1983. 4. 26. 82도3079. 제10회.

⑰ 절취한 **자기앞수표**를 현금 대신 교부한 행위는 절도행위에 대한 가벌적 평가에 당연히 포함된다. 절취한 자기앞수표를 음식대금으로 교부하고 거스름돈을 받은 행위는 절도의 불가벌적 사후처분행위로서 사기죄가 되지 않는다.[1]

⑱ 미등기건물의 관리를 위임받아 보관하고 있는 자가 피해자의 승낙 없이 건물을 자신의 명의로 **보존등기**를 한 때 이미 횡령죄는 완성된다. 횡령행위의 완성 후 **근저당권설정등기**를 한 행위는 피해자에 대한 새로운 법익침해를 수반하지 않는 불가벌적 사후행위로서 별도의 횡령죄를 구성하지 않는다.[2]

⑲ 신고 없이 물품을 수입한 본범이 그 물품에 대한 취득, 양여 등의 행위를 하는 경우, **밀수입행위에** 의해 이미 침해된 적정한 통관절차의 이행과 관세수입 확보라는 보호법익 외에 새로운 법익침해를 수반한다고 보기 어렵다. 이는 불가벌적 사후행위이다.[3]

⑳ **중간생략등기형 명의신탁**의 경우에 명의수탁자는 명의신탁자의 재물을 보관하는 자의 지위에 있지 아니하므로, 명의수탁자가 신탁 받은 부동산을 임의로 처분하더라도 명의신탁자에 대한 관계에서 횡령죄가 성립하지 않는다.[4] *그동안 대법원은 오랫동안 중간생략등기형 명의신탁을 한 경우, 명의수탁자가 명의신탁자에 대한 관계에서 '타인의 재물을 보관하는 자'의 지위에 있다고 보아 명의수탁자가 그 명의로 신탁된 부동산을 임의로 처분하거나 반환을 거부하면 **명의신탁자에 대한 횡령죄**가 성립한다고 판시하였는데,[5] 판례변경을 하였음. 이론 · 실무적으로 매우 중요한 의미가 있는 판결.

㉑ ***표준판례** 송금의뢰인이 수취인의 예금계좌에 계좌이체 등을 한 후, 수취인이 은행에 대해 예금반환을 청구함에 따라 은행이 수취인에게 그 예금을 지급하는 행위는, 계좌이체 금액 상당의 예금계약의 성립 및 그 예금채권 취득에 따른 것으로서 은행이 착오에 빠져 처분행위를 한 것이라고 볼 수 없다. 결국 이러한 행위는 **은행을 피해자로 한 사기죄에** 해당하지 않는다고 봄이 상당하다.[6] *예금주인 피고인이 제3자에게 편취당한 송금의뢰인으로부터 자신의 은행계좌에 송금된 돈을 출금한 사안. 피고인은 예금주로서 은행에 대해 예금반환을 청구할 수 있는 권한이 있음. 위 은행을 피해자로 한 사기죄가 성립하지 않음. 이미 성립한 사기범행의 실행행위에 지나지 않으므로 불가벌적 사후행위.

[55] 3. 포괄일죄

1 ### (1) 결 합 범

① 동일 죄명에 해당하는 수 개의 행위를 **단일하고 계속된 범의하에** 일정기간 계속하여 행하고 그 피해법익도 동일한 경우, 이들 각 행위를 통틀어 포괄일죄로 처단하여야 한다. 그

1) 대판 1987. 1. 20. 86도1728.
2) 대판 1993. 3. 9. 92도2999.
3) 대판 2008. 1. 17. 2006도455.
4) 대판 2016. 5. 19. 2014도6992 전원합의체.
5) 대판 2010. 9. 30. 2010도8556.
6) 대판 2010. 5. 27. 2010도3498.

러나 범의의 단일성과 계속성이 인정되지 않거나 범행방법이 **동일하지 않은 경우에** 각 범행은 실체적 경합범에 해당한다.1)

② 강간범이 강간행위 후에 강도 범의를 일으켜 부녀의 재물을 강취하면 강도강간죄가 아니라 강도죄와 강간죄의 경합범이 성립된다. 그러나 강간범이 강간행위 종료 전, 즉 그 실행행위 계속 중에 강도행위를 하면, 이때 바로 강도신분을 취득하므로 이후에 그 자리에서 **강간행위를 계속하는** 때에는 강도가 부녀를 강간한 때에 해당하여 형법 제339조 소정의 강도강간죄를 구성한다.2)

③ ***표준판례** 형법 제332조에 규정된 상습절도죄를 범한 범인이 범행수단으로 **주간에 주거침입을** 한 경우, 주간 주거침입행위는 상습절도죄와 별개로 주거침입죄를 구성한다. 또 형법 제332조에 규정된 상습절도죄를 범한 범인이 그 범행 외에 상습절도 목적으로 주간에 주거침입을 하였다가 절도에 이르지 않고 주거침입에 그친 경우에도 주간 주거침입행위는 상습절도죄와 별개로 주거침입죄를 구성한다.3) *주간 주거침입행위의 위법성에 대한 평가는 형법 제332조, 제329조의 구성요건 평가에 포함되어 있지 않음.

④ 포괄일죄 관계에 있는 **범행 일부에** 대해 판결이 확정된 경우에는 사실심 판결선고시를 기준으로 그 이전에 이루어진 범행에 대하여는 확정판결의 기판력이 미쳐 **면소판결을** 선고해야 한다. 동일 죄명에 해당하는 여러 개의 행위 혹은 연속된 행위를 단일하고 계속된 범의하에 일정 기간 계속하여 행하고 피해법익도 동일한 경우에는, 이들 각 행위를 통틀어 포괄일죄로 처단해야 한다. 그러나 범의의 단일성과 계속성이 인정되지 않거나 범행방법 및 장소가 동일하지 않으면 각 범행은 실체적 경합범에 해당한다.4)

(2) 계 속 범 2

① 법률이 개정되면서 그 부칙에서 '개정된 법 시행 전의 행위에 대한 벌칙의 적용에 있어서는 **종전의 규정에 의한다**'는 경과규정을 두었다. 개정된 법이 **시행되기 전의** 행위에 대해서는 개정 전의 법을, 그 이후의 행위에 대해서는 개정된 법을 각각 적용해야 한다.5)

② ***표준판례** 내란죄는 국토를 참절하거나 국헌을 문란할 목적으로 폭동한 행위로서, 다수인이 결합하여 위와 같은 목적으로 한 지방의 평온을 해할 정도의 폭행·협박행위를 하면 기수가 된다. 그 목적의 달성 여부는 이와 무관한 것으로 해석된다. 따라서 다수인이 한 지방의 평온을 해할 정도의 폭동을 하였을 때 이미 내란의 구성요건은 완전히 충족된다고 할 것이어서 내란죄는 **상태범**으로 봄이 상당하다.6)

③ 주차장법 제29조 제1항 제2호 위반의 죄는 이른바 계속범으로서, 종전에 용도외 사

1) 대판 2010. 11. 11. 2007도8645.
2) 대판 1988. 9. 9. 88도1240.
3) 대판 2015. 10. 15. 2015도8169. 제6, 7회.
4) 대판 2020. 5. 14. 2020도1355.
5) 대판 2001. 9. 25. 2001도3990. 제3회.
6) 대판 1997. 4. 17. 96도3376 전원합의체. 제3회.

용행위에 대하여 처벌받은 일이 있다고 하더라도 그 후에도 계속하여 용도외 사용을 하고 있는 이상 종전 재판 후의 사용에 대하여 다시 처벌할 수 있다.[1]

④ 공익법인이 주무관청의 승인을 받지 않고 수익사업을 하는 행위는, 시간적 계속성이 구성요건적 행위의 요소로 되어 있다는 점에서 계속범에 해당한다. 승인을 받지 않은 수익사업이 계속되고 있는 동안에는 아직 공소시효가 진행되지 않는다.[2]

⑤ **직무유기죄**는 그 직무를 수행해야 하는 작위의무의 존재와 그에 대한 위반을 전제로 한다. 그 작위의무를 수행하지 않음으로써 구성요건에 해당하는 사실이 있었고, 그 후에도 계속하여 그 작위의무를 수행하지 않는 위법한 **부작위상태가 계속**되는 한, 가벌적 위법상태는 계속 존재한다. 형법 제122조 후단은 이를 전체적으로 보아 1죄로 처벌하는 취지로 해석되므로 이는 즉시범이라고 할 수 없다.[3]

⑥ ***표준판례** 형법 제276조 제1항 체포죄에서 말하는 '체포'는 사람의 신체를 직접적·현실적으로 구속하여 신체활동의 자유를 박탈하는 행위를 의미하는 것으로서 수단과 방법을 불문한다. **체포죄는 계속범으로서** 체포행위에 확실히 사람의 신체자유를 구속한다고 인정할 수 있을 정도의 시간계속이 있어야 한다. 체포의 고의로써 타인의 신체활동 자유를 현실적으로 침해하는 행위를 개시한 때 체포죄의 실행에 착수하였다고 볼 것이다.[4]

3 **(3) 접 속 범**

① ***표준판례** 특수강도 행위가 동일한 장소에서 동일한 방법에 의해 시간적으로 접착된 상황에서 이루어진 경우에는 피해자가 여러 사람이더라도 단순일죄가 성립한다.[5] *절도범이 체포를 면탈할 목적으로 체포하려는 여러 명의 피해자에게 같은 기회에 폭행을 가하여 그 중 1인에게만 상해를 가한 경우는 포괄하여 하나의 강도상해죄만 성립함. 접속범.

② 하나의 사건에 관해 한 번 선서한 증인이 **같은 기일에 여러 가지 사실**에 관하여 기억에 반하는 허위진술을 한 경우, 이는 하나의 범죄의사에 의해 계속하여 허위진술을 한 것으로서 포괄하여 1개의 위증죄를 구성한다.[6]

③ 피해자를 1회 강간하여 상처를 입게 한 후 약 1시간 후 장소를 옮겨 **같은 피해자를** 다시 1회 강간한 행위는, 그 범행시간과 장소를 달리하고 있을 뿐만 아니라 각 별개의 범의에서 이루어진 행위로서, 형법 제37조 전단 실체적 경합범에 해당한다.[7]

4 **(4) 연 속 범**

① **연속범 부정** '영업으로 성매매를 알선한 행위'와 '영업으로 성매매에 제공되는 건

---

1) 대판 2006. 1. 26. 2005도7283. 제3회.
2) 대판 2006. 9. 22. 2004도4751. 제3회.
3) 대판 1997. 8. 29. 97도675.
4) 대판 2018. 2. 28. 2017도21249.
5) 대판 1979. 10. 10. 79도2093.
6) 대판 1998. 4. 14. 97도3340. 제2회.
7) 대판 1987. 5. 12. 87도694.

물을 제공하는 행위'는 포괄일죄이지만 서로 독립된 가별적 행위로서 별개의 죄를 구성한다.[1)]

② 피고인이 단일한 범의로 동일한 장소에서 동일한 방법으로 시간적으로 접착된 상황에서 처와 자식들을 살해하였다고 하더라도, 휴대하고 있던 권총에 실탄 6발을 장전하여 처와 자식들의 머리에 각기 1발씩 순차로 발사하여 살해하였다면, 피해자들의 수에 따라 수개의 살인죄를 구성한다.[2)]

③ 피해자 명의의 **신용카드를 부정사용**하여 현금자동인출기에서 현금을 인출하고 **그 현금을 취득까지** 한 행위는 신용카드업법 제25조 제1항의 부정사용죄에 해당한다. 또한 그 현금을 취득함으로써 현금자동인출기 관리자의 의사에 반하여 현금을 자기지배에 옮겨 놓는 것이 되므로 **별도로 절도죄**를 구성한다. 위 양 죄의 관계는 그 보호법익이나 행위태양이 전혀 달라 실체적 경합관계에 있다.[3)]

④ 신용협동조합의 전무가 수 개의 거래처로부터 각기 다른 일시에 조합정관상의 1인당 대출한도를 초과하여 대출을 해달라는 부탁을 받고, 이에 응하여 **각기 다른 범의 하에** 부당대출을 해줌으로써 수개의 업무상 배임행위를 범한 경우, 그것은 포괄일죄에 해당하지 않는다.[4)]

⑤ *표준판례 예금주인 현금카드 소유자를 협박하여 카드를 갈취한 다음 피해자의 승낙에 의해 현금카드를 사용할 권한을 부여받아 현금자동지급기에서 현금을 인출한 행위는 포괄하여 하나의 공갈죄로 처벌된다. 그러나 피해자로부터 **현금카드를 강취한** 경우, 피해자로부터 현금카드 사용에 관한 승낙의 의사표시가 있었다고 볼 여지는 없다. 따라서 강취한 현금카드를 사용하여 현금자동지급기에서 예금을 인출한 행위는, 현금자동지급기 관리자의 의사에 반하여 그의 지배를 배제하고 현금을 자기의 지배하에 옮겨 놓는 것이 되어서 강도죄와 **별도로 절도죄를** 구성한다.[5)] *강취한 현금카드의 경우는 연속범에 해당되지 않음.

⑥ **연속범 인정** 피고인이 피해자로부터 현금카드를 사용한 예금인출 승낙을 받고 현금카드를 교부받은 행위와, 이를 사용하여 현금자동지급기에서 예금을 여러 번 인출한 행위들은 모두 피해자의 예금을 갈취하고자 하는 피고인의 단일하고 계속된 범의 아래에서 이루어진 일련의 행위로서 포괄하여 **하나의 공갈죄**를 구성한다. 현금지급기에서 피해자의 예금을 취득한 행위를 현금카드 갈취행위와 분리하여 따로 절도죄로 처단할 것은 아니다.[6)]

⑦ 수개의 업무상 횡령행위 도중에 **공범자의 변동**이 있는 경우라 하더라도, 그 수개의 행위가 피해법익이 단일하고 범죄의 태양이 동일하며 단일 범의의 발현에 따른 것이라면, 포

---

1) 대판 2011. 5. 26. 2010도6090.
2) 대판 1991. 8. 27. 91도1637.
3) 대판 1995. 7. 28. 95도997.
4) 대판 1997. 9. 26. 97도1469.
5) 대판 2007. 5. 10. 2007도1375. 제4, 8회.
6) 대판 1996. 9. 20. 95도1728.

괄일죄가 된다.[1]

⑧ 사기죄에서 동일한 피해자에 대해 수회에 걸쳐 기망행위를 하여 금원을 편취한 경우, 그 범의가 단일하고 범행 방법이 동일하다면 사기죄의 포괄일죄가 된다. 포괄일죄는 그 중간에 별종의 범죄에 대한 확정판결이 끼어 있어도 그 때문에 포괄적 범죄가 둘로 나뉘는 것은 아니고, 또 이 경우에는 그 확정판결 후의 범죄로 다루어야 한다.[2]

⑨ 수뢰죄에 있어서 단일하고도 계속된 범의 아래 동종의 범행을 일정기간 반복하여 행하고 그 피해법익도 동일한 것이라면, 돈을 받은 일자가 **상당한 기간에 걸쳐 있고** 돈을 받은 일자 사이에 상당한 기간이 끼어 있다 하더라도, 각 범행을 통틀어 포괄일죄로 볼 것이다.[3]

⑩ 동일 죄명에 해당하는 수 개의 행위를 **단일하고 계속된 범의** 아래 일정 기간 계속하여 행하고 그 피해법익도 동일한 경우에는, 이들 각 행위를 통틀어 포괄일죄로 처단해야 한다. 그러나 범의의 단일성과 계속성이 인정되지 않거나 범행방법이 동일하지 않은 경우에는 각 범행은 실체적 경합범에 해당한다.[4]

⑪ ***표준판례** 피고인은 카드사용으로 인한 대금결제 의사와 능력이 없으면서도 있는 것 같이 가장하여 카드회사를 기망하고, 카드회사는 이에 착오를 일으켜 일정 한도 안에서 카드사용을 허용해 주었다. 피고인은 카드회사의 하자 있는 의사표시에 편승하여 자동지급기를 통한 현금대출을 받고, 가맹점을 통한 물품구입대금 대출도 받아 카드회사로 하여금 피해를 입게 하였다. 카드사용으로 인한 일련의 **편취행위가 포괄적으로** 이루어진 것이다. 따라서 카드사용으로 인한 카드회사의 손해는, 그것이 자동지급기에 의한 인출행위이든 가맹점을 통한 물품구입행위이든 불문하고 모두가 피해자인 카드회사의 기망당한 의사표시에 따른 카드발급에 터 잡아 이루어진 사기의 포괄일죄이다.[5]

⑫ **포괄일죄의 범행 도중에** 공동정범으로 범행에 가담한 자는, 비록 그가 그 범행에 가담할 때에 이미 이루어진 종전의 범행을 알았다 하더라도, 그 가담 이후의 범행에 대하여만 공동정범으로 책임을 진다.[6] *피고인 3인의 포괄일죄인 업무상 배임행위에 대해, 그 중 1인이 가담하기 이전의 일부 범행에 대해 그 1인은 책임이 없다고 판시함.

5 **(5) 집 합 범**

① **상습범** 범죄의 상습은 범죄자의 어떤 버릇, 범죄의 경향을 의미하는 것으로서 행위의 본질이 아니라 **행위자의 특성**을 이루는 성질을 의미한다. 상습성의 유무는 피고인의 연령 · 성격 · 직업 · 환경 · 전과사실, 범행의 동기 · 수단 · 방법 및 장소, 전에 범한 범죄와의 시간적 간격, 그 범행의 내용과 유사성 등 여러 사정을 종합하여 판단해야 한다.[7]

---

1) 대판 2009. 2. 12. 2006도6994.
2) 대판 2002. 7. 12. 2002도2029.
3) 대판 2000. 1. 21. 99도4940.
4) 대판 2018. 11. 29. 2018도10779.
5) 대판 1996. 4. 9. 95도2466.
6) 대판 2019. 8. 29. 2019도8357.
7) 대판 2006. 5. 11. 2004도6176.

② 상습으로 구 저작권법 제136조 제1항의 죄를 저지른 경우 이를 **가중 처벌하는 규정**은 따로 두고 있지 않다. 따라서 수회에 걸쳐 위 규정의 죄를 범한 것이 상습성의 발현에 따른 것이라고 하더라도, 이는 원칙적으로 경합범으로 보아야 하는 것이지 하나의 죄로 처단되는 상습범으로 볼 것은 아니다.[1]

③ 형법 제341조나 특정범죄가중법에서 강도, 특수강도, 약취강도, 해상강도의 죄에 관해서는 상습범가중처벌규정을 두고 있으나 **강도상해**, **강도강간 등**의 죄에 관해서는 상습범 가중처벌규정을 두고 있지 않다. 특수강도죄와 그 후에 범한 강도강간 및 강도상해 등 죄는 포괄일죄의 관계에 있지 않다.[2]

④ 공소 제기된 범죄사실과 추가로 발견된 범죄사실 사이에 그것들과 동일한 습벽에 의해 저질러진 또 다른 범죄사실에 대한 **유죄의 확정판결**이 있으면, 전후 범죄사실의 일죄성은 그에 의하여 분단되어 공소 제기된 범죄사실과 판결이 확정된 범죄사실만이 포괄하여 하나의 상습범을 구성한다. 추가로 발견된 확정판결 후의 범죄사실은 그것과 **경합범 관계**에 있는 별개의 상습범이 된다. 검사는 공소장변경절차에 의해 이를 공소사실로 추가할 수는 없고 별개의 **독립된 범죄**로 공소를 제기해야 한다.[3]

⑤ 상습범은 어느 기본구성요건에 해당하는 행위를 한 자가 범죄행위를 반복하여 저지르는 습벽, 즉 상습성이라는 행위자적 속성을 갖춘 경우, 이를 가중처벌사유로 삼는 범죄유형이다. 상습성이 있는 자가 같은 종류의 죄를 반복하여 저질렀다 하더라도, 상습범을 **별도의 범죄유형으로** 처벌하는 규정이 없는 한, 각 죄는 별개의 범죄로서 경합범으로 처벌된다. 저작권법은 상습으로 제136조 제1항의 죄를 저지른 경우를 가중 처벌한다는 규정을 따로 두고 있지 않다. 따라서 수회에 걸쳐 저작권법 제136조 제1항의 죄를 범한 것이 상습성의 발현에 따른 것이라고 하더라도, 이는 원칙적으로 경합범으로 보아야 하는 것이지 하나의 죄로 처단되는 상습범으로 볼 것은 아니다.[4]

⑥ ***표준판례** 상습성을 갖춘 자가 여러 개의 죄를 반복하여 저지른 경우에는 각 죄를 별죄로 보아 경합범으로 처단할 것이 아니라 그 모두를 **포괄하여 상습범이라는** 하나의 죄로 처단하는 것이 상습범의 본질 또는 상습범 가중처벌규정의 입법취지에 부합한다.[5] *수개 범행의 개별적 요소들을 전혀 고려하지 않고 '상습성'이라는 하나의 표지로 모든 범행을 묶어 포괄일죄로 처리하는 것은 불합리하고, 상습사기범행은 원칙적으로 수개의 죄로 보는 것이 합당하다는 별개의견 있음.

⑦ ***표준판례** 동일 죄명에 해당하는 수개의 행위를 단일하고 계속된 범의로 일정기간 계속하여 행하고 그 피해법익도 동일한 경우에는, 이들 각 행위를 통틀어 포괄일죄로 처단해

---

1) 대판 2013. 8. 23. 2011도1957. 제3회.
2) 대판 1992. 4. 14. 92도297.
3) 대판 2000. 3. 10. 99도2744. 제1, 3회.
4) 대판 2012. 5. 10. 2011도12131. 제9회.
5) 대판 2004. 9. 16. 2001도3206 전원합의체.

야 한다. 그러나 수개의 범행에서 범의의 단일성과 계속성이 인정되지 않거나 범행방법이 동일하지 않다면, 각 범행은 실체적 경합범에 해당한다.1) *2개의 인터넷 **파일공유 웹스토리지 사이트를** 운영하는 피고인들이, 이를 통해 저작재산권 대상인 디지털 콘텐츠가 불법 유통되고 있음을 알면서도, 다수의 회원들로 하여금 수만 건에 이르는 불법 디지털 콘텐츠를 업로드하게 한 후, 이를 수십만 회에 걸쳐 다운로드하게 함으로써 저작재산권 침해를 방조한 사건.

⑧ ***표준판례** 형법은 제264조에서 상습으로 제258조의2의 죄를 범한 때에는 그 죄에 정한 형의 2분의 1까지 가중한다고 규정한다. 제258조의2 제1항에서 위험한 물건을 휴대하여 상해죄를 범한 때에는 1년 이상 10년 이하의 징역에 처한다고 규정하고 있다. 위와 같은 형법 각 규정의 문언, 형의 장기만을 가중하는 형법 규정에서 그 죄에 정한 형의 장기를 가중한다고 명시하고 있는 점, 형법 제264조에서 상습범을 가중 처벌하는 입법 취지 등을 종합하면, 형법 제264조는 상습특수상해죄를 범한 때에 형법 제258조의2 제1항에서 정한 법정형의 **단기와 장기를** 모두 가중하여 1년 6개월 이상 15년 이하의 징역에 처한다는 의미로 새겨야 한다.2)

⑨ **집합범** 상습사기죄에서 사기행위의 습벽은, 동종의 수법에 의한 사기범행의 습벽만을 의미하는 것이 아니라 **이종의 수법**에 의한 사기범행을 포괄한다.3)

⑩ 상습절도 등의 범행을 한 자가 추가로 자동차등 불법사용의 범행을 한 경우, 그것이 절도 습벽의 발현으로 보이는 이상 **자동차등불법사용의 범행은** 상습절도 등의 죄에 흡수되어 1죄만 성립한다.4)

⑪ 영리목적으로 무면허 의료행위를 업으로 하는 자가 일부 돈을 받지 않고 무면허 의료행위를 한 경우에도, 보건범죄단속에 관한 특별조치법 위반의 1죄만 성립하고 별개로 의료법 위반죄를 구성하지 않는다.5) *후자의 행위에 대한 평가는 이미 전자 가운데 포함.

⑫ ***표준판례** 상습범으로서 포괄일죄의 관계에 있는 여러 개의 범죄사실 중 일부에 대해 **유죄판결이 확정**된 경우, 그 확정판결의 사실심판결 선고 전에 저질러진 나머지 범죄에 대해 새로이 공소가 제기되었다면, 그 새로운 공소는 확정판결이 있었던 사건과 동일한 사건에 대해 다시 제기된 것이므로, 이에 대하여는 판결로써 **면소선고**를 해야 한다(형사소송법 제326조 제1호).6)

⑬ 도박습벽이 있는 자가 타인의 도박을 방조하면 상습도박방조죄에 해당한다. 도박습벽이 있는 자가 도박을 하고 또 도박방조를 하였을 경우 상습도박방조죄는 무거운 **상습도박죄**에 포괄시켜 1죄로서 처단하여야 한다.7)

---

1) 대판 2013. 11. 28. 2013도10467.
2) 대판 2017. 6. 29. 2016도18194.
3) 대판 2000. 2. 11. 99도4797.
4) 대판 2002. 4. 26. 2002도429.
5) 대판 2010. 5. 13. 2010도2468.
6) 대판 2004. 9. 16. 2001도3206 전원합의체. 제3회.
7) 대판 1984. 4. 24. 84도195. 제5회.

⑭ 절도범이 체포를 면탈할 목적으로 체포하려는 여러 명의 피해자에게 같은 기회에 폭행을 가하여 그 중 1**인에게만 상해**를 가하였다면, 이러한 행위는 포괄하여 하나의 강도상해죄만 성립한다.[1)]

⑮ 상습범으로 유죄의 확정판결을 받은 사람이 그 후 동일한 습벽에 의해 범행을 저질렀는데 **유죄의 확정판결에 대해 재심이** 개시된 경우(이하 앞서 저질러 재심대상이 된 범죄를 '선행범죄', 뒤에 저지른 범죄를 '후행범죄'라고 함), 동일한 습벽에 의한 후행범죄가 선행범죄에 대한 재심판결 선고 전에 저지른 범죄라 하더라도 재심판결의 기판력은 후행범죄에 미치지 않는다.[2)]

Ⅱ. 수 죄

[56] 1. 상상적 경합

(1) 행위 단일성 1

① ***표준판례** 형법 제131조 제1항 수뢰후부정처사죄에서 공무원이 수뢰후 행한 부정행위가 공도화변조 및 동행사죄와 같이 **보호법익을 달리하는** 별개 범죄의 구성요건을 충족하는 경우에는, 수뢰후부정처사죄 외에 별도로 공도화변조 및 동행사죄가 성립하고, 이들 죄와 수뢰후부정처사죄는 각각 상상적 경합 관계에 있다. 이와 같이 공도화변조죄와 동행사죄가 수뢰후부정처사죄와 각각 상상적 경합범 관계에 있을 때에는, 공도화변조죄와 동행사죄 상호간은 실체적 경합범 관계에 있다고 할지라도 상상적 경합범 관계에 있는 수뢰후부정처사죄와 대비하여 가장 중한 죄에 정한 형으로 처단하면 된다. **별도로 경합범 가중**을 할 필요가 없다.[3)]
*원래 실체적 경합관계에 있는 수죄를 경합범 가중을 하지 않고 이들 죄와 상상적 경합관계에 있는 중한 죄에 정한 형으로 처벌하는 경우를 '연결효과에 의한 상상적 경합'이라고 함.

② **무면허인데다가 술이 취한 상태**에서 오토바이를 운전한 것은 1개의 운전행위이고, 이 행위에 의해 도로교통법 제111조 제2호, 제40조와 제109조 제2호, 제41조 제1항의 각 죄에 동시에 해당하는 것이니, 두 죄는 상상적 경합관계에 있다.[4)]

③ **절도범인**이 체포를 면탈할 목적으로 경찰관에게 폭행 협박을 가한 때에는 준강도죄와 공무집행방해죄를 구성하고 양 죄는 상상적 경합관계에 있다. 그러나 **강도범인**이 체포를 면탈할 목적으로 경찰관에게 폭행을 가한 때에는 강도죄와 공무집행방해죄는 실체적 경합관계에 있고 상상적 경합관계에 있는 것은 아니다.[5)]

④ 피고인들이 피해자들의 재물을 강취한 후 그들을 살해할 목적으로 현주건조물에 방

---

1) 대판 2001. 8. 21. 2001도3447. 제1, 3회.
2) 대판 2019. 10. 31. 2016도7281.
3) 대판 2001. 2. 9. 2000도1216. 제6회.
4) 대판 1987. 2. 24. 86도2731. 제6회.
5) 대판 1992. 7. 28. 92도917. 제4, 6회.

화하여 사망에 이르게 하였다. 피고인들의 행위는 **강도살인죄와 현주건조물방화치사죄에** 모두 해당하고 그 두 죄는 상상적 경합범관계에 있다.1)

⑤ ***표준판례** 감금행위가 단순히 강도상해 범행의 수단이 되는 데 그치지 않고 강도상해의 범행이 끝난 뒤에도 계속되었으면, 1개의 행위가 **감금죄와 강도상해죄에** 해당한다. 이 경우 감금죄와 강도상해죄는 형법 제37조 경합범 관계에 있다.2) *같은 이유에서 절도범인이 체포를 면탈할 목적으로 경찰관에게 폭행 협박을 가하면 준강도죄와 공무집행방해죄의 상상적 경합범으로 처벌되나, 강도범인이 체포를 면탈할 목적으로 경찰관에게 폭행을 가한 때에는 강도죄와 공무집행방해죄의 실체적 경합범으로 처벌됨.3)

2 ## (2) 수개의 죄

① 강간범인이 피해자를 사망에 이르게 한 경우에 그 사망결과가 간음행위 자체뿐만 아니라 강간수단으로 사용한 폭행으로 초래된 경우에도 강간치사죄가 성립한다. 다만 범인이 **살해의 미필적고의를 가지고** 피해자의 입을 막고 경부를 눌러 피해자를 질식으로 인한 실신상태에 빠뜨려 강간한 후, 그즈음 피해자를 경부압박으로 인한 질식으로 사망케 하였다면, 살인죄와 강간치사죄의 상상적 경합범으로 보아 가장 무거운 살인죄에 정한 형으로 처벌해야 한다.4)

② 강도가 재물강취의 뜻을 재물의 부재로 이루지 못한 채 미수에 그쳤으나 그 자리에서 **항거불능의 상태에 빠진** 피해자를 간음할 것을 결의하고 실행에 착수했으나 역시 미수에 그쳤다. 이때 반항을 억압하기 위한 폭행으로 피해자에게 상해를 입힌 경우에는 강도강간미수죄와 강도치상죄가 성립하고, 이는 1개의 행위가 2개의 죄명에 해당되어 상상적 경합관계가 된다.5)

③ ***표준판례** 사기죄와 업무상배임죄는 그 구성요건을 달리하는 별개의 범죄이고 형법상으로도 각각 별개의 장에 규정되어 있다. 1개의 행위로 **사기죄와 업무상배임죄**의 각 구성요건을 모두 구비하면, 양 죄는 법조경합 관계가 아니라 상상적 경합관계이다. 나아가 업무상배임죄가 아닌 단순배임죄라고 하여 양 죄의 관계를 달리 볼 이유는 없다.6) *그러나 타인의 사무를 처리하는 자가 제3자를 기망하여 재물 또는 재산상 이익을 취득하고 그로 인해 본인에게 재산상 손해를 가한 때에는 배임죄와 사기죄가 모두 성립하고, 이들 죄는 상상적 경합이 아니라 실체적 경합관계에 있음.7)

④ 국회의원 선거에서 정당의 공천을 받게 하여 줄 의사나 능력이 없음에도, 이를 해

1) 대판 1998. 12. 8. 98도3416.
2) 대판 2003. 1. 10. 2002도4380. 제3, 6, 7회.
3) 대판 1992. 7. 28. 92도917.
4) 대판 1990. 5. 8. 90도670.
5) 대판 1988. 6. 28. 88도820.
6) 대판 2002. 7. 18. 2002도669 전원합의체. 제1회.
7) 대판 2010. 11. 11. 2010도10690.

줄 수 있는 것처럼 기망하여 **공천과 관련하여** 금품을 받은 경우, 공직선거법상 공천 관련 금품 수수죄와 사기죄가 모두 성립하고 양자는 상상적 경합관계에 있다.[1)]

⑤ 음주 또는 약물의 영향으로 **정상적인 운전이** 곤란한 상태에서 자동차를 운전하여 사람을 상해에 이르게 함과 동시에 다른 사람의 재물을 손괴한 때에는, 특정범죄가중법상의 위험운전치사상죄 외에 업무상 과실 재물손괴로 인한 도로교통법 위반죄가 성립한다. 두 죄는 1개의 운전행위로 인한 상상적 경합관계에 있다.[2)]

⑥ ***표준판례** 다수의 피해자에 대해 각별로 기망행위를 하여 각각 재산상 이익을 편취한 경우에는, 범의가 단일하고 범행방법이 동일하더라도 각 피해자의 피해법익은 독립한 것이므로, 이를 포괄일죄로 파악할 수 없고 피해자별로 독립한 사기죄가 성립된다. 다만 피해자들이 **하나의 동업체를** 구성하는 등 피해 법익이 동일하다고 볼 수 있는 사정이 있는 경우에는, **피해자가 복수이더라도** 이들에 대한 사기죄를 포괄하여 일죄로 볼 수도 있다. 그리고 1개의 기망행위에 의해 다수 피해자로부터 각각 재산상 이익을 편취하면 피해자별로 수개의 사기죄가 성립하고, 그 사이에는 상상적 경합관계가 있다.[3)] *피해자 3인이 매매를 원인으로 각 3분의 1 지분에 관한 소유권이전등기를 마친 부동산에 대해 사기가 발생한 사건.

⑦ 공무원이 **직무관련자에게 제3자와 계약**을 체결하도록 요구하여 계약 체결을 하게 한 행위가 제3자뇌물수수죄의 구성요건과 직권남용권리행사방해죄의 구성요건에 모두 해당하는 경우에는, 제3자뇌물수수죄와 직권남용권리행사방해죄가 각각 성립한다. 이는 사회 관념상 하나의 행위가 수 개의 죄에 해당하는 경우이므로 두 죄는 형법 제40조의 상상적 경합관계에 있다.[4)]

(3) 법적 효과 3

① ***표준판례** 형법 제40조가 규정하는 1개의 행위가 수개의 죄에 해당하는 경우에는 '가장 중한 죄에 정한 형으로 처벌한다' 함은, 그 수개의 죄명 중 가장 중한 형을 규정한 법조에 의해 처단한다는 취지이다. 아울러 **다른 법조의 최하한의 형보다** 가볍게 처단할 수는 없다는 취지, 즉 각 법조의 **상한과 하한**을 모두 중한 형의 범위 안에서 처단한다는 것을 포함하는 의미이다.[5)]

② 공무원이 취급하는 사건에 관하여 청탁 또는 알선을 할 의사와 능력이 없음에도 청탁 또는 알선을 한다고 기망하여 금품을 교부받은 경우에 성립하는 사기죄와 변호사법 위반죄는 상상적 경합관계에 있다. 따라서 변호사법 위반죄의 **공소시효가 완성**되었다고 하여 그 죄와 상상적 경합관계에 있는 사기죄의 공소시효까지 완성되는 것은 아니다.[6)]

---

1) 대판 2013. 9. 26. 2013도7876.
2) 대판 2010. 1. 14. 2009도10845. 제2, 10회.
3) 대판 2015. 4. 23. 2014도16980.
4) 대판 2017. 3. 15. 2016도19659. 제9회.
5) 대판 1984. 2. 28. 83도3160.
6) 대판 2006. 12. 8. 2006도6356. 제1, 9회.

③ 하나의 행위가 부작위범인 직무유기죄와 작위범인 범인도피죄의 구성요건을 동시에 충족하는 경우, 공소제기권자는 재량에 의해 작위범인 범인도피죄로 공소를 제기하지 않고 **부작위범인 직무유기죄**로만 공소를 제기할 수도 있다.[1]

④ 강간죄의 성립에 언제나 감금행위를 수반하는 것은 아니므로 **감금행위가 강간미수죄의 수단이** 되었다 하여 감금행위는 강간미수죄에 흡수되어 범죄를 구성하지 않는다고 할 수는 없다. 그때에는 감금죄와 강간미수죄는 1개의 행위에 의해 실현된 경우로서 형법 제40조 상상적 경합관계에 있다.[2]

[57] 2. 실체적 경합

1 ### (1) 동시경합범

① *표준판례 피고인이 여관에 들어가 1층 안내실에 있던 여관의 관리인을 칼로 찔러 상해를 가하고, 그로부터 금품을 강취한 다음, 각 객실에 들어가 각 투숙객들로부터 금품을 강취하였다면, 피고인의 위와 같은 각 행위는 비록 시간적으로 접착된 상황에서 동일한 방법으로 이루어지기는 하였으나, 포괄하여 1개의 강도상해죄만을 구성하는 것이 아니라 **실체적 경합범의 관계**에 있는 것이라고 할 것이다.[3]

② *표준판례 형법 제37조 후단 **경합범 관계에 있는** 두 개의 범죄에 대해 하나의 판결로 두 개의 자유형을 선고하는 경우, 그 두 개의 자유형은 각각 별개의 형이므로 형법 제62조 제1항에 정한 집행유예 요건에 해당하면, 그 **각 자유형에 대해 각각 집행유예를** 선고할 수 있다. 또 그 두 개의 징역형 중 하나의 징역형에 대하여는 실형을 선고하면서 다른 징역형에 대하여 집행유예를 선고하는 것도, 우리 형법상 이러한 조치를 금하는 명문의 규정이 없는 이상 허용되는 것으로 보아야 한다.[4]

③ 형법 제37조 후단의 경합범 관계에 있는 죄에 대해 두 개의 징역형을 선고하면서 하나의 징역형에 대하여만 집행유예를 선고하고, 그 집행유예기간의 시기始期를 다른 하나의 징역형의 집행종료일로 한 것은 위법하다.[5] *집행유예의 시기始期는 **판결 확정일**이고, 법원의 임의선택이 불가함(형소법 제459조, '재판은 확정 후에 집행').

④ 공무원이 어떤 위법사실을 발견하고도 직무상 의무에 따른 적절한 조치를 취하지 않고, 위법사실을 적극적으로 은폐할 목적으로 허위공문서를 작성 · 행사한 경우, 직무위배의 위법상태는 허위공문서작성 당시부터 그 속에 포함되어 있다. 따라서 작위범인 **허위공문서작성, 동행사죄**만 성립하고 **부작위범인 직무유기죄**는 따로 성립하지 않는다. 그러나 복명서 및 심사의견서를 허위 작성한 것이, 농지일시전용허가를 신청하자 이를 허가하여 주기 위해 한

1) 대판 1999. 11. 26. 99도1904. 제1, 2회.
2) 대판 1983. 4. 26. 83도323.
3) 대판 1991. 6. 25. 91도643.
4) 대판 2001. 10. 12. 2001도3579.
5) 대판 2002. 2. 26. 2000도4637.

것이라면, 직접 농지불법전용 사실을 은폐하기 위해 한 것은 아니므로, 허위공문서작성, 동행사죄와 직무유기죄는 실체적 경합범관계에 있다.[1)]

⑤ *표준판례 음주로 인한 특정범죄가중법상의 **위험운전치사상죄와** 도로교통법의 음주운전죄는 입법취지와 보호법익 및 적용영역을 달리하는 별개의 범죄이다. 양 죄가 모두 성립하는 경우 두 죄는 실체적 경합관계에 있다.[2)] *도로교통법은 도로를 대상, 특가법은 도로뿐만 아니라 도로 이외의 자동차 운전도 포함.

⑥ *표준판례 피고인은 미성년자를 유인하여 금원을 취득할 마음을 먹고 공소외 (갑)으로 하여금 피해자를 유인토록 하였으나 동인의 거절로 미수에 그쳤다. 같은 달 2차에 걸쳐 다시 피해자를 유인하였으나 마음이 약해져 각 실행을 중지하여 미수에 그치고, 다음 달 드디어 동 피해자를 인치, 살해하고 금원을 요구하는 내용의 협박편지를 피해자의 마루에 갖다놓고, 피해자의 안전을 염려하는 부모로부터 재물을 취득하려 하였다. 피고인은 당초의 범의를 철회 내지 방기하였다가 다시 범의를 일으켜 위 마지막의 약취유인 살해에 이른 것이라고 하지 않을 수 없다. 그간에 **범의의 갱신이** 있어 그간의 범행이 **단일한 의사발동에** 인한 것이라고는 할 수 없으므로 위 각 미수죄와 기수죄를 경합범으로 의율한 원심판단은 정당하다.[3)]

(2) 사후경합범 2

① *표준판례 형법 제37조 후단 **사후경합범**에 대해 심판하는 법원은, 판결이 확정된 죄와 후단 경합범의 죄를 동시에 판결할 경우와 형평을 고려하여, 후단 경합범의 **처단형 범위 내에서** 후단 경합범의 선고형을 정할 수 있다. 그 죄와 판결이 확정된 죄에 대한 선고형의 총합이, 두 죄에 대해 형법 제38조를 적용하여 산출한 처단형 범위 내에 속하도록 후단 경합범에 대한 형을 정해야 하는 것은 아니다. 후단 경합범에 대한 형을 감경 또는 면제할 것인지는 원칙적으로 그 죄를 심판하는 법원의 재량에 속한다.[4)]

② 형법 제37조 후단 및 제39조 제1항의 문언, 입법취지 등에 비추어 보면, 아직 판결을 받지 않은 죄가 이미 판결이 확정된 죄와 동시에 판결할 수 없었던 경우에는, 형법 제39조 제1항에 따라 동시에 판결할 경우와 **형평을 고려**하여 형을 선고하거나, 그 형을 감경 또는 면제할 수 없다고 해석함이 상당하다.[5)]

③ *표준판례 경합범 처벌에 관해 형법 제38조 제1항 제2호 본문은, 각 죄에 정한 형이 사형 또는 무기징역이나 무기금고 이외의 동종의 형인 때에는 가장 중한 죄에 정한 장기 또는 다액에 그 2분의 1까지 가중하도록 규정하고 있다. 그 **단기**에 대하여는 명문을 두지 않고 있으나 가장 중한 죄 아닌 죄에 정한 형의 단기가 **가장 중한 죄에** 정한 형의 단기보다 중한 때에는, 위 본문 규정취지에 비추어 그 중한 단기를 하한으로 한다고 새겨야 할

---

1) 대판 1993. 12. 24. 92도3334.
2) 대판 2008. 11. 13. 2008도7143. 제1, 2회.
3) 대판 1983. 1. 18. 82도2761.
4) 대판 2008. 9. 11. 2006도8376. 제4회.
5) 대판 2012. 9. 27. 2012도9295.

것이다.1)

④ **무기징역에 처하는** 판결이 확정된 죄와 형법 제37조의 후단 경합범의 관계에 있는 죄에 대해 공소가 제기되었다. 법원은 두 죄를 동시에 판결할 경우와 형평을 고려하여 후단 경합범에 대한 처단형의 범위 안에서 후단 경합범에 대한 선고형을 정할 수 있다. 형법 제38조 제1항 제1호가 형법 제37조의 전단 경합범 중 가장 중한 죄에 정한 처단형이 무기징역인 때에는, 흡수주의를 취하였다고 하여 뒤에 공소 제기된 후단 경합범에 대한 형을 필요적으로 면제해야 하는 것은 아니다.2)

⑤ 포괄일죄로 되는 개개의 범죄행위가 다른 종류의 죄의 확정판결의 전후에 걸쳐서 행해진 경우에, 그 죄는 두 가지 죄로 분리되지 않고 확정판결 후인 **최종의 범죄행위시**에 완성된다.3)

⑥ 수개의 마약류관리에 관한 법률 위반(향정)죄의 중간에 확정판결이 존재하여 확정판결 전후의 범죄가 서로 경합범 관계에 있지 않으면, 형법 제39조 제1항에 따라 2개의 주문으로 형을 선고해야 한다.4)

⑦ 배임죄의 경우에 법률적 판단으로 당해 배임행위가 무효라 하더라도, 경제적 관점에서 본인에게 현실적 손해를 가하였거나 재산상 실해발생의 위험을 초래하면 재산상 손해를 가한 때에 해당한다. 본인에 대한 배임행위가 본인 이외의 제3자에 대한 사기죄를 구성하더라도, 그로 인하여 본인에게 손해가 생긴 때에는 **사기죄와 함께 배임죄**가 성립한다. 이들 각 죄는 실체적 경합관계에 있다.5)

⑧ 통화위조죄에 관한 규정은 공공의 거래상의 신용 및 안전을 보호하는 공공적 법익을 보호함을 목적으로 하고, 사기죄는 개인의 재산법익에 대한 죄이어서 양 죄는 그 보호법익을 달리한다. 위조통화를 행사하여 재물을 불법영득한 때에는 **위조통화행사죄와 사기죄** 양 죄가 성립하고 실체적 경합관계가 된다.6)

⑨ 사기죄에서 수인의 피해자에 대해 각 **피해자별로 기망행위를** 하여 각각 재물을 편취한 경우에 그 범의가 단일하고 범행방법이 동일하더라도 포괄일죄가 성립하는 것이 아니라 피해자별로 1개의 죄가 성립한다. 다만 피해자들이 하나의 동업체를 구성하는 등 **피해 법익이** 동일하다고 볼 수 있는 사정이 있으면, 피해자가 복수이더라도 이들에 대한 사기죄를 포괄하여 일죄로 볼 수도 있다.7)

⑩ 법원을 기망하여 승소판결을 받고, 그 확정판결에 의해 **소유권이전등기를 경료한** 경우에는 사기죄와 별도로 공정증서원본 부실기재죄가 성립하고 양 죄는 실체적 경합범관계에

1) 대판 1985. 4. 23. 84도2890. 제6회.
2) 대판 2008. 9. 11. 2006도8376.
3) 대판 2001. 8. 21. 2001도3312. 제4회.
4) 대판 2010. 11. 25. 2010도10985. 제4, 6회.
5) 대판 2010. 11. 11. 2010도10690. 제7, 9회.
6) 대판 1979. 7. 10. 79도840. 제1회.
7) 대판 2011. 4. 14. 2011도769.

있다.[1]

⑪ 형법 제331조 제2항 특수절도의 **주거침입**은 그 구성요건이 아니므로, 절도범인이 그 범행수단으로 주거침입을 한 경우에 그 주거침입행위는 절도죄에 흡수되지 않고 별개로 주거침입죄를 구성하여 절도죄와 실체적 경합관계에 있다.[2]

⑫ *표준판례 피고인이 동일한 피해자로부터 3회에 걸쳐 돈을 편취하면서 그 시간 간격이 각 2개월 이상이 되고, 기망방법도 처음에는 **경매보증금을** 마련하여 시간을 벌어주면 경매목적물을 처분하여 갚겠다고 거짓말하였다. 두 번째는 한 번만 더 시간을 벌면 위 부동산이 처분될 수 있다고 하여 돈을 빌려주게 하고, 마지막에는 **돈을 빌려주지 않으면** 두 번에 걸쳐 빌려준 돈도 갚을 수 없게 된다고 거짓말을 하며 피해자로 하여금 부득이 그 돈을 빌려주지 않을 수 없도록 하였다. 피고인에게 범의의 단일성과 계속성이 있었다고 보이지 않으므로 각 범행은 실체적 경합관계에 있다.[3]

⑬ 강도가 한 개의 강도범행을 하는 기회에 **수명의 피해자에게** 폭행을 가하여 상해를 입힌 경우에는 각 피해자별로 수개의 강도상해죄가 성립하며, 이들은 실체적 경합관계에 있다. 같은 견해에서 피고인을 강도상해죄의 경합범으로 처단한 원심판결은 정당하고, 거기에 강도상해죄의 죄수에 관한 법리를 오해한 위법은 없다.[4]

⑭ *표준판례 아직 판결을 받지 않은 수개의 죄가 판결 확정을 전후하여 저질러지고, 판결 확정 전에 범한 죄를 이미 판결이 확정된 죄와 **동시에 판결할 수 없었던** 경우가 문제되었다. 이때에도 마치 확정된 판결이 존재하지 않는 것처럼 그 수개의 죄 사이에 형법 제37조 전단의 경합범 관계가 인정되어 형법 제38조가 적용된다고 볼 수는 없다. 판결 확정을 전후한 각각의 범죄에 대해 별도로 형을 정해 선고해야 한다.[5] *판결 확정 전에 범한 죄와 판결 확정 후에 범한 죄를 동시 경합범으로 보아 하나의 형을 선고할 수 없음.

⑮ *표준판례 형법 **제37조 후단 경합범**(사후경합범)을 형법 제39조 제1항으로 형을 감경할 때에도 법률상 감경에 관한 **형법 제55조 제1항**이 적용되어, 유기징역을 감경할 때에는 그 형기의 2분의 1 미만으로는 감경할 수 없다.[6] *후단 경합범에 대해서도 제55, 56조 적용, 후단 경합범도 **법률상 감경의** 하나로 보는 것은 문언적 · 체계적 · 역사적 · 목적론적 해석에 부합.

⑯ 특정범죄가중법 제5조의4 제5항 제1호에서 **'세 번 이상 징역형을 받은 사람'**은 그 문언대로 형법 제329조 등의 죄로 세 번 이상 징역형을 받은 사실이 인정되는 사람으로 해석하면 충분하고, 전범 중 일부가 나머지 전범과 사이에 후단 경합범의 관계에 있다고 하여 이를 처벌조항에 규정된 처벌받은 형의 수를 산정할 때 제외할 것은 아니다.[7] *판결이 확정

1) 대판 1983. 4. 26. 83도188.
2) 대판 2009. 12. 24. 2009도9667. 제2, 5회.
3) 대판 1989. 11. 28. 89도1309.
4) 대판 1987. 5. 26. 87도527. 제9회.
5) 대판 2014. 3. 27. 2014도469.
6) 대판 2019. 4. 18. 2017도14609 전원합의체.
7) 대판 2020. 3. 12. 2019도17381.

된 죄에 대한 형의 선고와 그 판결 확정 전에 범한 죄에 대한 형의 선고를 하나의 형의 선고와 동일하게 취급하라는 것은 아님.

⑰ 형법 **제37조 전단의 경합범관계에** 있는 두 개의 공소사실을 병합 심리하여 하나의 판결로 처단하는 경우, 형법 제38조 제1항에서 정한 예에 따라 경합 가중한 형기 범위 내에서 **단일한 선고형으로** 처단해야 한다. 같은 피고인에 대한 별개의 사건이 각각 항소된 것을 형법 제37조 전단의 경합범관계에 있다고 보고 병합 심리하여 두 사건의 각 항소를 기각하는 주문을 내어 판결하였다면, 이는 단일한 선고형으로 처단해야 하는 형법 제37조 전단의 경합범관계에서 두 개의 판결이 있는 결과가 되어 위법하다.[1)]

제 5 편 형벌과 보안처분

Ⅰ. 형벌의 종류

1 ### [58] 1. 사 형

① **사형은 '필요악'** 생명권 역시 헌법 제37조 제2항에 의한 일반적 법률유보 대상이 될 수밖에 없는 것이나, 생명권에 대한 제한은 곧 생명권의 완전한 박탈을 의미한다. 사형이 비례의 원칙에 따라서 최소한 동등한 가치가 있는 다른 생명 또는 그에 못지아니한 공공의 이익을 보호하기 위한 불가피성이 충족되는 **예외적인 경우**에만 적용되는 한, 헌법 제37조 제2항 단서에 위반되는 것으로 볼 수는 없다. 모든 인간의 생명은 자연적 존재로서 동등한 가치를 갖는다. 그러나 그 동등한 가치가 서로 충돌하거나, 생명의 침해에 못지아니한 중대한 공익을 침해하는 경우에는, 국민의 생명 · 재산 등을 보호할 책임이 있는 국가는 어떤 생명 또는 법익이 보호되어야 할 것인지 그 규준을 제시해야 한다. 인간의 생명을 부정하는 등의 범죄행위에 대한 불법적 효과로서 지극히 한정적인 경우에 부과되는 사형은, 죽음에 대한 **인간의 본능적 공포심**과 범죄에 대한 **응보욕구**가 서로 맞물려 고안된 **"필요악"**으로서 불가피하게 선택된 것이다. 사형은 지금도 여전히 제 기능을 하고 있다는 점에서 정당화될 수 있다. 따라서 사형은 이러한 측면에서 헌법상의 **비례의 원칙**에 반하지 않는다 할 것이다. 적어도 우리 현행 헌법이 스스로 예상하고 있는 형벌의 한 종류이기도 하므로, **아직은 우리 헌법질서에** 반하는 것으로 판단되지 않는다.[2)]

---

1) 대판 2019. 12. 12. 2019도12560.
2) 헌재 1996. 11. 28. 95헌바1.

[59] 2. 재 산 형

(1) 벌 금 1

① 형법 제70조 개정 당시 만든 부칙은 형법 제70조 제2항의 시행일(2014. 5. 14.) 이전에 행해진 범죄행위에 대해서도 그 공소제기 시기가 형법 제70조 제2항의 시행일 이후이면 이 조항을 적용하도록 하였다. 이 **부칙조항이** 형벌불소급원칙에 위반된다는 이유로 헌법재판소로부터 위헌결정을 받아 무효가 되었다.1) 이제는 형법 제70조 제2항 시행일(2014. 5. 14.) 이전에 행해진 범죄행위에 대해 이 조항을 적용하여 노역장 유치기간을 정하는 것은 허용되지 않는다.2)

② 피고인 이외의 **제3자의** 소유에 속하는 물건이 몰수 대상물이 된 경우에는, 그 사건에서 재판을 받지 않은 제3자의 소유권에 영향을 미치지는 않는다.3)

③ 몰수가액은 범인이 그 물건을 가지고 있다가 몰수선고를 받았을 때 잃게 될 이득상당액이다. 몰수가액은 이 이득상당액을 초과해서는 안 된다.4)

(2) 몰 수 2

① 벌금형에 대한 노역장유치기간의 산정에는 형법 제69조 제2항에 따른 제한이 있을 뿐 그 밖의 다른 제한은 없다. 징역형과 벌금형 가운데서 벌금형을 선택하여 선고하면서 그에 대한 **노역장유치기간**을 환산한 결과 선택형의 하나로 되어 있는 징역형의 장기보다 유치기간이 더 길게 되었다 하더라도 위법은 아니다.5)

② 피고인 이외의 제3자의 소유에 속하는 물건에 대해 몰수를 선고한 판결의 효력은, 원칙적으로 몰수원인이 된 사실에 관해 **유죄판결을 받은** 피고인에 대한 관계에서 그 물건을 소지하지 못하게 하는 데 그치고, 그 사건에서 재판을 받지 않은 제3자의 소유권에는 영향을 미치지 않는다.6)

③ 형법 제48조 제1항 제1호에 의한 몰수는 임의적인 것이므로, 그 몰수요건에 해당되는 물건이라도 이를 몰수할 것인지 여부는 일응 법원의 재량에 맡겨져 있다. 그러나 형벌 일반에 적용되는 **비례의 원칙**에 의한 제한을 받으며, 이러한 법리는 범죄수익은닉규제법 제8조 제1항의 경우에도 마찬가지이다.7)

④ 오락실업자, 상품권업자 및 **환전소 운영자가** 공모하여 사행성 전자식 유기기구에서 경품으로 배출된 상품권을 현금으로 환전하면서 그 수수료를 일정한 비율로 나누어 가지는 방식으로 영업을 하였다. 환전소 운영자가 환전소에 보관하던 현금 전부가 몰수대상

1) 헌재 2017. 10. 26. 2015헌바239.
2) 대판 2018. 2. 13. 2017도17809. 제10회.
3) 대판 2017. 9. 29. 2017모236.
4) 대판 2017. 9. 21. 2017도8611.
5) 대판 2000. 11. 24. 2000도3945.
6) 대판 1999. 5. 11. 99다12161.
7) 대판 2013. 5. 23. 2012도11586.

이 된다.1)

⑤ *표준판례 형법 제48조 제1항의 '범인'에 해당하는 **공범자는** 반드시 유죄의 죄책을 지는 자에 국한된다고 볼 수 없고 공범에 해당하는 행위를 한 자이면 충분하다. 이러한 자의 소유물도 형법 제48조 제1항 '범인 이외의 자의 소유에 속하지 아니하는 물건'으로서, 이를 피고인으로부터 몰수할 수 있다.2)

⑥ 미화를 휴대하여 우리나라에 입국한 후 외국환관리법 제18조, 동법시행령 제28조 제1항의 규정에 따라 등록하지 않은 경우는, 그 **행위자체에 의해 취득한** 미화는 있을 수 없으므로 동법 제36조의2에 정하는 바에 따라 이 사건 미화를 몰수할 수 없다.3)

⑦ 체포 당시에 미처 **송금하지 못하고** 소지하고 있던 자기앞수표나 현금은, 장차 실행하려고 한 외국환거래법 위반의 범행에 제공하려는 물건일 뿐, 그 이전에 범해진 외국환거래법 위반의 '범죄행위에 제공하려고 한 물건'은 아니므로 몰수할 수 없다.4)

⑧ 자기앞수표를 뇌물로 받아 이를 생활비로 소비한 후 **자기앞수표 상당액을** 증뢰자에게 반환하였다 하더라도, 뇌물 그 자체를 반환한 것은 아니므로 이를 몰수할 수 없고, 그 가액을 추징해야 한다.5)

⑨ 공무원의 직무에 속한 사항의 알선에 관하여 금품을 받고, 그 금품 중의 일부를 받은 취지에 따라 청탁과 관련하여 관계 공무원에게 **뇌물로 공여하거나** 다른 알선행위자에게 청탁의 명목으로 **교부한 경우에는,** 그 부분의 이익은 실질적으로 범인에게 귀속된 것이 아니어서, 이를 제외한 나머지 금품만을 몰수하거나 그 가액을 추징해야 한다.6)

⑩ 몰수의 취지가 범죄에 의한 이득의 박탈을 목적으로 하는 것이고, 추징도 이러한 몰수의 취지를 관철하기 위한 것이다. 몰수하기 불능한 때에 추징해야 할 가액은, 범인이 그 물건을 보유하고 있다가 몰수의 선고를 받았더라면 잃게 될 **이득상당액**을 의미한다. 그러므로 추징해야 할 가액이 몰수선고를 받았더라면 잃게 될 이득상당액을 초과해서는 안 된다.7)

⑪ 범인이 알선 대가로 수수한 금품을 **소득신고**를 하고 이에 관하여 **법인세 등 세금**을 납부하였다. 이는 범인이 자신의 알선수재행위를 정당화시키기 위한 것이거나, 범인 자신의 독자적 판단에 따라 소비하는 방법의 하나에 지나지 아니하므로 이를 추징에서 제외할 것은 아니다.8)

⑫ **관세법상 추징**은 일반 형사법의 추징과 달리 **징벌적 성격**을 띠고 있다. 여러 사람이 공모하여 관세를 포탈하거나, 관세장물을 알선, 운반, 취득한 경우에는 범칙자의 1인이 그 물품을 소유하거나 점유하였다면, 그 물품의 범칙 당시의 국내도매가격 상당의 **가액전액**을 범

1) 대판 2006. 10. 13. 2006도3302.
2) 대판 2006. 11. 23. 2006도5586.
3) 대판 1982. 3. 9. 81도2930.
4) 대판 2008. 2. 14. 2007도10034.
5) 대판 1983. 4. 12. 82도2462.
6) 대판 2002. 6. 14. 2002도1283.
7) 대판 2017. 9. 21. 2017도8611.
8) 대판 2010. 3. 25. 2009도11660.

칙자 전원으로부터 추징할 수 있다.1)

⑬ 뇌물공여죄, 뇌물수수죄와 같은 **대향범**은 각자 자신의 구성요건에 따라 처벌되는 것이어서, 2인 이상이 가공하여 공동의 구성요건을 실현하는 공범관계에 있는 자와 다르다. 대향범 관계에 있는 자 사이에는 상대방의 범행에 대해 형법 **총칙의 공범규정**이 적용되지 않는다. 이러한 점에서 보면, 형사소송법 제253조 제2항에서 말하는 '공범'에는 뇌물공여죄, 뇌물수수죄와 같은 대향범 관계에 있는 자는 포함되지 않는다.2)

⑭ 피고인 이외의 **제3자의 소유에** 속하는 물건의 경우, 몰수를 선고한 판결의 효력은, 원칙적으로 몰수원인이 된 사실에 관해 유죄판결을 받은 피고인이 그 물건을 소지하지 못하게 하는 데 그친다. 그 사건에서 재판을 받지 않은 제3자의 소유권에 영향을 미치는 것은 아니다.3)

⑮ 피고인은 음란물유포 인터넷사이트를 운영하면서 정보통신망법상의 음란물유포죄와 도박개장방조죄에 의하여 **비트코인**(Bitcoin)**을 취득**하였다. 비트코인은 경제적 가치를 디지털로 표상하여 전자적으로 이전, 저장 및 거래가 가능하도록 한 가상화폐의 일종으로서 재산가치가 있는 **무형의 재산이라고** 보아야 한다. 몰수대상인 비트코인이 특정되어 있으므로, 피고인이 범죄수익으로 취득한 비트코인을 몰수할 수 있다고 본 원심판단은 정당하다.4)

⑯ ***표준판례** 형법 제48조 제1항 제1호 몰수의 "범죄행위에 제공한 물건"은, 가령 살인행위에 사용한 칼 등 범죄의 실행행위 자체에 사용한 물건에만 한정되는 것이 아니다. 실행행위 착수 전의 행위 또는 실행행위 종료 후의 행위에 사용한 물건이더라도, 그것이 **범죄행위 수행에** 실질적으로 기여한 것으로 인정되면 몰수대상에 포함된다.5) *대형할인매장에서 수회 상품을 절취하여 자신의 승용차에 싣고 간 경우, 승용차는 범죄행위에 제공한 물건으로 보아 몰수할 수 있다고 한 사례.

⑰ ***표준판례** 부동산의 소유권을 이전받을 것을 내용으로 하는 계약(1차 계약)을 체결한 자가 그 부동산에 대해 다시 제3자와 소유권이전을 내용으로 하는 **계약**(**전매계약**)**을 체결한 것은** 부동산등기 특별조치법 제8조 제1호 위반행위에 해당된다. 이 경우 전매계약에 의해 제3자로부터 받은 대금은, 위 조항의 처벌대상인 '1차 계약에 따른 소유권이전등기를 하지 않은 행위'로 취득한 것은 아니므로 형법 제48조에 의한 몰수나 추징의 대상이 될 수 없다.6)

⑱ ***표준판례** 수인이 공모하여 뇌물을 수수한 경우에 몰수불능으로 그 가액을 추징하려면 어디까지나 개별적으로 추징해야 한다. 수수금품을 개별적으로 알 수 없을 때에는 **평등하게 추징할** 것이지, 피고인 전원으로부터 수수한 금품의 가액을 공동으로 추징할 수는 없다.7)

---

1) 대판 2007. 12. 28. 2007도8401.
2) 대판 2015. 2. 12. 2012도4842. 제6회.
3) 대결 2017. 9. 29. 2017모236.
4) 대판 2018. 5. 30. 2018도3619.
5) 대판 2006. 9. 14. 2006도4075.
6) 대판 2007. 12. 14. 2007도7353.
7) 대판 1975. 4. 22. 73도1963.

Ⅱ. 형벌의 선택

1 [60] 1. 형벌의 경중

① 원심이 선고한 **벌금형의 환형유치기간이** 제1심에서 선고한 징역 1년의 형의 기간을 초과하더라도, 원심에서 선고한 벌금형이 형법상 징역형보다 경한 형으로 보아야 한다.[1)]

② 행위시법인 구 변호사법 제54조에 규정된 형은 3년 이하의 징역이고, 재판시법인 현행 변호사법 제78조에 규정된 형은 5년 이하의 징역 또는 1천만 원 이하의 벌금이다. 신법에서는 벌금형의 선택이 가능하다 하더라도, 법정형의 경중은 병과형 또는 **선택형 중 가장 중한 형을** 기준으로 하여 다른 형과 경중을 정하는 것이므로, 행위시법인 구법의 형이 더 경하다.[2)]

③ **집행유예의 판결은** 소정 유예기간을 특별한 사유 없이 경과하면 그 형의 선고의 효력이 상실되는데 형의 집행면제는 형의 집행을 면제하는 데 불과하다. 전자는 후자보다 피고인에게 유리하다고 할 수 있음에도 불구하고 징역 6월에 1년간 집행유예로 변경된 제1심 판결을 징역 8월과 그 형의 집행을 면제한다는 내용으로 변경하였음은 피고인에게 불리한 판결로서 위법이다.[3)]

④ **선고유예판결은** 현실적으로 형의 집행을 받을 위험이 없고, 일정 요건이 갖추어지면 면소된 것으로 간주되는 데 반해, 원심법원이 선고한 벌금형은 형종에 있어서 제1심법원이 선고를 유예한 징역 6월보다 가벼운 것이기는 하나 그 벌금형은 현실적으로 선고된 것이다. 따라서 그 집행을 면할 수 없는 것이니, 원심법원의 조치는 형사소송법 제368조가 말하는 원심 판결의 형보다 중한 형을 선고한 것에 해당한다고 봄이 상당하다.[4)]

⑤ 제1심에서 징역 6월의 선고를 받고 피고인만이 항소한 사건에서 징역 8월에 집행유예 2년을 선고한 것은 제1심 형보다 중하고 따라서 불이익변경금지원칙에 위반된다.[5)]

[61] 2. 양 형

1 (1) 양형의 비정형성

① 형법 제56조는 형을 가중 감경할 사유가 경합된 경우 가중 감경의 순서를 정하고 있다. 이에 따르면 **법률상 감경**을 먼저하고 마지막으로 **작량감경**을 하게 되어 있다. 법률상 감경사유가 있을 때에는 작량감경보다 우선하여 하여야 하고, 작량감경은 이와 같은 법률상 감경을 다하고도 그 처단형보다 낮은 형을 선고하고자 할 때 하는 것이 옳다.[6)]

---

1) 대판 1980. 5. 13. 80도765.
2) 대판 1983. 11. 8. 83도2499.
3) 대판 1963. 2. 14. 62도248.
4) 대판 1966. 4. 6. 65도126.
5) 대판 1966. 12. 8. 66도1319 전원합의체.
6) 대판 1994. 3. 8. 93도3608. 제6회.

② 형법 제53조는 작량감경을 할 수 있음을 규정하였을 뿐 그 감경의 방법에 관한 직접 규정은 없다. 작량감경의 경우에 있어서도 일정한 범위를 정하여 그 범위 안에서 범죄사정에 적합한 양형을 해야 한다. **작량감경의 방법**도 형법 제55조 소정 감경방법에 의하는 것으로 해석해야 한다.[1]

③ 하나의 죄에 대해 **징역형과 벌금형을** 병과해야 할 경우, 특별한 규정이 없는 한, 징역형에만 작량감경을 하고 벌금형에 작량감경을 하지 않는 것은 위법하다.[2]

④ 형법 제38조 제1항 제3호(무기징역이나 무기금고 이외의 이종의 형의 병과)에 의하여 징역형과 벌금형을 **병과하는** 경우, 각 형에 대한 범죄의 정상에 차이가 있을 수 있다. 징역형에만 작량감경을 하고 벌금형에 작량감경을 하지 않은 것을 위법하다고 할 수는 없다.[3]

⑤ 어떤 범죄를 어떻게 처벌할 것인가 하는 문제, 즉 법정형의 종류와 범위의 선택은 입법자가 결정할 사항으로서 광범위한 **입법재량 내지 형성의 자유**가 인정된다. 따라서 헌법상 평등원칙 및 비례의 원칙 등에 명백히 위배되는 경우가 아닌 한, 쉽사리 헌법에 위반된다고 단정해서는 안 된다. 그리고 형법규정의 법정형만으로는 어떤 범죄행위를 예방하고 척결하기에 미흡하다는 입법정책적 고려에 따라 이를 가중처벌하기 위해 특별형법법규를 제정한 경우에는, 형법규정의 법정형만을 기준으로 그 **특별형법법규의 법정형**의 과중 여부를 쉽사리 논단해서도 안 된다.[4]

⑥ 필요적 감경의 경우와 달리 **임의적 감경은** 감경사유의 존재가 인정되더라도 법관이 형법 제55조 제1항에 따른 법률상 감경을 할 수도 있고 하지 않을 수도 있다. 나아가 임의적 감경사유의 존재가 인정되고 법관이 그에 따라 징역형에 대해 법률상 감경을 하는 이상 형법 제55조 제1항 제3호에 따라 **상한과 하한을** 모두 2분의 1로 감경한다. 이러한 현재 판례와 실무의 해석은 여전히 타당하다.[5] *피고인이 위험한 물건으로 피해자를 상해하려다 미수에 그쳤다는 공소사실에 대해 제1심은 특수상해미수죄를 인정하여 형법 제25조 제2항, 제55조 제1항 제3호에 따라 감경한 뒤 경합범가중을 거쳐 처단형을 정한 원심(제1심도 같았음)의 판단에 잘못이 없다고 보아 상고를 기각함. 이러한 다수의견에 대해, 임의적 감경의 처단형은 형을 감경한 범위와 감경하지 않은 범위를 모두 합한 범위로 봄이 타당하고, 이는 결국 법정형의 하한만 2분의 1로 감경한 것으로 '당연확정' 된다는 별개의견 있음.

(2) 양형조건 2

① **양형부당이 상고이유가 되는 경우** 형의 양정은 사실심 법관의 전권사항이므로 통상의 경우 양형이유를 명시하는 일이 요구되지 않으며, 그 양형에 대해 상고할 수 없는 것이지만, 형사소송법 제383조 제4호는 사형, 무기 또는 10년 이상의 징역이나 금고형이 선고된

1) 대판 1964. 10. 28. 64도454. 제6회.
2) 대판 2011. 5. 26. 2011도3161.
3) 대판 2006. 3. 23. 2006도1076.
4) 대판 2006. 5. 12. 2005도5428.
5) 대판 2021. 1. 21. 2018도5475 전원합의체.

사건에 있어서 형의 양정이 심히 부당하다고 인정할 현저한 사유가 있는 경우를 피고인만의 상고사유로 규정하고 있다. 그러한 사건의 **양형참작사유**는 사실심의 필요적 심판대상이 된다. 양형의 필요적 참작사유를 열거한 형법 제51조에는, 범죄행위에 관련된 사유들과 더불어 범죄행위자인 피고인에 관련된 사유들이 더 많이 열거되어 있다는 점은, 양형의 심리 · 판단 단계에서 주목해야 할 부면이다.[1]

② 형법 제51조 제4호 양형조건의 하나인 **범행 후의 정황은** 형사소송절차에서 피고인의 태도나 행위를 들 수 있다. 형사소송절차에서 피고인은 범죄사실에 대해 진술을 거부하거나 거짓 진술을 할 수 있다. 이 경우 **범죄사실을 단순히 부인**하고 있는 것이 죄를 반성하거나 후회하고 있지 않다는 인격적 비난요소로 보아 **가중적 양형조건으로** 삼는 것은, 결과적으로 피고인에게 자백을 강요하는 것이 되어 허용될 수 없다. 그러한 태도나 행위가, 객관적이고 명백한 증거가 있음에도 진실발견을 적극적으로 숨기거나 법원을 오도하려는 시도에서 나온 경우는 가중적 양형조건으로 참작될 수 있다.[2]

③ 형법 제51조의 사항과 개전의 정상이 현저한지 여부에 관한 사항은 널리 형의 양정에 관한 **법원의 재량사항**에 속한다. 따라서 상고심으로서는, 선고유예에 관하여 형법 제51조의 사항과 개전의 정상이 현저한지 여부에 대한 원심 판단의 당부를 심판할 수 없고, **그 원심 판단이 현저하게** 잘못되었다고 하더라도 달리 볼 것은 아니다.[3]

④ 항소심은 제1심에 대한 **사후심적 성격이** 가미된 속심으로서 고유의 양형재량을 가지고 있다. 따라서 항소심이 양형부당을 이유로 제1심판결을 파기하는 것은 바람직하지 않은 점이 있더라도, 이를 두고 양형심리 및 **양형판단 방법이** 위법하다고 할 수는 없다. 양형조건이 되는 사유에 관해 일일이 명시하지 않아도 위법은 아니다.[4]

1 [62] 3. 자수와 자복

① 형법 제52조나 국가보안법 제16조 제1호의 "자수"에는, 범행이 발각되고 **지명 수배된 후의 자진출두도** 포함되는 것으로 판례가 해석하고 있다. 이것이 "자수"라는 단어의 관용적 용례라고 할 것이다. 공직선거법 제262조의 "자수"를 '**범행발각 전에 자수한 경우**'로 한정하는 풀이는 '언어의 가능한 의미'를 넘어 처벌범위를 실정법 이상으로 확대하는 것으로서 유추해석금지원칙에 위반된다.[5]

② 법인의 직원 또는 사용인이 위반행위를 하여 **양벌규정에 의해 법인**이 처벌받는 경우, 법인에게 자수감경에 관한 형법 제52조 제1항 규정을 적용하기 위하여는, 법인의 이사 기타 대표자가 수사책임이 있는 관서에 자수한 경우에 한정된다. 그 위반행위를 한 직원 또

---

1) 대판 2002. 10. 25. 2002도4298.
2) 대판 2001. 3. 9. 2001도192.
3) 대판 2003. 2. 20. 2001도6138 전원합의체. 제8회.
4) 대판 2015. 7. 23. 2015도3260 전원합의체.
5) 대판 1997. 3. 20. 96도1167 전원합의체.

는 사용인이 자수한 것만으로는 위 규정에 의해 형을 감경할 수 없다.[1]

③ 형법 제52조가 자수를 형의 감경사유로 삼은 첫째 이유는 범인이 죄를 뉘우치고 있다는 데 있으므로, 죄의 **뉘우침**이 없는 자수는 외형은 자수일지라도 형법규정이 정한 자수라고 할 수 없다.[2] *그러나 제52조에서 "뉘우침"은 입법동기일 수는 있지만 판결기준이 되는 법률의 요건은 아님. 죄형법정주의의 명확성원칙을 상기하면 알 수 있는 내용.

④ 자수서를 소지하고 수사기관에 자발적으로 출석하였으나 자수서를 제출하지 않고 범행사실도 부인하였다면 자수가 성립하지 않는다. 그 이후 **구속까지 된 상태**에서 자수서를 제출하고 범행사실을 시인한 것은 자수에 해당되지 않는다.[3]

⑤ ***표준판례** 형법 제52조 제1항의 자수는 범인이 자발적으로 자신의 범죄사실을 수사기관에 신고하여 소추를 구하는 의사표시이다. 이를 형의 감경사유로 삼는 주된 이유는, 범인이 그 죄를 뉘우치고 있다는 점에 있다. 범죄사실을 부인하거나 죄의 **뉘우침이 없는 자수는**, 외형은 자수일지라도 법률상 형의 감경사유가 되는 진정한 자수라고 할 수 없다.[4] *그러나 수사기관에 자진 출석하여 자백을 하였다가 법정에서 범죄사실을 부인하였다고 하여 자수효력이 소멸되는 것은 아님.[5]

⑥ 형법 제52조 제1항 자수로 인한 형의 감면은 **법원의 자유재량**에 속하는 것으로서 임의적인 것이다. 피고인이 수사책임 있는 관서에 자수 하였다고 하여도, 법원이 이를 위 법조에 의한 자수감경의 사유로 삼지 않고, 다른 정상과 합쳐 정상참작의 사유로 삼아 형법 제53조에 의한 작량감경을 하더라도 위법은 아니다.[6]

⑦ 형법 제157조, 제153조 **무고죄의 자백, 자수는** 필요적 감면사유이다. 여기에는 아무런 법령상 제한이 없다. 그가 신고한 사건을 다루는 기관에서 고백하거나, 그 사건을 다루는 재판부에 증인으로 출석하여, 전에 그가 한 신고가 허위사실이었음을 고백하는 것은 물론, 무고 사건의 피고인 또는 피의자로서 법원이나 수사기관의 신문에 의한 고백 등 모두 자백의 개념에 포함된다.[7]

⑧ 미성년자에 대한 간음치상죄는 피해자의 의사에 반하여 처벌할 수 없는 범죄가 아니므로 원판결이 본건 범행 후 수사기관에 구속되기 전에 **피해자의 부모를 찾아가서 사죄한** 사실에 대해 형법 제52조 제2항의 자복에 해당하지 않는다고 판시한 조처는 정당하다.[8]

⑨ 자수라 함은 범인이 수사기관에 대하여 자발적으로 자기의 범죄사실을 신고하여 소추를 구하는 의사 표시로서 그 신고의 방법에는 법률상 특별히 제한한 바가 없으므로 꼭 범

---

1) 대판 1995. 7. 25. 95도391.
2) 대판 1993. 6. 11. 93도1054.
3) 대판 2004. 10. 14. 2003도3133.
4) 대판 1994. 10. 14. 94도2130.
5) 대판 2002. 8. 23. 2002도46.
6) 대판 1984. 11. 13. 84도1897.
7) 대판 2018. 8. 1. 2018도7293.
8) 대판 1968. 3. 5. 68도105.

인 자신이 할 필요는 없고 **제3자를 통하여** 할 수도 있다.1)

⑩ 피고인이 경찰에 검거되기 전에 그가 다니던 학원강사인 권오경에게 전화를 걸어 **자수의사를 전달**하였다는 것이나, 그것만으로는 자수로 볼 수 없다. 피고인은 자수하기 위해 위 권오경을 다방에서 만나기로 약속하고서도 그 장소에 나타나지 않았다는 것이며, 그 밖에 어디에서도 피고인이 자수한 흔적을 발견할 수 없다.2)

⑪ 피고인이 수사권이 있는 공무원을 만났다거나 **자기 주소를 수사권이** 있는 공무원에게 알린 사실이 있다고 하더라도 이는 피고인 본인이 자기의 범죄사실을 신고한 것이 아니므로 자수라고 할 수 없다.3)

⑫ 피고인이 수사기관에 두 번째 출석하여 **조사를 받으면서** 비로소 범행을 자백한 행위를 '자수'라고 할 수 없고, 설령 자수하였다 하더라도 자수의 착오 주장에 대해 판단하지 않은 원심의 조치는 위법하다고 할 수 없다.4)

⑬ 피고인들이 검찰에 조사 일정을 문의한 다음 지정된 일시에 검찰에 출두하는 등의 방법으로 자진 출석하여 범행을 사실대로 진술하였다면 자수가 성립되었다고 할 것이다. 그 후 **법정에서 범행 사실을 부인**한다고 하여 뉘우침이 없는 자수라거나, 이미 발생한 자수의 효력이 없어진다고 볼 수 없다.5)

1 [63] 4. 구금일수 산입

① **판례변경** 형법 제37조 전단 경합범관계에 있는 공소사실 중 일부에 대하여는 유죄, 나머지 일부에 대하여는 무죄를 선고하였다. 그 중 유죄부분에 대하여는 피고인이 상고하고 무죄부분에 대하여는 검사가 상고하였다. 검사의 상고가 이유 있는지 여부를 가리기 전에는, 유죄부분에 대한 피고인의 상고만을 분리하여 기각할 수 없다. 따라서 **상고심의 미결구금이** 오로지 피고인의 책임으로 인해 생긴 것이라고 할 수는 없다. 이러한 경우 법문의 문언대로 당연히 형사소송법 제482조 제1항 제1호 '검사가 상소를 제기한 때'에 해당하는 것으로 보아야 한다. 따라서 **피고인과 검사의 상고를** 모두 기각하는 경우에도, 상고제기 후 판결선고 전의 구금일수는 형사소송법 제482조 제1항 제1호에 의해 그 **전부가 본형에 산입**되는 것으로 보아야 한다.6)

② 판결선고 전 미결구금일수는 그 전부가 법률상 당연히 본형에 산입하게 되었으므로, 판결에서 별도로 미결구금일수 산입에 관한 사항을 판단할 필요가 없다.7)

③ 병과형 또는 수 개의 형으로 선고된 경우, 어느 형에 미결구금일수를 산입하여 집행

1) 대판 1964. 8. 31. 64도252.
2) 대판 1985. 9. 24. 85도1489.
3) 대판 1963. 10. 22. 63도247.
4) 대판 2011. 12. 22. 2011도12041.
5) 대판 2005. 4. 29. 2002도7262.
6) 대판 2002. 6. 20. 2002도807 전원합의체. 대판 2002. 2. 5. 2001도6311 판례변경.
7) 대판 2009. 12. 10. 2009도11448.

하느냐는 형집행 단계에서 형집행기관이 할 일이며, 법원이 주문에서 이에 관해 선고하였더라도 이는 마찬가지라 할 것이다. 그와 같은 사유만으로 원심판결을 파기할 수는 없다.[1)]

④ 피고인이 범행 후 미국으로 도주하였다가 대한민국정부와 미합중국정부 간 범죄인 인도조약에 따라 체포되어 **인도절차를 밟기 위한** 절차에 해당하는 기간은 본형에 산입될 미결구금일수에 해당되지 않는다.[2)]

⑤ 정식재판청구기간을 도과한 약식명령에 기하여 피고인을 **노역장에 유치**하는 것은 형의 집행이므로, 그 유치기간은 형법 제57조가 규정한 미결구금일수에 해당하지 않는다. 따라서 비록 정식재판청구권회복결정으로 사건을 공판절차로 심리하는 경우라 하더라도, 법원은 노역장 유치기간을 미결구금일수로 보아 본형에 산입할 수는 없다. 그 유치기간은 나중에 본형의 집행단계에서 그에 상응하는 **벌금형이 집행**된 것으로 간주될 뿐이다.[3)]

⑥ 미결구금은 신체의 자유를 침해받는 피의자 또는 피고인의 입장에서 보면 실질적으로 자유형의 집행과 다를 바 없으므로, 인권보호 및 공평의 원칙상 형기에 전부 산입되어야 한다. 따라서 형법 제57조 제1항 중 "**또는 일부 부분**"은 헌법상 무죄추정의 원칙 및 적법절차의 원칙 등을 위배하여 합리성과 정당성 없이 신체의 자유를 침해한다.[4)]

⑦ 판결선고 전 구금일수를 산입할 때, 병과형 또는 수 개의 형으로 선고된 경우 어느 형에 미결구금일수를 산입하여 집행하느냐는 형집행 단계에서 **형집행기관이** 할 일이다. 법원이 주문에서 이에 관해 선고하였더라도 이는 마찬가지라 할 것이므로, 그와 같은 사유만으로 원심판결을 파기할 수는 없다.[5)]

[64] 5. 누 범 1

① 형의 선고를 받은 자가 **특별사면**을 받아 형의 집행을 면제받고 또 후에 복권이 되었다 하더라도 **형의 선고효력이 상실되는** 것은 아니다. 따라서 실형을 선고받아 복역타가 특별사면으로 출소한 후 3년 이내에 다시 범죄를 저지른 자에 대한 누범가중은 정당하다.[6)]

② 징역형의 실효기간이 경과하기 전에 별도의 집행유예 선고가 있었으나 집행유예가 실효 또는 취소됨이 없이 유예기간이 경과하였다. 그 무렵 집행유예 전에 선고되었던 징역형도 **자체의 실효기간이** 경과한 경우, 그 징역형은 폭력행위처벌법 제2조 제3항 '징역형을 받은 경우'에 해당하지 않는다.[7)]

③ 형법 제35조에서 다시 금고 이상에 해당하는 죄를 범하였는지 여부는, 그 범죄의 실행행위를 하였는지 여부를 기준으로 결정해야 한다. 따라서 3년 기간 내에 **실행착수**가 있으

1) 대판 2010. 9. 9. 2010도6924.
2) 대판 2005. 10. 28. 2005도5822.
3) 대판 2007. 5. 10. 2007도2517.
4) 헌재 2009. 6. 25. 2007헌바25.
5) 대판 2010. 9. 9. 2010도6924.
6) 대판 1986. 11. 11. 86도2004.
7) 대판 2016. 6. 23. 2016도5032. 제7, 9회.

면 족하고, 그 기간 내에 기수까지 이르러야 하는 것은 아니다.1)

④ 포괄일죄의 일부 범행이 누범기간 내에 이루어진 이상 **나머지 범행이** 누범기간 경과 후에 이루어졌더라도, 그 범행 전부가 누범에 해당한다고 보아야 한다.2)

⑤ 형법 제35조 제1항에 규정된 "금고 이상에 해당하는 죄"는 유기금고형이나 유기징역형으로 처단할 경우에 해당하는 죄를 의미한다. 법정형 중 **벌금형**을 선택한 경우에는 누범가중을 할 수 없다.3)

⑥ 폭력행위처벌법 제3조 제4항에 해당하여 처벌하는 경우에도 형법 제35조 누범가중 규정의 적용은 면할 수 없다. 형법 제35조를 적용하더라도 그것이 동일한 행위에 대한 **이중처벌**로서 헌법상 인간의 존엄과 가치, 행복추구권을 침해하는 것으로 볼 수는 없다.4)

⑦ *표준판례 특정범죄가중법 제5조의4 제5항은, 형법 제329조 내지 제331조와 제333조 내지 제336조 · 제340조 · 제362조의 죄 또는 그 미수죄로 3회 이상 징역형을 받은 자로서, 다시 이들 죄를 범하여 누범으로 처벌할 경우도 제1항 내지 제4항과 같다고 규정하고 있다. 한편 형의 실효 등에 관한 법률에 의해 형이 실효된 경우에는 형의 선고에 의한 법적 효과가 장래에 향하여 소멸되므로, **형이 실효된 후에는** 그 전과를 특정범죄가중법 제5조의4 제5항 소정의 징역형의 선고를 받은 경우로 볼 수는 없다.5)

⑧ 특정범죄가중법 제5조의4 제5항은 반복적으로 범행을 저지르는 절도 사범에 관한 법정형을 강화하기 위한 데 있고, 조문의 체계가 일정한 구성요건을 규정하는 형식으로 되어 있다. 따라서 이 규정은 형법 제35조(누범) 규정과 별개로 '형법 제329조부터 제331조까지의 죄(미수범 포함)를 범하여 세 번 이상 징역형을 받은 사람이, 그 누범 기간 중에 다시 해당 범죄를 저지른 경우에 형법보다 무거운 법정형으로 처벌한다'는 내용의 **새로운 구성요건을 창설한** 것으로 해석해야 한다. 따라서 처벌 규정에 정한 형에 다시 형법 제35조의 누범가중한 형기범위 내에서 처단형을 정해야 한다.6)

1 [65] 6. 집행유예

① **대법원의 여죄설**(*표준판례) 집행유예기간 중에 범한 죄에 대해 형을 선고할 때에, 집행유예 결격사유를 정하는 현행 형법 제62조 제1항 단서 소정의 요건에 해당하는 경우란, 이미 집행유예가 실효 또는 취소된 경우와, 그 선고 시점에 미처 유예기간이 경과하지 아니하여 형선고의 효력이 실효되지 않은 채 남아 있는 경우로 국한된다. 집행유예가 실효 또는 취소됨이 없이 유예기간을 경과한 때에는, 위 단서 소정의 요건에 해당하지 않는다. **집행유예기**

1) 대판 2006. 4. 7. 2005도9858 전원합의체.
2) 대판 2012. 3. 29. 2011도14135.
3) 대판 1982. 9. 14. 82도1702. 제6회.
4) 대판 2007. 8. 23. 2007도4913.
5) 대판 2002. 10. 22. 2002감도39.
6) 대판 2020. 5. 14. 2019도18947.

간 중에 범한 범죄라 할지라도 집행유예가 실효 또는 취소되지 않고 그 유예기간이 경과한 경우에는, 이에 대해 다시 집행유예의 선고가 가능하다. 범죄 당시 집행유예기간 중이었고, 그 유예기간 경과 전에 집행유예 취소결정이 확정되었다면 집행유예 결격사유에 해당한다.1)

② 형법 제64조 제1항에 의하면 집행유예 선고를 받은 후 형법 제62조 단행의 사유가 발각된 때에는 집행유예 선고를 취소한다고 규정되어 있다. 여기에서 집행유예를 선고받은 후 형법 제62조 단행의 사유, 즉 금고 이상의 형의 선고를 받아 집행을 종료한 후 또는 집행이 면제된 후로부터 5년을 경과하지 않은 자인 것이 발각된 때라 함은, **집행유예 선고**의 판결이 확정된 후에 비로소 위와 같은 사유가 발각된 경우를 말한다. 그 **판결확정 전**에 결격사유가 발각된 경우에는 이를 취소할 수 없다. 이때 판결확정 전에 발각되었다고 함은, 검사가 명확하게 그 결격사유를 안 경우만을 말하는 것이 아니라 당연히 그 결격사유를 알 수 있는 객관적 상황이 존재함에도 부주의로 알지 못한 경우도 포함한다.2)

③ ***표준판례** 형법 제37조 후단 경합범 관계에 있는 두 개의 범죄에 대해 하나의 판결로 **두 개의 자유형**을 선고하는 경우, 하나의 징역형에 대하여는 실형을 선고하면서 다른 징역형에 대하여 집행유예를 선고하는 것도, 우리 형법상 이러한 조치를 금하는 명문의 규정이 없는 이상 허용된다고 보아야 한다.3)

④ **하나의 자유형** 중 일부에 대해서는 실형을, 나머지에 대해서는 집행유예를 선고하는 것은 허용되지 않는다.4)

⑤ 집행유예기간의 시기始期는 집행유예를 선고한 **판결 확정일로** 하여야 하고, 법원이 판결 확정일 이후의 시점을 임의로 선택할 수는 없다. 형법 제37조 후단의 경합범 관계에 있는 죄에 대해 두 개의 징역형을 선고하면서, 하나의 징역형에 대하여만 집행유예를 선고하고, 그 집행유예기간의 시기를 다른 하나의 징역형의 집행종료일로 한 것은 위법하다.5)

⑥ 피고인이 재심대상판결에서 정한 집행유예 기간 중 특정범죄가중법 위반죄(보복협박 등)로 징역 6개월을 선고받아 그 판결이 확정됨으로써 위 집행유예가 실효되고 피고인에 대해 유예된 형이 집행되었다. 재심판결에서 피고인에게 **또다시 집행유예를 선고할 경우**, 그 집행유예 기간의 시기始期는 재심대상판결의 확정일이 아니라 재심판결의 확정일로 보아야 한다. 그로 인해 재심대상판결이 선고한 집행유예의 실효효과까지 없어지더라도, 재심판결이 확정되면 재심대상판결은 효력을 잃게 되는 재심의 본질상 당연한 결과이다. 재심판결에서 정한 형이 재심대상판결의 형보다 중하지 않은 이상 불이익변경금지원칙이나 이익재심원칙에 반하지 않는다.6)

⑦ 형법 제65조 소정의 "형의 선고는 효력을 잃는다"는 취의는 형의 선고의 법률적 효

1) 대판 2007. 7. 27. 2007도768. 제10회.
2) 대판 2001. 6. 27. 2001모135.
3) 대판 2001. 10. 12. 2001도3579.
4) 대판 2007. 2. 22. 2006도8555.
5) 대판 2002. 2. 26. 2000도4637.
6) 대판 2019. 2. 28. 2018도13382.

과가 없어진다는 것일 뿐, **형의 선고**가 있었다는 기왕의 사실 자체까지 없어진다는 뜻이 아니다.1)

⑧ ***표준판례** 형법 제62조의2 제1항은 “형의 집행을 유예하는 경우에는 보호관찰을 받을 것을 명하거나 사회봉사 또는 수강을 명할 수 있다”고 규정하고 있다. 그 문리에 따르면, 보호관찰과 사회봉사는 각각 독립하여 명할 수 있다는 것이지, 반드시 그 양자를 동시에 명할 수 없다는 취지로 해석되지는 않는다. 소년법 제32조 제3항, 성폭력처벌법 제16조 제2항, 가정폭력처벌법 제40조 제1항 등에는 보호관찰과 사회봉사를 동시에 명할 수 있다고 명시적으로 규정하고 있다. 제도의 취지에 비추어 보더라도, 범죄자에 대한 사회복귀를 촉진하고 효율적인 범죄예방을 위해 양자를 병과할 필요성이 있는 점 등을 종합할 때, 형법 제62조로 집행유예를 선고할 경우에는 같은 법 제62조의2 제1항에 규정된 **보호관찰과 사회봉사 또는 수강을 동시에** 명할 수 있다고 해석함이 상당하다.2) *“명하거나”는 택일이지 병과는 아닐 것임. 유추해석금지에 해당될 소지가 큼. 형사정책적 필요가 있다면 형법을 개정하는 것이 바람직.

⑨ 어느 징역형의 **실효기간이 경과하기** 전에 별도의 집행유예 선고가 있었지만 집행유예가 실효 또는 취소되지 않고 유예기간이 경과하였다. 그리고 그 무렵 집행유예 전에 선고되었던 징역형도 자체의 실효기간이 경과하였다면, 그 징역형 역시 실효되어 폭력행위처벌법 제2조 제3항에서 말하는 ‘징역형을 받은 경우’에 해당한다고 할 수 없다.3)

⑩ 보호관찰명령이 보호관찰기간 동안 바른 생활을 영위할 것을 요구하는 추상적 조건의 부과이거나 악행을 하지 말 것을 요구하는 소극적인 부작위조건의 부과인 반면, 사회봉사명령 · 수강명령은 특정시간 동안의 **적극적인 작위의무를** 부과하는 데 그 특징이 있다. 그러므로 사회봉사명령 · 수강명령 대상자에 대한 특별준수사항은 보호관찰 대상자에 대한 것과 같을 수 없다. 보호관찰 대상자에 대한 특별준수사항을 사회봉사명령 · 수강명령 대상자에게 그대로 적용하는 것은 적합하지 않다.4) *따라서 보호관찰법 제32조 제3항 제1－9호의 **특별준수사항**(제4호 손해회복 노력 등)은 보호관찰 대상자에 한해 부과할 수 있을 뿐, 사회봉사명령 · 수강명령 대상자에 대해서는 부과할 수 없음.

1 [66] 7. 선고유예

① 형법 제59조 제1항은 1년 이하의 징역이나 금고, 자격정지 또는 벌금형을 선고할 경우, 같은 법 제51조의 사항을 참작하여 개전의 정상이 현저한 때에는 선고를 유예할 수 있다고 규정하고 있다. 따라서 형의 선고를 유예할 수 있는 경우는, 선고할 형이 1년 이하의 징역이나 금고, 자격정지 또는 벌금형인 경우에 한하고, **구류형**에 대하여는 선고를 유예할 수

1) 대결 1983. 4. 2. 83모8. 제3회.
2) 대판 1998. 4. 24. 98도98. 제9회.
3) 대판 2016. 6. 23. 2016도5032.
4) 대판 2020. 11. 5. 2017도18291.

없다.1)

② 선고유예의 요건 중 '**개전의 정상이 현저한 때**'라고 함은, 반성의 정도를 포함하여 널리 형법 제51조가 규정하는 양형조건을 종합적으로 참작하여 볼 때 형을 선고하지 않더라도 피고인이 **다시 범행을 저지르지 않으리라는** 사정이 현저하게 기대되는 경우를 가리킨다. 이와 달리 '개전의 정상이 현저한 때'가 반드시 피고인이 죄를 깊이 뉘우치는 경우만을 뜻하는 것으로 제한하여 해석하거나, 피고인이 범죄사실을 자백하지 않고 부인할 경우에는 언제나 선고유예를 할 수 없다고 해석할 것은 아니다. 또한 형법 제51조 사항과 개전의 정상이 현저한지 여부에 관한 사항은 널리 형의 양정에 관한 **법원의 재량사항**에 속한다. 상고심으로서는 형사소송법 제383조 제4호에 의해 사형 · 무기 또는 10년 이상의 징역 · 금고가 선고된 사건에서, 형의 양정의 당부에 관한 상고이유를 심판하는 경우가 아닌 이상, 선고유예에 관하여 형법 제51조 사항과 개전의 정상이 현저한지 여부에 대한 **원심 판단의 당부**를 심판할 수 없다. 그 원심 판단이 현저하게 잘못되었다고 하더라도 달리 볼 것은 아니다.2)

③ ***표준판례** 형법 제59조 제1항 단행에서 정한 "**자격정지 이상의 형을 받은 전과**"라 함은 자격정지 이상의 형을 선고받은 범죄경력 자체를 의미하는 것이고, 그 형의 효력이 상실된 여부는 묻지 않는 것으로 해석함이 상당하다. 따라서 형의 집행유예를 선고받은 자는 형법 제65조에 의하여 그 선고가 실효 또는 취소됨이 없이 정해진 유예기간을 무사히 경과하여 **형의 선고가 효력**을 잃게 되었다고 하더라도 형의 선고의 법률적 효과가 없어진다는 것일 뿐이다. 형의 선고가 있었다는 기왕의 사실 자체까지 없어지는 것은 아니다. 그러므로 그는 형법 제59조 제1항 단행에서 정한 선고유예 결격사유인 "자격정지 이상의 형을 받은 전과가 있는 자"에 해당한다고 보아야 한다.3)

④ 형법 제37조 후단 경합범 중 **판결을 받지 않은** 죄에 대해 형을 선고하는 경우, 형법 제37조 후단에 규정된 '금고 이상의 형에 처한 판결이 확정된 죄'의 형도 형법 제59조 제1항 단서에서 정한 선고유예의 예외사유인 '자격정지 이상의 형을 받은 전과'에 포함된다.4)

⑤ 형법 제59조에 의하더라도 몰수는 선고유예 대상으로 규정되어 있지 않고, 다만 몰수 또는 이에 갈음하는 추징은 부가형 성질을 띠고 있다. 그 주형에 대해 선고를 유예하는 경우에는 그 부가할 몰수 추징에 대하여도 선고를 유예할 수 있다. 그러나 그 주형에 대해 선고를 유예하지 않으면서 이에 부가할 **몰수 추징**에 대해서만 선고유예를 할 수는 없다.5)

⑥ 형법 제59조에 의해 형의 선고를 유예하는 판결을 할 경우에도 선고가 유예된 형에 대한 판단을 해야 한다. **선고유예 판결**에서도 그 판결 이유에서는 선고형을 정해 놓아야 하고, 그 형이 벌금형일 경우에는 벌금액뿐만 아니라 환형유치처분까지 해두어야 한다.6)

---

1) 대판 1993. 6. 22. 93오1.
2) 대판 2003. 2. 20. 2001도6138 전원합의체. 제3회.
3) 대판 2012. 6. 28. 2011도10570.
4) 대판 2010. 7. 8. 2010도931. 제3회.
5) 대판 1988. 6. 21. 88도551.
6) 대판 2015. 1. 29. 2014도15120.

⑦ 형법 제61조 제1항에서 말하는 '형의 선고유예를 받은 자가 자격정지 이상의 형에 처한 전과가 발견된 때'란, 형의 **선고유예 판결이** 확정된 후에 비로소 위와 같은 전과가 발견된 경우를 말한다. 그 판결확정 전에 이러한 전과가 발견된 경우에는 이를 취소할 수 없다. 이때 판결확정 전에 발견되었다고 함은, 검사가 명확하게 그 결격사유를 안 경우만을 말하는 것이 아니다. 당연히 그 결격사유를 알 수 있는 객관적 상황이 존재함에도 부주의로 알지 못한 경우도 포함한다.[1]

⑧ *표준판례 선고유예기간이 경과함으로써 면소된 것으로 간주된 후에는 실효시킬 선고유예 판결이 존재하지 않으므로 **선고유예 실효의 결정**(선고유예된 형을 선고하는 결정)을 할 수 없다. 이는 선고유예 실효결정에 대한 상소심 진행 중에 유예기간인 2년이 경과한 경우에도 마찬가지이다.[2]

⑨ 회사 대표자의 위반행위에 대해 징역형 형량을 작량감경하고 병과하는 벌금형에 대해 선고유예를 하더라도 **양벌규정**에 따라 그 회사를 처단함에 있어서도 같은 조치를 취해야 하는 것은 아니다.[3]

1 [67] 8. 가 석 방

① *표준판례 잔형기간 경과전인 **가석방기간** 중에 행한 범죄는, 형법 제35조에서 말하는 형집행 종료 후에 죄를 범한 경우에 해당한다고 볼 수 없으므로, 여기에 누범가중을 할 수 없는 것은 당연한 이치이다.[4]

② 사형집행을 위한 구금은 미결구금도 아니고 형의 집행기간도 아니다. 특별감형은 형을 변경하는 효과만 있을 뿐이며, 이로 인하여 형의 선고에 의한 기성의 효과는 변경되지 않는다. 사형이 무기징역으로 특별 감형된 경우, **사형집행 대기기간**을 처음부터 무기징역을 받은 경우와 동일하게 가석방요건 중의 하나인 형의 집행기간에 다시 산입할 수는 없다.[5]

1 [68] 9. 형의 시효

① 수형자가 벌금의 일부를 납부한 경우에는, 이로써 집행행위가 개시된 것으로 보아 그 벌금형의 시효가 중단된다고 봄이 상당하다. 이 경우 벌금의 일부 납부란 수형자 본인이 스스로 벌금을 일부 납부한 경우, 즉 벌금의 일부를 수형자 본인 또는 그 대리인이나 사자가 **본인의 의사에 따라** 납부한 경우를 말한다. 수형자 본인의 의사와 무관하게 제3자가 이를 납부한 경우는 포함되지 아니한다.[6]

---

1) 대판 2008. 2. 14. 2007모845.
2) 대판 2007. 6. 28. 2007모348.
3) 대판 1995. 12. 12. 95도1893. 제2회.
4) 대판 1976. 9. 14. 76도2071.
5) 대결 1991. 3. 4. 90모59.
6) 대결 2001. 8. 23. 2001모91.

② 채권에 대한 강제집행의 방법으로 벌금형을 집행하는 경우에는, 검사의 징수명령서에 기하여 '법원에 **채권압류명령을** 신청하는 때'에 강제처분인 집행행위의 개시가 있는 것으로 보아, 그때 **시효중단의 효력**이 발생한다. 한편 그 시효중단 효력이 발생하기 위하여 집행행위가 종료되거나 성공하였음을 요하지 않고, 수형자에게 집행행위의 개시사실을 통지할 것을 요하지 않는다.1)

③ 확정된 벌금형을 집행하기 위한 검사의 집행명령에 기하여 집달관이 집행을 개시하였다면, 이로써 벌금형에 대한 시효는 중단된다(형법 제80조). 이 경우 압류물을 환가하여도 집행비용 외에 잉여가 없다는 이유로 **집행불능**이 되었더라도, 이미 발생한 시효중단효력은 소멸하지 않는다. 따라서 위 벌금형의 미납자에 대하여는 형사소송법 제492조에 의해 노역장 유치집행을 할 수 있다.2)

④ 집행관이 추징의 시효 만료 전에 징수명령서를 수령하고, 그 후 상당한 기간이 경과하기 전에 징수명령이 집행되었다면, 추징의 시효가 완성된 후의 집행은 아니다.3)

⑤ 형실효법의 입법취지에 비추어, 과거 2**번 이상의 징역형**을 받은 자가 자격정지 이상의 형을 받지 않고 마지막 형의 집행을 종료한 날부터 위 법에서 정한 기간을 경과하면, 그 마지막 형 이전의 형도 모두 실효되는 것으로 보아야 한다.4)

⑥ 복권은 사면의 경우와 같이 형의 언도효력을 상실시키는 것이 아니고, 다만 형의 언도효력으로 인해 상실 또는 정지된 자격을 회복시키는 데 불과하므로, 복권이 있었더라도 그 **전과사실은 누범가중사유**에 해당한다.5)

⑦ 사면법 제5조 제1항 제1호 소정 '일반사면은 형의 언도의 효력이 상실된다'는 의미는, 형법 제65조 소정 '형의 선고는 효력을 잃는다'는 의미와 마찬가지로, 단지 형 선고의 **법률적 효과**가 없어진다는 것일 뿐, 형의 선고가 있었다는 **기왕의 사실** 자체의 모든 효과까지 소멸한다는 뜻은 아니다.6)

[69] 10. 보안처분 1

① 치료감호법(제2조 제1항) 소정의 '**재범의 위험성**'은 피감호청구인이 장차 그 물질 등의 주입 등 습벽 또는 중독증세의 발현에 따라 다시 범죄를 저지를 것이라는 **상당한 개연성**이 있는 경우를 말한다. 그 위험성 유무는, ㉠ 판결선고 당시 피감호청구인의 습벽 또는 중독증세의 정도, 치료의 난이도, 향후 치료를 계속 받을 수 있는 환경의 구비 여부, 피감호청구인 자신의 치료의지의 유무와 그 정도, ㉡ 피감호청구인의 연령, 성격, 가족관계, 직업, 재

1) 대결 2009. 6. 25. 2008모1396.
2) 대결 1992. 12. 28. 92모39.
3) 대결 2006. 1. 17. 2004모524.
4) 대판 2010. 3. 25. 2010도8.
5) 대판 1981. 4. 14. 81도543.
6) 대판 1995. 12. 22. 95도2446.

산정도, 전과사실, 개전의 정 등 사정, ㉢ 피감호청구인에 대한 위 습벽 또는 중독증세의 발현에 관한 하나의 징표가 되는 당해 감호청구원인이 된 범행의 동기, 수법 및 내용, ㉣ 전에 범한 범죄의 내용 및 종전 범죄와 이 사건 범행 사이의 시간적 간격 등 제반 사정을 종합적으로 평가하여 객관적으로 판단해야 한다.[1]

② 보안관찰처분을 하기 위하여는 보안관찰법 제4조 제1항이 정하는 바에 의하여 보안관찰처분대상자가 **보안관찰 해당범죄를** 다시 범할 위험성이 있다고 인정할 충분한 이유가 있어 재범방지를 위한 관찰이 필요한 경우여야 한다. 여기서 말하는 재범위험성은 장래에 다시 죄를 범할 개연성이 될 수밖에 없으며, 그 유무도 처분대상자의 전력이나 성격, 환경 등 제반 사정을 종합하여 판단할 수밖에 없다.[2]

③ 특정 범죄자에 대한 전자장치부착법에 따라 특정 범죄자에 대해 집행유예를 선고할 경우, 보호관찰을 받을 것을 함께 명할지 여부와 구체적 준수사항 내용, 같은 법 제28조 제1항에 따라 **전자장치 부착**을 명할지 여부와 그 기간 등에 관한 판단은 **법원의 재량사항**에 속한다.[3]

④ 치료명령의 요건으로 '성폭력범죄를 다시 범할 위험성'이란, 재범할 **가능성**만으로는 부족하고 피청구자가 장래에 다시 성폭력범죄를 범하여 법적 평온을 깨뜨릴 **상당한 개연성이** 있어야 한다. 비록 피청구자가 성도착증 환자로 진단받았다고 하더라도, 그러한 사정만으로 바로 피청구자에게 성폭력범죄에 대한 재범위험성이 있다고 단정할 것은 아니다. 치료명령의 집행시점에도 여전히 약물치료가 필요할 만큼 피청구자에게 성폭력범죄를 다시 범할 위험성이 있어야 한다.[4]

---

1) 대판 2003. 4. 11. 2003감도8.
2) 대판 2002. 8. 23. 2002두3911.
3) 대판 2012. 8. 30. 2011도14257, 2011전도233.
4) 대판 2014. 2. 27. 2013도12301.

형법각론

제 1 편 개인적 법익에 대한 죄

Ⅰ. 살인의 죄

[70] 1. 사람의 시기 1

① **진통설** 사람의 시기始期는 규칙적인 진통을 동반하면서 태아가 태반으로부터 이탈하기 시작한 때, 다시 말해 분만이 개시된 때(소위 **진통설** 또는 분만개시설)라고 봄이 타당하다. 이는 형법 제251조(영아살해)에서 분만 중의 태아도 살인죄의 객체가 된다고 규정하고 있는 점을 보아도 알 수 있다. 조산원이 분만 중인 태아를 질식사에 이르게 한 경우에는 업무상 과실치사죄가 성립한다.[1]

② ***표준판례** 제왕절개 수술의 경우 '의학적으로 제왕절개 수술이 가능하고 필요했던 시기時期'는 판단하는 사람 및 상황에 따라 다를 수 있어, **분만개시 시점**, 즉 사람의 시기始期도 불명확하게 되므로 이 시점을 분만의 시기始期로 볼 수는 없다.[2] *두 번의 제왕절개 출산 경험, 37세의 고령의 임산부, 분만예정일을 14일 초과, 태아 몸무게 5.2kg인 경우 제왕절개 수술이 유일한 출산방법이었으므로 입원시점을 분만의 시기로 보아야 한다는 검사의 주장(이렇게 되면 업무상 과실치사)은 배척됨. 이 사건, 무리한 자연분만 시도 중 태아가 사망한 경우는 무죄.

[71] 2. 살인의 고의와 입증방법 1

① 살인죄의 범의는 반드시 살해목적이나 계획적인 살해의도가 있어야 하는 것은 아니고, 자기행위로 인해 타인의 사망결과를 발생시킬 만한 **가능성 또는 위험성이** 있음을 인식하거나 예견하면 충분하다. 피고인에게 범행 당시 살인의 범의가 있었는지 여부는 피고인이 범행에 이르게 된 경위, 범행의 동기, 준비된 흉기의 유무 · 종류 · 용법, 공격의 부위와 반복성, 사망의 결과발생가능성 정도, 범행 후의 결과회피 행동의 유무 등 범행 전후의 객관적 사정을 종합하여 판단할 수밖에 없다.[3]

---

1) 대판 1982. 10. 12. 81도262.
2) 대판 2007. 6. 29. 2005도3832. 제7회.
3) 대판 2000. 8. 18. 2000도2231. 제1회.

② 피고인이 격분하여 피해자를 살해할 것을 마음먹고 밖으로 나가 낫을 들고 피해자에게 다가서려고 하였으나, **제3자가 이를 제지하여** 그 틈을 타서 피해자가 도망함으로써 살인의 목적을 이루지 못한 경우, 피고인이 낫을 들고 피해자에게 접근함으로써 살인의 실행행위에 착수하였다고 할 것이다.1)

③ 피고인이 9세의 여자 어린이에 불과하여 항거를 쉽게 제압할 수 있는 피해자의 목을 감아서 졸라 **실신시킨 후** 그곳을 떠나버린 이상, 그와 같은 자신의 가해행위로 인하여 피해자가 사망에 이를 수도 있다는 사실을 인식하지 못하였다고 볼 수 없다. 적어도 범행 당시에는 피고인에게 살인의 범의가 있었다고 인정된다.2)

④ 건장한 체격의 군인이 왜소한 체격의 피해자를 폭행하고, 특히 급소인 목을 **설골이 부러질 정도로** 세게 졸라 사망케 한 행위는 살인의 범의가 인정된다.3)

⑤ 피고인이 교통사고를 가장하여 피해자들을 살해하고 보험금을 수령하여 자신의 경제적 곤란을 해결하고 신변을 정리하는 한편, 그 범행을 은폐할 목적으로 피해자들을 승용차에 태운 후 고의로 **승용차를 저수지에 추락시켜** 사망하게 한 행위는 살인의 범의가 인정된다.4)

⑥ **부작위 살인**(**세월호 사건 *표준판례**) 범죄는 보통 적극적인 행위에 의해 실행되지만 때로는 결과발생을 방지하지 않은 부작위에 의해서도 실현될 수 있다(형법 제18조). 부진정 부작위범의 경우에는 부작위행위자에게 침해위협으로부터 법익을 보호해 주어야 할 **법적 작위의무가** 있을 뿐 아니라, 부작위행위자가 작위의무의 이행으로 결과발생을 쉽게 방지할 수 있어야 **부작위범의 동가치성이** 인정된다. 부진정 부작위범의 고의는 결과발생을 방지할 법적 작위의무를 가지고 있는 사람이 의무를 이행함으로써 결과발생을 쉽게 방지할 수 있었음을 예견하고도 결과발생을 용인하고 이를 방관한 채 의무를 이행하지 아니한다는 인식을 하면 족하고, **미필적 인식, 예견으로도** 얼마든지 가능하다. 선박침몰 등과 같은 조난사고의 경우에 선장이나 선원들은 적극적인 구호활동을 통해 보호능력이 없는 승객의 사망 결과를 방지해야 할 작위의무가 있다. 부작위는 작위에 의한 살인행위와 동등한 형법적 가치를 가지고, 작위의무를 이행하였다면 결과가 발생하지 않았을 것이라는 관계가 인정되면, 부작위와 사망의 결과 사이에 인과관계가 인정된다.5)

⑦ ***표준판례** 피고인은 7세, 3세 남짓 된 어린자식들에 대해 **함께 죽자고 권유하여** 물속에 따라 들어오게 하여 결국 익사하게 하였다. 비록 피해자들을 물속에 직접 밀어서 빠뜨리지는 않았더라도 자살의 의미를 이해할 능력이 없고, 피고인의 말이라면 무엇이나 복종하는 어린 자식들을 권유하여 익사하게 한 이상 살인죄의 범의는 분명하다.6)

1) 대판 1986. 2. 25. 85도2773.
2) 대판 1994. 12. 22. 94도2511. 제1회.
3) 대판 2001. 3. 9. 2000도5590. 제7회.
4) 대판 2001. 11. 27. 2001도4392.
5) 대판 2015. 11. 12. 2015도6809 전원합의체. 제6, 7회.
6) 대판 1987. 1. 20. 86도2395.

[72] 3. 존속살해죄 · 영아살해죄 1

① 피살자(女)가 그의 문전에 버려진 영아인 피고인을 주어다 기르고 그 부와의 친생자인 것처럼 출생신고를 하였으나 **입양요건**을 갖추지 않았다면, 피고인과 사이에 모자관계가 성립될 리 없으므로 피고인이 동녀를 살해하였다고 하여도 존속살인죄로 처벌할 수 없다.1)

② *표준판례 피고인이 입양의사로 친생자 **출생신고**를 하고 자신을 계속 양육하여 온 사람을 살해한 경우, 위 출생신고는 입양신고의 효력이 있으므로 존속살해죄가 성립한다.2)

③ **존속살해 합헌성**(*표준판례) 조선시대부터 지금까지 존속살해죄에 대한 가중처벌은 계속되어 왔고, 그러한 입법의 배경에는 우리 사회의 효를 강조하는 유교적 관념 내지 전통사상이 자리 잡고 있다. 존속살해는 그 패륜성에 비추어 일반 살인죄에 비해 **고도의 사회적 비난을** 받아야 할 충분한 이유가 있다. 이 사건 법률조항의 법정형이 종래의 '사형 또는 무기징역'에서 '사형, 무기 또는 7년 이상의 징역'으로 개정되어 기존에 제기되었던 양형의 구체적 불균형 문제도 해소된 점을 고려할 때, 이 사건 법률조항이 형벌체계상 균형을 잃은 자의적 입법으로서 평등원칙에 위반된다고 볼 수 없다.3) *형식적 신분관계로 가중 처벌하는 것은 민주적 가족관계와 조화를 이루기 힘들고, 범행동기 등에 대한 고려 없이 일률적으로 형의 하한을 높이는 것은 평등원칙에 위반된다는 소수의견 있음.

④ *표준판례 남녀가 **사실상 동거**한 관계가 있고 그 사이에 영아가 분만되었다 하여도 그 남자와 영아와 사이에 법률상 직계존속, 비속의 관계가 있다 할 수 없으므로 그 남자가 영아를 살해한 경우에는 보통살인죄에 해당한다.4)

[73] 4. 자살교사 · 방조죄 · 살인예비죄 1

① 피해자가 사건 당일 새벽에 피고인과 말다툼을 하다가 죽고 싶다 또는 같이 죽자고 하며 피고인에게 기름을 사오라는 말을 하였다. 이에 따라 피고인이 피해자에게 **휘발유 1병**을 사다 주었는데 그 직후에 피해자가 몸에 휘발유를 뿌리고 불을 붙여 자살한 경우는 자살방조죄에 해당한다.5)

② 피고인이 인터넷 사이트 내 자살 관련 카페 게시판에 청산염 등 자살용 유독물의 판매광고를 한 행위가 단지 금원 편취 목적의 사기행각의 일환으로 이루어졌고, 변사자들이 **다른 경로**로 입수한 청산염을 이용하여 자살한 사정 등에 비추어 피고인의 행위는 자살방조에 해당하지 않는다.6)

③ 피해자 갑이 휘발유를 자신의 몸에 뿌리고 죽겠다고 말한 것은 을녀에게 그만큼 사

---

1) 대판 1981. 10. 13. 81도2466.
2) 대판 2007. 11. 29. 2007도8333, 2007감도22.
3) 헌재 2013. 7. 25. 2011헌바267.
4) 대판 1970. 3. 10. 69도2285.
5) 대판 2010. 4. 29. 2010도2328.
6) 대판 2005. 6. 10. 2005도1373.

랑한다는 것을 보여주기 위해 한 행동일 뿐 **실제 자살의 결의**를 가지고 한 것은 아니었다. 피해자 갑이 피고인 병이 던져 준 라이터로 자신의 몸에 불을 붙인 행위까지 나아간 것은 충동적으로 일어난 일로 보아야 한다. 피고인도 피해자가 실제 자살하거나 몸에 불을 붙이는 행동으로 나아갈 것을 예견하였다고 볼 수 없다.1)

④ ***표준판례** 살인예비죄에서 살인의 준비행위는 단순한 범행의사 또는 계획만으로는 부족하고, 객관적으로 보았을 때 살인죄의 실현에 **실질적으로 기여**할 수 있는 외적 행위가 있어야 한다. 갑이 을을 살해하기 위해 병, 정 등을 고용하면서 그들에게 **대가의 지급**을 약속하였다. 갑에게는 살인죄를 범할 목적 및 살인의 준비에 관한 고의뿐만 아니라 살인죄 실현을 위한 준비행위를 인정할 수 있으므로 살인예비죄가 성립한다.2)

Ⅱ. 상해와 폭행의 죄

1 [74] 1. 단순상해죄

① ***표준판례** 오랜 시간 동안의 협박과 폭행을 이기지 못하고 실신하여 범인들이 불러온 구급차 안에서야 정신을 차리게 되었다면, 외부적으로 어떤 상처가 발생하지 않았더라도 **생리적 기능**에 훼손을 입어 신체에 대한 상해가 있었다고 보아야 한다.3)

② 피해자의 음모의 모근毛根부분을 남기고 모간毛幹 부분만을 일부 잘라냄으로써 음모의 전체적인 **외관에 변형**만이 생겼다면, 피해자의 신체의 건강상태가 불량하게 되거나 생활기능에 장애가 초래되었다고 할 수는 없으므로 강제추행치상죄의 상해에 해당되지 않는다.4)

③ 성폭력처벌법 제9조 제1항의 상해는 피해자의 신체의 완전성을 훼손하거나 생리적 기능에 장애를 초래하는 것으로 반드시 외부적인 상처가 있어야 하는 것은 아니다. 여기의 생리적 기능에는 육체적 기능뿐만 아니라 **정신적 기능**도 포함된다.5)

④ **상해 해당** 난소 제거로 이미 임신불능 상태에 있는 피해자의 자궁을 적출한 경우도 업무상과실치상죄에 해당한다.6) *신체의 완전성 침해, 생활기능에 대한 장애, 건강상태의 불량한 변경 등 모두 해당.

⑤ 피고인이 강간하려고 피해자의 반항을 억압하는 과정에서 주먹으로 피해자의 얼굴과 머리를 몇 차례 때려 피해자가 **코피를 흘리고**(흘린 코피가 이불에 손바닥만큼의 넓이로 묻었음) 콧등이 부었다면, 비록 **병원에서 치료**를 받지 않더라도 일상생활에 지장이 없고 또 자연

---

1) 대판 2008. 9. 25. 2008도6556.
2) 대판 2009. 10. 29. 2009도7150. 제6, 7회.
3) 대판 1996. 12. 10. 96도2529.
4) 대판 2000. 3. 23. 99도3099.
5) 대판 1999. 1. 26. 98도3732.
6) 대판 1993. 7. 27. 92도2345.

적으로 치료될 수 있는 것이라 하더라도 강간치상죄의 상해에 해당한다.[1]

⑥ 피해자가 강제추행 과정에서 가해자로부터 왼쪽 젖가슴을 꽉 움켜잡힘으로써 왼쪽 젖가슴에 약 10일간의 치료를 요하는 좌상을 입고, 심한 압통과 약간의 종창이 있어 그 치료를 위해 병원에서 주사를 맞고 3**일간 투약**을 한 경우는 강제추행치상죄의 상해에 해당한다.[2]

⑦ *표준판례 골프경기를 하던 중 골프공을 쳐서 아무도 예상하지 못한 자신의 등 뒤편으로 보내어 등 뒤에 있던 경기보조원(캐디)에게 상해를 입힌 경우, 주의의무를 위반하고 사회적 상당성의 범위를 벗어난 행위로서 과실치상죄가 성립한다.[3]

⑧ 미성년자에 대한 추행행위로 인해 피해자의 외음부 부위에 염증이 발생한 것이라면, 그 증상이 **약간의 발적과 경도의 염증**이 수반된 정도에 불과하더라도, 그로 인해 피해자 신체의 건강상태가 불량하게 변경되고 생활기능에 장애가 초래된 것이 아니라고 볼 수 없다. 이러한 상해는 미성년자의제강제추행치상죄의 상해개념에 해당한다.[4]

⑨ *표준판례 병역법 제86조에서 병역의무를 기피하거나 감면받을 목적으로 행하는 유형 중의 하나인 '신체손상' 개념은 신체의 완전성을 해하거나 생리적 기능장애를 초래하는 형법상 '상해' 개념과 꼭 일치하는 것은 아니다. 병역의무의 기피 또는 감면사유에 해당되도록 신체의 변화를 인위적으로 조작하는 행위를 포함한다. 이러한 목적을 가진 사람이 문신을 함으로써 그 목적을 달성하고자 하였다면, 특별한 사정이 없는 한 병역법 제86조 위반죄가 성립한다.[5]

⑩ **상해 해당 없음** 피고인이 피해자와 연행문제로 시비하는 과정에서 굳이 따로 치료할 필요도 없는, 좌측팔 부분에 **동전크기의 멍이** 든 것은 신체의 완전성을 해하거나 건강상태를 불량하게 변경하였다고 보기 어려우므로 상해죄의 상해에 해당되지 않는다.[6]

⑪ 교통사고로 인해 피해자가 입은 요추부 통증이 굳이 치료할 필요가 없이 **자연적으로 치유**될 수 있는 것이라면 형법상의 '상해'에 해당한다고 볼 수 없다.[7]

⑫ 피해자를 강간하려다가 미수에 그치고 그 과정에서 피해자에게 경부 및 전흉부 피하출혈, 통증으로 약 7일 간의 가료를 요하는 상처가 발생하였다. 그 상처가 굳이 치료를 받지 않더라도 **일상생활**을 하는 데 아무런 지장이 없고, 시일이 경과함에 따라 자연적으로 치유될 수 있는 정도라면 강간치상죄의 상해에 해당하지 않는다.[8]

⑬ **상해 고의**(*표준판례) 상해죄의 성립에는 상해의 원인인 **폭행에 대한 인식**이 있으면 충분하고 상해를 가할 의사의 존재까지는 필요하지 않다. 피고인 甲이 팔꿈치 또는 손으로 경찰관들을 밀어 넘어뜨렸다면, 적어도 폭행에 대한 인식은 있었다고 봄이 상당하므로 피

1) 대판 1991. 10. 22. 91도1832.
2) 대판 2000. 2. 11. 99도4794.
3) 대판 2008. 10. 23. 2008도6940.
4) 대판 1996. 11. 22. 96도1395. 제4회.
5) 대판 2004. 3. 25. 2003도8247.
6) 대판 1996. 12. 23. 96도2673.
7) 대판 2000. 2. 25. 99도3910.
8) 대판 1994. 11. 4. 94도1311.

고인에게 폭력에 대한 고의는 인정된다.[1]

1 [75] 2. 상해치사 · 존속상해치사죄

① 결과적 가중범인 **상해치사죄의 공동정범**은 폭행 기타의 신체침해 행위를 공동으로 할 의사가 있으면 성립되고 **결과를 공동으로** 할 의사는 필요 없다. 여러 사람이 상해의 범의로 범행 중 한 사람이 중한 상해를 가하여 피해자가 사망에 이르게 된 경우, 나머지 사람들은 사망의결과를 예견할 수 없는 때가 아닌 한 상해치사의 죄책을 면할 수 없다.[2]

② ***표준판례** 피고인 등은 가벼운 상해 또는 폭행 등의 범의로 피고인 6의 소위로 살인결과를 발생케 하였다. 피고인 등은 상해 또는 폭행죄 등과 결과적 가중범 관계에 있는 상해치사 또는 폭행치사 등의 죄책은 면할 수 없다. 그러나 피고인 6의 살인 등 소위는 피고인 등이 전연 예기치 않은 바로서 상피고인의 살인 등 소위에 대해 피고인 등에게 그 책임을 물을 수는 없다.[3]

③ 친자관계는 호적상의 기재 여하에 좌우되는 것은 아니며, 호적상 친권자로 등재되어 있더라도 사실에 있어서 그렇지 않은 경우에는 **법률상 친자관계**가 생길 수 없다. 피고인은 호적부상 피해자와 모 사이에 태어난 친생자로 등재되어 있으나, 피해자가 집을 떠난 사이 모가 타인과 정교관계를 맺어 피고인을 출산하였다. 피고인과 피해자 사이에는 친자관계가 없으므로 존속상해죄는 성립될 수 없다.[4]

④ 비속의 직계존속에 대한 존경과 사랑은 봉건적 가족제도의 유산이라기보다는 우리 사회윤리의 본질적 구성부분을 이루고 있는 가치질서이다. '비속'이라는 지위에 의한 가중처벌의 이유와 그 정도의 타당성 등에 비추어 그 차별적 취급에는 합리적 근거가 있으므로, 형법 제259조 제2항(존속상해치사)은 헌법 제11조 제1항의 **평등원칙**에 반한다고 할 수 없다.[5]

⑤ ***표준판례** 1－2개월간 입원할 정도로 다리가 부러지는 상해 또는 3주간의 치료를 요하는 우측흉부자상은, 생명에 대한 위험이 발생하거나 불구 또는 불치나 난치의 질병에 이르게 되는 **중상해**로 보기 어렵다.[6]

⑥ 피고인의 자상행위刺傷行爲가 피해자를 사망하게 한 직접 원인은 아니더라도 이로부터 발생된 다른 **간접원인**이 결합하여 사망결과를 발생하게 하였다면, 그 행위와 사망간에는 인과관계가 인정된다. 피해자가 부상한 후 1개월이 지난 후에 패혈증 등으로 사망하였더라도 피고인의 자상행위로 인한 과다출혈과 상처의 감염 등에 연유한 것인 이상 자상행위와 사망 사이에 인과관계는 있다.[7]

---

1) 대판 2000. 7. 4. 99도4341.
2) 대판 2000. 5. 12. 2000도745.
3) 대판 1984. 10. 5. 84도1544.
4) 대판 1983. 6. 28. 83도996.
5) 헌재 2002. 3. 28. 2000헌바53.
6) 대판 2005. 12. 9. 2005도7527.
7) 대판 1982. 12. 28. 82도2525.

⑦ *표준판례 피고인은 자신의 구타행위로 상해를 입은 피해자가 정신을 잃고 빈사상태에 빠지자 **사망한 것으로** 오인하고, 자기행위를 은폐하고 피해자가 자살한 것처럼 가장하기 위해 피해자를 베란다 아래의 바닥으로 떨어뜨려 사망케 하였다. 피고인의 행위는 포괄하여 단일의 상해치사죄에 해당한다.[1] *대법원의 이른바 '개괄적 과실개념'.

⑧ *표준판례 상해행위를 피하려고 하다가 차량에 치어 사망한 경우, 상해행위와 피해자의 사망 사이에 상당인과관계가 있다고 하여 상해치사죄로 처단한 원심판결은 수긍할 수 있다.[2]

[76] 3. 상해의 동시범특례 1

① *표준판례 피고인은 이미 2시간 전쯤 첫 번째 가해자의 가해행위에 의해 부상을 당해 의자에 누워 있는 피해자를 밀어 땅바닥에 떨어지게 하여 사망에 이르게 하였다. 그러나 그 사망원인이 누구의 행위가 원인이 되었는지는 밝혀지지 않았다. **시간적 차이가** 있는 독립된 상해행위나 폭행행위가 경합하여 사망결과가 일어나고, 그 사망의 원인된 행위가 판명되지 않은 경우에는 공동정범의 예에 의하여 처벌할 것이다.[3]

② 원심 공동피고인은 술에 취해 있던 피해자의 어깨를 주먹으로 1회 때리고 쇠스랑 자루로 머리를 2회 강타하고 가슴을 1회 밀어 땅에 넘어뜨렸다. 그 후 3시간가량 지나서 피고인이 위 피해자의 멱살을 잡아 평상에 앉혀놓고 피해자의 얼굴을 2회 때리고 손으로 2, 3회 피해자의 가슴을 밀어 땅에 넘어뜨린 다음, 나일론 슬리퍼로 피해자의 얼굴을 수 회 때렸다. 위와 같은 두 사람의 **이시적인 상해행위로** 인하여 피해자가 그로부터 6일 후에 뇌출혈을 일으켜 사망하였다. 본건의 경우와 같은 이시의 상해의 독립행위가 경합하여 사망결과가 일어난 경우에도, 그 원인된 행위가 판명되지 않으면 공동정범의 예에 의해야 한다. 피고인의 행위를 형법 제263조의 동시범으로 의율처단한 원심의 조치는 정당하다.[4]

③ *표준판례 형법 제263조의 동시범은 상해와 폭행죄에 관한 특별규정으로서 동규정은 그 보호법익을 달리하는 **강간치상죄에는** 적용할 수 없다. 이와 같은 취지의 원심판결은 정당하고 이와 반대의 견해에 입각하여 원심판결을 비난하는 논지는 채용할 수 없다.[5]

[77] 4. 폭 행 죄 1

① **폭행 해당**(*표준판례) 자신의 차를 가로막는 피해자를 부딪친 것은 아니더라도, 피해자를 **부딪칠 듯이** 차를 조금씩 전진시키는 것을 반복하는 행위를 한 것은 피해자에 대한 위법한 유형력의 행사로서 폭행에 해당된다.[6]

---

1) 대판 1994. 11. 4. 94도2361.
2) 대판 1996. 5. 10. 96도529. 제9회.
3) 대판 2000. 7. 28. 2000도2466. 제9회.
4) 대판 1981. 3. 10. 80도3321.
5) 대판 1984. 4. 24. 84도372.
6) 대판 2016. 10. 27. 2016도9302.

② *표준판례 거리상 멀리 떨어져 있는 사람에게 **전화하면서** 고성을 내거나 그 전화 대화를 녹음 후 듣게 하는 경우에는, 특수한 방법으로 수화자의 청각기관을 자극하여 그 수화자로 하여금 고통스럽게 느끼게 할 정도의 음향을 이용하였다는 등의 특별한 사정이 없는 한, 신체에 대한 유형력의 행사로 폭행에 해당되지 않는다.1)

③ 비록 **안수기도의** 방법으로 행하여졌다고 하더라도 신체에 대해 유형력을 행사한다는 인식과 의사가 있으면 폭행에 대한 인식과 의사, 즉 고의가 있는 것이다. 이를 적법한 행위로 오인했더라도 그 오인에 정당성을 발견할 수 없다.2)

④ 속칭 '**생일빵**'을 한다는 명목하에 피해자를 가격하였다면 폭행죄가 성립하고, 가격행위의 동기, 방법, 횟수 등 제반 사정에 비추어 사회상규에 위배되지 아니하는 정당행위에 해당하지 않는다.3)

⑤ 피고인은 빚 독촉을 하다가 시비 중 멱살을 잡고 대드는 갑의 손을 뿌리치고 그를 뒤로 밀어 넘어트려 아래로 뒹굴게 하여 등에 업힌 그의 딸 을(생후 7개월)에게 두개골절 등 상해를 입혀 사망하게 하였다. **어린애를 업은 사람을** 밀어 넘어트리면 그 어린애도 따라서 필연적으로 넘어질 것이므로 어린애를 업은 사람을 넘어트린 행위는 그 어린애에 대해서도 역시 폭행이 된다.4)

⑥ **폭행 해당 없음** 피고인이 피해자에게 욕설이나 폭언을 한 것만으로는 폭행을 한 것이라고 할 수 없다. 피해자 집의 **대문을** 발로 찬 것이 곧 또는 당연히 피해자의 신체에 대해 유형력을 행사한 경우에 해당한다고 할 수도 없다.5)

⑦ 피고인은 갑이 자신을 만나주지 않는다고 시정된 탁구장문과 주방문을 부수고 주방으로 들어가, 방문을 열어주지 않으면 모두 죽여버린다고 폭언하면서 시정된 **방문을 수 회 발로** 찼다. 피고인의 행위가, 협박죄에 해당함은 별론으로 하고, 단순히 방문을 발로 몇 번 찼다고 하여 폭행죄에 해당한다고 할 수 없다.6)

⑧ 피고인과 피해자 사이에 차량 주차 문제로 다투던 중, 피고인이 피해자의 멱살을 잡는 등 다소의 유형력을 행사한 것은, 26세의 청년인 피해자가 자신의 딸의 뺨을 때리는 등 구타할 뿐 아니라, 62세인 자신까지 밀어 넘어뜨리는 상황에서 싸움을 말리기 위해 한 행위였다. 피고인의 행위는 **소극적인 방어행위로서** 사회통념상 허용될 수 있는 정도의 상당성이 있으므로 위법성이 조각된다.7)

⑨ **위험한 물건** 총, 칼 등과 같이 물건의 본래 **성질상** 사람을 살상할 특성을 갖춘 물건은 물론이고, 그 **용법에 따라서** 사람을 살상할 수 있는 물건도 형법상 위험한 물건에 해당

1) 대판 2003. 1. 10. 2000도5716. 제7회.
2) 대판 1994. 8. 23. 94도1484.
3) 대판 2010. 5. 27. 2010도2680.
4) 대판 1972. 11. 28. 72도2201. 제5회.
5) 대판 1991. 1. 29. 90도2153. 제7회.
6) 대판 1984. 2. 14. 83도3186, 83감도535.
7) 대판 1996. 2. 23. 95도1642.

한다. 그러한 물건의 위험성 여부는 구체적 사안에 따라서 사회통념에 비추어, 그 물건을 사용하면 **상대방이나 제3자가** 곧 위험성을 느낄 수 있으리라고 인정되는 물건인가 여부에 따라 판단함이 상당하다.[1]

⑩ 국회의원인 피고인은 한미자유무역협정 비준동의안의 국회 본회의 심리를 막기 위해 의장석 앞 발언대 뒤에서 CS최루분말 비산형 **최루탄** 1**개**를 터뜨리고 최루탄 몸체에 남아 있는 최루분말을 국회부의장 갑에게 뿌려 갑과 국회의원 등을 폭행하였다는 내용으로 기소되었다. 위 최루탄과 최루분말이 형법 제261조의 '위험한 물건'에 해당한다고 본 원심판단은 정당하다.[2]

⑪ 쇠파이프(길이 2미터, 직경 5센치미터)로 머리를 구타당하면서 이에 대항하여 그곳에 있던 **각목**(길이 1미터, 직경 5센치미터)으로 상대방의 허리를 구타한 경우에, 위 각목은 형법 제261조 소정의 위험한 물건이라고 할 수 없다.[3] *이 정도의 물건을 상대방이나 제3자가 위험성을 느낄 정도로 사용하면 용법상 위험한 물건. 그 물건이 **사용된 상황이** 중요. 아래 경우도 마찬가지.

⑫ 경륜장 사무실에서 술에 취해 소란을 피우면서 '**소화기**'를 집어던졌지만, 특정인을 겨냥하여 던진 것이 아닌 점 등을 종합하여, 위 '소화기'는 형법 제261조의 '위험한 물건'에 해당하지 않는다.[4]

⑬ 피해자가 거짓말을 하였다는 이유로 **당구큐대로** 피해자의 머리 부위를 3－4회 가볍게 톡톡 때리고 배 부위를 1회 밀어 폭행하였다. 그로 인해 피해자에게 어떤 상해가 발생하였다는 흔적도 없으며 피해자도 위 폭행에 별다른 저항을 하지 않았다. 이 정도는 사회통념상 피해자나 제3자가 생명 또는 신체에 위험성을 느낄 정도는 아니므로 위 당구큐대는 '위험한 물건'에 해당하지 않는다.[5] ***당구공도** 위험한 물건에 해당하지 않음.[6]

⑭ 위험한 물건의 "**휴대**"는 범죄현장에서 사용할 의도로 위험한 물건을 몸 또는 몸 가까이에 **소지**하는 것을 말하는 것이고, 자기가 기거하는 장소에 보관한 것만으로는 형법에서 말하는 위험한 물건의 휴대라고 할 수 없다.[7]

⑮ 피고인은 견인료납부를 요구하면서 피고인 운전의 승용차의 앞을 가로막고 있는 교통관리직원인 피해자의 다리 부분을 승용차 앞 범퍼 부분으로 들이받고 약 1m 정도 진행하여 동인을 땅바닥에 넘어뜨렸다. 이것은 위험한 물건인 **자동차를 이용하여** 피해자를 폭행한 것에 해당된다.[8] *사회통념상 **상대방이나 제3자가 위험성을 느낄 수 있는가** 하는 점이 위험

1) 대판 1981. 7. 28. 81도1046.
2) 대판 2014. 6. 12. 2014도1894.
3) 대판 1981. 7. 28. 81도1046.
4) 대판 2010. 4. 29. 2010도930.
5) 대판 2004. 5. 14. 2004도176.
6) 대판 2008. 1. 17. 2007도9624. 제2회.
7) 대판 1992. 5. 12. 92도381. 제2회.
8) 대판 1997. 5. 30. 97도597.

한 물건의 판단기준.

⑯ ***표준판례** 피고인이 갑과 운전 중 발생한 시비로 한차례 다툼이 벌어진 직후, 갑이 계속하여 피고인이 운전하던 자동차를 뒤따라온다고 보고 순간적으로 화가 나 갑에게 겁을 주기 위해 **자동차**를 정차한 후 4 내지 5m 후진하여 갑이 승차하고 있던 자동차와 충돌한 행위는, 형법 제261조가 정한 '**위험한 물건'을 휴대**하여 이루어진 범죄에 해당된다.[1]

⑰ 피고인이 이혼 분쟁 과정에서 자신의 아들을 승낙 없이 자동차에 태우고 떠나려고 하는 피해자들 일행을 상대로 급하게 추격 또는 제지하는 과정에서 **소형승용차(라노스)로** 중형승용차(쏘나타)를 충격하였다. 차량의 손괴 정도가 심하지 않은 점, 피해자들이 입은 상해의 정도가 비교적 경미한 점 등 모든 사정을 종합할 때 피고인의 소형승용차는 폭력행위처벌법상의 위험한 물건에 해당되지 않는다.[2] *자동차도 **차량의 크기에** 따라서 위험한 물건이 안 될 수도 있음.

⑱ 피해자가 먼저 식칼을 들고 나와 피고인을 찌르려다가 피고인이 이를 저지하기 위해 그 칼을 뺏은 다음, 피해자를 훈계하면서 위 칼의 칼자루 부분으로 피해자의 머리를 가볍게 쳤을 뿐이라면, 피해자가 위험성을 느꼈으리라고 할 수는 없다.[3]

⑲ 피고인이 상습으로 갑을 폭행하고 어머니 을을 존속 폭행하였다는 내용으로 기소되었다. 피고인에게 폭행 범행을 반복하여 저지르는 습벽이 있고, 이러한 습벽에 의하여 단순폭행, 존속폭행 범행을 저지른 사실이 인정된다면, 단순폭행, 존속폭행의 각 죄별로 상습성을 판단할 것이 아니라 포괄하여 그 중 법정형이 가장 중한 **상습존속폭행죄만** 성립한다.[4]

⑳ 형법 제264조에서 말하는 '**상습'이란** 이 규정에 열거된 상해 내지 폭행행위의 습벽을 말한다. 이 규정에 열거되지 아니한 다른 유형의 범죄까지 고려하여 상습성의 유무를 결정해서는 안 된다.[5]

㉑ 형법 제264조는 **상습특수상해죄**를 범한 때에 형법 제258조의2 제1항에서 정한 법정형의 단기와 장기를 모두 가중하여 1년 6개월 이상 15년 이하의 징역에 처한다는 의미로 새겨야 한다.[6]

㉒ 형법 제258조의2의 신설 경위와 내용, 그 목적, 형법 제262조의 연혁, 문언과 체계 등을 고려할 때, **특수폭행치상의 경우** 형법 제258조의2(*2016년 **특수상해죄 신설**)의 신설에도 불구하고 종전과 같이 형법 제257조 제1항의 예에 의하여 처벌하는 것으로 해석함이 타당하다.[7] *목적론적 해석의 결과. 제262조의 경우 법정형을 제258조의2의 예에 따라서 상향시켜야 할 이유 없음. 문언적으로는 가능하지만 목적론적으로 배제.

---

1) 대판 2010. 11. 11. 2010도10256.
2) 대판 2009. 3. 26. 2007도3520. 제2회.
3) 대판 1989. 12. 22. 89도1570. 제2회.
4) 대판 2018. 4. 24. 2017도10956.
5) 대판 2018. 4. 24. 2017도21663.
6) 대판 2017. 6. 29. 2016도18194.
7) 대판 2018. 7. 24. 2018도3443.

㉓ 폭력행위처벌법 제2조 제2항의 '2인 이상이 공동하여 상해 또는 폭행의 죄를 범한 때'라 함은 그 수인 사이에 소위 **공범관계가 존재하는 것**을 요건으로 하고, 또 수인이 동일 장소에서 동일 기회에 상호 다른 자의 범행을 인식하고 이를 이용하여 범행을 한 경우라야 한다.[1)]

Ⅲ. 과실치사상의 죄

[78] 1. 과실치사상죄 1

① 교사 甲은 학교방침에 따라 학생들에게 유리창을 포함한 교실청소를 시켰다. 甲은 학생들에게 유리창을 청소할 때 **교실 안쪽에서** 닦을 수 있는 유리창만을 닦도록 지시하였다. 그러나 학생 乙은 수업시간이 끝나자마자 베란다로 넘어갔다가 밑으로 떨어져 사망하였다. 甲은 과실치사의 책임을 지지 않는다.[2)]

② 임차목적물에 있는 하자가 임차목적물을 사용할 수 없는 정도의 파손상태라거나 아니면 반드시 임대인에게 수선의무가 있는 대규모의 것이 아닌 한 이는 **임차인의 통상의 수선 및 관리의무에** 속한다. 임대인의 수선의무를 인정하려면, 연탄가스가 방으로 스며든 문틈이 어느 정도의 틈이며 또 그 하자는 그 방을 사용할 수 없는 정도의 것이거나, 이를 보수하려면 상당히 대규모의 공사를 해야 하는 경우 등이다. 이를 따져보지 않고 통상의 간단한 수선 정도로 가능한 것인지를 명백히 하지 않은 채 임대인에게 수선의무가 있다고 인정함은 심리미진의 위법이 있다.[3)]

③ 교사가 징계 목적으로 회초리로 학생들의 손바닥을 때리기 위해 **회초리를 들어 올리는 순간** 이를 구경하기 위해 옆으로 고개를 돌려 일어나는 다른 학생의 눈을 찔러 실명하게 한 경우, 직접 징계당하는 학생의 옆에 있는 다른 학생이 이를 구경하기 위해 뒤에서 다가선다든가 옆자리에서 일어나는 것까지 예견할 수는 없으며, 교사가 교육의 목적으로 학생을 징계하기 위해 매질하는 경우에 반드시 한 사람씩 불러내어서 해야 할 주의의무가 있다고도 할 수 없으므로 위 교사의 행위는 업무상과실치상죄에 해당하지 않는다.[4)]

④ 운전병이 운전하던 짚차의 **선임 탑승자는** 운전병의 안전운행을 감독해야 할 책임이 있는데, 오히려 운전병을 데리고 주점에 들어가서 같이 음주한 다음 운전케 한 결과, 운전병이 음주로 인해 취한 탓으로 사고가 발생한 경우에는 선임 탑승자에게도 과실범의 공동정범이 성립한다.[5)]

1) 대판 2013. 11. 28. 2013도4430. 제5, 6회.
2) 대판 1989. 3. 28. 89도108.
3) 대판 1984. 1. 24. 81도615.
4) 대판 1985. 7. 9. 84도822.
5) 대판 1979. 8. 21. 79도1249.

⑤ 갑은 운전자 을의 부탁으로 을이 운전하는 차량의 조수석에 동승한 후, 운전자의 차량운전행위를 살펴보고 잘못된 점이 있으면 이를 지적하여 교정해 주려고 하였다. 갑은 전문적인 운전교습자가 피교습자에 대해 차량운행에 관해 모든 지시를 하는 경우와 같은 **주도적 지위에서** 동 차량을 운행할 의도는 없었다. 이러한 상황에서 갑에게 위와 같은 운행 중에 야기된 사고에 대해 과실범의 공동정범의 책임을 물을 수 없다.[1]

[79] 2. 업무상과실치사상죄

1 ### (1) 업무성을 인정한 주요판례

㉠ 완구상 점원의 자전거 배달,[2] ㉡ 무면허 자동차운전[3] 내지 무면허 오토바이운전자의 과실치상,[4] ㉢ 등기부상 대표이사를 사임한 자가 계속하여 사실상 그 업무를 계속한 경우에는 업무상횡령죄의 주체가 될 수 있음.[5] 즉 업무는 직업 혹은 직무라는 넓은 의미로 이해되고 법령, 계약에 의한 것뿐만 아니라 관례에 의한 사실상의 수행을 전부 포함. ㉣ 행정서사가 자기의 업무권한에 속하지 않는 등기업무를 계속 · 반복하여 수행한 경우에는 사법서사법(현 법무사법)이 규정하는 사법서사업무행위에 해당됨.[6] ㉤ 영화법 제4조 제1항의 "등록을 필요로 하는 영화제작을 업으로 하는 자"는 반드시 영리를 목적으로 하는 자일 필요 없음.[7] ㉥ 골재채취허가를 받지 않은 업자들이 채취작업으로 생긴 웅덩이를 메우지 않은 상태에서 피해자가 그 웅덩이에 빠져 익사한 경우에 업자들에게는 업무상과실치사죄가 성립함.[8]

2 ### (2) 도로교통의 주의의무

① **과실 인정** 앞차를 뒤따라 진행하는 차량의 운전자는 앞차에 의해 전방 시야가 가리는 관계상, 앞차의 어떤 돌발적 운전 또는 사고에 의해 자기 차량에 연쇄적 사고가 일어나지 않도록 **앞차와 충분한 안전거리를** 유지하고 진로 전방좌우를 잘 살펴 진로의 안전을 확인하면서 진행할 주의의무가 있다.[9]

② 편도 1차선 도로 중 일부가 중앙선이 지워져 있는 지점에서 야간에 운행할 때에는 상대방 차량이 **도로중앙부위를** 넘어서 운행할 가능성이 있으므로 이에 대비하여 사고발생 방지에 필요한 조치를 취할 주의의무가 있다.[10]

③ 피고인이 운행하던 자동차로 도로를 횡단하던 피해자를 충격하여 **반대차선을** 운행

1) 대판 1984. 3. 13. 82도3136.
2) 대판 1972. 5. 9. 70도701.
3) 대판 1970. 8. 18. 70도820.
4) 대판 1986. 2. 11. 85도2544.
5) 대판 1982. 1. 12. 80도1970.
6) 대판 1984. 12. 26. 84도1082.
7) 대판 1996. 12. 10. 94도2235.
8) 대판 1985. 6. 11. 84도2527.
9) 대판 2001. 12. 11. 2001도5005.
10) 대판 1994. 12. 2. 94도814.

하던 자동차에 역과되어 사망하게 하였다면, 피고인은 그와 같은 사고를 충분히 예견할 수 있었다. 피고인의 과실과 피해자의 사망사이에는 인과관계가 있어 업무상과실치사죄가 성립한다.1)

④ 운전자가 음주운전 단속 중인 경찰관의 정지신호를 무시하고 상당한 속도로 계속 진행함으로써, 정차시키기 위해 차체를 **손으로** 두드리는 경찰관으로 하여금 상해를 입게 한 운전자에게는 주의의무를 다하지 못한 업무상 과실이 인정된다.2)

⑤ 골프 카트 운전자는 출발 전에 승객이 안전 손잡이를 잡은 것을 확인하고, 우회전이나 좌회전을 하는 경우에도 **골프 카트의** 좌우가 개방되어 있어 승객이 떨어져 다칠 우려가 있으므로 충분히 서행해야 할 업무상 주의의무가 있다.3)

⑥ 택시 운전자인 피고인이 심야에 밀집된 주택 사이의 **좁은 골목길이자** 직각으로 구부러져 가파른 비탈길의 내리막에 누워 있던 피해자의 몸통 부위를 자동차 바퀴로 역과하여 사망에 이르게 한 경우 업무상과실치사죄가 성립한다.4)

⑦ 고속도로의 노면이 결빙된 데다가 짙은 안개로 시계가 20m 정도 이내였다면 차량운전자는 제한시속에 관계없이 장애물 발견 즉시 제동 정지할 수 있을 정도로 속도를 줄이는 등 조치를 취해야 한다. **단순히 제한속도를 준수하였다는** 사실만으로는 주의의무를 다하였다 할 수 없다.5)

⑧ **과실 부정** 갑이 택시를 운전하여 시속 40킬로미터 속도로 편도 3차선 도로의 1차선을 따라 운행하던 중, 차도를 무단횡단하기 위해 중앙선에 서 있던 피해자가 **뒷걸음질을** 치다가 반대방향에서 달려오는 을 운전의 차량에 충격되어 자기 운행차선으로 튕겨져 나오는 것까지 예상하면서 이에 대비해야 할 주의의무는 없다.6)

⑨ 내리막길에서 버스의 **브레이크가** 작동되지 아니하여 대형사고를 피하기 위해 인도 턱에 버스를 부딪쳐 정차시키려고 하였으나 버스가 인도 턱을 넘어 돌진하여 보행자를 사망에 이르게 한 경우 피고인에게는 과실이 없다.7)

⑩ 편도 5차선 도로의 1차로를 신호에 따라 진행하던 자동차 운전자에게 도로의 오른쪽에 연결된 소방도로에서 오토바이가 나와 맞은편 쪽으로 가기 위해서 편도 5차선 도로를 **대각선 방향으로** 가로질러 진행하는 경우까지 예상하여 진행할 주의의무는 없다.8)

(3) 의사 · 간호사의 주의의무 3

① **의료과실 인정** 의사는 **마취제를** 정맥 주사할 때 스스로 주사를 놓든가, 부득이 간

1) 대판 1988. 11. 8. 88도928.
2) 대판 1994. 10. 14. 94도2165.
3) 대판 2010. 7. 22. 2010도1911.
4) 대판 2011. 5. 26. 2010도17506.
5) 대판 1990. 12. 26. 89도2589.
6) 대판 1987. 9. 22. 87도516.
7) 대판 1996. 7. 9. 96도1198.
8) 대판 2007. 4. 26. 2006도9216.

호사나 간호조무사에게 시키는 경우에도 주사할 위치와 방법 등 적절하고 상세한 지시를 내려야 한다. 동시에 그 장소에 입회하여 주사시행과정에 환자의 징후 등을 계속 주시하여 주사가 잘못 없이 끝나도록 조치해야 할 주의의무가 있다.1)

② 간호사에게 수혈을 맡긴 의사는 간호사가 다른 환자에게 수혈할 **혈액을 잘못 수혈하여** 환자가 사망하지 않도록 주의해야 할 의무가 있다.2)

③ **마취회복업무를** 담당하는 의사는 마취환자가 수술 도중 특별한 이상이 있었던 경우에는 보통 환자보다 더욱 감시를 철저히 해야 한다. 또한 피해자의 의식이 완전히 회복될 때까지 주위에서 관찰하거나, 적어도 환자를 떠날 때에는 피해자를 담당하는 간호사를 특정하여 그로 하여금 환자 상태를 계속 주시하도록 할 의무가 있다.3)

④ **산후조리원에서** 신생아의 집단관리업무를 책임지는 사람은 **신생아의 건강관리**나 이상증상에 관하여 일반인보다 높은 수준의 지식을 갖추어 신생아를 위생적으로 관리하고 건강상태를 면밀히 살펴, 이상증세가 보이면 의사나 한의사 등 전문가에게 진료를 받도록 하는 등 적절한 조치를 취해야 할 업무상 주의의무가 있다.4)

⑤ 산부인과 의사가 **제왕절개 수술을** 할 때 산모에게 **수혈이 필요할** 수도 있다는 특별한 사정을 예상하여 미리 혈액을 준비해야 할 업무상 주의의무가 있다.5)

⑥ 의사들의 주의의무 위반으로 수술회복과정에 있는 환자에게 **인공호흡 준비를 갖추지 않은** 상태에서는 사용할 수 없는 약제가 잘못 처방되었다. 종합병원 **간호사로서 주의사항** 등을 미리 확인 · 숙지하였다면 과실로 처방된 것임을 알 수 있었다. 그럼에도 그대로 주사하여 환자가 의식불명 상태에 이르게 되었다면, 간호사에게 업무상 과실치상의 형사책임이 인정된다.6)

⑦ 환자의 주치의 겸 정형외과 전공의가 같은 과 **수련의의 처방에 대한 감독의무**를 소홀히 한 나머지, 환자가 수련의의 잘못된 처방으로 인해 상해를 입은 경우 전공의는 업무상 과실치상죄의 죄책을 진다.7)

⑧ 피고인은 제왕절개수술 후 대량출혈이 있었던 피해자를 전원 조치하였으나, **전원 받은 병원 의료진의 조치가** 다소 미흡하여 도착 후 약 1시간 20분이 지나 수혈이 시작되었다. 이 경우 피고인의 **전원지체 등의 과실로** 신속한 수혈 등의 조치가 지연된 이상 피해자의 사망과 피고인의 과실 사이에 인과관계가 인정된다.8)

⑨ 의료사고에서 의사의 과실유무를 판단할 때에는 같은 업무와 직종에 종사하는 일반

---

1) 대판 1990. 5. 22. 90도579.
2) 대판 1998. 2. 27. 97도2812.
3) 대판 1994. 4. 26. 92도3283.
4) 대판 2007. 11. 16. 2005도1796.
5) 대판 2000. 1. 14. 99도3621.
6) 대판 2009. 12. 24. 2005도8980.
7) 대판 2007. 2. 22. 2005도9229.
8) 대판 2010. 4. 29. 2009도7070.

적 **보통인의 주의 정도**를 표준으로 하고, 사고 당시의 일반적인 의학 수준과 의료환경 및 조건, 의료행위의 특수성 등을 고려하여야 한다. 이러한 법리는 한의사의 경우에도 마찬가지라고 할 것이다.1)

⑩ **의료과실 부정** 의사 갑은 요추 척추후궁절제 수술도중에 **수술용 메스가 부러지자** 부러진 메스조각(3×5㎜)을 찾아 제거하기 위한 최선의 노력을 다하였으나 찾지 못하여 부러진 메스조각을 그대로 둔 채 수술부위를 봉합하였다. 같은 수술과정에서 메스 끝이 부러지는 일이 흔히 있다고 한다. 부러진 메스가 쉽게 발견되지 않을 경우 수술과정에서 **무리하게 제거하려고** 하면 부가적인 손상을 줄 우려가 있어 일단 봉합한 후에 재수술을 통해 제거하거나 그대로 두는 경우가 있는 점에 비추어 담당의사 갑의 과실을 인정할 수 없다.2)

⑪ 의사는 진료를 하면서 환자의 상황과 당시의 의료수준 그리고 자기의 지식경험에 따라 적절하다고 판단되는 진료방법을 선택할 **상당한 범위의 재량을** 가진다. 그 방법이 합리적 범위를 벗어난 것이 아닌 한 진료결과를 놓고 그 중 어느 하나만이 정당하고 이와 다른 조치를 취한 것은 과실이 있다고 말할 수 없다.3)

⑫ 한의사인 피고인은 피해자에게 문진하여 과거 봉침을 맞고도 별다른 이상반응이 없었다는 답변을 듣고 부작용에 대한 충분한 사전 설명 없이 환부에 **봉침시술을** 하였다. 그러나 피해자가 위 시술 직후 상해를 입었다. 피고인에게 약 12일 전 봉침시술에서도 **이상반응이 없었던** 피해자를 상대로 다시 알레르기 반응검사를 실시할 의무가 있다고 보기는 어렵다. 제반 사정에 비추어 알레르기 반응검사를 하지 않은 과실과 피해자의 상해 사이에 상당인과 관계를 인정하기 어렵다.4)

⑬ 병원 인턴인 피고인 갑은, 응급실로 이송되어 온 익수溺水환자 A를 담당의사의 지시에 따라 구급차에 태워 다른 병원으로 이송하던 중이었다. 갑은 A에 대한 앰부배깅(ambu bagging)5)과 진정제 투여만을 지시받고 산소통의 **산소잔량을 체크하지 않은** 과실로 산소 공급이 중단되었다. 그 결과 A를 폐부종 등으로 사망에 이르게 하였다. 피고인 갑에게 업무상 과실치사죄를 인정한 원심판단은 심리미진의 위법이 있다.6) *지시받은 내용 이외에 산소통의 산조잔량을 확인해야 할 주의의무는 없음.

⑭ 수혈을 거부하는 환자의 자기결정권과 생명을 비교형량하기 어려운 특별한 사정이 있다고 인정되는 경우에, 의사가 자신의 **직업적 양심에 따라** 환자의 양립할 수 없는 두 개의 가치 중 어느 하나를 존중하는 방향으로 행위하였다면, 이러한 행위는 처벌할 수 없다.7) ***여호와의 증인** 신도인 환자가 무수혈수술방식을 약속받고 수술을 하던 중 타가수혈이 필요한

1) 대판 2014. 7. 24. 2013도16101. 제6회.
2) 대판 1999. 12. 10. 99도3711.
3) 대판 2008. 8. 11. 2008도3090.
4) 대판 2011. 4. 14. 2010도10104.
5) 기도관리로서 고무주머니로 산소를 공급하는 것을 의미함.
6) 대판 2011. 9. 8. 2009도13959.
7) 대판 2014. 6. 26. 2009도14407.

응급상태가 발생하여 환자가 사망한 경우 업무상과실치사죄 성립 여부. 검사는 의사가 망인인 환자를 무수혈방식으로 수술할 수 있다고 판단한 것에 과실이 있다고 주장하였음.

4 (4) 관리자의 주의의무

① **과실 부정** 현장소장이 **현장의 공사감독을** 전담하였고 사장은 그와 같은 감독을 하게 되어 있지 않았다면, 사장에게 각개의 개별작업에 대해 일일이 세부적인 안전대책을 강구해야 할 구체적이고 직접적인 주의의무가 있다고 보기는 어렵다.[1]

② **포크레인 운전자는** 자신이 살필 수 없는 몸체 뒷부분에 사람이 접근할 것까지 예견하여 별도로 사람을 배치하여 그 접근을 막을 주의의무는 없다.[2]

③ 공사를 하면서 파놓은 구덩이에 접근 못 하도록 입구 중앙의 상단에 **추락주의라는** 표지판을 부착해 놓았을 뿐 아니라, 사람의 출입을 막기 위하여 각목과 쇠파이프로 입구를 막아 놓았다면, 그 이상의 주의의무는 요구할 수 없다.[3]

④ 초등학교 6학년생이 수영장 안에 엎어져 있는 것을 수영장 안전요원이 발견하여 인공호흡을 실시한 뒤 의료기관에 후송하였으나 후송 도중 사망하였다. 그 **사망원인이 구체적으로** 밝혀지지 않은 상태에서 수영장 안전요원과 수영장 관리책임자에게 업무상 주의의무를 게을리 한 과실을 인정할 수는 없다.[4]

⑤ 주택수리공사의 도급인이 공사에 관한 관리 감독 업무를 **주택수리업자에게 일임한** 경우, 도급인이 공사의 개별작업에 관하여 구체적으로 지시하고 감독할 지위에 있다고 볼 수 없으므로 도급인에게 공사에 필요한 안전조치를 취할 업무상 주의의무는 없다.[5]

⑥ 안전배려 내지 **안전관리 사무에** 계속적으로 종사하는 지위를 갖지 않은 채, 4층 건물의 소유자로서 위 건물 2층을 임대하였다는 사정만으로 업무상과실치상죄에 있어서의 '업무'에 관한 증명이 있다고 볼 수는 없다.[6]

⑦ 술을 마시고 찜질방에 들어온 갑이 찜질방 **직원 몰래** 후문으로 나가 술을 더 마시고 들어와 잠을 자다가 사망하였다. 찜질방 직원 및 영업주가 공중위생영업자의 업무상 주의의무를 위반하였다고 보기는 어렵다.[7]

⑧ 호텔 업무에 전혀 관여하지 않은 **소위 회장에게는** 회사 직원들에 대한 일반적, 추상적 지휘감독의 책임은 있을지언정 동 호텔 종업원의 부주의와 호텔구조상의 결함으로 발생, 확대된 화재에 대한 구체적이고도 직접적인 주의의무는 없다.[8]

⑨ ***표준판례** 3층 건물의 소유자로서 건물 각 층을 임대한 피고인은, 건물 2층으로

1) 대판 1989. 11. 24. 89도1618.
2) 대판 1985. 11. 12. 85도1831.
3) 대판 1986. 12. 9. 86도1933.
4) 대판 2002. 4. 9. 2001도6601.
5) 대판 2002. 4. 12. 2000도3295.
6) 대판 2009. 5. 28. 2009도1040. 제6회.
7) 대판 2010. 2. 11. 2009도9807. 제6회.
8) 대판 1986. 7. 22. 85도108.

올라가는 계단참의 전면 벽이 아크릴 소재의 창문 형태로 되어 있고 별도의 고정장치가 없는데도, 안전바를 설치하는 등 낙하사고 방지를 위한 관리의무를 소홀히 하였다. 그리하여 피고인은 건물 2층에서 나오던 갑이 신발을 신으려고 아크릴 벽면에 기대는 과정에서 벽면이 떨어지고 개방된 결과, 약 4m 아래 1층으로 추락하여 상해를 입어 업무상 과실치상으로 기소되었다. 피고인이 건물에 대한 수선 등의 관리를 비정기적으로 하였으나, 그 이상의 **안전배려나 안전관리 사무에** 계속적으로 종사하였다고 인정하기 어렵다고 보아, 업무상 과실치상의 공소사실은 무죄, 축소사실인 과실치상 부분을 유죄로 인정한 원심판결은 정당하다.1)

⑩ **과실 인정** 건물(**삼풍백화점**) 붕괴의 원인이 건축계획의 수립, 건축설계, 건축공사공정, 건물 완공 후의 유지관리 등의 과실이 복합적으로 작용하였으므로 각 단계별 관련자들은 업무상과실치사상죄의 공동정범에 해당한다.2)

⑪ *표준판례 **성수대교와** 같은 교량이 그 수명을 유지하기 위해서는 건설업자의 완벽한 시공, 감독공무원들의 철저한 유지 · 관리라는 조건이 합치되어야 하므로, 위 **각 단계의 과실이 합쳐지면** 교량이 붕괴될 수 있다는 점은 쉽게 예상할 수 있다. 따라서 위 각 단계에 관여한 자의 과실이 교량붕괴의 원인이 되지 않았다는 특별한 사정이 있는 경우가 아니라면, 교량붕괴에 대한 공동책임을 면할 수 없다.3)

⑫ 공사감독관이 건축공사가 불법 하도급 되어 **무자격자에** 의해 시공되고 있는 점을 알고도 묵인하거나, 이를 쉽게 적발할 수 있었음에도 공사를 계속하게 하여 붕괴사고가 발생하였다. 공사감독관의 그와 같은 직무상 의무위반과 붕괴사고 등의 재해로 인한 치사상의 결과 사이에 상당인과관계가 있다.4)

⑬ 전기배선이 **벽 내부에 매립 설치**되어 건물 구조의 일부를 이루고 있다면, 그에 관한 관리책임은 일반적으로 소유자에게 있다고 보아야 한다. 다만 그 전기배선을 임차인이 직접 하였으며, 그 이상異常을 미리 알았거나 알 수 있었다는 등의 특별한 사정이 있는 때에는, 임차인에게도 그 부분의 하자로 인한 화재를 예방할 주의의무가 인정될 수 있다.5)

⑭ **도급계약의 경우** 원칙적으로 도급인에게는 수급인의 업무와 관련하여 사고방지에 필요한 안전조치를 취할 주의의무가 없다. 그러나 법령에 의하여 도급인에게 수급인의 업무에 관하여 **구체적인 관리 · 감독의무 등이** 부여되어 있거나, 도급인이 공사의 시공이나 개별 작업에 관하여 구체적으로 지시 · 감독하였다는 등의 특별한 사정이 있는 경우에는, 도급인에게도 수급인의 업무와 관련하여 사고방지에 필요한 안전조치를 취할 주의의무가 있다.6)

⑮ **가습기살균제의 개발 · 제조 · 판매에** 관여한 피고인 15명은 공동의 주의의무와 인식 아래 업무상 과실로 결함 있는 가습기살균제를 각각 제조 · 판매하였고, 그 결함으로 그 중

---

1) 대판 2017. 12. 5. 2016도16738.
2) 대판 1996. 8. 23. 96도1231.
3) 대판 1997. 11. 28. 97도1740.
4) 대판 1995. 9. 15. 95도906.
5) 대판 2009. 5. 28. 2009도1040. 제7회.
6) 대판 2016. 3. 24. 2015도8621. 제6, 7회.

두 종류 이상의 가습기살균제를 사용한 피해자들에게 사망 또는 상해결과가 발생하였다. 위 피고인들과 공소 외 8명 중 특정 피해자가 중복 사용한 가습기살균제들의 제조 · 판매에 관해 업무상 과실이 있는 사람들 간에는 업무상과실치사상죄의 공동정범이 성립한다.[1] *밀폐된 공간에서 사용할 경우 건강에 위험할 수 있으므로 살균제 농도가 올라가지 않도록 정확한 사용법과 위험성을 경고하지 않은 과실 인정.

5 ### (5) 신뢰의 원칙

1) 인정유형

① **고속도로에서** 무단 횡단자를 예상하여 감속 등의 조치를 취해야 할 주의의무는 없다.[2]

② **자동차전용도로**(**강변도로**)에서 사람이 들어 올 것을 예견해야 할 주의의무는 없다.[3]

③ 횡단이 금지된 **육교 밑에서** 보행자가 뛰어들 것을 예상하여 주의할 의무는 없다.[4]

④ **자전거출입이 금지된** 서울시 잠수교에서 운전자는 자전거를 탄 사람이 갑자기 나타날 것을 예상할 수 없다.[5]

⑤ 신호등의 표시(녹색신호)에 따라서 직진한 차량의 운전자는 다른 차량이 신호를 위반하여 좌회전할 경우까지 예상하여 주의할 의무는 없다.[6]

⑥ **고속도로에서** 상대방차량이 중앙선을 침범하여 진입할 것까지 예견하고 감속 등의 조치를 취해야 할 주의의무는 없다.[7]

⑦ 교통정리가 행하여지고 있지 않은 교차로의 넓은 도로를 운행하여 **통행의 우선순위를** 가진 차량의 운전수는, 이와 교차하는 좁은 도로의 차량이 교통법규에 따라 적절한 행동을 취하리라는 것을 신뢰할 수 있다.[8]

⑧ **무면허운전자가** 제한속도를 초과한 경우에도 직진 및 좌회전신호에 의하여 좌회전하는 2대의 차량 뒤를 따라 직진하는 차량의 운전자는, 횡단보도의 신호가 적색인 상태에서 반대 차선상에 정지하여 있는 차량의 뒤로 보행자가 횡단보도를 건너오지 않을 것이라고 신뢰하는 것은 당연하다.[9]

2) 불인정 유형

① 국도에서 **같은 방향으로** 진행하는 자전거를 추월하고자 하는 운전자는, 자전거와 간격을 넓힌 것만으로는 부족하고 경적을 울려 자전거를 탄 피해자의 주의를 환기시키거나 속

---

1) 대판 2018. 1. 25. 2017도12537. 제8회.
2) 대판 1977. 6. 28. 77도403.
3) 대판 1977. 9. 28. 77도2559.
4) 대판 1985. 9. 10. 84도1572.
5) 대판 1980. 8. 12. 80도1446.
6) 대판 1985. 1. 22. 84도1493.
7) 대판 1982. 4. 13. 81도2720.
8) 대판 1977. 3. 8. 77도409.
9) 대판 1987. 9. 8. 87도1332.

도를 줄이고 그의 동태를 주시하면서 추월하여야 할 주의의무가 있다.[1]

② 위험한 **곡로曲路에서** 도로중앙선을 제한속도를 초과한 과속으로 운전하다가 반대방향에서 우측으로 진행하여 오던 택시와 충돌한 것은 오로지 피고인의 과실로 인해 발생한 것이다.[2]

③ 고속도로를 무단 횡단하는 피해자를 그 차의 **제동거리 밖에서** 발견하였다면, 피해자가 반대차선의 교행차량 때문에 도로를 완전히 횡단하지 못하고 그 진행 차선 쪽에서 멈추거나 다시 되돌아 나가는 경우를 예견해야 한다.[3]

④ 횡단보도 보행자신호가 **녹색신호에서 적색신호로 바뀌는 중에는** 횡단보도를 건너가는 보행자가 흔히 있고, 횡단도중에 적색신호로 바뀐 경우에도 나머지 횡단보도를 그대로 횡단하는 보행자가 있는 것은 예견할 수 있는 상황이다.[4] *그러나 이러한 사건은 이른바 도로교통법(제27조 제1항)상 '12개항'의 적용을 받는 '횡단보도사고'에 해당되지는 않음(판례의 입장).[5] 신뢰원칙이 적용되지 않음으로써 업무상 과실이 성립하더라도 교통사고처리 특례법의 적용을 받을 수 있음.

⑤ 버스운전자가 40미터 전방 우측노변에 **어린아이가 같은 방향으로** 걸어가고 있음을 목격한 경우에, 자동차운전자는 그 아이가 진행하는 버스 앞으로 느닷없이 튀어나올 수 있음을 예견하고 이에 대비할 주의의무가 있다.[6]

⑥ 교차로 진입 전 정지선과 횡단보도가 설치되어 있지 않았더라도 피고인이 **황색 등화를** 보고서도 교차로 직전에 정지하지 않았다면 신호를 위반한 것이다.[7]

[80] 3. 중과실치사상죄 1

① 피고인이 84세 여자 노인과 11세의 여자아이를 상대로 **안수기도**를 하면서 그들의 배와 가슴 부분을 세게 때리고 누르는 등의 행위를, 여자 노인에게는 약 20분간 여자아이에게는 약 30분간 반복하였다. 피해자나 행위의 특성을 고려할 때 치명적 결과가 올 수 있다는 것은 약간의 주의만 하더라도 쉽게 예견할 수 있다. 그러한 결과에 대해 주의를 다하지 않아 사람을 죽음에 이르게 한 행위는 중대한 과실로서 중과실치사죄에 해당한다.[8]

② ***표준판례*** 경찰관인 피고인들은 동료 경찰관인 갑 및 피해자 을과 함께 술을 많이 마셔 취하여 있던 중 갑자기 위 갑이 총을 꺼내 을과 같이 총을 번갈아 자기의 머리에 대고 쏘는 소위 **"러시안 룰렛"** 게임을 하다가 을이 자신이 쏜 총에 맞아 사망하였다. 피고인들은

---

1) 대판 1984. 4. 10. 84도79.
2) 대판 1973. 6. 12. 73다280.
3) 대판 1981. 3. 24. 80도3305.
4) 대판 1986. 5. 27. 86도549.
5) 대판 2001. 10. 9. 2001도2939.
6) 대판 1970. 8. 18. 70도1336.
7) 대판 2018. 12. 27. 2018도14262.
8) 대판 1997. 4. 22. 97도538.

위 갑과 을이 "러시안 룰렛"게임을 함에 있어 갑과 어떠한 의사의 연락이 있었다거나 어떠한 원인행위를 공동으로 한 바가 없다. 다만 위 게임을 제지하지 못하였을 뿐인데 보통사람의 상식으로서는 함께 수차에 걸쳐서 흥겹게 술을 마시고 놀았던 일행이 갑자기 자살행위와 다름없는 위 게임을 하리라고는 쉽게 예상할 수 없다(신뢰의 원칙). 경찰관이라는 신분상의 조건을 고려하더라도 위와 같은 상황에서 피고인들이 이 사건 "러시안 룰렛" 게임을 즉시 물리력으로 제지하지 못하였다 한들, 그것만으로는 위 갑의 과실과 더불어 **중과실치사죄의** 형사상 책임을 지울 만한 위법한 주의의무위반이 있었다고 평가할 수 없다.1)

[81] 4. 특별형법: 교통사고처리특례법

1 (1) 도주에 해당되는 사례

① 사고 후 피해자와 경찰서에 신고하러 갔으나 **음주운전이** 발각될 것이 두려워 피해자가 경찰서에 들어간 후 그냥 돌아간 경우,2)

② 사고운전자가 약 40미터를 그대로 지나쳐 정차한 후 피해자에 대한 구호조치를 취하지 않고 방관하다가 경찰관에게도 가해자가 아닌 것처럼 거짓말을 하고 현장을 떠난 후 자기가 **피해자인 양** 피해신고를 하러 경찰서에 간 경우,3)

③ 급작스러운 진로변경으로 앞서 가던 차를 충격하고 그 충격행위로 피해차량이 중앙선을 침범하여 마주 오던 승용차와 충돌한 사고가 발생된 **사실을 알면서** 그대로 진행하여 간 경우,4)

④ 피해자가 차에 충격되어 땅바닥에 넘어졌다가 **일어나서 걸어가는** 것을 보고 그대로 차를 운행하여 간 경우,5)

⑤ 교통사고로 인하여 피해자가 **이미 사망한** 상태에서 사고차량의 운전자가 사고현장을 이탈하여 사고야기자로서 확정될 수 없는 상태를 초래한 경우,6)

⑥ 피해자의 상해 여부를 확인하지도 않은 채 **자동차등록원부만을** 교부하고 임의로 사고현장을 이탈한 경우(*그러나 **운전면허증이나 주민등록증은** 연락 가능한 것으로 본다),7)

⑦ 피고인이 사고 후 피해차량 부근에도 가지 않은 채 집으로 돌아오고, **그의 처는** 현장에 남아 있다가 피해자의 친구에게 병원으로 데려가라고 말한 후 집으로 돌아온 경우,8)

⑧ 피해자가 병원에 후송되고 현장에서 견인작업이 끝났더라도 사고운전자가 피해자 등에게 인적사항이나 연락처를 **스스로 말하지** 않은 경우,9)

---

1) 대판 1992. 3. 10. 91도3172.
2) 대판 1996. 4. 9. 96도252.
3) 대판 1991. 10. 22. 91도2134.
4) 대판 1983. 8. 23. 83도1328.
5) 대판 1987. 8. 25. 87도1118.
6) 대판 1995. 10. 12. 95도1605.
7) 대판 1996. 8. 20. 96도1415.
8) 대판 1995. 11. 24. 95도1680.
9) 대판 1994. 10. 21. 94도2204.

⑨ 사고현장 부근에 정차하였으나 경찰관의 조사에 대해 사고사실을 부인하고 피해자에 대한 구호조치를 취하지 아니한 채 **목격자인 양** 행동한 경우,[1]

⑩ 사고 운전자가 피해자가 사상을 당한 사실을 인식하고도 **구호조치**를 취하지 않은 채 사고현장을 이탈하면서 피해자에게 자신의 신원을 확인할 수 있는 자료를 제공하여 준 경우,[2]

⑪ 약 1주일간의 치료를 요하는 상해를 입은 11**세 교통사고 피해자에게** 집으로 혼자 돌아갈 수 있느냐고 질문하여 "예"라고 대답하였다는 이유만으로 아무런 보호조치도 없는 상태에서 판단력이 충분하지 않은 어린 피해자를 그냥 돌아가게 한 경우,[3]

⑫ 교통사고 야기자가 피해자를 병원에 후송하기는 하였으나 조사 경찰관에게 사고사실을 부인하고 자신을 목격자라고 하면서 **참고인 조사를** 받고 귀가한 경우,[4]

⑬ **교회 주차장에서** 사고차량 운전자가 사고차량의 운행 중 피해자에게 상해를 입히고도 구호조치 없이 도주한 경우,[5]

⑭ **아파트단지 내의 통행로**에서 교통사고를 당한 3세 남짓의 어린이가 땅에 넘어져 울고 있으며 무릎에 상처가 난 것을 보았음에도 아무런 보호조치 없이 현장을 이탈한 경우,[6]

⑮ 교통사고 야기자가 피해자를 병원에 데려다 준 다음, 피해자나 병원 측에 **아무런 인적사항**을 알리지 않고 병원을 떠났다가 경찰이 피해자가 적어 놓은 차량번호를 조회하여 신원을 확인하고 연락을 취하자, 2시간쯤 후에 파출소에 출석한 경우,[7]

⑯ 사고운전자의 요청에도 불구하고 **피해자의 거부로** 피해자가 병원으로 이송되지 않은 사이에 피해자의 신고를 받은 경찰관이 사고현장에 도착하였고, 그 전에 사고 운전자가 사고현장을 이탈한 경우, 설령 운전자가 사고현장을 이탈하기 전에 피해자의 동승자에게 자신의 신원을 알 수 있는 자료를 제공하였더라도 마찬가지[8](*구호조치는 '이행'해야 함). 이상의 경우는 모두 도주에 해당된다. 좁은 의미에서 현장의 구호조치는 취하였지만 **사고야기자를 확정할 수 없는 상태를** 초래한 것이 결정적 이유가 되기 때문이다.

(2) 도주에 해당되지 않는 사례 2

① 경미한 교통사고로서 사고현장에서 구호조치 등을 취하는 것이 교통에 방해가 되는 경우 피해자를 한적한 곳에 유도할 의사로 **깜빡이등을** 켜고 시속 10㎞의 저속으로 운전한 경우,[9]

② 피해자가 동행인들에 의해 인근 병원으로 호송되는 것을 확인 후 사고운전자가 **경찰**

---

1) 대판 1999. 11. 12. 99도3781.
2) 대판 2002. 1. 11. 2001도5369. 근처에 있던 택시기사에게 피해자를 병원으로 이송해 줄 것을 부탁한 것은 구호조치의 이행으로 보지 않음. 제5회.
3) 대판 1996. 8. 20. 96도1461. 제5회.
4) 대판 2003. 3. 25. 2002도5748.
5) 대판 2004. 8. 30. 2004도3600.
6) 대판 2002. 9. 24. 2002도3190.
7) 대판 1999. 12. 7. 99도2869.
8) 대판 2004. 3. 12. 2004도250.
9) 대판 1994. 6. 14. 94도460.

서에 신고 · 자수하기 위해 사고현장을 이탈한 경우,1)

③ 연쇄충돌사고에서 피고인 스스로 피해자에 대한 구호조치를 취하지는 않았지만 **피해자의 일행이** 지나가던 차량을 세워 피해자를 병원에 보내는 것을 보고 그에게 피고인의 이름과 전화번호를 사실대로 적어 주고 사고현장을 떠난 경우,2)

④ 피해자가 사고 후 자신의 신체 상태를 살펴본 후 **괜찮다고 하여** 사고운전자가 아무런 연락처 등을 알려주지 아니한 채 현장을 떠난 경우,3)

⑤ 교통사고시 피고인이 피해자와 사고 여부에 관하여 언쟁하다가 동승했던 아내에게 "네가 알아서 처리해라"며 현장을 이탈하고 그의 **아내가 사후처리를** 한 경우,4)

⑥ 사고운전자가 교통사고를 낸 후 피해자가 목을 주무르고 있는 것을 보고도 별다른 조치 없이 차량을 사고현장에 두고 다른 사람에게 **사고처리를 부탁하기** 위하여 사고현장을 이탈하였으나 피해자가 2주간의 치료를 요하는 급성경추염좌의 상해를 입었을 뿐인 경우,5)

⑦ 사고운전자가 교통사고 후 피해자를 병원으로 후송하여 치료를 받게 하고 피해자의 가족들에게 자신의 **인적사항을 알려주고** 동료 운전기사로 하여금 그가 사고운전자인 것으로 경찰관서에 신고하게 한 경우,6)

⑧ 사고운전자인 피고인 **자신이 부상을** 입고 경찰관의 조치에 따라 병원으로 후송되던 도중 경찰에 신고나 연락을 취하지 아니한 채 집으로 가버렸다고 하더라도, 그 당시에 이미 피해자에 대한 구호조치가 이루어진 경우,7)

⑨ 피해자의 부상 정도가 생명 · 신체에 대한 단순한 위험에 그치거나 형법 제257조 제1항에 규정된 '상해'로 평가될 수 없을 정도의 **극히 하찮은 상처로서** 굳이 치료할 필요가 없는 것이어서 그로 인하여 건강상태를 침해하였다고 보기 어려운 경우,8)

⑩ 피고인이 사고 직후 직접 119 신고를 하였을 뿐만 아니라, 119 구급차가 피해자를 후송한 후 출동한 경찰관들에게 현장 설명을 하고 인적사항과 연락처를 알려준 다음 사고현장을 떠났으나, 사고현장이나 경찰 조사과정에서 피고인이 **목격자 행세를** 하고 피해자의 발견 경위에 관하여 사실과 다르게 진술한 경우,9)

⑪ 선행차량에 이어 피고인 운전 차량이 피해자를 연속하여 역과하는 과정에서 피해자가 사망한 경우에, 피고인이 일으킨 후행 교통사고 당시 **피해자가 생존해** 있었다는 증거가 없다면 설령 피고인에게 유죄(도주운전치사)의 의심이 있다고 하더라도 피고인의 이익으로 판단할 수밖에 없음,10)

1) 대판 1980. 8. 26. 80도1492.
2) 대판 1992. 4. 10. 91도1831.
3) 대판 1994. 9. 13. 94도1850.
4) 대판 1997. 1. 21. 96도2843.
5) 대판 2002. 1. 11. 2001도2869.
6) 대판 2002. 2. 8. 2001도4771.
7) 대판 2002. 11. 26. 2002도4986.
8) 대판 1997. 12. 12. 97도2396; 2007. 4. 13. 2007도1405.
9) 대판 2013. 12. 26. 2013도9124.
10) 대판 2014. 6. 12. 2014도3163.

⑫ 사고 운전자가 교통사고 현장에서 경찰관에게, 동승자가 사고차량의 운전자라고 진술하거나 그에게 같은 내용의 허위신고를 하도록 하였더라도, 사고 직후 피해자가 병원으로 후송될 때까지 **사고장소를 이탈하지** 아니한 채 경찰관에게 위 차량이 가해차량임을 밝히고, 경찰관의 요구에 따라 동승자와 함께 조사를 받기 위해 경찰지구대로 동행한 경우,[1]

⑬ 특정범죄가중법 제5조의3 제1항 소정의 "차의 교통으로 인하여 형법 제268조의 죄를 범한 당해차량의 운전자"란, 차의 교통으로 인한 업무상 과실 또는 중대한 과실로 인하여 사람을 사상에 이르게 한 자를 가리키는 것이지 **과실이 없는** 사고운전자까지 포함하는 것은 아님,[2]

⑭ 신호대기를 위해 정차하고 있다가 브레이크 페달에서 발이 떨어져 차가 서행하면서 앞차의 범퍼를 경미하게 충격하자, 사고차량 운전자와 동승자가 피해자에게 사과를 한 후 피해자가 **양해한 것으로 오인하고** 현장을 떠났고, 피해자의 상해와 피해차량의 손괴가 외견상 쉽게 알 수 있는 것이 아닌 경우,[3]

⑮ 피고인이 사고현장에서 다른 사람들과 같이 피해자들을 구급차에 나눠 싣고 자신도 구급차에 동승하여 피해자를 병원 응급실로 후송한 후 그 **피해자를 병원에 인계한** 경우[4](*피고인이 사고 야기자로서 취해야 할 구호의무는 모두 이행. 그 후 의사의 의학적 판단에 따라 피해자를 다른 큰 병원으로 이송하는 경우까지 피고인이 관여해야 할 필요는 없음) 등은 도주에 해당되지 않는다.

Ⅳ. 낙태의 죄

[82] 1. 낙 태 죄 1

*낙태죄는 현재 개선입법이 이루어지지 않아 공백상태에 있음.

① **낙태죄에 대한 헌법불합치결정** 형법의 자기낙태죄 조항은 모자보건법이 정한 예외를 제외하고는 임신기간 전체를 통틀어 모든 낙태를 전면적 · 일률적으로 금지하고, 이를 위반할 경우 형벌을 부과함으로써 임신의 유지 · 출산을 강제하고 있으므로, 임신한 여성(임부)의 자기결정권을 제한한다. 임신 · 출산 · 육아는 여성의 삶에 근본적이고 결정적인 영향을 미칠 수 있는 중요한 문제이므로, 임부가 임신을 유지 또는 종결할 것인지 여부를 결정하는 것은 스스로 깊은 고민을 한 결과를 반영하는 전인적全人的 결정이다. **임부의 자기결정권** 행사에 충분한 시간은 태아가 모체 밖에서 독자적 생존이 가능한 **임신 22주 내외**('결정가능기간')까지로 볼 수 있다. 이 기간의 낙태에 대해서는 국가가 생명보호의 수단 및 정도를 달리 정할 수 있다고 본다. 모자보건법상의 정당화사유에는 다양하고 광범위한 사회적 · 경제적 사유에 의한 낙태갈등 상황이 전혀 포섭되지 않고 있다. 자기낙태죄 조항은 모자보건법에서 정한 사

1) 대판 2007. 10. 11. 2007도1738.
2) 대판 1991. 5. 28. 91도711. 제5회.
3) 대판 1999. 11. 12. 99도3140.
4) 대판 1996. 4. 12. 96도358. 제5회.

유에 해당하지 않는다면 결정가능기간 중에 다양하고 광범위한 **사회적 · 경제적 사유**에 의한 낙태까지도 예외 없이 형사처벌하고 있다. 따라서 자기낙태죄 조항은 임부의 자기결정권을 제한하고 있어 침해의 최소성을 갖추지 못하였고, 태아의 생명보호라는 공익에 대해서만 일방적 · 절대적 우위를 부여함으로써 법익균형성원칙, **과잉금지원칙을** 위반하였다. 임부의 촉탁 또는 승낙을 받아 낙태하게 한 의사를 처벌하는 의사낙태죄 조항도 같은 이유에서 위헌으로 보아야 한다. 자기낙태죄 조항과 의사낙태죄 조항에 대해 각각 단순위헌결정을 할 경우, 임신기간 전체에 걸쳐 행해진 모든 낙태를 처벌할 수 없음으로써 용인하기 어려운 법적 공백이 생기게 된다. 더욱이 입법자는 결정가능기간, 사회경제적 사유 그리고 상담기간, 숙려기간 등 기타 절차적 요건 등에 관한 입법재량을 가진다. 따라서 자기낙태죄 조항과 의사낙태죄 조항에 대해 단순위헌 결정을 하는 대신 각각 **헌법불합치 결정을** 선고하되, 다만 입법자의 개선입법이 이루어질 때까지(2020. 12. 31.) 계속 적용을 명함이 타당하다.[1]

② *표준판례 산부인과 의사인 피고인은 약물에 의한 유도분만의 방법으로 낙태시술을 하였으나 태아가 살아서 미숙아 상태로 출생하자 그 미숙아에게 염화칼륨을 주입하여 사망하게 하였다. 염화칼륨 주입행위를 낙태를 완성하기 위한 행위에 불과한 것으로 볼 수 없다. 살아서 출생한 미숙아가 정상적으로 생존할 확률이 적다고 하더라도, 그 상태에 대한 확인이나 최소한의 의료행위도 없이 **적극적으로 염화칼륨을 주입하여** 미숙아를 사망에 이르게 하였다면 피고인에게는 미숙아를 살해하려는 범의가 인정된다.[2]

③ *표준판례 현행 형법은 상해죄와 낙태죄를 구별하여 처벌하고 있고, 과실낙태행위 및 낙태미수행위에 대한 처벌규정은 두고 있지 않다. 이러한 점에 비추어 보면, 우리 형법은 태아를 임산부 신체의 일부로 보거나, 낙태행위가 임산부의 태아양육, 출산 기능의 침해라는 측면에서 낙태죄와 별개로 **임산부에 대한 상해죄를** 구성하는 것으로 보지는 않는다고 해석된다. 따라서 태아를 사망에 이르게 하는 행위가 임산부 신체의 일부를 훼손하는 것이라거나, 태아의 사망으로 인해 그 태아를 양육, 출산하는 임산부의 생리적 기능이 침해되어 임산부에 대한 상해가 된다고 볼 수는 없다.[3]

V. 유기와 학대의 죄

1 [83] 1. 유 기 죄

① 생모가 사망의 위험이 예견되는 딸에게 수혈이 최선의 치료방법이라는 의사의 권유를 자신의 **종교적 신념을 이유로** 거부하였다면, 이는 결과적으로 요부조자를 위험한 장소에

1) 헌재 2019. 4. 11. 2017헌바127.
2) 대판 2005. 4. 15. 2003도2780.
3) 대판 2007. 6. 29. 2005도3832.

두고 떠난 경우나 다름이 없다. 사리를 변식할 지능이 없어 보이는 11세 남짓의 환자 본인 역시 수혈을 거부하였더라도, 생모의 수혈거부 행위가 위법한 점에 영향을 미치지는 않는다.[1]

② *표준판례 **사실혼관계**에 있는 경우에도 법률상 보호의무의 존재를 긍정해야 하지만, 이를 위해서는 단순한 동거로는 부족하고, 당사자 사이에 주관적으로 혼인 의사가 있고 객관적으로도 사회관념상 부부공동생활을 인정할 만한 혼인생활의 실체가 있어야 한다.[2]

③ *표준판례 자신이 운영하는 주점에 손님으로 와서 수일 동안 식사는 한 끼도 하지 않은 채, 계속하여 술을 마시고 만취한 피해자를 주점 내에 그대로 방치하여 사망에 이르게 한 경우에 법률상, 계약상의 보호의무(유기치사죄)는 인정된다.[3]

④ 피고인과 피해자가 **길을 같이 걸어간** 관계가 있다는 사실만으로는, 피고인에게 설혹 동행자가 구조를 요하게 되었다 하여도 보호할 법률상 계약상의 의무가 있다고 할 수 없다.[4]

⑤ *표준판례 강간치상의 범행을 저지른 자가 그 범행으로 인하여 실신상태에 있는 피해자를 구호하지 아니하고 방치하였다고 하더라도, 그 행위는 포괄적으로 단일의 강간치상죄만을 구성한다.[5]

[84] 2. 학 대 죄 1

① *표준판례 아동복지법의 '아동에게 음행을 시키는' 행위는 아동으로 하여금 제3자를 상대방으로 음행을 하게 하는 행위를 가리키고, 행위자 자신이 직접 **그 음행의 상대방이** 되는 것까지 포함하는 것은 아니다.[6]

② 형법 제273조 제1항에서 말하는 '학대'는 단순히 상대방의 인격에 대한 반인륜적 침해만으로는 부족하고, 적어도 유기에 준할 정도에 이르러야 한다.[7]

③ *표준판례 **치사량의 청산가리**를 음독한 경우 병원의 응급가료는 환자의 생명을 구하는 데 아무런 도움이 되지 못하므로 피고인의 유기행위와 피해자의 사망 간에는 상당인과관계가 없다.[8]

④ 비록 아동학대처벌법이 제34조 제1항의 소급적용에 관한 명시적 경과규정은 없지만, 위 규정은 완성되지 않은 **공소시효의 진행을** 일정한 요건 아래에서 정지시키는 것으로서, 그 시행일인 2014. 9. 29. 당시 범죄행위가 종료되었으나 아직 공소시효가 완성되지 않은 아동학대범죄에 대해서도 적용된다고 해석하는 것이 타당하다.[9]

⑤ 학대죄는 자기의 보호 또는 감독을 받는 사람에게 육체적으로 고통을 주거나 정신적

1) 대판 1980. 9. 24. 79도1387.
2) 대판 2008. 2. 14. 2007도3952.
3) 대판 2011. 11. 24. 2011도12302.
4) 대판 1977. 1. 11. 76도3419.
5) 대판 1980. 6. 24. 80도726.
6) 대판 2000. 4. 25. 2000도223.
7) 위 판례.
8) 대판 1967. 10. 31. 67도1151.
9) 대판 2016. 9. 28. 2016도7273.

으로 차별대우를 하는 행위가 있음과 동시에 범죄가 완성되는 **상태범 또는 즉시범에** 속한다. 비록 수십 회에 걸쳐 계속되는 일련의 폭행행위가 있었더라도, 그 중 친권자의 징계권 범위에 속해 위법성이 조각되는 부분이 있으면, 그 부분을 따로 떼어 무죄판결을 할 수 있다.[1)]

⑥ 피고인은 **생후 3개월인** 피해자에게 분유를 먹이고 엎드려 둔 채 그 다음날 아침까지 2회 외출하고, 15시간 30분 동안 피해자에게 분유를 먹이거나 기저귀를 갈아주지 않았다. 피고인의 행위는 생후 약 3개월에 불과하여 보호를 요하는 위 피해자를 장시간 동안 아무에게도 보호받지 못하는 상태에 둠으로써 그 생명 · 신체에 위험을 가져오게 한 것으로 유기행위에 해당하고 유기행위와 사망 사이의 인과관계 또한 인정된다. 피고인의 행위는 아동학대처벌법의 유기학대치사죄에 해당된다.[2)] *의식주를 포함한 기본적인 보호 · 양육 · 치료 및 교육을 소홀히 하는 방임행위에 의한 학대를 인정한 판결.

Ⅵ. 협박의 죄

[85] 1. 협 박 죄

1 ### (1) 협박죄 일반

① **협박죄는 위험범**(*표준판례) 협박죄가 성립하려면 고지된 해악의 내용이 일반적으로 사람으로 하여금 공포심을 일으키게 하기에 충분한 것이어야 한다. 하지만 상대방이 현실적으로 공포심을 일으킬 것까지 요구하는 것은 아니다. 그와 같은 정도의 해악을 고지함으로써 상대방이 그 의미를 인식한 이상, **상대방이 현실적으로 공포심을** 일으켰는지 여부와 관계없이 협박죄 기수에 이르는 것으로 해석해야 한다. 결국 협박죄는 사람의 의사결정의 자유를 보호법익으로 하는 **위험범이라** 봄이 상당하다. 협박죄의 **미수범** 처벌조항은 해악의 고지가 현실적으로 상대방에게 도달하지 않은 경우나, 도달은 하였으나 상대방이 이를 지각하지 못하였거나, 고지된 해악의 의미를 인식하지 못한 경우 등에 적용될 뿐이다.[3)]

② 정보보안과 소속 경찰관이 자신의 지위를 내세워 타인의 민사분쟁에 개입하여 빨리 채무를 변제하지 않으면 상부에 보고하여 문제를 삼겠다고 말하였다. 이는 객관적으로 상대방이 공포심을 일으키기에 충분한 정도의 해악의 고지에 해당하므로 현실적으로 피해자가 공포심을 일으키지 않았더라도 협박죄의 기수에 해당한다.[4)]

③ 조상천도제를 지내지 않으면 좋지 않은 일이 생긴다는 취지의 해악고지는 길흉화복이나 **천재지변의 예고로서** 행위자에 의해 직접, 간접적으로 좌우될 수 없는 것이고, 해악의

1) 대판 1986. 7. 8. 84도2922. 제9회.
2) 대판 2020. 9. 3. 2020도7675.
3) 대판 2007. 9. 28. 2007도606 전원합의체. 제1, 2, 9회.
4) 위 판례.

발생가능성이 합리적으로 예견될 수 있는 것이 아니므로 협박으로 평가될 수 없다.[1)]

④ *표준판례 피해자 본인과 **제3자가 밀접한** 관계에 있어 그 해악 내용이 피해자 본인에게 공포심을 일으킬 만한 정도의 것이라면 협박죄가 성립할 수 있다. 이때 제3자에는 자연인뿐만 아니라 **법인도** 포함된다 할 것이나, 법인이 직접 협박죄의 객체가 되는 것은 아니다.[2)]

⑤ 채권추심 회사의 지사장이 회사로부터 자신의 횡령행위에 대한 민·형사상 책임을 추궁당할 지경에 이르자, 이를 모면하기 위해 '**회사의 내부비리** 등을 금융감독원 등 관계기관에 고발하겠다'는 취지의 발언을 위 회사 상무이사에게 한 경우는 협박에 해당된다.[3)]

(2) 협박부정 2

① 언쟁 중 "두고 보자",[4)] "고소하여 구속시키겠다"[5)] 또는 "입을 찢어버리겠다"[6)]고 해악을 고지하는 위협적인 언사를 사용한 것은 폭언에 해당될 뿐이고 해악고지로 보기는 어렵다. 따라서 이런 말로 상대방이 공포심을 느끼더라도 협박죄가 성립하지는 않는다. "입을 찢어버릴라"는 단순한 감정적 욕설에 지나지 않고, 상대방에게 해악을 고지하는 협박으로 보기는 어렵다. 협박이 되기 위해서는 해악내용이 상대방의 중요한 법익에 대한 상당한 정도의 것일 필요가 있다.

② 지서장에게 연행되어 뺨을 맞은 데 격분하여 "내가 너희들의 **목을 자른다**. 내 동생을 시켜서라도 자른다"고 말한 것은 해악의 고지에 해당되지 않는다.[7)]

③ 피해자의 수박밭에서 두리번거리는 사람을 향해 "앞으로 수박이 없어지면 **네 책임으로** 한다"고 말한 것은 비록 피해자가 이로 인해 어떤 공포심을 느끼고 후에 스스로 음독자살하기에 이르렀다 하더라도 행위자가 구체적으로 어떤 법익에 대해 어떤 해악을 가하겠다는 것인지 알 수 없기 때문에 이를 해악의 고지로 볼 수 없다.[8)]

④ 경찰관의 임의동행 요구에 문을 잠그고 그 방안에서 **면도칼로** 앞가슴 등을 그어 피를 보이면서 자신이 죽어버리겠다고 불온한 언사를 사용한 것은 자해·자학행위는 될 수 있어도 경찰관에 대한 유형력의 행사나 해악의 고지로서 폭행 또는 협박은 되지 않는다.[9)]

⑤ 간통사건에서 피해자에게 "너희들이 잘못해 놓고 왜 사과하지 않느냐, 가정파탄죄로 고소하겠다", "딸이 **가정파괴범이다**, 시집을 보내려고 하느냐 안 보내려고 하느냐"고 말한 것 등은 비록 해악의 고지가 된다고 하더라도 사회의 관습이나 윤리관념 등에 비추어 볼 때 사회통념상 용인할 수 있는 정도일 뿐만 아니라 해악의 내용도 구체성을 결하고 있기 때문에

1) 대판 2002. 2. 8. 2000도3245.
2) 대판 2010. 7. 15. 2010도1017. 제1, 2, 3회.
3) 위 판례.
4) 대판 1974. 10. 8. 74도1892.
5) 대판 1984. 6. 26. 84도648.
6) 대판 1986. 7. 22. 86도1140.
7) 대판 1972. 8. 29. 72도1565.
8) 대판 1995. 9. 29. 94도2187.
9) 대판 1976. 3. 9. 75도3779.

협박죄에 해당되지 않는다.[1)]

⑥ 피고인이 경찰서에 여러 차례 전화를 걸어 경찰관에게 관할구역 안에 있는 갑 **정당의 당사를 폭파**하겠다는 말을 한 경우는 경찰관 개인에 관한 해악의 고지가 아니고, 갑 정당에 대한 해악의 고지가 경찰관 개인에게 공포심을 일으킬 만큼 서로 밀접한 관계에 있다고 보기 어려워 협박죄를 구성하지 않는다.[2)]

⑦ 같은 동리에 사는 동년배간에 동장직을 못하게 하였다는 불만의 표시로서 "**두고 보자**"는 말을 한 경우는 협박에 해당한다고 보기 어렵다.[3)]

⑧ 자신의 동거남과 성관계를 가진 바 있던 피해자에게 "사람을 사서 쥐도 새도 모르게 파묻어버리겠다. 너까지 것 쉽게 죽일 수 있다"라고 말한 것은, **감정적인 욕설** 내지 일시적 분노의 표시로서 해악고지의 인식이 있었다고 보기 어렵다.[4)]

3 ### (3) 협박인정

① 피고인이 피해자인 누나의 집에서 온 몸에 연소성이 높은 고무놀을 바르고 라이터에 불을 켜는 동작을 하면서 이를 말리려는 피해자 등에게 가위, 송곳을 휘두르면서 '방에 불을 지르겠다', '가족 전부를 **죽여버리겠다**'고 소리치고 이를 약 1시간가량 말리던 피해자가 끝내 무섭고 두려워 신고를 한 경우는 협박의 고의가 인정된다.[5)]

② 스스로의 감정을 이기지 못하고 **야구방망이로** 때릴 듯이 피해자에게 "죽여버린다"고 말한 경우는 협박에 해당된다.[6)]

4 ### (4) 해악고지의 방법

① 협박죄에서 해악을 가할 것을 고지하는 행위는 통상 언어에 의하는 것이나 경우에 따라서는 한마디 말도 없이 **거동에** 의해서도 가능하다. 가위로 목을 찌를 듯이 겨누었다면 신체에 대해 위해를 가할 고지로 보아 협박에 해당된다(특수협박).[7)]

② 피고인이 **피해자의 장모에게** 서류를 보이면서 "피고인의 요구를 들어주지 않으면 서류를 세무서로 보내 세무조사를 받게 하여 피해자를 망하게 하겠다"라고 말하고, 그 다음날 피해자의 처에게 전화를 하여 "며칠 있으면 국세청에서 조사가 나올 것이니 그렇게 아시오"라고 말한 경우는 해악의 고지에 해당한다.[8)]

③ **제3자를 통한 협박의** 경우는 고지자가 직접 해악을 가하겠다고 고지한 것과 마찬가지의 행위로 평가할 수 있어야 한다. 만약 고지자가 위와 같은 명시적 · 묵시적 언동을 하거

---

1) 대판 1998. 3. 10. 98도70.
2) 대판 2012. 8. 17. 2011도10451.
3) 대판 1974. 10. 8. 74도1892.
4) 대판 2006. 8. 25. 2006도546.
5) 대판 1991. 5. 10. 90도2102.
6) 대판 2002. 2. 8. 2001도6468.
7) 대판 1975. 10. 7. 74도2727.
8) 대판 2007. 6. 1. 2006도1125.

나 상대방이 위와 같이 인식을 한 적이 없다면, 비록 상대방이 현실적으로 외포심을 느꼈더라도 협박죄를 구성한다고 볼 수는 없다.[1)]

④ ***표준판례** 일정한 해악고지가 권리행사나 직무집행의 일환으로 사회상규에 반하지 않으면 위법성이 조각되어 협박죄가 성립하지 않는다. 그러나 외관상 권리행사나 직무집행으로 보이더라도 실질적으로 권리나 **직무권한의 남용이** 되어 사회상규에 반하는 때에는 위법성이 조각되지 않는다.[2)] *피해자로부터 돈을 돌려받지 못해 걱정하고 있는 공소외 2를 친구의 부탁으로 상담차 만난 피고인은 공소외 2로부터 그가 처한 상황에 관한 설명을 듣고 그 자리에서 피해자에게 전화를 걸어 자신이 정보과 형사라고 신분을 밝힌 다음 공소외 2가 집안 동생이라고 거짓말을 하면서 공소외 2의 돈을 빨리 안 해주면 상부에 보고하여 문제를 삼겠다고 말한 경우 협박죄 성립을 긍정함. 당시 피고인은 피해자와 공소외 2 사이의 금전거래로 인한 사건을 정식으로 수사하거나 내사하는 상황이 아니었음.

⑤ 청산염 2그램 정도를 **협박편지에 동봉 우송하여** 피해자에게 도달케 하였다는 것만으로는 특수협박죄에서 말하는 위험한 물건의 휴대라고 할 수 없다.[3)]

⑥ 피고인이 공기총에 실탄을 장전하지 않았다고 하더라도 범행 현장에서 **공기총과 함께 실탄을** 소지하고 있었고, 피고인으로서는 언제든지 실탄을 장전하여 발사할 수도 있으므로 공기총은 '위험한 물건'에 해당한다.[4)]

Ⅶ. 강 요 죄

[86] 1. 강 요 죄 1

① ***표준판례** 강요죄에서 해악의 고지는 반드시 명시적인 방법이 아니더라도 말이나 행동을 통해서 상대방에게 어떠한 해악을 끼칠 것이라는 인식을 갖도록 하면 충분하고, **제3자를 통해서** 간접적으로 할 수도 있다. 행위자가 그의 직업, 지위 등에 기초한 위세를 이용하여 불법적으로 재물의 교부나 재산상 이익을 요구하고, 상대방이 불응하면 부당한 **불이익을 입을 위험이 있다는 위구심을** 일으키게 하는 경우에도 해악의 고지가 된다.[5)] ***박근혜 · 이재용 사건.**

② **강요행위 인정** 환경단체 소속 회원들이 축산 농가들의 폐수 배출 단속활동을 벌이면서 폐수 배출현장을 사진촬영하거나 지적하는 한편, 폐수 배출사실을 확인하는 내용의 사실확인서를 징구하는 과정에서, **서명하지 않으면** 법에 저촉된다고 겁을 주는 등으로 행한 일

---

1) 대판 2006. 12. 8. 2006도6155.
2) 대판 2007. 9. 28. 2007도606 전원합의체. 제9회.
3) 대판 1985. 10. 8. 85도1851.
4) 대판 2002. 11. 26. 2002도4586.
5) 대판 2019. 8. 29. 2018도13792.

련의 행위는 '협박'에 의한 강요행위에 해당한다.[1]

③ 민주노총 노조원들이 현장소장에게 '민주노총이 어떤 곳인지 아느냐 현장에서 장비를 빼라'는 취지로 말하거나, 공사 발주처에 부실공사가 진행되고 있다는 취지의 진정을 제기하여 공사현장에서 사용하던 장비를 철수하게 하고, '현장에서 사용하는 모든 건설장비는 노조와 합의하여 결정한다'는 **협약서를** 작성하게 한 행위는 강요죄의 수단인 협박에 해당한다.[2]

④ 피해자의 해외도피를 방지하기 위해 피해자가 겁을 먹고 있는 상태를 이용, 동인 소유의 여권을 교부하게 하여 피해자가 그의 **여권을 강제 회수당하였다면** 권리행사방해죄의 기수에 해당된다.[3]

⑤ 피고인이 피해자를 협박하여 동인으로 하여금 법률상 의무 없는 진술서를 작성케 한 행위는 권리행사방해죄에 해당된다.[4]

⑥ 골프시설 운영자가 골프회원에게 불리하게 변경된 내용의 회칙에 동의한다는 내용의 **등록신청서**를 제출하지 않으면 회원으로 대우하지 않겠다고 통지한 경우는 강요죄에 해당한다.[5]

⑦ **강요행위 부정**(*표준판례) 직장에서 상사가 범죄행위를 저지른 부하직원에게 징계절차에 앞서 자진하여 **사직할** 것을 단순히 권유하였다고 하여 이를 강요죄의 협박에 해당한다고 볼 수는 없다.[6] *강요죄가 성립하기 위해서는 폭행 · 협박이 있어야 함.

⑧ 폭력조직 전력이 있는 피고인이 특정 연예인에게 팬미팅 공연을 하도록 강요하면서 만날 것을 요구하고, 팬미팅 공연이 이행되지 않으면 안 좋은 일을 당할 것이라고 협박한 것은, 법률상 의무 있는 일을 하게 하는 경우이므로 **폭행 또는 협박죄만** 성립할 뿐 강요죄는 성립하지 아니한다.[7]

⑨ ***표준판례** 군인인 상관이 직무수행을 태만히 하거나 지시사항을 불이행하고 허위보고 등을 한 부하에게, 근무태도를 교정하고 직무수행을 감독하기 위해 **직무수행 내역을** 일지 형식으로 기재하여 보고하도록 명령한 경우는 형법상 강요죄에 해당되지 않는다.[8] *법률상 의무 있는 일을 하게 한 경우는 강요죄가 성립할 수 없다는 판결.

⑩ 피고인이 투자금 회수를 위해 피해자를 강요하여 물품대금을 횡령하였다는 자인서를 받아낸 뒤 이를 근거로 돈을 갈취한 경우는, 피고인이 **공갈의 범의하에** 갈취방법으로 자인서를 작성케 한 것이므로 공갈죄 일죄만 성립한다.[9]

⑪ 강요죄의 수단인 협박이 인정되기 위해서는 발생 가능한 것으로 생각할 수 있는 정

---

1) 대판 2010. 4. 29. 2007도7064.
2) 대판 2017. 10. 26. 2015도16696.
3) 대판 1993. 7. 27. 93도901. 제1회.
4) 대판 1974. 5. 14. 73도2578.
5) 대판 2003. 9. 26. 2003도763. 제3회.
6) 대판 2008. 11. 27. 2008도7018.
7) 대판 2008. 5. 15. 2008도1097.
8) 대판 2012. 11. 29. 2010도1233.
9) 대판 1985. 6. 25. 84도2083.

도의 구체적인 해악고지가 있어야 한다. 공무원인 행위자가 상대방에게 어떠한 **이익 등의 제공을 요구한** 경우, 위와 같은 해악의 고지로 인정될 수 없다면, 직권남용권리행사방해나 뇌물 요구 등이 될 수는 있어도 협박을 요건으로 하는 강요죄가 성립하기는 어렵다.[1]

Ⅷ. 체포와 감금의 죄

[87] 1. 체포감금죄 1

① *표준판례 거의 탈진 상태에 이른 피해자의 손과 발을 17**시간 이상** 묶어 좁은 차량 속에서 움직이지 못하게 하고, 묶인 부위의 혈액 순환에 장애가 발생하여 혈전이 형성되고, 그 혈전이 폐동맥을 막아 사망에 이르게 된 결과 사이에는 상당인과관계가 있다. 정신병자도 감금죄의 객체가 될 수 있다.[2]

② 체포죄는 계속범으로서 일정한 정도의 시간적 계속이 있어야 하나, 체포의 고의로써 타인의 신체활동의 자유를 **현실적으로 침해하는** 행위를 개시한 때 체포죄의 실행에 착수하였다고 볼 것이다.[3]

③ 피고인들이 대한상이군경회원 80여 명과 공동하여 호텔의 정면, 후면 출입문을 봉쇄하여 피해자들의 출입을 방해한 경우는 불법감금죄에 해당한다.[4]

④ 피고인이 피해자가 자동차에서 내릴 수 없는 상태를 이용하여 강간을 결의하고, **주행중인** 자동차에서 탈출불가능하게 하여 외포케 하고 50킬로미터를 운행하여 여관 앞까지 강제연행한 후 강간하려다 미수에 그친 경우, 위 협박은 감금죄의 실행의 착수임과 동시에 강간미수죄의 실행의 착수라고 할 것이다. 피고인의 행위는 감금죄와 강간미수죄의 상상적 경합이 된다.[5]

⑤ 구 정신보건법 제23조 제2항은 '정신의료기관의 장은 자의로 입원한 환자로부터 퇴원신청이 있는 경우에는 지체 없이 퇴원을 시켜야 한다'고 정하고 있다. 환자로부터 **퇴원 요구가** 있는데도 위 법에 정해진 절차를 밟지 않은 채 방치한 경우는 위법한 감금행위가 된다.[6]

⑥ 정신과 전문의인 피고인 갑, 을이 각각 피해자의 아들 피고인 병 등과 공동하여, 피해자에게 피해사고나 망상장애의 의심이 있다고 판단하여 입원이 필요한 것으로 진단을 내리고 **치료 의사**意思로 피해자를 응급이송차량에 강제로 태워 병원에 강제 입원시킨 경우는 감금죄에 해당되지 않는다.[7] *진단결과를 토대로 치료할 의사로 입원시킨 경우.

---

1) 대판 2020. 2. 6. 2018도8808.
2) 대판 2002. 10. 11. 2002도4315. 제6회.
3) 대판 2018. 2. 28. 2017도21249.
4) 대판 1983. 9. 13. 80도277.
5) 대판 1983. 4. 26. 83도323. 제6회.
6) 대판 2017. 8. 18. 2017도7134.
7) 대판 2015. 10. 29. 2015도8429.

⑦ *표준판례 감금행위가 단순히 강도상해 범행의 수단이 되는 데 그치지 않고 **강도상해 범행이 끝난 뒤에도** 계속되었으면, 이는 1개의 행위가 감금죄와 강도상해죄에 해당되는 경우가 아니고 경합범관계가 된다.1)

⑧ 설사 그 장소가 **경찰서 내 대기실로서** 일반인과 면회인 및 경찰관이 수시로 출입하는 곳이고 여닫이문만 열면 나갈 수 있도록 된 구조라 하여도, 경찰서 밖으로 나가지 못하도록 그 신체의 자유를 제한하는 유형, 무형의 억압이 있었다면 이는 감금에 해당한다.2)

⑨ *표준판례 감금죄에서 사람의 행동자유를 구속하는 수단과 방법에는 아무런 제한이 없고 유형, 무형을 가리지 않는다. 사람의 행동의 자유 박탈도 반드시 전면적일 필요가 없으므로, 감금된 특정구역 안에서 **일정한 생활의 자유가** 허용되더라도 감금죄 성립에는 아무 소장이 없다. 기록에 의하면, 피해자 1은 감금되었다는 기간 중에 동성로파 사람들과 술집에서 술을 마시고, 아는 사람들이나 검찰청에 전화를 걸고, 새벽에 한증막에 갔다가 잠을 자고 돌아오기도 하였다. 그러나 피해자 1은 위 피고인들이나 그 하수인들과 같은 장소에 있거나 감시되어 행동의 자유가 구속된 상태였음을 인정할 수 있다. 원심의 사실인정과 판단에 사실오인이나 감금죄에 관한 법리오해의 위법이 없다.3)

⑩ 체포죄는 계속범으로서 신체의 자유에 대한 구속이 일시적인 것으로 그친 경우에는 **체포죄의 미수범이** 성립할 뿐이다. 체포치상죄에서 피해자가 입은 **상처가 극히 경미하여** 굳이 치료할 필요가 없고, 치료를 받지 않더라도 일상생활을 하는 데 아무런 지장이 없으며, 시일이 경과함에 따라 자연적으로 치유될 수 있는 정도라면, 그로 인해 피해자의 신체의 건강상태가 불량하게 변경되었다거나 생활기능에 장애가 초래된 것으로 보기 어려워 체포치상죄의 상해에 해당하지 않는다.4)

⑪ *표준판례 아파트 안방에 감금된 피해자가, 때리고 옷을 벗기는 등 **가혹행위**를 피하려고 창문을 통해 아파트 아래 잔디밭에 뛰어내리다가 사망한 경우, 중감금행위와 피해자의 사망 사이에 인과관계가 있어 **중감금치사죄가** 성립한다.5)

⑫ 피해자의 **하차 요구를 무시한** 채 당초 목적지가 아닌 다른 장소로 운행하여 피해자를 차량에서 내리지 못하게 한 행위는 감금죄에 해당한다. 피해자가 그와 같은 감금상태를 벗어나기 위해 차량을 빠져 나오려다가 길바닥에 떨어져 상해를 입고 그 결과 사망에 이르렀다면 감금행위와 피해자의 사망 사이에는 상당인과관계가 있으므로 감금치사죄에 해당한다.6)

---

1) 대판 2003. 1. 10, 2002도4380.
2) 대판 1997. 6. 13. 97도877. 제6회.
3) 대판 2000. 3. 24. 2000도102.
4) 대판 2020. 3. 27. 2016도18713.
5) 대판 1991. 10. 25. 91도2085.
6) 대판 2000. 2. 11. 99도5286.

Ⅸ. 약취, 유인 및 인신매매의 죄

[88] 1. 약취유인인신매매죄 1

① *표준판례 미성년자약취죄는 미성년자의 자유 외에 **보호감독자의 감호권도** 그 보호법익으로 하므로 아버지의 감호권을 침해하여 피해자를 자신들의 사실상 지배하로 옮긴 이상 미성년자약취죄가 성립한다. 약취행위에 미성년자의 동의가 있었다 하더라도 본죄의 성립에는 변함이 없다.[1]

② 외조부가 맡아서 양육해 오던 미성년인 자子를 자구의 의사에 반하여 사실상 자신의 지배하에 옮긴 친권자는, 다른 보호감독자의 감호권을 침해하고 **미성년자 본인의 이익을** 침해하였기 때문에 미성년자 약취 · 유인죄가 성립한다.[2]

③ 피해자가 스스로 가출하였다고는 하나 그것이 피고인의 독자적인 교리설교에 의하여 **하자 있는 의사로써** 이루어진 것이고, 동 피해자를 보호감독권자의 보호관계로부터 이탈시켜 피고인의 지배하에 옮긴 이상 미성년자유인죄가 성립한다.[3]

④ 술에 만취한 피고인이 초등학교 5학년 여학생의 **소매를 잡아끌면서** "우리 집에 같이 자러 가자"고 한 행위는 약취행위의 수단인 '폭행'에 해당한다.[4]

⑤ 미성년자유인죄의 고의는 피해자가 미성년자임을 알면서 유인행위에 대한 인식이 있으면 족하고, 유인하는 행위가 **피해자의 의사에** 반하는 것까지 인식할 필요는 없다. 또 피해자가 하자 있는 의사로써 자유롭게 승낙하였더라도 본죄의 성립에는 지장이 없다.[5]

⑥ 피고인은 피해자(당시 만 10세)로 하여금 부모에게 말하지 말고 아파트 앞으로 나오도록 유인하여 피고인이 운전하는 화물차에 태우고 데리고 다니면서, 피해자에게 "네가 집에 돌아가면 경찰이 붙잡아 소년원에 보낸다"라고 위협하여 피해자를 집에 가지 못하도록 하거나, 피고인의 셋방에 함께 기거한 경우는 미성년자유인죄 이외에 **감금죄가** 별도로 성립한다.[6]

⑦ *표준판례 미성년 자녀를 부모가 함께 동거하면서 보호 · 양육하던 중, **부모 일방이** 상대방 부모나 그 자녀에게 어떤 폭행, 협박이나 불법적인 **사실상의 힘을** 행사함이 없이, 그 자녀를 데리고 종전의 거소를 벗어나 다른 곳(베트남)으로 옮겨 자녀에 대한 보호 · 양육을 계속한 행위를 두고, 곧 형법상 미성년자에 대한 약취죄(국외이송약취 및 피약취자국외이송)라고 할 수는 없다.[7]

⑧ 미성년자 혼자 머무는 주거에 침입하여 강도 범행을 하는 과정에서 미성년자와 그 부모에게 폭행 · 협박을 가하여 **일시적으로** 부모와의 보호관계가 사실상 침해 · 배제되었더라

1) 대판 2003. 2. 11. 2002도7115.
2) 대판 2008. 1. 31. 2007도8011. 제3회.
3) 대판 1982. 4. 27. 82도186.
4) 대판 2009. 7. 9. 2009도3816.
5) 대판 1976. 9. 14. 76도2072.
6) 대판 1998. 5. 26. 98도1036.
7) 대판 2013. 6. 20. 2010도14328 전원합의체.

도, 미성년자가 기존의 생활관계로부터 완전히 이탈되었다거나 새로운 생활관계가 형성되었다고 볼 수 없다. 범인의 의도도 위와 같은 생활관계의 이탈이 아니라 단지 금품 강취를 위한 반항 억압에 있었으므로 형법상 미성년자약취죄가 성립하지 않는다.[1]

⑨ *표준판례 피고인은 미성년자인 피해자를 약취한 후에 강간 목적으로 가혹행위 및 상해를 가하고 강간 및 살인미수를 범하였다. 이에 대하여는 약취한 미성년자에 대한 상해 등으로 인한 특정범죄가중법 위반죄 및 미성년자인 피해자에 대한 강간 및 살인미수행위로 인한 성폭력범죄법 위반죄가 각 성립한다. 설령 상해결과가 피해자에 대한 **강간 및 살인미수행위 과정에서** 발생하였더라도 위 각 죄는 서로 형법 제37조 전단의 실체적 경합관계에 있다.[2]

⑩ *표준판례 부녀매매죄의 성립 여부는 매도인이 매매 당시 부녀자를 **실력으로 지배하고** 있었는가 여부, 즉 계속된 협박이나 명시적 · 묵시적인 폭행의 위협 등 험악한 분위기로 인하여 보통의 부녀자라면 법질서에 보호를 호소하기를 단념할 정도의 상태에서, 그 신체에 대한 인계인수가 이루어졌는가 여부에 달려 있다.[3]

⑪ 피고인이 11세에 불과한 어린 나이의 피해자를 유혹하여 모텔 앞길에서부터 위 모텔 301호실까지 데리고 간 이상, 피해자를 자유로운 생활관계로부터 이탈시켜 피고인의 **사실적 지배** 아래로 옮겼다고 할 것이므로 간음목적유인죄의 기수에 이른 것으로 보아야 한다.[4]

X. 강간과 추행의 죄

1 [89] 1. 강 간 죄

① **부부사이 강간죄**(*표준판례) 형법(*2012년 "부녀"를 "사람"으로 개정하기 전의 법률) 제297조는 부녀(*사람)를 강간한 자를 처벌한다고 규정하고 있는데, 형법은 법률상 처를 강간죄의 객체에서 제외하는 명문의 규정을 두고 있지 않으므로, 문언 해석상으로도 법률상 처가 강간죄의 객체에 포함된다고 새기는 것에 아무런 제한이 없다. 부부 사이에 민법상의 동거의무가 인정된다고 하더라도 거기에 폭행, 협박에 의하여 **강요된 성관계를 감내할 의무**가 내포되어 있다고 할 수 없다. 형법 제297조가 정한 강간죄의 객체인 '부녀'(*사람)에는 법률상 처가 포함되고, 혼인관계가 파탄된 경우뿐만 아니라 혼인관계가 실질적으로 유지되고 있는 경우에도 남편이 반항을 불가능하게 하거나 현저히 곤란하게 할 정도의 폭행이나 협박을 가하여 아내를 간음한 경우에는 강간죄가 성립한다고 보아야 한다.[5] *이 판결 이후 부부강간에 대한 판결은 더 이상 보이지 않음.

② 피고인과 피해자가 전화로 사귀어 오면서 **음담패설을 주고받을 정도**까지 되었고, 당

1) 대판 2008. 1. 17. 2007도8485. 제3, 7회.
2) 대판 2014. 2. 27. 2013도12301, 2013전도252, 2013치도2.
3) 대판 1992. 1. 21. 91도1402 전원합의체.
4) 대판 2007. 5. 11. 2007도2318.
5) 대판 2013. 5. 16. 2012도14788, 2012전도252 전원합의체.

초 간음을 시도한 방에서 피해자가 "여기는 죽은 시어머니를 위한 제청방이니 이런 곳에서 이런 짓을 하면 벌 받는다"고 말하여 안방으로 장소를 옮기게 된 사정 등으로 미루어 본다면, 강간피고사건의 피해자에게 가한 폭행 또는 협박이 그 반항을 현저히 곤란하게 할 정도에 이른 것으로 보기는 어렵다.1)

③ 피고인이 피해자를 여관방으로 유인하여 방문을 걸어 잠근 후 피해자에게 성교할 것을 요구하였으나 피해자가 이를 거부하자, "옆방에 내 친구들이 많이 있다, 소리 지르면 다 들을 것이다, 조용히 해라, 한 명하고 할 것이냐? 여러 명하고 할 것이냐?"라고 말하면서 성행위를 요구한 사실은, 피해자의 연령 등 모든 사정을 종합할 때 **항거를 현저히 곤란하게** 할 정도의 유형력 행사에 해당된다.2)

④ 강간죄의 폭행 · 협박에 대한 판단은 피해자가 성교 당시 처하였던 구체적 상황을 기준으로 판단해야 한다. **사후적으로 보아** 피해자가 성교 이전에 범행 현장을 벗어날 수 있었다거나, 피해자가 사력을 다하여 반항하지 않았다는 사정만으로 가해자의 폭행 · 협박이 피해자의 항거를 현저히 곤란하게 할 정도에 이르지 않았다고 섣불리 단정해서는 안 된다.3) *행위 당시의 폭행 · 협박 그 자체로 판단, 기타 가정법은 안 됨.

⑤ 간음행위를 시작할 때 폭행 · 협박이 없었다고 하더라도 **간음행위와 거의 동시 또는 그 직후에** 피해자를 폭행하여 간음한 경우는 강간죄를 구성한다.4) *사전 폭행 · 협박이 요건은 아님. 이른바 '**기습강간**'의 경우에 해당됨. 사건의 자세한 내용은 판례참조.

⑥ 피고인이 술에 취해 실제로 피해자의 항거를 불능하게 하거나 현저히 곤란하게 하지 못하여 강간죄의 실행행위를 종료하지 못한 것에 불과한 경우에도, 피고인이 강간죄의 실행에 착수하였다고 판단하는 데 장애가 되는 것은 아니다.5) *항거불능이나 현저한 곤란의 **결과**를 요하지 않음.

⑦ 피고인이 피해자가 자동차에서 내릴 수 없는 상태에 있음을 이용하여 강간하려고 결의하고, 주행 중인 **자동차에서 탈출 불가능하게** 하여 외포케 하고 50킬로미터를 운행하여 여관 앞까지 강제연행한 후 강간하려다 미수에 그친 경우는, 감금죄의 실행의 착수임과 동시에 **강간미수죄의 실행의 착수에** 해당한다.6)

⑧ 피고인이 간음할 목적으로 새벽 4시에 여자 혼자 있는 방문 앞에 가서 피해자가 방문을 열어주지 않으면 부수고 들어갈 듯한 기세로 방문을 두드리고, 피해자가 위험을 느끼고 창문에 걸터앉아 **가까이 오면 뛰어내리겠다고** 하는데도 베란다를 통해 창문으로 침입하려고 하였다면 강간수단으로서 폭행에 착수한 것이므로 강간의 실행착수가 인정된다.7)

⑨ 피고인이 강간할 목적으로 안방에 들어가 누워 자고 있는 피해자의 가슴과 엉덩이를

---

1) 대판 1991. 5. 28. 91도546.
2) 대판 2000. 8. 18. 2000도1914.
3) 대판 2018. 10. 25. 2018도7709.
4) 대판 2017. 10. 12. 2016도16948, 2016전도156.
5) 대판 2000. 6. 9. 2000도1253.
6) 대판 1983. 4. 26. 83도323.
7) 대판 1991. 4. 9. 91도288.

만지면서 **간음을 기도하였다는** 사실만으로는, 강간의 수단으로 피해자에게 폭행이나 협박을 개시하였다고 하기는 어렵다.[1] *'폭행 · 협박'의 개시는 상대방의 반항을 완전히 불가능하게 하거나 현저하게 곤란하게 하는 물리적 힘을 행사하거나 해악을 통고하는 행위의 시작이 있어야 함. 피해자의 폭행 · 협박 상황에 대한 인식을 전제함.

⑩ 성폭력처벌법 제4조 제1항의 '흉기 기타 위험한 물건을 휴대하여 강간죄를 범한 자'란, 범행 현장에서 범행에 사용하려는 의도 아래 흉기 등 위험한 물건을 소지하거나 몸에 지닌 이상, 그 사실을 **피해자가 인식하거나** 실제로 범행에 사용하였을 것까지 요구되는 것은 아니다.[2]

⑪ 강간죄에서 공소사실을 인정할 증거로 사실상 **피해자의 진술이 유일한** 경우에, 피고인의 진술이 경험칙상 합리성이 없고 그 자체로 모순되어 믿을 수 없다고 하여, 그것이 공소사실을 인정하는 직접증거가 되는 것은 아니다. 그러나 이러한 사정은 법관의 자유판단에 따라 피해자 진술의 신빙성을 뒷받침하거나 직접증거인 피해자 진술과 결합하여 공소사실을 뒷받침하는 **간접정황이** 될 수 있다.[3]

⑫ ***표준판례** 성전환증을 가진 사람의 경우에도 남성 또는 여성 중 어느 한쪽의 성염색체를 보유하고 있고 그 염색체와 일치하는 생식기와 성기가 형성 · 발달되어 출생한다. 그러나 출생 후의 성장에 따라 일관되게 출생 당시의 생물학적 성에 대한 불일치감 및 위화감 · 혐오감을 갖고 반대 성에 귀속감을 느끼면서 반대 성의 역할을 수행하며, 성기를 포함한 신체 외관 역시 반대 성으로 형성하기를 강력히 원하는 경우가 있다. 일반적 의학 기준에 의해 성전환수술을 받고, 반대 성의 외부 성기를 비롯한 신체를 갖추고, 개인영역 및 직업 등 사회 영역에서 모두 전환된 성의 역할을 수행함으로써 주위 사람들도 그 성으로 인식한다. 전환된 성을 그 사람의 성으로 보더라도 다른 사람들과 신분관계에 중대한 변동을 초래하거나 사회에 부정적인 영향을 주지 않아서 사회적으로 허용된다고 볼 수 있다. 이와 같은 성전환자는 출생시와 다른 **전환된 성을 법률적으로도** 자신의 성으로 평가받을 수 있다.[4] *성전환자가 종래 강간죄 객체인 '부녀'에 해당될 수 있다는 판결. 객체가 '사람'으로 바뀐 지금은 성전환이 법률적으로 인정된다는 의미가 큼.

⑬ 피고인의 친딸로 가족관계에 있던 피해자가 **'마땅히 그러한 반응을 보여야만 하는 피해자'**('**피해자다움**' 논리)로 보이지 않는다는 이유만으로 피해자 진술의 신빙성을 함부로 배척할 수 없다. 그리고 친족관계에 의한 성범죄를 당하였다는 피해자의 진술은 피고인에 대한 이중적인 감정, 가족들의 계속되는 회유와 압박 등으로 인하여 번복되거나 불분명해질 수 있는 특수성이 있다는 점을 고려해야 한다.[5] *친부가 회유, 협박 등으로 친딸을 오랜 기간 강

1) 대판 1990. 5. 25. 90도607.
2) 대판 2004. 6. 11. 2004도2018.
3) 대판 2018. 10. 25. 2018도7709.
4) 대판 2009. 9. 10. 2009도3580.
5) 대판 2020. 8. 20. 2020도6965, 2020전도74(병합).

간한 사건. 피해자가 피해사실을 수년간 알리지 않고, 피해자의 어머니에게 피해사실을 알렸다가 번복하기도 함. 피고인을 걱정하는 애교 섞인 문자를 보내기도 하였으며, 법원에 피고인의 선처를 바라는 탄원서 및 처벌불원서를 제출함.

[90] 2. 강제추행죄 1

① 강제추행죄는 상대방에 대해 폭행 또는 협박을 가하여 항거를 곤란하게 한 뒤에 추행행위를 하는 경우뿐만 아니라, **폭행행위 자체가 추행행위라고** 인정되는 경우도 포함된다. 이 경우에 폭행은 반드시 상대방의 의사를 억압할 정도의 것임을 요하지 않고, 상대방의 **의사에 반하는** 유형력의 행사가 있는 이상 그 힘의 대소강약을 불문한다.[1]

② 유부녀인 피해자에 대해 **혼인 외 성관계 사실을 폭로**하겠다는 내용으로 협박하여 피해자를 간음 또는 추행한 경우, 이와 같은 협박이 피해자를 단순히 외포시킨 정도를 넘어 적어도 피해자의 항거를 현저히 곤란하게 할 정도의 것이었다고 보기에 충분하므로 강간죄 및 강제추행죄가 성립한다.[2]

③ 피고인이 피해자를 협박하여 겁을 먹은 피해자로 하여금 어쩔 수 없이 나체나 속옷만 입은 상태가 되게 하여 **스스로를 촬영하게** 하거나, 성기에 이물질을 삽입하거나 자위행위를 하게 하여 그 사진이나 동영상을 전송받았다면, 이러한 행위는 피해자를 이용하여 성적 자유를 침해한 **강제추행의 간접정범에** 해당된다. 피고인이 직접 이러한 행위를 하지 않았다거나 피해자의 신체에 대한 직접적인 접촉이 없었다고 하여 달리 볼 것은 아니다.[3]

④ 피고인이 밤에 술을 마시고 배회하던 중, 버스에서 내려 혼자 걸어가는 피해자 갑을 발견하고 마스크를 착용한 채 뒤따라가다가 인적이 없고 외진 곳에서 가까이 접근하여 **껴안으려 하였으나**, 갑이 뒤돌아보면서 소리치자 그 상태로 몇 초 동안 쳐다보다가 다시 오던 길로 되돌아간 경우, 갑의 행위는 **강체추행미수죄에** 해당한다.[4]

⑤ 강제추행죄는 폭행행위 자체가 추행행위라고 인정되는 이른바 **기습추행의** 경우도 포함된다. 기습추행은 상대방의 의사에 반하는 유형력의 행사가 있기만 하면 그 힘의 대소강약을 불문한다. 피해자의 옷 위로 엉덩이나 가슴을 쓰다듬는 행위, 피해자의 의사에 반하여 그 어깨를 주무르는 행위, 교사가 여중생의 얼굴에 자신의 얼굴을 들이밀면서 비비는 행위나 여중생의 귀를 쓸어 만지는 행위 등에 대해 대법원은 기습추행을 인정한 바 있다.[5]

⑥ **추행 인정사례** 피해자의 음부를 갑자기 1회 만진 경우,[6] 입술 · 귀 · 유두 · 가슴

---

1) 대판 2002. 4. 26. 2001도2417. 제4, 7회.

2) 대판 2007. 1. 25. 2006도5979.

3) 대판 2018. 2. 8. 2016도17733. 제8, 10회. 또한 제10회 사례: "甲은 A와 영상통화를 하면서 A에게 시키는 대로 하지 않으면 기존에 전송받은 신체사진을 유포하겠다고 A를 협박하여 이에 겁을 먹은 A로 하여금 가슴과 음부를 스스로 만지게 하였다…."

4) 대판 2015. 9. 10. 2015도6980, 2015모2524. 제8회.

5) 대판 2020. 3. 26. 2019도15994.

6) 대판 2012. 6. 14. 2012도3893, 2012감도14, 2012전도83.

등을 입으로 깨무는 행위,[1] 폐쇄된 공간에서 자위행위 모습을 보여준 경우,[2] 직장상사가 의사에 반하여 여성의 어깨를 주무른 경우,[3] 골프장 사장과 친분관계를 내세워 캐디에게 러브샷을 시킨 경우[4]는 판례가 강제추행으로 인정한 사례이다.

⑦ **추행 부정사례** 피고인이 바지를 벗어 자신의 성기를 보여준 것만으로는 폭행 또는 협박으로 '추행'을 하였다고 볼 수 없다.[5]

⑧ 피해자(여, 2세)에게 사탕을 건네주며 나이를 물었는데, 피해자가 정작 아무런 대답도 하지 않자 대답을 재촉하는 상황에서 그 어머니가 피해자의 팔을 잡아끌면서 피고인의 손이 피해자의 몸에 옷 위로 잠시 닿았던 경우는 추행에 해당되지 않는다.[6]

1 [91] 3. 준강간죄 · 준강제추행죄

① 피고인이 잠을 자고 있는 피해자의 옷을 벗긴 후 피해자의 음부 등을 만지고 자신의 성기를 피해자의 음부에 삽입하려고 하였으나, 피해자가 몸을 뒤척이고 비트는 등 잠에서 깨어 거부하는 듯한 기색을 보이자, 더 이상 간음행위에 나아가는 것을 포기한 경우도 **준강간죄의** 실행착수에 해당된다.[7]

② ***표준판례** 교회 노회장이 교회 여신도들을 간음 · 추행한 사안에서, 피해자들은 피고인의 행위가 종교적으로 필요한 행위로서 이를 용인해야 하는지에 관해 판단과 결정을 하지 못한 채 곤혹과 당황, 경악 등 정신적 혼란을 겪어 피고인의 행위를 **거부**하지 못하였다. 한편 피고인의 행위를 그대로 용인하는 다른 신도들이 주위에 있는 상태에서 피해자들은 위와 같은 **정신적 혼란이** 더욱 가중된 나머지, 피고인의 행위가 성적 행위임을 알면서도 이에 대한 반항이 현저하게 곤란한 상태에 있었다고 판단되는 경우 준강간 · 강제추행죄가 성립한다.[8]

③ ***표준판례** 피고인이 피해자가 심신상실 또는 항거불능의 상태에 있다고 인식하고 그러한 상태를 이용하여 간음할 의사로 피해자를 간음하였으나 피해자가 실제로는 심신상실 또는 항거불능의 상태에 있지 않았던 경우, **준강간죄의 불능미수가** 성립한다.[9] *실행의 수단 또는 대상의 착오로 준강간죄에서 규정하고 있는 구성요건 결과의 발생이 처음부터 불가능. 준강간의 고의실현이 불가능. 재판부의 다수의견은 준강간의 결과가 발생할 위험성을 인정. 반대의견은 실행수단 내지 대상의 착오 자체를 부정.

---

1) 대판 2013. 9. 26. 2013도5856.
2) 대판 2010. 2. 25. 2009도13716.
3) 대판 2004. 4. 16. 2004도52.
4) 대판 2008. 3. 13. 2007도10050.
5) 대판 2012. 7. 26. 2011도8805(*표준판례). 제2회.
6) 대판 2017. 10. 31. 2016도21231.
7) 대판 2000. 1. 14. 99도5187.
8) 대판 2009. 4. 23. 2009도2001.
9) 대판 2019. 3. 28. 2018도16002 전원합의체. 제9회.

④ 피해자는 술에 취해 자고 있었고, 잠결에 자신의 바지를 벗기려는 피고인을 자신의 애인으로 착각하여 반항하지 않고 응함에 따라 피해자를 1회 간음하였다. 이와 같이 피해자가 **잠결에 피고인을 자신의 애인으로** 잘못 알았다고 하더라도 피해자가 심신상실 상태에 이르렀다고 보기 어렵다.[1)]

[92] 4. 미성년자의제강간 · 강제추행죄 1

① 초등학교 4학년 담임교사(남자)가 교실에서 자신이 담당하는 반의 **남학생의 성기를** 만진 행위는 미성년자의제강제추행죄의 '추행'에 해당한다. 본죄의 성립에 성욕에 대한 주관적 동기나 목적은 요하지 않는다.[2)]

② 형법 제305조의 입법 취지에 비추어 보면, 동조에서 규정한 형법 제297조와 제298조의 '예에 의한다'는 의미는, 미성년자의제강간 · 강제추행죄의 처벌에 있어 그 법정형뿐만 아니라 **미수범에** 관하여도 강간죄와 강제추행죄의 예에 따른다는 취지로 해석된다. 이는 명확성원칙에 반하거나 확장해석, 유추해석에 해당되는 것도 아니다.[3)]

[93] 5. 강간 등 상해 · 치상죄

(1) 상해인정사례 1

판례가 강간치상 내지 상해를 인정한 경우로는 처녀막파열,[4)] 보행불능, 수면장애, 식욕감퇴 등의 기능장애,[5)] 강간으로 인해 10일간의 가료를 요하는 히스테리증상이 야기된 경우,[6)] 0.1㎝ 정도의 회음부찰과상,[7)] 전치 1주일 정도의 좌둔부찰과상,[8)] 음부가 찢어져 피가 나고 1주일 동안 통증을 느낀 경우,[9)] 음순좌우양측에 담적색 피하일혈반,[10)] 얼굴 가격으로 코피가 나고 콧등이 부어오르는 경우,[11)] 저항하다 범인과 충돌해 생긴 무릎의 찰과상,[12)] 수면제(졸피뎀)와 같은 약물투약으로 일시적 수면, 의식불명상태에 이른 경우,[13)] 성경험자이지만 특이체질로 인하여 새로 생긴 처녀막이 파열된 경우,[14)] 왼쪽 젖가슴에 약 10일간의 치료를

---

1) 대판 2000. 2. 25. 98도4355. 제4회.
2) 대판 2006. 1. 13. 2005도6791.
3) 대판 2007. 3. 15. 2006도9453.
4) 대판 1957. 5. 3. 4290형상40.
5) 대판 1969. 3. 11. 69도161.
6) 대판 1970. 2. 10. 69도2231.
7) 대판 1983. 7. 12. 83도1258.
8) 대판 1984. 7. 24. 84도1209.
9) 대판 1989. 12. 22. 89도1079.
10) 대판 1990. 4. 13. 90도154.
11) 대판 1991. 10. 22. 91도1832.
12) 대판 2005. 5. 26. 2005도1039(*표준판례). *피해자는 14세 중학교 3학년 여학생, 154㎝ 40㎏ 체구, 상해 2주 진단(정신과 치료 포함), 피고인은 40대 건장한 군인, 소형 승용차 안에서 격렬한 몸싸움으로 입은 상처 등을 미루어 경미한 상처도 아니고, 생활기능에 장애가 초래된 것이 아니라고 단정할 수 없다고 판단함. 강간에 수반된 상해는 피해자의 연령, 성별 등 구체적 상태를 기준으로 판단해야 한다는 판결.
13) 대판 2017. 6. 29. 2017도3196. 제7회.
14) 대판 1995. 7. 25. 94도1351.

요하는 좌상을 입고, 심한 압통과 약간의 종창이 있어 그 치료를 위해 병원에서 주사를 맞고 3일간 투약을 한 경우,[1] 좌족관절부좌상(가해자의 발에 밟힌 상처)으로 인해 당시 왼쪽 발목이 부어 병원에서 보름 정도 마사지와 찜질치료를 받고 투약한 경우[2] 등이 있다. 강간행위자가 자의로 실행을 중지한 경우라도 실행에 착수한 후 피해자에게 상처를 가한 이상 강간치상죄가 인정된다고 판시하였다.[3] 공범자중 수인이 강간의 기회에 상해결과를 야기하였으면, 다른 공범자가 그 결과에 대한 인식이 없었더라도 강간치상죄의 책임을 부담해야 한다.[4]

2 ### (2) 상해부정사례

상해가 되지 않는다고 판시한 것으로는 성교 도중 흥분하여 입으로 어깨를 빨아서 반상출혈상을 입힌 경우,[5] 강간하려다 미수에 그치고 그 과정에서 손바닥에 2㎝ 가량 긁힌 상처를 내었거나,[6] 3−4일간의 가료를 요하는 외음부충혈과 양 상박부 근육통이 있는 경우,[7] 부녀의 음모를 1회용 면도기로 일부 깎은 것,[8] 일상생활에 지장이 없고 자연적으로 치유된, 강제추행과정에 입힌 가슴부 찰과상,[9] 고의범인 상해죄로 처벌한 상해를 다시 결과적 가중범인 강제추행치상죄의 상해로 인정할 수 없음[10] 등이 있다. 그 밖에 강간행위와 상해결과 사이의 인과관계 내지 **예견가능성을 부정**한 경우로는, ① 피고인이 비교적 경미한 폭행 · 협박으로 강간을 시도하다가 화장실에 간 사이 4층에서 밖으로 뛰어내려 상해를 입은 경우,[11] ② 피해자가 피고인의 방문 흔드는 소리에 겁을 먹고 강간을 모면하기 위해 3층에서 창문을 넘어 탈출하다가 상해를 입은 경우[12] 등이 있다.

1 ## [94] 6. 위계 · 위력에 의한 미성년자 · 심신미약자 간음 · 추행죄

① 사리판단력 있는 청소년에게 성교의 대가로 **돈을 주겠다고** 거짓말하고 성교한 경우, 청소년이 간음행위 자체에 대한 착오에 빠졌다거나 이를 알지 못하였다고 할 수 없으므로 청소년성보호법 제10조 제4항 위계에 해당되지 않는다.[13] *사리판단력 있는 청소년은 착오에 빠지지 않음.

② ***표준판례** 남자를 소개시켜 주겠다고 거짓말을 하고 피해자(심신미약자)를 여관으

---

1) 대판 2000. 2. 11. 99도4794.
2) 대판 2003. 5. 30. 2003도1256.
3) 대판 1988. 11. 8. 88도1628.
4) 대판 1984. 2. 14. 83도3120(*표준판례). *대법원의 일관된 결과적 가중범의 공동정범 긍정설 입장.
5) 대판 1986. 7. 8. 85도2042.
6) 대판 1987. 10. 26. 87도1880.
7) 대판 1989. 1. 31. 88도831.
8) 대판 2000. 3. 23. 99도3099.
9) 대판 2009. 7. 23. 2009도1934.
10) 위 판례. 제3회.
11) 대판 1993. 4. 27. 92도3229(*표준판례). *피고인이 화장실에 간 사이어서 일단 급박한 상태는 아니었고, 4층에서 뛰어내리면 크게 다치거나 생명을 잃을 수도 있는 상황이기 때문에 예견하기 힘든 것으로 보았음.
12) 대판 1985. 10. 8. 85도1537.
13) 대판 2001. 12. 24. 2001도5074. 제8회.

로 유인하여 성관계를 한 경우, 피해자가 간음행위 자체에 대한 착오에 빠졌다거나 이를 알지 못하였다고 할 수 없으므로 피고인의 행위는 형법 제302조 위계에 의한 심신미약자간음죄의 위계에 해당하지 않는다.[1]

③ 위계에 의한 간음죄에서 왜곡된 성적 결정에 기초하여 성행위를 하였다면, 왜곡이 발생한 지점이 성행위 그 자체인지 성행위에 이르게 된 동기인지는 성적 자기결정권에 대한 침해가 발생한 것은 마찬가지라는 점에서 핵심부분이라고 하기 어렵다. 피해자가 오인, 착각, 부지에 빠지게 되는 대상은 **간음행위 자체**일 수도 있고, **간음행위에 이르게 된 동기이거나** 간음행위와 결부된 금전적 · 비금전적 대가와 같은 요소일 수도 있다.[2] *위계에 의한 간음죄에서 행위자가 간음의 목적으로 상대방에게 일으킨 오인, 착각, 부지는 간음행위 자체에 대한 오인, 착각, 부지를 말하는 것이지 간음행위와 불가분적 관련성이 인정되지 않는 다른 조건에 관한 오인, 착각, 부지를 가리키는 것은 아니라는 취지의 종전 판례[3]를 변경함.

[95] 7. 업무상 위력 등에 의한 간음죄와 성폭력처벌법 판례 1

① 병원 응급실에서 당직 근무를 하던 의사가 가벼운 교통사고로 비교적 경미한 상처를 입고 입원한 여성 환자들의 바지와 속옷을 내리고, 음부 윗부분을 **진료행위를 가장하여** 수회 누른 행위는 업무상 위력 등에 의한 추행에 해당한다.[4]

② 피고인이 지하철 환승에스컬레이터 내에서 카메라폰으로 피해자의 치마 속 신체 부위를 동영상 촬영하고 **저장버튼을 누르지 않은** 경우에도 **카메라 등 불법촬영죄**(성폭력처벌법 제14조 제1항)의 기수에 해당된다.[5] *아래에서 "법"은 성폭력처벌법을 지칭함.

③ 법 제13조 '성적 수치심이나 혐오감을 일으키는 말, 음향, 글, 그림, 영상 또는 물건을 상대방에게 도달하게 한다'에 해당 내용이 담긴 웹페이지를 링크(internet link)하는 행위도 포함된다.[6]

④ 법 제14조 제2항에서 "촬영물을 반포 · 판매 · 임대 또는 공연히 전시 · 상영한 자"는 반드시 촬영물을 촬영한 자와 동일인이어야 하는 것은 아니고, 행위대상이 되는 촬영물은 누가 촬영한 것인지를 묻지 않는다.[7]

⑤ 법 제14조 제1항의 '**성적 욕망**'에는 성행위나 성관계를 직접적인 목적이나 전제로 하는 욕망뿐만 아니라, 상대방을 성적으로 비하하거나 조롱하는 등 상대방에게 **성적 수치심을** 줌으로써 자신의 심리적 만족을 얻고자 하는 욕망도 포함된다. 또한 이러한 '성적 욕망'이

---

1) 대판 2002. 7. 12. 2002도2029. 제4회.
2) 대판 2020. 8. 27. 2015도9436.
3) 대판 2014. 9. 4. 2014도8423, 2014전도151.
4) 대판 2005. 7. 14. 2003도7107.
5) 대판 2011. 6. 9. 2010도10677.
6) 대판 2017. 6. 8. 2016도21389.
7) 대판 2016. 10. 13. 2016도6172.

상대방에 대한 분노감과 결합되어 있더라도 달리 볼 것은 아니다.[1]

⑥ 찜질방 수면실에서 옆에 누워 있던 피해자의 가슴 등을 손으로 만진 행위는 법 제11조에서 정한 **공중밀집장소 추행행위**에 해당한다.[2]

⑦ 구 법에서 "촬영물"은 다른 사람의 신체 그 자체를 직접 촬영한 촬영물만 해당하고, 다른 사람의 신체 이미지가 담긴 영상을 촬영한 촬영물(예컨대 컴퓨터나 스마트폰에 재생한 영상을 다시 촬영한 사진이나 동영상)은 이에 해당되지 않는다[3]고 하여 입법의 흠결이 있었으나, 법을 개정하여(2018. 12. 18.) 촬영물 이외에 "**복제물**(복제물의 복제물 포함)"을 추가하여(법 제14조 제2항) 이를 시정하였다.

⑧ 다른 특별한 사정이 없는 한 특수강간범이 강간행위 종료 전에 **특수강도의 행위를 한 이후에** 그 자리에서 강간행위를 계속하는 때에도, 특수강도가 부녀를 강간한 때에 해당하여 성폭력처벌법의 특수강도강간죄로 의율할 수 있다.[4]

⑨ 강간범이 **강간의 범행 후에** 특수강도의 범의를 일으켜 그 부녀의 재물을 강취한 경우에는, 이를 성폭력처벌법의 특수강도강간죄로 의율할 수 없다.[5] *강간죄와 특수강도죄의 경합범.

⑩ 피고인 등은 비록 특정한 1명씩의 피해자만 강간하려고 하였다 하더라도, 사전의 모의에 따라 피해자들을 데리고 불과 100m 이내의 거리에서 동시 또는 순차적으로 피해자들을 각각 강간하였다. 그 각 강간의 실행행위는 **시간적, 장소적으로 협동관계에** 있다고 보아야 하므로, 피해자 3명 모두에 대한 특수강간죄가 성립한다.[6]

⑪ 범행 현장에서 범행에 사용하려는 의도로 흉기 등 위험한 물건을 소지하거나 몸에 지닌 경우, 피해자가 이를 인식하지 못하였거나 **실제 범행에** 사용하지 않았더라도 성폭력처벌법의 흉기 등의 '휴대'에 해당된다.[7]

⑫ 피고인이 위험한 물건인 전자충격기를 피해자의 허리에 대고 피해자를 폭행하여 강간하려다가 미수에 그치고 피해자에게 **약 2주간의 치료를 요하는 안면부 좌상** 등의 상해를 입혔다. 이는 성폭력처벌법의 특수강간치상죄의 기수에 해당한다.[8]

⑬ 아동 · 청소년의 성을 사는 행위를 알선하는 행위를 업으로 하여 청소년성보호법 제15조 제1항 제2호의 위반죄가 성립하기 위해서는, 알선행위를 업으로 하는 사람이 아동 · 청소년을 알선의 대상으로 삼아 그 성을 사는 행위를 알선한다는 것을 인식해야 한다. 그러나 이에 더하여 알선행위로 **아동 · 청소년의 성을 사는 행위를 한 사람**이 행위의 상대방이 아

1) 대판 2018. 9. 13. 2018도9775.
2) 대판 2009. 10. 29. 2009도5704. 제2회.
3) 대판 2018. 8. 30. 2017도3443.
4) 대판 2010. 7. 15. 2010도3594. 제2, 7회.
5) 대판 2002. 2. 8. 2001도6425. 제2회.
6) 대판 2004. 8. 20. 2004도2870. 제2회.
7) 대판 2004. 6. 11. 2004도2018. 제7회.
8) 대판 2008. 4. 24. 2007도10058. 제3, 6회.

동 · 청소년임을 인식해야 한다고 볼 수는 없다.[1]

⑭ 법원이 성폭행이나 성희롱 사건의 심리를 할 때에는, 그 사건이 발생한 맥락에서 성차별 문제를 이해하고 양성평등을 실현할 수 있도록 **'성인지 감수성'을 잃지 않도록** 유의해야 한다(양성평등기본법 제5조 제1항 참조). 우리 사회는 가해자 중심의 문화와 인식 등으로 인해 성폭행 피해자가 피해사실을 알리고 문제를 삼는 과정에서, 오히려 피해자가 부정적 여론의 피해를 입기도 한다. 개별적 · 구체적 사건에서 성폭행 등의 **피해자가 처해 있는 특별한 사정을** 충분히 고려하지 않은 채, 피해자 진술의 증명력을 가볍게 배척하는 것은 정의와 형평의 이념에 맞는 증거판단이라고 할 수 없다.[2] *안희정 사건.

⑮ 피감독자간음죄 또는 성폭력처벌법상의 업무상 위력 등에 의한 추행죄의 '위력'은 피해자의 자유의사를 제압하기에 충분한 세력을 말하고 유형적이든 무형적이든 묻지 않는다. 폭행 · 협박뿐 아니라 행위자의 **사회적 · 경제적 · 정치적 지위나 권세를 이용하는** 것도 가능하다. '위력'으로써 간음하였는지 여부는 행사한 유형력의 내용과 정도 내지 이용한 **행위자의 지위나 권세의 종류**, 피해자의 연령, 행위자와 피해자의 이전부터의 관계 등 제반 사정을 종합적으로 고려하여 판단해야 한다.[3] *안희정 사건.

⑯ 성폭력처벌법의 **공중밀집장소추행죄가** 성립하기 위해서는 객관적으로 일반인에게 성적 수치심이나 혐오감을 일으키게 할 만한 행위로서 선량한 성적 도덕관념에 반하는 행위를 하는 것으로 충분하다. 행위자의 행위로 말미암아 대상자가 성적 수치심이나 **혐오감을 반드시 실제로** 느껴야 하는 것은 아니다.[4]

⑰ 아동복지법 제17조 제2호 '아동에게 음란한 행위를 시키거나 이를 매개하는 행위 또는 아동에게 성적 수치심을 주는 성희롱 등의 성적 학대행위'의 주체는 누구든지 가능하고, 성인이 아니라고 하여 여기에서 배제된다고 할 수는 없다.[5] *원심이 **미성년자인 피고인이** 13세 미만인 피해자를 유사강간, 강제추행함과 동시에 성적 학대행위를 하였다는 공소사실에 대해 유죄를 인정함. 아동복지법 제3조 제7호에서 정의하는 **'아동학대'는 '보호자를 포함하는 성인'으로** 주체가 제한되어 있으므로 아동에 대한 성적 학대행위를 금지하는 제17조 제2호 또한 그 주체가 성인으로 제한되어야 한다는 취지의 피고인의 상고이유 주장을 배척하고 상고를 기각한 사례. 원심은 피고인이 미성년자이기 때문에 성폭력처벌법의 13세 미만자에 대한 유사성행위, 준강제추행은 제외하고 아동복지법 부분만 유죄를 인정함.

⑱ 성폭력처벌법 제6조의 '신체적 장애가 있는 사람'은 '신체적 기능이나 구조 등의 문제로 일상생활이나 사회생활에서 상당한 제약을 받는 사람'을 의미한다. 그러한 장애 여부를 판단함에 있어서는 해당 피해자의 상태가 충분히 고려되어야 하고 **비장애인의 시각과 기준**

1) 대판 2016. 2. 18. 2015도15664. 제7회.
2) 대판 2019. 9. 9. 2019도2562.
3) 위 판례.
4) 대판 2020. 6. 25. 2015도7102.
5) 대판 2020. 10. 15. 2020도6422.

에서 피해자의 상태를 판단하여 장애가 없다고 쉽게 단정해서는 안 된다.[1] *다리를 절고 오른쪽 눈이 사실상 보이지 않으며 지체장애 3급으로 등록되어 있는 여성을 강간, 강제추행한 사건. 원심은 피해자의 성적 자기결정권 행사를 특별히 보호해야 할 필요가 있을 정도의 신체적 또는 정신적인 장애가 있어야 한다는 전제를 함. 피해자에게 그러한 장애가 있다거나 피고인이 그와 같은 장애상태를 인식하였다고 보기 어렵다고 판단하여 장애인강간 · 강제추행 부분은 무죄, 일반강간 · 강제추행은 유죄를 선고함. 대법원은 이를 파기 환송함.

XI. 명예와 신용에 관한 죄

1 [96] 1. 일반이론

① ***표준판례** 이른바 **집단표시에 의한 모욕**은, 구성원 개개인에 대한 비난 정도가 희석되지 않아 구성원 개개인의 사회적 평가를 저하시킬 만한 것으로 평가될 경우에 예외적으로 성립할 수 있다. 구성원 개개인에 대한 것으로 여겨질 정도로 구성원 수가 적거나 당시 주위 정황 등으로 집단 내 개별구성원을 지칭하는 것으로 여겨질 수 있는 때에는, 집단 내 개별구성원이 피해자로서 특정된다. 그 구체적 기준으로 집단 크기, 집단 성격, 집단 내 피해자의 지위 등을 들 수 있다.[2] *당시 현직 국회의원이 "**아나운서** 하려면 모두 다 줄 생각을 해야 하는데…"라는 발언으로 아나운서연합회 소속 회원들로부터 집단 고소당한 사건. 1심과 2심은 모두 모욕죄 유죄를 인정했지만 대법원에서 파기 환송됨.

② ***표준판례** 피고인은 기자들에게 배포한 보도자료에서, **3.19 동지회** 소속 교사들이 학생들을 선동하여 무단하교를 하게 하였다고 적시하여 명예훼손혐의로 기소되었다. 이 사건 고등학교의 교사는 총 66명으로서 그 중 약 37명이 3.19 동지회 소속 교사들이고, 이 학교의 학생이나 학부모 등 관계자들은 3.19 동지회 소속 교사들이 누구인지 모두 알고 있었다. 3.19 동지회는 그 집단의 규모가 비교적 작고 그 구성원이 특정되어 있으므로, 피고인이 3.19 동지회 소속 교사들에 대한 허위사실을 적시함으로써 그들 모두의 명예가 훼손되었다고 할 것이다.[3]

③ '대전 지역 검사들'이라는 표시에 의한 명예훼손은 그 구성원 개개인에 대하여 방송하는 것으로 여겨질 정도로 구성원의 수가 적고, 한 달여에 걸친 집중적인 관련 방송 보도 등 당시의 주위 정황 등으로 보아 집단 내 개별구성원을 지칭하는 것으로 여겨질 수 있다.[4] *MBC 뉴스데스크 **대전 법조비리** 사건 보도.

④ 피고인은 **고흥군청** 인터넷 홈페이지에 고흥군을 비방할 목적으로 허위내용의 글을 게시하거나 고흥군에 대한 경멸적인 표현의 글을 게재하였다. 이 글이 동시에 고흥군수 개인

1) 대판 2021. 2. 25. 2016도4404.
2) 대판 2014. 3. 27. 2011도15631. 제5, 10회.
3) 대판 2000. 10. 10. 99도5407.
4) 대판 2003. 9. 2. 2002다63558.

에 대한 경멸적 표현으로 판단되는 경우, 고흥군수 개인에 대한 모욕죄가 성립한다. **국가나 지방자치단체는** 기본권의 수범자일 뿐 기본권의 주체가 될 수 없으므로 고흥군 전체의 집합 명칭에 의한 명예훼손은 불가하다.[1]

[97] 2. 명예훼손죄

(1) 전파성이론 1

① *표준판례 명예훼손죄의 구성요건인 공연성은 불특정 또는 다수인이 인식할 수 있는 상태를 의미한다. 비록 개별적으로 한사람에 대해 사실을 유포하였더라도 그로부터 불특정 또는 다수인에게 **전파될 가능성이** 있으면 공연성의 요건을 충족한다. 그러나 이와 달리 전파될 가능성이 없다면 특정한 한 사람에 대한 사실 유포는 공연성을 결한다고 할 것이다.[2] *전자는 일반인(보통사람)이고 후자는 기자의 경우. 기자에 대한 사실적시는 기사화하여 보도하지 않는 한 공연성 없음. 보통사람의 경우에는 그런 과정 없이 전파가능성만 있으면 바로 공연성 인정. 이 사건의 경우에는 기자가 인터뷰 내용을 보도하지 않았으므로 공연성 부정.

② **공연성에 관한 전파가능성 법리는** 대법원이 오랜 시간에 걸쳐 발전시켜 온 것으로서 현재에도 여전히 법리적으로나 현실적인 측면에 비추어 타당하므로 유지되어야 한다. 명예훼손의 규정이 '명예를 훼손한'이라고 되어 있음에도 이를 침해범이 아니라 추상적 위험범으로 보는 것은 명예훼손이 갖는 행위반가치와 결과반가치의 특수성에 있다. 즉 명예훼손죄의 보호법익인 명예에 대한 침해가 객관적으로 확인될 수 없고 이를 증명할 수도 없기 때문이다. 따라서 불특정 또는 다수인이 적시된 사실을 실제 인식하지 못하였다고 하더라도 그러한 상태에 놓인 것만으로도 명예가 훼손된 것으로 보아야 하고 이를 불능범이나 미수로 평가할 수 없다. 공연성에 관한 위와 같은 해석은 불특정 또는 다수인이 인식할 수 있는 가능성의 측면을 말하는 것이고, 죄형법정주의에서 허용되는 해석이며, 그와 같은 행위에 대한 형사처벌의 필요성이 있다.[3] *공연성의 '전파성이론'을 전원합의체로 다시 확인시켜 준 판결. 대법관 3명의 반대의견 있음: 명예훼손죄에서 명예훼손 사실을 들은 상대방이 행위자가 적시한 사실을 장차 다른 사람에게 전달할지 여부에 따라 명예훼손죄의 성립 여부를 결정하는 것은 행위에 대한 불법평가에서 고려 대상으로 삼아서는 안 되는 **우연한 사정을 들어 결과책임을** 묻는 것임. 장문의 판결인데 문장, 내용, 논증형식 등 훌륭함. 명예훼손죄에 대한 대법원입장의 완결판이라고 할 만함. 원문 필독.

③ **신분관계에 있는 자** 피고인이 각 피해자에게 "사이비 기자 운운" 또는 "너 이 쌍년 왔구나"라고 말한 장소가 여관방 안이고 그곳에는 피고인과 그의 처, 피해자들과 그들의 딸, 사위, 매형밖에 없었다. 피고인이 피고인의 딸과 피해자들의 아들간의 파탄된 혼인관계를

1) 대판 2016. 12. 27. 2014도15290.
2) 대판 2000. 5. 16. 99도5622.
3) 대판 2020. 11. 19. 2020도5813 전원합의체.

수습하기 위해 만나 얘기하던 중 감정이 격화되어 위와 같은 발설을 한 사실은 인정된다. 위 발언은 그 자리에 모여 있던 사람들의 **신분관계나** 그들이 모인 경위로 보아, 그와 같은 발설이 그들로부터 불특정 다수인에게 전파될 가능성이 있다고 보기는 어려워 공연성은 인정되지 않는다.1)

④ **직장상사** 피고인은 중학교 교사에 대해 "전과범으로서 교사직을 팔아가며 이웃을 해치고 고발을 일삼는 악덕 교사"라는 취지의 진정서를 그가 근무하는 학교법인 이사장 앞으로 제출하였다. 위 진정서의 내용과 진정서의 수취인인 **학교법인 이사장과 위 교사의 관계** 등에 비추어 볼 때, 위 이사장이 위 진정서 내용을 타에 전파할 가능성이 있다고 보기는 어렵다. 명예훼손죄의 구성요건인 공연성은 인정되지 않는다.2)

⑤ **동업자** 피고인이 다방에서 피해자와 **동업관계**로 친한 사이인 공소외인에 대해 피해자의 험담을 한 경우에, 다방 내의 좌석이 다른 손님의 자리와 멀리 떨어져 있고, 그 당시 공소외인은 피고인에게 왜 피해자에 관해서 그런 말을 하느냐고 힐책까지 한 사실이 있다면 전파가능성이 있다고 볼 수 없다.3)

2 ### (2) 공연성 인정사례

① 피고인이 저녁 5시경 피해자의 **시어머니 외 2명이** 있는 자리에서 피해자에 대해 "시커멓게 생긴 놈하고 매일같이 붙어 다닌다. 점방 마치면 여관에 가서 누워 자고 아침에 들어온다"고 말한 경우는 공연성이 인정된다.4)

② 피고인이 행정서사 사무실 안에서 같은 교회에 다니는 행정서사와 그의 처 그리고 사무원이 함께 한 자리에서, 피해자가 처자식이 있는 남자와 살고 있다는데 아느냐고 말한 경우는 공연성이 인정된다.5)

③ 피고인이 자기에 대한 형사피의사건의 수사과정에서 수사경찰관으로부터 고문 · 폭행 · 협박을 받았다는 사실 등 허위의 사실을 4**인에 대해** 각각 **개별적으로 유포한** 경우는 공연성이 인정된다.6)

④ 피고인들이 피해자를 비방할 목적으로 허위사실을 기재한 출판물 15부를 피고인들이 소속된 교회의 교인 15인에게 배부한 경우는 공연성이 인정된다.7)

⑤ 피고인이 세 사람이 있는 자리에서 또는 한 사람에게 **전화로** 허위사실을 유포한 경우에도, 그 사람들에 의해 외부에 전파될 가능성이 있는 이상 명예훼손죄의 성립에는 영향이 없다.8)

---

1) 대판 1984. 4. 10. 83도49.
2) 대판 1983. 10. 25. 83도2190.
3) 대판 1984. 2. 28. 83도891.
4) 대판 1983. 10. 11. 83도2222.
5) 대판 1985. 4. 23. 85도431.
6) 대판 1985. 12. 10. 84도2380.
7) 대판 1984. 2. 28. 83도3124.
8) 대판 1990. 7. 24. 90도1167.

⑥ 피고인이 진정서와 고소장 사본을 특정 사람들에게 개별적으로 우송한 것이라고 하여도, 그 숫자가 다수인(판례에서는 19명과 193명)인 경우에는 공연성이 인정된다.[1]

⑦ 피고인이 피해자 부부가 전과가 많다고 발언한 내용을 들은 사람들이 피해자들과는 **일면식이** 없다거나, 또는 이미 피해자들의 전과사실을 알고 있었다고 하더라도 공연성, 즉 피고인의 발언이 전파될 가능성이 없다고 볼 수는 없다.[2]

⑧ 피고인이 비록 2명 또는 3명이 있는 자리에서 허위사실을 유포하였는데 그 장소가 거리 또는 식당 등 **공공연한 장소일** 뿐만 아니라, 그 이야기를 들은 사람들과 피해자가 특별한 친분관계를 가져서, 이러한 피고인의 이야기를 전파하지 아니하고 비밀로 지켜줄 사정이 전혀 엿보이지 않는 경우는 공연성이 인정된다.[3]

⑨ 피고인이 명예훼손행위를 행할 당시 피고인의 말을 들은 사람은 한 사람씩에 불과하였으나 그들과 피고인은 **특별한 친분관계가** 있는 자가 아니며, 지방의회 의원선거를 앞둔 시점에 현역시의회의원이면서 다시 그 후보자가 되고자 하는 자를 비방한 경우는 공연성이 인정된다.[4]

⑩ ***표준판례** 개인 블로그의 **비공개 대화방에서** 상대방으로부터 비밀을 지키겠다는 말을 듣고 일 대 일로 대화하였다고 하더라도, 그 사정만으로 대화 상대방이 대화내용을 불특정 또는 다수에게 전파할 가능성이 없다고 할 수 없다.[5] *대법원의 '전파성 이론'이 반영된 것임. 결과 면에서 전파될 '일반적 위험성'은 배제하기 힘들다는 입장.

⑪ 직장의 전산망에 설치된 **전자게시판에** 타인의 명예를 훼손하는 내용의 글을 게시한 행위는 명예훼손죄를 구성한다.[6]

⑫ 피고인 갑은 피해자 공소외 1 집 뒷길에서 피고인의 남편 공소외 2 및 공소외 3이 듣는 가운데 피해자에게 '저것이 징역 살다온 전과자다' 등으로 큰소리로 말하였다. 공소외 2는 전과사실을 이미 알고 있었고, 공소외 3은 피해자의 먼 친척이었다. 갑의 행위는 공연히 사실을 적시해 피해자의 명예를 훼손한 경우에 해당된다.[7]

⑬ 피고인은 공사 도급인이고 피해자는 수급인, 공소외인은 피해자의 소개로 공사현장에서 일한 관계에 있다. 피고인은 피해자에게 공사대금 일부를 미지급하여 항의를 받았다. 그러자 피고인은 공소외인에게 '지급할 노임 중 1,900만 원을 피해자가 수령한 후 이를 유용하였다'는 취지의 **문자메시지를 보내 명예훼손죄로** 기소되었다. 원심은 피고인에게 전파가능성의 인식이 없는 것으로 판단하였다. 그러나 대법원은 피고인과 공소외인 및 피해자 사이의 관계, 피고인이 이 사건 문자메시지를 보내게 된 경위, 이 사건 문자메시지의 내용 등에 의

---

1) 대판 1991. 6. 25. 91도347. 제3회.
2) 대판 1993. 3. 23. 92도455.
3) 대판 1994. 9. 30. 94도1880.
4) 대판 1996. 7. 12. 96도1007.
5) 대판 2008. 2. 14. 2007도8155. 제5회.
6) 대판 2000. 5. 12. 99도5734.
7) 대판 2020. 11. 19. 2020도5813 전원합의체.

할 때 전파가능성 및 그 인식을 섣불리 부정할 수 없다고 보았다.1) *하지만 검사가 제출한 증거가 허위성 인식, 명예훼손죄의 고의를 합리적 의심의 여지가 없을 정도로 증명하였다고 볼 수 없어서 검사의 상고를 기각함.

3 ### (3) 공연성 부정사례

① 피고인이 식당 내의 방안에서 피해자의 **친척 한 사람만** 있는 자리에서 피해자가 어떤 여자와 불륜관계에 있다고 말한 경우는 공연성이 인정되지 않는다.2)

② 피고인이 마을입구 노상에서 밤에 우연히 자신이 연모하는 과부를 만나 그를 유혹하기 위해, 피해자도 서방질을 하는데 과부가 서방을 두는 것이 무슨 잘못이냐고 말한 경우는 공연성이 인정되지 않는다.3)

③ 피고인이 6촌 동생과 그의 처 앞에서 피고인의 형수인 피해자가 공소 외 특정 남자와 함께 어느 여관에서 잠을 자고 왔다고 말한 경우는 공연성이 인정되지 않는다.4)

④ 자신의 아들 등으로부터 폭행을 당해 입원한 피해자의 병실로 병문안을 간 가해자의 어머니가, 피해자의 어머니와 폭행사건에 대해 대화를 나누던 중 피해자 어머니의 **친척 등 3명이** 있는 자리에서, "학교에 알아보니 피해자에게 원래 정신병이 있다고 하더라"라는 허위사실을 말한 경우는 행위 당시의 모든 사정에 비추어 볼 때 공연성이 있다고 할 수 없고 전파가능성도 인정하기 어렵다.5)

⑤ 기자를 통한 사실의 적시는 그가 취재내용을 **기사화하여** 보도하지 않은 한 전파가능성이 없어 공연성을 결한 것으로 판시하고 있다. 이것은 기자가 아닌 일반인에 대한 사실의 적시가 그 순간부터 전파가능성 여부를 따져 공연성이 인정되는 것과 차이가 나는 점이다.6)

⑥ 피고인을 명예훼손죄로 고소할 수 있도록 그 증거자료를 미리 은밀하게 수집, 확보하기 위하여, 피고인의 **발언을 유도하였다고** 의심되는 사람들에게 한 피해자의 여자 문제 등 사생활에 관한 피고인의 발언은 전파가능성이 있다고 단정하기 어렵다.7)

⑦ 이혼소송 중인 처가 피해자(남편)에게 유리한 진술서를 작성하여 주었던 **남편의 친구에게** 서신을 보내면서, 남편의 명예를 훼손하는 문구가 기재된 서신을 동봉한 경우는 공연성이 결여되었다.8)

⑧ 어느 사람에게 **귀엣말 등** 그 사람만 들을 수 있는 방법으로 그 사람 본인의 사회적 가치 내지 평가를 떨어뜨릴 만한 사실을 이야기하였다면, 위와 같은 이야기가 불특정 또는 다수인에게 전파될 가능성은 있다고 볼 수 없다. 이는 명예훼손의 구성요건인 공연성을 충족

---

1) 대판 2021. 4. 8. 2020도18437.
2) 대판 1981. 10. 27. 81도1023.
3) 대판 1981. 3. 18. 80노1210.
4) 대판 1982. 4. 27. 82도371.
5) 대판 2011. 9. 8. 2010도7497. 제3, 4회.
6) 대판 2000. 5. 16. 99도5622.
7) 대판 1996. 4. 12. 94도3309.
8) 대판 2000. 2. 11. 99도4579.

하지 못하는 것이며, 그 사람이 들은 말을 스스로 다른 사람들에게 전파하였더라도 위와 같은 결론에는 영향이 없다.1)

⑨ 피고인이 갑으로부터 취득한 을의 **범죄경력기록**을 병에게 보여주면서 "전과자이고 나쁜 년"이라고 사실을 적시하여 을의 명예를 훼손하였다는 공소사실에 대해, 위 유포 사실이 불특정 또는 다수인에게 전파될 가능성이 없다는 이유로 무죄를 선고한 원심판결은 정당하다.2) *형의 실효 등에 관한 법률은 범죄경력자료를 법령에 규정된 용도 외에 사용하는 것을 처벌.

⑩ 전파가능성을 이유로 명예훼손죄의 공연성을 인정하는 경우에도 범죄구성요건의 주관적 요소로서 **공연성에 대한 미필적 고의가** 필요하므로 전파가능성에 대한 인식은 물론 위험을 용인하는 내심의사가 있어야 한다. 행위자가 전파가능성을 용인하고 있었는지 여부는, 외부에 나타난 행위 형태와 상황 등 구체적 사정을 기초로, 일반인이라면 그 전파가능성을 어떻게 평가할 것인가를 고려하여 **행위자 입장에서** 그 심리상태를 추인해야 한다.3)

(4) 구체적 사실적시 부정 4

① ***표준판례** 불미스러운 **소문의 진위를 확인**하고자 질문하는 과정에서 타인의 명예를 훼손하는 발언을 하였다면, 이러한 경우에는 그 동기에 비추어 명예훼손의 고의를 인정하기 어렵다.4)

② 새로 목사로 부임한 피고인이 전임목사에 관한 교회 내의 불미스러운 소문의 진위를 확인하기 위해 이를 교회집사들에게 물어보았다. 이는 **경험칙상 충분히** 있을 수 있는 일로서 명예훼손의 고의 없는 단순한 확인에 지나지 아니하여 사실의 적시라고 할 수 없다.5)

③ 방송국 프로듀서 등 피고인들이 특정 프로그램 방송보도(MBC PD수첩)를 통해 이른바 '한미 쇠고기 수입 협상'의 협상단 대표와 주무부처 장관이 미국산 쇠고기 실태를 제대로 파악하지 못하였다는 취지의 보도를 한 것은 명예훼손죄의 '사실의 적시'에 해당하지 않는다.6)

④ 우리나라 유명 소주회사가 일본의 주류회사에 지분이 50% 넘어가 일본 기업이 되었다고 하는 사실적시는 **가치중립적 표현**으로서 명예훼손 표현이 아니다.7)

⑤ 다른 사람의 말이나 글을 비평하면서 사용한 표현이 평균적인 독자의 관점에서 보았을 때, 문제 된 부분이 실제로는 비평자의 **주관적 의견에** 해당하고, 다만 비평자가 자신의 의견을 강조하기 위해 그와 같은 표현을 사용하였다면, 명예훼손죄에서 말하는 사실의 적시에 해당한다고 볼 수 없다.8)

---

1) 대판 2005. 12. 9. 2004도2880.
2) 대판 2010. 11. 11. 2010도8265.
3) 대판 2020. 1. 30. 2016도21547.
4) 대판 2018. 6. 15. 2018도4200.
5) 대판 1985. 5. 28. 85도588.
6) 대판 2011. 9. 2. 2010도17237. 제3회.
7) 대판 2008. 11. 27. 2008도6728.
8) 대판 2017. 5. 11. 2016도19255.

⑥ 과거의 역사적 사실관계 등에 대해 **민사판결을** 통해 어떤 사실인정이 있었다는 이유만으로, 이후 그와 반대되는 사실의 주장이나 견해의 개진 등을 명예훼손죄의 '허위의 사실 적시'에 해당한다고 쉽게 단정해서는 안 된다.1)

⑦ 피고인이 다만 피해자가 피고인의 범죄를 고발하였다는 내용의 언사만을 하고 그 고발의 **동기나 경위에** 관하여는 전혀 언급을 하지 않았다. 그와 같은 언사만으로는 피해자의 사회적 가치나 평가를 침해하기에 충분한 구체적인 사실이 적시되었다고 보기는 어렵다.2)

⑧ 우리 헌법상 종교의 자유가 보호하는 것은 종교 자체나 종교가 신봉하는 **신앙의 대상**이 아니고 종교를 신봉하는 국민이다. 따라서 타 종교의 **신앙대상을** 우스꽝스럽게 묘사하거나 **다소 모욕적이고** 불쾌하게 느껴지는 표현을 사용하더라도, 그것이 그 종교를 신봉하는 신도들에 대한 증오의 감정을 드러내는 것이거나, 그 자체로 폭행 · 협박 등을 유발할 우려가 있는 정도가 아닌 이상 허용된다고 보아야 한다.3)

⑨ 피고인은 군수로 당선된 갑을 비방하는 내용의 문자메시지를 마치 관할 지방검찰청 지청에서 발신하는 것처럼 기자들에게 발송하여 해당 지청장 또는 지청 구성원의 명예를 훼손하였다는 내용으로 기소되었다. 위 문자메시지의 내용은 '관할 지청에서 을을 구속하고 갑 군수를 조사하고 있다'는 취지로 보일 뿐이고, 그것으로부터 '지청장 또는 지청 구성원이 **그와 같은 내용을** 알린다'는 사실이 곧바로 유추되는 것으로 보기는 어렵다. 이는 구체적 사실의 적시에 해당되지 않는다.4)

⑩ 적시된 사실이 허위사실인지 여부를 판단하는 경우, 적시된 사실의 내용 전체의 취지를 살펴볼 때 중요한 부분이 객관적 사실과 합치되면, **세부에 있어서** 진실과 약간 차이가 나거나 다소 과장된 표현이 있더라도 이를 허위사실로 볼 수는 없다. 목사가 예배 중 특정인을 가리켜 "이단 중에 이단이다"라고 설교한 부분은, 명예훼손죄에서 말하는 '사실의 적시'에 해당되지 않는다.5)

⑪ 갑 등이 트위터 글이나 기사들에 을 등을 비판하는 글을 작성 · 게시하면서 '**종북**', '**주사파**', '▽▽▽▽연합'이라는 표현을 한 것은, 사실 적시가 아니라 의견 표명이나 구체적인 정황 제시가 있는 의혹 제기에 불과하여 불법행위가 되지 않거나, 을 등이 공인이라는 점을 고려할 때 위법하지 않다고 판단된다.6) *표현의 자유를 위해서는 법적 판단으로부터 자유로운 '**숨쉴 공간**'이 필요. 도의적 · 정치적 책임을 져야 할 사안에 법적 책임을 부과하는 것은 곤란.

⑫ 사실적시명예훼손죄(제307조 제1항)의 '사실'은 제2항의 '허위의 사실'과 반대되는 '진실한 사실'을 말하는 것이 아니라 가치판단이나 평가를 내용으로 하는 '**의견'에 대치되는** 개념이다. 따라서 제307조 제1항의 명예훼손죄는 적시된 사실이 진실한 사실인 경우이든 허위

1) 대판 2017. 12. 5. 2017도15628.
2) 대판 1994. 6. 28. 93도696.
3) 대판 2014. 9. 4. 2012도13718.
4) 대판 2011. 8. 18. 2011도6904.
5) 대판 2008. 10. 9. 2007도1220.
6) 대판 2018. 10. 30. 2014다61654 전원합의체.

의 사실인 경우이든 모두 성립될 수 있다. 특히 적시된 사실이 허위의 사실이라고 하더라도 행위자에게 **허위성에** 대한 인식이 없는 경우에는 제307조 제2항의 명예훼손죄가 아니라 제307조 제1항의 명예훼손죄가 성립될 수 있다.[1)]

⑬ 피고인은 4.16연대 사무실에 대한 압수·수색 규탄 기자회견에서 '세월호 참사 7시간 동안 박근혜 대통령이 마약이나 보톡스를 했다는 의혹이 사실인지 청와대를 압수·수색해서 확인했으면 좋겠다'는 취지로 한 발언에 대해 허위사실 적시에 의한 명예훼손으로 기소되었다. 위 발언은 위 사무실에 대한 압수수색의 부당성과 피해자의 행적을 밝힐 필요성에 관한 의견을 표명하는 과정에서 세간에 널리 퍼져 있는 의혹을 제시한 것으로 '피해자가 마약을 하거나 보톡스 주사를 맞고 있어 직무 수행을 하지 않았다'는 구체적 사실을 적시하였다고 단정하기 어렵다. 피고인은 **공적 인물과 관련된 공적 관심사항에** 대한 의혹을 제기하는 방식으로 표현행위를 한 것으로서 대통령인 피해자 개인에 대한 악의적이거나 심히 경솔한 공격으로서 현저히 상당성을 잃은 것으로 평가할 수 없다. 피고인의 행위는 명예훼손죄로 처벌할 수 없다.[2)] *공적 인물의 공적 관심사항에 대해서는 개인의 명예보다는 공공의 이익에 대한 표현의 자유가 우선한다는 판결. 그러나 원심은 공소사실을 유죄로 인정하였음.

(5) 구체적 사실적시 인정 5

① 사람의 성명을 명시한 바 없는 허위사실의 적시행위도 그 표현의 내용을 주위사정과 종합 판단하여, 그것이 어느 **특정인을 지목하는** 것인가를 알아차릴 수 있는 경우에는 그 특정인에 대한 명예훼손죄를 구성한다.[3)]

② 피고인은 경찰관을 상대로 진정한 사건이 혐의가 인정되지 않아 내사종결 처리되었음에도 공연히 "사건을 조사한 경찰관이 내일부로 검찰청에서 구속영장이 떨어진다"고 말하였다. 이는 현재의 사실을 기초로 하거나 이에 대한 주장을 포함하여 **장래의 일을** 적시한 것으로 볼 수 있어 명예훼손죄의 사실의 적시에 해당한다.[4)]

③ 명예훼손죄에서 사실의 적시는, 간접적이고 **우회적인 표현에** 의하더라도 그와 같은 사실의 존재를 암시하고, 또 이로써 특정인의 사회적 평가가 침해될 가능성이 있을 정도의 구체성이 있으면 충분하다. 교수가 학생들 앞에서 피해자의 이성관계를 암시하는 발언을 한 것은 명예훼손죄가 성립한다.[5)]

④ 피고인의 시詩 중 '민생법안이 널려 있어도 / 국회에 앉아 있으면 하품만 하는 년이지 / 아니지 국회 출석률 꼴찌이지'라는 내용은 일반 독자에게 그 표현 자체로서 사실의 적시로 이해될 여지가 충분하다.[6)]

---

1) 대판 2017. 4. 26. 2016도18024. 제10회.
2) 대판 2021. 3. 25. 2016도14995.
3) 대판 1982. 11. 9. 82도1256.
4) 대판 2003. 5. 13. 2002도7420. 제5회.
5) 대판 1991. 5. 14. 91도42.
6) 대판 2007. 5. 10. 2007도1307.

⑤ *표준판례 피고인은 인터넷 포털사이트의 피해자에 대한 기사란에, 그녀가 재벌과 사이에 아이를 낳거나 아이를 낳아준 대가로 수십억 원을 받은 사실이 없음에도 불구하고, 그러한 사실이 있는 것처럼 댓글이 붙어 있던 상황에서, 추가로 "지고지순이 뜻이 뭔지나 아니? 모 재벌님하고의 관계는 끝났나?"라는 내용의 댓글을 게시하였다. 피고인의 위와 같은 행위는 **간접적, 우회적인 표현으로** 허위 사실의 존재를 구체적으로 암시하는 방법으로 사실을 적시한 경우에 해당한다.1) *사회에 이미 알려진 사실, 사실적시가 반드시 직접적이지 않은 경우에도 명예훼손 가능.

6 **(6) 명예훼손 고의**

① 명예훼손죄의 고의는 확정적 고의뿐만 **미필적 고의도** 포함하므로 허위사실 적시에 의한 명예훼손죄 역시 미필적 고의에 의해서도 성립한다. 위와 같은 법리는 형법 제308조 사자명예훼손죄의 판단에서도 마찬가지로 적용된다.2)

② 형법 제307조 제2항 명예훼손죄의 범의는 그 구성요건사실, 즉 적시한 사실이 허위인 점과 그 사실이 사람의 사회적 평가를 저하시킬 만한 것이라는 점을 인식해야 한다. 특별히 **비방의 목적이** 있음을 요하지 않는다.3)

③ *표준판례 명예훼손죄의 공연성을 인정하는 경우에는 적어도 미필적 고의가 필요하므로 전파가능성에 대한 인식이 있음은 물론 나아가 그 위험을 용인하는 내심의 의사가 있어야 한다. 행위자가 전파가능성을 용인하고 있었는지 여부는, **일반인이라면** 그 전파가능성을 어떻게 평가할 것인가를 고려하면서 행위자의 입장에서 그 심리상태를 추인하여야 한다.4) *불미스러운 소문의 진위를 확인하고자 한 질문은 명예훼손 고의를 인정하기 어려움.

④ (MBC PD수첩의 광우병 보도에서) 보도내용 중 일부가 허위사실 적시에 해당하더라도 위 방송보도가 국민의 **먹을거리와 관련된 공공성이** 있는 점, 미국산 쇠고기의 광우병 위험성에 관한 허위사실 적시가 공직자인 피해자들의 명예와 직접적인 연관이 없고, 피해자들에 대한 **악의적인 공격이** 아니라는 점 등에 비추어 명예훼손 고의를 인정하기 어렵다.5)

⑤ 마트의 운영자인 피고인이 마트에 물품을 납품하는 업체 직원인 갑을 불러 '다른 업체에서는 마트에 입점하기 위하여 입점비를 준다고 하던데, 입점비를 얼마나 줬냐? 점장 을이 여러 군데 업체에서 입점비를 돈으로 받아 해먹었고, 지금 뒷조사 중이다'라고 말한 것은, **공연히 허위사실을** 적시하여 을의 명예를 훼손한 경우에 해당된다.6)

⑥ *표준판례 서적·신문 등 기존 매체에 명예훼손 내용의 글을 게시하면 그 게시행위로써 명예훼손 범행은 종료된다. 그 서적이나 신문을 회수하지 않는 동안 범행이 계속되지

---

1) 대판 2008. 7. 10. 2008도2422. 제3회.
2) 대판 2014. 3. 13. 2013도12430.
3) 대판 1991. 3. 27. 91도156.
4) 대판 2018. 6. 15. 2018도4200.
5) 대판 2011. 9. 2. 2010도17237.
6) 대판 2018. 6. 15. 2018도4200.

않는다는 점을 고려하면, **정보통신망을 이용한** 명예훼손의 경우에, 게시행위 후에도 독자의 접근가능성이 기존 매체에 비해 더 높다고 볼 여지는 있다. 하지만 그 정도의 차이만으로 정보통신망을 이용한 명예훼손에서 범죄의 종료시기가 달라진다고 보기는 어렵다.[1]

⑦ **사실적시 명예훼손죄의 합헌성** 형법 제307조 제1항이 사실적시에 관한 표현의 자유를 제한하고 있으나(헌법 제21조 제1항) 타인의 명예를 그 보호법익으로 하는 것으로서(헌법 제21조 제4항), 표현의 자유와 인격권의 우열은 쉽게 단정할 수 없다. 징벌적 손해배상이 인정되지 않는 상황에서 **민사적 구제방법만으로는** 입법목적을 동일하게 달성하면서도 덜 침익적인 수단이 있다고 보기도 어렵다. 형법 제310조의 위법성조각사유와 그에 대한 헌법재판소·대법원의 해석을 통해 명예훼손죄가 공적인물과 국가기관에 대한 비판을 억압하는 수단으로 남용되지 않도록 하고 있음을 고려하면, 형법 제307조 제1항은 헌법에 위반되지 않는다.[2] *이에 대해서 심판대상조항 중 '진실한 것으로서 사생활의 비밀에 해당하지 아니한' 사실적시에 관한 부분은 헌법에 위반된다는 소수의견 있음.

(7) 제310조 위법성조각사유 7

① 형사상이나 민사상으로 타인의 명예를 훼손하는 행위를 한 경우에도 그것이 공공의 이해에 관한 사항으로서 그 목적이 **오로지 공공의 이익을** 위한 것일 때에는 진실한 사실이라는 증명이 있으면 위 행위에 위법성이 없으며 또한 그 증명이 없더라도 행위자가 그것을 진실이라고 믿을 상당한 이유가 있는 경우에는 위법성이 없다.[3]

② 형법 제307조 제1항의 명예훼손행위가 진실한 사실로서 오로지 공공의 이익에 관한 때에는 위법성이 조각되나, 형법 제309조 제1항 **출판물 등에 의한 명예훼손행위는** 그것이 오로지 공공의 이익을 위한 행위였다고 하더라도 위법성이 조각되지 않음은 형법 제310조의 규정에 비추어 명백하다.[4]

③ ***표준판례** 형법 제310조는 비방목적을 필요로 하지 않는 형법 제307조 제1항의 행위에 적용되는 것이다. 반면에 적시한 사실이 공공의 이익에 관한 것인 경우에는, 특별한 사정이 없는 한 비방목적은 부인된다고 봄이 상당하다. 이와 같은 경우에는 형법 제307조 제1항 소정의 명예훼손죄의 성립 여부가 문제될 수 있고, 이에 대하여는 다시 형법 제310조에 의한 위법성 조각 여부가 문제될 수 있다. 형법 제310조에서 '오로지 공공의 이익에 관한 때'라 함은, 적시된 사실이 객관적으로 볼 때 공공의 이익에 관한 것으로서, 행위자도 주관적으로 공공의 이익을 위해 그 사실을 적시한 것이어야 한다. 행위자의 **주요한 동기 내지 목적이** 공공의 이익을 위한 것이라면, 부수적으로 다른 사익적 목적이나 동기가 내포되어 있더라도 형법 제310조의 적용을 배제할 수 없다.[5]

---

1) 대판 2007. 10. 25. 2006도346. 제10회.
2) 헌재 2021. 2. 25. 2017헌마1113, 2018헌바330.
3) 대판 1988. 10. 11. 85다카29.
4) 대판 1995. 6. 30. 95도1010.
5) 대판 1998. 10. 9. 97도158.

④ **공공의 이익 부정** 공공의 이익에 관한 것에는 널리 국가 · 사회 기타 일반 다수인의 이익에 관한 것뿐만 아니라 특정한 사회집단이나 그 구성원의 이익에 관한 것도 포함된다. 회사의 대표에게 유리한 단체협상을 하기 위해 현수막과 피켓을 들고 확성기를 사용하여 불특정다수행인을 상대로 **소리치면서 거리행진**을 한 행위는 공공의 이익을 위한 것으로 위법성이 조각 되지 아니한다.[1]

⑤ 학교운영의 공공성, 투명성의 보장을 요구하여 학교가 합리적이고 정상적으로 운영되게 할 목적으로 공연히 사실을 적시하였더라도, 피해자들의 거주지 앞에서 그들의 **주소까지 명시하여** 명예를 훼손한 경우는 공공의 이익을 위한 사실의 적시로 볼 수 없어 위법성이 조각되지 아니한다.[2]

⑥ **공공의 이익 인정** 국립대학교 교수가 자신의 연구실 내에서 제자인 여학생을 성추행하였다는 내용의 글을 지역 여성단체가 자신의 **인터넷 홈페이지에** 게재하였다. 이는 학내 성폭력 사건의 철저한 진상조사와 처벌 그리고 학내 성폭력의 근절을 위한 대책마련을 촉구하기 위한 목적으로 공공의 이익을 위한 것으로서 달리 비방의 목적이 있다고 단정할 수 없다.[3]

⑦ 신학대학교 교수가 출판물을 통해 종교단체인 구원파를 **이단으로 비판하는** 과정에서 특정인을 그 실질적 지도자로 지목하여 명예를 훼손하는 사실을 적시한 행위는, 비방 목적이 아니라 공공의 이익을 위한 행위이다.[4]

⑧ 교장 갑이 여성기간제교사 을에게 차 접대 요구와 부당한 대우를 하였다는 인상을 주는 내용의 글을 게재한 교사 병의 명예훼손행위는 공공의 이익에 관한 것으로서 위법성이 조각된다.[5]

⑨ 재단법인 이사장 갑은 전임 이사장 을에 대해 재임 기간 중 재단법인의 재산을 횡령하였다고 고소하였다가 무고죄로 유죄판결을 받았다. 피고인들이 갑의 퇴진을 요구하는 시위를 하면서 갑이 유죄판결을 받은 사실 등을 적시하여 명예를 훼손한 행위는, 적시된 주된 사실이 **진실에 부합하고** 오로지 공공의 이익에 관한 것으로서 위법성이 조각된다.[6]

⑩ 형법 제310조 '오로지 공공의 이익에 관한 때'에 관한 판단에서, 행위자의 주요한 목적이나 동기가 공공의 이익을 위한 것이라면 **부수적으로 다른 사익적 목적이나 동기**가 내포되어 있더라도 형법 제310조의 적용을 배제할 수 없다.[7]

⑪ **착오문제** 형법 제310조의 규정은 인격권으로서의 개인의 명예의 보호와 헌법 제21조에 의한 정당한 표현의 자유의 보장이라는 상충되는 두 법익의 조화를 꾀하기 위한 것이다. 두 법익간의 조화와 균형을 고려한다면 적시된 사실이 진실한 것이라는 증명이 없더라

1) 대판 2004. 10. 15. 2004도3912.
2) 대판 2008. 3. 14. 2006도6049.
3) 대판 2005. 4. 29. 2003도2137. 제10회.
4) 대판 1996. 4. 12. 94도3309.
5) 대판 2008. 7. 10. 2007도9885.
6) 대판 2017. 6. 15. 2016도8557.
7) 대판 1996. 10. 25. 95도1473. 제5, 10회.

도 행위자가 진실한 것으로 믿었고 또 그렇게 **믿을 만한 상당한 이유가** 있는 경우에는 위법성이 없다고 보아야 한다.1) *조합의 발기인인 피해자가 회사자금 일부를 횡령하고 유죄판결을 받았는데, 피고인이 피해자가 "회사돈을 다 해먹었다"고 말하면서 판결문 사본을 조합원 60여 명에게 배포한 사건.

⑫ 내용 중에 일부 허위사실이 포함된 신문기사를 보도한 사안에서, 기사 작성의 목적이 공공의 이익에 관한 것이고 그 기사 내용을 작성자가 진실하다고 **믿었으며**, 그와 같이 믿은 데에 객관적인 상당한 이유가 있는 경우에는 명예훼손의 위법성이 조각된다.2)

⑬ 영화의 허위사실 표현에 대해 명예훼손책임을 물을 수 없다면, 영화의 특정부분을 진실이라고 **광고 · 홍보한** 행위가 별도로 명예훼손의 불법행위를 구성한다고 볼 수 없다. 그것은 영화의 모든 내용이 진실이라는 의미가 아니라 전체적으로 역사적 사실에 바탕을 두었고, 극적 허구와 조화 속에서 확인된 사실관계를 최대한 반영하였다는 취지로 이해해야 할 것이다.3)

⑭ **거증책임** 형법 제310조의 규정에 의한 '진실한 사실', '오로지 공공의 이익'에 관한 증명은 행위자가 해야 하지만, 그 증명은 유죄인정에서 요구되는 **엄격한 증거에** 의해야 하는 것은 아니다. 이때에는 전문증거에 대한 증거능력의 제한을 규정한 형사소송법 제310조의2가 적용될 여지는 없다.4)

⑮ 공적 관심사안에 관하여 진실하거나 진실이라고 봄에 상당한 사실을 공표한 경우에는 그것이 악의적이거나 **현저히 상당성을** 잃은 공격에 해당하지 않는 한, 원칙적으로 공공의 이익에 관한 것이라는 증명이 있는 것으로 보아야 한다. 축산업협동조합중앙회장이 농림부장관이 공식 채택한 수입쇠고기 유통 및 판매 정책 및 농축협 통합정책의 정당성 여부를 문제삼는 내용의 광고를 게재한 것은, 농림부장관 개인에 대한 비방목적이 있다고 할 수 없다.5)

⑯ ***표준판례*** 방송 등 언론매체가 사실을 적시하여 타인의 명예를 훼손하는 행위를 한 경우, 형법 제310조에 의해 처벌되지 않기 위해서는, 적시된 사실이 객관적으로 볼 때 공공의 이익에 관한 것이어야 한다. 행위자도 공공의 이익을 위해 그 사실을 적시한 것이어야 하고, 적시된 사실이 진실하거나 적어도 행위자가 그렇게 믿었고, 또 **그렇게 믿을 만한 상당한 이유가** 있어야 한다. 이것에 대한 증명부담은 행위자가 져야 한다.6)

[98] 3. 사자死者의 명예훼손죄 1

① 사자 명예훼손죄는 사자에 대한 사회적, 역사적 평가를 보호법익으로 하는 것이므로 그 사실의 적시는 허위사실이어야 한다. 피고인이 사망자의 **사망사실을** 알면서, 위 망인은

1) 대판 2020. 8. 13. 2019도13404.
2) 대판 1996. 8. 23. 94도3191.
3) 대판 2010. 7. 15. 2007다3483.
4) 대판 1996. 10. 25. 95도1473. 제5회.
5) 대판 2007. 1. 26. 2004도1632.
6) 대판 2007. 5. 10. 2006도8544.

사망한 것이 아니고 빚 때문에 도망다니며 죽은 척 하는 나쁜 놈이라고 한 것은, 공연히 허위사실을 적시한 행위로서 사자의 명예를 훼손하였다고 볼 것이다.[1]

② 역사드라마에서 역사적 인물의 명예훼손 여부에 대한 판단은, 드라마상에서 실존인물과 가상인물이 결합된 구조와 방식, 묘사된 사실이 시청자 입장에서 실제로 일어난 역사적 사실로 오해될 수 있는지 여부 등을 종합적으로 고려하여야만 한다. 역사드라마 '서울 1945'의 특정 장면이 망인 이승만의 명예를 훼손하였다는 공소사실은 **구체적 허위사실의** 적시가 없기 때문에 인정하기 어렵다.[2]

1 [99] 4. 출판물에 의한 명예훼손죄

① 한겨레신문 기자 갑은 전 중앙대 안성캠퍼스 총학생회장 을의 의문사와 관련하여 한겨레신문에 "을이 사망 직전에 마지막으로 동행한 사람은 안기부 요원인 병이었다"는 기사를 실었다. 이 내용은 나중에 허위로 판명되었다. 갑이 을의 변사의혹을 다룬 주요 목적은 **공공의 이익을** 위한 것이지 **특정인을 비방**하기 위한 것이 아니므로 제309조의 죄가 성립하지 않는다.[3]

② 출판물에 의한 명예훼손죄는 간접정범으로 범할 수도 있다. 그러나 제보자가 기사의 취재 · 작성과 직접 연관이 없는 자에게 허위사실을 알렸을 뿐인 데, **피제보자가 언론에** 공개하여 그 사실이 신문에 게재되었더라도 제보자에게 출판물에 의한 명예훼손죄의 책임을 물을 수는 없다.[4]

③ 컴퓨터 워드프로세서로 작성되어 프린트된 A4 용지 7쪽 분량의 인쇄물은 형법 제309조 제1항 소정의 '기타 출판물'에 해당하지 않는다.[5]

④ 피고인은 피해자를 비방할 목적으로 조선일보 기자에게 피고인이 동대표 선거에서 당선되고도 선거가 무효로 된 경위에 관하여 허위사실을 설명하고 자료를 제공하였다. 그 내용을 **진실한 것으로 오신한** 기자가 조선일보에 허위기사를 게재하였다면, 이는 출판물에 의한 명예훼손죄에 해당된다.[6]

⑤ ***표준판례** 형법 제310조에서 적시한 사실이 공공의 이익에 관한 것인 경우에는, 특별한 사정이 없는 한 제309조 제1항의 **비방 목적은** 부인된다고 봄이 상당하다(공공의 이익과 비방목적은 상반된 관계). 이와 같은 경우에는 형법 제307조 제1항 소정의 명예훼손죄 성립 여부가 문제될 수 있고, 이에 대하여는 다시 형법 제310조에 의한 위법성 조각 여부가 문제로 될 수 있다.[7]

---

1) 대판 1983. 10. 25. 83도1520.
2) 대판 2010. 4. 29. 2007도8411.
3) 대판 1996. 8. 23. 94도3191.
4) 대판 2002. 6. 28. 2000도3045.
5) 대판 2000. 2. 11. 99도3048. 제4회.
6) 대판 2004. 5. 14. 2003도5370.
7) 대판 2003. 12. 26. 2003도6036.

⑥ 갑 운영의 산후조리원을 이용한 피고인은 인터넷 카페나 자신의 블로그 등에 자신이 직접 겪은 불편사항 등을 **후기 형태로** 9회에 걸쳐 게시하였다. 이러한 행위는 피고인에게 갑을 비방할 목적이 있었다고 보기 어렵기 때문에 명예훼손죄가 성립하지 않는다.[1]

⑦ 인터넷 포털사이트의 지식검색 질문 · 답변 게시판에 성형시술 결과가 만족스럽지 못하다는 주관적인 평가를 주된 내용으로 하는 한 줄의 댓글을 게시한 사안에서, 그 표현물은 전체적으로 보아 성형시술을 받을 것을 고려하고 있는 다수의 인터넷 사용자들의 **의사결정에 도움이 되는 정보 및 의견의 제공**이라는 공공의 이익에 관한 것이어서 비방할 목적이 있다고 보기 어렵다.[2]

⑧ ***표준판례** 정보통신망법 제70조 제1, 2항의 '**비방목적'은** 적시한 사실이 공익에 관한 것인 경우에는 특별한 사정이 없는 한 부인된다. 여기에서 '적시한 사실이 **공익에 관한 경우**'라 함은, 적시된 사실이 객관적으로 볼 때 공익에 관한 것으로서 행위자도 주관적으로 공익을 위해 그 사실을 적시한 것이어야 한다. 적시된 사실이 공익에 관한 것인지 여부는 당해 명예훼손 표현으로 인한 피해자가 공인인지 아니면 사인에 불과한지 여부 등 제반 사정을 고려한다. 행위자의 주요 동기가 공익을 위한 것이면, 부수적으로 다른 사적 목적이 내포되었더라도 비방목적이 있다고 보기는 어렵다.[3]

⑨ ***표준판례** 형법 제309조 제2항에서 타인을 비방할 목적으로 **허위사실인 기사재료**를 신문기자에게 제공한 경우에, 그 기사를 신문지상에 게재하느냐 여부는 당해 신문 편집인의 권한에 속한다. 그러나 그 기사를 편집인이 신문지상에 게재한 이상, 그 기사게재는 기사재료를 제공한 자의 행위에 기인한 것이므로, 그 기사재료를 제공한 자는 형법 제309조 제2항 소정 출판물에 의한 명예훼손죄의 죄책을 면할 수 없다.[4] ***출판물에 의한 명예훼손의 간접정범**. 피고인이 스포츠서울닷컴의 기자에게 연예인인 송일국의 실명을 거론하면서, 송일국으로부터 폭행을 당하여 상해를 입었다는 취지의 허위사실을 기사자료로 제공함. 그 내용을 진실한 것으로 오신한 기자가 허위기사를 작성하여 공표한 이상, 피고인은 출판물에 의한 명예훼손죄의 죄책을 면할 수 없음.[5]

⑩ 정보통신망법의 **사이버명예훼손죄**(제70조 제1항)에서 적시한 사실이 공공의 이익에 관한 것인 경우에는 특별한 사정이 없는 한 '비방목적'은 부정된다. 여기에서 '공공의 이익'은 적시한 사실이 객관적으로 그와 같은 성격이 있어야 할 뿐만 아니라, 행위자도 주관적으로 그러한 이익을 위해 사실을 적시한 것이어야 한다. 공공의 이익에 관한 것에는 널리 국가 · 사회의 이익뿐만 아니라, **특정한 사회집단의** 관심과 이익에 관한 것도 포함한다. 행위자의 주요한 동기와 목적이 공공의 이익을 위한 것이라면, 부수적으로 다른 사익적 목적이나 동기

---

1) 대판 2012. 11. 29. 2012도10392.
2) 대판 2009. 5. 28. 2008도8812. 제3회.
3) 대판 2011. 11. 24. 2010도10864.
4) 대판 2009. 11. 12. 2009도8949.
5) 대판 2009. 11. 12. 2009도8949.

가 포함되어 있더라도 비방할 목적이 있다고 보기는 어렵다.[1]

1 [100] 5. 모 욕 죄

판례가 모욕으로 인정한 언사로는 "저 망할 년 저기 오네",[2] "듣보잡, 함량미달, 멍청한 사람, 싼 맛에 쓰는 사람",[3] "개새끼야…"[4] 등이 있다. 반면에 "야, 이따위로 일할래, 나이 처먹은 게 무슨 자랑이냐",[5] "부모가 그런 식이니 자식도 그런 것이다",[6] "한심하고 불쌍한 인간",[7] "그렇게 소중한 자식을 범법행위의 방패로 쓰시다니 정말 대단 하십니다",[8] 노사 관계자 140여 명이 모인 자리에서 큰 소리로 피고인보다 15세 연장자인 부사장인 을을 향해 "야 ○○아, ○○이 여기 있네, 니 이름이 ○○이잖아, ○○아 나오니까 좋지?" 등으로 여러 차례 을의 이름을 부른 경우[9] 등은 모욕에 해당되지 않는다고 판시하였다. *불쾌하고 **무례한, 예의에 벗어난** 표현은 모욕 아님.

1 [101] 6. 신용훼손죄

① ***표준판례*** 신용훼손죄의 '신용'은 경제적 신용, 즉 사람의 **지불능력** 또는 **지불의사**에 대한 사회적 신뢰를 말한다. '허위사실의 유포'는 객관적인 사실과 다른 사실을 불특정 또는 다수인에게 전파시키는 것으로서 허위와 전파가능성에 대한 적극적 인식 내지 미필적 인식이 있어야 한다.[10]

② 피고인은 조흥은행 본점 앞으로 '피해자 갑이 대출금 이자를 연체하여 위 은행의 수락지점장인 을이 3,000만 원의 **연체이자**를 대납하였다'는 등의 내용을 기재한 편지를 보냈으나 실제로는 을이 위 **연체이자를 대납**한 적이 없었다. 이는 불특정 또는 다수인에게 전파시킨 경우는 아니지만 조흥은행의 오인, 착각을 일으켜 위계로써 피해자의 신용을 훼손한 경우에는 해당한다.[11]

③ ***표준판례*** 퀵서비스 운영자인 피고인 갑은 배달업무를 하면서, 손님의 불만이 예상되는 경우에는 평소 경쟁관계에 있는 피해자 운영의 퀵서비스 명의로 된 영수증을 작성·교부함으로써 손님들로 하여금 불친절하고 배달을 지연시킨 사업체가 피해자 운영의 퀵서비스인 것처럼 인식하게 하였다. 갑의 행위는 피해자의 **경제적 신용을** 저해하는 행위로 보기는

---

1) 대판 2020. 3. 2. 2018도15868.
2) 대판 1990. 9. 25. 90도873.
3) 대판 2011. 11. 22. 2010도10130.
4) 대판 2017. 4. 13. 2016도15264; 2016. 10. 13. 2016도9674.
5) 대판 2015. 9. 10. 2015도2229.
6) 대판 2007. 2. 22. 2006도8915.
7) 대판 2008. 7. 10. 2008도1433.
8) 대판 2003. 11. 28. 2003도3972.
9) 대판 2018. 11. 29. 2017도2661.
10) 대판 2006. 5. 25. 2004도1313.
11) 대판 2006. 12. 7. 2006도3400.

어려워 신용훼손에 해당되지 않는다.1)

④ *표준판례 형법상 신용훼손죄에서 허위사실의 유포는, 객관적으로 진실과 부합하지 않는 과거 또는 현재의 사실을 유포하는 것으로서, 피고인의 단순한 의견이나 가치판단은 이에 해당하지 않는다. 갑은 8년 전부터 남편 없이 3자녀를 데리고 생계를 꾸려왔을 뿐 아니라, 피고인에 대한 다액의 채무를 담보하기 위해 동녀의 아파트와 가재도구까지 피고인에게 제공한 사실이 있다. 갑이 집도 남편도 없는 과부라고 말한 것은 허위사실이 될 수 없다. 또 갑이 계주로서 계불입금을 모아서 도망가더라도 책임지고 도와줄 사람이 없다는 취지로 말한 것은, 피고인이 갑에 대해 **개인의견이나 평가를** 진술한 것에 불과하여 허위사실의 유포라고 할 수 없다.2)

[102] 7. 업무방해죄

(1) 업무의 개념 1

① 판례는 "사실상 평온하게 이루어진 사회활동"은 보호가치가 있는 업무라고 판시하고 있다.3) 그러므로 **형식적 적법성을** 결한 사무(예컨대 무효인 사무, 행정규칙을 위반한 사무, 내규를 위반한 사무 등)도 경우에 따라서는 얼마든지 업무가 될 수 있다.4)

② 법원의 직무집행정지 가처분결정에 의하여 그 **직무집행이 정지된** 자가 법원의 결정에 반하여 직무를 수행함으로써 업무를 계속 행하는 경우, 그 업무자체는 법의 보호를 받을 가치를 상실하였다고 하지 않을 수 없어 업무방해죄에서 말하는 업무에 해당하지 않는다.5)

③ 의료인이나 의료법인이 **아닌 자가** 의료기관을 개설하여 운영하는 경우, 그 의료기관 운영업무가 업무방해죄의 보호대상이 되는 '업무'에 해당되지 않는다.6)

④ 지방공사 사장이 **신규직원 채용권한을** 행사하는 것은 공사의 기관으로서 공사의 업무를 집행하는 것이므로, 위 권한의 귀속주체인 사장 본인에 대한 관계에서도 업무방해죄의 객체인 타인의 업무에 해당한다.7)

⑤ 일회적인 일은 여기의 업무에 해당되지 않으나 **상사의 명령에** 의하여 같은 직장의 다른 사무를 처리한 경우에는 비록 일회적일지라도 업무가 된다.8)

⑥ **일회적인** 사무라 하더라도 그 자체가 어느 정도 계속하여 행해지는 것이거나 혹은 그것이 직업 또는 사회생활상의 지위에서 계속적으로 행하여 온 본래의 업무수행과 밀접불가분의 관계에서 이루어진 것이라면 업무에 해당한다.9) 업무주체는 자연인 · 법인 · 법인격

1) 대판 2011. 5. 13. 2009도5549. 제1회.
2) 대판 1983. 2. 8. 82도2486.
3) 대판 1986. 12. 23. 86도1372.
4) 대판 1991. 6. 28. 91도944; 1996. 11. 12. 96도2214 참조.
5) 대판 2002. 8. 23. 2001도5592. 제6회.
6) 대판 2001. 11. 30. 2001도2015. 제6회.
7) 대판 2007. 12. 27. 2005도6404. 제6회.
8) 대판 1971. 5. 24. 71도339.
9) 대판 2005. 4. 15. 2004도8701.

없는 단체 등 모두 될 수 있다.

⑦ "주주총회에서 주주로서 의결권을 행사하는 것",[1] "초등학생들이 학교에 등교하여 수업을 듣는 것",[2] "임대인이 건물 앞에서 1회적 조경공사를 하는 것"[3] 등은 업무방해죄의 업무에 해당하지 않는다.

⑧ 건물의 **전차인이** 임대인의 승낙 없이 전차(轉借) 하였다고 하더라도 전차인이 불법침탈 등의 방법에 의하여 위 건물의 점유를 개시한 것이 아니고, 그동안 평온하게 음식점 등 영업을 하면서 점유를 계속하여 온 이상, 위 전차인의 업무를 업무방해죄에 의해 보호받지 못하는 권리라고 단정할 수 없다.[4]

⑨ 회사 운영권의 양도·양수 합의의 존부 및 효력에 관한 다툼이 있는 상황에서, 양수인이 비정상적으로 위 회사의 **임원변경등기**를 마친 것만으로는 회사 대표이사로서 정상적인 업무에 종사하기 시작하였다거나, 그 업무가 양도인에 대한 관계에서 보호할 가치가 있는 정도에 이르렀다고 보기 어려워 업무방해죄를 구성하지 않는다.[5]

⑩ ***표준판례** 폭력조직 간부인 피고인이 조직원들과 공모하여 갑이 운영하는 성매매업소 앞에 속칭 **'병풍'을 치거나 차량을 주차**해 놓는 등 위력으로써 업무를 방해하였다는 내용으로 기소된 사안에서, 성매매업소 운영업무는 업무방해죄의 보호대상인 업무라고 볼 수 없다.[6] *반사회적 행위는 업무방해죄의 보호대상이 되지 않음.

⑪ 법원의 직무집행정지 가처분결정에 의해 **그 직무집행이 정지된 자**가 법원의 결정에 반하여 직무를 수행함으로써 업무를 계속 행하는 경우, 그 업무는 업무방해죄의 보호대상이 되는 업무에 해당하지 않는다.[7]

⑫ **초등학생들이** 학교에 등교하여 교실에서 수업을 듣는 것은, 헌법상의 무상교육에 대한 권리, 초·중등교육법의 국가의 의무교육 실시의무와 부모들의 취학의무 등에 따라서 학생들 본인의 권리를 행사하는 것이거나, 국가 내지 부모들의 의무를 이행하는 것에 불과하다. 이것은 업무방해죄의 보호대상이 되는 업무에 해당한다고 할 수 없다. 초등학교 교실 안에서 교사들에게 욕설을 하거나 학생들에게 욕설을 하여 수업을 할 수 없게 하였더라도 학생들의 업무를 방해하였다고 볼 것은 아니다.[8]

⑬ **공무제외설**(*표준판례) 형법이 업무방해죄와는 별도로 **공무집행방해죄**를 규정하고 있는 것은, 사적 업무와 공무를 구별하여 공무에 관해서는 공무원에 대한 폭행, 협박 또는 위계의 방법으로 그 집행을 방해하는 경우에 한하여 처벌하겠다는 취지라고 보아야 한다. 따

1) 대판 2004. 10. 28. 2004도1256.
2) 대판 2013. 6. 14. 2013도3829. 제9회.
3) 대판 1993. 2. 9. 92도2929.
4) 대판 1986. 12. 23. 86도1372.
5) 대판 2007. 8. 23. 2006도3687.
6) 대판 2011. 10. 13. 2011도7081. 제2, 3회.
7) 대판 2002. 8. 23. 2001도5592. 제6회.
8) 대판 2013. 6. 14. 2013도3829. 제9회.

라서 공무원이 직무상 수행하는 공무를 방해하는 행위에 대해서는 업무방해죄로 의율할 수는 없다고 해석함이 상당하다.[1)]*처벌필요성의 근거로, 공공기관 민원실에서 민원인들이 위력에 해당하는 소란을 피운 행위에 대해 공무집행방해죄로 처벌할 수 없으면 업무방해죄로도 처벌할 수 없다는 전원합의체 판결.

(2) 위계인정 사례 2

① 교수인 피고인 갑이 출제교수들로부터 대학원 신입생 **전형시험문제**를 제출받아 피고인 을, 병에게 그 시험문제를 알려주자, 그들이 답안쪽지를 작성한 다음 이를 답안지에 그대로 베껴 써서 제출한 경우, 위계로써 입시감독업무를 방해한 것이므로 업무방해죄에 해당한다.[2)]

② 대학교 총장 갑은 신입생을 추가로 모집하면서 기부금을 낸 학부모나 교직원 자녀들의 성적 또는 지망학과를 고쳐, 석차가 추가로 모집하는 인원의 범위 안에 들도록 **사정부를 허위로 작성**하였다. 그리고 그 정을 모르는 입학사정위원들에게 제출하여 위 자녀들을 합격자로 사정하게 하였다. 갑의 행위는 위계로 입학사정업무를 방해하였으므로 업무방해죄에 해당한다.[3)]

③ 주주 갑은 주주총회에 참석하면서 소유 주식 중 일부에 관한 의결권의 대리행사를 타인들에게 나누어 위임하였다. 주주총회에 참석한 그 의결권 대리인들은 대표이사의 주주총회장에서의 **퇴장 요구를 거절**하면서 고성과 욕설 등을 사용하여 대표이사의 주주총회의 개최, 진행을 포기하게 만들었다. 갑의 행위는 업무방해죄에 해당된다.[4)]

④ 갑 상호저축은행 경영진인 피고인은 영업정지가 임박한 상황에서, 갑 저축은행에 파견되어 있던 금융감독원 감독관에게 알리지 아니한 채, 영업마감 후에 특정 고액 예금채권자들에게 **영업정지 예정사실을** 알려주어 예금을 인출하도록 하였다. 피고인의 행위는 업무방해죄의 '위계'에 해당한다.[5)]

⑤ 갑 정당의 국회의원 비례대표 후보자 추천을 위한 당내 경선과정에서 피고인들이 선거권자들로부터 **인증번호만을** 전달받은 뒤, 그들 명의로 특정 후보자에게 전자투표를 한 경우는 위계에 의한 업무방해죄가 성립한다.[6)]

⑥ 주한외국영사관에 비자발급을 요구하는 신청인 갑은 업무담당자에게 허위의 주장을 하면서 이에 부합하는 **허위의 소명자료**를 첨부하여 제출하였다. 그 수리 여부를 결정하는 업무담당자가 관계 규정이 정하는 바에 따라 나름대로 충분히 심사를 하였으나, 신청사유 및 소명자료가 허위임을 발견하지 못하여 그 신청을 수리하였다. 갑의 행위는 위계에 의한 업무방해죄에 해당된다.[7)]

---

1) 대판 2009. 11. 19. 2009도4166 전원합의체. 제9회.
2) 대판 1991. 11. 12. 91도2211. 제6회.
3) 대판 1993. 12. 28. 93도2669.
4) 대판 2001. 9. 7. 2001도2917.
5) 대판 2013. 1. 24. 2012도10629.
6) 대판 2013. 11. 28. 2013도5117.
7) 대판 2004. 3. 26. 2003도7927.

⑦ 방송국 노동조합이 적법한 파업결의를 한 후 노조원들이 파업에 들어가면서 사무실 일부를 점거하여 구호를 외치거나 북 등을 두드리며 **소란행위를 계속**하였다. 그리고 근무하는 직원들에게 "노조원들과 적이 되려 하느냐"는 등의 **야유와 협박을** 하고 테렉스기기의 작동을 중단시키는 등의 행위를 하였다. 위 노조원들의 행위는 방법이나 수단에 있어서 쟁의행위의 정당성의 한계를 벗어난 것이다.1)

⑧ 노동조합 간부들은 회사와 협의 없이 **일방적으로 휴무를 결정**한 후 유인물을 배포하여, 유급 휴일로 오인한 근로자들이 출근하지 아니하여 공장의 가동을 불능케 하였다. 이는 위계에 의한 업무방해죄에 해당한다.2)

⑨ **석사논문의 작성 · 제출자**가, 단순히 통계처리와 분석 또는 외국자료의 번역과 타자만을 타인에게 의뢰한 것이 아니라 전체 논문의 초안 작성을 의뢰하고, 그에 따라 작성된 논문의 내용에 약간의 수정만을 가하여 제출한 경우, 위계에 의한 업무방해죄에 해당된다.3) *석사논문 대필.

⑩ 수산업협동조합의 신규직원 채용에 응시한 갑과 을이 필기시험에서 합격선에 못 미치는 점수를 받게 되자, 채점업무 담당자들이 조합장인 피고인의 지시에 따라 점수조작행위를 통해 이들을 필기시험에 합격시켜 면접시험에 응시할 수 있도록 하였다. 위 점수조작행위에 **공모 또는 양해하였다고 볼 수 없는** 일부 면접위원들의 면접업무는 위 점수조작행위에 의해 방해되었다고 보아야 한다.4)

⑪ ***표준판례** 업무방해죄와 폭행죄는 구성요건과 보호법익을 달리하고 있고, 업무방해죄의 성립에 일반적 · 전형적으로 사람에 대한 폭행행위를 수반하는 것은 아니다. 폭행행위가 업무방해죄에 비해 별도로 고려되지 않을 만큼 경미한 것이라고 할 수도 없다. 설령 피해자에 대한 폭행행위가 동일한 피해자에 대한 업무방해죄의 수단이 되었더라도, 그러한 폭행행위가 '**불가벌적 수반행위**'에 해당하여 업무방해죄에 대해 흡수관계에 있다고 볼 수는 없다.5) *업무방해죄와 폭행죄 간의 죄수.

⑫ 병원명의 **허위의 봉사활동확인서**를 발급받아 제출해 고등학교장 명의의 봉사상을 수상하도록 한 행위는 위계에 의한 업무방해죄에 해당된다. 업무방해죄의 성립에 있어서는 업무방해결과가 실제로 발생함을 요하지 않고 업무방해결과를 초래할 위험이 발생하면 족하다. 신청인이 업무담당자에게 허위주장을 하면서 이에 부합하는 허위의 소명자료를 첨부해 제출한 경우, 업무담당자가 나름대로 충분히 심사했으나 신청사유 및 소명자료가 허위임을 발견하지 못해 신청을 수리하게 될 정도에 이르렀다면, 이는 **업무담당자의 불충분한 심사가** 아니라 신청인의 위계행위에 의해 업무방해의 위험성이 발생된 것으로 위계에 의한 업무방해죄가 성립

---

1) 대판 1992. 5. 8. 91도3051.
2) 대판 1992. 3. 31. 92도58.
3) 대판 1996. 7. 30. 94도2708.
4) 대판 2010. 3. 25. 2009도8506. 제2회.
5) 대판 2012. 10. 11. 2012도1895.

한다.1) *2심에서 '업무담당자의 불충분한 심사'를 들어 무죄 선고한 것을 파기 환송함.

(3) 위계 부정사례 3

① 피고인 갑은 경영하던 공장을 을에게 양도하면서 미수 외상대금 채권의 수금권을 포기하기로 약정하였다. 그럼에도 갑이 이를 외상채무자들에게 고지하지 않고 **외상대금을** 수령한 경우는, 위계로 을의 업무를 방해한 것은 아니다.2) *채무자는 채권자로부터 채권의 양도통지를 받지 않은 이상 채무금은 원래의 채권자에게 반환할 의무가 있음.

② 시험의 출제위원이 문제를 선정하여 시험실시자에게 제출하기 전에 이를 유출하였더라도, 그 후 그와 같이 유출된 문제가 시험실시자에게 **제출되지도 않았다면** 업무방해죄가 성립하지 않는다.3)

③ 지방공사 사장이 **신규직원 채용권한을** 행사하는 것은 공사의 기관으로서 공사의 업무를 집행하는 것이므로, 위 권한의 귀속주체인 사장 본인에 대한 관계에서도 업무방해죄의 객체인 타인의 업무에 해당한다.4)

④ 신규직원 채용권한을 가지고 있는 지방공사 사장이 시험업무 담당자들에게 지시하여 **상호 공모 내지 양해하에** 시험성적조작 등의 부정한 행위를 한 경우, 법인인 공사에게 신규직원 채용업무와 관련하여 오인 · 착각 또는 부지를 일으키게 한 것이 아니므로, '위계'에 의한 업무방해죄에 해당하지 않는다.5)

⑤ 갑 주식회사의 상무이사인 피고인이 갑 회사의 신규 직원채용 과정에서, 면접위원인 을이 면접이 끝난 후 인사 담당 직원에게 채점표를 작성하여 제출하고 면접장소에서 먼저 퇴장하자, 남은 면접위원들과 **협의하여** 피고인이 지정한 응시자를 최종합격자로 선정한 경우는 업무방해에 해당되지 않는다.6)

⑥ 피고인이 피해자 게임회사들이 제작한 변조된 게임프로그램을 해외 인터넷 사이트에서 다운로드 받은 다음, 이를 변조하여 자신이 직접 개설한 모바일 어플리케이션 공유사이트 게시판에 게시 · 유포한 경우는, 피고인이 변조된 게임프로그램을 실행하여 그 게임서버에 직접 접속한 바 없기 때문에 위계에 의한 업무방해죄가 성립하지 않는다.7)

⑦ 대학교 시간강사 임용과 관련하여 허위학력이 기재된 이력서만을 제출한 사안에서, 임용심사업무 담당자가 **불충분한 심사로** 인하여 허위 학력이 기재된 이력서를 믿은 것이므로 위계에 의한 업무방해죄를 구성하지 않는다.8)

⑧ 피고인 갑은 노동운동을 하기 위하여 노동현장에 취업하고자 하나, 자신이 대학교에

---

1) 대판 2020. 9. 24. 2017도19283.
2) 대판 1984. 5. 9. 83도2270.
3) 대판 1999. 12. 10. 99도3487. 제9회.
4) 대판 2007. 12. 27. 2005도6404. 제6회.
5) 위 판례.
6) 대판 2017. 5. 30. 2016도18858.
7) 대판 2017. 2. 21. 2016도15144.
8) 대판 2009. 1. 30. 2008도6950.

입학한 학력과 국가보안법위반죄의 처벌 전력 때문에 쉽사리 입사할 수 없음을 알았다. 갑은 타인 명의로 **허위의 학력과 경력을** 기재한 이력서를 작성하고, 동인의 고등학교 생활기록부 등 서류를 작성 제출하여 시험에 합격하였다. 갑은 위계에 의해 회사의 근로자로서 적격자를 채용하는 업무를 방해하였다고 보아야 한다.1)

4 (4) 위력인정 사례

① *표준판례 업무방해죄의 '위력'은 사람의 자유의사를 제압·혼란케 할 만한 일체의 세력을 말한다. **쟁의행위로서 파업도**, 단순히 근로계약에 따른 노무의 제공을 거부하는 부작위에 그치지 않고 이를 넘어서 사용자에게 압력을 가하여 근로자의 주장을 관철하고자 집단적으로 노무제공을 중단하는 실력행사이므로, 업무방해죄에서 말하는 위력에 해당하는 요소를 포함하고 있다.2)

② 피해자가 시장번영회에 협조하지 않는다는 이유로 시장번영회 총회의 결의로 피해자 소유점포에 대해 **정당한 권한 없이** 단전조치를 한 것은 그 결의에 참가한 회원의 위력에 의한 업무방해행위가 성립한다.3)

③ 회사가 조합의 **대의원이 아닌** 피고인에게 회사 내의 조합 대의원회의에 참석하는 것을 허락하지 아니하였는데도, 그 의사에 반해 함부로 거기에 들어가고 회사경비원들의 출입 통제업무를 방해한 것은 건조물침입죄와 업무방해죄에 해당한다.4)

④ 피고인들이 마이크를 빼앗으며 유림총회의 회의를 진행하지 못하게 하고, 피해자를 비방하면서 걸려 있는 현수막을 제거하고, 회의장에 들어가려는 대의원들을 회의에 참석하지 못하게 하였다면, 위력으로 피해자의 **유림총회 개최업무**를 방해한 것으로 보아야 한다. 피해자가 유림대표 선출에 관한 규정에 위배하여 위 회의를 개최하였더라도 마찬가지이다.5)

⑤ 피해자가 대표이사인 회사의 소방사업부장이 소속 직원들에게 허위사실을 유포하는 등의 방법을 사용하여 직원들로부터 **사표를 제출받은** 경우는 업무방해죄에 해당된다.6)

⑥ 신고한 옥외집회에서 고성능 확성기 등을 사용하여 **발생된 소음으로** 사무실 내의 전화통화, 대화 등이 어려웠으며, 밖에서는 부근을 통행하기조차 곤란하였고, 인근 상인들도 소음으로 인한 고통을 호소하는 정도에 이르렀다면 위력에 의한 업무방해죄를 구성한다.7)

⑦ 피고인이 자신의 명의로 등록되어 있는 피해자 운영의 학원에 대하여 피해자의 승낙을 받지 아니하고 **폐원신고**를 한 행위는 위력에 의한 업무방해죄에 해당한다.8)

⑧ 대부업체 직원이 대출금을 회수하기 위해 **소액의 지연이자**를 문제삼아 법적 조치를

1) 대판 1992. 6. 9. 91도2221. 제6회.
2) 대판 2011. 3. 17. 2007도482 전원합의체. 제2회.
3) 대판 1983. 11. 8. 83도1798.
4) 대판 1991. 9. 10. 91도1666.
5) 대판 1991. 2. 12. 90도2501.
6) 대판 2002. 3. 29. 2000도3231.
7) 대판 2004. 10. 15. 2004도4467.
8) 대판 2005. 3. 25. 2003도5004.

거론하면서 소규모 간판업자인 채무자의 휴대전화로 **수백 회에** 이르는 전화공세를 한 것은, 사회통념상 허용한도를 벗어난 채권추심행위로서 업무방해죄를 구성한다.1)

⑨ 피고인이 피해자들이 경작 중이던 농작물을 트랙터를 이용하여 **갈아엎은** 다음, 그곳에 이랑을 만들고 새로운 농작물을 심어 피해자의 자유로운 논밭 경작 행위를 불가능하게 하거나 현저히 곤란하게 한 경우는, 위력에 의한 업무방해죄에 해당한다.2)

⑩ 자신의 명의로 사업자등록이 되어 있고 자신이 상주하여 지게차 판매 등을 하고 있는 지위를 이용하여, 피해자의 사업장 출입을 금지하기 위해 출입문에 설치된 자물쇠의 **비밀번호를 변경한** 행위는 위력에 의한 업무방해죄가 성립한다.3)

⑪ 갑 주식회사 임원인 피고인이 자동차 판매수수료율과 관련하여 대리점 사업자들과 갑 회사 사이에 의견대립이 고조되자, 대리점 사업자 을이 일정액의 사용료를 지급하고 판매정보 교환 등에 이용해 오던 갑 회사의 내부전산망 전체 및 고객관리시스템 중 자유게시판에 대한 **접속권한을 차단**한 행위는 위력으로 을의 업무를 방해한 경우에 해당된다.4)

⑫ **위력 해당 없음** 임대인 갑으로부터 건물을 임차하여 학원을 운영하던 피고인이, 건물을 인도한 이후에도 자신 명의로 된 학원설립등록을 말소하지 않고 **휴원신고를 연장함으로써**, 새로운 임차인 을이 그 건물에서 학원설립등록을 하지 못하도록 한 행위는 위력에 의한 업무방해죄를 구성하지 않는다.5) *휴원연장신고와 이 사건 건물에서 학원설립등록을 하지 못한 점 사이에 인과관계 없음.

⑬ 근로자 100명 중 2명이 지역집회 참가를 이유로 **2시간 파업에** 참여하는 등 그 파업 규모에 비추어 사용자의 사업운영에 심대한 혼란이나 막대한 손해가 초래되었다고 볼 수 없는 경우는, 사용자의 사업계속에 관한 자유의사가 제압 · 혼란되었다고 평가할 수 없다.6)

⑭ 제3자로 하여금 상대방에게 어떤 조치를 취하게 하는 등으로 상대방의 업무에 곤란을 야기하거나 그러한 위험이 초래되게 하였다 하더라도, 행위자가 **제3자의** 의사결정에 관여할 수 있는 권한을 가지고 있거나, 그에 대하여 업무상 지시를 할 수 있는 지위에 있는 경우에는 업무방해죄를 구성하지 않는다.7)

⑮ 피고인은 갑의 창고 신축공사를 하면서 공사대금을 주지 않는다는 이유로 공사현장에 쌓아 둔 건축자재를 치우지 않고 막는 방법으로, 위력으로써 갑의 창고 신축공사 업무를 방해하였다는 내용으로 기소되었다. 피고인은 일부러 갑의 공사현장을 막은 아니라 공사를 위해 쌓아 두었던 건축자재를 공사 완료 후 **치우지 않은 것에** 불과하다. 이것은 적극적인 방해행위와 동등한 형법적 가치를 가진다고 볼 수 없으므로 **부작위에** 의한 업무방해죄가 성립

1) 대판 2005. 5. 27. 2004도8447. 제6, 7회.
2) 대판 2009. 9. 10. 2009도5732.
3) 대판 2009. 4. 23. 2007도9924.
4) 대판 2012. 5. 24. 2009도4141.
5) 대판 2010. 11. 25. 2010도9186.
6) 대판 2011. 10. 27. 2009도3390.
7) 대판 2013. 2. 28. 2011도16718.

하지 않는다.[1]

⑯ 인터넷카페의 운영진인 피고인들은 카페 회원들과 공모하여, 특정 신문들에 광고를 게재하는 광고주들에게 **불매운동의** 일환으로 지속적 · 집단적으로 항의전화를 하거나 광고주들의 홈페이지에 항의글을 게시하는 등의 방법으로 광고중단을 압박하였다. 피고인들의 행위는 **광고주들의** 자유의사를 제압할 만한 세력으로서 위력은 될 수 있다. 그러나 신문사들이 실제 입은 불이익이나 피해 정도에 비추어 신문사들의 영업활동이나 보도에 관한 자유의사가 제압될 만한 상황에 이르렀다고 보기는 어렵다.[2]

5 (5) 기타 업무방해 인정과 부정사례

① **업무방해 부정** 철도노동조합과 산하 지방본부 간부인 피고인들은 한국철도공사의 경영권에 속하는 사항을 주장하면서 업무 관련 규정을 철저히 준수하는 등의 방법으로 안전운행투쟁을 전개하였다(**준법투쟁**). **안전운행투쟁의** 주된 목적이 정당하지 않다는 이유만으로 피고인들의 행위가 업무방해죄에 해당되지는 않는다.[3] *열차지연운행의 내용이 심각한 정도 아님.

② 금융실명전환사무를 처리하는 금융기관의 업무는 실명전환을 청구하는 자의 명의가 주민등록표상의 실명인지 여부를 확인하는 것일 뿐이지, 그가 금융자산의 **실질적 권리자인지** 여부를 조사 · 확인하는 것까지 포함하는 것은 아니다. 따라서 기존의 비실명예금을 합의차명에 의하여 명의대여자의 실명으로 전환한 행위는 금융기관의 실명전환에 관한 업무를 방해한 것이라 할 수 없다.[4]

③ 도급인의 공사계약 해제가 적법하고 수급인이 **스스로 공사**를 중단한 상태에서 도급인이 공사현장에 남아 있는 수급인 소유의 공사자재 등을 다른 곳에 옮겨 놓더라도 업무방해죄가 성립하지는 않는다.[5]

④ 피고인 갑은 피해자가 조경수 운반을 위해 사용하던 피고인 소유 토지 위의 현황도로에 축대를 쌓아 그 통행을 막았다. 그 도로폐쇄에도 불구하고 **대체도로를** 이용하여 종전과 같이 조경수 운반차량 등을 운행할 수 있었다면, 갑의 행위는 업무방해죄에 해당되지 않는다.[6]

⑤ **업무방해 인정**(*표준판례) 피고인을 비롯한 전국철도노동조합 집행부가 중앙노동위원회 위원장의 **직권중재회부결정에도** 불구하고 파업에 돌입할 것을 지시하여, 수백 회에 이르는 철도 운행이 중단되도록 함으로써 한국철도공사에 막대한 손해를 입힌 행위는 형법 제314조 제1항에서 정한 '위력'에 해당한다고 보기에 충분하다.[7]

---

1) 대판 2017. 12. 22. 2017도13211.
2) 대판 2013. 3. 14. 2010도410.
3) 대판 2014. 8. 20. 2011도468.
4) 대판 1997. 4. 17. 96도3377 전원합의체.
5) 대판 1999. 1. 29. 98도3240.
6) 대판 2007. 4. 27. 2006도9028.
7) 대판 2011. 3. 17. 2007도482 전원합의체.

⑥ 업무방해죄의 성립에 있어서는 업무방해의 결과가 실제로 발생함을 요하지 아니하며 업무방해의 결과를 **초래할 위험이** 발생하면 족하다.1)

⑦ **업무방해죄와 폭행죄는** 구성요건과 보호법익을 달리하고 있고, 업무방해죄의 성립에 일반적 · 전형적으로 사람에 대한 폭행행위가 수반되는 것은 아니다. 피해자에 대한 폭행행위가 동일한 피해자에 대한 업무방해죄의 수단이 되었더라도 그러한 폭행행위가 이른바 '불가벌적 수반행위'에 해당하여 업무방해죄에 대해 흡수관계에 있다고 볼 수는 없다.2)

(6) 컴퓨터 업무방해죄 6

① 대학의 컴퓨터시스템 서버를 관리하던 직원이 전보발령을 받아 더 이상 웹서버를 관리 운영할 권한이 없는 상태에서, 웹서버에 접속하여 홈페이지 관리자의 **아이디와 비밀번호**를 무단으로 변경한 행위는 컴퓨터 업무방해죄를 구성한다.3)

② *표준판례 주택재건축조합 조합장인 피고인이 자신에 대한 감사활동을 방해하기 위하여, 조합 사무실에 있던 컴퓨터에 **비밀번호를 설정하고** 하드디스크를 분리 · 보관함으로써 조합의 정보처리에 관한 업무를 방해한 행위는 컴퓨터 업무방해죄에 해당한다.4) *단순히 메인 **컴퓨터의 비밀번호를 알려주지 않은 것은** 컴퓨터 업무방해죄에 해당되지 않음. 정보처리장치의 사용목적에 영향을 준 것이 아님.5)

③ *표준판례 포털사이트 운영회사의 통계집계시스템 서버에 **허위의 클릭정보를** 전송하여 검색순위 결정 과정에서 위 클릭정보가 실제로 통계에 반영됨으로써 정보처리에 장애가 현실적으로 발생하였다면, 그로 인하여 실제로 검색순위의 변동을 초래하지는 않았다 하더라도 컴퓨터 업무방해죄가 성립한다.6)

④ 갑 주식회사 대표이사인 피고인이, 악성프로그램이 설치된 피해 컴퓨터 사용자들이 실제로 인터넷 포털사이트에 해당 검색어로 검색하거나 검색 결과에서 해당 **스폰서링크를** 클릭하지 않았음에도, 그와 같이 검색하고 클릭한 것처럼 인터넷 포털사이트의 관련 시스템 서버에 허위의 신호를 발송하는 방법으로 정보처리에 장애를 발생하게 한 경우는 컴퓨터 업무방해죄를 구성한다.7)

[103] 8. 경매 · 입찰방해죄 1

① 한국전기공사협회 부산지부 소속 일부 회원으로 구성된 협력회의 회장과 총무가 공모하여, 전기공사를 실질적으로 회원사들이 추첨을 하여 **순번제로** 단독입찰하면서 경쟁입찰

1) 대판 2010. 3. 25. 2008도4228. 제2회.
2) 대판 2012. 10. 11. 2012도1895. 제9회.
3) 대판 2006. 3. 10. 2005도382.
4) 대판 2012. 5. 24. 2011도7943.
5) 대판 2004. 7. 8. 2002도631. 제6회.
6) 대판 2009. 4. 9. 2008도11978. 제5회.
7) 대판 2013. 3. 28. 2010도14607.

을 가장한 행위는 입찰방해죄를 구성한다.1)

② 조합의 조합장인 피고인이 제주교역의 실무책임자인 공소외인에게 자신의 지시대로 시행하지 않으면, 앞으로 위 조합과 제주교역 간의 오렌지수입대행계약을 취소할 것이니 **수입대행포기각서**를 쓰라고 강요한 경우는 입찰방해죄의 위력에 해당한다.2)

③ 학교법인의 이사장과 직원이 특정업자와 공모하여 **예정가격을** 미리 알려줌으로써, 그 특정업자가 공정한 자유경쟁 없이 공사를 낙찰받을 수 있도록 한 경우, 위 사람들은 모두 입찰방해죄에 해당된다.3)

④ 그 행위가 설사 유찰방지를 위한 수단에 불과하여 입찰가격에 있어 입찰실시자의 이익을 해하거나 입찰자에게 부당한 이익을 얻게 하는 것이 아니었다 하더라도, 실질적으로 **단독입찰하면서** 경쟁입찰인 것 같이 가장하였다면 입찰의 공정을 해한 것이 된다.4)

⑤ 입찰방해죄는 위계 또는 위력 기타의 방법으로 입찰의 공정을 해하는 경우에 성립하는 위태범으로서, 입찰의 공정을 해할 행위를 하면 그것으로 족한 것이지 현실적으로 입찰의 공정을 해한 **결과가** 발생할 필요는 없다.5)

⑥ 소위 담합행위가 입찰방해죄로 되기 위해서는 반드시 입찰참가자 전원과 사이에 담합이 이루어져야 하는 것은 아니고, 입찰참가자들 중 **일부와 사이에** 담합이 이루어진 경우에도 입찰방해죄는 성립한다.6)

⑦ ***표준판례** 입찰자들 상호간에 특정업체가 낙찰받기로 하는 **담합이 이루어진 상태에서** 일부 입찰자가 자신이 낙찰받기 위해 당초의 합의에 따르지 아니한 채, 낙찰받기로 한 특정업체보다 저가로 입찰한 경우에도 입찰방해죄는 성립한다.7)

⑧ ***표준판례** 주문자의 예정가격 내에서 **무모한 경쟁을** 방지하고자 담합한 경우에는, 담합자끼리 금품의 수수가 있었다 하더라도 입찰자체의 공정을 해하였다고는 볼 수 없다.8)

⑨ 소위 담합행위는 입찰가격에 있어서 실시자의 이익을 해하는 것이 아니라도 **실질적인 단독입찰을** 경쟁입찰인 것처럼 가장하여 그 입찰가격으로 낙찰되게 한 경우에는, 담합자 간에 금품의 수수에 관계없이 입찰의 공정을 해할 위험성이 있다.9)

⑩ ***표준판례** 입찰방해죄에서 입찰의 공정을 해하는 입찰방해 행위가 있다고 하기 위해서는 그 방해대상이 되는 **입찰절차가** 존재해야 한다. 그러므로 공정한 자유경쟁을 통한 적정한 가격형성을 목적으로 하는 입찰절차가 아니라, 공적 · 사적 경제주체의 임의선택에 따른 계약체결 과정에 공정한 경쟁을 해하는 행위가 개재되었다 하여 입찰방해죄로 처벌할 수는

---

1) 대판 1991. 10. 22. 91도1961.
2) 대판 2000. 7. 6. 99도4079.
3) 대판 2007. 5. 31. 2006도8070.
4) 대판 1988. 3. 8. 87도2646.
5) 대판 1994. 5. 24. 94도600.
6) 대판 2006. 6. 9. 2005도8498.
7) 대판 2010. 10. 14. 2010도4940.
8) 대판 1971. 4. 20. 70도2241.
9) 대판 1983. 1. 18. 81도824.

없다.1) *한국토지공사가 중고자동차매매단지를 분양하면서 무작위공개추첨 방식으로 1인의 당첨자를 선정하는 것은 입찰절차에 해당되지 않음.

⑪ ***표준판례** 입찰자들의 전부 또는 일부 사이에서 **담합을 시도하는** 행위가 있었지만 실제로 담합이 이루어지지는 못하였다. 또 위계 또는 위력 기타의 방법으로 담합이 이루어진 것과 같은 결과를 얻어내거나 다른 입찰자들의 응찰 내지 투찰행위를 저지하려는 시도가 있었지만 역시 그 위계 또는 위력 등의 정도가 담합이 이루어진 것과 같은 결과를 얻어내지 못하고 실제로 방해된 바도 없었다. 이는 공정한 자유경쟁을 방해할 염려가 있는 상태를 발생시켜 입찰의 공정을 해하였다고 볼 수 없다. 이는 **입찰방해미수행위에** 불과하고 입찰방해죄의 기수에 이르렀다고 할 수 없다.2)

XII. 사생활의 평온에 대한 죄

[104] 1. 비밀침해죄 1

① 통신비밀보호법 제3조 제1항이 "공개되지 않은 타인간의 대화를 녹음 또는 청취하지 못한다"라고 정한 것은, 대화에 원래부터 참여하지 않는 제3자가 그 대화를 하는 타인들 간의 발언을 녹음해서는 안 된다는 취지이다. 3**인 간의 대화에서** 그 중 한 사람이 그 대화를 녹음하는 경우에 다른 두 사람의 발언은 그 녹음자에 대한 관계에서 '타인 간의 대화'라고 할 수 없다. 이와 같은 녹음행위가 통신비밀보호법 제3조 제1항에 위배된다고 볼 수는 없다.3)

② ***표준판례** 형법 제316조 제1항 '봉함 기타 비밀장치 된 문서'는, '기타 비밀장치'라는 일반 조항을 사용하여 널리 비밀을 보호하고자 하는 취지를 가지고 있다. 따라서 반드시 문서 자체에 비밀장치가 되어 있는 것만을 의미하는 것은 아니다. 봉함 이외의 방법으로 **외부 포장을** 만들어서 그 안의 내용을 알 수 없게 만드는 일체의 장치를 가리키는 것으로, 잠금장치 있는 용기나 서랍 등도 포함한다.4) *서랍이 2단으로 되어 있어 그 중 아래 칸의 윗부분이 막혀 있지 않아 위 칸을 밖으로 빼내면 아래 칸의 내용물을 쉽게 볼 수 있는 구조로 되어 있더라도, 피해자가 아래 칸에 잠금장치를 하였으면 여기에 해당함.

[105] 2. 주거침입죄

(1) 일 반 론 1

① 주거침입죄는 사실상의 주거의 평온을 보호법익으로 한다. 일단 적법하게 거주 또는

1) 대판 2008. 5. 29. 2007도5037.
2) 대판 2003. 9. 26. 2002도3924.
3) 대판 2006. 10. 12. 2006도4981. 제10회.
4) 대판 2008. 11. 27. 2008도9071.

간수를 개시한 후에 그 권한을 상실하여 사법상 **불법점유가** 되더라도, 권리자가 이를 배제하기 위해 정당한 절차에 의하지 않고 그 주거 또는 건조물에 침입한 경우에는 주거침입죄가 성립한다.[1]

② 다가구용 단독주택인 빌라의 잠기지 않은 대문을 열고 들어가 **공용 계단으로** 빌라 3층까지 올라갔다가 1층으로 내려온 경우, 주거인 **공용 계단**에 들어간 행위가 거주자의 의사에 반한 것이라면 주거침입죄에 해당한다.[2]

③ 화단의 설치, 수목의 식재 등으로 **담장의 설치**를 대체하는 경우에도 건조물에 인접한 그 주변 토지가 건물, 화단, 수목 등으로 둘러싸여 건조물의 이용에 제공되었다는 것이 명확히 드러난다면 위요지가 될 수 있다.[3]

④ *표준판례 다가구용 단독주택이나 다세대주택 · 연립주택 · 아파트 등 공동주택의 내부에 있는 **엘리베이터, 공용 계단과 복도는**, 특별한 사정이 없는 한 주거침입죄의 객체인 '사람의 주거'에 해당한다. 위 장소에 거주자의 명시적, 묵시적 의사에 반하여 침입하는 행위는 주거침입죄를 구성한다.[4]

⑤ *표준판례 주거침입죄에서 주거는 단순히 가옥 자체만을 말하는 것이 아니라 그 **위요지**를 포함한다. 이미 수일 전에 2차례에 걸쳐 피해자를 강간하였던 피고인이, 대문을 몰래 열고 들어와 담장과 피해자가 거주하던 방 사이의 좁은 통로에서 창문을 통해 방안을 엿본 경우, 주거침입죄에 해당한다.[5]

⑥ 건조물침입죄에서 건조물은 건조물 그 자체와 함께 위요지를 포함하는 개념이다. 위요지란 건조물에 직접 부속한 토지로서 그 **경계가 장벽 등에 의해** 물리적으로 명확하게 구획되어 있는 장소를 말한다.[6] *사드 기지 침입사건.

⑦ *표준판례 남편이 일시 부재중 간통의 목적으로 그 처의 승낙을 얻어 주거에 들어간 경우라도 남편의 주거에 대한 지배관리관계는 여전히 존속한다고 봄이 옳다. **사회통념상** 간통목적으로 주거에 들어오는 것은 남편의 의사에 반한다고 보여진다. 처의 승낙이 있었더라도 남편의 주거의 사실상의 평온은 깨어졌다 할 것이므로 이러한 경우에는 주거침입죄가 성립한다고 할 것이다.[7] *간통죄 폐지로 유사사례가 발생할 가능성은 없으나 다른 위법한 목적의 경우에는 적용 가능함.

2 ### (2) 침입행위

① **침입행위 해당**(*표준판례) 주거침입죄의 범의는 반드시 신체의 전부가 타인의 주거 안으로 들어간다는 인식이 있어야만 하는 것은 아니다. **신체의 일부라도** 타인의 주거 안으로

1) 대판 1983. 3. 8. 82도1363.
2) 대판 2009. 8. 20. 2009도3452. 제1회.
3) 대판 2010. 3. 11. 2009도12609. 제1회.
4) 대판 2009. 9. 10. 2009도4335. 제8회.
5) 대판 2001. 4. 24. 2001도1092.
6) 대판 2020. 3. 12. 2019도16484.
7) 대판 1984. 6. 26. 83도685.

들어간다는 인식이 있으면 족하다.[1)]

② 피고인이 피해자가 사용 중인 **공중화장실**의 용변칸에 노크하여 남편으로 오인한 피해자가 용변칸 문을 열자 강간할 의도로 용변칸에 들어간 것이라면, 피해자가 명시적 또는 묵시적으로 이를 승낙하였다고 볼 수 없어 주거침입죄에 해당한다.[2)]

③ 피고인이 피해자와 이웃 사이어서 평소 그 주거에 **무상출입하던** 관계에 있었다 하더라도, **범죄목적으로** 피해자의 승낙 없이 그 주거에 들어간 경우에는 주거침입죄가 성립한다.[3)]

④ 일반인의 출입이 허용된 **음식점**(**초원복집**)이라 하더라도, 기관장들이 조찬모임을 하는데 그 대화내용을 도청하기 위한 도청장치를 설치할 목적으로 손님을 가장하여 들어간 경우에는, 영업주가 그 출입을 허용하지 않았을 것으로 보는 것이 경험칙에 부합하므로 주거침입죄가 성립한다.[4)]

⑤ 학생회관의 관리권은 그 대학당국에 귀속된다고 보아야 한다. 피고인들이 학생회의 동의가 있어 그 침입이 위법하지 않다고 믿었다 하더라도 이에 정당사유가 있다고 볼 수 없다.[5)]

⑥ 절취의사로 다세대주택의 출입문이 열려 있으면 안으로 들어가겠다는 의사 아래 여러 세대의 출입문을 차례로 **당겨보는** 행위는, 바로 주거의 사실상 평온을 침해할 객관적 위험성을 포함하는 행위를 한 것으로 주거침입의 실행착수에 해당된다.[6)]

⑦ 다른 사람의 주택에 무단 침입한 범죄사실로 이미 유죄판결을 받은 사람이, 그 판결이 확정된 후에도 **퇴거하지 않은 채** 계속하여 당해 주택에 거주한 경우, 위 판결 확정 이후의 행위는 별도의 주거침입죄를 구성한다.[7)]

⑧ ***표준판례** 주거침입죄에서 거주자 또는 관리자가 건조물 등에 거주 또는 관리할 권한을 가지고 있는가 여부가 범죄성립을 좌우하는 것은 아니다. 거주자나 관리자와 관계 등으로 평소 그 건조물에 출입이 허용된 사람이라 하더라도, 주거에 들어간 행위가 거주자나 관리자의 명시적 또는 추정적 의사에 반하여 감행되었으면 주거침입죄는 성립한다. **출입문을 통한 정상적 출입이** 아닌 경우, 특별한 사정이 없는 한 그 침입 방법 자체에 의해 위와 같은 의사에 반하는 것으로 보아야 한다.[8)]

⑨ **침입행위 아님** 피고인이 이 사건 다세대주택 2층의 불이 꺼져있는 것을 보고 물건을 절취하기 위해 가스배관을 타고 올라가다가, 발은 1층 방범창을 딛고 두 손은 1층과 2층 사이에 있는 **가스배관을** 잡고 있던 상태에서 발각되자, 그대로 뛰어내린 경우는 주거의 사실상의 평온을 침해하기 시작하였다고 보기 어렵다.[9)]

---

1) 대판 1995. 9. 15. 94도2561.
2) 대판 2003. 5. 30. 2003도1256. 제1회.
3) 대판 1983. 7. 12. 83도1394. 제1회.
4) 대판 1997. 3. 28. 95도2674.
5) 대판 1995. 4. 14. 95도12.
6) 대판 2006. 9. 14. 2006도2824.
7) 대판 2008. 5. 8. 2007도11322.
8) 대판 2007. 8. 23. 2007도2595.
9) 대판 2008. 3. 27. 2008도917. 제8회.

⑩ ***표준판례** 침입 대상인 아파트에 사람이 있는지 확인하기 위해 그 집의 **초인종을** 누른 행위만으로는, 침입의 현실적 위험성 내지 주거의 사실상 평온을 침해할 객관적 위험성을 포함하는 행위를 한 것으로 보기는 어렵다.1)

3 ### (3) 고 의

① 근로자들이 적법하게 개시한 직장점거도 사용자가 또한 **적법하게 직장폐쇄**를 단행하여 퇴거요구를 한 경우, 이에 불응한 채 직장점거를 계속하면 퇴거불응죄를 구성한다.2)

② 쟁의행위의 경우에도 직장 또는 사업장시설을 **전면적 · 배타적으로** 점거하여 조합원 이외의 자의 출입을 저지하거나, 사용자 측의 관리지배를 배제하여 업무의 중단 또는 혼란을 야기케 하는 것과 같은 행위도 정당성의 한계를 벗어난 것이다.3)

③ 사용자가 **제3자와 공동으로** 관리 · 사용하는 공간을 사용자에 대한 쟁의행위를 이유로 관리자의 의사에 반해 침입 · 점거한 경우, 비록 그 공간의 점거가 사용자에 대한 관계에서 정당한 쟁의행위로 평가될 여지가 있더라도, 이를 공동으로 관리 · 사용하는 제3자의 승낙이 없는 이상, 위 제3자에 대해서까지 그런 것은 아니어서 주거침입의 위법성이 조각되지 않는다.4)

④ 해고의 효력을 다투는 근로자는 일정 기간 조합원의 지위가 인정되어 회사내 노조사무실에는 들어갈 수 있으나, 회사내 **식당에서** 유인물을 배포한 행위는 건조물침입죄에 해당한다.5)

⑤ ***표준판례** 특정범죄가중법 제5조의4 제6항 상습절도죄에서 **주거침입행위는** 상습절도죄에 흡수되어 1죄만 성립하고, 위 범인이 그 범행 외에 상습절도의 목적으로 주거침입을 하였다가 절도에 이르지 않은 경우에도 상습성의 발현이라고 보이는 이상, 주거침입행위는 다른 상습절도 등 죄에 흡수되어 상습절도죄 1죄만 구성한다.6)

⑥ 주거침입죄는 사실상의 주거의 평온을 보호법익으로 하는 것이므로 그 거주자 또는 간호자가 건조물 등에 거주 또는 간수할 권리를 가지고 있는가의 여부는 범죄의 성립을 좌우하는 것은 아니다. 점유할 권리 없는 자의 점유라고 하더라도 그 주거의 평온은 보호되어야 한다. 따라서 권리자가 그 권리실행으로서 **자력구제의 수단으로** 건조물에 침입한 경우에도 주거침입죄가 성립한다.7)

1 ## [106] 3. 퇴거불응죄

① 노동조합이 파업을 시작한 지 **불과 4시간 만에** 사용자가 바로 직장폐쇄 조치를 취한

---

1) 대판 2008. 4. 10. 2008도1464.
2) 대판 1991. 8. 13. 91도1324.
3) 대판 2012. 5. 24. 2010도9963.
4) 대판 2010. 3. 11. 2009도5008.
5) 대판 1991. 11. 8. 91도326.
6) 대판 2017. 7. 11. 2017도4044.
7) 대판 1985. 3. 26. 85도122.

것은 정당한 쟁의행위로 인정되지 않는다. 사용자측 시설을 정당하게 점거한 조합원들이 사용자로부터 퇴거요구를 받고 이에 불응하였더라도 퇴거불응죄가 성립하지 않는다.1)

② *표준판례 퇴거불응죄는 행위자의 신체가 주거에서 나감을 의미하므로, 피고인이 나가면서 건물에 가재도구 등을 남겨두었더라도 퇴거불응죄가 되지는 않는다.2)

③ 폭력행위처벌법의 흉기휴대 등 특수주거침입죄에서 수인이 범행에 가담한 경우, 그 구성요건의 충족 여부는 **직접 건조물에** 들어간 범인을 기준으로 하여 그 범인이 흉기를 휴대하였다고 볼 수 있느냐에 따라서 결정된다.3)

XIII. 재산에 대한 죄

[107] 1. 절 도 죄

(1) 일 반 론 1

1) 재 물 성

① **재물성인정**(*표준판례) 재산죄의 객체인 재물은 반드시 객관적인 **금전적 교환 가치**를 가질 필요는 없다. 발행자가 회수하여 세 조각으로 찢어버림으로써 폐지로 되어 쓸모없는 것처럼 보이는 약속어음의 소지를 침해한 경우에도 절도죄가 성립한다.4)

② *표준판례 형법 제237조의 2에 따라 전자복사기 등으로 복사한 문서의 **사본** 내지 복사한 문서의 **재사본도** 문서원본과 동일한 의미를 가지는 문서로서 문서죄의 객체가 된다.5)

③ 피고인들은 폭행 · 협박으로 피해자로 하여금 **매출전표에 서명을** 하게 한 다음 이를 교부받아 소지하였다. 이 경우 신용카드회사의 지급거절가능성에도 불구하고 외견상 여전히 그 금액을 지급받을 가능성이 있는 상태이므로, 결국 피고인들은 '재산상 이익'을 취득하였다고 볼 수 있다.6)

④ *표준판례 사기죄의 객체가 되는 재산상 이익은 반드시 **사법**私法**상** 보호되는 경제적 이익만을 의미하는 것은 아니다. 따라서 부녀가 금품 등을 받을 것을 전제로 **성행위를** 하는 경우, 그 행위 대가는 사기죄의 객체인 경제적 이익에 해당한다. 부녀를 기망하여 성행위 대가의 지급을 면하는 경우 사기죄가 성립한다.7)

⑤ **재물성부정** 타인의 전화기를 무단으로 사용하여 전화통화를 하는 행위는 전기통신사업자에 의해 가능하게 된 전화기의 음향송수신기능을 부당하게 이용하는 것이다. 따라서

1) 대판 2007. 12. 28. 2007도5204.
2) 대판 2007. 11. 15. 2007도6990.
3) 대판 1994. 10. 11. 94도1991.
4) 대판 1976. 1. 27. 74도3442.
5) 대판 2004. 10. 28. 2004도5183. 제5회.
6) 대판 1997. 2. 25. 96도3411.
7) 대판 2001. 10. 23. 2001도2991. 제9회.

이러한 내용의 역무는 **무형적 이익에** 불과하고 물리적 관리대상이 될 수 없어 재물이 아니라고 할 것이므로 절도죄의 객체가 되지 않는다.1)

⑥ ***표준판례** 컴퓨터에 저장되어 있는 '**정보' 그 자체는** 유체물로 볼 수 없고 물질성을 가진 동력도 아니므로 재물이 될 수 없다. 이를 복사하거나 출력하였다 할지라도 그 정보 자체가 감소하거나 피해자의 점유 및 이용가능성을 감소시키는 것이 아니므로 절도죄를 구성한다고 볼 수도 없다.2) *컴퓨터에 저장된 정보를 출력하여 생성한 문서를 가지고 간 행위는 절도죄 아님.

⑦ **보호법익** 피고인이 피해자의 도장과 인감도장을 그의 책상서랍에서 몰래 꺼내어 가서, 그것을 차용금증서의 연대보증인란에 찍고 난 후 곧 제자리 넣어 두었다. 이때 **도장의 사용으로** 인한 가치소모가 무시할 수 있을 정도로 경미하고 사용 후 곧 반환하였다면, 불법영득의의사를 인정할 수 없다.3) *본권 또는 소유권을 침해할 의사가 있다고 보기 어려움.

2) 절취행위

① **점유인정** 승객이 **지하철에** 두고 내린 물건을 가져 간 경우, 점유이탈물횡령죄에 해당함은 별론으로 하고 절도죄가 되지는 않는다. 지하철 승무원은 유실물법상 전동차의 관수자로서 승객의 유실물을 교부받을 권능은 있으나, 그것을 현실적으로 발견하지 않는 한 이에 대한 점유를 개시하였다고 할 수 없다.4)

② 어떤 물건을 잃어버린 장소가 **당구장과** 같이 타인의 관리 아래 있을 때에는, 그 물건은 그 관리자의 점유에 속한다. 이를 제3자가 취거하는 것은 유실물횡령이 아니라 절도죄에 해당한다.5) *PC방도 마찬가지.6)

③ 인장이 든 돈궤짝을 사실상 다른 가옥에 별거 중인 남편이 보관하고 있었는데 그 열쇠는 처가 보관하고 있었다. 처가 남편의 동의를 받지 않고 그 인장을 취거한 행위는 절도죄에 해당된다.7) *돈 궤짝은 남편과 처의 **공동보관물**.

④ 피고인이 피해자를 살해한 현장에서 피해자의 소지하는 물건을 영득한 행위는 피해자의 점유를 침탈한 절도죄에 해당된다.8) *피해자의 점유는 **사망 후에도** 계속.

⑤ ***표준판례** 피해자를 살해한 방에서 사망한 피해자 곁에 4시간 30분쯤 있다가, 그곳 피해자의 자취방 벽에 걸려 있던 피해자가 소지하는 물건들을 영득의사로 가져 나온 경우, 피해자가 **생전에 가진 점유는** 사망 후에도 여전히 계속되는 것으로 보아야 한다.9)

⑥ ***표준판례** 결혼예식장에서 신부측 축의금 접수인인 것처럼 행세하여 하객의 축의

---

1) 대판 1998. 6. 23. 98도700.
2) 대판 2002. 7. 12. 2002도745. 제6, 9회.
3) 대판 1987. 12. 8. 87도1959.
4) 대판 1999. 11. 26. 99도3963.
5) 대판 1988. 4. 25. 88도409.
6) 대판 2007. 3. 15. 2006도9338(*표준판례). 제3회.
7) 대판 1984. 1. 31. 83도3027.
8) 대판 1968. 6. 25. 68도590.
9) 대판 1993. 9. 28. 93도2143. 제6회.

금을 가로챈 행위는 절도죄에 해당된다. 하객의 교부행위 취지는 접수대에 전달하는 것일 뿐 피고인에게 교부하는 것은 아니기 때문이다.[1] *책략절도.

⑦ 강간을 당한 피해자가 도피하면서 **현장에 두고 간 손가방은** 점유이탈물이 아니라 사회통념상 피해자의 지배하에 있는 물건이라고 보아야 한다. 피고인이 그 손가방 안에 들어 있는 피해자의 돈을 꺼낸 행위는 절도죄에 해당한다.[2]

⑧ 피고인 갑은 주인이 자신의 오토바이를 타고 **심부름을** 다녀오라고 하여서 그 오토바이를 타고 가다가 마음이 변하여 이를 반환하지 않고 그대로 타고 가버렸다. 갑의 행위는, 횡령죄를 구성함은 별론으로 하고 적어도 절도죄를 구성하지는 않는다.[3] *심부름을 다녀오라고 오토바이 열쇠를 넘겨받은 상황은 '점유배제와 새로운 점유의 취득'이라는 절취행위를 인정하기 어려움. 그러나 피고인과 피해자 사이에 오토바이 보관에 따른 신임관계를 위배한 횡령죄가 성립할 수 있는 가능성은 별개 문제.

⑨ 갑은 자동차를 절취할 생각으로 자동차의 조수석문을 열고 들어가 시동을 걸려고 시도하는 등 차 안의 기기를 이것저것 만지다가 핸드브레이크를 풀게 되었다. 그 장소가 내리막길인 관계로 **시동이 걸리지 않은 상태에서** 약 10미터 전진하다가 가로수를 들이받는 바람에 멈추게 되었다면, 갑의 행위는 절도기수에 해당한다고 볼 수 없다.[4] *시동을 걸지 않은 상태에서 자동차가 스스로 미끄러진 상황은 자동차가 피해자의 지배범위를 벗어났다고('이전 내지 취득') 보기 어려움. 판례는 자동차의 경우 시동을 거는 순간 절도죄기수 인정.

⑩ **점유부정**(*표준판례) 피고인이 내연관계에 있는 갑과 아파트에서 동거하다가, 갑의 사망으로 상속인인 을 및 병 소유에 속하게 된 부동산 등기권리증 등이 들어 있는 가방을 위 아파트에서 가지고 나온 경우, 피고인이 가방을 들고 나온 시점에 을 등이 아파트에 있던 가방을 **사실상 지배하여** 점유하였다고 볼 수 없어 절도죄를 구성하지 않는다.[5]

⑪ 육군 사병인 피고인 갑은 탄약고 출입문 뒤 소론에서 더덕을 찾기 위해 나무막대로 땅을 파다가 땅속 20㎝ 깊이에서 탄통 8개를 발견하고 뚜껑을 열어 그 안에 군용물인 탄약이 들어 있음을 확인하였다. 그럼에도 갑은 이를 지휘관에게 보고하는 등의 절차를 거치지 않고, 전역일에 이를 가지고 나갈 목적으로 그 자리에 다시 파묻어 은닉함으로써 **군용물절도죄로** 기소되었다. 그러나 탄약재고에 아무 이상이 없는 등 종전 점유관계가 밝혀지지 않은 이상, 갑이 타인의 점유를 침탈하고 **새로운 점유를** 취득하였다고 볼 수 없다.[6]

⑫ 승객이 **고속버스에** 두고 내린 물건을 다른 승객이 가져 간 경우는, 절도죄가 아니라 유실물횡령죄에 해당한다. 고속버스 운전기사는 고속버스의 관수자로서 승객이 잊고 내린 유실물을 교부받을 권능을 가질 뿐이고, 그것을 현실적으로 발견하지 않는 한 이에 대한 점유

---

1) 대판 1996. 10. 15. 96도2227, 96감도94.
2) 대판 1984. 2. 28. 84도38.
3) 대판 1986. 8. 19. 86도1093.
4) 대판 1994. 9. 9. 94도1522. 제2회.
5) 대판 2012. 4. 26. 2010도6334.
6) 대판 1999. 11. 12. 99도3801.

를 개시하였다고 할 수 없다.1)

3) 불법영득의사

A. **불법영득의사 인정사례**

① 절도죄의 성립에 필요한 불법영득의사라 함은, 권리자를 배제하고 타인의 물건을 자기의 소유물과 같이 그 **경제적 용법에** 따라 이용·처분할 의사를 말한다. 영구적으로 그 물건의 경제적 이익을 보유할 의사가 필요한 것은 아니지만, 단순한 점유 침해만으로는 절도죄를 구성하지 않는다. 소유권 또는 이에 준하는 **본권을 침해하는** 의사, 즉 목적물의 물질을 영득할 의사이거나 또는 그 물질의 가치만을 영득할 의사이든, 적어도 그 재물에 대한 영득의사가 있어야 한다.2)

② 채무자의 **책상서랍을** 승낙 없이 뜯어 돈을 꺼내 자기의 채권변제에 충당한 것은, 자기채권의 추심을 위해 채무자의 점유하에 있는 채무자 소유의 금원을 불법하게 탈취한 것으로 불법영득의사가 있다.3)

③ 조합원 1인이 조합원의 **공동점유**에 속하는 합유의 물건을 다른 조합원의 승낙 없이 단독으로 자신의 지배하에 옮긴다는 인식이 있으면 절도죄의 불법영득의사가 있다.4)

④ 동업자의 **공동점유에** 속하는 동업재산을 다른 동업자의 승낙 없이 그 점유를 배제하고 단독으로 자기 지배로 옮겼다면 절도죄가 성립된다.5)

⑤ ***표준판례** 피고인이 피해자 경영의 금방에서 마치 귀금속을 구입할 것처럼 가장하여 피해자로부터 순금목걸이 등을 건네받은 다음, 화장실에 갔다 오겠다는 핑계를 대고 도주한 경우는 절도죄에 해당된다.6) ***책략절도.**

⑥ 굴삭기 매수인 갑은, 약정된 기일에 대금채무를 이행하지 않으면 굴삭기를 회수하여 가도 좋다는 **약정을** 하고 각서와 매매계약서 및 양도증명서 등을 작성하여 판매회사 담당자에게 교부하였다. 갑이 채무를 불이행하자 담당자가 굴삭기를 취거하여 매도한 경우는 절도죄의 불법영득의사가 인정된다.7) ***각서** 등으로 굴삭기 소유권이 판매회사로 이전될 수는 없고, 취거 당시 소유권은 여전히 매수인에게 남아 있음.

⑦ 피고인이 현금 등이 들어 있는 피해자의 지갑을 가져갈 당시에 피해자의 승낙을 받지 않았다면, 가사 피고인이 후일 **변제할** 의사가 있었더라도 불법영득의사가 인정된다.8)

⑧ 피고인 갑 등은 피해자와 사이에 피해자 소유인 판시 쇄석장비들에 관해 **점유개정**의 방법에 의한 양도담보부 금전소비대차계약을 체결하였다. 피해자가 변제기일이 지나도 채무

1) 대판 1993. 3. 16. 92도3170.
2) 대판 1992. 9. 8. 91도3149.
3) 대판 1983. 4. 12. 83도297.
4) 대판 1982. 12. 28. 82도2058.
5) 대판 1987. 12. 8. 87도1831.
6) 대판 1994. 8. 12. 94도1487.
7) 대판 2001. 10. 26. 2001도4546. 제4회.
8) 대판 1999. 4. 9. 99도519.

를 변제하지 않자 갑 등이 합동하여 피해자의 의사에 반하여 쇄석장비들을 임의로 분해하여 가지고 간 경우는 절도죄에 해당된다.[1] ***점유개정으로** 피해자의 소유권이 피고인에게 이전되지는 않음.

⑨ ***표준판례** 피고인이 갑의 영업점 내에 있는 갑 소유의 휴대전화를 허락 없이 가지고 나와 사용한 다음, 약 1－2시간 후 위 영업점 정문 옆 화분에 놓아두고 간 경우는 불법영득의사가 인정된다.[2]

⑩ 피고인이 자신의 모母 갑 명의로 구입 · 등록하여 갑에게 **명의신탁한** 자동차를 을에게 담보로 제공한 후 을 몰래 가져간 경우는 절도죄에 해당된다.[3] *을에 대한 관계에서 자동차 소유자는 갑이고 피고인은 소유자가 아니므로, 을이 점유하고 있는 자동차를 임의로 가져간 이상 절도죄가 성립.

⑪ 갑 주식회사 감사인 피고인이 회사 경영진과 불화로 한 달 가까이 결근하다가, 회사 감사실에 침입하여 자신이 사용하던 컴퓨터에서 하드디스크를 떼어간 후 4개월 가까이 지난 시점에 반환한 경우 불법영득의사가 인정된다.[4] *반환시점('4개월'), 장소 등을 고려할 때 일시 보관 후 반환하였다고 보기 어려워 불법영득의사가 인정됨.

⑫ ***표준판례** 타인의 예금통장을 무단사용하여 예금을 인출한 후 바로 예금통장을 반환하였다 하더라도, 예금통장 자체가 가지는 **예금액 증명기능의** 경제적 가치에 대한 불법영득의사를 인정할 수 있다.[5] *인출된 예금액만큼 통장 자체의 예금액 증명기능이 상실되고 그 상실된 기능에 상응하는 경제적 가치도 소모됨.

⑬ 피고인들은 자신들의 피해자에 대한 **물품대금 채권을** 다른 채권자들보다 우선적으로 확보할 목적으로, 피해자가 부도를 낸 다음날 새벽에 피해자의 승낙을 받지 아니한 채 피해자의 가구점 시정장치를 쇠톱으로 절단하고 들어가 상당액의 피해자 가구를 다른 장소에 옮겨 놓았다. 피고인들의 행위는 불법영득의사가 인정된다.[6]

⑭ 자동차 명의신탁관계에서 제3자가 명의수탁자로부터 승용차를 가져가 매도할 것을 허락받고 인감증명 등을 교부받아 위 승용차를 명의신탁자 몰래 가져간 경우, 위 **제3자와 명의수탁자의 공모 · 가공**에 의해 절도죄의 공모공동정범이 성립한다.[7]

⑮ 돈사에서 대량으로 사육되는 돼지에 대한 **이중의 양도담보설정계약**이 체결된 경우, 뒤에 양도담보설정계약을 체결한 이중양수 채권자가 임의로 돼지를 반출한 행위는 절도죄를 구성한다.[8]

---

1) 대판 2005. 6. 24. 2005도2861.
2) 대판 2012. 7. 12. 2012도1132. 제3, 5회.
3) 대판 2012. 4. 26. 2010도11771. 제3, 5회.
4) 대판 2011. 8. 18. 2010도9570. 제3, 5회.
5) 대판 2010. 5. 27. 2009도9008. 제8회.
6) 대판 2006. 3. 24. 2005도8081.
7) 대판 2007. 1. 11. 2006도4498. 제3회.
8) 대판 2007. 2. 22. 2006도8649.

⑯ 어떤 물건을 점유자의 의사에 반하여 취거하는 행위가 **결과적으로 소유자의 이익으로** 된다는 사정 또는 소유자의 추정적 승낙이 있다고 볼 만한 사정이 있다고 하더라도, 그런 사유만으로 불법영득의사가 없다고 할 수는 없다.1) *불법영득의사는 권리자를 배제하고 자기 물건처럼 사용하려는 의사가 있으면 인정됨. 행위결과에 대한 사정은 고려대상이 아님.

⑰ ***표준판례** 타인의 토지상에 **권원 없이 식재한 수목의** 소유권은 토지소유자에게 귀속하고, 권원에 의하여 식재한 경우에는 그 소유권이 식재한 자에게 있다.2) *권원 없이 식재한 감나무에서 감을 수확한 것은 절도죄에 해당.3) 권원 없이 경작한 콩을 토지소유자가 뽑은 경우는 재물손괴죄. **권원 없이 경작한 농작물의** 소유권은 경작자에게 있음.4)

B. **불법영득의사 부정사례**

① ***표준판례** 피고인 갑은 자신이 잃어버린 총을 보충하기 위해 다른 군인 소유의 총 1정을 무단히 가지고 나왔으나 영득의사는 없었다. 갑의 행위는 그 경제적 용법에 따라 이를 이용 또는 처분하여 **권리자**(**국가**)를 배제할 의사를 가지고 한 것이 아니므로 피고인 갑에게 불법영득의사가 있었다고 볼 수 없다.5) *영득의사 없는 단순한 점유침해만으로는 절도죄가 되지 않음.

② 회사의 판매사원인 피고인이 임의로 **물품을 인출하여** 갑에게 교부했더라도, 갑이 회사와 직접 거래를 개시한 자이고 위 물품은 회사와 갑 간의 거래물품으로 정리되어 그 대금의 일부까지 납부하였다면, 피고인의 행위는 불법영득의사로써 절취한 것이라고는 할 수 없다.6)

③ 피고인이 군무를 이탈할 때 **총기를 휴대하고** 있는지조차 인식할 수 없는 정신상태에 있었고, 총기는 어떤 경우라도 몸을 떠나서는 안 된다는 교육을 지속적으로 받아왔다면, 사격장에서 군무를 이탈하면서 **총기를 휴대**하였다는 것만 가지고 피고인에게 총기에 대한 불법영득의 의사가 있었다고 할 수 없다.7)

④ 내연관계에 있던 자의 물건을 가져와 보관한 후, 그가 찾으러 오면 반환하면서 타일러 다시 내연관계를 지속시킬 생각으로 이를 가져 온 경우, 불법영득의 의사가 있다고 할 수 없다.8)

⑤ 10년 동안 **방치된** 광산개발을 위한 물품을 주인이 떠난 지 7년이 경과한 후 피고인이 집 가까이 옮겨 놓은 경우 불법영득의사를 인정하기 어렵다.9) *피해자나 그 상속인들이 위 물품을 점유의사로 사실상 지배하고 있었다고 보기 어려움.

⑥ 상사와 의견 충돌 끝에 항의표시로 사표를 제출한 다음, 평소 피고인이 전적으로 보

1) 대판 2014. 2. 21. 2013도14139. 제5회.
2) 대판 1980. 9. 30. 80도1874.
3) 대판 1998. 4. 24. 97도3425. 제2회.
4) 대판 1999. 6. 25. 99도3891(*표준판례).
5) 대판 1965. 2. 24. 64도795.
6) 대판 1983. 10. 25. 83도1865.
7) 대판 1992. 9. 8. 91도3149.
8) 대판 1992. 5. 12. 92도280.
9) 대판 1994. 10. 11. 94도1481. 제2회.

관, 관리해 오던 **비자금** 관계 서류 및 금품이 든 가방을 들고 나온 경우 절도죄가 성립하지 않는다.[1] *불법영득의사와 타인의 점유를 인정할 수 없음.

⑦ 피고인이 피해자의 전화번호를 알아두기 위해 피해자가 떨어뜨린 **전화요금영수증을** 습득한 후 돌려주지 않은 경우, 불법영득의 의사가 있다고 인정하기 어렵다.[2] *자기 소유물과 같이 이용, 처분할 의사 없음.

⑧ 사촌형제인 피해자와 분규로 재단법인 **이사장직을** 사임한 뒤, 피해자의 집무실에 찾아가 잘못을 나무라는 과정에서 화가 나서, 피해자를 혼내주려고 피해자의 가방을 들고 나온 경우 불법영득의사가 있다고 할 수 없다.[3]

⑨ 은행이 발급한 **직불카드를** 사용하여 타인의 예금계좌에서 자기의 예금계좌로 돈을 이체시켰다 하더라도, 직불카드 자체가 가지는 경제적 가치가 계좌이체된 금액만큼 소모되었다고 할 수는 없으므로, 이를 일시 사용하고 곧 반환하였으면 그 직불카드에 대한 불법영득의사는 없다고 보아야 한다.[4]

⑩ 피해자로부터 지갑을 잠시 건네받아 임의로 지갑에서 **현금카드를** 꺼내어 현금자동인출기에서 현금을 인출하고 곧바로 피해자에게 현금카드를 반환한 경우, 현금카드에 대한 불법영득의사는 없다.[5] *현금카드를 사용하여 현금자동지급기에서 현금을 인출하였더라도 그 현금카드 자체가 가지는 경제적 가치가 인출된 예금액만큼 소모되었다고 할 수 없음.

⑪ 피고인이 살해된 피해자의 주머니에서 꺼낸 지갑을, 살해도구로 이용한 골프채와 옷 등 다른 증거품들과 함께 자신의 차량에 싣고 가다가 **쓰레기 소각장에서** 태워버린 경우, 살인 범행의 증거를 인멸하기 위한 행위로서 불법영득의 의사가 있었다고 보기 어렵다.[6]

4) 사용절도

① **사용절도 인정** 가구회사의 **디자이너인** 피고인이 자신이 제작한 가구 디자인 도면을 가지고 나온 경우, 평소 위 회사에서 채택하지 않은 도면들은 디자이너 개인의 임의처분이 허용되었고, 피고인이 회사의 부당한 징계를 노동위원회에 구제신청을 하면서 자신의 충실한 근무를 입증하기 위한 자료로 삼기 위해 가져 나온 것이라면 불법영득의사가 있었다고 볼 수 없다.[7]

② 피해자의 승낙 없이 혼인신고서를 작성하기 위해 피해자의 **도장을** 몰래 꺼내어 사용한 후 곧바로 제자리에 갖다 놓은 경우, 도장에 대한 불법영득의사가 있었다고 볼 수 없다.[8]

③ **신용카드**를 사용하여 현금자동지급기에서 현금을 인출하였다 하더라도 신용카드 자

---

1) 대판 1995. 9. 5. 94도3033. 제3회.
2) 대판 1989. 11. 28. 89도1679.
3) 대판 1993. 4. 13. 93도328.
4) 대판 2006. 3. 9. 2005도7819.
5) 대판 1998. 11. 10. 98도2642.
6) 대판 2000. 10. 13. 2000도3655.
7) 대판 1992. 3. 27. 91도2831.
8) 대판 2000. 3. 28. 2000도493.

체가 가지는 경제적 가치가 인출된 예금액만큼 소모되었다고 할 수 없으므로, 이를 일시 사용하고 곧 반환한 경우에는 불법영득의 의사가 없다.[1] *신용카드가 특정 재산권을 표시하는 유가증권은 아님. 그러나 같은 사안에서 예금통장의 경우(2009도9008)는 불법영득의사가 인정되는 점 유의할 것.

④ 피고인이 갑의 **도장과 인감도장을** 그의 책상서랍에서 몰래 꺼내어 가서, 그것을 차용금증서의 연대보증인란에 찍고 난 후 곧 제자리에 넣어둔 경우는, 불법영득의사를 인정할 수 없다.[2] *사용으로 인한 가치소모가 경미하고 사용 후의 신속한 반환은 소유권 또는 본권의 침해의사 없음.

⑤ 동네 선배로부터 차량을 빌렸다가, 반환하지 아니한 보조열쇠를 이용하여 그 후 3차례에 걸쳐 위 차량을 2-3시간 정도 운행한 후 원래 주차된 곳에 갖다 놓아 반환한 경우, 불법영득의사가 있었다고 볼 수 없다.[3] ***자동차등 불법사용죄**(제331조의2)의 신설로 자동차나 원동기에 대한 사용절도는 더 이상 인정될 수 없음.

⑥ ***표준판례** 피고인은 강도상해 등의 범행을 저지르고 도주하기 위해 피고인이 근무하던 인천시 항동 소재 중국집 앞에 세워져 있는 오토바이를 소유자의 승낙 없이 타고 가서 신흥동 소재 뉴스타호텔 부근에 버린 다음 버스를 타고 광주로 가버렸다. 피고인에게 위 오토바이를 불법영득할 의사가 없었다고 할 수 없어, 원심이 이를 형법 제331조의2의 자동차등 불법사용죄가 아닌 절도죄로 의율한 조치는 정당한 것으로 수긍이 간다.[4]

⑦ **사용절도 부정** 회사 **채권을** 확보할 목적으로 회사의 총무과장이 채무자 소유의 자동차를 채무자의 승낙 없이 운전하여 회사로 옮겨 놓은 다음, 법원의 가압류결정과 감수보존명령에 따라 집달관이 보관하게 될 때까지 위 회사의 지배하에 둔 경우 불법영득의사가 인정된다.[5]

⑧ 피고인이 소총 소지자를 총기로 **협박하여** 그 소총을 교부받아 실탄을 장전한 후 소속 부대 하급자에게 건네주어, 그로 하여금 소속 부대원들이 내무반에서 나오는지 여부를 감시하도록 지시한 경우, 비록 피고인의 지시에 따라 그 소총을 소지하고 있던 하급자가 나중에 그 소총을 원래 소지자에게 주었더라도, 그 사정만으로 피고인에게 그 소총에 대한 군용물특수강도죄의 불법영득의사가 부정되지 않는다.[6]

⑨ ***표준판례** 피고인이 갑의 영업점 내에 있는 갑 소유의 **휴대전화를** 허락 없이 가지고 나와 사용한 다음, 약 1-2시간 후 위 영업점 정문 옆 화분에 놓아두고 간 경우는 불법영득의사가 인정된다.[7] *경제적 용법에 따라 이용하다가 본래의 장소와 다른 곳에 유기한 것이 주된 이유.

---

1) 대판 1999. 7. 9. 99도857.
2) 대판 1987. 12. 8. 87도1959.
3) 대판 1992. 4. 24. 92도118.
4) 대판 2002. 9. 6. 2002도3465.
5) 대판 1990. 5. 25. 90도573.
6) 대판 1995. 7. 11. 95도910.
7) 대판 2012. 7. 12. 2012도1132. 제3, 5회.

5) 죄 수

① 금융기관발행의 **자기앞수표는** 그 액면금을 즉시 지급받을 수 있어 현금에 대신하는 기능을 하므로, 절취한 자기앞수표를 음식대금으로 교부하고 거스름돈을 환불받은 행위는 절도의 불가벌적 사후행위로 사기죄가 되지 않는다.[1] *자기앞수표의 절취를 현금절취와 동일하게 평가.

② **열차승차권은** 그 자체에 권리가 화체되어 있는 무기명증권이므로 열차승차권을 절취한 자가 환불을 받으면서 기망행위가 수반되더라도 절도죄 외에 사기죄가 성립하지는 않는다.[2]

③ 절취한 **은행예금통장을** 이용하여 은행원을 기망해서 진실한 명의인이 예금을 찾는 것으로 오신시켜 예금을 편취한 것이라면, 새로운 법익의 침해로 절도죄 외에 따로 사기죄가 성립한다.[3]

④ 절도범인이 그 절취한 **장물을** 자기 것인 양 제3자를 기망하여 금원을 편취한 경우에는, 장물에 관하여 소비 또는 손괴하는 경우와 달리 제3자에 대한 관계에서 새로운 법익침해가 있다고 할 것이므로 절도죄 외에 사기죄가 성립한다.[4]

⑤ **신용카드를** 절취한 후 이를 사용한 경우 신용카드의 부정사용행위는 새로운 법익침해로 보아야 하고, 그 법익침해가 절도범행보다 큰 것이 대부분이므로 절도범행의 불가벌적 사후행위가 되는 것은 아니다.[5]

⑥ 자동차를 절취한 후 **자동차등록번호판을** 떼어내는 행위는, 새로운 법익의 침해로 보아야 하므로 절도범행의 불가벌적 사후행위가 되는 것은 아니다.[6]

⑦ ***표준판례** 강취한 **은행예금통장을** 이용하여 은행직원을 기망하여 진실한 명의인이 예금의 환급을 청구하는 것으로 오신케 함으로써 예금의 환급 명목으로 금원을 편취하는 것은 다시 새로운 법익을 침해하는 행위이므로 장물의 단순한 사후처분과는 같지 아니하고 별도의 사기죄를 구성한다.[7]

(2) 야간주거침입절도죄 2

① ***표준판례** 피고인이 피해자 경영의 까페에서 야간에 아무도 없는 그곳 내실에 침입하여 장식장 안에 들어 있던 정기적금통장 등을 꺼내 들고 나오던 중 발각되어 돌려 준 경우, 일단 피고인 자신의 지배에 옮겼다고 볼 수 있으니 절도 미수에 그친 것이 아니라 **야간주거침입절도의** 기수라고 할 것이다.[8] *피해자의 주거를 벗어나지 않은 상태에서도 절도죄

1) 대판 1987. 1. 20. 86도1728.
2) 대판 1975. 8. 29. 75도1996.
3) 대판 1974. 11. 26. 74도2817.
4) 대판 1980. 11. 25. 80도2310. 제8회.
5) 대판 1996. 7. 12. 96도1181.
6) 대판 2007. 9. 6. 2007도4739. 제9회.
7) 대판 1990. 7. 10. 90도1176.
8) 대판 1991. 4. 23. 91도476. 제3회.

기수가 가능함을 보여준 판결.

② ***표준판례** 형법 제330조의 규정형식과 그 구성요건의 문언에 비추어 보면, 형법은 야간에 이루어지는 주거침입행위의 위험성에 주목하여 그러한 행위를 수반한 절도를 야간주거침입절도죄로 중하게 처벌하고 있는 것으로 보아야 한다. 따라서 **주거침입이 주간에** 이루어진 경우에는 야간주거침입절도죄가 성립하지 않는다.1)

③ 담배점포는 **알미늄 샷시로** 된 구조물이긴 하나 주위벽과 지붕으로 구성되어 있고 피해자가 내부에 담배, 복권 기타잡화 등을 진열해 놓고 판매하는 일상생활을 영위해 오면서 침식 장소로도 사용해왔으므로 야간주거침입절도죄의 객체인 건조물에 해당된다.2)

④ ***표준판례** 야간에 아파트에 침입하여 물건을 훔칠 의도하에 아파트의 베란다 철제 난간까지 올라가 **유리창문을** 열려고 시도하였다면, 야간주거침입절도죄의 실행에 착수한 것으로 보아야 한다.3)

⑤ 야간에 다세대주택에 침입하여 물건을 절취하기 위해 **가스배관을** 타고 오르다가 순찰 중이던 경찰관에게 발각되어 그냥 뛰어내렸다면, 야간주거침입절도죄의 실행착수가 인정되지 않는다.4) *이러한 행위만으로는 주거의 사실상 평온을 침해할 현실적 위험성이 있는 행위를 개시한 때에 해당한다고 보기 어려움.

⑥ 피고인은 야간에 출입문이 열려 있는 집에 들어가 재물을 절취하기로 마음먹고 **다세대주택의 출입문을** 차례로 열어 보았으나 모두 잠겨 있어 범행에 실패한 경우, 야간주거침입절도죄의 실행착수를 인정할 수 있다.5) *주거의 사실상 평온을 침해할 객관적 위험성을 포함하는 행위.

⑦ ***표준판례** 피고인은 절취할 재물을 찾으려고 방 안으로 들어가다가 곧바로 피해자에게 발각되어 물색행위 등을 할 만한 시간적 여유가 없었던 경우가 아니고, 방 안까지 들어갔다가 절취할 재물을 찾지 못하고 거실로 돌아 나왔다. 피고인은, 절도목적으로 침입한 이상 **물색행위를** 하는 등 재물에 대한 피해자의 사실상 지배를 침해하는 데 **밀접한 행위를** 한 것으로 보아야 한다. 절도죄의 실행착수가 인정된다.6) *야간주거침입절도죄와 주거침입죄, 절도죄의 경합범에서 실행착수 시기의 차이점 숙지.

3 **(3) 특수절도죄**

① 야간에 절도 목적으로 출입문에 장치된 **자물통 고리를 절단하고** 출입문을 손괴한 뒤 집안으로 침입하려다가 발각된 것이라면, 이는 특수절도죄의 실행에 착수한 것이다.7)

② 두 사람이 공모 합동하여 타인의 재물을 절취하려고 한 사람은 망을 보고 또 한 사

1) 대판 2011. 4. 14. 2011도300, 2011감도5. 제5, 8회.
2) 대판 1989. 2. 28. 88도2430, 88감도194.
3) 대판 2003. 10. 24. 2003도4417.
4) 대판 2008. 3. 27. 2008도917. 제2, 8회.
5) 대판 2006. 9. 14. 2006도2824.
6) 대판 2003. 6. 24. 2003도1985, 2003감도26.
7) 대판 1986. 9. 9. 86도1273. 제2, 5, 9회.

람은 기구를 가지고 **출입문의 자물쇠를** 떼어내거나 출입문의 환기창문을 열었다면, 특수절도죄의 실행에 착수한 것이다.1)

③ **합동범의 공동정범 성립부정**('**황소절도 사건**') 형법 331조 제2항 후단 소정 **합동절도에**는 주관적 요건으로서 공모외에 객관적 요건으로서 시간적으로나 장소적으로 협동관계가 있는 실행행위의 분담이 있어야 한다. "갑"이 공모한 내용대로 국도상에서 "을" "병" 등이 당일 마을에서 절취하여 온 **황소**를 대기하였던 트럭에 싣고 운반한 행위는 시간적으로나 장소적으로 절취행위와 협동관계가 있다고 할 수 없어 합동절도죄로 문의할 수는 없다. 그러나 공동정범에 있어서 범죄행위를 공모한 후 그 실행행위에 직접 가담하지 않았더라도 다른 공범자의 죄책을 면할 수는 없다. "갑"의 소위는 본 건 공소사실의 범위에 속한다고 보아지므로 "갑"은 일반 절도죄의 공동정범 또는 합동절도방조죄의 죄책을 면할 수 없다.2)

④ **합동범의 공동정범 성립인정**('**삐끼주점 사건**' ***표준판례**) 삐끼주점의 지배인인 피고인은 피해자로부터 신용카드를 강취하고 그 비밀번호를 알아낸 후, 자신은 피해자를 **삐끼주점** 안에 붙잡아 둔 사이, 공동피고인 A, B가 위 신용카드를 이용 현금자동지급기에서 현금을 인출, 절취하였다. 비록 피고인은 범행 현장에 간 일이 없지만, 합동절도의 범행을 현장에서 실행한 공동피고인 A, B와 공모한 것만으로도, 그들의 행위를 자기의사의 수단으로 삼아 합동절도의 정범성 표지를 갖추었다고 할 것이다. 따라서 위 합동절도 범행에 대해 공동정범의 죄책을 면할 수 없다. 만일 공동정범의 성립가능성을 제한한다면 직접 실행행위에 참여하지 않고 배후에서 합동절도 범행을 조종하는 **수괴는**, 그 행위의 기여도가 강력함에도 불구하고 공동정범으로 처벌받지 않는 불합리한 현상이 나타날 수 있다.3) *염려하는 '수괴' 문제는 **단순절도의 공동정범** 내지 **합동절도의 특수교사, 방조로** 처벌하여 큰 문제가 되지는 않음. 범죄명칭에 집착한 결과로 보임. 위 황소절도사건에서 합동범의 공동정범 성립을 부정한 입장을 변경한 것임.

⑤ 피고인이 피해자의 형과 범행을 모의하고 피해자의 형이 피해자의 집에서 절취행위를 하는 동안, 피고인은 그 집 안의 가까운 곳에 **대기하고 있다가** 절취품을 가지고 같이 나온 경우 시간적, 장소적으로 협동관계가 있었다고 보아야 한다.4) *합동절도의 성립요건은 공모와 실행행위의 분담(**시간적, 장소적 협동관계**).

⑥ 갑이 피고인에게 공동 절도범행을 제의하자, 피고인은 을을 갑에게 소개시켜 주었고, 을에게 범행도구인 면장갑과 쇼핑백을 구입하여 건네주었다. 피고인은 갑, 을이 피해자 회사의 사무실 금고에서 현금을 절취해 나올 때까지 위 사무실로부터 약 100m 떨어진 곳에서 망을 보다가 절취한 현금을 운반한 후, 그 중 일부(1/3)를 분배받았다. 갑은 **합동절도의 공동정범에** 해당된다.5)

---

1) 대판 1986. 7. 8. 86도843.
2) 대판 1976. 7. 27. 75도2720.
3) 대판 1998. 5. 21. 98도321 전원합의체. 제1, 2회.
4) 대판 1996. 3. 22. 96도313. 제7회.
5) 대판 2011. 5. 13. 2011도2021. 제2회.

⑦ 피고인 갑은 피해자 소유의 **영산홍** 1**그루를** 캔 다음, 남편 을에게 전화를 걸어 영산홍을 차에 싣는 것을 도와 달라고 하여 을이 그곳으로 와서 함께 운반하였다. 피고인이 영산홍을 캐낸 시점에 이미 피해자의 점유가 침해되어 절도죄는 **기수에** 이르렀다. 그 이후 을이 영산홍을 차까지 운반한 행위는 다른 죄에 해당하는지의 여부는 별론으로 하고, 을이 갑과 합동으로 절취행위를 하였다고 할 수는 없다.[1]

⑧ ***표준판례** 주간에 피해자의 아파트 출입문 **시정장치를** 손괴하다가 마침 귀가하던 피해자에게 발각되어 도주한 피고인들에 대해, 형법 제331조 제2항 특수절도죄의 실행착수가 없었다는 이유로 무죄를 선고한 조치는 정당하다.[2] *특수절도에서 주거침입은 구성요건요소가 아니고 절취할 물건에 대한 물색행위가 없음. 특수절도의 미수 아님.

⑨ 피고인은 야간에 피해자들이 운영하는 식당의 창문과 방충망을 손괴하고 침입하여 현금을 절취하였다는 내용으로 형법 제331조 제1항 **특수절도로** 기소되었다. 피고인은 창문과 방충망을 창틀에서 분리하였을 뿐 물리적으로 훼손하여 효용을 상실하게 한 것이 아니면 무죄이다.[3]

⑩ 피고인이 절도를 위해 택시창문을 파손하는 데 사용한 이 사건 **드라이버는** 일반적인 드라이버와 동일한 것으로 특별히 개조된 바는 없는 것으로 보인다. 피고인의 행위는 흉기를 휴대하여 타인의 재물을 절취한, 형법 제331조 제2항 특수절도죄에 해당한다고 보기는 어렵다.[4]

4 ### (4) 상습절도죄

① 피고인에게 3차례에 걸친 전과사실이 있으나, **최종범행일로부터는** 6**년이** 훨씬 지나고 출소일로부터는 3년이 지난 시점에 이 사건 범행을 단 1회 범한 것이라면, 그 범죄 태양이 동종이었다 하여도 이것만으로 이 사건 범행을 상습성의 발현이라고 인정하기에는 부족하다.[5]

② 상습절도 등의 범행을 한 자가 추가로 **자동차등불법사용의** 범행을 한 경우에, 그것이 절도 습벽의 발현으로 보이는 이상 자동차등불법사용의 범행은 상습절도 등의 죄에 흡수되어 1죄만 성립한다.[6]

③ 형법 제332조에 규정된 상습절도죄를 범한 범인이 범행수단으로 **주간에 주거침입을 한 경우**, 주간 주거침입행위는 상습절도죄와 별개로 주거침입죄를 구성한다. 또 형법 제332조에 규정된 상습절도죄를 범한 범인이 그 범행 외에 상습절도의 목적으로 주간에 주거침입을 하였다가 절도에 이르지 않고 주거침입에 그친 경우에도 주간 주거침입행위는 상습절도죄와 별개로 주거침입죄를 구성한다.[7] *주간 주거침입행위의 위법성에 대한 평가가 형법 제

---

1) 대판 2008. 10. 23. 2008도6080. 제2회.
2) 대판 2009. 12. 24. 2009도9667. 제2, 5회.
3) 대판 2015. 10. 29. 2015도7559. 제6회.
4) 대판 2012. 6. 14. 2012도4175.
5) 대판 1987. 9. 8. 87도1371, 87감도126.
6) 대판 2002. 4. 26. 2002도429.
7) 대판 2015. 10. 15. 2015도8169. 제6, 7, 9회.

332조, 제329조의 구성요건 평가에 포함되어 있지 않음.

④ 특정범죄가중법 제5조의4 제5항 제1호 중 '이들 죄를 범하여 누범으로 처벌하는 경우' 부분에서 '**이들 죄**'란, 앞의 범행과 동일한 범죄일 필요는 없으나, 특정범죄가중법 제5조의4 제5항 각호에 열거된 모든 죄가 아니라 앞의 범죄와 동종의 범죄, 즉 형법 제329조 내지 제331조의 죄 또는 그 미수죄를 의미한다.[1]

(5) 친족상도례 5

① 제328조 제1항의 "**배우자**"는 동거가족의 배우자만을 의미하는 것이 아니라, 직계혈족, 동거친족, 동거가족 모두의 배우자를 의미하는 것으로 볼 것이다.[2]

② 흉기 기타 위험한 물건을 휴대하고 공갈죄를 범하여 **폭력행위처벌법에** 의해 가중처벌되는 경우에도 형법상 공갈죄의 성질은 그대로 유지된다. 특별법인 위 법률에 친족상도례 적용을 배제한다는 명시적 규정이 없으므로, 형법 제354조는 폭력행위처벌법 제3조 제1항 위반죄에도 그대로 적용된다.[3] ***특정경제범죄법**(제3조 제1항)의 경우도 마찬가지.[4]

③ 친족상도례가 적용되는 친족의 범위는 민법의 규정에 의해야 하는데, 민법 제767, 769조는 구 민법에 있었던 '혈족의 배우자의 혈족'을 인척에 포함시키지 않고 있다. 따라서 사기죄의 피고인과 피해자가 **사돈지간**이라고 하더라도 이를 민법상 친족으로 볼 수 없다.[5]

④ 민법 제860조에 의한 **인지의 소급효는** 친족상도례의 규정에도 미친다고 보아야 하므로, 인지가 범행 후에 이루어진 경우에도 친족상도례의 규정이 적용된다.[6]

⑤ ***표준판례** 친족상도례에 관한 규정은 범인과 피해물건의 소유자 및 점유자 모두 사이에 친족관계가 있는 경우에만 적용된다. 절도범인이 피해물건의 **소유자나 점유자의 어느 일방**과 사이에서만 친족관계가 있는 경우에는 그 적용이 없다.[7]

⑥ ***표준판례** 손자가 할아버지 소유 농협의 예금통장을 절취하여 이를 현금자동지급기에 넣고 조작하는 방법으로 예금잔고를 자신의 거래은행 계좌로 이체한 경우, 피해자는 위 **농협이** 컴퓨터 등 사용사기 범행 부분의 피해자이기 때문에 친족상도례를 적용할 수 없다.[8]

⑦ 횡령범인이 위탁자가 소유자를 위해 보관하고 있는 물건을 횡령한 경우에 형법 제361조에 의해 준용되는 제328조 제2항의 친족간의 범행에 관한 조문은 **범인과 피해물건의 소유자 및 위탁자 쌍방 사이**에 친족관계가 있는 경우에만 적용된다. 단지 횡령범인과 피해물건의 소유자간에만 친족관계가 있거나 횡령범인과 피해물건의 위탁자간에만 친족관계가 있는 경우에는 적용되지 않는다.[9]

---

1) 대판 2020. 2. 27. 2019도18891.
2) 대판 2011. 5. 13. 2011도1765.
3) 대판 2010. 7. 29. 2010도5795.
4) 대판 2013. 9. 13. 2013도7754. 제2, 7, 9회.
5) 대판 2011. 4. 28. 2011도2170. 제7, 9회.
6) 대판 1997. 1. 24. 96도1731. 제1, 5회.
7) 대판 1980. 11. 11. 80도131. 제7회.
8) 대판 2007. 3. 15. 2006도2704. 제7회.
9) 대판 2008. 7. 24. 2008도3438. 제1, 9회.

⑧ 법원을 기망하여 제3자로부터 재물을 편취한 경우에 피기망자인 법원은 피해자가 될 수 없고 재물을 편취당한 제3자가 피해자이다. **피해자인 제3자와 사기죄를 범한 자**가 직계혈족의 관계에 있을 때에는, 그 범인에 대해 형법 328조 제1항을 준용하여 형을 면제해야 한다.1)

⑨ 피고인 등이 공모하여, 피해자 갑, 을 등을 기망하여 갑, 을 및 병과 부동산 매매계약을 체결하고 소유권을 이전받은 다음 **잔금을 지급하지 않아** 같은 금액 상당의 재산상 이익을 편취하였다는 내용으로 기소되었다. 갑은 피고인의 8촌 혈족, 병은 피고인의 부친이나, 피고인에게 형법상 친족상도례 규정은 적용되지 않는다.2)

⑩ 형법 제354조, 제328조 제1항에 의하면 배우자 사이의 사기죄는 이른바 친족상도례에 의하여 형을 면제하도록 되어 있다. 사기죄를 범하는 자가 금원을 편취하기 위한 수단으로 피해자와 혼인신고를 한 것이어서 그 **혼인이 무효인 경우라면**, 그러한 피해자에 대한 사기죄에는 친족상도례를 적용할 수 없다.3)

[108] 2. 강 도 죄

1 ### (1) 일 반 론

1) 재산상 이익

① *표준판례 강도죄의 요건인 재산상 이익은 재물 이외의 **재산상의 이익을** 말하는 것으로서 적극적 이익(적극적인 재산의 증가)이든 소극적 이익(소극적인 부채의 감소)이든 상관없다. 재산상 이익이 반드시 사법상 유효한 재산상의 이득만을 의미하는 것은 아니고 외견상 재산상 이득을 얻을 것이라고 인정할 수 있는 사실관계만 있으면 된다.4)

② 피고인들이 폭행 · 협박으로 피해자로 하여금 매출전표에 서명을 하게 한 다음 이를 교부 받아 소지한 경우, 신용카드회사들이 **허위서명을** 이유로 지급을 거절할 수 있지만 외견상 여전히 그 금액을 지급받을 가능성이 있는 상태이므로, 결국 피고인들이 '재산상 이익'을 취득하였다고 볼 수 있다.5)

2) 폭행 · 협박

① *표준판례 강도살인죄가 성립하려면 먼저 강도죄의 성립이 인정되어야 한다. 채무의 존재가 명백할 뿐만 아니라 채권자의 상속인이 존재하고 그 상속인에게 채권의 존재를 확인할 방법이 확보되어 있는 경우에는, 비록 그 채무를 면탈할 의사로 채권자를 살해하더라도 일시적으로 **채권자측의 추급을** 면한 것에 불과하여 재산상 이익의 지배가 채권자측으로부터 범인 앞으로 이전되었다고 보기 어렵다. 이러한 경우에는 강도살인죄가 성립할 수 없다.6)

1) 대판 1976. 4. 13. 75도781. 제7회.
2) 대판 2015. 6. 11. 2015도3160. 제7회.
3) 대판 2015. 12. 10. 2014도11533. 제9회.
4) 대판 1994. 2. 22. 93도428. 제9회.
5) 대판 1997. 2. 25. 96도3411.
6) 대판 2004. 6. 24. 2004도1098.

② 술집에 피고인과 술집 주인 두 사람밖에 없는 상황에서 술값의 지급을 요구하는 술집 주인을 살해하고 곧바로 피해자가 소지하던 현금을 탈취한 경우 강도살인죄가 성립한다.[1]

③ 반항 불가능한 정도에 이른 폭행, 협박이 있은 후 그로부터 상당한 시간이 경과한 후 폭행, 협박이 있었던 곳과 **다른 장소에서** 금원을 교부받았다면, 특수강도의 미수는 될 수 있어도 특수강도의 기수는 성립하지 않는다.[2] *피해자의 의사에 반하여 반항이 불가능한 상태에서 강취된 것이 아님.

④ 피해자를 이불로 덮어씌우고 폭행한 후 피해자를 이불 속에 두고 나가다가 탁자 위의 피해자 손가방 안에서 현금을 가져간 경우, 폭행에 의한 강도죄는 성립하지 않는다.[3] *폭행 · 협박과 재물취거 사이에 **인과관계** 없음.

⑤ 피고인이 강도의 범의 없이 공범들과 함께 피해자의 반항을 억압함에 충분한 정도로 피해자를 폭행하던 중, 공범들이 계속하여 폭행하는 사이에 피해자의 재물을 취거하였으면 강도죄가 성립하고, 그 과정에서 피해자가 상해를 입은 경우는 강도상해죄가 성립한다.[4] ***전체적 · 실질적으로** 재물 탈취의 범의를 실현한 행위로 평가됨.

⑥ ***표준판례** 폭행, 협박으로 타인의 재물을 탈취한 이상 피해자가 우연히 재물탈취 사실을 알지 못하였더라도 강도죄는 성립한다. **강간범인이** 부녀를 강간할 목적으로 폭행, 협박에 의해 반항을 억업한 후 반항억압 상태가 계속 중임을 이용하여 재물을 탈취하는 경우에는, 재물탈취를 위한 새로운 폭행, 협박이 없더라도 강도죄가 성립한다.[5] *강도죄는 재물탈취의 방법으로 폭행, 협박을 사용하는 행위를 처벌하는 것이므로 피해자의 재물탈취에 대한 인식여부와 상관없이 폭행, 협박으로 타인의 재물을 탈취하면 이 죄 성립. 폭행, 협박당한 자가 탈취당한 재물의 소유자 또는 점유자일 필요도 없음.

⑦ **날치기 수법으로** 피해자가 들고 있던 가방을 탈취하면서 가방을 놓지 않고 버티는 피해자를 5m 가량 끌고 감으로써 피해자의 무릎 등에 상해를 입힌 경우 강도치상죄가 성립한다.[6]

⑧ **날치기와** 같이 강력적으로 재물을 절취하는 행위는 때로는 피해자를 전도시키거나 부상케 하는 경우가 있고, 그와 같은 결과가 피해자의 반항억압을 목적으로 함이 없이 점유탈취의 과정에서 **우연히** 가해진 경우라면, 이는 절도에 불과한 것으로 보아야 한다.[7]

3) 죄 수

① 강도가 한 개의 강도범행을 하는 기회에 **수명의** 피해자에게 폭행을 가하여 상해를 입힌 경우에는, 피해자별로 수개의 강도상해죄가 성립하며 이들은 실체적 경합관계에 있다.[8]

---

1) 대판 1999. 3. 9. 99도242.
2) 대판 1995. 3. 28. 95도91.
3) 대판 2009. 1. 30. 2008도10308.
4) 대판 2013. 12. 12. 2013도11899.
5) 대판 2010. 12. 9. 2010도9630.
6) 대판 2007. 12. 13. 2007도7601.
7) 대판 2003. 7. 25. 2003도2316.
8) 대판 1987. 5. 26. 87도527. 제9회.

② 강도가 여관에 들어가 안내실에 있던 여관의 관리인을 칼로 찔러 상해를 가하고 그로부터 금품을 강취한 다음, **객실에** 들어가 투숙객들로부터 금품을 강취한 행위는 피해자 별로 강도상해죄 및 강도죄의 실체적 경합범이 된다.[1]

③ 강도가 시간적으로 접착된 상황에서 **가족을** 이루는 수인에게 폭행·협박을 가하여 집안에 있는 재물을 탈취한 경우, 그 재물은 가족의 공동점유 아래 있는 것으로서, 이를 탈취하는 행위는 그 소유자가 누구인지 불구하고 단일한 강도죄의 죄책을 진다.[2]

④ *표준판례 **절도범인이** 체포를 면탈할 목적으로 경찰관에게 폭행 협박을 가한 때에는 준강도죄와 공무집행방해죄를 구성하고 양죄는 상상적 경합관계에 있다. 그러나 **강도범인이** 체포를 면탈할 목적으로 경찰관에게 폭행을 가한 때에는 강도죄와 공무집행방해죄는 실체적 경합관계에 있다.[3] *이유에 관한 설시는 없음. 어떤 판결이유가 가능할 수 있을지 찾아보기 바람.

⑤ 피고인이 예금통장을 강취하고 예금자 명의의 예금청구서를 위조한 다음 이를 은행원에게 제출행사하여 예금인출금 명목의 금원을 교부받았다면 강도, 사문서위조, 동행사, 사기의 각 범죄가 성립하고, 이들은 실체적 경합관계에 있다.[4]

⑥ *표준판례 범인이 피해자로부터 **직불카드 등을 강취한** 경우에는, 이를 갈취 또는 편취한 경우와 달리, 피해자가 그 직불카드 등의 사용권한을 범인에게 부여하였다고 할 수 없다. 강취한 직불카드를 사용하여 현금자동인출기에서 **현금을 인출하였으면,** 현금자동인출기 관리자의 의사에 반해 그의 지배를 배제하고 현금을 자기 지배하에 옮겨 놓는 것이 된다. 강도죄 외에 절도죄가 별도로 성립한다.[5]

2 ### (2) 특수강도죄

① **폭행협박시설** 갑은 강도의 범의로 야간에 칼을 휴대한 채 타인의 주거에 침입하여 집안의 동정을 살피다가 피해자를 발견하고 갑자기 욕정을 일으켜 칼로 협박하여 강간하였다. 야간에 흉기를 휴대한 채 타인의 주거에 침입하여 집안의 **동정을 살피는** 것만으로는 특수강도의 실행에 착수한 것이라고 할 수 없다. **특수강도에** 착수하기도 전에 저질러진 갑의 강간행위는 특정범죄가중법상의 특수강도강간죄에 해당하지 않는다.[6]

② **주거침입시설** 형법 제334조 제1항 **야간주거침입강도죄는** 주거침입과 강도의 결합범으로서 시간적으로 주거침입행위가 선행되므로 주거침입을 한 때에 본죄의 실행에 착수한 것으로 보아야 한다. 같은 조 제2항 소정의 흉기휴대 합동강도죄에 있어서도 그 강도행위가 야간에 주거 침입하여 이루어지는 경우에는, 주거침입을 한 때에 실행에 착수한 것으로 보는 것이 타당하다.

1) 대판 1991. 6. 25. 91도643.
2) 대판 1996. 7. 30. 96도1285.
3) 대판 1992. 7. 28. 92도917. 제8회.
4) 대판 1991. 9. 10. 91도1722.
5) 대판 2007. 4. 13. 2007도1377.
6) 대판 1991. 11. 22. 91도2296.

③ 형법 제334조 제1항 특수강도죄는 '**주거침입**'이라는 요건을 포함하고 있으므로 형법 제334조 제1항 **특수강도죄가** 성립할 경우 '주거침입죄'는 별도로 처벌할 수 없다. 형법 제334조 제1항 특수강도에 의한 강도상해가 성립할 경우에도 별도로 '주거침입죄'를 처벌할 수 없다고 보아야 한다.[1]

④ 형법 제334조 제2항에 규정된 **합동범은** 주관적 요건으로서 공모가 있어야 하고 객관적 요건으로서 현장에서의 실행행위의 분담이라는 협동관계가 있어야 한다. 피고인이 다른 피고인들과 택시강도를 하기로 모의한 일이 있다고 하여도 다른 피고인들이 피해자에 대한 **폭행에 착수하기 전에** 겁을 먹고 미리 현장에서 도주해 버렸다면 다른 피고인들과의 사이에 강도의 실행행위를 분담한 협동관계가 있었다고 보기는 어렵다. 피고인을 특수강도의 합동범으로 다스릴 수는 없다.[2] *합동범의 공모관계이탈.

(3) 강도상해 · 강도살인 등 죄 3

1) 강도의 기회

① 강도상해죄는 강도범인이 **강도의 기회에** 상해행위를 함으로써 성립하므로 강도범행의 실행 중이거나 실행 직후 또는 실행의 범의를 포기한 직후로서 사회통념상 범죄행위가 완료되지 않은 단계에서 상해가 행해져야 한다. 강도범행 이후에도 피해자를 계속 끌고 다니거나 차량에 태우고 함께 이동하는 등 강도범행으로 인한 피해자의 **심리적 저항불능 상태**가 해소되지 않은 상태는 강도의 기회에 포함된다.[3]

② 피고인 갑은 강도의 범의 없이 공범들과 함께 피해자의 반항을 억압함에 충분한 정도로 피해자를 폭행하던 중 공범들이 계속하여 **폭행하는 사이에** 피해자의 재물을 취거하였다. 갑의 행위는 강도죄가 성립하고 그 과정에서 피해자가 상해를 입었으면 강도상해죄가 된다.[4] *폭행에 의한 반항억압 상태와 재물탈취가 시간적으로 밀접.

③ 피고인들이 합동하여 노상에서 협박으로 피해자의 재물을 강취하고, 이어 그 자리에서 피해자가 그만 보내달라고 요구하자 공동하여 피해자를 상해한 경우에도 강도상해죄가 성립한다.[5] *강도범인이 강도를 하는 기회에 **범행 현장에서** 사람을 상해하였으면 강도상해죄 성립. 재물강취와 무관한 폭행도 포함.

④ 피고인이 피해자로부터 재물을 강취하고 피해자가 운전하는 자동차에 함께 타고 도주하다가, 단속 경찰관이 뒤따라오자 피해자를 칼로 찔러 상해를 가한 경우에도 강도상해죄가 성립한다. 강취와 상해 사이에 1시간 20분이라는 **시간적 간격이** 있었다는 것만으로는 그 범죄의 성립에 영향이 없다.[6]

---

1) 대판 2012. 12. 27. 2012도12777.
2) 대판 1985. 3. 26. 84도2956.
3) 대판 2014. 9. 26. 2014도9567.
4) 대판 2013. 12. 12. 2013도11899.
5) 대판 1992. 4. 14. 92도408.
6) 대판 1992. 1. 21. 91도2727.

⑤ 강도가, 강도범행 이후에도 피해자를 계속 끌고 다니거나 차량에 태우고 함께 이동하는 등, 강도범행으로 인한 피해자의 **심리적 저항불능상태가 해소되지 않은** 상태에서 상해행위를 하였으면, 강취행위와 상해행위 사이에 다소의 시간적 · 공간적 간격이 있었더라도 강도상해죄의 성립에는 영향이 없다.1)

⑥ 갑은 **날치기 수법으로** 피해자가 들고 있던 가방을 탈취하면서 가방을 놓지 않고 버티는 피해자를 5m 가량 끌고 감으로써 피해자 무릎 등에 상해를 입혔다. 이는 반항을 억압하기 위한 목적으로 가해진 강제력으로서 그 반항을 억압할 정도에 해당하므로, 갑의 행위는 강도치상죄에 해당된다.2)

⑦ *표준판례 **준강도는** 절도범인이 절도의 기회에 재물탈환의 항거 등의 목적으로 폭행 또는 협박을 가함으로써 성립된다. 여기서 절도의 기회라고 함은 절도범인과 피해자 측이 절도의 현장에 있는 경우와 절도에 잇달아 또는 **절도의 시간 · 장소에 접착하여** 피해자 측이 범인을 체포할 수 있는 상황, 범인이 죄적인멸에 나설 가능성이 높은 경우를 말한다. 그러한 의미에서 피해자 측이 추적태세에 있는 경우나 범인이 일단 체포되어 아직 신병확보가 확실하다고 할 수 없는 경우에는 절도의 기회에 해당한다.3)

2) 채무면탈목적살인

① 채무면탈 목적으로 채권자를 살해하고 동인의 반항능력이 완전히 상실된 것을 이용하여 즉석에서 동인이 소지하고 있던 재물까지 탈취하였다면, 살인행위와 재물탈취행위는 서로 **밀접하게** 관련되어 있어 살인행위를 이용한 재물탈취행위라고 볼 것이므로 이는 강도살인죄에 해당한다.4)

② 강도범행 직후 신고를 받고 출동한 경찰관이 화물차를 타고 도주하는 피고인을 발견하고 추적하여 붙잡았으나, 피고인이 너무 힘이 세고 반항이 심하여 수갑도 채우지 못한 채 순찰차에 태운 순간, 소지하고 있던 과도로 옆에 앉아 있던 경찰관을 찔러 사망케 한 경우는 강도살인죄에 해당된다.5) ***시간적 · 장소적 근접성으로** 사회통념상 범죄행위가 **완료되지 않은** 상태.

③ 피고인 갑, 을은 공모하여 채무를 면탈할 의사로 채권자 병을 살해하였다. 갑의 병에 대한 **채무의 존재가** 명백할 뿐만 아니라 병의 상속인이 존재하고 그 상속인에게 채권의 존재를 확인할 방법이 확보되어 있는 경우, 강도살인죄가 성립하지 않는다.6) *재산상 이익의 이전이 없음.

3) 공 범

① 수인이 합동하여 강도를 하고 그 중 1인이 사람을 살해하는 행위를 하였으면, 그

1) 대판 2014. 9. 26. 2014도9567. 제5, 7회.
2) 대판 2007. 12. 13. 2007도7601. 제3, 7회.
3) 대판 2009. 7. 23. 2009도5022.
4) 대판 1985. 10. 22. 85도1527.
5) 대판 1996. 7. 12. 96도1108.
6) 대판 2010. 9. 30. 2010도7405.

범인은 강도살인죄의 기수 또는 미수의 죄책을 진다. 이때 다른 공범자도 **살해행위에 관한 고의의 공동이** 있으면 역시 강도살인죄의 기수 또는 미수의 죄책을 진다. 그러나 고의의 공동이 없으면 피해자가 사망한 경우에는 강도치사, 강도살인이 미수에 그치고 피해자가 상해만 입은 경우에는 강도상해 또는 치상, 피해자가 아무런 상해를 입지 않았으면 강도의 죄책만 진다.[1] *강도살인죄는 **고의범이므로** 살인에 대한 고의가 있어야 함.

② 수인이 합동하여 강도를 한 경우 1인이 강취하는 과정에서 간수자를 강타, 사망케 한 때에는, 나머지 범인도 이를 **예상하지** 못한 것으로 볼 수 없는 경우에는 강도살인죄의 죄책을 부담한다.[2]

③ 피고인들이 등산용 칼을 이용하여 **노상강도를** 하기로 공모하고, 갑은 차안에서 망을 보고 병은 등산용 칼을 휴대하고 있던 을과 함께 금품을 강취하려고 하였다. 이때 을이 우연히 현장을 목격하게 된 다른 피해자를 소지 중인 칼로 살해하였는데, 이 결과는 피고인들 모두 **예상하지 못하였다고** 할 수 없으므로 전원 강도치사죄에 해당된다.[3]

④ **강도합동범** 중 1인이 피고인과 공모한대로 과도를 들고 강도를 하기 위해 피해자의 거소에 들어가 피해자에게 칼을 휘두른 이상 이미 강도의 실행행위에 착수한 것이다. 그가 피해자들을 과도로 찔러 상해를 가하였다면, 대문 밖에서 망을 본 공범인 피고인이 구체적으로 **상해를 가할 것까지** 공모하지 않았더라도, 피고인은 상해결과에 대해 공범의 책임(강도상해)을 면할 수 없다.[4] *결과적 가중범의 공동정범 긍정. 결과적 가중범은 과실범. 강도상해라는 고의범에 과실범 이론을 적용한 결과가 됨.

(4) 강도강간죄 4

① 형법 제339조의 강도강간죄는 강도범인이 강도의 기회에 강간행위를 한 경우에 성립되는 것이다. 강도가 실행에 착수하였으나 아직 강도행위를 **완료하기 전에** 강간을 한 경우도 이에 포함된다.[5]

② 피고인이 원심피고인들과 강도하기로 모의를 한 후 피해자 갑으로부터 금품을 빼앗고 이어서 피해자 을을 강간하였다면 강도강간죄를 구성한다. 피고인의 행위에 대해 형법 제339조 강도강간죄를 적용한 것은 정당하다.[6]

③ ***표준판례** 갑에 대한 특수강간 행위 도중 범행현장에 있던 **을 소유의** 핸드백을 가져간 행위는 포괄하여 성폭력처벌법의 특수강도강간 등 죄에 해당한다.[7]

④ 특수강간범이 강간행위 종료 전에 특수강도의 행위를 한 이후에, **그 자리에서 강간**

---

1) 대판 1991. 11. 12. 91도2156.
2) 대판 1984. 2. 28. 83도3162.
3) 대판 1990. 11. 27. 90도2262.
4) 대판 1998. 4. 14. 98도356. 제1회.
5) 대판 1984. 10. 10. 84도1880.
6) 대판 1991. 11. 12. 91도2241.
7) 대판 2010. 12. 9. 2010도9630.

행위를 계속하는 때에도 특수강도가 부녀를 강간한 때에 해당하여 성폭력처벌법의 특수강도강간죄로 의율할 수 있다.[1]

⑤ 갑은 재물을 강취하려고 하였으나 재물의 부재로 그 뜻을 이루지 못한 채 미수에 그쳤다. 갑은 그 자리에서 항거불능 상태에 빠진 피해자를 간음할 것을 결의하고 실행에 착수했으나 역시 미수에 그쳤다. 이때 갑이 반항을 억압하기 위한 폭행으로 피해자에게 **상해를** 입혔으면 강도강간미수죄와 강도치상죄의 상상적 경합이 된다.[2]

⑥ 강도가 피해자에게 상해를 입혔으나 재물강취에는 이르지 못하고, 그 자리에서 항거불능 상태에 빠진 피해자를 간음한 경우에는 강도상해죄와 강도강간죄만 성립한다. 그 실행행위의 일부인 **강도미수 행위는** 위 각 죄에 흡수되어 별개의 범죄를 구성하지 않는다.[3]

⑦ 피고인은 강도의 범의로 야간에 칼을 휴대한 채 타인의 주거에 침입하여 집안의 동정을 살피다가 피해자를 발견하고 갑자기 욕정을 일으켜 칼로 협박하여 강간하였다. 야간에 흉기를 휴대한 채 타인의 주거에 침입하여 **집안의 동정을 살피는** 것만으로는 특수강도의 실행에 착수한 것이라고 할 수 없다. 특수강도에 착수하기도 전에 저질러진 강간행위는 특정범죄가중법의 특수강도강간죄에 해당한다고 할 수 없다.[4]

5 ### (5) 해상강도죄

소말리아 해적인 피고인들이 대한민국 선박을 납치하여 선원에게 해상강도 범행을 저지른 사안에서, 피고인 갑이 선장 을을 살해할 의도로 을에게 총격을 가하여 미수에 그친 사실은 충분히 인정할 수 있다, 그러나 나머지 피고인들로서는 피고인 갑이 을을 살해하려고 할 것이라는 점까지 예상할 수는 없었다고 판단된다.[5]

6 ### (6) 준강도죄

1) 준강도 인정

① 갑이 을과 공모하여 타인의 재물을 절취하려다 **미수에** 그친 이상, 을이 체포를 면탈하려고 경찰관에게 상해를 가할 때, 갑이 비록 거기에는 가담하지 않았더라도 준강도상해의 죄책을 면할 수 없다.[6] *고의범에 대한 결과적 가중범의 공동정범 적용.

② 절도가 절도행위의 기회 계속 중이라고 볼 수 있는 그 **실행 중 또는 실행 직후에** 체포를 면탈할 목적으로 폭행을 가한 때에는 준강도죄가 성립되고, 이로써 상해를 입혔을 때에는 강도상해죄가 성립한다.[7] *창고의 시정장치를 열려다 추적당하여 폭행한 경우, 절취미수행위와 시간상 및 거리상 매우 근접하여 절취미수행위의 실행 중 또는 실행직후에

---

1) 대판 2010. 7. 15. 2010도3594. 제8회.
2) 대판 1988. 6. 28. 88도820.
3) 대판 2010. 4. 29. 2010도1099.
4) 대판 1991. 11. 22. 91도2296.
5) 대판 2011. 12. 22. 2011도12927. 제7회.
6) 대판 1989. 3. 28. 88도2291.
7) 대판 1987. 10. 26. 87도1662.

행하여진 것.

③ 강도살인죄(제338조)의 주체인 강도는 준강도죄(제335조)의 강도범인을 포함한다고 할 것이므로, **절도가** 체포를 면탈할 목적으로 사람을 살해한 때에는 강도살인죄가 성립한다.1)

④ 피고인 갑은 소유자의 승낙 없이 물건을 갖고 나오다 경비원 을에게 발각되었다. 을이 절도범인 체포사실을 파출소에 신고 전화하려고 하자 갑이 **잘해 보자며** 을에게 폭행을 가한 경우에도 준강도죄가 성립한다.2)

⑤ 절도범인이 처음에는 흉기를 휴대하지 않았으나, 체포를 면탈할 목적으로 폭행 또는 협박을 가할 때에 **비로소** 흉기를 휴대 사용하게 된 경우에도 준강도죄(특수강도의 준강도)가 성립한다.3) *단순강도의 준강도가 성립한다는 소수의견 있음.

⑥ 피고인이 절취행위로 일단 체포는 되었지만 아직 **신병확보가** 확실하지 않은 단계에서 체포상태를 면하기 위해 피해자를 폭행하여 상해를 가한 경우 강도상해죄가 성립한다.4) *보안사무실에서 사건경과를 확인받던 중 폭행.

⑦ ***표준판례** **절도범인이** 체포를 면탈할 목적으로 경찰관에게 폭행 협박을 가한 때에는 준강도죄와 공무집행방해죄를 구성하고 양죄는 상상적 경합관계에 있다. 그러나 **강도범인**이 체포를 면탈할 목적으로 경찰관에게 폭행을 가한 때에는 강도죄와 공무집행방해죄는 실체적 경합관계에 있다.5)

⑧ 피고인이 야간에 절도 목적으로 피해자의 집에 담을 넘어 들어간 이상, 절취할 물건을 물색하기 전이라도 이미 야간주거침입절도의 실행에 착수한 것이다. 그 후 피해자에게 발각되어 계속 추격당하거나 재물을 면탈하고자 피해자에게 폭행을 가하였다면, 그 장소가 범행현장으로부터 200미터 떨어진 곳이라도 **절도의 기회 계속 중에 폭행**을 가한 것이므로 준강도죄에 해당된다.6)

⑨ ***표준판례** 준강도의 주체는 절도, 즉 절도범인으로 절도의 실행에 착수한 이상 **미수이거나 기수이거나** 불문한다. 야간에 타인의 재물을 절취할 목적으로 사람의 주거에 침입한 경우에는, 주거침입 단계에서 이미 형법 제330조에서 규정한 야간주거침입절도죄라는 범죄행위의 실행에 착수한 것이다. 주거침입죄의 경우 주거침입의 범의로써 예컨대, 주거로 들어가는 문의 시정장치를 부수거나 문을 여는 등 침입을 위한 구체적 행위를 시작하였으면 주거침입죄의 실행착수는 인정된다.7)

⑩ ***표준판례** 준강도죄에서 말하는 '**절도의 기회**'는, 절도범인과 피해자 측이 절도 현장에 있는 경우와 절도에 잇달아 또는 절도의 시간 · 장소에 접착하여 피해자 측이 범인을

---

1) 대판 1987. 9. 22. 87도1592. 제5회.
2) 대판 1984. 7. 24. 84도1167, 84감도171.
3) 대판 1973. 11. 13. 73도1553 전원합의체.
4) 대판 2001. 10. 23. 2001도4142, 2001감도100.
5) 대판 1992. 7. 28. 92도917.
6) 대판 1984. 9. 11. 84도1398, 84감도214. 제4회.
7) 대판 2003. 10. 24. 2003도4417.

체포할 수 있는 상황, 범인이 죄적인멸에 나올 가능성이 높은 상황에 있는 경우를 말한다. 그러한 의미에서 피해자 측이 추적태세에 있는 경우나, 범인이 일단 체포되어 아직 신병확보가 확실하다고 할 수 없는 경우는 절도기회에 해당한다.[1] ***준강도죄의 '시간적 · 장소적 근접성(접착성)'**의 의미.

2) 준강도 부정

① 갑은 을의 집에서 절도범행을 마친지 10분가량 지나 을의 집에서 200m 가량 떨어진 버스정류장이 있는 곳에서 갑을 절도범인으로 의심하고 뒤쫓아 온 을에게 붙잡혔다. 갑이 을의 집으로 돌아왔을 때 비로소 을을 폭행한 경우는 준강도죄가 성립하지 않는다.[2] *사회통념상 절도범행이 **이미 완료된** 이후의 폭행.

② 피고인을 체포하려는 피해자가 체포에 필요한 정도를 넘어서서 발로 차며 전치 3개월을 요하는 **중상을** 입힐 정도로 심한 폭력을 가해오자, 피고인이 이를 피하기 위해 엉겁결에 솥뚜껑을 들어 위 폭력을 막아 내려다가, 그 솥뚜껑에 스치어 피해자가 상처를 입게 되었다면 준강도상해죄는 성립하지 않는다.[3] *피해자의 체포의사를 제압할 정도의 폭행에 해당하지 않음.

③ 피고인이 옷을 잡히자 체포를 면하려고 충동적으로 저항을 시도하여 잡은 **손을 뿌리친** 정도의 폭행은, 피해자의 체포력을 억압하는 데 충분하지 않은 것으로서 준강도죄로 의율할 수는 없다.[4]

④ 갑은 을에게 지급해야 할 술값의 지급을 면하고 **재산상 이익을** 취득하고자 을을 폭행하였다. 이 경우 그 자체로 절도의 실행에 착수하였다는 내용이 포함되어 있지 않아서 준강도를 인정하기 어렵다.[5] *준강도죄의 주체는 절도범인이고 절도죄의 객체는 재물.

3) 준강도미수의 결정기준

① 제335조(준강도)에서 말하는 절도가 체포를 면탈하기 위해 폭행을 가한 때라 함은 **절도 미수범**의 경우에도 해당한다. 이 경우에 준강도미수가 되는 것이 아니고 또 폭행을 가하여 상해를 입히면 강도상해가 된다.[6] *대법원의 종래 견해, **폭행 · 협박행위 기준설**.

② **절취행위기준설**(***표준판례**) 형법 제335조가 준강도를 강도죄의 예에 따라 처벌하는 취지는, 강도죄와 준강도죄의 구성요건인 재물탈취와 폭행 · 협박 사이에 시간적 순서상 전후의 차이가 있을 뿐 실질적으로 위법성이 같다고 보기 때문이다. 준강도죄의 입법 취지, 강도죄와 균형 등을 종합적으로 고려할 때, 준강도죄의 기수 여부는 **절도행위의 기수 여부**를 기준으로 판단해야 한다.[7] *폭행 · 협박행위 기준설을 변경한 **현재 판례**.

③ 날치기의 행위과정에서, 피해자의 반항을 억압하기 위한 목적이 아니라 점유침탈 과

---

1) 대판 2009. 7. 23. 2009도5022.
2) 대판 1999. 2. 26. 98도3321. 제9회.
3) 대판 1990. 4. 24. 90도193.
4) 대판 1985. 5. 14. 85도619.
5) 대판 2014. 5. 16. 2014도2521. 제4회.
6) 대판 1964. 11. 24. 64도504.
7) 대판 2004. 11. 18. 2004도5074 전원합의체. 제4, 6회.

정에 **우연히** 일어난 부상결과는, 준강도가 아니라 절도에 지나지 않는다.[1)]

④ 피해자의 상해가 차량을 이용한 날치기 수법의 절도시 **점유탈취의 과정에서 우연히** 가해진 것에 불과하고, 그에 수반된 강제력 행사도 피해자의 반항을 억압하기 위한 목적 또는 정도 의 것은 아니었던 것으로 보여 강도치상죄에 해당되지 않는다.[2)]

4) 준강도죄의 공동정범

① 특수절도의 범인들이 범행이 발각되어 각기 **다른 길**로 도주하다가 그 중 1인이 체포를 면탈할 목적으로 폭행하여 상해를 가한 때에는, 나머지 범인도 그 결과를 전혀 예상하지 못한 것으로 볼 수 없기 때문에 강도상해죄의 책임을 면할 수 없다.[3)]

② ***표준판례** 피고인 갑과 을은 차량에서 내려 피해자 병에게 다가가서, 을이 병이 들고 있던 가방을 나꿔채고 갑은 병을 힘껏 떠밀어 콘크리트바닥에 넘어져 상처를 입게 함으로써 추적을 할 수 없게 한 사실이 인정된다. 갑과 을 사이에 사전에 피해자 병을 밀어 넘어뜨려 반항을 억압하기로 하는 구체적 의사연락은 없었다. 그러나 합동하여 절도범행을 하는 도중에 피고인 갑이 체포를 면탈할 목적으로 병에게 폭행을 가하여 상처를 입혔고, 그 폭행 정도가 피해자의 추적을 억압할 정도의 것이었던 이상 갑과 을은 강도상해의 죄책을 면할 수 없다.[4)] ***절도 공모에 공범 1인이 준강도를** 행한 경우 예견가능성만 있으면 모두 준강도의 공동정범 인정. 그 결과 상해나 사망결과가 발생하면 강도상해 · 치사의 공동정범.

③ 절도범인이 처음에는 흉기를 휴대하지 아니하였으나, 체포를 면탈할 목적으로 폭행 또는 협박을 가할 때에 **비로소** 흉기를 휴대 사용하게 된 경우에도 준강도(**특수강도의 준강도**)가 성립한다.[5)]

④ 피해자는 피고인 및 제1심 공동 피고인이 자기 집에서 물건을 훔쳐 나왔다는 연락을 받고 도주로를 따라 추격하자, 범인들이 이를 보고 도주하므로 1킬로미터 가량 추격하여 피고인을 체포하여 같이 추격하여 온 동리 사람들에게 인계하였다. 그리고 1킬로미터를 더 추격하여 제1심 공동 피고인을 체포하여, 가지고 간 나무 몽둥이로 동인을 1회 구타하자 동인이 위 **몽둥이를 빼앗아** 피해자를 구타 상해하고 도주하였다. 이때 피고인에게 준강도상해의 죄책을 물을 수는 없다.[6)] *피고인에게 공동피고인의 상해는 공모 내지 예견가능성의 범위 밖에 있음.

⑤ 절도를 공모한 피고인은 다른 공모자 (갑)의 폭행행위에 대하여 사전양해나 의사의 연락이 없었고, 범행장소가 빈 가게로 알고 있었다. (갑)이 **담배창구를 통해** 가게에 들어가 물건을 절취하고 피고인은 밖에서 망을 보던 중 예기치 않았던 인기척 소리가 나므로 도주하였다. 그 후 (갑)은 창구에 몸이 걸려 빠져 나오지 못하게 되어 피해자에게 붙들리자 체포를

---

1) 대판 2003. 7. 25. 2003도2316.
2) 대판 2003. 7. 25. 2003도2316. 제3회.
3) 대판 1984. 10. 10. 84도1887, 84감도296.
4) 대판 1991. 11. 26. 91도2267.
5) 대판 1973. 11. 13. 73도1553 전원합의체.
6) 대판 1982. 7. 13. 82도1352. 제6회.

면탈할 목적으로 피해자에게 폭행을 가하여 상해를 입혔다. 피고인은 그동안 상당한 거리를 도주하였을 것으로 추정되는 상황에서 피고인은 (갑)의 **폭행행위를 전혀 예상할** 수 없었다고 보여지므로 피고인에게 준강도상해죄의 공동책임을 지울 수 없다.1)

⑥ 피고인은 사전에 제1심 공동 피고인과의 사이에 상의한 바 없었다. 체포 현장에서도 피고인과의 사이에 전혀 의사연락 없이 제1심 공동 피고인이 피해자로부터 그가 가지고 간 몽둥이로 구타당하자 **돌연 이를 빼앗아** 피해자를 구타하여 상해를 가하였다. 이러한 구타상해행위를 공모 또는 예기하지 못한 피고인에게 준강도 상해의 죄책을 문의할 수 없다고 해석함이 타당하다.2)

⑦ **죄수** 절도범이 체포를 면탈할 목적으로 체포하려는 **여러 명의 피해자에게** 같은 기회에 폭행을 가하여 그 중 1인에게만 상해를 가하였다면, 이러한 행위는 포괄하여 하나의 강도상해죄만 성립한다.3)

5) 강도예비 · 음모죄

① 피고인들이 수회에 걸쳐 '총을 훔쳐 전역 후 은행이나 현금수송차량을 털어 한탕 하자'는 **말을 나눈 정도만으로는** 강도음모를 인정하기에 부족하다.4)

② ***표준판례** 강도예비 · 음모죄가 성립하기 위해서는 예비 · 음모 행위자에게 미필적으로라도 '강도'를 할 목적이 있어야 하고, 그에 이르지 않고 단순히 **'준강도'할** 목적이 있는데 그치는 경우에는 강도예비 · 음모죄로 처벌할 수 없다.5) *범행이 발각되었을 경우를 대비해 등산용 칼 휴대.

[109] 3. 사 기 죄

1 ### (1) 단순사기죄

1) 재산권과 거래의 진실성

① 재물편취를 내용으로 하는 사기죄에 있어서는 기망으로 인한 재물교부가 있으면 재산침해가 되어 곧 사기죄가 성립한다. 이때 상당한 **대가가 지급되었다거나** 피해자의 전체 재산상에 손해가 없다 하여도 사기죄 성립에는 영향이 없다. 사기죄에서 대가가 일부 지급된 경우에도, 그 편취액은 피해자로부터 교부된 재물의 가치로부터 그 대가를 공제한 차액이 아니라 교부받은 재물 전부이다.6)

② 주유소 운영자가 농 · 어민 등에게 조세특례제한법에 정한 면세유를 공급한 것처럼 위조한 면세유류공급확인서로 정유회사를 기망하여 면세유를 공급받은 경우, 정유회사에 대

1) 대판 1984. 2. 28. 83도3321.
2) 대판 1982. 7. 13. 82도1352.
3) 대판 2001. 8. 21. 2001도3447. 제1, 3, 4, 6회.
4) 대판 1999. 11. 12. 99도3801.
5) 대판 2006. 9. 14. 2004도6432. 제3, 4, 6회.
6) 대판 1995. 3. 24. 95도203.

해 사기죄를 구성하는 것은 별론으로 하고, **국가 또는 지방자치단체**를 기망하여 국세 및 지방세의 환급세액 상당을 편취한 것으로 볼 수는 없다.[1] *국가, 지방자치단체는 기망의 대상이 되지 않음. 사기죄는 개인적 법익에 대한 범죄.

2) 재물 또는 재산상 이익

A. **재산상 이익 인정사례**

① 피고인이 법원을 기망하여 건축주명의변경절차이행청구 소송에서 승소확정판결을 받아 **건축허가 명의**를 변경한 경우, 건축주로서 공사를 계속하여 다세대주택을 완공한 다음 건축물대장에 등재하여, 완공된 다세대주택을 그의 명의로 소유권보존등기를 경료할 수 있는 재산상 이익이 있다.[2]

② 피해자를 기망하여 피해자를 **연대보증인으로** 하는 차량 할부판매보증보험계약을 체결하게 하여, 차량매매대금 중 선지급금을 제외한 나머지 금액 상당의 재산상 이익을 편취한 행위는 사기죄에 해당한다.[3]

③ ***표준판례** 피고인 갑은 자신이 개발한 주식운용프로그램을 이용하면 상당한 수익을 낼 수 있고, 만일 손해가 발생하더라도 원금과 은행 정기예금 이자 상당의 반환은 보장하겠다는 취지로 피해자 을을 기망하여 을 명의 주식계좌에 대한 **사용권한을** 부여받아 재산상 이익을 취득하였으면 사기죄가 성립한다.[4] *현실의 이익이 아니라 **경제적 이익을 기대할 수** 있는 권한과 지위를 취득하는 것도 사기죄의 객체인 재산상 이익이 될 수 있다는 판결.

④ 통정허위표시로서 무효인 임대차계약에 기초하여 임차권등기명령을 받아 **임차권등기**를 마친 경우, 외형상 임차인으로서 취득하게 되는 권리는 사기죄의 객체인 '재산상 이익'에 해당한다.[5]

⑤ 채무이행을 연기 받는 것도 사기죄에 있어서 재산상의 이익이 된다. 따라서 채무자가 채권자에 대해 소정기일까지 지급할 의사나 능력이 없음에도, 종전 채무의 변제기를 늦출 목적에서 **어음을 발행, 교부한** 경우에는 사기죄가 성립한다.[6]

⑥ ***표준판례** 사기죄의 객체가 피해자 소유의 재물인지 아니면 피해자가 보유하는 재산상 이익인지에 따라 '재물'이 객체인지 아니면 '재산상 이익'이 객체인지 구별해야 한다. 이 사건과 같이 피해자가 본범의 기망행위에 속아 현금을 피고인 명의의 은행 예금계좌로 송금하였다면, 이는 **재물에 해당하는 현금을** 교부하는 방법이 예금계좌로 송금하는 형식으로 이루어진 것에 불과하다. 피해자의 은행에 대한 **예금채권은** 당초 발생하지 않는다.[7] *본범이 사기 범행으로 취득한 것은 재산상 이익이어서 장물에 해당하지 않는다는 원심의 판시는 적

1) 대판 2008. 11. 27. 2008도7303. 제6회.
2) 대판 1997. 7. 11. 95도1874.
3) 대판 1995. 8. 25. 94도2132.
4) 대판 2012. 9. 27. 2011도282.
5) 대판 2012. 5. 24. 2010도12732. 제6회.
6) 대판 2007. 3. 30. 2005도5972.
7) 대판 2010. 12. 9. 2010도6256.

절하지 않음. 다만 사기범행은 피고인이 피해자로부터 돈을 송금 받아 취득함으로써 종료되고, 그 후 피고인이 자신의 계좌에서 이 돈을 인출한 것은 예금명의자가 은행에 예금반환을 청구한 결과임. 본범으로부터 이 돈의 점유를 이전받아 사실상 처분권을 획득한 것이 아니기 때문에 인출행위가 장물취득죄가 되지는 않음.

⑦ ***표준판례** 범인이 기망행위에 의해 스스로 재물을 취득하지 않고 **제3자로 하여금 재물의 교부를** 받게 한 경우에 사기죄가 성립하려면, 그 제3자가 범인과 사이에 정을 모르는 도구 또는 범인의 이익을 위해 행동하는 대리인의 관계에 있어야 한다. 그렇지 않다면 적어도 불법영득의사와 관련하여 범인에게 그 제3자로 하여금 재물을 취득하게 할 의사가 있어야 한다.[1] *제3자 취득사기.

B. **재산상 이익 부정사례**

① 법원을 기망하여 부재자의 **재산관리인으로** 선임된 것만으로, 어떤 재산권이나 재산상의 이익을 얻은 것으로 볼 수 없어 사기죄가 성립하지 않는다.[2]

② 피고인 갑은 한문 판독능력이 없는 피해자 을에게 백미 100가마를 변제한다고 말하면서 10가마의 백미보관증을 100가마의 **보관증이라고** 속여 교부하였다. 을이 이를 믿고 교부받았더라도 나머지 90가마의 채무가 소멸하는 것은 아니다. 따라서 이 사안에서 갑은 채무를 면탈하여 재산상 이익을 취득한 것이 없으므로 사기죄가 성립하지 않는다.[3]

③ 자기의 채권자에 대한 채무이행으로 **존재하지 않는** 채권을 양도하였더라도 권리이전의 효력은 발생할 수 없다. 그것으로써 채권자에 대한 기존 채무가 소멸하는 것도 아니기 때문에 재산상 이득을 취한 것이 없어 사기죄는 성립하지 않는다.[4]

④ 피고인이 피해자은행으로부터 **지급보증서를** 교부받아 이를 채권자에게 교부하지 않은 단계는 재산상 이득이 없으므로 사기범죄가 완성되었다고 할 수 없다.[5] *지급보증서는 지급보증인이 채무를 부담하겠다는 청약의 의사표시를 기재한 서면으로서 상대방 채권자가 그 청약을 승낙해야만 효력이 있음.

⑤ 위조된 약속어음을 **진정한 약속어음인** 것처럼 속여 기왕의 물품대금채무의 변제를 위해 채권자에게 교부하였더라도, 어음이 결제되지 않는 한 물품대금채무가 소멸되지 아니하므로 사기죄가 되지는 않는다.[6]

⑥ ***표준판례** 사기죄가 성립하기 위해서는 기망행위와 이에 기한 피해자의 처분행위가 있어야 한다. **타인의 일반전화를 무단으로 이용**하는 행위는 한국전기통신공사의 통신매개역무를 부당하게 이용하는 것에 불과하여 기망행위에 해당한다고 보기 어렵다. 이에 따라 제공되는 통신매개 서비스도 한국전기통신공사가 착오에 빠져 처분행위를 하는 것은 아니다.

1) 대판 2012. 5. 24. 2011도15639.
2) 대판 1973. 9. 25. 73도1080.
3) 대판 1990. 12. 26. 90도2037.
4) 대판 1985. 3. 12. 85도74.
5) 대판 1982. 4. 13. 80도2667.
6) 대판 1983. 4. 12. 82도2938.

결국 타인의 전화를 무단으로 이용하는 행위는 사기죄를 구성하지 않으며, 편의시설부정이용죄를 도입한 취지에도 맞지 않는다.1)

3) 기 망

A. **기망 인정사례**

① 식육식당을 경영하는 자가 음식점에서 **한우만을 취급한다는** 취지의 상호를 사용하면서 광고선전판, 식단표 등에도 한우만을 사용한다고 기재하고 수입 쇠갈비를 판매하였다. 이 경우 그 사술의 정도는 사회적으로 용인될 수 있는 상술의 정도를 넘어 선 것으로서 기망행위 및 편취의 범의를 인정하기에 넉넉하다.2)

② 백화점에서 종전에 출하한 일이 없던 신상품을 처음 출하하면서 종전가격 및 할인가격을 비교표시하여 막 바로 세일에 들어가는 이른바 **변칙세일은**, 가격조건에 관해 기망이 이루어진 경우로서 사기죄의 기망행위에 해당된다.3)

③ **허위의 선전광고를** 믿고 대리점계약에 응모하러온 피해자들은 그 광고에 기망되어 착오에 빠져 있음이 분명하다 할 것이다. 따라서 실제계약을 체결함에 있어 거짓말을 하고 아니하고는 그 기망 내지 착오 정도에 차이가 있을 뿐 사기죄의 기망과 착오에는 아무런 소장이 없다.4)

④ 판매하다 남은 식품의 바코드와 비닐랩 포장을 뜯어내고 **가공일이** 당일로 기재된 바코드와 백화점 상표를 부착하여 판매한 행위는 사기죄에 해당된다.5)

⑤ 자기앞수표를 갈취당한 자가 이를 분실하였다고 허위로 **공시최고신청을** 하여 제권판결을 선고받은 경우, 그 수표를 갈취하여 소지하고 있는 자에 대한 사기죄가 성립된다.6)
*피고인이 피해자에 대해 이 사건 수표 발행행위에 대한 의사표시를 취소한 바 없음. 제권판결로 피고인은 그 수표상의 채무자인 은행에 대해 수표를 소지하지 않고도 수표상의 권리를 행사할 수 있는 재산상 이익 취득.

⑥ 사기죄의 객체가 되는 재산상 이익은 반드시 사법私法상 보호되는 경제적 이익만을 의미하지는 않는다. 부녀가 금품 등을 받을 것을 전제로 **성행위를** 하는 경우, 그 행위 대가는 사기죄의 객체인 경제적 이익에 해당하므로, 부녀를 기망하여 성행위 대가의 지급을 면하면 사기죄가 성립한다.7)

⑦ 의사가 특정 시술을 받으면 **아들을** 낳을 수 있는 것처럼 가장하여 일련의 시술과 처방을 행한 경우 사기죄에 해당된다.8)

---

1) 대판 1999. 6. 25. 98도3891.
2) 대판 1997. 9. 9. 97도1561.
3) 대판 1992. 9. 14. 91도2994.
4) 대판 1982. 10. 26. 81도2531.
5) 대판 1996. 2. 13. 95도2121.
6) 대판 2003. 12. 26. 2003도4914.
7) 대판 2001. 10. 23. 2001도2991.
8) 대판 2000. 1. 28. 99도2884.

⑧ 쇼핑몰 상가 **분양사업을** 계획하면서 사채와 분양대금만으로 사업부지 매입 및 공사대금을 충당할 수 있다는 막연한 구상 외에 체계적인 사업계획 없이 무리하게 쇼핑몰 상가 분양을 강행한 경우, 편취의 범의를 인정할 수 있다.1)

⑨ **분식회계에** 의한 재무제표 등으로 금융기관을 기망하여 대출을 받았다면 사기죄는 성립한다. 변제의사와 변제능력의 유무 그리고 충분한 담보가 제공되었다거나, 사후에 대출금이 상환되었다고 하더라도 사기죄 성립에는 영향이 없다.2)

⑩ 허위 내용으로 **지급명령을** 신청하여 법원을 기망한다는 고의가 있는 경우에 법원을 기망하는 것은 반드시 허위 증거를 이용하지 않더라도 당사자의 **주장이** 법원을 기만하기 충분한 것이라면 기망수단이 된다.3)

⑪ 피고인이 변제의사나 능력이 없음에도 이를 숨긴 채 타인에게 금원 대여를 요청하여 동인의 배서가 된 **약속어음으로** 금융기관에서 할인받은 경우에, 피고인이 위 약속어음에 대한 상환의무를 지더라도 위 배서인에 대한 사기죄가 성립한다.4) *신의칙에 의한 법률상 고지의무 위반. 일반거래 경험칙상 상대방이 그 사실을 **알았더라면** 당해 법률행위를 하지 않았을 것이 명백한 경우에 해당.

⑫ 의사인 피고인이 **전화를** 이용하여 진찰하였음에도 내원 진찰인 것처럼 가장하여 국민건강보험관리공단에 요양급여비용을 청구한 경우에는 사기죄가 성립한다.5)

⑬ 기업구매전용카드를 사용한 거래에서 가맹점이 카드회사에 용역제공을 가장한 **허위 내용의** 납품내역임을 고지하지 않고 대금을 청구한 행위는 사기죄의 기망행위에 해당한다.6)

⑭ **보험상담원이** 보험가입자들의 1회 보험료를 대납하는 방식으로 보험계약을 체결하고 그 수수료를 지급받은 행위는 사기죄에 해당한다.7) *거래 상대방이 일정한 사정에 관한 고지를 받았더라면 당해 거래를 하지 않았을 것이 명백한 경우의 법률상 고지의무 위반.

⑮ **비의료인이** 개설한 의료기관이 의료법에 의하여 적법하게 개설된 요양기관인 것처럼 국민건강보험공단에 요양급여비용의 지급을 청구하여 지급받은 경우는 사기죄가 성립한다.8)

⑯ 개정 전 회계처리기준에 의할 경우 당기 순손실이 나타나는 것을 숨기기 위해, 아직 적용시기가 도래하지 않은 개정 회계처리기준을 미리 적용하는 방법으로 당기 순이익이 발생한 것으로 처리된 **재무제표를** 금융기관에 제출한 행위는 기망행위에 해당된다.9)

⑰ 피고인이 피해자에게 불행을 고지하거나 길흉화복에 관한 어떠한 결과를 약속하고 **기도비** 등의 명목으로 대가를 교부받은 경우에, 전통적인 관습 또는 종교행위로서 허용될 수

---

1) 대판 2005. 4. 29. 2005도741.
2) 대판 2005. 4. 29. 2002도7262.
3) 대판 2004. 6. 24. 2002도4151.
4) 대판 2007. 4. 12. 2007도1033.
5) 대판 2013. 4. 26. 2011도10797.
6) 대판 2013. 7. 26. 2012도4438.
7) 대판 2014. 1. 16. 2013도9644.
8) 대판 2015. 7. 9. 2014도11843. 제5회.
9) 대판 2007. 6. 1. 2006도1813.

있는 한계를 벗어났다면 사기죄에 해당한다.[1] *막대한 돈을 편취한 귀신 굿.

⑱ 절도범인이 절취한 장물을 자기 것인 양 제3자를 기망하여 금원을 편취한 경우에는, 장물에 관하여 소비 또는 손괴하는 경우와 달리 제3자에 대한 관계에서 새로운 법익의 침해가 있다고 할 것이므로 절도죄 외에 사기죄가 성립한다.[2]

⑲ 비록 토지 소유자로 등기되어 있더라도 자신이 진정한 소유자가 아닌 사실을 알게 된 이상, 당해 토지의 **수용보상금을** 수령하면서 당해 토지를 수용한 기업자나 공탁공무원에게 그런 사실을 고지해야 할 의무가 있다. 이러한 사실을 고지하지 않고 보상금을 수령하면 기망행위가 된다.[3]

⑳ 피고인은 보험계약 체결 당시 **이미 발생한** 교통사고로 생긴 질환과 관련해 치료를 받았을 뿐만 아니라 앞으로도 더 치료를 받게 될 개연성이 농후한데도, 자신의 과거 병력과 치료이력을 묵비하고 보험계약을 체결한 것은 기망에 해당된다.[4]

㉑ 임대인이 임대차계약을 체결하면서 임차인에게 임대목적물이 **경매진행중인** 사실을 알리지 아니한 경우, 임차인이 등기부를 확인 또는 열람하는 것이 가능하더라도 사기죄가 성립한다.[5]

㉒ 명의상의 학원 원장에 불과한 자가 **창업자금 대출금** 중 일부를 목적에 맞지 않게 개인 용도로 사용할 생각이었음에도, 이를 속이고 위 대출금을 학원 운전자금 용도로 사용하겠다면서 보증을 신청한 행위는, 사기죄의 기망행위에 해당한다.[6]

㉓ 용도를 속여 국민주택 건설자금 대출을 받을 때, 대출담당 은행 직원이 대출금이 지정된 용도에 사용되지 않을 것이라는 점을 알고 있었더라도, 대출 신청액이 일정한 금액을 초과하는 경우에는 은행장이 대출 승인 여부를 결정할 권한이 있으므로, **은행장이 피기망자가** 되어 사기죄가 성립한다.[7]

㉔ 기망으로 인한 재물의 교부가 있으면, 그 자체로써 곧 사기죄는 성립하고, **상당한 대가가** 지급되었다거나 피해자의 전체 재산상에 손해가 없다고 하여도 사기죄의 성립에는 영향이 없다.[8]

㉕ 타인의 명의를 빌려 **예금계좌를** 개설한 후, 통장과 도장은 명의인에게 보관시키고 자신은 위계좌의 현금인출카드를 소지한 채, 명의인을 기망하여 위 예금계좌로 돈을 송금하게 한 경우, 사기죄가 기수가 된다.[9] *예금계좌에 대한 대외적인 권리는 명의인에게 있음.

㉖ 피고인은 피해자들을 기망하여 부동산을 매도하면서 매매대금 중 일부를 피해자들

---

1) 대판 2017. 11. 9. 2016도12460.
2) 대판 1980. 11. 25. 80도2310.
3) 대판 1994. 10. 14. 94도1911.
4) 대판 2017. 4. 26. 2017도1405.
5) 대판 1998. 12. 8. 98도3263. 제10회.
6) 대판 2003. 12. 12. 2003도4450.
7) 대판 2002. 7. 26. 2002도2620.
8) 대판 1999. 7. 9. 99도1040.
9) 대판 2003. 7. 25. 2003도2252.

의 피고인에 대한 **기존 채권과 상계하는** 방법으로 지급받아 채무 소멸의 재산상 이익을 취득한 경우는 사기죄가 성립한다.[1] *위조계약서로 부동산을 매도하여 매매대금을 편취함.

㉗ 피고인은 갑 저축은행에 대출을 신청하여 심사를 받을 당시, 동시에 다른 저축은행에 대출을 신청한 상태였는데도 갑 저축은행으로부터 다른 금융회사에 동시에 진행 중인 **대출이 있는지** 질문을 받자 '없다'고 답변하였다. 그리고 피고인은 갑 저축은행으로부터 대출을 받은 지 약 6개월 후에 신용회복위원회에 대출 이후 증가한 채무를 포함하여 프리워크아웃을 신청하였다. 피고인의 행위는 사기죄의 범의가 인정된다.[2] *갑 저축은행이 제대로 된 고지를 받았더라면 대출을 해주지 않았을 것으로 판단.

㉘ 토지에 대하여 도시계획이 입안되어 있어 장차 협의 매수되거나 수용될 것이라는 사정을 매수인에게 고지하지 않은 행위는 부작위에 의한 사기죄를 구성한다.[3]

㉙ ***표준판례** 갑은 특정 질병을 앓고 있는 사람으로서 보험회사가 정한 약관에 그 **질병에 대한 고지의무를 규정하고** 있음을 알고 있다. 그럼에도 갑은 이를 고지하지 않고 그 사실을 모르는 보험회사와 그 질병을 담보하는 보험계약을 체결하였다. 그리고 바로 그 질병의 발병을 사유로 보험금을 청구한 경우, 갑의 행위는 사기죄에 해당된다.[4]

㉚ ***표준판례** 사기죄에서 거래 상대방에 대한 고지의무를 발생시키는 '**신의성실원칙**'**의 판단기준은** '상대방이 그와 같은 사정에 관한 **고지를 받았더라면 당해 거래를 맺지 않았을** 것이 경험칙상 명백한 경우'이다. 사채업자가 대출희망자로부터 대출을 의뢰받고 대출희망자가 자동차를 할부로 구입하는 것처럼 서류를 작성하여 할부금융회사로부터 대출금을 받았다. 할부금융회사가 이런 사정을 알았더라면 할부금융대출을 실시하지 않았을 것이므로, 사채업자는 신의성실원칙상 사전에 할부금융회사에게 자동차할부금융대출의 방법으로 자금을 융통한다는 사정을 고지할 의무가 있다. 사기죄의 본질은 기망행위에 의한 재산이나 재산상 이익의 취득에 있고 상대방에게 현실적으로 **재산상 손해가** 발생함을 요건으로 하지 않는다.[5]

㉛ ***표준판례** 사기도박은 사기적인 방법으로 도금을 편취하려고 하는 자가 상대방에게 도박에 참가할 것을 권유하는 등 기망행위를 개시한 때 실행착수는 인정된다. 그 후에 **사기도박을** 숨기기 위해 정상적인 도박을 하였더라도 이는 사기죄의 실행행위에 포함된다. 한편 사기죄에서 동일한 피해자에 대해 수회에 걸쳐 기망행위를 하여 금원을 편취한 경우에 그 범의가 단일하고 범행 방법이 동일하면 사기죄 포괄일죄만 성립한다.[6] *사기도박의 실행착수와 죄수 문제.

㉜ ***표준판례** 상법상 **고지의무를 위반하여 보험계약을** 체결하였다는 사정만으로 보험계약자에게 보험금 편취의 미필적 고의가 인정되는 것은 아니다. 보험금편취의 고의는, 보

1) 대판 2012. 4. 13. 2012도1101.
2) 대판 2018. 8. 1. 2017도20682.
3) 대판 1993. 7. 13. 93도14. 제3, 7회.
4) 대판 2007. 4. 12. 2007도967. 제2, 7회.
5) 대판 2004. 4. 9. 2003도7828.
6) 대판 2015. 10. 29. 2015도10948.

험사고가 이미 발생하였음에도 이를 묵비한 채 보험계약을 체결하거나, 보험사고 발생의 개연성이 농후함을 인식하면서도 보험계약을 체결하는 경우 또는 보험사고를 임의로 조작하려는 의도를 갖고 보험계약을 체결하는 경우와 같이 '**보험사고의 우연성**'과 같은 보험의 본질을 해할 정도가 되어야 한다. 피고인이 위와 같은 고의의 기망행위로 보험계약을 체결하고 위 보험사고가 발생하였다는 이유로 보험회사에 보험금을 청구하여 보험금을 지급받았을 때 사기죄는 기수에 이른다.[1]

B. **기망 부정사례**

① 임대인과 임대차계약을 체결한 임차인 갑은 임차건물에 거주하기는 하였으나 그의 처만이 전입신고를 마쳤다. 그 후 갑이 경매절차에서 배당을 받기 위해 임대차계약서상의 **임차인 명의를** 처로 변경하여 경매법원에 배당요구를 하여도 사기죄가 성립하지는 않는다.[2] *경매법원이 배당결정을 해도 재물편취라는 결과발생은 불가능.

② 피고인들이 매수인들에게 토지 매수를 권유하면서 언급한 내용이 객관적 사실에 부합하거나 비록 확정된 것은 아닐지라도, **연구용역** 보고서와 신문스크랩 등에 기초한 경우에는 사기죄의 기망행위에 해당한다고 보기 어렵다.[3]

③ 중고 자동차 매매에서 매도인의 **할부금** 채무는 매수인에게 당연히 승계되는 것은 아니다. 따라서 그 할부금 채무의 존재를 매수인에게 고지하지 않았더라도 부작위에 의한 기망에 해당되지 않는다.[4]

④ 예금주인 피고인이 제3자에게 편취당한 송금의뢰인으로부터 자신의 은행계좌에 **계좌송금된** 돈을 출금한 경우 사기죄가 성립하지 않는다.[5] *피고인은 예금주로 은행에 대해 예금반환을 청구할 수 있으므로 은행을 피해자로 한 사기죄는 성립하지 않음.

⑤ 피고인이 부동산에 대해 갑과 **신탁금지약정을** 체결한 사실을 을 은행에 알리지 않고 위 부동산을 담보신탁하여 을 은행에서 대출을 받았더라도, 을 은행을 기망한 것은 아니다.[6] *신탁계약의 효력과 채무이행에 장애가 없음.

⑥ 자동차의 명의수탁자가 **명의신탁** 사실을 고지하지 않고, 나아가 자신 소유라는 말을 하면서 자동차를 제3자에게 매도하고 이전등록까지 마쳐 주었더라도 매수인에 대한 사기죄가 되는 것은 아니다.[7] *대외적으로 자동차의 소유권, 처분권한은 수탁자에게 있고, 제3자에게 소유권이전등기가 이루어진 이상 그에게 재산상 손해는 없음.

⑦ 피고인이 사용할 수 없는 휴대전화를 '**대포폰**'**으로** 유통시키거나 '**유심칩**(USIM Chip) 읽기'를 통해 문자발송제한을 해제하여 광고성 문자를 대량 발송하는 방법으로 이동통신회사

---

1) 대판 2019. 4. 3. 2014도2754.
2) 대판 2002. 2. 8. 2001도6669.
3) 대판 2007. 1. 25. 2004도45.
4) 대판 1998. 4. 14. 98도231.
5) 대판 2010. 5. 27. 2010도3498.
6) 대판 2012. 4. 13. 2011도2989.
7) 대판 2007. 1. 11. 2006도4498. 제3, 4, 9회.

들로부터 이용대금 상당의 재산상 이득을 취득하였더라도 사기죄가 되지는 않는다.[1] *'사람을 기망하여 재산상 이득을 취득한 경우'에 해당하지 않음.

⑧ ***표준판례** 피해자 법인이나 단체의 대표자 또는 실질적으로 의사결정을 하는 최종결재권자 등이 기망행위자와 동일인이거나 기망행위자와 공모하는 등 기망행위임을 알고 있었던 경우에는 사기죄가 성립하지 않는다.[2] *기망행위로 인한 착오가 없음.

⑨ 피고인 등이 피해자 갑 등에게 자동차를 매도하겠다고 거짓말하고 자동차를 양도하면서 매매대금을 편취한 다음, 자동차에 미리 부착해 놓은 **지피에스(GPS)로 위치를 추적**하여 자동차를 절취하였다. 피고인 등은 사기 및 특수절도로 기소되었으나 상고심에서 기망이 인정되지 않았다.[3] *자동차의 소유권이전등록을 마친 이상, 다시 절취할 의사를 숨긴 것은 기망이라고 할 수 없음. 소유권을 이전해 주고 다시 절취하겠다고 했으니 매매 자체에는 기망이 없음. 절취행위는 자신의 범죄계획에 따른 별개의 범죄행위에 불과함.

⑩ 타인의 사망을 보험사고로 하는 생명보험계약을 체결할 때 **제3자가 피보험자인 것처럼** 가장하여 체결하는 등으로 그 유효요건이 갖추어지지 못한 경우, 보험계약을 체결한 행위만으로 보험금 편취를 위한 기망행위의 실행에 착수한 것으로 볼 수 없다.[4] *보험금 편취를 위한 예비행위에 지나지 않음.

⑪ 부동산의 **명의수탁자가 부동산을 제3자에게 매도**하고 매매를 원인으로 한 소유권이전등기까지 마쳐 준 경우 사기죄가 성립하지 않는다. 처분 시 그 부동산이 매도인(명의수탁자)의 소유라는 말을 하였더라도 마찬가지이다.[5] *명의수탁자는 대외적으로 부동산의 처분권한 있음. 제3자는 등기를 마쳤으므로 손해 없고, 신의칙상 고지의무, 기망행위 모두 부정.

⑫ ***표준판례** 매수인이 매도인에게 매매잔금을 지급하면서 착오에 빠져 지급해야 할 **금액을 초과하는 돈을** 교부하였다. 매도인은 그 사실을 미리 알지 못하고 매매잔금을 건네주고 받는 행위를 끝마친 후에야 비로소 알게 되었다. 주고받는 행위는 이미 종료된 후이므로 매수인의 착오상태를 제거하기 위해 그 사실을 고지해야 할 법률상 의무의 불이행은 더 이상 그 초과된 금액 편취의 수단으로서 의미가 없다. 매수인이 매매잔금으로 교부하는 돈을 매도인이 그대로 받은 행위는 점유이탈물횡령죄가 될 수 있음은 별론으로 하고 사기죄가 되지는 않는다.[6] *이른바 **'잔전사기'의 형사법적 죄책**에 관한 판결. 금전의 초과교부 사실을 언제 알았는가, 교부받기 전, 교부받던 중 또는 교부받은 후의 기준에 따라서 고지의무가 달라짐.

⑬ ***표준판례** 사기죄가 성립하는지는 행위 당시를 기준으로 판단해야 한다. **소비대차 거래에서** 차주가 돈을 빌릴 당시에는 변제할 의사와 능력을 가지고 있었다면, 비록 그 후에 변제하지 않고 있더라도 이는 민사상 채무불이행에 불과하며 형사상 사기죄가 성립하지는

1) 대판 2011. 7. 28. 2011도5299.
2) 대판 2017. 9. 26. 2017도8449.
3) 대판 2016. 3. 24. 2015도17452. 제7회.
4) 대판 2013. 11. 14. 2013도7494. 제5회.
5) 대판 2007. 1. 11. 2006도4498. 제3, 4회.
6) 대판 2004. 5. 27. 2003도4531.

않는다. 따라서 소비대차 거래에서 대주가 차주의 신용상태를 인식하고 있어 장래의 변제지체 또는 변제불능에 대한 위험을 예상하고 있거나 충분히 예상할 수 있는 경우에는, 특별한 사정이 없는 한, 차주가 제대로 변제하지 않았다는 사실만 가지고 대주를 기망하였다거나 차주에게 편취범의가 있었다고 단정할 수 없다.1) ***차용사기죄의** 범의판단 기준과 시점.

⑭ 피고인이 미술작품을 창작할 때 조수 등 다른 사람이 관여한 사정을 알리지 않은 것이 신의칙상 고지의무위반으로서 사기죄의 기망행위에 해당하고 그 그림을 판매한 것이 판매대금의 편취행위라고 보려면 두 가지 전제가 있어야 한다. 즉 미술작품의 거래에서 창작과정을 알려주는 것, 특히 작가가 **조수의 도움을 받았는지** 등 다른 관여자가 있음을 알려주는 것이 관행이라야 한다. 다음으로 미술작품을 구매한 사람이 **이러한 사정에 관한 고지를** 받았더라면 거래에 임하지 않았을 것이라는 관계가 인정되어야 한다. 미술작품의 거래에서 기망여부를 판단할 때에는 특별한 사정이 없는 한 법원은 미술작품의 가치 평가 등은 전문가의 의견을 존중하는 **사법자제 원칙을** 지킬 필요가 있다.2) *조영남 사건.

4) 피기망자의 착오

① 일반 사인이나 회사가 금원을 대여하는 경우와 달리 전문적으로 대출을 취급하면서, 차용인에 대한 **체계적인 신용조사를 행하는 금융기관**이 금원을 대출하는 경우, 비록 대출 신청 당시 차용인에게 변제기 안에 대출금을 변제할 능력이 없었더라도, 금융기관의 자체 신용조사 결과 '변제기 안에 대출금을 변제하겠다'는 차용인 말만 믿고 대출하였다면, 차용인의 기망행위와 금융기관의 대출행위 사이에 인과관계를 인정할 수 없다.3)

② 피해자 법인이나 단체의 대표자 또는 실질적으로 의사결정을 하는 **최종결재권자 등이**, 기망행위자와 동일인이거나 기망행위자와 공모하는 등 **기망행위임을 알고 있었던 경우**에는, 기망행위로 인한 착오가 있다고 볼 수 없다. 이 경우 재물 교부 등의 처분행위가 있었더라도 기망행위와 인과관계가 있다고 보기 어렵다. 업무상횡령죄 또는 업무상배임죄 등이 성립하는 것은 별론으로 하고, 사기죄가 성립하지는 않는다. 반면에 일반 직원이나 구성원 등이 기망행위임을 알고 있었더라도, 단체의 최종결재권자 등이 기망행위임을 알지 못한 경우는 사기죄가 성립한다.4)

5) 소송사기

A. **소송사기 인정사례**

① **소송사기 인정사례** 갑은 토지를 20년 이상 점유하여 **자주점유를** 추정 받는 상황에서, 소유권이전등기청구소송의 승패에 결정적 증거인 자주점유의 권원에 관한 처분문서를 위조하였다. 그리고 이 처분문서의 성립에 관한 위증을 교사하여 상대방의 추정번복 입증을 원천적으

1) 대판 2016. 4. 28. 2012도14516.
2) 대판 2020. 6. 25. 2018도13696.
3) 대판 2000. 6. 27. 2000도1155. 제7회.
4) 대판 2017. 9. 26. 2017도8449. 제7회.

로 봉쇄하는 소송행위를 하였다. 갑의 행위는 정당한 권리행사가 아니고 사기죄를 구성한다.1)

② 소유권이전등기말소청구사건에 대한 재심의 소가 계속 중, 재심원고를 승소시키기 위해 재심피고명의로 **허위내용을 기재한 준비서면과 자술서**를 작성하여 법원에 제출한 행위는, 소송사기의 실행착수에 해당한다.2)

③ 부동산등기부상 소유자로 등기된 적이 있는 자가, 자기 이후에 소유권이전등기를 경료한 등기명의인들을 상대로 허위사실을 주장하면서, 그들 명의의 **소유권이전등기말소 소송을** 제기한 것은 사기의 실행착수에 해당된다.3)

④ 진정한 임차권자가 아니면서 허위의 임대차계약서를 법원에 제출하여 **임차권등기명령을 신청하면**, 그로써 소송사기의 실행행위에 착수한 것으로 보아야 한다. 나아가 그 임차보증금 반환채권에 관해 현실적으로 청구의 의사표시를 해야만 사기죄의 실행착수가 있다고 볼 것은 아니다.4)

⑤ **허위내용으로 지급명령을** 신청하여 법원을 기망한다는 고의가 있는 경우에, 법원을 기망하는 것은 반드시 허위증거를 이용하지 않더라도 당사자의 주장이 법원을 기만하기 충분한 것이라면 기망수단이 된다.5)

⑥ 갑 주식회사의 경영자인 피고인이, 갑 회사와 을 주식회사 사이에 **허위로 작성된 물품공급계약서에** 따른 공급을 완료하였음을 전제로, 을 회사를 상대로 물품대금 청구소송을 제기하면서 증거자료로 위 물품공급계약서를 제출하였다가, 그 후 소송을 취하한 경우는 사기미수죄에 해당한다.6)

⑦ 적극적 소송당사자인 원고뿐만 아니라 방어적 위치에 있는 **피고라 하더라도**, 허위내용의 서류를 작성하여 이를 증거로 제출하거나 위증을 시키는 등, 적극적 방법으로 법원을 기망하여 착오에 빠지게 하여 승소확정판결을 받아 자기의 재산상 의무이행을 면하게 된 경우에는, 그 재산가액 상당의 사기죄가 성립한다.7)

⑧ 소송사기는 법원을 기망하여 자기에게 유리한 판결을 얻기 위해 소를 제기하면 실행의 착수가 있고, 소장의 유효한 송달을 필요로 하지 않는다. 이는 제소자가 상대방의 **주소를 허위로** 기재하여 상대방 아닌 다른 사람이 그 서류를 받아 소송이 진행된 경우에도 마찬가지로 적용된다.8)

⑨ 유치권에 의한 경매를 신청한 자가 피담보채권인 **공사대금 채권을** 허위로 크게 부풀리면, 정당한 채권액에 의해 경매를 신청한 경우보다 더 많은 배당금을 받을 수도 있다. 이는 법원을 기망하여 배당이라는 법원의 처분행위로 재산상 이익을 취득하려는 행위로서 소

1) 대판 1997. 10. 14. 96도1405.
2) 대판 1988. 9. 20. 87도964.
3) 대판 2003. 7. 22. 2003도1951. 제4회.
4) 대판 2012. 5. 24. 2010도12732. 제4회.
5) 대판 2004. 6. 24. 2002도4151.
6) 대판 2011. 9. 8. 2011도7262.
7) 대판 2004. 3. 12. 2003도333.
8) 대판 2006. 11. 10. 2006도5811.

송사기죄의 실행착수에 해당한다.[1]

⑩ 강제집행절차를 통한 소송사기는 집행절차의 **개시신청을** 한 때 또는 진행 중인 집행 절차에서 **배당신청을** 한 때 실행에 착수하였다고 볼 것이다.[2]

⑪ 피고인이 자신이 토지 소유자라고 허위주장을 하면서 소유권보존등기 명의자를 상대로 **보존등기말소를** 구하는 소송을 제기하여 승소확정판결을 받으면, 언제든지 단독으로 상대방의 소유권보존등기를 말소시키고 자기 앞으로 소유권보존등기를 마칠 수 있다. 이는 법원을 기망하여 재산상 이익을 취득한 것이고, **기수시기는 판결이 확정된 때**이다.[3]

⑫ 유치권 경매에서 피담보채권인 공사대금 채권을 허위로 **부풀려 유치권 경매를 신청할** 경우, 정당한 채권액으로 경매를 신청한 경우보다 더 많은 배당금을 받을 수도 있다. 이는 법원을 기망하여 배당이라는 법원의 처분행위로 재산상 이익을 취득하려는 행위로서 소송사기죄의 실행착수에 해당한다.[4] *유치권 경매를 신청한 사람은 피담보채권액에 기초하여 배당을 받음.

⑬ 부동산등기부상 소유자로 등기된 적이 있는 자가 자기 이후에 소유권이전등기를 경료한 등기명의인들을 상대로, 그들 명의의 **소유권이전등기 말소를 구하는 소송**을 제기하여 승소하면 자신의 등기명의가 회복된다. 이는 법원을 기망하여 재물이나 재산상 이익을 편취하는 것이므로, 말소등기청구 소송의 제기는 사기의 실행착수에 해당한다.[5]

B. **소송사기 부정사례**

① **소송사기 부정사례** 기한 미도래의 채권을 소송으로 청구하면서 기한이익이 상실되었다는 허위증거를 조작하는 등 **적극적 사술을** 사용하지 않고, 단지 즉시 지급을 구하는 취지의 지급명령신청을 한 것은 법원을 기망하는 행위가 아니다.[6]

② **당사자주의** 소송구조하에서 자기에게 유리한 주장이나 증거는 각자 자신의 책임하에 변론에 현출해야 하는 것이므로, 상대방에게 유리한 증거를 제출하지 않거나 상대방에게 유리한 사실을 진술하지 않는 행위만으로는 소송사기의 기망이라고 할 수 없다.[7]

③ 피고인들이 타인과 공모하여 그 공모자를 상대로 제소한 경우나 피고인들이 법원을 기망하여 얻으려고 한 판결의 내용이 소송 **상대방의 의사에 부합**하는 것일 때에는, 착오에 의한 재물의 교부행위가 있다고 할 수 없어 소송사기죄가 성립되지 않는다.[8]

④ 피고인이 타인소유의 부동산에 관하여, 아무런 **권한이 없는** 사람을 상대로 소유권확인 등의 청구소송을 제기하여 승소판결을 받아 동 부동산에 대한 소유권보존등기를 경료했

---

1) 대판 2012. 11. 15. 2012도9603.
2) 대판 2015. 2. 12. 2014도10086.
3) 대판 2006. 4. 7. 2005도9858 전원합의체. 제8회.
4) 대판 2012. 11. 15. 2012도9603. 제4회.
5) 대판 2003. 7. 22. 2003도1951. 제4회.
6) 대판 1982. 7. 27. 82도1160.
7) 대판 2002. 6. 28. 2001도1610.
8) 대판 1996. 8. 23. 96도1265.

다 하여도, 위 판결의 효력은 제3자인 부동산소유자에게는 미치지 않으므로 사기죄를 구성하지 않는다.1)

⑤ 피고인(갑회사 운영자)은 '갑회사의 을에 대한 채권'이 존재하지 않는다는 사실을 알면서, 그 사실을 모르는 병(갑회사에 대한 채권자)에게 '갑회사의 을에 대한 채권'의 압류 및 **전부(추심)명령을** 신청하게 하여 그 명령을 받게 하였다. 병이 갑회사에 대해 진정한 채권을 가지고 있는 이상, 피고인이 법원을 기망하였다거나 소송사기의 실행에 착수한 것으로 볼 수 없다.2)

⑥ 예고등기로 인한 경매대상 부동산의 경매가격 하락 등을 목적으로, 허위채권을 주장하며 채권자대위의 방식에 의한 원인무효로 인한 **소유권보존등기 말소청구소송을** 제기한 경우, 소송사기의 불법영득의사 및 실행의 착수는 인정되지 않는다.3) *승소판결을 받아 재산상의 이익을 취하려고 한 것이 아님.

⑦ 가압류는 강제집행의 보전방법에 불과하고, 그 기초가 되는 허위의 채권에 의해 실제로 청구 의사표시를 한 것이 아니므로, 소의 제기 없이 **가압류신청을** 한 것만으로는 사기죄의 실행에 착수한 것으로 볼 수 없다.4)

⑧ 민사소송법상 소송비용의 청구는 **소송비용액 확정절차에** 의하도록 규정하고 있다. 손해배상금 청구의 소 등으로 소송비용의 지급을 구하는 것은 소의 이익이 없는 부적법한 소로서 허용될 수 없다. 따라서 소송비용을 편취할 의사로 소송비용의 지급을 구하는 손해배상청구의소를 제기하였더라도 결과발생 가능성이 없어 위험성이 인정되지 않는다.5) *소송사기의 불가벌적 불능범.

⑨ 가압류는 강제집행의 보전방법에 불과하고, 그 기초가 되는 허위의 채권에 의하여 실제로 청구의 의사표시를 한 것이라고 할 수 없으므로, **소의 제기 없이 가압류신청을** 한 것만으로는 사기죄의 실행에 착수한 것이라고 할 수 없다.6)

⑩ 진정한 임차권자가 아니면서 허위의 임대차계약서를 법원에 제출하여 **임차권등기명령을 신청하면**, 그로써 소송사기의 실행행위에 착수한 것으로 보아야 한다. 그 임차보증금반환채권에 관해 현실적으로 청구의 의사표시를 해야만 사기죄의 실행착수가 있다고 볼 것은 아니다.7)

⑪ ***표준판례** 소송사기에서 피기망자인 법원의 재판은 피해자의 처분행위에 갈음하는 내용과 효력이 있어야 한다. 그렇지 않은 경우에는 착오에 의한 재물의 교부행위가 있다고 할 수 없어서 사기죄가 성립하지 않는다. 피고인의 제소가 **사망한 자를 상대로** 한 것이라

1) 대판 1985. 10. 8. 84도2642.
2) 대판 2009. 12. 10. 2009도9982.
3) 대판 2009. 4. 9. 2009도128.
4) 대판 1982. 10. 26. 82도1529.
5) 대판 2005. 12. 8. 2005도8105.
6) 대판 1982. 10. 26. 82도1529. 제3회.
7) 대판 2012. 5. 24. 2010도12732. 제4회.

면, 사망한 자에 대한 판결은 그 내용에 따른 효력이 생기지 않고 상속인에게도 효력이 미치지 않아서 사기죄를 구성하지 않는다.[1] *사자死者를 상대로 한 소송사기는 불능범.

⑫ 소송사기를 쉽사리 유죄로 인정하게 되면, 누구든지 자기에게 유리한 주장을 하고 소송을 통해 권리구제를 받을 수 있는 민사재판제도의 위축을 가져올 수밖에 없다. 피고인이, ㉠ 그 **범행을 인정한** 경우 외에는, ㉡ 그 소송상의 주장이 사실과 다름이 객관적으로 명백하고 피고인이 그 주장이 **명백히 거짓인** 것을 인식하였거나, ㉢ **증거를 조작하려고** 하였음이 인정되는 때와 같이, 범죄가 성립하는 것이 명백한 경우가 아니면, 이를 유죄로 인정해서는 안 된다. 단순히 사실을 잘못 인식하였다거나, 법률적 평가를 잘못하여 존재하지 않는 권리를 존재한다고 믿고 제소한 행위는, 소송사기죄를 구성하지 않는다.[2]

6) 과장 · 허위광고

① 부동산 관련 업체가 지방자치단체의 특정 용역보고서만을 근거로, 확정되지도 않은 개발계획이 마치 확정된 것처럼 허위 또는 **과장된 정보를** 제공하여, 매수인들과 토지매매계약을 체결한 경우 사기죄가 성립한다.[3]

② 신생 수입브랜드의 시계를 마치 오랜 전통을 지닌 브랜드의 제품인 것처럼 **허위광고함으로써**, 그 품질과 명성을 오인한 구매자들에게 고가로 판매한 행위는 사기죄의 '기망행위'에 해당한다.[4]

③ 아파트를 분양하면서 **아파트 평형의** 수치를 다소 과장하여 광고를 한 것은, 그 거래당사자 사이에서 매매대금을 산정하기 위한 기준이 되었다고 할 수 없고, 단지 아파트 분양이 쉽게 이루어지도록 하려는 의도에서 한 것에 지나지 않으므로 기망행위에 해당하지 않는다.[5]

④ 백화점에서 종전에 출하한 일이 없던 신상품을 처음 출하하면서, 종전가격 및 할인가격을 비교 표시하여 막바로 세일에 들어가는 이른바 **변칙세일은**, 가격조건에 관해 기망이 이루어진 경우로서 사기죄의 기망행위에 해당된다.[6] *과장, 허위광고의 한계를 넘어선 기망행위.

7) 재산처분행위

① ***표준판례*** 피기망자가 기망 당한 결과 자신의 작위 또는 부작위가 갖는 의미를 제대로 인식하지 못하여, 그러한 행위가 **초래하는 결과를** 인식하지 못하였더라도, 그와 같은 착오 상태에서 재산상 손해를 초래하는 행위를 하기에 이르렀다면, 피기망자의 처분행위와 그에 상응하는 **처분의사가** 있다고 보아야 한다.[7] *사기죄에서 처분행위가 인정되려면 피기망자에게 **처분결과에 대한 인식이** 있어야 한다는 종래 판례를 변경. 기망행위에 의해 유발된

1) 대판 2002. 1. 11. 2000도1881.
2) 대판 2018. 12. 28. 2018도13305.
3) 대판 2008. 10. 23. 2008도6549.
4) 대판 2008. 7. 10. 2008도1664.
5) 대판 1991. 6. 11. 91도788.
6) 대판 1992. 9. 14. 91도2994.
7) 대판 2017. 2. 16. 2016도13362 전원합의체. 제9회.

착오로 피기망자가 내심의사와 다른 처분문서에 서명 또는 날인함으로써 재산상 손해를 초래한 '**서명사취' 사건**. 피기망자가 착오에 빠져 처분문서에 대한 자신의 서명 또는 날인행위가 초래하는 결과를 인식하지 못함. 피기망자의 의사표시 자체에 하자가 있음. 그럼에도 다수의견은 처분문서를 완성한 것은 어쨌거나 피기망자라는 입장이고, 소수의견은 처분의사가 없는 처분행위는 인정될 수 없다는 입장. 전자는 처분행위의 형식성, 후자는 처분행위의 실질성을 중요하게 봄. 전자의 입장을 취하면 사기죄의 처벌범위가 그만큼 확대됨. 절도죄보다 사기죄의 법정형이 높다는 점 유념. 판례원문 필독.

② **배당이의 소송의** 제1심에서 패소판결을 받고 항소한 자가 그 항소를 취하하면, 그 즉시 제1심판결이 확정되고 상대방이 배당금을 수령할 수 있는 이익을 얻게 되는 것이므로, 위 항소를 취하하는 것 역시 사기죄에서 말하는 재산적 처분행위에 해당한다.[1]

③ 출판사 경영자가 출고현황표를 조작하는 방법으로 실제 **출판부수**를 속여 작가에게 인세의 일부만을 지급한 경우, 작가가 나머지 인세에 대한 청구권의 존재를 알지 못하는 착오에 빠져 이를 행사하지 않은 것은, 사기죄의 **부작위에 의한 처분행위에** 해당한다.[2]

④ 피고인이 점포에 대한 권리금을 지급한 것처럼 허위의 사용내역서를 작성 · 교부하여, 동업자들을 기망하고 **출자금 지급을 면제**받으려 하였으나 미수에 그쳤다. 동업자들이 착오에 빠져 출자의무를 면제(***부작위**)해 주는 결과에 이를 수 있어, 이는 부작위에 의한 처분행위에 해당한다.[3]

⑤ 토지의 일부만을 매수한 자가 그 부분만을 분할 이전하겠다고 거짓말하여, 소유자로부터 인장을 교부받아 토지전부에 관해 소유권이전등기를 필하였더라도, 사기죄가 성립하지는 않는다.[4] *매수하지 않은 부분은 소유자의 처분행위가 없었고, **등기공무원에게는** 그 처분권한이 없음.

⑥ 피고인이 갑에게 사업자등록 명의를 빌려주면 세금이나 채무는 자신이 변제하겠다고 속여, 그로부터 명의를 대여 받아 호텔을 운영하면서, 갑으로 하여금 호텔에 관한 각종 세금 및 채무 등을 부담하게 하여 재산상 이익을 편취하였다는 내용으로 기소되었다. 갑이 **명의를 대여하였다는** 것만으로 피고인이 채무를 면하는 재산상 이익을 취득하는 갑의 재산적 처분행위가 있었다고 보기는 어렵다.[5]

⑦ 피고인 소유가 아닌 부동산에 대해 피고인 소유인 것처럼 보존등기신청을 하여, 그 정을 모르는 등기공무원으로 하여금 그 등기를 하게 하였다. **등기공무원의** 행위는 재산상 처분권한 있는 자의 처분행위라고 볼 수 없으므로 사기죄를 구성하지 않는다.[6]

⑧ ***표준판례** 사기죄에서 피기망자와 재산상 피해자가 같은 사람이 아닌 경우에는,

1) 대판 2002. 11. 22. 2000도4419.
2) 대판 2007. 7. 12. 2005도9221.
3) 대판 2009. 3. 26. 2008도6641.
4) 대판 1982. 3. 9. 81도1732.
5) 대판 2012. 6. 28. 2012도4773.
6) 대판 1982. 2. 9. 81도944.

피기망자가 피해자를 위하여 그 재산을 처분할 수 있는 권능을 갖거나 그 지위에 있어야 한다. 여기에서 피해자를 위하여 재산을 처분할 수 있는 **권능이나 지위라** 함은, 반드시 사법상의 위임이나 대리권의 범위와 일치하는 것은 아니다. 피해자의 의사에 기하여 재산을 처분할 수 있는 서류 등이 교부된 경우에는, 피기망자의 처분행위가 설사 피해자의 진정한 의도와 어긋나는 경우라고 할지라도, 위와 같은 권능을 갖거나 그 지위에 있는 것으로 보아야 한다.1)

8) 재산상 손해

① 어음 · 수표의 할인에 의한 사기죄에서, 피고인이 피해자로부터 수령한 현금액이 피고인이 피해자에게 교부한 어음의 액면금보다 적을 경우, 특별한 사정이 없는 한, 피고인이 취득한 이익액은 어음의 액면금이 아니라 피고인이 수령한 **현금액이다.**2)

② 제3자로부터 금원을 융자받거나 물품을 외상으로 공급받을 목적으로, 타인을 기망하여 그 타인 소유의 부동산에 제3자 앞으로 근저당권을 설정케 한 자가 얻는 재산상 이득액은, 원칙적으로 그 부동산의 **시가 범위 안의 채권 최고액** 상당이다.3)

③ 금원편취를 내용으로 하는 사기죄에서는 **상당한 대가가** 지급되었다거나, 피해자의 전체 재산에 손해가 없어도 사기죄 성립에는 영향이 없다. 그러므로 사기죄에서 그 대가가 일부 지급되거나 담보가 제공된 경우에도, 편취액은 피해자로부터 교부받은 금원 전부라고 보아야 한다.4)

④ 특정범죄가중법 제3조의 적용을 전제로 부동산 사기죄의 가액을 산정할 때, 그 부동산에 아무런 부담이 없는 때에는 그 **부동산의 시가 상당액이** 곧 그 가액이 된다. 그러나 그 부동산에 근저당권설정등기가 경료되어 있거나 압류 또는 가압류 등이 이루어져 있는 때에는, 아무런 부담이 없는 상태의 부동산 시가 상당액에서 근저당권의 피담보채권액, 압류에 걸린 집행채권액, 가압류에 걸린 피보전채권액 등을 뺀 **실제의 교환가치를** 그 부동산 가액으로 보아야 한다.5)

⑤ ***표준판례** 사기죄는 타인을 기망하여 착오에 빠뜨리고 처분행위를 유발하여 재물을 교부받거나 재산상 이익을 얻음으로써 성립한다. 기망행위와 상대방의 착오 및 재물의 교부 또는 재산상 이익의 공여 사이에 **순차적인 인과관계가** 있어야 한다.6) *사기죄의 기수책임을 묻기 위한 인과사슬의 판결.

9) 불법원인급여

① ***표준판례** 사기죄의 객체가 되는 재산상 이익은 반드시 사법私法상 보호되는 경제적 이익만을 의미하지 않는다. 부녀가 금품 등을 받을 것을 전제로 **성행위**를 하는 경우, 그

1) 대판 1994. 10. 11. 94도1575. 제1회.
2) 대판 2009. 7. 23. 2009도2384.
3) 대판 2015. 4. 23. 2014도16980.
4) 대판 2017. 12. 22. 2017도12649; 2007. 1. 25. 2006도7470(***표준판례**). 제9회.
5) 대판 2007. 4. 19. 2005도7288 전원합의체.
6) 대판 2017. 12. 5. 2017도14423.

행위 대가는 사기죄의 객체인 경제적 이익에 해당한다. 따라서 부녀를 기망하여 성행위 대가의 지급을 면하는 경우 사기죄가 성립한다.[1)]

② 민법 제746조의 불법원인급여에 해당하여 급여자가 수익자에 대한 반환청구권을 행사할 수 없다고 하더라도, 수익자가 기망을 통해 급여자로 하여금 **불법원인급여에** 해당하는 재물을 제공하도록 하였다면 사기죄가 성립한다. 피고인이 피해자로부터 **도박자금으로** 사용하기 위해 금원을 차용하였더라도 사기죄 성립에는 영향이 없다.[2)]

③ 로비자금이 필요한 것으로 **용도를 속이고 돈을 빌린** 경우에, 만일 진정한 용도를 고지하였더라면 상대방이 빌려 주지 않았을 것이라는 관계에 있는 때에는, 사기죄의 실행행위인 기망은 있는 것으로 보아야 한다.[3)]

④ 기망행위에 의해 국가적 또는 공공적 법익을 침해하는 경우에도 사기죄가 성립할 수 있다. 그러나 침해행정 영역에서 일반 국민이 담당 공무원을 기망하여 **권력작용에 의한 재산권 제한을** 면하는 경우에는, 부과권자(행정기관의 장 등 법률에 따라 금전적 부담의 부과권한을 부여받은 자)의 직접적인 권력작용을 사기죄의 보호법익인 재산권과 동일하게 평가할 수는 없다. 행정법규에서 그러한 행위에 대한 처벌규정을 두어 처벌함은 별론으로 하고, 사기죄는 성립할 수 없다.[4)]

10) 신용카드부정사용

① 신용카드 사용으로 인한 신용카드업자의 금전채권을 발생케 하는 행위는 카드회원이 신용카드업자에 대해 대금을 성실히 변제할 것을 전제로 한다. 카드회원이 일시적인 자금 궁색 등의 이유로 그 채무를 일시적으로 이행하지 못하게 되는 상황이 아니라, 이미 과다한 부채의 누적 등으로 신용카드 사용으로 인한 대출금채무를 **변제할 의사나 능력이 없는** 상황에 처하였음에도 불구하고 신용카드를 사용하였다면, **사기죄의 기망행위 내지 편취의 범의를** 인정할 수 있다.[5)] *2004년 사기죄 부정입장을 변경한 판례. **연체라는 민법문제에** 형법이 사기죄를 들고 개입, 채무자에게 형벌을 부과하는 모양새. 보충성원칙 위반. 형벌이 카드회사의 빚을 갚아주는 수단으로 전락한다는 비판. 신용사회 정착을 염두에 둔 듯하지만 형법이 경제정책의 수단이 될 수는 없음.

② **강취한 신용카드를** 자신이 정당한 소지인인 양 가맹점의 점주를 속이고, 그에 속은 점주로부터 주류 등을 제공받아 이를 취득한 것이라면, 신용카드부정사용죄와 별도로 사기죄가 성립한다.[6)]

③ 신용카드부정사용죄의 '사용'에서 매출전표의 서명 및 교부가 별도로 **사문서위조 및 동행사의** 죄의 구성요건을 충족한다고 하여도, 이 죄는 신용카드부정사용죄에 흡수되어 신용

1) 대판 2001. 10. 23. 2001도2991. 제9회.
2) 대판 2006. 11. 23. 2006도6795. 제2회.
3) 대판 1995. 9. 15. 95도707. 제1회.
4) 대판 2019. 12. 24. 2019도2003.
5) 대판 2005. 8. 19. 2004도6859.
6) 대판 1997. 1. 21. 96도2715.

카드부정사용죄 1죄만 성립한다.[1]

④ 신용카드를 절취한 후 이를 사용한 경우 신용카드의 부정사용행위는 새로운 법익의 침해로 보아야 하고, 그 법익침해가 절도범행보다 큰 것이 대부분이므로 위와 같은 부정사용행위가 절도범행의 **불가벌적 사후행위가** 되는 것은 아니다.[2]

⑤ 신용카드를 절취한 사람이 대금을 결제하기 위해 신용카드를 제시하고 카드회사의 승인까지 받았다고 하더라도, 매출전표에 **서명한 사실이** 없고 도난카드임이 밝혀져 최종적으로 매출취소로 거래가 종결되었다면, 신용카드 부정사용의 미수행위에 불과하다.[3]

⑥ 유흥주점 업주가 과다한 술값 청구에 항의하는 피해자들을 폭행 또는 협박하여 피해자들로부터 일정 금액을 지급받기로 **합의한** 다음, 피해자들이 결제하라고 건네준 신용카드로 합의에 따라 현금서비스를 받거나 물품을 구입한 경우, 신용카드에 대한 피해자들의 점유가 피해자들의 의사에 기하지 않고 이탈하였거나 배제되었다고 보기 어려워 여신전문금융업법상의 신용카드 부정사용에 해당하지 않는다.[4] *소유자 또는 점유자의 의사에 따라서 이루어졌기 때문에 부정사용에 해당되지 않음.

⑦ 신용카드 가맹점주가 용역의 제공을 가장한 **허위 매출전표임을** 고지하지 않고 신용카드회사에 제출하여 대금을 청구한 행위는, 사기죄의 실행행위로서 기망행위에 해당한다. **가맹점주에게** 이러한 기망행위에 대한 범의가 있었다면, 비록 당시 그에게 신용카드 이용대금을 변제할 의사와 능력이 있었다고 하더라도 사기죄가 성립한다.[5]

11) 현금자동지급기 부정이용

① 피고인이 타인의 명의를 모용하여 발급받은 신용카드를 사용하여 **현금자동지급기에서** 현금대출을 받는 행위는, 카드회사에 의하여 카드명의인인 피모용자에게 미리 포괄적으로 허용된 행위가 아니라, 현금자동지급기의 관리자의 의사에 반하여 그의 지배를 배제한 채 그 현금을 자기의 지배하에 옮겨 놓는 행위로서 **절도죄에 해당**한다.[6]

② 피해자 명의의 신용카드를 부정사용하여 현금자동인출기에서 현금을 인출한 행위는 신용카드업법 제25조 제1항의 **부정사용죄에** 해당한다. 또한 그 현금을 취득함으로써 현금자동인출기 관리자의 의사에 반하여 그의 지배를 배제하고 그 현금을 자기의 지배하에 옮겨 놓는 것이 되므로 **별도로 절도죄**를 구성한다. 위 양 죄는 보호법익이나 행위태양이 전혀 달라 실체적 경합관계에 있다.[7]

③ 예금주인 현금카드 **소유자를 협박하여 그 카드를 갈취**한 경우, 피고인이 피해자로부터 현금카드를 사용한 예금인출의 승낙을 받고 현금카드를 교부받은 행위와, 이를 사용하여

---

1) 대판 1992. 6. 9. 92도77. 제9회.
2) 대판 1996. 7. 12. 96도1181. 제10회.
3) 대판 2008. 2. 14. 2007도8767. 제7회.
4) 대판 2006. 7. 6. 2006도654.
5) 대판 1999. 2. 12. 98도3549.
6) 대판 2006. 7. 27. 2006도3126. 제4회.
7) 대판 1995. 7. 28. 95도997. 제4, 5회.

현금자동지급기에서 예금을 인출한 행위는 모두 포괄하여 **하나의 공갈죄**를 구성한다. 현금지급기에서 피해자의 예금을 취득한 행위를 현금카드 갈취행위와 분리하여 따로 절도죄로 처단할 수는 없다.[1] *카드를 편취한 경우도 **사기죄 일죄만** 성립.[2]

④ 피해자로부터 **현금카드를 강취한** 경우, 피해자로부터 현금카드의 사용에 관한 승낙의 의사표시가 있었다고 볼 여지는 없다. 따라서 강취한 현금카드를 사용하여 현금자동지급기에서 예금을 인출한 행위는, 현금자동지급기 관리자의 의사에 반하여 그의 지배를 배제하고 그 현금을 자기의 지배하에 옮겨 놓는 것이 되어서 강도죄와 **별도로 절도죄를 구성**한다.[3]

12) 신용카드부정사용 죄수

① 의료기관이 청구한 진료수가 내역을 보험회사가 삭감할 것을 미리 예상하고 그만큼 허위로 **과다하게 진료수가를** 청구하였다면, 허위로 과다하게 청구한 부분에 대한 편취의사 및 불법영득의사가 있었다고 보아야 한다.[4]

② 대출의 조건과 용도가 임야매수자금으로 한정되어 있는 정책자금을 대출받으면서 임야매수자금을 실제보다 **부풀린 허위 계약서를** 제출한 경우, 대출자금에 대한 상환의사와 능력의 유무를 불문하고 편취의 고의가 인정된다.[5]

③ 사기죄의 성립 여부는 그 **행위 당시를** 기준으로 판단해야 하고, 그 행위 이후의 경제사정의 변화 등으로 인해 피고인이 채무불이행 상태에 이르게 된다고 하여 이를 사기죄로 처벌할 수는 없다.[6]

④ 갑이 을에게 이중매도한 택지분양권을 순차 매수한 병, 정에게 **이중매도** 사실을 숨긴 채 자신의 명의로 형식적인 매매계약서를 작성해 준 경우, 갑이 직접 매매대금을 수령하지 않았더라도 병, 정에 대한 사기죄가 성립한다.[7]

⑤ 실제 일부 입원치료가 필요하더라도 그 범위를 넘는 장기간의 입원을 유도하여 **과도한 요양급여비**를 청구한 행위는, 사회통념상 권리행사의 수단으로 용인할 수 없는 것이어서 요양급여비 전체에 대해 사기죄가 성립한다.[8]

⑥ 자기앞수표를 갈취당한 자가 이를 분실하였다고 허위로 **공시최고신청을** 하여 제권판결을 선고받은 경우, 그 수표를 갈취하여 소지하고 있는 자에 대한 사기죄가 성립한다.[9] *피고인이 피해자에 대해 수표 발행행위에 대한 의사표시를 취소한 바 없음.

⑦ 예고등기로 인한 경매대상 부동산의 **경매가격 하락** 등을 목적으로 허위채권을 주장하며 채권자대위 방식에 의한 원인무효로 소유권보존등기 말소청구소송을 제기한 경우, 소송사

---

1) 대판 1996. 9. 20. 95도1728. 제1, 4, 7회.
2) 대판 2005. 9. 30. 2005도5869.
3) 대판 2007. 5. 10. 2007도1375. 제4, 8, 10회.
4) 대판 2008. 2. 29. 2006도5945.
5) 대판 2007. 4. 27. 2006도7634.
6) 대판 2008. 9. 25. 2008도5618.
7) 대판 2009. 1. 30. 2008도9985.
8) 대판 2009. 5. 28. 2008도4665.
9) 대판 2003. 12. 26. 2003도4914.

기의 불법영득의사 및 실행착수가 인정되지 않는다.[1] *소송사기의 고의가 없고, 승소하더라도 피고의 등기가 말소될 뿐 부동산에 관한 어떤 권리를 취득하거나 의무를 면하는 것이 없음.

⑧ 단일한 범의의 발동으로 상대방을 기망하고, 그 결과 착오에 빠져 있는 동일인으로부터 일정 기간 동안 **동일한 방법으로** 금원을 편취한 경우에는 포괄일죄로 처단하는 것이 가능하다. 그러나 범의의 단일성과 계속성이 인정되지 않거나 범행방법이 동일하지 않은 경우에, 각 범행은 실체적 경합범에 해당한다.[2]

⑨ **다수의 피해자에** 대해 각별로 기망행위를 하여 각각 재산상 이익을 편취한 경우에는 범의가 단일하고 범행방법이 동일하더라도, 각 피해자의 피해법익은 독립된 것이므로 피해자별로 독립한 사기죄가 성립한다.[3]

⑩ 다수의 계를 조직하여 **수인의 계원들을** 개별적으로 기망하여 계불입금을 편취한 사안에서, 각 피해자별로 독립하여 사기죄가 성립하고 그 사기죄는 서로 실체적 경합관계에 있다.[4]

⑪ 사기죄에서 피해자에게 대가가 지급된 경우, 피해자를 기망하여 그가 보유하고 있는 그 대가를 **다시 편취하거나** 피해자로부터 그 대가를 위탁받아 보관 중 횡령하였다면, 이는 새로운 법익의 침해가 발생한 경우이므로, 기존에 성립한 사기죄와 별도의 새로운 사기죄나 횡령죄가 성립한다.[5]

⑫ ***표준판례** 업무상 배임행위에 **사기행위가 수반된** 때의 죄수관계와 관련하여, 1개의 행위에 관하여 사기죄와 업무상배임죄의 각 구성요건이 모두 구비된 때에는, 양 죄를 법조경합 관계로 볼 것이 아니라 상상적 경합관계로 봄이 상당하다.[6] *타인의 사무를 처리하는 자가 그 임무에 위반하여 본인에게 사기행위를 한 경우 사기죄가 성립할 뿐이라는 종래 판결을 변경. **동시에 배임죄가** 성립하며 양 죄는 상상적 경합관계.

⑬ 자기가 점유하는 타인의 재물을 횡령하면서 기망수단을 쓰면 일반적으로 **횡령죄만** 성립하고 사기죄는 성립하지 않는다고 보는 것이 상당하다. 왜냐하면 이런 경우는 피기망자에게 재산처분행위가 없기 때문이다.[7]

⑭ 피해자에 대한 사기범행을 실현하는 수단으로서 타인을 기망하여 그를 피해자로부터 편취한 재물이나 재산상 이익을 전달하는 **도구로만** 이용한 경우, 피해자에 대한 사기죄 외에 도구로 이용된 타인에 대한 사기죄가 별도로 성립하지는 않는다.[8]

⑮ 부동산에 피해자 명의의 근저당권을 설정하여 줄 의사가 없음에도 피해자를 속이고 근저당권설정을 약정하여 금원을 편취하고, 다시 그 부동산에 관하여 **제3자 명의로** 근저당권설정

1) 대판 2009. 4. 9. 2009도128.
2) 대판 2004. 6. 25. 2004도1751.
3) 대판 2015. 4. 23. 2014도16980.
4) 대판 2010. 4. 29. 2010도2810.
5) 대판 2009. 10. 29. 2009도7052.
6) 대판 2002. 7. 18. 2002도669 전원합의체.
7) 대판 1980. 12. 9. 80도1177. 제5, 6회.
8) 대판 2017. 5. 31. 2017도3894. 제7, 9회.

등기를 마친 경우, 이러한 배임행위는 금원을 편취한 **사기죄**와 별도로 **배임죄**를 구성한다.1)

⑯ 공무원이 취급하는 사건에 관하여 청탁 또는 알선을 할 의사와 능력이 없음에도 청탁 또는 알선을 한다고 **기망하고 금품을 교부받은** 경우, 사기죄와 변호사법 위반죄는 상상적 경합관계에 있다.2)

2 (2) 컴퓨터사용사기죄

① 피고인이 갑 주식회사에서 운영하는 전자복권구매시스템에서, 일정한 조건하에 복권구매명령을 입력하면 가상계좌로 복권 구매요청금과 동일한 액수의 가상현금이 입금되는 **프로그램 오류를 이용하여**, 복권 구매명령을 입력하는 행위를 반복함으로써 자신의 가상계좌로 구매요청금 상당의 금액이 입금되게 하였다. 피고인의 행위는 컴퓨터 등 사용사기죄에서 정한 '부정한 명령의 입력'에 해당한다.3)

② 금융기관 직원이 전산단말기를 이용하여 다른 공범들이 지정한 특정계좌에 **허위정보를 입력하여 돈이 입금되도록 한 경우**, 컴퓨터 등 사용사기죄는 기수에 이르렀다. 그 이후 그 입금이 취소되어 현실적으로 인출되지 못하였더라도 이미 성립한 위 범죄의 기수에는 영향이 없다.4)

③ 형법 제347조의2에서 규정하는 컴퓨터 등 사용사기죄의 객체는 재물이 아닌 **재산상의 이익에 한정되어** 있으므로, **타인의 명의를 모용하여** 발급받은 신용카드로 현금자동지급기에서 현금을 인출하는 행위를 이 법조항을 적용하여 처벌할 수는 없다.5) *절도죄 성립.

④ 예금주인 현금카드 소유자로부터 일정액의 현금을 인출해 오라는 부탁과 함께 현금카드를 건네받아 그 **위임받은 금액을 초과한 현금**을 인출한 행위는, 그 차액에 해당되는 액수만큼 컴퓨터 등 사용사기죄를 구성한다.6) ***위임초과 인출** 사안은 다른 사기, 횡령, 배임, 절도 등 다양한 해석이 가능하지만 컴퓨터 등 사용사기죄로 결론을 내린 판결.

⑤ ***표준판례** 절취한 **타인의 신용카드**를 이용하여 **현금지급기에서 계좌이체를 한** 행위를 절취행위로 볼 수는 없다. 한편 위 계좌이체 후 현금지급기에서 현금을 인출한 행위는 자신의 신용카드나 현금카드를 이용한 것이어서 절취행위에 해당하지 않는다.7) *전자의 행위가 컴퓨터사용사기죄에 해당함은 별론으로 함.

3 (3) 편의시설부정이용죄

***표준판례** 타인의 전화카드(한국통신의 후불식 통신카드)를 절취하여 전화통화에 이용한 경우에는, 통신카드서비스 이용계약을 한 **피해자가 그 통신요금을 납부할 책임**을 부담하게

---

1) 대판 2008. 3. 27. 2007도9328. 제8, 9회.
2) 대판 2006. 1. 27. 2005도8704. 제9회.
3) 대판 2013. 11. 14. 2011도4440. 제5회.
4) 대판 2006. 9. 14. 2006도4127. 제1회.
5) 대판 2002. 7. 12. 2002도2134. 제1, 4, 8회.
6) 대판 2006. 3. 24. 2005도3516. 제7, 8회.
7) 대판 2008. 6. 12. 2008도2440. 제6, 8, 9회.

된다. 이러한 경우에는 피고인이 '대가를 지급하지 아니하고' 공중전화를 이용한 경우에 해당한다고 볼 수 없어 편의시설부정이용의 죄를 구성하지 않는다.1)

(4) 부당이득죄 4

① 갑 건설회사의 공동주택신축사업 계획을 미리 알고 있던 을이, 사업부지 내의 토지 소유자 **병을 회유하여** 갑과 맺은 토지매매 약정을 깨고 자신에게 이를 매도 및 이전등기하게 한 다음, 이를 갑에게 재매도하면서 2배 이상의 매매대금과 양도소득세를 부담시킨 경우 부당이득죄가 성립한다.2) *피해자의 궁박한 상태를 이용하여 현저하게 부당한 이익을 취득.

② 아파트 건축사업이 추진되기 수년 전부터 사업부지 내 일부 부동산을 소유해 온 피고인이, 사업자의 매도제안을 거부하다가 인근 토지 시가의 **40배가** 넘는 대금을 받고 매도하였더라도 부당이득죄가 성립하지는 않는다.3) *피해자가 궁박한 상태에 빠지게 된 데에 피고인이 **적극적으로** 원인을 제공한 바 없음.

③ 피고인이 피해자인 재건축조합에게 토지를 시세보다 비싼 가격으로 매도하였지만, 조합이 재건축사업을 추진하면서 이 토지가 반드시 필요한 것은 아니었다. 이 토지를 **매입하지 않고도** 추진할 대안은 있었다. 하지만 재건축조합의 이익에 가장 부합한다는 판단하에 피고인을 설득하여 이 토지를 매입하게 되었다면, 재건축조합의 궁박상태를 이용하였다고 보기에는 부족하다.4)

④ ***표준판례*** 개발사업 등이 추진되는 사업부지 중 일부의 매매와 관련된 이른바 '**알박기' 사건에서** 부당이득죄가 성립하기 위해서는, 피고인이 피해자의 개발사업 등이 추진되는 상황을 미리 알고 그 사업부지 내의 부동산을 매수한 경우이어야 한다. 또는 피해자에게 협조할 듯한 태도를 취하여 사업을 추진하도록 한 후에 협조를 거부하는 경우 등과 같이, 피해자가 궁박한 상태에 빠지게 된 데에 피고인이 **적극적으로 원인을 제공하였거나**, 상당한 책임을 부담하는 정도에 이르러야 한다.5)

[110] 4. 공 갈 죄

(1) 공갈죄 성립 1

① 부실공사 관련 기사에 대한 해당 업체의 반박광고가 있음에도 반복 기사가 나간 상태에서, 그 신문사 사주 및 광고국장이 그 업체 대표이사에게 감정이 격앙되어 있는 기자들의 분위기를 전하는 방식으로 자사 신문에 사과광고를 게재토록 하면서 **과다 광고료를** 받은 행위는, 공갈죄의 구성요건에 해당한다.6)

1) 대판 2001. 9. 25. 2001도3625. 제6회.
2) 대판 2008. 5. 29. 2008도2612.
3) 대판 2009. 1. 15. 2008도8577.
4) 대판 2005. 4. 15. 2004도1246.
5) 대판 2010. 5. 27. 2010도778.
6) 대판 1997. 2. 14. 96도1959.

② 정당한 권리가 있다 하더라도, 그 **권리행사를 빙자하여** 사회통념상 용인되기 어려운 정도를 넘는 협박을 수단으로 상대방을 외포케 하여, 재물의 교부 또는 재산상의 이익을 받으려 하였다면 공갈죄가 성립한다.1)

③ 종업원이 주인을 협박하여 그 업소에 취직하여 주인으로부터 월급 상당액을 교부받은 경우, 그 종업원이 주인에게 종업원으로서 **상당한 근로를** 제공한 바가 없다면 이는 갈취행위로 보아야 한다.2)

④ 피고인과 고소인의 연령이 각 16세, 32세인 점 및 한집에 여러 사람이 취침한다는 점으로 미루어, 피고인이 고소인을 강간한 것이 아니라 **피해자의 유혹으로** 간통관계를 갖게 되었다 하더라도, 이를 미끼로 협박하여 금원을 교부받은 이상 피고인의 행위는 공갈죄를 구성한다.3)

⑤ 폭력배와 잘 알고 있다는 지위를 이용하여 **불법한 위세를** 보임으로써 호텔비의 지급을 면하거나 연기한 경우는 공갈죄가 성립한다.4)

⑥ 피해자의 정신병원 퇴원요구를 거절해 온 피해자의 배우자가 피해자에 대해 재산이전 요구를 한 경우, 그 배우자가 재산이전 요구에 응하지 않으면 퇴원시켜 주지 않겠다고 말한 바 없더라도, 이는 **암묵적 의사표시로서** 공갈죄의 수단인 해악의 고지에 해당한다.5)

⑦ 수급인이 권리행사를 빙자하여 도급인 측에 대해 비리를 관계기관에 고발하겠다는 내용의 협박을 하거나, 사무실의 장시간 무단점거 및 직원들에 대한 폭행 등 위법수단을 써서 기성고 **공사대금 명목으로** 일정한 금원을 교부받은 행위는, 사회통념상 허용되는 범위를 넘는 것으로서 공갈죄에 해당한다.6) *권리행사를 빙자하여 사회통념상 허용되는 범위를 넘은 협박.

⑧ 폭력조직원이 **제3자를 통해** 피해자들에게 암묵적인 방법으로 재물의 교부를 요구하고, 이에 응하지 않으면 부당한 불이익을 초래할 위험이 있을 수 있다는 위구심을 야기하게 하고, 나아가 피해자들이 곤경에 빠진 제3자를 위해 마지못해 돈을 준 경우, 공갈죄가 성립한다.7)

⑨ ***표준판례** 피고인이, 갑 주식회사가 특정 신문에 광고를 편중했다는 이유로 불매운동을 하겠다고 하면서 특정 신문에 대한 **광고중단**, 다른 신문에 대한 동등한 광고집행을 요구하고, 갑 회사 인터넷 홈페이지에 그와 같은 내용의 팝업창을 띄우게 한 경우는 공갈죄의 수단인 협박에 해당한다.8) *소비자의 정당한 권리행사와 공갈을 구별하는 기준을 제시한 판결.

---

1) 대판 1996. 3. 22. 95도2801.
2) 대판 1991. 10. 11. 91도1755.
3) 대판 1984. 5. 9. 84도573.
4) 대판 2003. 5. 13. 2003도709.
5) 대판 2001. 2. 23. 2000도4415.
6) 대판 1991. 12. 13. 91도2127.
7) 대판 2005. 7. 15. 2004도1565.
8) 대판 2013. 4. 11. 2010도13774.

'법질서상 용인될 수 없을 정도로 사회적 상당성을 갖추지 못한 경우'는 협박이 될 수 있음.

⑩ 방송기자가 건설회사 경영주에게 그 회사가 건축한 아파트의 공사하자에 관해 방송으로 계속 보도할 것 같은 태도를 보이자, 회사의 신용훼손을 우려하여 **방송을 하지 말아 달라는** 취지로, 그로부터 일정한 금원을 받은 것은 공갈죄의 구성요건이 충족되고 인과관계도 인정된다.1)

⑪ 피고인이 피해자와의 동거를 정산하는 과정에서 피해자에 대해 금전채권이 있다고 하더라도, 그 **권리행사를 빙자하여** 사회통념상 용인되기 어려운 정도를 넘는 협박을 수단으로 사용하였다면 공갈죄가 성립한다.2)

⑫ 피고인이 교통사고로 2주일간의 치료를 요하는 상해를 당하여 그로 인한 손해배상청구권이 있음을 기화로 사고차량의 운전사가 바뀐 것을 알고 그 운전사의 사용자에게 과다한 금원을 요구하면서, 이에 응하지 않으면 수사기관에 신고할 듯한 태도를 보여 이에 겁을 먹은 동인으로부터 소정의 금원을 교부받은 것이라면 이는 **권리행사를** 빙자한 공갈죄에 해당된다.3)

⑬ 피해자의 기망에 의하여 부동산을 비싸게 매수한 피고인이라도 그 계약을 취소함이 없이 등기를 피고인 앞으로 둔 채, **피해자의 전매차익을** 받아낼 셈으로 피해자를 협박하여 재산상의 이득을 얻거나 돈을 받았다면, 이는 정당한 권리행사의 범위를 넘은 것으로서 사회통념상 용인될 수 없으므로 공갈죄를 구성한다.4)

⑭ ***표준판례** 공갈죄에서 해악의 고지가 비록 정당한 권리의 실현수단으로 사용된 경우라 하여도, 그 권리실현의 수단 · 방법이 **사회통념상 허용되는** 정도나 범위를 넘는다면 공갈죄의 실행에 착수한 것으로 보아야 한다. 여기서 어떤 행위가 구체적으로 사회통념상 허용되는 정도나 범위를 넘는지는 그 행위의 주관적 측면과 객관적 측면, 즉 추구한 목적과 선택한 수단을 전체적으로 종합하여 판단한다.5) *피고인이 합법적 방법으로 피해자 회사들과 갈등을 해결하려고 시도하지 않고, 곧 바로 자동차부품 생산라인을 중단하여 큰 손실을 입히겠다는 태도를 보인 것은 협박에 해당됨.

⑮ ***표준판례** 피고인 1, 3, 7 등이 공동하여, 피해자 2가 종업원으로 일하고 있던 랑데부룸살롱에서 피해자에게 은근히 조직폭력배임을 과시하면서 "이 새끼들아 술 내놔"라고 소리치고, 피고인 1 등은 험악한 인상을 쓰면서 "너희들은 공소외 3(룸살롱 운영자)이 깡패도 아닌데 왜 따라 다니며 어울리냐"라고 말하는 등의 방법으로 신체에 위해를 가할 듯한 태도를 보였다. 이에 겁을 먹은 피해자로부터 주류를 제공받아 이를 각 갈취하였다는 범죄사실로 기소되었다. 피고인들로부터 협박을 당한 공소외 2는 위 주류에 대한 사실상의 처분권자이므

---

1) 대판 1991. 5. 28. 91도80.
2) 대판 1996. 9. 24. 96도2151. 제7회.
3) 대판 1990. 3. 27. 89도2036.
4) 대판 1991. 9. 24. 91도1824. 제2회.
5) 대판 2019. 2. 14. 2018도19493.

로 공소외 2를 공갈죄의 피해자라고 봄이 상당하다.[1] *이른바 **'삼각공갈' 사건**. 피공갈자와 피해자는 동일인일 필요는 없지만 처분행위자는 피공갈자와 같은 사람이어야 함.

2 **(2) 공갈죄 불성립**

① 지역신문 발행인이 시정에 관한 비판기사 및 사설을 보도하고, 관련 공무원에게 광고의뢰 및 직보배정을 타신문사와 **같은 수준으로** 높게 해달라고 요청한 사실만으로, 공갈죄의 수단으로서 상대방을 협박하였다고 볼 수 없다.[2]

② 국가안전기획부 직원이 아들 담임선생의 부탁을 받고 그 담임선생의 채무자에게 채무변제를 독촉하는 과정에서, **다소 위협적인 말을** 하였다 하더라도 사회통념상 허용되는 범위를 넘어선 것이라고 할 수 없어 공갈죄가 성립되지 않는다.[3] *약속한 금원의 조속한 이행을 촉구하였을 뿐, 재물갈취에 대한 모의, **공갈의 고의가** 없음.

③ 피고인이 그 소유건물에 인접한 대지 위에 건축허가조건에 위반되게 건물을 신축, 사용하는 소유자로부터 일조권 침해 등으로 인한 손해배상에 관한 **합의금을** 받은 것은, 사회통념상 용인되는 범위를 넘지 않는 것이어서 공갈죄가 성립되지 않는다.[4]

④ 갑이 을의 돈을 절취한 다음 다른 금전과 섞거나 교환하지 않고 쇼핑백 등에 넣어 자신의 집에 숨겨두었는데, 피고인이 을의 지시로 병과 함께 갑에게 겁을 주어 위 돈을 교부받아 갈취한 경우, 위 금전을 **타인인** 갑의 재물이라고 할 수 없어 공갈죄가 성립되지 않는다.[5]

⑤ 피고인이 소방도로를 무단점용하고 있어 자리세 등을 지급받을 정당한 권원이 없었다 하더라도, 피해자가 이를 알면서 피고인과 자리세를 지급하기로 **약정하여** 이를 지급하여 온 이상. 피고인이 소방도로 무단점용으로 인한 도로법상의 처벌을 받는 것은 별론으로 하되 공갈죄로 문의할 수는 없다.[6] *폭행 · 협박으로 상대방에게 공포심을 일으키게 하는 공갈행위가 없음.

⑥ 토지매도인이 그 매매대금을 지급받기 위해 매수인을 상대로 당해 토지에 관한 **소유권이전등기말소청구소송을** 제기하고, 위 대금을 변제받지 못하면 소송을 취하하지 않고 예고등기도 말소하지 않겠다는 취지를 알렸다고 하여, 이를 공갈행위라고 단정할 수는 없다.[7] *소의 취하는 상대방이 강제할 수 없음.

⑦ 피고인이 공사한 건물의 대장상 평수보다 실제상의 평수가 많아 실제상의 평수에 따른 공사금의 지급을 요구하면서, 그렇지 않으면 구청장에게 진정하여서라도 **대장상의 건물평수가** 부족함을 밝히겠다고 하는 의사표시는, 협박으로 부당한 이득을 얻으려는 의사가 있었

1) 대판 2005. 9. 29. 2005도4738.
2) 대판 2002. 12. 10. 2001도7095.
3) 대판 1993. 12. 24. 93도2339.
4) 대판 1990. 8. 14. 90도114.
5) 대판 2012. 8. 30. 2012도6157. 제7회.
6) 대판 1985. 5. 14. 84도2289.
7) 대판 1989. 2. 28. 87도690.

다고 볼 수 없다.[1]

(3) 재산처분행위와 손해발생 3

① *표준판례 피고인은 피해자가 운전하는 택시를 타고 간 후 택시요금 지급을 요구하자, 이를 면하려고 피해자의 얼굴 등을 주먹으로 때리고 달아났다. 피해자가 폭행을 당하여 외포심을 일으켜 수동적 · 소극적으로라도 피고인이 택시요금 지급을 면하는 것을 용인하여, 이익을 공여하는 **처분행위를** 하지는 않았으므로 공갈죄가 성립하지는 않는다.[2] *재산상 이익실현에 장애가 발생한 것에 불과함. *피공갈자의 처분행위가 부작위로는 불가능함.

② 부동산에 대한 공갈죄는 그 부동산에 관하여 소유권이전등기를 **경료받거나** 또는 인도를 받은 때 기수가 되는 것이고, 소유권이전등기에 필요한 서류를 교부 받은 때에 기수로 되어 그 범행이 완료되는 것은 아니다.[3]

③ 피해자들을 공갈하여 그들로 하여금 지정한 예금계좌에 돈을 **입금케** 한 이상, 위 돈은 범인이 자유로이 처분할 수 있는 상태에 놓인 것으로서 공갈죄는 이미 기수에 이르렀다 할 것이다.[4]

(4) 죄 수 4

① 공무원이 직무집행의 의사 없이 또는 직무처리와 대가적 관계없이 타인을 공갈하여 재물을 교부하게 한 경우에는 공갈죄만 성립한다. 이러한 경우 재물의 교부자가 공무원의 해악의 고지로 인하여 **외포의 결과** 금품을 제공한 것이라면, 그는 공갈죄의 피해자가 될 것이고 뇌물공여죄는 성립될 수 없다.[5]

② 예금통장과 인장을 갈취한 후 예금인출에 관한 **사문서를 위조한** 후, 이를 행사하여 예금을 인출한 행위는 공갈죄 외에 별도로 사문서위조, 동행사 및 사기죄가 성립한다.[6]

③ 현금카드 소유자를 협박하여 예금인출 승낙과 함께 현금카드를 교부받은 후, 이를 사용하여 현금자동지급기에서 **예금을 여러 번 인출한** 경우, 모두 피해자의 예금을 갈취하고자 하는 피고인의 단일하고 계속된 범의 아래에서 이루어진 일련의 행위로서, 포괄하여 하나의 공갈죄를 구성한다.[7]

④ 공갈죄에 있어서 공갈행위의 수단으로 **상해행위가** 가해진 경우에는 공갈죄와 별도로 상해죄가 성립하고, 이들 죄는 상상적 경합관계에 있다고 할 것이다.[8]

⑤ *표준판례 공갈죄와 도박죄는 그 구성요건과 보호법익을 달리하고 있고, 공갈죄의

---

1) 대판 1979. 10. 30. 79도1660.
2) 대판 2012. 1. 27. 2011도16044.
3) 대판 1992. 9. 14. 92도1506.
4) 대판 1985. 9. 24. 85도1687.
5) 대판 1994. 12. 22. 94도2528. 제1회.
6) 대판 1979. 10. 30. 79도489.
7) 대판 1996. 9. 20. 95도1728.
8) 대판 2008. 1. 24. 2007도9580.

성립에 일반적 · 전형적으로 도박행위를 수반하는 것은 아니다. **도박행위가 공갈죄의 수단이** 되었다 하여, 그 도박행위가 공갈죄에 흡수되어 별도의 범죄를 구성하지 않는 것은 아니다.[1)]

[111] 5. 횡 령 죄

1 ### (1) 보 관 자

1) 횡령죄 성립

① 횡령죄에 있어서의 재물의 **보관이라** 함은 재물에 대한 사실상 또는 법률상 지배력이 있는 상태를 의미한다. 그것은 반드시 사용대차, 임대차, 위임 등의 계약에 의해 설정될 필요는 없고, **사무관리**, **관습**, **조리**, **신의칙**에 의해서도 성립한다.[2)]

② 횡령죄에서 타인의 금전을 위탁받아 보관하는 자는, 보관방법으로서 이를 은행 등의 금융기관에 예치할 수도 있다. **수표발행 권한을** 위임받은 자는 그 수표자금으로서 예치된 금원에 대해 이를 보관하는 지위에 있다 할 것이다.[3)] *점유매개자.

③ ***표준판례** 피해자가 그 소유의 오토바이를 타고 **심부름을** 다녀오라고 하여 그 오토바이를 타고 가다가 마음이 변하여 이를 반환하지 않고 그대로 타고 가버렸다면, 횡령죄를 구성함은 별론으로 하고 적어도 절도죄를 구성하지는 않는다.[4)] *점유보조자.

④ 타인의 금전을 위탁받아 보관하는 자가 보관방법으로 **금융기관에** 자신의 명의로 예치한 후, 이를 함부로 인출하여 소비하거나 위탁자에게서 반환요구를 받았음에도 영득의사로 반환을 거부하는 경우 횡령죄가 성립한다.[5)]

⑤ ***표준판례** 어떤 예금계좌에 돈이 착오로 **잘못 송금**되어 입금된 경우에는 그 예금주와 송금인 사이에 신의칙상 보관관계가 성립한다. 피고인이 그렇게 입금된 돈을 임의로 인출하여 소비한 행위는 횡령죄에 해당한다.[6)]

⑥ ***표준판례** 소유권의 취득에 **등록이 필요한** 타인 소유 차량을 인도받아 보관하고 있는 사람이 이를 사실상 처분한 경우, 보관 위임자나 보관자가 차량의 등록명의자가 아니라도 횡령죄가 성립한다.[7)] *차량에 대한 횡령죄에서 타인의 재물을 보관하는 사람의 지위는, 일반 동산의 경우와 달리 차량에 대한 점유 여부가 아니라, 등록에 의해 차량을 제3자에게 법률상 유효하게 처분할 수 있는 권능 유무에 따라 결정해야 한다는 종래 판례를 변경.

⑦ 피고인은 갑 주식회사의 경영권을 인수한 후 갑 회사 소유의 예금을 인출하여 피고인의 갑 회사 **인수를** 위한 대출금 변제에 사용하는 방법으로 횡령하였다. 피고인이, 위 예금이 인출되기 직전에 있었던 주주총회에서 피고인 측 이사 3명이 선출됨으로써, 갑 회사의

1) 대판 2014. 3. 13. 2014도212.
2) 대판 1987. 10. 13. 87도1778.
3) 대판 1983. 9. 13. 82도75.
4) 대판 1986. 8. 19. 86도1093.
5) 대판 2015. 2. 12. 2014도11244.
6) 대판 2010. 12. 9. 2010도891. 제3, 5회.
7) 대판 2015. 6. 25. 2015도1944 전원합의체.

실질적 운영자의 지위를 취득하여 위 예금을 보관하는 자의 지위에 있었으므로 횡령죄 유죄이다.[1]

⑧ *표준판례 계좌명의인이 개설한 예금계좌가 **전기통신금융사기**(**보이스피싱**) 범행에 이용된 경우, 계좌명의인은 피해자와 사이에 아무런 법률관계 없이 송금·이체된 사기피해금 상당의 돈을 피해자에게 반환하여야 하므로, 피해자를 위하여 사기피해금을 보관하는 지위에 있다고 보아야 한다. 만약 계좌명의인이 그 돈을 영득할 의사로 인출하면 피해자에 대한 횡령죄가 성립한다.[2]

⑨ 피고인 갑, 을이 공모하여, 피고인 갑 명의로 개설된 예금계좌의 접근매체를 **보이스피싱** 조직원 병에게 양도함으로써 병의 정에 대한 전기통신금융사기 범행을 방조하고, 사기피해자 정이 병에게 속아 위 계좌로 송금한 사기피해금 중 일부를 별도의 접근매체를 이용하여 임의로 인출함으로써 주위적으로는 병의 재물을, 예비적으로는 정의 재물을 횡령하였다는 내용으로 기소되었다. 피고인들에게 사기방조죄가 성립하지 않는 이상, 사기피해금 중 일부를 임의로 인출한 행위는 사기피해자 정에 대한 횡령죄가 성립한다.[3] *병을 피해자로 삼은 주위적 공소사실은 무죄, 정을 피해자로 삼은 예비적 공소사실은 횡령죄 성립.

⑩ 임차인이 이사하면서 그가 위탁받아 **보관 중이던** 물건들을 임대인의 방해로 옮기지 못하고 그 임차공장 내에 그대로 두었다면, 임대인은 사무관리 또는 조리상 당연히 임차인을 위해 위 물건들을 보관하는 지위에 있다 할 것이다. 임대인이 이를 임의로 매각하거나 반환을 거부하였다면 횡령죄를 구성한다.[4]

⑪ 피고인이 종중의 회장으로부터 담보 대출을 받아달라는 부탁과 함께 **종중 소유의** 임야를 이전받은 다음, 임야를 담보로 금원을 대출받아 임의로 사용하고, 자신의 개인적인 대출금 채무를 담보하기 위해 임야에 근저당권을 설정한 행위는, 종중에 대한 보관하는 자의 관계에서 횡령죄를 구성한다.[5]

2) 횡령죄 불성립

① 부동산 매수인이 **매매목적물을 담보로** 제공하여 차용한 금전으로 매매대금을 지급하기로 약정하였으나, 그 차용금액 일부를 임의로 소비하였더라도 횡령죄가 성립하지는 않는다.[6] *단순한 민사상의 채무불이행에 지나지 않음.

② 발행인으로부터 일정한 금액 범위 안에서 액면을 보충·할인하여 달라는 의뢰를 받고 액면 백지인 약속어음을 교부받아 보관 중이던 자가, **보충권의 한도를** 넘어 보충을 한 경우에는 **새로운 별개의 약속어음**을 발행한 것에 해당하여, 발행인과 관계에서 보관자의 지위에 있다 할 수 없다. 이 새로운 약속어음을 임의로 사용한 경우 배임죄 성립은 별론으로 하

1) 대판 2011. 3. 24. 2010도17396.
2) 대판 2018. 7. 19. 2017도17494 전원합의체. 제8, 10회.
3) 위 판례.
4) 대판 1985. 4. 9. 84도300.
5) 대판 2005. 6. 24. 2005도2413.
6) 대판 2005. 9. 29. 2005도4809.

고 횡령죄가 되지는 않는다.1)

③ 건물에 대한 과반수 지분을 가진 공유자들이, **과반수 지분권에** 기하여 건물의 사용·수익에 대한 결정에 따라 위 건물의 임대수익을 분배하면서 피해자를 제외한 사안에서, 피고인들이 피해자에 대해 그 지분 상당액을 보관하는 지위에 있었다고 볼 수 없어 횡령죄가 성립하지 않는다.2) *과반수에 따른 결정은 적법, 피해자는 다른 공유자들을 상대로 부당이득반환을 구할 수 있음.

④ 횡령죄는 불법영득의사 없이 목적물의 점유를 시작한 경우라야 하고, 타인을 공갈하여 재물을 교부케 한 경우에는 **공갈죄를** 구성하는 외에, 그것을 소비하고 타에 처분하였다 하더라도 횡령죄를 구성하지는 않는다.3)

⑤ 임야의 진정한 소유자와 전혀 무관한 신탁자로부터 임야 지분을 **명의신탁 받은** 사람이 신탁 받은 지분을 처분한 행위가, 신탁자에 대해서나 소유자에 대해 임야지분을 횡령한 것으로 볼 수 없다.4) *수탁자는 원인무효인 소유권이전등기의 명의자에 불과하고 보관하는 자의 지위에 있지 않음.

⑥ 부동산의 소유명의 및 관리를 위탁받은 자가 자기명의로 소유권이전등기를 생략한 채 그 자子에게 **소유권이전등기를** 하여 주고 사망하였다면, 비록 자가 그런 사정을 알고 있었더라도, 그로써 곧 그 자에게 수탁자의 지위가 승계되는 것은 아니어서, 위탁자에게 그 부동산 반환을 거부하더라도 횡령죄를 구성하지는 않는다.5) *고소인(위탁자)이 직접 피고인(子)에게 등기명의 및 관리를 위탁하였다고 볼 증거가 없음.

⑦ 피고인은 갑과 특정 토지를 매수하여 전매한 후 전매이익금을 정산하기로 약정한 다음 갑이 조달한 돈 등을 합하여 토지를 매수하고 소유권이전등기는 피고인 등의 명의로 마쳐두었다. 피고인은 위 토지를 제3자에게 임의로 매도한 후 갑에게 전매이익금 반환을 거부함으로써 횡령죄로 기소되었다. 피고인과 갑의 약정은 **익명조합과 유사한 무명계약에** 해당하므로 피고인의 행위는 횡령죄에 해당되지 않는다.6) *갑이 토지의 매수 및 전매를 피고인에게 전적으로 일임하고 그 과정에 전혀 관여한 바 없음. 피고인은 아무런 제한 없이 재산을 처분할 수 있었음.

⑧ 채무자가 제3채무자에게 **채권양도 통지를** 하지 않은 채 자신이 사용할 의도로 제3채무자로부터 변제를 받아 변제금을 수령한 경우, 이는 단순한 민사상 채무불이행에 해당할 뿐, 채무자가 채권자와의 위탁신임관계에 의하여 채무자를 위해 위 변제금을 보관하는 지위에 있다고 볼 수 없다. 채무자가 이를 임의로 소비하더라도 횡령죄는 성립하지 않는다.7) *피

1) 대판 1995. 1. 20. 94도2760. 제10회.
2) 대판 2009. 6. 11. 2009도2461.
3) 대판 1986. 2. 11. 85도2513.
4) 대판 2007. 5. 31. 2007도1082.
5) 대판 1987. 2. 10. 86도2349.
6) 대판 2011. 11. 24. 2010도5014. 제10회.
7) 대판 2021. 2. 25. 2020도12927.

고인이 피해자에 대한 금전채무를 담보하기 위해 자신이 운영하는 회사의 제3자에 대한 금전채권을 양도하였으나, 채권양도통지를 하지 않은 채 제3자로부터 양도채권 중 일부를 변제받아 임의로 사용한 사건.

(2) 불법원인급여 2

① 갑이 을로부터 제3자에 대한 뇌물공여 또는 배임증재의 목적으로 전달해 달라고 교부받은 금전은, **불법원인급여물에** 해당하여 그 소유권은 갑에게 귀속된다. 갑이 위 금전을 제3자에게 전달하지 않고 임의로 소비하였다고 하더라도 횡령죄가 성립하지 않는다.[1)]

② 조합장이 조합으로부터 공무원에게 **뇌물로** 전달해 달라고 금원을 교부받은 것은 불법원인으로 지급 받은 것으로서, 이를 뇌물로 전달하지 않고 타에 소비하였다고 해서 타인의 재물을 보관 중 횡령하였다고 볼 수는 없다.[2)]

③ 피고인이, 갑 등이 **금융다단계** 사기 범행을 통해 취득한 범죄수익인 무기명 양도성 예금증서를 을로부터 건네받아 현금으로 교환한 후 임의로 소비한 경우 횡령죄를 구성하지 않는다.[3)] *불법원인급여물의 소유권은 피고인에게 귀속.

④ 포주가 윤락녀와 사이에 윤락녀가 받은 화대를 포주가 보관하였다가 절반씩 분배하기로 약정하고도 보관중인 화대를 임의로 소비한 경우, 포주와 윤락녀의 사회적 지위, 약정에 이르게 된 경위와 약정의 구체적 내용, 급여의 성격 등을 종합해 볼 때, **포주의 불법성이** 윤락녀의 불법성보다 현저히 크므로, 화대의 소유권은 여전히 윤락녀에게 속한다고 보아야 하기 때문에 횡령죄를 구성한다.[4)]

⑤ 병원에서 의약품 선정 · 구매 업무를 담당하는 약국장이 병원을 대신하여 제약회사로부터 의약품 제공의 대가로 **기부금 명목의** 돈을 받아 보관 중 임의소비한 경우, 업무상횡령죄가 성립한다.[5)] *기부금 명목의 돈은 불법원인급여물이 아님.

(3) 타 인 성 3

1) 횡령죄 성립

① 동업재산은 동업자의 합유에 속하므로, 동업관계가 존속하는 한 동업자는 **동업재산에** 대한 지분을 임의로 처분할 권한이 없다. 동업자 한 사람이 지분을 임의로 처분하거나 또는 동업재산의 처분으로 얻은 대금을 보관 중 임의로 소비하였다면, 횡령죄의 죄책을 면할 수 없다.[6)] *다른 동업자에게 통지한 경우도 마찬가지.[7)]

② 복권을 함께 구입하여 나누어 당첨 여부를 확인한 자들 사이에 당첨금을 공유하기로

---

1) 대판 1999. 6. 11. 99도275. 제1, 8회.
2) 대판 1988. 9. 20. 86도628. 제3회.
3) 대판 2017. 10. 26. 2017도9254.
4) 대판 1999. 9. 17. 98도2036. 제8회.
5) 대판 2008. 10. 9. 2007도2511.
6) 대판 2011. 6. 10. 2010도17684. 제1, 4, 6회.
7) 대판 1993. 2. 23. 92도387. 제3회.

하는 묵시적 합의가 있었다고 봄이 상당한 경우에, **복권의 당첨금** 수령인이 그 당첨금 중 타인의 몫의 반환을 거부하면 횡령죄가 성립될 수 있다.[1]

③ 타인의 **금전을 위탁받아** 보관하는 자가, 보관방법으로 금융기관에 자신의 명의로 예치한 후 이를 함부로 인출·소비하거나, 위탁자로부터 반환요구를 받았음에도 영득의사로 반환을 거부하는 경우, 횡령죄가 성립한다.[2] *금융실명법에 따라 수탁자인 예금명의자가 예금주이지만, 그렇다고 그 금전이 수탁자 소유가 되거나 위탁자가 반환을 구할 수 없는 것은 아님.

④ 위탁자로부터 **당좌수표 할인을** 의뢰받은 피고인이 제3자를 기망하여 당좌수표를 할인받은 다음 그 할인금을 임의소비한 경우, 제3자에 대한 사기죄와 별도로 위탁자에 대한 횡령죄가 성립한다.[3]

⑤ 타인으로부터 **용도가 엄격히** 제한된 자금을 위탁받아 집행하면서, 그 제한된 용도 이외의 목적으로 자금을 사용하는 것은, 그 사용이 개인적인 목적에서 비롯된 경우는 물론 결과적으로 자금을 위탁한 본인을 위하는 면이 있더라도, 그 사용행위 자체로서 불법영득의 의사를 실현한 것이 되어 횡령죄가 성립한다.[4]

⑥ 출자지분이 2인의 사원에게 귀속하고 있는 **유한회사의** 대표사원이 다른 사원의 승낙을 얻어 회사소유재산을 개인용도에 소비한 경우, 본인의 위탁 취지에 반함이 명백하여 횡령죄를 구성한다.[5] *행위 주체인 대표사원과 그 본인인 유한회사는 별개의 인격체.

⑦ 사실상 1인 주주에 귀속하는 1**인 회사에** 있어서도 회사와 주주는 분명히 별개의 인격이어서 1인 회사의 재산이 곧바로 그 1인 주주의 소유라고 볼 수 없다. 사실상 1인 주주라고 하더라도 회사의 자금을 임의로 처분한 행위는 횡령죄를 구성한다.[6]

⑧ 채무자가 채무이행의 담보를 위하여 동산에 관한 **양도담보계약을** 체결하고 점유개정의 방법으로 여전히 그 동산을 점유하는 경우, 그 동산의 소유권은 여전히 채무자에게 남아 있고, 채권자는 단지 양도담보물권을 취득하는 데 지나지 않는다. 그 동산을 다른 사유에 의하여 보관하게 된 채권자는 타인 소유의 물건을 보관하는 자로서 횡령죄의 주체가 될 수 있다.[7]

⑨ 동산 담보권자가 **담보권의** 범위를 벗어나서 담보물의 반환을 거부하거나 처분한 경우 횡령죄를 구성한다.[8]

⑩ **목적·용도**를 정하여 위탁한 금전은 정해진 목적·용도에 사용할 때까지는 이에 대

1) 대판 2000. 11. 10. 2000도4335.
2) 대판 2000. 8. 18. 2000도1856.
3) 대판 1998. 4. 10. 97도3057.
4) 대판 2011. 6. 10. 2010도17202.
5) 대판 1986. 9. 9. 86도280.
6) 대판 2010. 4. 29. 2007도6553. 제5회.
7) 대판 1989. 4. 11. 88도906. 제1회.
8) 대판 2007. 6. 14. 2005도7880.

한 소유권이 위탁자에게 유보되어 있는 것이다. 특히 그 금전의 특정성이 요구되지 않는 경우 수탁자가 위탁 취지에 반하지 않고 필요한 시기에 **다른 금전으로 대체시킬** 수 있는 상태에 있는 한, 이를 일시 사용하더라도 횡령죄를 구성한다고 할 수 없다. 수탁자가 그 위탁 취지에 반하여 다른 용도에 소비할 때 비로소 횡령죄를 구성한다.1)

⑪ 금전수수를 수반하는 사무처리를 위임받은 자가 그 행위에 기하여 위임자를 위해 제3자로부터 수령한 금전은, 목적이나 용도를 한정하여 위탁된 금전과 마찬가지로 수령과 동시에 **위임자의 소유에** 속하고, 위임자를 위해 보관하는 관계에 있다.2)

⑫ **채권양도에서** 양도인은 양수인을 위하여 양수채권 보전에 관한 사무를 처리하는 자이며, 이를 통해 양수인은 유효하게 채무자에게 채권을 추심할 수 있다는 신임관계가 전제되어 있다. 양도인이 수령한 금전은 양수인의 소유에 속하고, 양도인은 이를 양수인을 위해 보관하는 관계에 있다고 보아야 한다.3)

⑬ 회사 소유 재산을 주주나 대표이사가 제3자의 자금 조달을 위해 담보로 제공하는 등 **사적인 용도로 임의 처분**하였다면, 그 처분에 관하여 주주총회나 이사회의 결의가 있었는지 여부와 관계없이 횡령죄의 죄책을 면할 수 없다. 사후에 이를 변상, 보전할 의사가 있었더라도 상황은 마찬가지이다.4)

⑭ 소유권의 취득에 **등록이 필요한** 타인 소유의 차량을 인도받아 보관하고 있는 사람이 이를 사실상 처분하면 횡령죄가 성립하며, 보관 위임자나 보관자가 차량의 등록명의자일 필요는 없다. 이와 같은 법리는 지입회사에 소유권이 있는 차량에 대해, 지입회사에서 **운행관리권을 위임받은 지입차주**가 지입회사의 승낙 없이 보관 중인 차량을 사실상 처분한 경우에도 마찬가지로 적용된다.5)

⑮ ***표준판례*** 금은방을 운영하던 피고인은 피해자에게 금을 맡겨 주면 시세에 따라 운용하여 매달 일정한 이익금을 지급하여 주고, 피해자의 요청이 있으면 언제든지 보관 중인 금과 현금을 반환해 주겠다고 제안하였다. 피해자는 피고인에게 5회에 걸쳐 일정량의 금 또는 그에 상응하는 현금을 맡겼고, 피고인은 이에 대해 피해자에게 매달 약정한 이익금을 지급하였다. 피고인은 경제사정이 악화되자 피해자를 위해 **보관하던 금과 현금을** 개인채무 변제 등에 사용하였다. 이 경우 피고인이 취득한 금이나 현금은 모두 피해자 소유이므로 횡령죄를 구성한다.6)

⑯ 횡령죄는 타인의 재물에 대한 재산범죄로서 재물의 소유권 등 본권을 보호법익으로 하는 범죄이다. 따라서 횡령죄의 객체가 타인의 재물에 속하는 이상 **구체적으로 누구의 소유인지는** 횡령죄의 성립 여부에 영향이 없다. 주식회사는 주주와 독립된 별개의 권리주체로서

---

1) 대판 2014. 2. 27. 2013도12155.
2) 대판 1996. 6. 14. 96도106.
3) 대판 1999. 4. 15. 97도666 전원합의체. 제3회.
4) 대판 2005. 8. 19. 2005도3045. 제3회.
5) 대판 2015. 6. 25. 2015도1944 전원합의체. 제8회.
6) 대판 2013. 3. 28. 2012도16191.

그 이해가 반드시 일치하는 것은 아니다. 주주나 대표이사 또는 그에 준하여 회사 자금의 보관이나 운용에 관한 사실상의 사무를 처리하는 자가 회사 소유의 재산을 사적인 용도로 함부로 처분하였다면 횡령죄가 성립한다.1)

2) 횡령죄 불성립

① 이른바 '**프랜차이즈 계약'에서** 본사와 가맹점은 공동경영과 공동의 손익분배를 하는 동업관계는 아니다. 따라서 가맹점주인 피고인이 판매하여 보관 중인 물품판매 대금은 피고인의 소유라 할 것이다. 피고인이 이를 임의 소비한 행위는 프랜차이즈 계약상의 채무불이행에 지나지 아니하므로 횡령죄가 성립하는 것은 아니다.2)

② 채권자가 그 **채권의 지급을 담보하기** 위해 채무자로부터 수표를 발행 · 교부받아 이를 소지한 경우는 단순한 보관의 위탁관계가 아니고 수표상 권리가 채권자에게 있다. 따라서 채권자는 횡령죄의 주체인 타인의 재물을 보관하는 자의 지위에 있다고 볼 수 없다.3)

③ 부동산 **입찰절차에서** 수인이 대금을 분담하되 그 중 1인 명의로 낙찰받기로 약정하여 그에 따라 낙찰이 이루어진 경우, 그 입찰절차에서 낙찰인의 지위에 서게 되는 사람은 어디까지나 그 명의인이다. 따라서 입찰목적 부동산의 소유권은 경락대금을 실질적으로 부담한 자가 누구인가와 상관없이 그 명의인이 취득한다. 그 부동산은 횡령죄의 객체인 타인의 재물이라고 볼 수 없다.4)

④ **광업권은** 재물인 광물을 취득할 수 있는 권리에 불과하고 재물 그 자체는 아니므로 횡령죄의 객체가 된다고 할 수 없다. 광업권이, 광업법에서 따로 정한 경우를 제외하고는, 부동산에 관한 민법 기타 법령의 규정을 준용하도록 규정하고 있다 하여 부동산과 마찬가지로 횡령죄의 객체가 된다고 할 수는 없다.5)

⑤ 상법상 **주식**은 자본구성의 단위 또는 주주의 지위(株主權)를 의미하고, 주주권을 표창하는 유가증권인 **주권(株券)과는** 구별된다. 주권(株券)은 유가증권으로서 재물에 해당되므로 횡령죄의 객체가 될 수 있다. 그러나 자본의 구성단위 또는 주주권을 의미하는 주식은 재물이 아니므로 횡령죄의 객체가 될 수 없다.6)

⑥ 갑은 골프회원권 매매중개업체를 운영하는 자로서 매수의뢰와 함께 입금 받아 보관하던 금원을 일시적으로 **다른 회원권의** 매입대금 등으로 소비하였다. 위 매입대금이 다른 회사자금과 함께 보관된 이상 그 특정성을 인정하기 어렵고, 갑의 불법영득의사를 추단할 수 없다. 갑의 행위는 횡령죄를 구성하지 않는다.7)

⑦ 피고인들이 보험을 유치하면서 보험회사로부터 지급받은 **시책비 중 일부를** 개인적

---

1) 대판 2019. 12. 24. 2019도9773.
2) 대판 1998. 4. 14. 98도292.
3) 대판 2000. 2. 11. 99도4979.
4) 대판 2000. 9. 8. 2000도258.
5) 대판 1994. 3. 8. 93도2272. 제5회.
6) 대판 2005. 2. 18. 2002도2822.
7) 대판 2008. 3. 14. 2007도7568.

인 용도로 사용하였더라도 횡령죄가 되지 않는다.[1] *통상적인 실적급여의 성격을 가진 시책비는 위탁된 금전이 아님.

⑧ 금전수수를 수반하는 사무처리를 위임받은 자가 위임자를 위하여 제3자로부터 수령한 금전이 **위임자의 소유에** 속하지 않은 경우, 그 반환거부행위는 횡령죄를 구성하지 않는다.[2] *배당절차에서 피고인 자신의 명의로 수령한 금원은 피고인의 소유에 속함.

⑨ **위탁판매인과 위탁자 간에** 판매대금에서 각종 비용이나 수수료 등을 공제한 이익을 분배하기로 하는 등 그 대금처분에 관해 특별한 약정이 있는 경우에는, 이에 관한 정산관계가 밝혀지지 않는 한 위탁물을 판매하여 이를 소비하거나 인도를 거부하였다 하여 곧바로 횡령죄가 성립한다고 할 수 없다.[3]

(4) 명의신탁 4

A. 이자간 명의신탁(**양자간 명의신탁 · 이전형 명의신탁**)

① **횡령죄 성립** 부동산을 소유자로부터 명의수탁받은 자가 이를 임의로 처분하였다면 **명의신탁자에** 대한 횡령죄가 성립한다. 그 명의신탁이 부동산실명법 시행 전에 이루어져서 물권변동이 무효로 된 후에 처분행위가 이루어졌다고 하여도 달리 볼 것은 아니다.[4]

② **횡령죄 불성립** 부동산경매절차에서 다른 사람과의 **명의신탁약정** 아래 그 사람의 명의로 매각허가결정을 받은 경우, 경매목적 부동산의 소유권은 그 **명의인이** 취득한다. 명의신탁약정은 부동산실명법에 따라 무효이므로 명의신탁자는 명의수탁자에 대해 그 부동산 자체의 반환을 구할 수는 없고, 매수대금에 상당하는 금액의 부당이득반환청구권을 가질 뿐이다.[5]

③ 물품제조 회사가 농지를 매수하여 피고인 명의로 소유권이전등기를 마침으로써 소유명의를 신탁하여 두었는데 피고인이 그 후 이를 타인에게 처분한 경우, 물품제조 회사는 **농지의 소유권을** 취득할 수 없다. 따라서 피고인은 원인무효인 소유권이전등기의 명의자에 불과하여 횡령죄가 성립하지 않는다.[6] *피고인이 처음부터 피해자를 위해 농지를 보관하는 지위에 있지 않음.

④ ***전원합의체 판례변경** 부동산실명법에 위반한 **양자간 명의신탁의** 경우 명의수탁자가 신탁 받은 부동산을 임의로 처분하여도 명의신탁자에 대한 관계에서 횡령죄가 성립하지 않는다. 이러한 법리는 부동산 명의신탁이 **부동산실명법 시행 전에** 이루어졌고, 같은 법이 정한 유예기간 안에 실명등기를 하지 않음으로써 그 명의신탁약정 및 이에 따라 행해진 등기에 의한 물권변동이 무효로 된 후에 처분행위가 이루어진 경우에도 마찬가지로 적용된다.[7] *부동산실명법에 따라서 명의신탁자와 명의수탁자 사이의 명의신탁약정은 무효이고, 이

---

1) 대판 2006. 3. 9. 2003도6733.
2) 대판 2007. 7. 26. 2007도1840.
3) 대판 1990. 3. 27. 89도813. 제1회.
4) 대판 2000. 2. 22. 99도5227. 제3회. 2021년 횡령죄 불성립으로 판례변경.
5) 대판 2009. 9. 10. 2006다73102.
6) 대판 2010. 6. 24. 2009도9242.
7) 대판 2021. 2. 18. 2016도18761 전원합의체.

를 근거로 주장하는 사실상의 위탁관계는 형법상 보호할 만한 가치 있는 신임에 의한 것이라고 할 수 없음. 횡령죄가 성립한다고 판시했던 종래 판결[1]을 변경함.

B. **삼자간 명의신탁**(중간생략등기 명의신탁)

*표준판례 이른바 **중간생략등기형 명의신탁을** 한 경우, 명의수탁자는 명의신탁자의 재물을 보관하는 자의 지위에 있지 않으므로 명의수탁자가 신탁 받은 부동산을 임의로 처분하더라도 명의신 탁자에 대한 관계에서 **횡령죄가 성립하지 않는다.**[2] *부동산실명법에 따라 명의수탁자 명의의 소유권이전등기는 무효이고, 신탁부동산의 소유권은 **매도인이** 그대로 보유함. 따라서 명의신탁자는 신탁부동산의 소유권을 가지지 않음. 명의수탁자는 명의신탁자에게 신탁부동산의 소유권을 이전할 의무를 부담하지 않음. 부동산실명법과 조화를 이루기 위해 중간생략형명의신탁에서 대상 재물을 임의처분한 수탁자를 횡령죄로 처벌하던 기존 관행을 변경한 판례.

C. **계약명의신탁**(위임형 명의신탁)

① 명의신탁자와 명의수탁자가 **이른바 계약명의신탁 약정을 맺고** 명의수탁자가 당사자가 되어 명의신탁 약정이 있다는 사실을 알고 있는('**악의**') 소유자와 부동산에 관한 매매계약을 체결하였다. 그 후 매매계약에 따라 부동산의 소유권이전등기를 명의수탁자 명의로 마친 경우('**3자간 명의신탁**')에는 부동산실명법 제4조 제2항에 의하여 **수탁자 명의의 소유권이전등기는 무효**가 되고, 부동산의 소유권은 매도인이 그대로 보유하게 된다. 명의수탁자는 부동산 취득을 위한 계약의 당사자도 아닌 명의신탁자에 대한 관계에서 **횡령죄의** '타인 재물을 보관하는 자'의 지위에 있다고 볼 수 없다. 명의수탁자의 매매대금 등의 부당이득반환의무(말소등기의무의 존재), 명의수탁자에 의한 대외적으로 유효한 처분가능성(제3자 보호취지) 등을 두고, **배임죄의** '타인의 사무를 처리하는 자'의 지위에 있다고 보기도 어렵다.[3]

② 피고인이 갑과 체결한 명의신탁약정에 따라, 갑이 조합측으로부터 분양받은 아파트에 관해 피고인 명의로 소유권보존등기를 마친 후, 갑의 허락 없이 이를 을에게 매도하였다. 이 경우 아파트 분양계약의 매수인 지위에 있는 것은 피고인이고, 나아가 매도인인 조합측은 갑과 피고인의 명의대여관계를 알고 있었으므로 **아파트 소유권은 매도인**에게 있다. 아파트 분양계약의 당사자가 아닌 갑은 달리 아파트 자체를 취득할 법적 가능성이 없으므로, 피고인이 갑에 대한 관계에서 '아파트를 보관하는 자'의 지위에 있다고 볼 수 없다.[4]

③ *표준판례 이른바 **계약명의신탁에서** 명의수탁자는 명의신탁자에 대한 관계에서도 유효하게 소유권을 취득하므로 타인의 재물을 보관하는 자라고 볼 수 없다. 이러한 경우 소유자가 계약명의신탁약정이 있음을 알고 있었다면(매도인 악의) 명의수탁자 명의의 소유권이전등기는 무효이고, 부동산의 소유권은 매도인이 그대로 보유한다. 따라서 명의수탁자는 부

1) 가장 최근 것으로는 대판 2011. 1. 27. 2010도12944.
2) 대판 2016. 5. 19. 2014도6992 전원합의체. 제4, 6, 7, 8회.
3) 대판 2012. 11. 29. 2011도7361. 제4회.
4) 대판 2012. 12. 13. 2010도10515.

동산 취득을 위한 계약의 당사자도 아니고 명의신탁자의 재물을 보관하는 자의 지위에 있지도 않다.1) *원심은 위 명의신탁약정이 **어떤 유형에** 해당하는지를 살피지 않고 횡령죄 유죄를 선고한 위법이 있음.

④ **매도인 선의의 계약명의신탁**에서 소유권이전등기에 의한 당해 부동산의 물권변동은 유효하고, 신탁자와 수탁자 사이의 명의신탁약정은 무효이다. 결국 수탁자는 전소유자인 매도인뿐만 아니라 신탁자에 대한 관계에서도 유효하게 당해 부동산의 소유권을 취득한 것으로 보아야 한다. 따라서 **수탁자는** '타인의 재물을 보관하는 자'라고 볼 수 없어 당해 부동산은 횡령죄의 객체가 되지 않는다.2)

⑤ 계약명의신탁에서 **매도인 선의의** 경우에는 명의수탁자가 당해 부동산의 완전한 소유권을 취득한다. 반면에 소유자가 계약명의신탁 약정이 있다는 사실을 안 경우('악의')에는 수탁자 명의의 소유권이전등기는 무효이고 당해 부동산의 소유권은 매도인이 그대로 보유한다. 어느 경우든지 **명의신탁자는** 그 매매계약에 의해서는 당해 부동산의 소유권을 취득하지 못하게 되어, 결국 그 부동산은 명의신탁자에 대한 **강제집행이나 보전처분**의 대상이 될 수 없다.3)

⑥ ***표준판례** 타인의 부동산을 보관 중인 자가 불법영득의사를 가지고 그 부동산에 근저당권설정등기를 경료함으로써 횡령행위가 기수에 이르렀다. 그 후 같은 부동산에 별개의 근저당권을 설정하거나 해당 부동산을 매각하여 새로운 법익침해결과를 발생시킨 경우는, 특별한 사정이 없는 한 불가벌적 사후행위로 볼 것이 아니라 **별도로 횡령죄가** 성립한다.4) *동일한 보관물을 **이중으로 처분하여** 이미 성립한 횡령죄의 위험범위를 벗어나는 위험이 추가로 발생하면 별도로 횡령죄가 성립하는 것으로 판례를 변경함.

⑦ 부동산의 명의수탁자가 신탁자의 승낙 없이 갑 앞으로 **근저당권설정등기를 경료함**으로써 횡령행위가 기수가 이른 후에 그 말소등기를 신청함과 동시에 을에게 해당 부동산을 매각하여 을 앞으로 소유권이전등기를 신청하였다. 이에 따라 갑 명의의 근저당권말소등기와 을 명의의 소유권이전등기가 순차 경료되었다. 을 명의로 소유권이전등기를 경료해 준 행위는 별도의 횡령죄를 구성하지 않는다.5) *명의신탁자의 소유권에 대한 침해가 회복되지 않은 상태에서 을 명의의 소유권이전등기를 경료해 준 행위는 **횡령물의 처분행위**. 새로운 법익침해를 수반하지 않은 불가벌적 사후행위에 해당하여 별도의 횡령죄를 구성하지 않음.

(5) 횡령행위 5

1) 횡령죄 성립

① 회사의 대표이사가 자신이 당사자일 뿐만 아니라, 자신의 경영권을 방어하기 위한

1) 대판 2016. 8. 24. 2014도6740.
2) 대판 2000. 3. 23. 98도4347. 제1, 4회.
3) 대판 2011. 12. 8. 2010도4129.
4) 대판 2013. 2. 21. 2010도10500 전원합의체.
5) 대판 2000. 3. 24. 2000도310. 제9회.

목적으로 신주를 발행하는 과정에서 저지른 배임행위에 대한 소송을 수행하면서, 그 **변호사 비용**을 회사의 자금으로 지급한 경우는 업무상횡령죄에 해당된다.1)

② 타인을 위하여 금전 등을 보관·관리하는 자가 개인용도로 사용할 자금을 마련하기 위해, 적정한 금액보다 과다하게 **부풀린 금액으로** 공사계약을 체결하였다. 그리고 그에 따라 과다 지급된 공사대금 중 일부를 공사업자로부터 되돌려 받는 행위는, 부풀려 지급된 공사대금 상당액의 횡령죄가 성립한다.2)

③ 회사의 이사 등이 보관 중인 회사자금으로 **뇌물을** 공여한 경우는, 회사에 대해 업무상 횡령죄의 죄책을 면하지 못한다. 그리고 특별한 사정이 없는 한, 이러한 법리는 회사의 이사 등이 회사의 자금으로 부정한 청탁을 하고 배임증재를 한 경우에도 마찬가지로 적용된다.3)

④ *표준판례 회사 대표 등이 그 내부 절차를 거쳐 **고문** 등을 위촉하고 급여를 지급한 행위가 업무상 횡령으로 인정되기 위해서는, 고문 등 위촉의 필요성이나 정당성이 명백히 결여되거나 급여가 합리적인 수준을 현저히 벗어나는 경우이어야 한다. 그 판단을 위해서는 위촉된 자의 업무수행능력, 위촉 경위와 동기, 회사와 관계, 회사 발전에 기여한 내용 및 정도, 회사가 얻을 이익 등을 종합적으로 고려해야 한다.4)

⑤ 횡령죄의 행위자는 이미 타인의 재물을 점유하고 있으므로 점유를 자기를 위한 점유로 변개하는 의사를 일으키면 곧 영득의사가 인정된다. 그러나 단순한 내심의 의사만으로는 부족하고 영득의사가 **외부에 인식될** 수 있는 객관적 행위가 있을 때 횡령죄가 성립한다.5) *표현설.

⑥ 일단 불법영득의사로써 업무상 보관중인 타인의 금전을 횡령하여 범죄가 성립한 이상, 소유자에 대해 별도의 **금전채권을** 주장하면서 이를 자동채권으로 하여 횡령액에 관해 상계의사표시를 하더라도, 이미 성립한 업무상횡령죄에 영향이 있는 것은 아니다.6)

⑦ 대표이사가 **회사 명의로 대출** 받은 돈을 임의로 사용한 행위는 업무상 횡령에 해당하고, 그 후 개인자금으로 대출금 상당액을 상환하였다는 등의 사정은 범죄 성립에 영향을 미치지 않는다.7)

⑧ 피고인들은 공모하여 갑 주식회사 등 피해 회사가 납품하는 물품을 마치 피해 회사의 자회사로서 서류상으로만 존재하는 을 주식회사 등이 납품하는 것처럼 서류를 꾸며 피해 회사가 지급받아야 할 납품대금을 자회사 명의의 계좌로 지급받아 급여 등의 명목으로 임의로 사용하여 횡령죄로 기소되었다. 법인격 부인 또는 남용 법리는 회사가 법인격을 남용했다고 볼 수 있는 예외적인 경우에 회사에 법인격이 있더라도 이를 무시하고 그 뒤에 있는 배후

---

1) 대판 2008. 6. 26. 2007도9679.
2) 대판 2015. 12. 10. 2013도13444.
3) 대판 2013. 4. 25. 2011도9238. 제8회.
4) 대판 2013. 6. 27. 2012도4848.
5) 대판 1993. 3. 9. 92도2999.
6) 대판 1995. 3. 14. 95도59.
7) 대판 2010. 5. 27. 2010도369.

자에게 책임을 추궁하는 것이다. **법인격 부인 여부에 따라** 횡령죄의 성립이 좌우되는 것은 아니어서 피고인들에게는 횡령죄가 성립한다.1)

2) 횡령죄 불성립

① 법인의 이사를 상대로 한 이사직무집행정지 가처분이 결정된 경우에, 법인의 대표자가 법인 경비에서 그 사건에 관한 **소송비용을** 지급하였다면, 이는 법인의 업무수행을 위하여 필요한 비용을 지급한 것에 해당하고, 법인의 경비를 횡령한 것으로 볼 수는 없다.2)

② 회사가 신주를 발행하면서 타인으로부터 제3자 명의로 자금을 빌려 자기의 계산으로 신주를 인수한 경우, 상법상 회사의 **자기주식 취득은** 무효이다. 그러나 제3자에 대한 차용원리금은 회사가 부담해야 하므로, 이를 위해 회사의 대표이사가 가지급금 형식으로 회사자금을 인출한 행위는 업무상횡령죄에 해당하지 않는다.3)

(6) 불법영득의사 6

1) 불법영득의사 인정

① 사립학교법은, 교비회계에 속하는 수입은 다른 회계에 전출하거나 대여할 수 없는 등 용도를 엄격히 제한하고 있다. 따라서 **교비회계자금을** 다른 용도에 사용하였다면 그 자체로서 횡령죄가 성립한다.4)

② 피고인이 종중의 회장으로부터 담보 대출을 받아달라는 부탁과 함께 **종중 소유의** 임야를 이전받은 다음, 임야를 담보로 금원을 대출받아 임의로 사용하고, 자신의 개인적인 대출금 채무를 담보하기 위해 임야에 근저당권을 설정한 행위는, 종중에 대한 관계에서 횡령죄를 구성한다.5)

③ 회사의 대표이사가 회사자금으로 **정치자금을** 기부한 행위는, 그것이 회사의 이익을 위해 합리적인 범위 안에서 이루어졌다면 횡령죄의 불법영득의사가 없을 것이나, 그것이 후보자 개인의 이익 도모, 기타 다른 목적으로 행하여졌으면 횡령죄의 죄책을 면하지 못한다.6)

④ 피고인이 동업약정에 따라 토지를 출자하여 주식회사를 설립한 이후, 다른 동업자들의 반대에 불구하고 **출자금 반환** 명목으로 회사자금을 임의로 인출하여 자신의 채무변제에 사용한 행위는 업무상횡령죄를 구성한다.7)

⑤ 보조금예산관리법의 규정 취지에 비추어 보면, 위 법률에 의한 **국가보조금**은 그 용도가 엄격히 제한된 자금이므로, 사립학교에서 이를 전용하여 학교법인의 수익용 자산 취득 비용으로 사용한 경우, 횡령죄가 성립한다.8)

---

1) 대판 2019. 12. 24. 2019도9773.
2) 대판 2009. 3. 12. 2008도10826.
3) 대판 2005. 2. 18. 2002도2822.
4) 대판 2005. 9. 28. 2005도39.
5) 대판 2005. 6. 24. 2005도2413.
6) 대판 2005. 5. 26. 2003도5519.
7) 대판 2005. 4. 15. 2003도7773.
8) 대판 2004. 12. 24. 2003도4570.

⑥ 타인으로부터 용도가 엄격히 제한된 자금을 위탁받아 집행하면서 그 제한된 용도 이외의 목적으로 자금을 사용하는 것은, 그 사용이 개인적인 목적에서 비롯된 경우는 물론 결과적으로 자금을 위탁한 **본인을 위하는** 면이 있더라도, 그 사용행위 자체로서 불법영득의사를 실현한 것이 되어 횡령죄가 성립한다.[1]

⑦ 주식회사의 대표이사가 회사의 금원을 인출하여 사용하였는데 그 사용처에 관한 증빙자료를 제시하지 못하고 있고, 그 인출사유와 금원의 사용처에 관하여 납득할 만한 **합리적인 설명을** 하지 못하고 있다면, 이러한 금원은 그가 불법영득의사로 개인적 용도로 사용한 것으로 추단할 수 있다.[2]

⑧ **동산 담보권자가** 담보권의 범위를 벗어나서 담보물의 반환을 거부하거나 처분한 경우 횡령죄를 구성한다.[3]

⑨ **장래채권의** 양도인이 채권양도 통지 전에 채무자로부터 채권을 추심하여 금전을 수령한 경우, 양도인과 양수인 사이에서 그 금전의 소유권은 양수인에게 귀속되고, 양도인은 금전을 양수인을 위해 보관하는 지위에 있다.[4]

⑩ *표준판례 **착오로 송금되어** 입금된 돈을 임의로 인출하여 소비한 행위는, 송금인과 피고인 사이에 별다른 거래관계가 없는 경우에도 횡령죄에 해당한다.[5]

⑪ 주식회사는 주주와 독립된 별개의 권리주체로서 그 이해가 반드시 일치하는 것은 아니므로, 회사 소유 재산을 주주나 대표이사가 **제3자의 자금 조달을** 위해 담보로 제공하는 등 사적인 용도로 임의 처분하였다면, 그 처분에 관해 주주총회나 이사회의 결의가 있었는지 여부와 관계없이 횡령죄의 죄책을 면할 수 없다.[6]

⑫ 횡령한 재물을 사후에 반환하거나 변상 · 보전할 의사가 있더라도 불법영득의사를 인정할 수 있고, 횡령범행을 한 자가 물건의 소유자에 대해 별도의 **금전채권을** 가지고 있었다는 사정이 이미 성립한 업무상횡령죄에 영향을 미치지는 않는다.[7]

⑬ 횡령죄에서 불법영득의사는 사후에 이를 반환하거나 변상 · 보전하는 의사가 있더라도 인정된다. 따라서 피고인들이 이 사건 요양병원 운영과 관련하여 광양시에 가한 손해가 이 사건 **예치금에서 공제**될 수 있다는 사정만으로, 피고인들에게 불법영득의사가 없었다고 볼 수 없다.[8]

⑭ 근로자는 운송회사로부터 일정액의 급여를 받으면서 당일 **운송수입금을** 전부 운송회사에 납입하고, 운송회사는 이를 월 단위로 정산하기로 하는 약정이 체결된 경우, 근로자

1) 대판 2004. 8. 20. 2003도4732. 제1회.
2) 대판 2003. 8. 22. 2003도2807.
3) 대판 2007. 6. 14. 2005도7880.
4) 대판 2007. 5. 11. 2006도4935. 제3회.
5) 대판 2010. 12. 9. 2010도891. 제3, 9회.
6) 대판 2012. 6. 28. 2012도2628. 제3회.
7) 대판 2012. 6. 14. 2010도9871.
8) 대판 2013. 3. 14. 2011도7259.

가 운송수입금을 임의로 소비한 행위는 횡령죄를 구성한다.[1]

⑮ 사립학교의 **교비회계에** 속하는 수입을 적법한 교비회계의 세출에 포함되는 용도, 즉 당해 학교의 교육에 직접 필요한 용도가 아닌 다른 용도에 사용하였다면, 그 사용행위 자체로써 불법영득의사를 실현하는 것이 되어 그로 인한 죄책을 면할 수 없다.[2]

⑯ 동화은행의 주주 대부분이 이북5도의 도민회 · 군민회 등의 단체 또는 개인이라 하여 이북5도의 전 · 현직 도지사 등에게 판공비를 지급하고, 은행의 간부 등에게 명절에 수고비를 지급하는 것은, **업무추진비의** 본래 용도와 관계없이 개인적인 목적으로 지출한 것이기 때문에 업무상횡령죄에 해당한다.[3]

⑰ 주상복합상가의 매수인들로부터 우수상인유치비 명목으로 금원을 납부 받아 보관하던 중, 그 용도와 무관하게 **일반경비**로 사용한 경우 횡령죄를 구성한다.[4]

⑱ 수개의 학교법인을 운영하는 자가 각 학교법인의 금원을 다른 학교법인을 위해 사용한 경우, 각 학교법인은 **별개의 법인격**을 가진 소유의 주체로서 이를 단순한 예산항목의 유용, 장부상의 분식이나 이동, 각 학교법인 사이의 단순한 대차관계에 불과하다고 할 수도 없어 횡령죄가 성립한다.[5]

⑲ 공사대금 및 학교 운영비 명목으로 학교법인의 수익용 **기본재산을 교비회계로** 임의 전출하였다가, 위 사실이 적발되자 다시 동일한 금액을 교비회계에서 법인회계로 임의 전출한 경우 횡령죄의 불법영득의사가 인정된다.[6]

2) 불법영득의사 부정

① 타인으로부터 금원을 차용하여 주금을 납입하고 설립등기나 증자등기 후 바로 인출하여 차용금 변제에 사용하는 경우, **상법상 납입가장죄가** 성립하는 외에 추가로 **업무상횡령죄가** 성립하지는 않는다.[7]

② 구분소유자 전원의 공유에 속하는 **공용부분인 지하주차장** 일부를 그 중 1인이 독점 임대하고, 수령한 임차료를 임의로 소비한 경우 횡령죄가 성립하지 않는다.[8] *피고인이 그 공용부분을 다른 구분소유자들을 위해 보관하는 지위에 있는 것은 아님.

③ 피고인이 업무상 **과실로 장물을** 보관하고 있다가 처분한 행위는, 업무상과실장물보관죄의 가벌적 평가에 포함되고 별도로 횡령죄를 구성하지 않는다.[9]

④ 예산을 집행할 직책에 있는 자가 자기 자신의 이익을 위한 것이 아니고 경비부족을 메우기 위해 **예산을 전용한** 경우라면, 그것이 본래 책정되어 있어야 할 필요경비이기 때문에

1) 대판 2014. 4. 30. 2013도8799.
2) 대판 2015. 2. 26. 2014도15182. 제5회.
3) 대판 1994. 9. 9. 94도619.
4) 대판 2002. 8. 23. 2002도366.
5) 대판 2000. 12. 8. 99도214.
6) 대판 2008. 5. 29. 2006도3742.
7) 대판 2004. 12. 10. 2003도3963.
8) 대판 2004. 5. 27. 2003도6988.
9) 대판 2004. 4. 9. 2003도8219.

일정한 절차를 거치면 지출이 허용될 수 있었던 때에는 불법영득의사가 있었다고 단정할 수 없다.1)

⑤ 법인의 대표자가 법인의 **예비비를 전용하여** 기관운영판공비, 회의비 등으로 사용한 경우, 이사회에서 사전에 예비비의 전용결의가 이루어지지 않았다는 사정만으로 불법영득의사를 단정할 수는 없다.2)

⑥ 법인의 운영자 또는 관리자가 법인의 자금을 이용하여 **비자금을 조성**하였다고 하더라도, 그것이 당해 비자금의 소유자인 법인 이외의 제3자가 이를 발견하기 곤란하게 하기 위한 **장부상의 분식에 불과**하거나, 법인의 운영에 필요한 자금을 조달하는 수단으로 인정되는 경우에는 업무상횡령죄의 불법영득의 의사를 인정하기 어렵다.3)

⑦ 회사에 대해 개인적인 채권을 가지고 있는 대표이사가 회사를 위해 보관하고 있는 회사 소유의 금전으로 자신의 채권 변제에 충당하는 행위는, 회사와 이사의 이해가 충돌하는 **자기거래행위에** 해당하지 않는다. 대표이사가 이사회의 승인 없이 이러한 행위를 하였더라도 불법영득의사가 인정되지 않는다.4) *대표이사의 회사채무 이행행위.

⑧ 횡령죄에서 보관자가 자기 또는 제3자의 이익을 위해 **소유자의 이익에** 반하여 재물을 처분한 경우에는 불법영득의사를 인정할 수 있으나, 그와 달리 **소유자의 이익**을 위해 재물을 처분한 경우에는 불법영득의사를 인정할 수 없다.5)

⑨ ***표준판례** 주식회사의 설립업무 또는 증자업무를 담당한 자와 주식 인수인이 사전 공모하여 제3자로부터 **차용한 돈으로** 주금을 납입하고, 설립등기 또는 증자등기 후 바로 인출하여 차용금 변제에 사용한 경우, 업무상횡령죄가 성립하지는 않는다.6) *주금납입과 인출 과정에서 회사 자본금에는 아무런 변동이 없음.

⑩ 피고인이, 갑이 떨어뜨리고 간 **휴대전화**를 보관하던 중 이를 임의로 사용하였더라도, 피고인이 조리상 갑을 위해 휴대전화를 보관하는 지위에 있기는 하지만, 이 사실만으로 불법영득의사가 있었다고 단정하기는 어렵다.7) *타인의 재물을 자기 소유인 것처럼 **처분하려는** 의사가 없음.

⑪ 사회복지단체인 '**음성 꽃동네**' 운영자가 등기절차 등의 편의상 친인척 명의를 빌려 업무 관련 토지를 구입하고 그들에게 이를 사용하도록 하였더라도, 그 후 비교적 단기간 안에 교구 명의로 근저당권이 설정되고 토지 대부분에 대한 소유 명의가 교구 소속 수사 등 앞으로 이전되었다면, 업무상횡령죄의 불법영득의사를 인정할 수 없다.8)

⑫ 보관자의 지위에 있는 등기명의자가 명의이전을 거부하면서, 부동산의 진정한 소유

---

1) 대판 2002. 11. 26. 2002도5130.
2) 대판 2002. 2. 5. 2001도5439.
3) 대판 2010. 12. 9. 2010도11015. 제8회.
4) 대판 1999. 2. 23. 98도2296.
5) 대판 2016. 8. 30. 2013도658.
6) 대판 2013. 4. 11. 2012도15585.
7) 대판 2014. 3. 13. 2012도5346.
8) 대판 2007. 12. 27. 2006도8870.

자가 밝혀진 후에 **명의이전을** 하겠다는 의사를 표시하였다면, 불법영득의사를 가지고 그 반환을 거부한 것이라고 단정할 수 없다.[1]

⑬ 단체 대표자가 단체를 위해 자금을 지출하면서 법령의 규정 또는 단체 내부 규정으로 그 자금의 용도가 엄격하게 제한된 것이 아닐 뿐 아니라, 그 자금을 집행하기 위한 단체 내부의 **정상적인 절차**를 거쳤다면, 본래 사용될 이외의 목적으로 자금을 지출하였다는 사정만으로 불법영득의사가 있었다고 단정할 수 없다.[2]

⑭ 부동산의 등기명의수탁자가 **명의신탁자의 승낙 없이** 이를 제3자에게 양도 또는 **담보제공함으로써** 횡령죄가 성립하는 경우에, 그것을 양수하거나 담보제공 받은 자는 비록 그와 같은 사정을 알고 있더라도 횡령죄의 공동정범이 될 수 없다.[3]

⑮ 피고인은 갑 사립학교 경영자 을과 공모하여 수업료 등을 교비회계 아닌 **다른 회계에** 임의로 사용하였다. 갑 학교는 사인인 을 등이 설립하여 운영하는 학교로서, 수업료 등으로 조성된 교비는 갑 학교의 경영자인 을 등의 소유에 속한다. 피고인이 을과 공모하여 이를 임의로 사용하였더라도 사립학교법 위반죄 외에 따로 횡령죄가 성립하지는 않는다.[4]

⑯ ***표준판례** 피고인들이 보관 · 관리하고 있던 회사의 비자금이 인출 · 사용된 경우, 피고인들은 불법영득의사의 존재를 인정하기 어려운 사유를 들어 **비자금의 행방이나 사용처에 대한 설명**을 하고 있고 이에 부합하는 자료도 있다. 사정이 이렇다면, 피고인들이 보관 · 관리하고 있던 비자금을 불법영득의사로 인출하여 횡령하였다고 함부로 인정할 수는 없다.[5]
*회사 비자금에 대한 횡령죄의 불법영득의사를 인정하기 위해서는 비자금의 사용이 사회통념상 회사의 운영 및 경영상의 필요에 따른 용도에 지출되었는가 아니면 **개인적인 용도**를 위한 것이었는가에 따라 판단해야 함.

(7) 죄 수 7

① 여러 개의 위탁관계에 의해 보관하던 여러 개의 재물을 1개의 행위로 횡령한 경우 **위탁관계별**로 수개의 횡령죄가 성립하고, 그 사이에는 상상적 경합관계가 있는 것으로 보아야 한다.[6]

② 갑은 타인의 부동산을 보관 중인 자로서 불법영득의사를 가지고 그 부동산에 근저당권설정등기를 경료함으로써 횡령행위가 기수에 이르렀다. 그 후 갑은 같은 부동산에 별개의 근저당권을 설정하거나 해당 부동산을 매각하여 새로운 법익침해결과를 발생시켰다. 이는 불가벌적 사후행위가 아니라 **별도로 횡령죄**를 구성한다.[7]

---

1) 대판 2002. 9. 4. 2000도637.
2) 대판 2013. 2. 15. 2011도13606.
3) 대판 1985. 6. 25. 85도1077.
4) 대판 2012. 5. 10. 2011도12408.
5) 대판 2017. 5. 30. 2016도9027. 제5회.
6) 대판 2013. 10. 31. 2013도10020.
7) 대판 2013. 2. 21. 2010도10500 전원합의체.

③ 사기죄는 타인이 점유하는 재물을 그의 처분행위에 의해 취득함으로써 성립하는 죄이다. 따라서 **자기가 점유하는** 타인의 재물에 대해서는, 이것을 영득하는 데 기망행위를 하더라도 사기죄는 성립하지 않고 횡령죄만을 구성한다.[1]

④ **공동상속인** 중 1인이 상속재산인 임야를 보관 중 다른 상속인들로부터 매도 후 분배 또는 소유권이전등기를 요구받고도 그 반환을 거부하였다. 이때 이미 횡령죄는 성립하고, 그 후 그 임야에 관해 다시 제3자 앞으로 근저당권설정등기를 경료해 준 행위는 **불가벌적 사후행위**로서 별도의 횡령죄를 구성하지 않는다.[2]

⑤ 피고인이 **명의신탁** 받아 보관 중이던 토지를 임의로 매각하여 이를 횡령한 경우에, 그 매각대금을 이용하여 다른 토지를 취득하였다가 이를 제3자에게 담보로 제공하였더라도, 이는 별개의 횡령죄를 구성하지 않는다.[3]

⑥ 피고인이 피해자 갑에게서 돈을 빌리면서 담보 명목으로 을에 대한 채권을 양도하였는데도, **채권양도** 통지 전에 이를 추심하여 임의로 소비한 경우, 다음 구별에 따라 사기죄, 횡령죄의 어느 하나만 성립한다(**비양립적 관계**). 채권양도에 피고인의 진정성이 인정되면 횡령죄, 처음부터 공사대금 채권을 추심하여 빼돌릴 생각을 가지고 있었으면 사기죄가 성립하고, 채권을 추심하여 임의소비한 행위는 사기행위의 실행행위에 포함되는 것으로 봄이 상당하다.[4]

⑦ 절도범인으로부터 장물보관의뢰를 받은 자가 그 정을 알면서 이를 인도받아 보관하고 있다가 임의 처분하였다. 이 경우 **장물보관죄가** 성립하면 이미 소유자의 소유물추구권을 침해하였으므로, 그 후의 횡령행위는 불가벌적 사후행위에 불과하여 별도로 횡령죄가 성립하지 않는다.[5]

⑧ 특정경제범죄법 제3조 제1항에서 말하는 5**억 원 이상의 이득액은 단순일죄**의 이득액이나 **포괄일죄**가 성립되는 경우의 이득액의 합산액을 의미한다. 경합범으로 처벌될 수죄에 있어서 이득액을 합한 금액을 의미하는 것은 아니다.[6]

⑨ 횡령 범행으로 취득한 돈을 공범자끼리 수수한 행위가 공동정범들 사이의 범행에 의해 취득한 돈을 **공모에 따라 내부적으로 분배한** 것에 지나지 않는다면 별도로 그 돈의 수수행위에 관하여 **뇌물죄가** 성립하는 것은 아니다. 그와 같이 수수한 돈의 성격을 뇌물로 볼 것인지 횡령금의 분배로 볼 것인지 여부는, 돈을 공여하고 수수한 당사자들의 의사, 수수된 돈의 액수 등을 종합적으로 고려하여 객관적으로 평가하여 판단해야 한다.[7]

8 **(8) 점유이탈물횡령죄**

① 고속버스 운전사는 **고속버스의** 관수자로서 차내에 있는 승객의 물건을 점유하는 것

1) 대판 1987. 12. 22. 87도2168.
2) 대판 2010. 2. 25. 2010도93.
3) 대판 2006. 10. 13. 2006도4034.
4) 대판 2011. 5. 13. 2011도1442. 제3회.
5) 대판 1976. 11. 23. 76도3067.
6) 대판 1993. 6. 22. 93도743. 제8회.
7) 대판 2019. 11. 28. 2019도11766.

이 아니므로 유실물을 현실적으로 발견하지 않는 한, 이에 대한 점유를 개시하였다고 할 수 없다. 그 사이에 다른 승객이 유실물을 발견하고 이를 가져갔다면, 절도에 해당하지 않고 점유이탈물횡령에 해당한다.1)

② 승객이 **지하철에** 두고 내린 물건을 가지고 간 경우, 지하철의 승무원은 전동차의 관수자로서 전동차 안에 있는 승객의 물건을 점유한다고 할 수 없다. 유실물을 현실적으로 발견하지 않는 한 이에 대한 점유를 개시하였다고 할 수도 없다. 그 사이에 유실물을 발견하고 가져간 행위는 점유이탈물횡령죄에 해당함은 별론으로 하고 절도죄에 해당하지는 않는다.2)

③ 어떤 물건을 잃어버린 장소가 **당구장과** 같이 타인의 관리 아래 있을 때에는 그 물건은 관리자의 점유에 속한다 할 것이고, 이를 관리자 아닌 제3자가 취거하는 것은 유실물횡령이 아니라 **절도죄**에 해당한다.3)

[112] 6. 배 임 죄

(1) 단순배임죄 1

1) 타인의 사무

A. **타인사무 인정**

① 기업의 영업비밀을 사외로 유출하지 않기로 서약한 회사 직원이, 경제적 대가를 얻기 위해 경쟁업체에 **영업비밀을 유출하는** 행위는, 피해자와 신임관계를 저버리는 행위로서 업무상배임죄를 구성한다.4)

② 담보목적으로 피고인 명의로 **가등기가** 경료된 피해자 소유의 부동산에 대해, 피해자 아들로부터 채무가 변제 공탁된 사실을 통고받고서도, 피고인 앞으로 본등기를 경료함과 동시에 제3자 앞으로 가등기를 경료하여 준 경우에는 배임죄가 성립한다.5)

③ 수입업자가 신용장개설은행에 **양도담보로** 제공한 수입물품이 통관을 마치고 인도되면, 신의법칙상 양도담보권자인 개설은행이 담보목적을 달성할 수 있도록 신용장대금 변제시까지 위 물품을 보관할 의무가 있다. 이 의무는 개설은행에 대한 타인의 사무로서 부당하게 그 담보가치를 감소시키면 배임죄를 구성한다.6)

④ 계가 정상적으로 운영되고 있음에도 불구하고, **계주가** 거짓말을 하여 계원이 정당하게 낙찰 받아 계금을 탈 수 있는 기회를 박탈하여 손해를 가하였으면 배임죄를 구성한다.7)

⑤ **중소기업진흥기금은** 그 용도가 법정되어 있는 자금이므로, 그 자금을 합리화사업 부적격 업체를 위해 부당하게 지출하면, 대출금회수의 보장에도 불구하고 특정 목적을 위해 조

---

1) 대판 1993. 3. 16. 92도3170.
2) 대판 1999. 11. 26. 99도3963.
3) 대판 1988. 4. 25. 88도409.
4) 대판 1999. 3. 12. 98도4704.
5) 대판 1990. 8. 10. 90도414.
6) 대판 1998. 11. 10. 98도2526.
7) 대판 1995. 9. 29. 95도1176.

성된 기금의 감소를 초래함으로써 기금의 목적을 저해한다. 이와 같은 기금의 대출행위는 진흥공단에 재산상 손해를 입혔으므로 업무상배임죄에 해당된다.1)

⑥ **채권담보를** 목적으로 부동산의 소유권이전등기를 경료 받은 채권자는 채무자가 변제기일까지 채무를 변제하면 채무자에게 그 소유권이전등기를 이행할 의무가 있다. 변제기일 전에 이 임무에 위반하여 해당 부동산을 제3자에게 처분하면, 변제기일까지 채무자의 변제가 없더라도 배임죄가 성립한다.2)

⑦ 자동차를 양도담보로 설정하고 점유하는 채무자가 이를 처분하는 등 부당히 그 **담보가치를** 감소시키는 행위를 하면, 배임죄의 죄책을 면할 수 없다.3)

⑧ 증권회사 직원이 **고객의 동의를** 얻지 않고 주식을 매입한 경우 고객의 손해발생에 대한 미필적 인식은 있었다고 보여지고, 그가 근무하는 증권회사가 이로 인한 수수료를 취득한 이상 자기 또는 제3자가 재산상 이익을 얻는다는 인식, 업무상배임죄의 고의도 인정된다.4)

⑨ 미성년자와 친생자관계가 없으나 **호적상 친모로** 등재되어 있는 자가 미성년자의 상속재산 처분에 관여한 경우, 배임죄에서 타인의 사무를 처리하는 자의 지위에 있다.5)

⑩ **서면으로 부동산 증여의** 의사를 표시한 증여자는 계약이 취소되거나 해제되지 않는 한 '타인의 사무를 처리하는 자'에 해당한다. 그가 수증자에게 증여계약에 따라 부동산의 소유권을 이전하지 않고 부동산을 제3자에게 처분하여 등기를 하는 행위는, 수증자와 신임관계를 저버리는 행위로서 배임죄가 성립한다.6)

⑪ 소위 1**인회사에** 있어서도 행위의 주체와 그 본인은 분명히 별개의 인격이며, 주식회사에 발생한 재산상 손해가 주주의 손해가 된다 하더라도 이미 성립한 죄에는 아무 소장이 없다. 우리 형법상 배임죄의 범의는 자기행위가 그 임무에 위배된다는 인식으로 족하고, 본인에게 손해를 가하려는 의사는 필요로 하지 않는다.7)

B. **타인사무 부정**

① 갑은 자금만 투자하고 을은 공사 시공 및 일체의 거래행위를 담당하는 내용의 **동업계약을** 체결하였다가 위 계약이 종료된 경우, 그 정산과정에서 을이 한 제3자에 대한 채권양도행위는 타인의 사무를 처리하는 자로서 임무위배행위라고 할 수 없다.8) *정산과정에서 행하는 채무변제 등 행위는 모두 공사시공 동업자 자신의 사무이지, 자금을 투자한 다른 동업자를 위한 타인의 사무가 아님.

② 음식점 임대차계약에 의한 **임차인의 지위를** 양도한 자는 양도사실을 임대인에게 통지하고 양수인이 갖는 임차인의 지위를 상실하지 않게 할 의무가 있다. 이 의무는 임차권 양

---

1) 대판 1997. 10. 24. 97도2042.
2) 대판 1992. 7. 14. 92도753.
3) 대판 1989. 7. 25. 89도350.
4) 대판 1995. 11. 21. 94도1598.
5) 대판 2002. 6. 14. 2001도3534.
6) 대판 2018. 12. 13. 2016도19308. 제9회.
7) 대판 1983. 12. 13. 83도2330 전원합의체.
8) 대판 1992. 4. 14. 91도2390.

도인으로서 부담하는 채무로서 양도인 자신의 의무일 뿐이지 양수인의 권리취득을 위한 사무는 아니므로, 양도인은 배임죄의 주체인 타인의 사무를 처리하는 자에 해당되지 않는다.1)

③ 청산회사의 **대표청산인이** 처리하는 채무의 변제, 재산의 환가처분 등 회사의 청산의무는 청산인 자신의 사무 또는 청산회사의 업무에 속하는 것이므로, 청산인은 회사의 채권자들에 대한 관계에서 직접 그들의 사무를 처리하는 자는 아니다.2)

④ 대내적으로는 피고인의 책임과 계산으로 약국을 운영하고, 내부적으로 일정금원을 지급받는 고용상태로 하면서 **약사명의로 약국개설**과 사업자등록을 한 경우에, 그 후 약사가 이 계약관계의 해소를 요구하더라도 후임자를 구하지 못해 위 약국을 폐쇄할 때까지 계속 영업행위를 한 것은 타인의 사무가 아닌 피고인 자신의 사무에 속한다.3)

⑤ **토지거래허가구역**(국토이용관리법) 안에 있는 토지의 매매에 관해 토지거래허가를 받은 바 없으면, 그 매매계약은 채권적 효력이 없어서 매도인은 매수인의 소유권이전등기에 협력할 의무가 생기지 않는다. 이때 매도인은 배임죄의 주체인 타인의 사무를 처리하는 자에 해당한다고 할 수 없다.4)

⑥ 배임죄의 요건인 "타인의 사무처리"에서 단순히 타인에 대해 채무를 부담하는 경우에는, 본인의 사무로 될지언정 타인의 사무처리에 해당한다고 볼 수 없다. **건축공사수급자의** 건축에 관한 소위는 자신의 사무처리에 속하므로 그가 설계도에 따라 시공하지 않은 것은 배임죄를 구성하지 않는다.5)

⑦ 근저당권설정자가 근저당권설정등기를 임의로 말소할 수 없는 것은, 물권인 근저당권의 대세적 효력으로서 모든 사람이 부담하는 의무이고 근저당권설정자의 특별한 의무는 아니다. 근저당권설정자가 등기관계서류를 위조하여 **근저당권설정등기를** 말소하였다 하더라도 이는 문서에 관한 범죄를 구성할 뿐 달리 배임죄가 성립하지는 않는다.6)

⑧ 대표이사의 신주발행과 관련한 업무는 회사의 사무이고, 주주의 재산보전 행위에 협력하는 타인의 사무를 처리하는 지위에서 하는 것은 아니다. 납입을 가장하는 방법에 의해 주금이 납입되어 기존 주식의 가치가 감소되는 것은 업무상배임죄의 재산상 손해에 해당되지 않는다. 신주발행에서 대표이사가 납입의 이행을 가장한 경우 상법상 **가장납입죄가** 성립하는 이외에 기존 주주에 대한 업무상배임죄를 구성하지는 않는다.7) *가장납입에 의한 회사의 실질적 자본감소가 손해 원인.

⑨ 골프시설 운영자가 일반회원들을 위한 회원의 날을 없애고, 주말예약에 대해 우선권이 있는 **특별회원을** 모집함으로써 일반회원들의 주말예약권을 사실상 제한하는 결과가 되더

1) 대판 1991. 12. 10. 91도2184.
2) 대판 1990. 5. 25. 90도6.
3) 대판 1986. 2. 11. 85도2435.
4) 대판 1996. 2. 9. 95도2891.
5) 대판 1982. 6. 22. 82도45.
6) 대판 1987. 8. 18. 87도201.
7) 대판 2004. 5. 13. 2002도7340.

라도, 이는 일반회원들에 대한 민사상 채무를 불이행한 것일 뿐 배임죄가 되는 것은 아니다.[1]

⑩ 피고인이 갑으로부터 부동산을 매수하면서, 계약금을 지급하는 즉시 피고인 앞으로 소유권을 이전받되 **매매잔금은** 일정기간 내에 이를 담보로 대출을 받아 지급하고 건축허가를 받지 못하면 계약을 해제하여 원상회복해 주기로 약정하였다. 피고인이 이에 관해 소유권을 이전받은 직후 다른 용도로 근저당권을 설정하였더라도 배임죄가 성립하지는 않는다.[2] *타인의 사무를 처리하는 자의 임무위배 행위가 아님. 갑에게 임야를 반환해야 할 현실적 의무 없음.

⑪ 보통예금 계좌에 입금된 금전의 소유권은 금융기관에 이전되고, 예금주는 그 계좌를 통해 **예금반환채권을** 취득한다. 금융기관의 임직원은 예금주로부터 적법한 예금반환 청구가 있으면 이에 응할 의무가 있을 뿐 예금주와 사이에 그의 재산관리사무를 처리하는 자의 지위에 있는 것은 아니다.[3]

⑫ 채무자가 투자금반환채무의 변제를 위해 **담보로 제공한 임차권 등의** 권리를 그대로 유지할 계약상 의무는, 기본적으로 투자금반환채무의 변제방법에 관한 것이지, 배임죄에서 말하는 신임관계에 기초한 '타인의 사무'에 해당하는 것은 아니다.[4]

⑬ 피고인들이 계주로서 **낙찰계를** 조직·운영하다가 9회차 곗날에 계원들로부터 계불입금을 징수하지 않고 잠적함으로써 그 계가 파계되었다. 피고인들이 피해자와 같이 계금을 아직 낙찰 받지 못한 계원들에 대한 관계에서 타인의 사무로서 계금을 지급할 임무는 없으므로 배임죄가 성립하지 않는다.[5]

⑭ 내연의 처와 **불륜관계를** 지속하는 대가로서 부동산에 관한 소유권이전등기를 경료해 주기로 약정한 경우, 위 부동산 증여계약은 선량한 풍속과 사회질서에 반하는 것으로 무효이어서 동인이 타인의 사무를 처리하는 자에 해당한다고 볼 수 없다.[6]

⑮ 담보권자가 **담보권을 실행하기** 위해 담보목적물을 처분하면서 **시가에 따른 적절한 처분**을 해야 할 의무는 담보계약상 민사채무일 뿐, 그와 같은 형법상의 의무가 있는 것은 아니다. 이에 위반하였다고 하여 배임죄가 성립하는 것은 아니다.[7] *담보권실행을 위한 처분행위는 자기의 사무처리.

⑯ ***표준판례*** 채무자가 금전채무를 담보하기 위해 그 소유 **동산을 채권자에게 양도담보로** 제공하면, 채무자는 채권자인 양도담보권자에 대해 담보물의 담보가치를 유지 · 보전할 의무 내지 담보물을 타에 처분하거나 멸실, 훼손하는 등으로 담보권 실행에 지장을 초래하는 행위를 하지 않을 의무를 부담한다. 그렇다고 하여 이것이 계약의 이익대립관계를 넘어 신임

---

1) 대판 2003. 9. 26. 2003도763.
2) 대판 2011. 4. 28. 2011도3247.
3) 대판 2008. 4. 24. 2008도1408.
4) 대판 2015. 3. 26. 2015도1301.
5) 대판 2009. 8. 20. 2009도3143.
6) 대판 1986. 9. 9. 86도1382.
7) 대판 1997. 12. 23. 97도2430. 제1회.

관계에 기초한 배임죄의 주체인 '타인의 사무를 처리하는 자'에 해당하는 것은 아니다. 이 법리는 채무자가 주식에 관해 양도담보설정계약을 체결한 경우에도 그대로 적용되어 배임죄가 성립하지 않는다.1) *동산, 주식을 양도담보로 제공한 채무자가 이를 처분하면 배임죄가 성립한다는 기존 판례를 변경.

⑰ **주권발행 전 주식의 양도는** 양도인과 양수인의 의사표시만으로 그 효력이 발생한다. 그 주식양수인은 특별한 사정이 없는 한 양도인의 협력을 받을 필요 없이 단독으로 자신이 주식을 양수한 사실을 증명함으로써 회사에 대해 그 명의개서를 청구할 수 있다. 따라서 주권발행 전 주식에 대한 양도계약에서 양도인은 양수인에 대해 그의 사무를 처리하는 지위에 있지 아니하여, 양도인이 **제3자에 대한 대항요건을** 갖추어 주지 않고 이를 타에 처분하였더라도 형법상 배임죄가 성립하는 것은 아니다.2) *양수인에게 확정일자 있는 증서에 의한 통지 또는 승낙을 갖추어 주어야 할 의무는 양도인 자신의 민사상 채무임.

⑱ 채무자가 금전채무를 담보하기 위해 그 소유의 동산을 채권자에게 담보로 제공하면 **채권자인 동산담보권자에** 대해 담보물의 담보가치를 유지 · 보전하여 담보권 실행에 지장을 초래하는 행위를 하지 않을 의무를 부담하게 된다. 이를 들어 채무자가 통상의 계약에서의 이익대립관계를 넘어 채권자와의 신임관계에 기초하여 **채권자의 사무를 맡아** 처리하는 것으로 볼 수는 없다. 이 경우 채무자는 배임죄의 주체인 '타인의 사무를 처리하는 자'에 해당되지 않는다. 그가 담보물을 제3자에게 처분하는 등으로 담보가치를 감소 또는 상실시켜 채권자의 담보권 실행이나 이를 통한 채권실현에 위험을 초래하더라도 배임죄가 성립하지 않는다.3) *위 전원합의체판결(2019도9756)의 확인판결.

⑲ 피고인은 갑 새마을금고로부터 특정 토지 위에 건물을 신축하는 데 필요한 공사자금을 대출받으면서 이를 담보하기 위해 을 신탁회사를 수탁자, 갑 금고를 우선수익자, 피고인을 위탁자 겸 수익자로 한 **담보신탁계약 및 자금관리대리사무계약을** 체결하였다. 피고인은 계약 내용에 따라 건물이 준공된 후 을 회사에 신탁등기를 이행하여 갑 금고의 우선수익권을 보장할 임무가 있음에도 이에 위배하여 병 앞으로 건물의 **소유권보존등기를** 마쳐줌으로써 갑 금고에 재산상 손해를 가하였다. 이 경우 피고인은 배임죄에서 말하는 '타인의 사무를 처리하는 자'에 해당되지 않는다.4) *피고인의 갑 금고에 대한 우선수익권보장은 민사상 의무. 피고인이 통상계약의 이익대립관계를 넘어 갑 금고와 **신임관계에** 기초하여 갑 금고의 우선수익권을 보호 또는 관리하는 등 그의 사무를 처리하는 자의 지위에 있다고 보기 어려움.

2) 이중매매

① 매도인이 매수인에게 부동산을 매도하고 **계약금만** 수수한 상태에서 매수인이 잔대금의 지급을 거절하였다. 그러면 매도인으로서는 이행을 최고할 필요 없이 매매계약을 해제

1) 대판 2020. 2. 20. 2019도9756 전원합의체.
2) 대판 2020. 6. 4. 2015도6057.
3) 대판 2020. 8. 27. 2019도14770.
4) 대판 2020. 4. 29. 2014도9907. 제10회.

할 수 있는 지위에 있으므로, 위 매도인을 타인의 사무를 처리하는 자라고 볼 수 없다.[1]

② ***표준판례** 부동산 매매계약에서 **계약금만 지급된 단계**에서는 어느 당사자나 계약금을 포기하거나 그 배액을 상환함으로써 자유롭게 계약의 구속력에서 벗어날 수 있다. 그러나 **중도금이 지급되는 등** 계약이 본격적으로 이행되는 단계에 이른 때에는 계약이 취소되거나 해제되지 않는 한, 매도인은 매수인에게 부동산의 소유권을 이전해 줄 의무에서 벗어날 수 없다. 그때부터 매도인은 배임죄에서 말하는 '**타인의 사무를 처리하는 자**'에 해당한다. 그러한 지위에 있는 매도인이 매수인에게 계약 내용에 따라 부동산의 소유권을 이전해 주기 전에, 그 부동산을 제3자에게 처분하고 제3자 앞으로 등기를 마친 행위는, 매수인과 신임관계를 저버리는 행위로서 배임죄가 성립한다.[2] *배임죄 기수시기는 제3자 앞으로 소유권이전등기를 마친 때.

③ 피고인이 피해자와 주택에 대한 **전세권설정계약을** 맺고 전세금의 중도금까지 지급받고도 임의로 타에 근저당권설정등기를 경료해 주면 배임죄에 해당된다.[3]

④ 아파트 건축공사의 시행사가 수분양자들에게 소유권 이전 등기절차를 이행하지 않은 채 분양계약서에 기재된 대출한도금액을 초과한 **근저당권설정등기**를 경료해 준 경우, 수분양자들에 대한 배임죄가 성립한다.[4]

⑤ 피고인이 제1차 매수인으로부터 계약금 및 중도금을 받은 후 제2차 매수인에게 부동산을 매도하기로 하고 **계약금만** 지급받은 뒤 더 이상 계약이행에 나아가지 않았다면, 배임죄의 실행착수가 있다고 볼 수 없다.[5] *그러나 중도금을 수령하면 배임죄의 실행착수 인정.

⑥ 피고인은 자신의 처가 갑에 대해 부담하는 채무의 대물변제명목으로 피고인 소유의 **무허가건물을** 갑에게 양도하였다. 그리고 재차 자신의 처가 을에 대해 부담하는 채무의 대물변제명목으로 위 무허가건물을 을에게 양도하고 무허가건물대장상의 소유자 명의를 을로 변경하여 주었다. 이 경우 피고인이 중도금까지 수령하였으면 배임죄의 실행착수, 잔금을 수령하고 **인도하였으면** 배임죄의 기수, 그 단계에 미치지 못했으면 배임죄 미수가 된다.[6] *무허가건물이기 때문에 등기가 아닌 인도를 기준으로 함.

⑦ 부동산 매매업자 갑은 피고인에게서 **토지거래허가구역** 내 토지를 매수하면서, 매수인을 자신이 운영하는 부동산컨설팅 회사 직원 을 등의 명의로 하였다. 그리고 소유권이전등기는 갑이 지정하는 자에게 하기로 하는 내용의 토지매매계약을 체결하고 대금을 지급하였다. 그 후 위 토지가 허가구역 지정에서 해제되자 피고인이 이를 임의로 처분한 경우, 배임죄를 인정한 원심판결은 위법이 있다.[7] *토지거래허가에 필요한 거주요건을 갖추지 못한 갑

1) 대판 1984. 5. 15. 84도315.
2) 대판 2018. 5. 17. 2017도4027 전원합의체. 제3, 9회.
3) 대판 1993. 9. 28. 93도2206.
4) 대판 2009. 5. 28. 2009도2086.
5) 대판 2003. 3. 25. 2002도7134. 제1, 9회.
6) 대판 2005. 10. 28. 2005도5713.
7) 대판 2011. 6. 30. 2011도614.

이 허가요건을 갖춘 병 명의로 허가를 받으려는 의사로 토지매매계약을 체결한 이상, 위 계약은 처음 체결된 때부터 확정적으로 무효이므로 피고인의 행위는 배임죄를 구성할 수 없음.

⑧ 양품점의 **임차권 양도계약을** 체결한 경우 양수인에게 그 점포를 명도하여 줄 양도인의 의무는 양도계약에 따른 **민사상의 채무에** 불과할 뿐 타인의 사무라고 할 수 없으므로, 위 점포의 이중양도행위는 배임죄를 구성하지 않는다.[1]

⑨ 점포의 임차인이, 임대인이 그 점포를 타에 매도한 사실을 알고 있으면서 점포의 임대차계약당시 "타인에게 점포를 매도할 경우 우선적으로 임차인에게 매도한다"는 특약을 구실로 임차인이 매매대금을 일방적으로 결정하여 공탁하고, 임대인과 공모하여 임차인 명의로 소유권이전등기를 경료하였다면, 임대인의 배임행위에 적극 가담한 것으로서 **배임죄의 공동정범이** 된다.[2]

⑩ 부동산의 이중매매에서 부동산소유자가 배임행위로 인해 영득한 것은 재산상의 이익이고, 위 **배임범죄에 제공된 대지**는 범죄로 인하여 영득한 것 자체는 아니므로, 그 취득자에 대해 배임죄의 가공 여부를 논함은 별문제로 하고 장물취득죄로 처단할 수 없다.[3] *대지는 위법행위로 영득한 물건이 아님.

⑪ 피고인 갑은 을 주식회사에 토지를 매도하기로 계약하고 계약금, 중도금, 잔금 중 일부를 교부받았다. 을에게 소유권이전등기를 해주지 않고 병에게 다시 매도하고 병 앞으로 소유권이전등기를 마쳤다. 갑은 을 주식회사로부터 계약금 중 일부를 수령한 단계에서 을 주식회사 명의로 가등기를 마쳐준 상태였다. 원심은 피고인의 이중매매에도 불구하고 을 회사가 피고인 갑의 협력 없이도 **가등기의 순위보전 효력에** 의해 자신 명의로 소유권이전등기를 마칠 수 있는 수단을 마련해 준 이상, 갑은 을에 대해 '타인의 사무를 처리하는 자'의 위치에 있지 않다고 판단하고 무죄를 선고하였다. 그러나 대법원은 배임죄 성립 취지로 파기 환송하였다. 매도인이 매수인에게 순위보전 효력이 있는 가등기를 마쳐 주었다고 하더라도, 이는 향후 매수인에게 손해를 회복할 수 있는 방안을 마련하여 준 것일 뿐, 그 자체로 **물권변동의 효력이** 있는 것은 아니다. 매도인은 소유권을 이전해 줄 의무에서 벗어날 수 없으므로, 피고인 갑은 피해 회사 을의 재산보전에 협력해야 할 신임관계에 있다. 피고인은 피해 회사에 대한 관계에서 '타인의 사무를 처리하는 자'에 해당한다고 보아야 한다.[4] ***가등기를 마쳐준 매도인의 이중매매도** 배임죄 성립.

⑫ 매매의 목적물이 동산일 경우, 매도인은 매수인에게 계약에 정한 바에 따라 그 목적물인 동산을 **인도함으로써** 계약 이행을 완료하게 되고, 그때 매수인은 매매목적물에 대한 권리를 취득하게 된다. 매도인은 자기의 사무인 동산인도채무 외에 별도로 매수인의 재산의 보호 내지 관리 행위에 협력할 의무, 매수인의 사무를 처리하는 자의 지위에 있지 않다. 매도

---

1) 대판 1990. 9. 25. 90도1216.
2) 대판 1983. 7. 12. 82도180.
3) 대판 1975. 12. 9. 74도2804. 제3회.
4) 대판 2020. 5. 14. 2019도16228.

인이 목적물을 매수인에게 인도하지 않고 타에 처분하였더라도 배임죄가 성립하는 것은 아니다.[1] *동산의 이중매매.

⑬ **금전채권채무관계에서** 채무자가 급부의무를 이행하는 것은 채무자 자신의 사무에 해당할 뿐이고, 채무자가 통상계약의 이익대립관계를 넘어서 채권자에 대한 신임관계를 기초로 채권자의 사무를 맡아 처리하는 배임죄의 주체인 '타인의 사무를 처리하는 자'에 해당한다고 할 수 없다. 그러므로 채무자가 **담보물을 제3자에게 처분하는** 등으로 담보가치를 감소 또는 상실시켜 채권자의 담보권 실행이나 이를 통한 채권실현에 위험을 초래하더라도 배임죄가 성립하지 않는다. 위와 같은 법리는 매매(민법 제563조)의 경우에도 마찬가지로 적용된다. **동산 매매계약에서** 매도인은 매수인에 대해 그의 사무를 처리하는 자의 지위에 있지 않으므로, 매도인이 목적물을 타에 처분하였다 하더라도 배임죄가 성립하지 않는다. **권리이전에 등기·등록을 요하는 동산에** 대한 매매계약의 경우도 동일하다. 자동차 등의 매도인은 매수인에 대해 그의 사무를 처리하는 자의 지위에 있지 아니하여, 매도인이 매수인에게 소유권이전등록을 하지 않고 타에 처분하였더라도 마찬가지로 배임죄가 성립하지 않는다.[2] *피고인은 피해자 메리츠캐피탈 주식회사에게 저당권을 설정해 준 버스를 임의 처분하고, 피해자에게 버스를 매도하기로 하여 중도금까지 지급받았음에도 버스에 공동근저당권을 설정하였음. 원심은 피고인이 피해자들에 대한 타인의 사무처리자임을 전제로 각 배임의 점에 대해 유죄로 판단하였음. 반면 대법원은 위와 같은 의무는 저당권설정계약 또는 매매계약에 따른 피고인의 사무일 뿐 타인의 사무라고 볼 수 없다는 이유로 원심을 파기한 사안임.

3) 이중저당

① 채무자가 저당권설정계약에 따라 채권자에 대해 부담하는 **저당권을 설정할 의무는** 계약에 따라 부담하게 된 채무자 자신의 의무이다. 채무자가 위와 같은 의무를 이행하는 것은 채무자 자신의 사무에 해당할 뿐이므로, 채무자를 채권자에 대한 관계에서 '타인의 사무를 처리하는 자'라고 할 수 없다. 따라서 채무자가 제3자에게 먼저 담보물에 관한 저당권을 설정하거나 담보물을 양도하는 등으로 담보가치를 감소 또는 상실시켜 채권자의 채권실현에 위험을 초래하더라도 배임죄가 성립한다고 할 수 없다.[3] ***부동산의 이중저당은** 배임죄 성립하지 않음. 채권자에게 근저당권 설정을 약정하고도 담보목적물을 처분한 경우 배임죄 성립을 인정한 종래 판례[4]를 변경함. 그러나 부동산의 이중매매는 여전히 배임죄 성립을 인정한다고 명시함. 양자를 달리 취급하는 것은 모순이라는 **반대의견** 있음. 즉 채권자에게 저당권을 설정하여 줄 의무는 자기의 사무인 동시에 상대방의 재산보전에 협력할 의무에 해당하여 '타인의 사무'에 해당한다고 주장함. 판례원문 필독.

---

1) 대판 2011. 1. 20. 2008도10479 전원합의체. 제1, 4, 5회. 제10회 사례: "丙은 자기의 고가 골프채를 D에게 1,500만 원에 양도하기로 하여 D로부터 계약금과 중도금으로 800만 원을 받았음에도 그 골프채를 E에게 1,800만 원을 받고 양도한 다음…."

2) 대판 2020. 10. 22. 2020도6258 전원합의체.

3) 대판 2020. 6. 18. 2019도14340 전원합의체.

4) 대판 2008. 3. 27. 2007도9328.

② *표준판례 [**다수의견**] 채무자의 채권자에 대한 **대물변제예약**에서 부담하는 채무는 '자기사무'에 해당하는 것이 원칙이다. 채무자가 대물변제예약에 따라 부동산에 관한 **소유권 이전등기절차**를 이행할 의무는 궁극적 목적을 달성하기 위해 채무자에게 요구되는 부수적 내용이다. 이를 가지고 배임죄에서 말하는 신임관계에 기초한 채권자의 재산을 보호·관리하는 '타인의 사무'에 해당한다고 볼 수는 없다. 그러므로 채무자가 대물 변제하기로 한 부동산을 제3자에게 처분하더라도 형법상 배임죄가 성립하는 것은 아니다. *채권담보를 위한 대물변제예약 사안에서 배임죄 성립을 인정한 판례를 변경.

[**반대의견**] 담보 목적으로 부동산에 관한 대물변제예약을 체결한 채무자가 당해 부동산을 제3자에게 처분함으로써 채권자로 하여금 부동산의 소유권 취득을 불가능하게 하면, 이러한 행위는 대물변제예약에서 비롯되는 본질적 · 전형적 **신임관계를 위반한** 것으로서 배임죄에 해당한다고 보아야 한다. 그렇게 보는 것이 부동산의 이중매매, 이중근저당권설정, 이중전세권설정에 관해 배임죄를 인정해 온 판례의 확립된 태도와 논리적으로 부합한다.[1]

③ 피고인이 에어콘을 피해자에게 양도담보로 제공하고 점유개정의 방법으로 점유하고 있다가, 다시 이를 제3자에게 양도담보로 제공하고 역시 점유개정의 방법으로 점유를 계속하였다. 뒤의 양도담보권자인 제3자는 처음의 담보권자인 피해자에 대해 배타적으로 자기의 담보권을 주장할 수 없다. 위와 같이 **이중으로 양도담보 제공된** 것만으로는 처음 양도담보권자에게 담보권상실 등 손해가 발생한 것으로 볼 수 없으니 배임죄를 구성하지 않는다.[2]

4) 배임행위

A. **경영판단**

① 경영자의 경영상 판단에 관하여 배임죄의 고의는 엄격하게 인정되고, 배임행위는 결과책임, 과실책임이 아니라 신의성실원칙에 비추어 **통상의 업무집행의** 범위를 일탈하였는가에 따라 판단해야 한다. 이런 사정을 모두 고려하더라도 법령의 규정, 계약 내용 또는 신의성실원칙상 구체적 상황과 자신의 역할 · 지위에서 **당연히 해야 할 것으로** 기대되는 행위를 하지 않거나, 당연히 하지 않아야 할 것으로 기대되는 행위를 행함으로써 재산상 이익을 취득하거나, 제3자로 하여금 이를 취득하게 하고 본인에게 손해를 가하였다면, 그에 관한 고의 내지 불법이득의사는 인정함이 마땅하다.[3]

② *표준판례 경영상 판단과 관련하여 기업 경영자에게 배임고의가 인정되기 위해서는 문제된 경영판단에 이르게 된 경위와 동기, 판단대상인 사업의 내용 등 제반 사정을 고려해야 한다. 여기에는 자기 또는 제3자가 재산상 이익을 취득한다는 인식과 본인에게 손해를 가한다는 인식이 있는 **의도적 행위가** 있어야 배임죄 고의가 인정되는 **엄격한 해석기준이** 필요하다. 그러한 인식이 없는데 단순히 본인에게 손해가 발생하였다는 결과만으로 책임을 묻

1) 대판 2014. 8. 21. 2014도3363 전원합의체. 제4, 9회.
2) 대판 1990. 2. 13. 89도1931. 제4회.
3) 대판 2012. 8. 30. 2011도15052.

거나 주의의무를 소홀히 한 과실이 있다는 이유로 책임을 물을 수는 없다.1)

B. **배임행위 인정**

① 주식회사의 대표이사가 임무에 위배하여 주주 또는 회사 채권자에게 손해가 될 행위를 한 경우, 그 행위에 대해 이사회 또는 **주주총회의 결의가** 있었다는 이유만으로 배임죄의 죄책을 면할 수는 없다.2)

② 주식회사 대표이사가 주주들에게 법인의 가지급금을 지급함에 따라 가지급금에 대한 인정이자를 계산하여 익금에 산입해야 함에도, 주주들로부터 **인정이자를** 회수하지 않고 회수한 것처럼 회계서류를 조작한 경우, 배임죄가 성립한다.3)

③ 모회사와 자회사가 모회사의 대주주로부터 그가 소유한 다른 회사의 **비상장주식을** 매입한 경우, 대주주와 모회사 및 자회사의 임직원들에 대해 업무상배임죄가 성립한다.4) *경영상 필요가 아니라 주식을 매도하려는 대주주의 개인적 이익에 불과.

④ 대기업의 회장 등이 경영상 판단이라는 이유로 갑 계열회사의 자금으로 재무구조가 상당히 **불량한 상태에** 있는 을 계열회사가 발행하는 신주를 액면가격으로 인수한 것은, 그 자체로 업무상 배임행위에 해당된다.5)

⑤ 대기업 또는 대기업의 회장 등 개인이 정치적으로 난처한 상황에서 벗어나기 위해 자회사 및 협력회사 등으로 하여금 **특정 회사의** 주식을 매입수량, 가격 및 매입시기를 미리 정하여 매입하게 한 행위는 업무상 배임행위에 해당한다.6)

⑥ 금융기관 직원이 대출을 하면서 대출채권의 회수를 확실하게 하기 위해 **충분한 담보를** 제공받는 등 상당하고도 합리적인 조치를 강구하지 않고, 만연히 대출을 해주었다면 업무상 배임행위에 해당한다.7)

⑦ **특정 목적을** 위해 조성된 자금을 부적격자에게 대출하거나, 적격자에게 대출하더라도 그 지원한도를 초과하여 대출하는 행위는, 비록 충분한 담보가 제공되어 대출금의 회수가 보장된다고 하더라도, 결국 특정 목적을 위해 조성된 자금의 감소를 초래하여 업무상배임죄에 해당한다.8)

⑧ 위임받은 타인의 사무가 부동산소유권이전등기의무인 경우에 매도인의 임무위배행위로 인하여 매도인의 **소유권이전등기의무가** 이행불능되거나 이행불능에 빠질 위험성이 있으면 배임죄가 성립하고, 매도인과 매수인 사이에 소유권이전등기절차를 이행하기로 하는 재판상 화해가 성립한 경우에도 마찬가지이다.9)

---

1) 대판 2019. 6. 13. 2018도20655.
2) 대판 2005. 10. 28. 2005도4915.
3) 대판 2005. 9. 29. 2003도4890.
4) 대판 2005. 4. 29. 2005도856.
5) 대판 2004. 6. 24. 2004도520.
6) 대판 2007. 3. 15. 2004도5742.
7) 대판 2007. 4. 12. 2007도1033.
8) 대판 2007. 4. 27. 2007도1038.
9) 대판 2007. 7. 26. 2007도3882.

⑨ 회사의 대표이사가 대표권을 남용하여 **회사 명의의 약속어음을** 발행하였다면, 비록 상대방이 그 남용사실을 알았거나 중대한 과실로 알지 못하여 회사가 상대방에 대해 채무를 부담하지 않더라도, 약속어음이 제3자에게 유통될 경우 회사가 소지인에 대해 어음금채무를 부담할 위험은 이미 발생하였으므로, 배임죄의 재산상 실해 발생위험이 초래되었다고 봄이 상당하다.1)

⑩ 인수자가 기업인수자금을 대출받아 기업을 인수한 후 나중에 피인수기업의 자산을 그 대출금의 담보로 제공하는 행위, **이른바 LBO**(Leveraged Buyout) 방식의 기업인수는 업무상배임죄를 구성한다.2)

⑪ 회사 직원이 무단으로 **반출한 자료가** 업무상배임죄에 해당되기 위해서는, 그 자료가 영업비밀은 아니더라도 적어도 불특정 다수인에게 공개되어 있지 않고, 그 자료 보유자가 자료개발을 위해 상당한 시간, 노력 및 비용을 들인 것으로 경쟁자에 대해 경쟁상의 이익을 얻을 수 있는 정도의 주요한 자산이어야 한다.3)

⑫ 금융기관이 거래처의 기존 대출금에 대한 **원리금으로** 상환되도록 약정된 새로운 대출금을 실제로 거래처에 교부한 경우, 비록 새로운 대출금이 기존 대출금의 원리금으로 상환되도록 약정되어 있더라도, 그 대출과 동시에 이미 손해발생의 위험은 발생했다고 보아야 하므로 업무상배임죄가 성립한다.4)

⑬ 주식회사 임원이 공적 업무수행을 위해서만 사용이 가능한 **법인카드**를 개인 용도로 계속적·반복적으로 사용한 행위는 업무상배임죄를 구성한다.5)

⑭ 회사가 타인의 사무를 처리하는 일을 영업으로 하고 있는 경우, 회사의 대표이사가 그 **타인의 사무**를 처리하면서 업무상 임무에 위배되는 행위를 하여 회사로 하여금 그 타인에 대한 손해배상책임 등 채무를 부담하게 한 때에는, 회사에 대한 관계에서 업무상배임죄를 구성한다.6)

⑮ 상호지급보증 관계에 있는 회사 간에 보증회사가 **채무변제능력이 없는** 피보증회사에 대해, 합리적인 채권회수책 없이 새로 금원을 대여하거나 예금담보를 제공하였다면 업무상배임죄를 구성한다.7)

⑯ 대표이사가, 회사가 속한 재벌그룹의 전 회장이 부담해야 할 원천징수소득세 납부를 위해 다른 회사에 **회사자금을 대여한** 경우 배임죄가 성립한다.8)

⑰ 저당권이 설정된 자동차를 **저당권자의** 동의 없이 매도한 경우 배임죄가 성립하지 않

---

1) 대판 2013. 2. 14. 2011도10302. 제6, 8회.
2) 대판 2008. 2. 28. 2007도5987. 제3회.
3) 대판 2012. 6. 28. 2011도3657.
4) 대판 2013. 10. 17. 2013도6826.
5) 대판 2014. 2. 21. 2011도8870. 제5회.
6) 대판 2014. 2. 21. 2011도8870.
7) 대판 2004. 7. 9. 2004도810.
8) 대판 2010. 10. 28. 2009도1149.

지만, 자동차를 담보로 제공하고 점유하는 채무자가 부당히 담보가치를 감소시킨 경우에는 배임죄가 성립한다.1) *자동차의 교환가치는 저당권에 포섭, 저당권설정자가 자동차를 매도하여 소유자가 달라지더라도 저당권에는 영향이 없음.

⑱ 피고인이 갑에게서 돈을 차용하면서 피고인 소유의 **골프회원권을 담보로** 제공한 후 제3자에게 임의로 매도한 경우 배임죄가 성립한다.2) *피고인이 담보물인 골프회원권을 담보 목적에 맞게 보관 · 관리해야 할 사무를 처리하는 자의 지위에 있음.

⑲ 회사 경영자가 안정주주를 확보하여 경영권을 계속 유지하는 것을 주된 목적으로 종업원의 **자사주 매입에** 회사자금을 지원한 경우, 업무상배임죄가 성립한다.3) *경영자의 이익을 위해 회사재산을 사용하는 것이 되어 회사의 이익에 반함.

⑳ 비등록 · 비상장 법인의 대표이사가 시세차익을 얻을 의도로 주식 시가보다 현저히 낮은 금액의 **전환사채를** 발행하고 제3자 이름으로 이를 인수한 후, 그 주식 중 일부를 직원들에게 전환가격 상당에 배분한 경우, 주식 시가와 전환가격의 차액 상당의 재산상 이익을 취득하였으므로 업무상배임죄가 성립한다.4)

㉑ 갑회사의 대표이사가 회사 소유의 건물을 다른 사람에게 임대하고 교부받은 **임대보증금** 중 일부를 자신의 을 회사에 대한 체불임금채권에 충당한 경우 업무상배임죄에 해당된다.5)

㉒ 재무구조가 열악한 회사의 대표이사가 회사자산으로 **거액의 기부를** 한 것은 회사의 재정상태에 비추어 과도한 규모로서 상당성을 결하고, 기부상대방이 대표이사와 개인적 연고가 있을 뿐 회사와 연관성이 없는 사람이라면, 그 기부는 대표이사의 선량한 관리자의 업무상 임무에 위배되는 행위이다.6)

㉓ 회사의 대표이사 등이 임무에 위배하여 회사로 하여금 다른 사업자와 용역계약을 체결하게 하면서, 적정한 용역비 수준을 벗어나 부당하게 **과다한 용역비를** 정하여 지급하였다면, 그와 같이 지급한 용역비와 적정 수준의 용역비 사이의 차액 상당의 손해를 회사에 가하였으므로 배임죄가 성립한다.7)

㉔ 재개발조합 조합장이 조합원들의 이주비 차용에 따른 약속어음공증신청을 법무사에게 일괄 위임하면서, 과다한 액수의 수수료 요구를 그대로 받아들여 **용역계약을** 체결한 경우 업무상 배임의 고의를 인정할 수 있다.8)

㉕ 대학교수가 판공비 지출용 **법인신용카드**를 업무와 무관하게 개인적 용도에 사용한 행위는 업무상횡령죄가 아닌 업무상배임죄를 구성한다.9)

---

1) 대판 2012. 9. 13. 2010도11665.
2) 대판 2012. 2. 23. 2011도16385.
3) 대판 1999. 6. 25. 99도1141.
4) 대판 2001. 9. 28. 2001도3191.
5) 대판 2008. 7. 24. 2008도287.
6) 대판 2012. 6. 14. 2010도9871.
7) 대판 2018. 2. 13. 2017도17627.
8) 대판 1997. 6. 13. 97도618.
9) 대판 2006. 5. 26. 2003도8095.

㉖ *표준판례 공무원이 대통령이 퇴임 후 사용할 **사저부지와 경호부지를** 일괄 매수하는 사무를 처리하면서 이미 복수의 감정평가업자에게 감정평가를 의뢰하여 그 결과를 통보받았음에도, 굳이 이를 무시하면서 인근 부동산업자들이나 인터넷, 지인 등으로부터 불확실한 정보를 얻어 감정평가결과와 전혀 다르게 사저부지 가격을 낮게 평가하고 경호부지 가격을 높게 평가하여 매수대금을 배분한 것은, 국가사무를 처리하는 자로서 임무위배행위에 해당하고, 위 피고인들에게 배임의 고의 및 불법이득의사도 인정된다.[1] ***이명박 전 대통령 내곡동 사저부지 매입사건**. 공무원의 국가에 대한 업무상배임죄를 인정한 판결.

㉗ *표준판례 전환사채의 발행업무를 담당하는 사람은 회사에 대해 전환사채 인수대금이 모두 납입되어 실질적으로 회사에 귀속되도록 조치할 업무상 임무가 있다. 그럼에도 **전환사채 인수인이** 인수대금을 납입하지 않고서도 전환사채를 취득하게 하여 회사가 사채상환의무를 부담하면서도 그에 상응하여 취득하여야 할 인수대금 상당의 금전을 취득하지 못하는 손해를 입게 하였으므로 업무상배임죄의 죄책을 진다. 그 후 전환사채의 인수인이 전환사채를 처분하여 대금 중 일부를 회사에 입금하였거나 또는 전환권을 행사하여 전환사채를 주식으로 전환하였더라도, 이러한 사후 사정은 이미 성립한 업무상배임죄에 영향을 주지 않는다.[2]

㉘ 이른바 **차입매수방식**(LBO)의 기업인수가 배임죄에 해당되는가 여부는 차입매수가 이루어지는 과정의 행위가 배임죄 구성요건에 해당하는지 여부에 따라 개별적으로 판단해야 한다. 이때 기업 인수자가 피인수회사의 담보제공으로 인한 위험 부담에 상응하는 대가를 지급하는 등의 **반대급부를 제공하는** 경우에 한하여 차입매수는 허용될 수 있다. 만일 인수자가 피인수회사에 아무런 반대급부를 제공하지 않고 피인수회사의 대표이사가 임의로 피인수회사의 재산을 담보로 제공하게 하였다면, 인수자 또는 제3자에게 담보 가치에 상응한 재산상 이익을 취득하게 하고 피인수회사에 그 재산상 손해를 가하였다고 봄이 상당하므로 업무상배임죄가 성립한다.[3] *하이마트 사건.

㉙ 디스플레이용 OLED 재료를 개발, 생산하는 피해회사의 연구원으로 근무하는 피고인은 OLED 제작, **실험에 필요한 재료를** 경쟁업체에 송부하여 업무상배임죄로 기소되었다. 원심은 경쟁업체에 넘긴 재료는 재산상 이익이 아닌, **재물 자체를 대상으로** 하는 것이어서 업무상배임죄의 객체가 아니라는 이유로 무죄를 선고하였다. 그러나 대법원은, 피해회사와 경쟁업체의 사업 분야 및 관계, 피고인이 송부한 재료의 성격 등에 비추어 보면, 공소사실의 취지가 피고인의 재료 송부가 그 재료에 포함된 영업비밀을 유출한 것이라는 주장으로 이해될 여지가 있다. 검사에 대해 **석명권을** 행사하여 그 취지를 분명히 하여 심리·판단하지 않은 것은 심리를 다하지 않은 위법이 있다.[4]

㉚ 피고인은 피해회사가 보유한 산업기술에 해당하는 파일을 유출하여 산업기술보호법

---

1) 대판 2013. 9. 27. 2013도6835.
2) 대판 2015. 12. 10. 2012도235.
3) 대판 2020. 10. 20. 2016도10654.
4) 대판 2021. 5. 7. 2020도17853.

위반죄 및 업무상배임죄로 기소되었다. 원심은 위 파일이 피해회사의 영업비밀 내지 영업상 주요한 자산에 해당하는지 여부에 관하여 **아무런 심리도 하지 않고** 산업기술이 아니라는 이유만으로 산업기술보호법위반죄는 물론 업무상배임죄까지 무죄로 판단하였다. 이는 업무상배임죄의 성립에 관한 법리오해의 위법이 있다.[1)]

C. **배임행위 부정**

① 대표이사가 개인의 차용금 채무에 관해 개인 명의로 작성하여 교부한 차용증에 추가로 회사의 **법인 인감을** 날인하였더라도, 회사에 재산상 손해가 발생하였다거나 재산상 실해발생의 위험이 초래되었다고 볼 수 없기 때문에 업무상 배임에 해당되지 않는다.[2)]

② 회사의 대표이사가 타인의 채무를 회사 이름으로 지급보증 또는 연대보증하면서, 그 타인이 단순히 **채무초과 상태에** 있다는 이유만으로는 그러한 지급보증 또는 연대보증이 곧 회사에 대해 배임행위가 된다고 단정할 수 없다.[3)]

③ 신주발행을 하면서 대표이사가 **납입 이행을** 가장한 경우, 상법상 가장납입죄가 성립하는 이외에 따로 기존 주주에 대한 업무상배임죄를 구성하지는 않는다.[4)]

④ 부동산을 이중으로 매도한 경우 매도인이 **선매수인에게** 소유권이전의무를 이행하였다고 하여 후매수인에 대한 관계에서 임무를 위배한 것이라고 할 수 없다.[5)] *이중매매는 금지된 행위이므로 후매수인은 형법상 보호를 받지는 못하고 매도인은 후매수인에 대해 채무불이행의 책임을 부담.

⑤ 부동산을 **대물변제하면서** 환매할 수 있도록 약정하였더라도 환매기일이 도과된 후에 채권자가 동 부동산에 관해 제3자 앞으로 저당권설정등기를 한 것은 배임행위가 될 수 없다.[6)]

⑥ 주식회사 대표이사인 피고인이 자신의 채권자들에게 회사 명의의 **금전소비대차 공정증서** 등을 작성해 준 행위는, 대표권 남용으로서 상대방들도 이를 알았거나 알 수 있었으므로 무효이다. 그로 인해 회사에 재산상 손해가 발생하였다거나 재산상 실해발생의 위험이 초래되었다고 볼 수 없어서 배임죄가 되지 않는다.[7)]

⑦ 피고인이 갑한테 부동산을 매수하면서, 계약금을 지급하는 즉시 피고인 앞으로 소유권을 이전받되 **매매잔금은** 일정기간 내에 이를 담보로 대출을 받아 지급하고, 건축허가를 받지 못하면 계약을 해제하여 원상회복해 주기로 약정하였다. 피고인이 소유권을 이전받은 직후 이에 관해 다른 용도로 근저당권을 설정하였더라도 배임죄가 성립하지는 않는다.[8)] *타인의 사무를 처리하는 자의 임무위배 행위가 아님. 갑에게 임야를 반환해야 할 현실적 의무 없음.

⑧ 입주자대표회의 회장이 열 사용요금의 납부를 위한 지출결의서의 날인을 거부함으

1) 위 판례.
2) 대판 2004. 4. 9. 2004도771.
3) 대판 2004. 6. 24. 2004도520.
4) 대판 2004. 5. 13. 2002도7340.
5) 대판 1992. 12. 24. 92도1223.
6) 대판 1983. 2. 22. 82도2945.
7) 대판 2012. 5. 24. 2012도2142. 제3, 6회.
8) 대판 2011. 4. 28. 2011도3247. 제3회.

로써 아파트 입주자들에게 **연체료**를 부담시켰더라도, 열 사용요금 납부연체료를 지급받은 공급업체가 연체료 상당의 재산상 이익을 취득한 것은 아니므로 업무상배임죄가 성립하지는 않는다.[1] *연체료는 금전채무 불이행으로 인한 손해배상에 해당.

⑨ 주식회사의 주주총회결의에서 자신이 대표이사로 선임된 것으로 **주주총회의사록 등을 위조한** 자가 회사를 대표하여 한 대물변제 등의 행위는, 법률상 효력이 없어 그로 인하여 회사에 어떠한 손해가 발생한다고 할 수 없으므로 배임죄를 구성하지 않는다.[2]

⑩ 점유개정의 방법으로 **양도담보에** 제공한 동산인 어선(20t 이하)을 다시 제3자에게 매도하고 어선원부상 소유자명의를 변경 등록한 것만으로는, 양도담보권자에게 어떤 재산상 손해를 발생시킬 위험이 없어 배임죄가 성립하지 않는다.[3] *제3자가 그 동산을 선의 취득할 수 없음. 어선원부로 사법상 권리변동이 이루어지는 것은 아님.

⑪ 회사가 행한 대출의 실질이 자금 이동 없는 **서류상의 채무자 변경에** 불과하고 실질적인 담보력에 변화가 없어, 이로 인하여 대출채권을 회수하지 못할 위험이 발생하였거나 발생할 염려가 생긴 것이 아니라면, 그 대출행위는 배임죄를 구성하지 않는다.[4]

⑫ 이미 신용불량자로 등록되어 있어 추가대출이 불가능한데도, 마치 그 연체대출금이 모두 변제된 것처럼 전산조작을 하여 부정대출을 해주었더라도, 이로 인해 결과적으로 **회수한 채권액이** 더 많아졌다면, 계산상 대출금융기관에게 손해가 아닌 이익이 되었으므로 임무위반행위가 되지 않는다.[5]

⑬ 새마을금고의 **동일인 대출한도**를 초과하여 대출하였다는 사실만으로 업무상배임죄가 성립하지는 않는다. 일반적으로 이러한 동일인 대출한도 초과대출이라는 임무위배의 점에 더해 채무상환능력이 부족하거나, 제공된 담보의 경제적 가치가 부실해서 대출채권의 회수에 문제가 있는 것으로 판단되는 경우에 업무상배임죄가 성립한다.[6]

⑭ 회사직원이 영업비밀 또는 영업상 주요한 자산을 경쟁업체에 유출하거나 스스로의 이익을 위해 이용할 목적으로 무단 반출한 경우, 업무상배임죄의 기수시기는 '**유출 또는 반출 시**'이다. 영업비밀 등을 적법하게 반출하였으나 퇴사 시에 회사에 반환하거나 폐기할 의무가 있음에도, 같은 목적으로 이를 반환하거나 폐기하지 않은 경우, 업무상배임죄의 기수시기는 '**퇴사 시**'가 된다. 퇴사한 회사직원이 위와 같이 반환하거나 폐기하지 않은 영업비밀 등을 경쟁업체에 유출하거나 스스로의 이익을 위해 이용한 행위가 따로 업무상배임죄를 구성하지 않고, 제3자가 위와 같은 유출 내지 이용행위에 공모 · 가담하더라도 업무상배임죄의 공범이 성립하지는 않는다.[7]

1) 대판 2009. 6. 25. 2008도3792. 제3회.
2) 대판 2013. 3. 28. 2010도7439.
3) 대판 2007. 2. 22. 2006도6686. 제4회.
4) 대판 2007. 6. 1. 2006도1813.
5) 대판 2008. 2. 14. 2007도7716.
6) 대판 2008. 6. 19. 2006도4876 전원합의체.
7) 대판 2017. 6. 29. 2017도3808.

⑮ 갑회사의 대표이사 또는 이사들이 갑회사가 운영하는 **골프장을** 이용하면서 회사내규인 '회원예우에 관한 규정'에 따라 해당 비용을 면제받은 경우 배임죄가 성립하지 않는다.[1] *임의적이 아니라 규정에 따른 면제, 사회관념상 타당성이 있는 회사의 자율적인 운영권의 범위 안에 있음.

⑯ 주주 배정방식에 의한 **전환사채 발행시** 주주들이 그 인수를 포기함에 따라 발생한 실권주 등을 제3자에게 배정한 결과 회사 지분비율에 변화가 생기고, 신주의 발행가액이 시가보다 현저하게 낮아 그 인수권을 행사하지 않은 주주들의 주식가치가 희석되는 불이익은, 기존 주주들 자신의 선택에 의한 것일 뿐이다. 회사의 입장에서 보더라도 기존 주주들의 신주인수와 이사회의 배정을 비교하면 회사에 유입되는 자금의 규모는 차이가 없다. 이를 시행한 회사의 이사는 회사에 대해 임무에 위배하여 손해를 끼친 업무상 배임에 해당한다고 볼 수 없다.[2] ***삼성 에버랜드 전환사채발행 사건**

⑰ ***표준판례** 피고인은 직접 고객을 방문하여 은행 업무를 처리해 주는 외부영업 담당직원이다. 피고인은 피해자들 명의 예금계좌의 통장과 현금카드를 피해자들의 허락 없이 새로 발급하여 소지하고 있으면서, 이를 이용하여 위 예금계좌에 입금된 대출금을 인출하여 임의로 소비하였다. 피해자들 명의 예금계좌에 입금된 대출금은 은행 소유이고, 그 직원인 피고인이 위 예금계좌의 통장을 예금주에게 교부하는 것은 은행의 업무에 속하며 **예금주인 피해자들의 사무에** 속한다고 볼 수 없다. 따라서 피고인이 피해자들의 재산관리에 관한 사무를 처리하는 지위에 있다고 할 수 없어서 피해자에 대한 업무상배임죄가 성립하지 않는다. 나아가서 피해자들의 예금채권이 소멸하는 것도 아니므로 은행에 대한 반환청구권이 있고, 따라서 재산상 손해가 발생한 것도 아니다.[3] *은행직원의 예금관리는 은행의 업무이지 예금주의 재산관리사무가 아님.

⑱ ***표준판례** 업무상배임죄는 재산상 손해가 발생한 경우와 실해발생의 위험을 초래한 경우를 포함한다. 재산상 손해 유무에 대한 판단은 법률적 판단이 아니라 **경제적 관점에서** 파악해야 한다. 실해 발생의 위험은 본인에게 손해가 발생할 막연한 위험이 있는 것만으로는 부족하고 경제적인 관점에서 보아 손해가 발생한 것과 같은 정도로 **구체적 위험이** 있어야 한다.[4]

5) 재산상 이익취득

A. 이익취득 인정

① 배임죄에 있어서 손해란 현실적인 손해가 발생한 경우뿐만 아니라 재산상의 위험이 발생된 경우도 포함된다. 피해자와 주택에 대한 전세권설정계약을 맺고 전세금의 중도금까지 지급받고도 임의로 타에 **근저당권설정등기를** 경료해 줌으로써 전세금반환채무에 대한 **담보**

---

1) 대판 2009. 2. 26. 2008도522.
2) 대판 2009. 5. 29. 2007도4949 전원합의체.
3) 대판 2017. 8. 24. 2017도7489.
4) 대판 2015. 9. 10. 2015도6745.

능력 상실의 위험이 발생되었다면 배임죄가 성립한다.1)

② 배임죄의 재산상 손해에는 현실적 손해가 발생한 경우뿐만 아니라 재산상 **실해 발생의 위험을** 초래한 경우도 포함된다. 재산상 실해 발생의 위험은 본인에게 손해가 발생할 막연한 위험이 있는 것만으로는 부족하고, 경제적 관점에서 보아 본인에게 손해가 발생한 것과 같은 정도로 **구체적인 위험이** 있는 경우를 의미한다.2)

③ 배임죄에서 **재산상 손해 유무에 대한 판단**은 본인의 전 재산 상태를 고려하여 **경제적 관점에 따라** 해야 한다. 법률적 판단에 의해 당해 배임 행위가 무효라 하더라도 경제적 관점에서 파악하여 본인에게 현실적인 손해를 가하였거나 재산상 실해 발생의 위험을 초래한 경우에는, 재산상의 손해를 가한 때에 해당한다.3)

④ 갑 조합의 대출업무 담당자인 피고인이 갑 조합에 처와 모친 소유의 토지를 담보로 제공하고 그들 명의로 대출을 받은 다음, 위임장 등을 위조하여 담보로 제공된 위 토지에 설정된 **근저당권설정등기를 말소**하여 배임혐의로 기소되었다. 등기 말소로 갑 조합에 손해가 발생하였음에도 무죄를 선고한 원심판결은 법리오해의 잘못이 있다.4)

⑤ 회사가 매입한 **비상장주식의** 실거래가격이 시가에 근접하는 경우에도, 그 거래의 주된 목적이 매도인의 비상장주식 매도에 있고 회사는 이에 이용된 것에 불과하면, 매도인에게 유동성을 증가시키는 재산상 이익을 주고 회사에는 그에 상응하는 재산상 손해를 가한 것으로 볼 수 있다.5)

⑥ 재단법인 불교방송의 이사장 직무대리인이 후원회 기부금을 정상 회계처리하지 않고, 자신과 친분관계에 있는 신도에게 **확실한 담보도** 제공받지 아니한 채 대여한 경우, 그 신도가 이자금을 제때에 불입하고 나중에 원금을 변제하였더라도 배임죄가 성립한다.6)

⑦ 회사의 대표이사 등이 그 임무에 위배하여 주식을 고가로 매수함으로써 회사에 가한 손해액은, 통상 그 주식의 실제 매수대금과 그 주식의 적정가액 사이의 **차액 상당이라고** 봄이 타당하다.7)

⑧ 부실대출에 의한 업무상배임죄가 성립하는 경우에는 담보물의 가치를 초과하여 대출한 금액이나 실제로 회수가 불가능하게 된 금액만을 손해액으로 볼 것은 아니고, 재산상 권리의 실행이 불가능하게 될 염려가 있거나 손해발생의 위험이 있는 **대출금 전액을** 손해액으로 보아야 한다.8)

⑨ 금융기관이 금원을 대출함에 있어 대출금 중 선이자를 공제한 나머지만 교부하거나

1) 대판 1993. 9. 28. 93도2206.
2) 대판 2017. 10. 12. 2017도6151. 제8회.
3) 대판 2006. 11. 9. 2004도7027. 제8회.
4) 대판 2014. 6. 12. 2014도2578.
5) 대판 2008. 5. 29. 2005도4640.
6) 대판 2000. 12. 8. 99도3338.
7) 대판 2012. 6. 28. 2012도2623.
8) 대판 2013. 10. 17. 2013도6826. 제8회.

약속어음을 할인함에 있어 만기까지의 선이자를 공제한 경우, 금융기관으로서는 대출금채무의 변제기나 약속어음의 만기에 선이자로 공제한 금원을 포함한 **대출금 전액이나 약속어음 액면금 상당액**을 취득할 것이 기대된다. 배임행위로 인하여 금융기관이 입는 손해는 선이자를 공제한 금액이 아니라, 선이자로 공제한 금원을 포함한 대출금 전액이거나 약속어음 액면금 상당액으로 보아야 한다.1)

⑩ *표준판례 갑 주식회사 대표이사인 피고인이, 자신이 별도로 대표이사를 맡고 있던 을 주식회사의 병 은행에 대한 대출금채무를 담보하기 위해 병 은행에 갑 회사 명의로 액면금 29억 9,000만 원의 **약속어음을** 발행하여 주었다. 피고인이 대표권을 남용하여 약속어음을 발행한 사실은 병 은행이 알았거나 알 수 있었던 때에 해당하여 그 발행행위가 갑 회사에 대해 효력이 없다면, 이로 인해 갑 회사에 현실적인 손해나 재산상 실해 발생위험이 초래되었다고 볼 수 없다. 피고인의 행위를 배임죄 기수로 판단한 원심판결은 법리오해의 잘못이 있다.2) *배임죄 미수. 배임죄 기수로 보던 종래 견해를 변경한 것임.

⑪ *표준판례 업무상배임죄에서 재산상 손해는 총체적으로 보아 본인의 재산 상태에 손해를 가한 경우를 말한다. 현실적인 손해를 가한 경우뿐만 아니라 재산상 손해발생 위험을 초래한 경우도 포함된다. 이 판단은 법률적 관점이 아니라 경제적 관점에서 실질적으로 내려야 하며, 일단 손해위험을 발생시킨 이상 나중에 **피해가 회복되었더라도** 배임죄 성립에는 영향이 없다.3)

⑫ *표준판례 배임죄는 임무에 위배되는 행위로 자기 또는 제3자가 이익을 취득하여 본인에게 손해를 가한 때 기수가 된다. 그런데 임무위배행위가 민사상 무효가 되어 본인에게 **손해가 발생하지 않으면** 기수를 인정할 수 없다. 그러나 의무부담행위로 인해 실제로 채무이행이 이루어지거나 본인이 민법상 불법행위책임을 부담하게 되는 등 본인에게 현실적인 손해가 발생하거나 실해 발생위험이 생기면 배임죄 기수를 인정해야 한다. 배임죄의 손해발생 또는 재산상 이익의 침해 여부는 구체적 사안별로 신중하게 판단하여야 한다.4)

⑬ *표준판례 업무상배임죄에서 재산상 손해는 담보제공 등 채무부담으로 인한 재산감소와 같은 적극적 손해를 야기한 경우는 물론, 객관적으로 충분히 기대되는 재산증가를 임무위배행위로 얻지 못하는 **소극적 손해를** 포함한다. 이러한 소극적 손해는 임무위배행위가 없었다면 실현되었을 재산 상태와 임무위배행위로 말미암아 현실적으로 실현된 재산 상태를 비교하여 그 유무 및 범위를 산정해야 한다.5)

⑭ **건물관리인이** 건물주로부터 월세임대차계약 체결업무를 위임받고도 임차인들을 속여 전세임대차계약을 체결하고 그 보증금을 편취하였다. 이 경우 사기죄와 별도로 업무상배

1) 대판 2004. 7. 9. 2004도810. 제8회.
2) 대판 2017. 7. 20. 2014도1104 전원합의체. 제10회.
3) 대판 2015. 11. 26. 2014도17180.
4) 대판 2017. 9. 21. 2014도9960.
5) 대판 2013. 4. 26. 2011도6798.

임죄가 성립하고 두 죄는 실체적 경합관계에 있다.1)

B. **이익취득 부정**

① 전세권설정의무를 부담하는 자가 제3자에게 근저당권을 설정하여 준 경우, 제3자에 대한 **근저당권설정등기의** 피담보채권액 9,000만 원을 공제하더라도 피해자의 전세금 7,500만 원을 초과하므로, 피고인이 제3자에게 근저당권을 설정해 준 행위로 인해 건물에 대한 피고인 지분의 담보가치가 상실되어 피해자에게 재산상 손해가 발생하였다고 하기 어렵다.2)

② 일반경쟁입찰로 체결해야 할 공사도급계약을 **수의계약으로** 체결하였더라도, 수의계약에 의한 공사대금이 일반경쟁입찰로 공사도급계약을 체결할 경우 예상되는 공사대금 범위를 벗어난 것이 아니라면, 재산상 손해를 가한 때에 해당하지 않는다.3)

③ 피고인이 회사가 정한 할인율 제한을 위반하여 이른바 '덤핑판매'를 하였더라도 **시장가격에** 따라 제품을 판매하였다면, 지정 할인율에 의한 제품가격과 실제 판매시 적용된 할인율에 의한 제품가격의 차액 상당을 거래처가 얻은 재산상 이익이라고 볼 수는 없다.4)

④ 업무상배임죄의 실행으로 인하여 이익을 얻게 되는 수익자 또는 그와 밀접한 관련이 있는 제3자를 배임의 **실행행위자와 공동정범**으로 인정하기 위해서는, 실행행위자의 배임행위를 교사하거나 또는 배임행위의 전 과정에 관여하는 등 배임행위에 **적극 가담할** 것을 필요로 한다.5)

⑤ ***표준판례** 타인에 대한 채무 담보로 제3채무자에 대한 **채권에 대해 권리질권을** 설정한 경우, 질권설정자가 제3채무자에게 질권설정 사실을 통지하거나 제3채무자가 이를 승낙하면 제3채무자가 질권자의 동의 없이 질권의 목적인 채무를 변제하더라도 이로써 질권자에게 대항할 수 없다. 질권자는 여전히 제3채무자에 대해 직접 채무변제를 청구하거나 변제할 금액의 공탁을 청구할 수 있다(민법 제353조 제2항, 제3항). 그러므로 이 경우 질권설정자가 질권 목적인 채권변제를 받았다고 하여 질권자에 대한 관계에서 타인의 사무를 처리하는 자로서 임무에 위배되는 행위를 하여 질권자에게 손해를 가하거나 손해발생의 위험을 초래하였다고 할 수 없다. 배임죄가 성립하지 않는다.6)

6) 불법영득의사

① 업무상배임죄의 고의가 인정되려면, 업무상 타인의 사무를 처리하는 자가 본인에게 재산상 손해를 가한다는 의사가 있어야 한다. 아울러 자기 또는 제3자에게 재산상 이득을 주려는 의사가 있어야 할 뿐만 아니라, 그의 행위가 **임무에 위배된다는** 인식이 있어야 한다.7)

② 경영자의 **경영상 판단에** 관하여 배임죄 고의는 엄격하게 인정되고, 배임행위는 결과

---

1) 대판 2010. 11. 11. 2010도10690. 제9회.
2) 대판 2006. 6. 15. 2004도5102.
3) 대판 2005. 3. 25. 2004도5731.
4) 대판 2009. 12. 24. 2007도2484.
5) 대판 1999. 7. 23. 99도1911. 제8회.
6) 대판 2016. 4. 29. 2015도5665.
7) 대판 2006. 11. 9. 2004도7027.

책임, 과실책임이 아니라 신의성실원칙에 비추어 통상의 업무집행 범위를 일탈하였는가에 따라 판단해야 한다. 이런 사정을 모두 고려하더라도 법령의 규정, 계약 내용 또는 신의성실원칙상 구체적 상황과 자신의 역할 · 지위에서 **당연히 해야 할 것으로** 기대되는 행위를 하지 않거나 당연히 하지 않아야 할 것으로 기대되는 행위를 행함으로써 재산상 이익을 취득하거나 제3자로 하여금 이를 취득하게 하고 본인에게 손해를 가하였다면, 그에 관한 고의 내지 불법이득의사는 인정된다.[1]

③ 매매계약에 있어서 매도인이 부동산을 매도한 후 그 매매계약을 해제하고 이를 다시 제3자에게 매도한 경우, 피고인이 들고 있는 **계약해제사유가** 적법한 것이 아닌데 피고인이 이를 적법한 해제사유로 믿고, 그 믿음에 정당한 사유가 없으면 피고인의 배임 고의는 인정된다.[2]

④ 주식회사의 설립업무를 담당한 자와 주식인수인이 사전 공모하여 주금납입취급은행 이외의 제3자로부터 납입금에 해당하는 금액을 차입하여 주금을 납입하고, 납입취급은행으로부터 **납입금보관증명서를** 교부받아 회사의 설립등기절차를 마친 직후 이를 인출하여 위 차용금채무의 변제에 사용한 경우, 그들에게 불법이득의사가 있다고 보기 어렵다.[3] *회사의 자본금에는 아무런 변동 없음.

7) 죄 수

① ***표준판례** 1개의 행위에 관하여 **사기죄와 배임죄** 구성요건이 모두 구비된 때에는 양 죄를 법조경합 관계로 볼 것이 아니라 **상상적 경합관계로** 봄이 상당하다.[4] *사기죄와 배임죄의 관계에서 사기죄만 성립하고 별도로 배임죄를 구성하지 않는다는 종래 견해를 전원합의체판결로 변경.

② 부동산에 피해자 명의의 근저당권을 설정하여 줄 의사가 없음에도 피해자를 속이고 근저당권설정을 약정하여 금원을 편취하고, 다시 그 부동산에 관하여 **제3자 명의로** 근저당권설정등기를 마친 경우, 이러한 배임행위는 금원을 편취한 사기죄와 별도로 **배임죄를** 구성한다.[5]

③ 아파트 소유권자인 피고인이 가등기권리자 갑에게 아파트에 관한 소유권이전청구권가등기를 말소해 주면 대출은행을 변경한 후 곧바로 다시 가등기를 설정해 주겠다고 속여 가등기를 말소하게 하고, 다시 위 아파트를 제3자 명의로 근저당권 및 전세권설정등기를 해 준 경우, 사기죄를 인정하는 이상 **비양립적 관계에 있는 배임죄**는 별도로 성립하지 않는다.[6]

④ 갑 주식회사의 대표이사와 실질적 운영자인 피고인들이 공모하여, 자신들이 을에 대

---

1) 대판 2017. 5. 30. 2017도1284.
2) 대판 2007. 3. 29. 2006도6674.
3) 대판 2005. 4. 29. 2005도856.
4) 대판 2002. 7. 18. 2002도669 전원합의체.
5) 대판 2008. 3. 27. 2007도9328. 제8, 9회.
6) 대판 2017. 2. 15. 2016도15226.

해 부담하는 개인채무 지급을 위해 갑 회사로 하여금 약속어음을 공동발행하게 하고, 위 채무에 대해 연대보증하게 한 후 갑 회사를 위해 보관 중인 돈을 임의로 인출하여 을에게 지급하여 위 채무를 변제한 경우, 배임죄와 별도로 **횡령죄**를 구성한다.[1]

⑤ ***표준판례** 갑 주식회사 대표이사인 피고인은 자신의 채권자 을에게 차용금에 대한 담보로 갑 회사 명의의 정기예금에 질권을 설정하여 주었는데, 그 후 을이 피고인의 동의하에 정기예금 계좌에 입금되어 있던 갑 회사 자금을 전액 인출하였다. 피고인의 예금인출동의 행위는 배임행위로써 이루어진 **질권설정행위**의 불가벌적 사후행위에 해당한다.[2]

⑥ 제3자가 업무상배임죄의 실행행위자와 **공동정범으로** 인정되기 위해서는 실행행위자의 행위가 배임행위에 해당한다는 것을 알면서도 소극적으로 편승하여 이익을 취득한 것만으로는 부족하고, 실행행위자의 배임행위를 교사하거나 또는 배임행위의 전 과정에 관여하는 등 **배임행위에 적극 가담**할 것을 필요로 한다.[3]

(2) 배임수증재죄 2

1) 배임수재죄

A. 주 체

① 배임수재죄 주체로서 '타인의 사무를 처리하는 자'는 타인과 대내관계에서 신의성실 원칙에 비추어 사무를 처리할 신임관계가 존재하는 자를 의미하고, 반드시 제3자에 대한 대외관계에서 사무 권한이 존재할 것을 요하지 않는다. 또 사무가 포괄적 위탁사무일 것을 요하는 것도 아니고, 사무처리의 근거, 즉 **신임관계의** 발생근거는 법령의 규정, 법률행위, 관습 또는 사무관리에 의해서도 발생할 수 있다.[4]

② 배임수재죄는 재물 또는 이익을 공여하는 사람과 취득하는 사람 사이에 **부정한 청탁이 개재되지 않으면** 성립하지 않는다. 여기서 '부정한 청탁'은 반드시 업무상 배임의 내용이 되는 정도에 이를 필요는 없고, 사회상규 또는 신의성실의 원칙에 반하는 것을 내용으로 하면 된다. 청탁이 반드시 명시적일 필요는 없으며, 부정한 청탁을 받고 나서 사후에 재물 또는 재산상 이익을 취득하더라도 배임수재죄는 성립한다.[5]

③ 배임수재죄에서 타인의 사무를 처리하는 자가 그 임무에 관하여 부정한 청탁을 받은 이상, 그 후 **사무분담 변경으로** 그 직무를 담당하지 않게 된 상태에서 재물을 수수하였더라도 여전히 타인의 사무를 처리하는 지위에 있다. 그 재물 등의 수수가 부정한 청탁과 관련하여 이루어진 것이라면 배임수재죄가 성립한다.[6]

④ 피고인은 갑 등으로부터, 경쟁업체보다 동부건설 컨소시엄이 제출한 설계도면에 유

---

1) 대판 2011. 4. 14. 2011도277.
2) 대판 2012. 11. 29. 2012도10980.
3) 대판 2005. 3. 11. 2004도4142.
4) 대판 2011. 8. 25. 2009도5618.
5) 대판 2013. 11. 14. 2011도11174. 제6, 9회.
6) 대판 1987. 4. 28. 87도414.

리한 점수를 주어 동부건설 컨소시엄이 낙찰받을 수 있도록 해 달라는 취지의 **청탁을 받은 이후에** 비로소 건설사업 평가위원으로 위촉되었다. 타인의 사무를 처리하는 자의 지위를 취득하기 전에 부정한 청탁을 받은 것을 배임수재죄로 처벌할 수 없다.1)

B. **부정한 청탁 인정**

① **대학병원 의사인** 피고인이, 의약품 등을 지속적으로 납품할 수 있도록 해달라는 부정한 청탁 또는 의약품 등을 사용해 준 대가로 제약회사 등으로부터 명절 선물이나 골프 접대 등 향응을 제공받은 경우 배임수재죄에 해당된다.2)

② 대출금의 **회수불능이** 예상되는 회사에 거액의 대출을 원활하게 해달라고 은행장에게 청탁하고 거액의 돈을 공여한 것은, 불량대출까지도 그 청탁내용으로 한 것이므로 이는 은행장의 임무에 관한 부정한 청탁에 속한다.3)

③ 아파트 건축회사 협상대표가 각 세대당 금 2백만 원의 보상금지급요구 문제 등에 관한 협상권한을 위임받은 아파트입주자 대표들에게, 보상금을 전체 금 2천만 원으로 대폭 감액하여 조속히 합의하여 달라고 부탁한 것은 배임수재죄의 부정한 청탁에 해당한다.4)

④ 대학교수가 특정출판사의 **교재를** 채택하여 달라는 청탁을 받고 교재 판매대금의 일정비율에 해당하는 금원을 받은 경우 배임수증죄를 구성한다.5)

⑤ **광고대행업무를** 수행하는 주식회사의 대표이사에게, 방송사 관계자에게 사례비를 지급해서라도 특정회사의 이익을 위해 수능과외방송을 하는 내용의 방송협약을 체결해 달라고 부탁하는 것은 부정한 청탁에 해당된다.6)

⑥ ***표준판례** 타인의 사무를 처리하는 자가 **장래에 담당**할 것으로 기대되는 임무에 관하여 부정한 청탁을 받고 재물 또는 재산상 이익을 취득한 후 그 청탁에 관한 임무를 현실적으로 담당하게 되었다면, 이로써 타인의 사무를 처리하는 자의 청렴성을 훼손하는 것이어서 배임수재죄가 성립한다.7)

⑦ 노동조합과 별개의 **사업장 내 단체인** 이른바 '현장조직'의 간부가 회사 측으로부터 부정한 청탁을 받고 두 차례에 걸쳐 합계 5,000만 원을 받은 사안에서, 위 조직의 단체교섭 영향력을 감안할 때 청탁의 '임무관련성'을 인정할 수 있다.8)

⑧ 방송국 프로듀서가 사례비를 받고 담당 방송프로그램에 **특정 가수의** 노래를 자주 방송해 달라는 청탁을 받은 것은 사회상규나 신의성실원칙에 반하는 부정한 청탁이라 할 것이다.9) *배임수재죄는 성립하지만 증재자에게는 정당한 업무. 수재자와 증재자를 반드시 같이

---

1) 대판 2010. 7. 22. 2009도12878. 제5, 9회.
2) 대판 2011. 8. 18. 2010도10290.
3) 대판 1983. 3. 8. 82도2873.
4) 대판 1993. 3. 26. 92도2033. 제6회.
5) 대판 1996. 10. 11. 95도2090.
6) 대판 2002. 4. 9. 99도2165.
7) 대판 2013. 10. 11. 2012도13719.
8) 대판 2010. 9. 9. 2009도10681.
9) 대판 1991. 1. 15. 90도2257.

처벌해야 하는 것은 아님.

⑨ 재건축조합의 총무가 시공사로부터 업무추진비 명목으로 다액의 돈을 지급받은 경우, **묵시적인** 부정한 청탁이 있었다고 보아 배임수재죄가 성립한다.[1]

⑩ 타인의 업무를 처리하는 사람에게 공여한 금품에 부정한 청탁에 대한 대가의 성질과 그 외의 행위에 대한 사례의 성질이 불가분적으로 결합되어 있는 경우, **전부가 부정한** 청탁 대가의 성질을 갖는다.[2]

C. **부정한 청탁 부정**

① **사회복지법인의** 운영권을 양도하고 양수인으로부터 양수인 측을 사회복지법인의 임원으로 선임해 주는 대가로 양도대금을 받기로 하는 내용의 '청탁'은, 배임수재죄의 성립 요건인 '부정한 청탁'에 해당하지 않는다.[3] *사회상규 또는 신의성실원칙에 반하는 내용이 아님.

② **학교법인의 운영권**을 양도하고 양수인으로부터 양수인 측을 학교법인의 임원으로 선임해 주는 대가로 양도대금을 받기로 하는 내용의 '청탁'은, 배임수재죄 구성요건인 '부정한 청탁'에 해당하지 않는다.[4] *위 사회복지법인의 양도와 같은 논리.

③ **공인회계사인** 피고인이 갑 주식회사 부사장 을에게서 '합병에 필요한 갑 회사의 주식가치를 높게 평가해 달라'는 청탁을 받고 금품을 수수한 경우, 주식가치평가에 대한 언급은 사회상규에 반하는 부정한 청탁으로 보기 어렵다.[5] *사회상규 이외의 논거는 없음.

④ 아파트개발사업 시행업체 측으로부터 철거공사를 담당할 업체를 선정할 권한과 함께 명도·이주 업무를 책임지고 수행할 임무를 위임받은 피고인이, **시행업체의 양해하에** 철거업체로 선정되면 철거공사 하도급대금 중 일부를 피고인에게 지급하기로 하는 내용의 약정을 철거업체와 체결한 것은, 부정한 청탁을 받고 대가를 받은 경우로 보기 어렵다.[6] *시행업체가 업무전체에 대한 보수지급의 수단으로 한 것임. 위탁받은 사무의 적법하고 정상적인 처리범위에 속함.

⑤ 시에서 발주한 건설사업의 기본설계 평가위원으로서 그 임무와 관련하여 부정한 청탁을 받고 재물을 취득하였다는 공소사실에 대해, 청탁을 받을 당시 위 건설사업에 관한 사무를 처리하는 **지위에 없었다면** 배임수재죄로 처벌할 수 없다.[7]

⑥ 조합 이사장이 조합이 주관하는 도자기 축제의 대행기획사를 선정하는 과정에서 최종 기획사로 선정된 회사로부터, 축제가 끝난 후 **조합운영비 명목으로** 현금 3,000만 원을 교부받아 조합운영비로 사용한 경우 배임수재죄가 성립하지 않는다.[8] *개정형법(2016)은 '제3

1) 대판 2008. 12. 24. 2008도9602.
2) 대판 2015. 7. 23. 2015도3080.
3) 대판 2013. 12. 26. 2010도16681.
4) 대판 2014. 1. 23. 2013도11735. 제9회.
5) 대판 2011. 9. 29. 2011도4397.
6) 대판 2011. 4. 14. 2010도8743. 제9회.
7) 대판 2010. 7. 22. 2009도12878. 제5, 9회.
8) 대판 2008. 4. 24. 2006도1202. 제6회.

자'에 대한 제공도 포함시켰기 때문에 지금은 배임수재죄가 성립.

⑦ 대학 편입학업무를 담당하지 않은 피고인 갑이 피고인 을로부터 편입학과 관련한 부정한 청탁을 받고 금품을 수수하였더라도 **편입학업무를** 담당하는 교무처장 등과 관련이 없는 한, 피고인 갑을 배임수재로, 피고인 을을 배임증재로 처벌할 수 없다.1)

⑧ 대학원생이 지도교수를 통해 다른 대학교 교수인 피고인에게 학위논문 작성에 대한 편의를 제공하여 문제없이 학위를 취득하게 해달라는 청탁을 하고 금품을 교부한 사안에서, 위 청탁은 부정한 청탁에 해당하지만, **타 대학 대학원생들에** 대한 논문지도업무가 피고인의 업무라고 할 수 없다.2)

⑨ 청탁한 내용이 단순히 규정이 허용하는 범위 안에서 **최대한 선처를** 바란다는 내용에 불과하다면 사회상규에 어긋난 부정한 청탁이라고 볼 수 없고, 따라서 이러한 청탁의 사례로 금품을 수수한 것은 배임증재 또는 배임수재에 해당하지 않는다.3)

⑩ 대학병원 의사인 피고인들이, 향후 조영제를 지속적으로 납품할 수 있도록 해달라는 청탁취지로 제약회사가 제공하는 조영제에 관한 '시판 후 조사'(PMS, Post Marketing Surveillance) **연구용역계약을** 체결하고 연구비 명목의 돈을 수수한 경우, 배임수재죄가 되지 않는다.4) *연구용역계약이 부정한 청탁의 '대가'가 될 수 없음.

⑪ 공사 발주처의 입찰업무를 처리하는 자가 **공사업자와 공모**, 낙찰하한가를 알아내어 낙찰자로 선정하도록 하고 공사업자에게서 돈을 수수한 경우, 공동의 사기범행으로 얻은 돈을 내부적으로 분배한 것에 지나지 않는다면 별도로 배임수증재죄가 성립하지 않는다.5)

⑫ 거래상대방의 **대향적 행위의** 존재를 필요로 하는 유형의 배임죄에서, 거래상대방이 양수대금 등 거래에 따른 계약상 의무를 이행하고 배임행위의 실행행위자가 이를 이행 받은 것을 두고, 부정한 청탁에 대한 대가로 수수하였다고 쉽게 단정해서는 안 된다.6)

⑬ 배임수재죄에서 말하는 '재산상의 이익취득'은 현실적인 취득만을 의미하므로 **단순한 요구 또는 약속만을** 한 경우는 이에 포함되지 않는다. 골프장 회원권에 관해 피고인 명의로 명의변경이 이루어지지 않은 이상, 피고인이 현실적으로 재산상 이익을 취득하지 않았으므로 배임수재죄는 성립하지 않는다.7)

D. **부정한 사무처리**

① ***표준판례** 타인의 사무를 처리하는 자가 증재자(贈財者)로부터 돈이 입금된 계좌의 예금통장이나 이를 인출할 수 있는 **현금카드나 신용카드를** 교부받아, 이를 소지하면서 언제든지 예금된 돈을 인출할 수 있다면, 그 돈을 취득한 것으로 보아야 한다.8)

1) 대판 1999. 1. 15. 98도663.
2) 대판 2008. 3. 27. 2006도3504.
3) 대판 1982. 9. 28. 82도1656.
4) 대판 2011. 8. 18. 2010도10290.
5) 대판 2016. 5. 24. 2015도18795.
6) 대판 2016. 10. 13. 2014도17211. 제7, 9회.
7) 대판 1999. 1. 29. 98도4182. 제9회.
8) 대판 2017. 12. 5. 2017도11564.

② 배임수재죄는 타인의 사무를 처리하는 자가 그 임무에 관하여 부정한 청탁을 받고 재물 또는 재산상 이익을 취득한 경우에 성립하고, 재물 또는 이익의 취득만으로 바로 기수에 이르며, 그 **청탁에 상응하는 부정행위** 내지 배임행위에 나아갈 것이 요구되지 않는다.[1]

③ 수재자가 증재자로부터 받은 재물을 그대로 가지고 있다가 **증재자에게 반환하였다면**, 증재자로부터 이를 몰수하거나 그 가액을 추징해야 한다.[2] *몰수대상으로 범인이 취득한 '재물'은 배임수재죄의 범인이 취득한 재물과 배임증재죄의 범인이 공여한 재물을 말함.

2) 배임증재죄

① 대학의 **편입학에** 관한 사무는 대학 총장이나 학장의 임무에 속하고 학교법인의 상무이사가 처리할 임무는 아니므로, 가사 피고인이 편입학에 대한 사례로 학교법인의 상무이사에게 재물을 공여한 것으로 인정되더라도 배임증재에 해당하지 않는다.[3]

② 배임증재의 **공모공동정범이** 다른 공모공동정범에 의해 수재자에게 재물 또는 재산상 이익이 제공되는 방법을 구체적으로 몰랐다고 하더라도 공모관계를 부정할 수 없다.[4]

③ ***표준판례** 갑 주식회사를 사실상 관리하는 을이 갑 회사가 사업용 부지로 매수한 토지에 관해 처분금지가처분등기를 마쳐두었는데, 토지를 매수하려는 병에게서 가처분을 취하해 달라는 청탁을 받고 돈을 수수한 경우, 을에게는 배임수재죄가 성립한다. 그러나 병이 돈을 교부한 행위는 **사회상규에** 위배되지 않아서 배임증재죄를 구성할 정도의 위법성은 없다.[5] *배임수증재죄가 필요적 공범이지만 수재자와 증재자가 꼭 함께 처벌받아야 하는 것은 아님. 증재자에게는 '정당한 업무에 속하는 청탁'이 수재자에게는 '부정한 청탁'이 될 수 있음.

[113] 7. 장 물 죄

(1) 일 반 론 1

장물인 정을 모르고 보관하던 중 장물인 정을 알게 되었고, 위 장물을 반환하는 것이 불가능하지 않음에도 불구하고 계속 보관함으로써 피해자의 정당한 **반환청구권** 행사를 어렵게 하여 **위법한 재산상태**를 유지시킨 경우에는 장물보관죄에 해당한다.[6]

1) 장 물 성

① ***표준판례** 갑이 권한 없이 **인터넷뱅킹으로** 타인의 예금계좌에서 자신의 예금계좌로 돈을 이체한 후, 자기 현금카드로 그 중 일부를 인출하여 그 정을 아는 을에게 교부하였다. 현금인출은 별도로 절도죄나 사기죄에 해당하지 않는다 할 것이고, 그 결과 그 인출된 현금은 재산범죄에 의해 취득한 재물이 아니므로 장물이 될 수 없다. 을의 장물취득죄는 성

1) 대판 2010. 9. 9. 2009도10681.
2) 대판 2017. 4. 7. 2016도18104. 제8회.
3) 대판 1982. 4. 13. 81도2646.
4) 대판 2015. 7. 23. 2015도3080.
5) 대판 2011. 10. 27. 2010도7624.
6) 대판 1987. 10. 13. 87도1633.

립하지 않는다.[1]

② *표준판례 장물인 현금을 금융기관에 **예금의 형태로** 보관하였다가 동일한 액수로 인출한 경우, 액수에 의해 표시되는 금전가치에는 아무런 변동이 없으므로 장물의 성질은 그대로 유지된다. **자기앞수표도** 그 액면금을 즉시 지급받을 수 있는 등 현금에 대신하는 기능을 가지고 거래상 현금과 동일하게 취급되고 있는 점에서 금전의 경우와 동일하게 보아야 한다.[2]

2) 본 범

① **양도담보로** 제공한 후 다시 타에 양도한 물건은 배임행위에 제공한 물건이지 배임행위로 영득한 물건 자체는 아니므로 장물이라고 볼 수 없다. 따라서 타인이 그러한 사정을 알고 그 물건을 취득하더라도 장물취득죄가 성립하지 않는다.[3]

② 신탁행위에 있어서는 **수탁자가** 외부관계에 대해 소유자로 간주되므로, 이를 취득한 제3자는 수탁자가 신탁자의 승낙 없이 매각하는 정을 알고 있는 여부에 불구하고 장물취득죄가 성립하지 않는다.[4]

③ *표준판례 재산범죄를 저지른 후에 별도의 재산범죄 구성요건에 해당하는 **사후행위가** 있었다면, 비록 그 행위가 불가벌적 사후행위로 처벌대상이 되지 않더라도, 그 행위로 취득한 물건은 재산범죄로 취득한 물건으로 장물이 될 수 있다.[5]

3) 장물행위

① *표준판례 자신의 통장이 사기 범행에 이용되는 것을 알고 예금계좌를 개설하여 성명불상자에게 양도함으로써, 성명불상자가 피해자를 속여 1,000만 원을 위 계좌로 송금하게끔 한 사기 범행을 방조한 피고인이, 이 1,000만 원 중 140만 원을 인출한 행위는 **장물취득죄가** 성립하지 않는다.[6] *예금명의자로 예금반환을 청구한 것일 뿐, 본범으로부터 돈에 대한 **사실상 처분권을** 획득한 것은 아님.

② 장물취득죄에서 **'취득'이라 함은** 점유를 이전받음으로써 그 장물에 대해 사실상의 처분권을 획득하는 것을 의미한다. 단순히 보수를 받고 본범을 위하여 장물을 일시 사용하거나 그와 같이 사용할 목적으로 장물을 건네받은 것만으로는 장물을 취득한 것으로 볼 수 없다.[7]

③ 피고인이 도난차량인 미등록 수입자동차를 취득하여 신규등록을 마친 후, 위 자동차가 **장물일지도** 모른다고 생각하면서 이를 양도한 사안에서, 피고인의 선의취득 주장을 배척하고 장물양도죄를 인정한 원심의 조치는 정당하다.[8] *장물의 인식은 미필적으로 충분.

---

1) 대판 2004. 4. 16. 2004도353. 제3, 5, 7, 9회.
2) 대판 2000. 3. 10. 98도2579.
3) 대판 1983. 11. 8. 82도2119.
4) 대판 1979. 11. 27. 79도2410. 제3, 5회.
5) 대판 2004. 4. 16. 2004도353. 제9회.
6) 대판 2010. 12. 9. 2010도6256. 제1, 4회. 제3회 사례: "甲은 친구 乙의 사기범행에 이용될 사정을 알면서도 乙의 부탁으로 자신의 명의로 예금통장을 만들어 乙에게 양도하였고, 乙이 A를 기망하여 A가 甲의 계좌로 1,000만 원을 송금하자 甲은 소지 중이던 현금카드로 그 중 500만 원을 인출하여 소비하였다…."
7) 대판 2003. 5. 13. 2003도1366. 제1회.
8) 대판 2011. 5. 13. 2009도3552.

④ 장물인 정을 모르고 장물을 보관하였다가, 그 후에 장물인 정을 알면서 이를 계속 보관하는 행위는 장물죄를 구성하나, 이 경우에도 **점유할 권한이** 있으면 장물보관죄가 성립하지 않는다.1)

⑤ *표준판례 전당포영업자가 보석을 전당잡으면서 인도받을 당시 장물인 정을 몰랐다가, 그 후 장물일지도 모른다고 의심하면서 소유권포기각서를 받은 행위는 장물취득죄에 해당하지 않는다. 또한 전당포영업자가 **대여금채권의 담보로** 보석을 전당잡은 경우에는, 이를 점유할 권한이 있는 때에 해당하여 장물보관죄 역시 성립하지 않는다.2)

⑥ 장물인 귀금속의 매도를 부탁받은 피고인이, 그 귀금속이 장물임을 알면서도 매매를 중개하고 매수인에게 이를 전달하려다가 매수인을 만나기도 전에 체포된 경우, 위 귀금속의 매매를 중개함으로써 **장물알선죄가** 성립한다.3)

⑦ 특수강도 범행을 모의한 이상 범행 실행에 가담하지 않고, 공모자들이 강취해 온 장물의 처분을 **알선만 하였더라도**, 특수강도의 공동정범이 되며 장물알선죄로 의율할 것은 아니다.4)

4) 죄 수

① 절도 범인으로부터 장물보관 의뢰를 받은 자가, 그 정을 알면서 이를 인도받아 보관하고 있다가 임의 처분하였더라도, **장물보관죄가** 성립하는 때에는 이미 그 소유자의 소유물추구권을 침해하였으므로 그 후의 횡령행위는 불가벌적 사후행위에 불과하여 별도로 횡령죄를 구성하지 않는다.5)

② 장물인 **자기앞수표를** 취득한 후 이를 현금 대신 교부한 행위는, 장물취득에 대한 가벌적 평가에 당연히 포함되는 불가벌적 사후행위로서 별도의 범죄를 구성하지 않는다.6)

(2) 상습장물죄 2

① 금은방을 운영하는 자가 귀금속을 매수하면서 매도자의 **신원확인절차**를 거쳤더라도 장물 여부를 의심할 만한 특별한 사정이 있거나, 매수물품의 성질과 종류 및 매도자의 신원 등에 좀 더 세심한 주의를 기울였다면, 그 물건이 장물임을 알 수 있었던 경우에는 업무상과실장물취득죄가 성립한다.7)

② 피고인은 중고휴대전화 매매업무에 종사하면서 휴대전화 판매점 직원 갑이, 고객이 판매를 위탁한 **가개통 휴대전화라면서 매입**을 요청하였고, 피고인은 도난, 분실된 전화가 아님을 확인하고 인적 사항, 기종, 정상적 휴대전화라는 취지 등을 기재한 매매계약서를 작성하

1) 대판 1986. 1. 21. 85도2472.
2) 대판 2006. 10. 13. 2004도6084.
3) 대판 2009. 4. 23. 2009도1203. 제2, 6회.
4) 대판 1983. 2. 22. 82도3103, 82감도666.
5) 대판 2004. 4. 9. 2003도8219.
6) 대판 1993. 11. 23. 93도213.
7) 대판 2003. 4. 25. 2003도348. 제7회.

였다. 원심은 피고인에게 과실장물취득죄 유죄를 선고했으나 대법원은 무죄 취지로 파기 환송하였다.[1] *원심은 휴대전화의 등록상 명의자, 정상적 해지 여부 등을 판매점 점장 갑을 통해 얼마든지 확인할 수 있다고 보았지만, 대법원은 그것을 이동통신사가 보유하는 정보로 봄.

[114] 8. 손 괴 죄

1 ### (1) 일 반 론

1) 타인의 재물

① *표준판례 재건축사업으로 **철거예정이고** 입주자들이 모두 이사하여 비어 있는 아파트라 하더라도, 그 객관적 성상이 본래 사용목적인 주거용으로 사용될 수 없는 상태가 아니었고, 더욱이 그 소유자들이 재건축조합의 신탁등기 및 인도를 거부하는 방법으로 계속 그 소유권을 행사하고 있는 상황이었다. 사정이 이와 같다면, 이 아파트는 재물로서 이용가치나 효용이 없는 물건이라고 할 수 없고 따라서 재물손괴죄의 객체가 된다.[2]

② 피고인이 매수한 토지에 이를 사용 수익할 만한 권한이 없는 자가 농작물을 경작한 경우에, 그 농작물의 소유권은 **경작한 사람에게** 귀속되므로 피고인이 이를 뽑아버린 행위는 재물손괴의 죄책을 면할 수 없다.[3]

③ *표준판례 비록 자기명의의 문서라 할지라도 이미 타인(타기관)에 접수되어 있는 문서에 대해 함부로 이를 무효화시켜 그 용도에 사용하지 못하게 하면 문서손괴죄에 해당된다. 그러한 내용의 범죄될 사실을 허위로 기재하여 수사기관에 고소한 이상 무고죄의 죄책을 면할 수 없다.[4] ***문서내용의 진위眞僞는** 문서손괴죄의 성립에 영향이 없음.

2) 손괴 · 은닉 등

① *표준판례 해고노동자 등이 복직을 요구하는 집회를 개최하던 중, **래커 스프레이**를 이용하여 회사 건물 외벽과 1층 벽면 등에 낙서한 행위는 건물의 효용을 해한 것으로 볼 수 있으나, 이와 별도로 계란 30여 개를 건물에 투척한 행위는 건물의 효용을 해하는 정도의 것에 해당하지 않는다.[5] ***일시적으로** 재물을 이용할 수 없는 상태로 만드는 것도 손괴에 해당.

② 판결로써 명도 받은 **토지 경계에** 설치해 놓은 철조망과 경고판을 치워 버림으로써 울타리의 역할을 해한 때에는 재물손괴죄가 성립한다.[6]

③ 피고인이 경락받은 저온창고를 개조하면서, 그 공장에 시설된 피해자 소유의 자재에 관해 피해자에게 철거를 최고하는 등 적법한 조치를 취함이 없이, 이를 **일방적으로 철거하여** 손괴하였다면 이는 재물손괴 범의가 인정된다.[7]

---

1) 대판 2019. 6. 13. 2016도21178.
2) 대판 2010. 2. 25. 2009도8473.
3) 대판 1970. 3. 10. 70도82.
4) 대판 1987. 4. 14. 87도177.
5) 대판 2007. 6. 28. 2007도2590.
6) 대판 1982. 7. 13. 82도1057.
7) 대판 1990. 5. 22. 90도700.

④ 약속어음 발행인이 소지인에게 어음의 액면과 지급기일을 개서하여 주겠다고 하여 어음을 교부받은 후, **어음 수취인란에** 타인의 이름을 추가로 기입하여 어음배서의 연속성을 상실하게 한 경우는 문서손괴죄에 해당한다.[1]

⑤ 확인서가 소유자의 의사에 반하여 손괴된 것이라면, 그 **확인서**가 피고인 명의로 작성된 것이고 또 그것이 진실에 반하는 허위내용을 기재한 것이라도, 피고인은 문서손괴의 죄책을 면할 수 없다.[2]

⑥ 이미 작성되어 있던 장부의 기재를 새로운 장부로 **이기하는 과정**에서 누계 등을 잘못 기재하다가 그 부분을 찢어버리고 계속하여 종전장부의 기재내용을 모두 이기하였다면, 그 당시 새로운 경리장부는 아직 작성 중에 있어서 손괴죄의 객체가 되지 않는다.[3]

⑦ 피고인이 다른 사람 소유의 광고용 간판을 백색페인트로 도색하여 **광고문안을** 지워버린 사실을 인정할 수 있고, 사실이 이와 같다면 재물손괴죄를 구성한다.[4]

⑧ 갑 주식회사 직원인 피고인들은 유색 페인트와 래커 스프레이를 이용하여 갑 회사 소유의 **도로 바닥에 직접 문구를** 기재하거나 도로 위에 놓인 현수막 천에 문구를 기재하여 페인트가 바닥으로 배어 나와 도로에 배게 하는 방법으로 다중의 위력으로써 도로 효용을 해하였다고 **특수재물손괴로** 기소되었다. 피고인들의 행위는 위 도로의 효용을 해하는 정도에 이른 것이라고 보기 어렵기 때문에 재물손괴죄에 해당되지 않는다.[5] *도로미관, 통행과 안전에 지장이 없음, 통행자들에게 주는 불쾌감, 저항감이 크지 않음, 비교적 손쉬운 원상회복 등이 판단기준.

3) 고 의

① 비록 자기명의의 문서라 할지라도 이미 **타기관에** 접수되어 있는 문서에 대해 함부로 이를 무효화시켜 그 용도에 사용하지 못하게 하였다면, 문서손괴죄를 구성한다.[6]

② 약속어음의 수취인이 차용금의 지급담보를 위해 은행에 보관시킨 **약속어음을**, 은행 지점장이 발행인의 부탁을 받고 그 지급기일란의 일자를 지움으로써 그 효용을 해한 경우에는 문서손괴죄가 성립한다.[7]

③ 쪽파의 매수인이 **명인방법을** 갖추지 않은 경우, 쪽파에 대한 소유권을 취득하였다고 볼 수 없어 그 소유권은 여전히 매도인에게 있다. 매도인과 제3자 사이에 일정 기간 후 임의 처분의 약정이 있었다면, 그 기간 후에 제3자가 쪽파를 손괴하였더라도 재물손괴죄가 성립하지 않는다.[8]

---

1) 대판 1985. 2. 26. 84도2802.
2) 대판 1982. 12. 28. 82도1807.
3) 대판 1989. 10. 24. 88도1296.
4) 대판 1991. 10. 22. 91도2090.
5) 대판 2020. 3. 27. 2017도20455.
6) 대판 1987. 4. 14. 87도177.
7) 대판 1982. 7. 27. 82도223.
8) 대판 1996. 2. 23. 95도2754.

2 ### (2) 경계침범죄

① 경계침범죄의 **경계는** 반드시 법률상의 정당한 경계를 가리키는 것은 아니다. 비록 법률상의 정당한 경계에 부합되지 않더라도 종래부터 일반적으로 승인되어 왔거나 이해관계인들의 명시적 또는 묵시적 합의에 의해 경계로 통용되어 왔다면, 본조에서 말하는 경계에 속한다. 이처럼 지금까지 통용되어 오던 **사실상의 경계는** 경계의 객관성을 상실하지 않는 한 본조의 경계에 해당된다.1)

② 경계침범죄는 어떤 행위에 의해 토지 경계가 인식불능하게 됨으로써 비로소 성립한다. 경계를 침범하고자 하는 행위가 있었더라도, 그 행위로 인해 토지경계 **인식불능의 결과가** 발생하지 않으면 경계침범죄가 성립될 수 없다.2)

③ 피고인이 건물을 신축하면서 그 건물의 1층과 2층 사이에 있는 **처마를** 피해자소유의 가옥 지붕 위로 나오게 한 사실만으로는, 양토지의 경계가 인식불능하게 되었다고 볼 수 없으므로 경계침범죄의 구성요건에 해당하지 않는다.3)

④ 토지 경계에 관하여 다툼이 있던 중 경계선 부근의 **조형소나무** 등을 뽑아내고 그 부근을 굴착하여 경계를 불분명하게 한 행위는 경계침범행위에 해당한다.4)

⑤ ***표준판례** 경계침범죄에서 말하는 경계는 법률상 정당한 경계인지 여부와 상관없이 종래부터 경계로서 일반적으로 승인되어 왔거나 이해관계인들의 명시적 또는 묵시적 합의가 존재하는 등 어느 정도 객관적으로 통용되어 오던 **사실상의 경계**를 의미한다. 설령 법률상의 정당한 경계를 침범하는 행위가 있었더라도, 그로 말미암아 토지의 사실상의 경계에 대한 인식불능의 결과가 발생하지 않았으면 경계침범죄가 성립하지 않는다.5)

[115] 9. 권리행사방해죄

1 ### (1) 일 반 론

1) 행위객체

① ***표준판례** 권리행사방해죄는 취거, 은닉 또는 손괴한 물건이 **자기의 물건이 아니라면** 성립할 수 없다. 물건의 소유자가 아닌 사람은 형법 제33조 본문에 따라 소유자의 권리행사방해 범행에 가담한 경우에 한하여 그의 공범이 될 수 있을 뿐이다.6)

② 피고인이 피해자에게 담보로 제공한 차량이 그 자동차등록원부에 **타인 명의로** 등록되어 있는 이상 피고인이 피해자의 승낙 없이 이를 운전하여 간 행위는 권리행사방해죄를 구성하지 않는다.7) *타인의 권리목적이 된 자기의 물건이 아니면 권리행사방해죄 성립

1) 대판 1992. 12. 8. 92도1682.
2) 대판 1992. 12. 8. 92도1682.
3) 대판 1984. 2. 28. 83도1533.
4) 대판 2007. 12. 28. 2007도9181.
5) 대판 2010. 9. 9. 2008도8973.
6) 대판 2017. 5. 30. 2017도4578. 제9회.
7) 대판 2005. 11. 10. 2005도6604. 제6회.

하지 않음.

③ 피고인이 중간생략등기형 명의신탁 또는 계약명의신탁의 방식으로 **자신의 처에게 등기명의**를 신탁해 놓은 점포에 자물쇠를 채워 점포의 임차인을 출입하지 못하게 한 경우, 그 점포는 권리행사방해죄의 객체인 '자기 물건'에 해당하지 않는다.[1]

④ **무효인 경매절차에서** 경매목적물을 경락받아 이를 점유하고 있는 낙찰자의 점유는 적법한 점유로서, 그 점유자는 권리행사방해죄에 있어서 타인의 물건을 점유하고 있는 자라고 할 것이다.[2] *피고인에 대한 **동시이행항변권**을 가지고 있음.

⑤ 일단 **적법한 원유**(*원인 또는 원인이 되는 사유, 일본말)에 기하여 물건을 점유한 이상, 그 후에 그 점유물을 소유자에게 명도해야 할 사정이 발생한 경우에도 점유자가 임의로 명도를 하지 않고 계속 점유하고 있으면, 그 점유자는 권리행사방해죄에서 타인의 물건을 점유하고 있는 자이다.[3]

⑥ 갑 종합건설회사가 **유치권 행사를** 위해 점유하고 있던 주택에 피고인이 그 소유자인 처와 함께 출입문 용접을 해제하고 들어가 거주한 사안에서, 유치권자인 갑 회사의 권리행사방해 유죄를 인정한 원심판단은 정당하다.[4]

⑦ ***표준판례** 권리행사방해죄에서 보호대상인 '**타인의 점유**'는 정당한 권원이 있는 점유만을 의미하는 것은 아니다. 그밖에도 일단 적법한 권원에 따라서 점유를 개시하였으나 사후에 점유권원을 상실한 경우, 점유권원의 존부가 외관상 명백하지 않아서 법정절차를 통해 권원의 존부가 밝혀질 때까지의 점유, 정당한 권원으로 점유를 개시한 것은 아니나 동시이행항변권 등으로 대항할 수 있는 점유 등과 같이 법정절차를 통한 분쟁해결시까지 잠정적으로 보호할 가치 있는 점유는 모두 포함된다. 다만 **절도범인의 점유와** 같이 외관상 점유할 권리가 없는 것이 명백한 경우는 포함되지 않는다.[5]

⑧ 직권남용권리행사방해죄에서 공무원이 자신의 직무권한에 속하는 사항을 실무 담당자로 하여금 **직무집행을 보조하는 사실행위를** 하도록 한 경우는 원칙적으로 의무 없는 일을 하게 한 때에 해당하지 않는다. 그러나 직무집행의 기준과 절차가 법령에 구체적으로 명시되어 있는데, 이를 위반하여 직무집행을 보조하게 하면 '의무 없는 일을 하게 한 때'에 해당한다. 그 구체적 판단은 관련 법령 등의 내용에 따라 개별적으로 내려야 한다.[6]

2) 권리행사방해

① ***표준판례** 피고인이 차량을 구입하면서 피해자로부터 차량 매수대금을 차용하고 담보로 차량에 피해자 명의의 저당권을 설정해 주었다. 그 후 대부업자로부터 돈을 차용하면서 차량을 대부업자에게 담보로 제공하여 이른바 '**대포차**'로 유통되게 한 경우 권리행사방해

---

1) 대판 2005. 9. 9. 2005도626.
2) 대판 2003. 11. 28. 2003도4257. 제2회.
3) 대판 1977. 9. 13. 77도1672.
4) 대판 2011. 5. 13. 2011도2368. 제2회.
5) 대판 2010. 10. 14. 2008도6578.
6) 대판 2020. 1. 9. 2019도11698.

죄가 성립한다.[1] *권리행사방해죄의 '은닉'으로 인해 권리행사가 방해될 우려가 있는 상태에 이르면 되고 현실로 권리행사가 방해되었을 것까지 필요로 하는 것은 아님.

② 피고인들이 공모하여 렌트카 회사인 갑 주식회사를 설립한 다음, 을 주식회사 등의 명의로 저당권등록이 되어 있는 다수의 차량들을 사들여 갑 회사 소유의 영업용 차량으로 등록하였다. 그 후 자동차대여사업자등록 취소처분을 받아 **차량등록을 직권말소시켜** 저당권 등이 소멸되게 한 경우는, 권리행사방해의 은닉에 해당된다.[2] *자동차 소재파악을 현저하게 곤란 또는 불가능하게 하는 행위.

2 (2) 강제집행면탈죄

1) 행위객체

① 강제집행면탈죄의 재산에는 동산 · 부동산뿐만 아니라 재산가치가 있어 민사소송법에 의한 강제집행 또는 보전처분이 가능한 **특허 내지 실용신안** 등을 받을 수 있는 권리도 포함된다.[3]

② 피해자 갑은 을의 채권자로서 을이 병 소유 부동산 경매사건에서 지급받을 **배당금 채권의** 일부에 가압류를 해 두었다. 피고인과 병, 을의 상속인 등이 공모하여 병의 을에 대한 채무가 완제된 것처럼 허위의 채무완제확인서를 작성하여 법원에 제출하는 등의 방법으로 매각허가결정된 병 소유 부동산의 경매를 취소한 경우, 피고인에게 강제집행면탈죄가 인정된다.[4] *피고인의 행위는 소유관계를 불분명하게 하는 '은닉행위'.

③ 압류금지채권의 목적물이 **채무자의 예금계좌에** 입금된 경우에는, 그 예금채권에 대해 더 이상 압류금지의 효력이 미치지 아니하므로, 그 예금은 압류금지채권에 해당하지 않는다. 압류금지채권의 목적물이 채무자의 예금계좌에 **입금되기 전까지는** 여전히 강제집행 또는 보전처분의 대상이 될 수 없다. 따라서 압류금지채권의 목적물을 수령하는 데 사용하던 기존 예금계좌가 채권자에 의해 압류된, 채무자가 압류되지 않은 다른 예금계좌를 통해 그 목적물을 수령하더라도, 강제집행이 임박한 채권자의 권리를 침해할 위험이 있는 행위로 볼 수 없어 강제집행면탈죄가 성립하지 않는다.[5]

④ 이른바 **계약명의신탁의** 방식으로 **명의수탁자가** 당사자가 되어 소유자와 부동산에 관한 매매계약을 체결하고 그 명의로 소유권이전등기를 마친 경우, 그 부동산이 채무자인 명의신탁자의 재산으로서 강제집행면탈죄의 객체가 되지는 않는다.[6] *명의수탁자는 당해 부동산의 완전한 소유권 획득.

⑤ 강제집행면탈죄의 객체는 채무자의 재산 중에서 채권자가 민사집행법상 강제집행

1) 대판 2016. 11. 10. 2016도13734.
2) 대판 2017. 5. 17. 2017도2230.
3) 대판 2001. 11. 27. 2001도4759.
4) 대판 2011. 7. 28. 2011도6115. 제2회.
5) 대판 2017. 8. 18. 2017도6229.
6) 대판 2009. 5. 14. 2007도2168. 제5회.

또는 보전처분의 대상으로 삼을 수 있는 것만을 의미한다. '**보전처분 단계의 가압류채권자 지위**' 자체는 원칙적으로 민사집행법상 강제집행 또는 보전처분 대상이 될 수 없어 강제집행면탈죄의 객체에 해당한다고 볼 수 없다. 채무자가 가압류채권자의 지위에 있으면서 가압류집행해제를 신청함으로써 그 지위를 상실하는 행위는 '은닉, 손괴, 허위양도 또는 허위채무부담' 등 강제집행면탈행위의 어느 유형에도 포함되지 않는다. 이러한 행위를 처벌대상으로 삼을 수 없다.1)

2) 행위 · 고의 등

① 이혼을 요구하는 처로부터 재산분할청구권에 근거한 가압류 등 강제집행을 받을 우려가 있는 상태에서, 남편이 이를 면탈할 목적으로 허위 채무를 부담하고 **소유권이전청구권 보전가등기를** 경료한 경우, 강제집행면탈죄가 성립한다.2)

② 피고인 갑은 자신의 채권담보 목적으로 채무자 소유의 선박에 가등기를 경료해 두었다. 갑은 채무자와 공모하여 위 선박을 가압류한 다른 채권자들의 강제집행을 불가능하게 할 목적으로, 정확한 청산절차도 거치지 않고 **의제자백판결을** 통해 선순위 가등기권자인 피고인 앞으로 본등기를 경료하였다. 동시에 갑은 가등기 이후에 경료된 가압류등기 등을 모두 직권말소하게 하였다면, 갑의 행위는 '재산의 은닉'에 해당한다.3)

③ 사업장의 유체동산에 대한 강제집행을 면탈할 목적으로 사업자등록의 사업자 명의는 변경하지 않고 사업장에서 사용하는 **금전등록기의** 사업자 이름만을 변경한 경우, 재산 '은닉'에 해당한다.4) *반드시 공부상의 명의변경을 요하지 않음. 채권자가 손해를 입을 위험성만 있으면 성립.

④ 피고인이 회사의 어음 채권자들의 가압류 등을 피하기 위해 회사의 예금계좌에 입금된 회사자금을 인출하여 **제3자 명의의** 다른 계좌로 송금하였다면, 강제집행면탈죄를 구성한다.5)

⑤ 피고인이 피해자와 사이에 **대물변제계약을** 체결하였음에도 그 집행을 면탈할 목적으로 2중으로 다른 피고인과 사이에 같은 대물변제계약을 체결하였더라도, 후자의 대물변제계약이 진의에 의한 것으로 인정되는 이상 이를 허위양도로 볼 수 없다.6) *후자의 대물변제계약은 진실한 양도.

⑥ 허위의 채무를 부담하는 내용의 **채무변제계약 공정증서를 작성**한 후, 이에 기하여 채권압류 및 추심명령을 받으면, 강제집행면탈죄가 성립함과 동시에 그 범죄행위가 종료되어 공소시효가 진행한다.7)

⑦ 토지 소유자가 그 지상 건물 소유자에 대해 건물철거 및 토지인도청구권을 갖는 경

---

1) 대판 2008. 9. 11. 2006도8721. 제9회.
2) 대판 2008. 6. 26. 2008도3184.
3) 대판 2000. 7. 28. 98도4558.
4) 대판 2003. 10. 9. 2003도3387.
5) 대판 2005. 10. 13. 2005도4522.
6) 대판 1983. 9. 27. 83도1869.
7) 대판 2009. 5. 28. 2009도875. 제5회.

우, 허위채무로 위 건물에 **근저당권설정등기**를 경료한 건물 소유자의 행위는 강제집행면탈죄에 해당되지 않는다.[1] *근저당설정등기가 직접 토지 소유자의 건물철거 및 토지인도청구권에 기한 강제집행을 불능케 하는 사유는 아님.

⑧ 강제집행면탈죄는 이른바 위태범으로서 강제집행을 당할 **구체적 위험이** 있는 상태에서 재산을 은닉, 손괴, 허위양도 또는 허위 채무를 부담하면 바로 성립한다. 반드시 채권자를 해하는 결과가 야기되거나 이로 인해 행위자가 어떤 이득을 취해야 범죄가 성립하는 것은 아니다. 허위양도한 부동산의 시가액보다 그 부동산에 의해 **담보된 채무액이** 더 많다고 하여 허위양도로 인해 채권자를 해할 위험이 없다고 할 수 없다.[2] *구체적 위험은 채권자가 민사소송을 제기하거나 가압류, 가처분을 신청할 기세를 보이고 있는 상태를 의미함.[3]

⑨ 채무자인 피고인이 채권자 갑의 가압류집행을 면탈할 목적으로 제3채무자 을에 대한 채권을 병에게 **허위양도하였다고** 하여 강제집행면탈죄로 기소되었다. 이때 가압류결정 정본이 제3채무자에게 송달된 날짜와 피고인이 채권을 양도한 날짜가 동일하므로, 가압류결정 정본이 을에게 송달되기 전에 채권을 허위로 양도하였다면 강제집행면탈죄가 성립한다.[4]

⑩ 집행할 채권이 **조건부 채권이라 하여도** 그 채권자는 이를 피보전권리로 하여 보전처분을 함에는 법률상 아무런 장해도 없다. 이와 같은 보전처분을 면할 목적으로 형법 제327조 소정의 행위를 한 이상 강제집행면탈죄는 성립된다. 그 후 그 조건의 불성취로 채권이 소멸되었더라도 일단 성립한 범죄에는 영향을 미칠 수 없다.[5]

⑪ 강제집행면탈죄가 적용되는 강제집행은 **민사집행법 제2편의** 적용대상인 강제집행 또는 가압류 · 가처분 등의 집행을 가리키는 것이다. 따라서 국세징수법에 의한 체납처분을 면탈할 목적으로 재산을 은닉하는 등의 행위를 하는 것은 위 죄의 규율대상에 포함되지 않는다.[6] *민사집행법 제3편의 적용대상인 '담보권실행 등을 위한 경매'를 면탈할 목적으로 재산을 은닉하는 행위는 포함되지 않음.[7]

⑫ 채무자가 자신의 부동산에 갑 명의로 허위의 금전채권에 기한 담보가등기를 설정하고, 이를 을에게 양도하여 을 명의의 **본등기를** 경료하였다. 갑 명의 담보가등기 설정행위로 강제집행면탈죄가 성립한다고 하여, 그 후 을 명의로 이루어진 가등기 양도 및 본등기 경료행위가 불가벌적 사후행위가 되는 것은 아니다.[8] *후자의 법익침해 정도가 훨씬 중함.

⑬ 피고인이 강제집행을 면할 목적으로 허위채무를 부담하고 근저당권설정등기를 경료하여 줌으로써 채권자를 해하였다고 인정된다면, 설혹 피고인이 그 근저당권이 설정된 부동

1) 대판 2008. 6. 12. 2008도2279.
2) 대판 1999. 2. 12. 98도2474. 제1회.
3) 대판 1998. 9. 8. 98도1949. 제2, 6, 9회.
4) 대판 2012. 6. 28. 2012도3999. 제5회.
5) 대판 1984. 6. 12. 82도1544.
6) 대판 2012. 4. 26. 2010도5693.
7) 대판 2015. 3. 26. 2014도14909.
8) 대판 2008. 5. 8. 2008도198. 제1, 2회.

산외에 **약간의 다른 재산이** 있더라도 강제집행면탈죄가 성립한다.[1)]

⑭ 타인의 재물을 보관하는 자가 보관하고 있는 재물을 영득할 의사로 은닉하면 **횡령죄가** 성립한다. 이것이 채권자들의 강제집행을 면탈하는 결과를 가져오더라도 별도로 강제집행면탈죄가 성립하는 것은 아니다.[2)]

⑮ 채무자가 제3자 명의로 되어 있던 사업자등록을 또 **다른 제3자 명의로** 변경하였다는 사정만으로, 그 변경이 채권자에게 손해를 입게 할 위험성을 야기한다고 단정할 수 없다.[3)]

⑯ 피고인은 자신을 상대로 사실혼관계해소 청구소송을 제기한 갑에 대한 채무를 면탈하려고, 피고인 명의 아파트를 담보로 대출을 받아 그 중 대부분을 타인 명의 계좌로 입금하여 은닉하였다. 피고인에게 갑의 **위자료채권액을 훨씬 상회하는 다른 재산**이 있었던 이상, 강제집행면탈죄는 성립하지 않는다.[4)]

⑰ 을 회사가 갑을 상대로 미지급 차임 등의 지급을 구하는 민사소송을 제기하였으나, 갑이 임대차보증금 반환채권으로 상계한다는 주장을 하여 을 회사의 청구가 기각되었다. **상계의 의사표시에 따라** 을 회사의 차임채권 등은 채권 발생일에 임대차보증금 반환채권과 대등액으로 상계되어 소멸되었으므로, 채권의 존재가 인정되지 아니하여 강제집행면탈죄가 성립하지 않는다.[5)]

⑱ 가압류에는 **처분금지효력이** 있으므로 가압류 후에 목적물의 소유권을 취득한 제3자(갑)가 다른 사람에 대한 허위채무에 기하여 근저당권설정등기를 경료하더라도, 이로써 가압류채권자의 법률상 지위에 어떤 영향을 미치는 것은 아니다. 갑의 행위는 강제집행면탈죄에 해당하지 않는다.[6)]

제 2 편 사회적 법익에 대한 죄

Ⅰ. 공안을 해하는 죄

[116] 1. 범죄단체조직죄 1

① 일정한 **조직체계**를 갖추어 역할을 분담하고, 조직의 근거지, 행동지침, 행동강령을 정하고, 돌발사태에 대비한 암호번호를 정하여 이에 따른 비상소집에 따라 즉시 대기할 수

1) 대판 1990. 3. 23. 89도2506. 제9회.
2) 대판 2000. 9. 8. 2000도1447.
3) 대판 2014. 6. 12. 2012도2732.
4) 대판 2011. 9. 8. 2011도5165. 제5, 9회.
5) 대판 2012. 8. 30. 2011도2252. 제5회.
6) 대판 2008. 5. 29. 2008도2476.

있도록 함과 아울러, 경쟁세력과의 싸움에 대비하여 흉기를 미리 준비하도록 하는 등 **경쟁세력을 폭력**으로 제압하려고 하였다면, 이는 폭력범죄 등을 목적으로 하는 계속적이고도 조직 내의 통솔체계를 갖춘 결합체로서 폭력행위처벌법 제4조 소정의 범죄단체에 해당한다.[1]

② *표준판례 **보이스피싱 조직**은 **보이스피싱이라는** 사기범죄를 목적으로 구성된 다수인의 계속적인 결합체이다. 총책을 중심으로 간부급 조직원들과 상담원들, 현금인출책 등으로 구성되어 내부의 위계질서가 유지되고, 조직원의 역할 분담이 이루어지는 최소한의 **통솔체계를** 갖춘 범죄단체에 해당한다. 피고인들의 보이스피싱 조직에 의한 사기범죄 행위가 범죄단체 활동에 해당한다고 본 원심판단은 정당하다.[2]

③ 폭력행위처벌법 제4조 제1항 소정의 **단체 등의 구성죄는**, 같은 법에 규정된 범죄를 목적으로 한 단체 또는 집단을 구성함으로써 즉시 성립 · 완성되는 즉시범이므로 범죄성립과 동시에 공소시효가 진행된다.[3]

④ *표준판례 '범죄를 목적으로 하는 단체'는 특정 다수인이 일정한 범죄를 수행한다는 공동목적 아래 이루어진 계속적인 결합체로서 단체를 주도하는 **최소한의 통솔체제를** 갖추고 있어야 한다. 피고인들이 각기 소매치기 범죄를 목적으로 그 실행행위를 분담하기로 약정하였으나, 계속적이고 통솔체제를 갖춘 단체를 조직하였거나 그와 같은 단체에 가입하였다고 볼 증거가 없으면, 이 죄에 해당되지 않는다.[4]

⑤ *표준판례 폭력행위처벌법 제4조의 범죄단체는 같은 법 소정의 범죄를 한다는 공동목적으로 특정 다수인에 의해 이루어진 계속적이고도 최소한의 통솔체제를 갖춘 조직화된 결합체를 의미한다. 이러한 결합체라 하더라도 그 구성원이 같은 법 소정의 **범죄에 대한 공동목적을** 갖고 있지 않으면 이 법의 범죄단체로 볼 수는 없다.[5]

⑥ *표준판례 폭력행위처벌법 제4조 제1항에서 말하는 **범죄단체의 구성이나 가입은** 범죄행위의 실행 여부와 관계없이 범죄단체 구성원의 활동을 예정하는 것으로서 범죄단체의 구성이나 가입을 당연히 전제 한다. 양자는 모두 범죄단체의 생성 및 존속 · 유지를 도모하는, 범죄행위에 대한 일련의 예비 · 음모 과정에 해당한다. 범의의 단일성과 계속성이 인정되고 피해법익도 같기 때문에 범죄단체를 구성, 가입한 자가 구성원으로 활동하는 경우, 이는 **포괄일죄 관계에** 있다.[6]

⑦ 피고인 1외 21인은 피해자들을 기망하여 금원을 편취할 목적으로 2016. 6.경부터 2017. 6.경까지 인천에 있는 **'외부사무실' 등에서 중고차량매매 사기행각을** 벌였다. 외부사무실은 특정 다수인이 사기범행을 수행한다는 공동목적 아래 구성원들이 대표, 팀장, 출동조, 전화상담원 등 정해진 역할분담에 따라 행동함으로써 사기범행을 반복적으로 실행하는 체계

1) 대판 1996. 6. 25. 96도923.
2) 대판 2017. 10. 26. 2017도8600.
3) 대판 2005. 9. 9. 2005도3857. 제8회.
4) 대판 1981. 11. 24. 81도2608.
5) 대판 2004. 7. 8. 2004도2009.
6) 대판 2015. 9. 10. 2015도7081.

를 갖춘 결합체, 즉 형법 제114조의 '범죄를 목적으로 하는 집단'에 해당한다. 그럼에도 이 사건 외부사무실이 형법 제114조의 범죄집단에 해당하지 않는다고 판시한 원심판결은 법리를 오해한 위법이 있다.[1]

[117] 2. 공무원자격사칭죄 1

*표준판례 공무원자격사칭죄가 성립하려면 어떤 직권을 행사할 수 있는 권한을 가진 공무원임을 사칭하고 그 **직권을 행사한 사실이** 있어야 한다. 피고인들이 그들이 위임받은 채권을 용이하게 추심하는 방편으로 합동수사반원임을 사칭하고 협박한 사실이 있다고 하여도, 위 채권 추심행위는 개인적 업무이지 합동수사반의 수사업무에 속하지 않으므로 이를 공무원자격사칭죄로 처벌할 수 없다.[2]

Ⅱ. 폭발물에 관한 죄

[118] 1. 폭발물사용죄 1

*표준판례 형법 제119조 제1항의 폭발물사용죄는 법정형이 사형, 무기 또는 7년 이상의 징역으로 살인죄, 상해죄 등을 비롯한 유사 범죄에 비해 매우 무겁게 설정되어 있다. 형법은 제172조의 폭발성물건파열죄를 별도로 규정하고 그 법정형은 1년 이상의 유기징역으로 되어 있다. 이러한 사정을 종합해 보면, 폭발물사용죄에서 말하는 폭발물은 사람의 생명, 신체, 재산 및 공공의 안전이나 평온에 직접적이고 구체적인 위험을 초래할 수 있는 강한 파괴력을 가지는 물건을 의미한다. 따라서 어떤 물건이 형법 제119조에 규정된 폭발물에 해당하는지는 그 위력이 공안을 문란하게 할 수 있는 정도로 **고도의 폭발성능을** 가지고 있는지에 따라 엄격하게 판단해야 한다.[3] *피고인이 자신이 제작한 폭발물을 배낭에 담아 고속버스터미널의 물품보관함 안에 넣어 두고 폭발하게 한 정도는 여기에 해당되지 않음. **폭발성물건파열죄에** 해당될 여지는 있음.

Ⅲ. 방화와 실화의 죄

[119] 1. 현주건조물방화죄 1

① *표준판례 형법상 방화죄의 객체인 건조물은 토지에 정착되고 벽 또는 기둥과 지

1) 대판 2020. 8. 20. 2019도16263.
2) 대판 1981. 9. 8. 81도1955.
3) 대판 2012. 4. 26. 2011도17254.

붕 또는 천장으로 구성되어 사람이 내부에 기거하거나 출입할 수 있는 공작물을 말한다. 반드시 사람의 주거용일 필요는 없지만 사람이 사실상 **기거 · 취침에 사용할 수** 있는 정도는 되어야 한다. 이 사건 폐가는 지붕과 문짝, 창문이 없고 담장과 일부 벽체가 붕괴된 철거 대상 건물로서 사실상 기거 · 취침에 사용할 수 없는 상태의 것이므로, 형법 제166조의 건조물이 아닌 형법 제167조의 물건에 해당한다.[1]

② ***표준판례** 피고인이 방화의사로 뿌린 휘발유가 인화성이 강한 상태로 주택주변과 피해자의 몸에 적지 않게 살포되어 있는 사정을 알면서도, 라이터를 켜 불꽃을 일으킴으로써 피해자의 몸에 불이 붙은 경우, 비록 **외부적 사정에** 의해 불이 방화 목적물인 주택 자체에 옮겨 붙지는 않았더라도 현주건조물방화죄의 실행착수가 있었다고 봄이 상당하다.[2]

③ 피고인이 동거하던 공소외인과 가정불화가 악화되어 헤어지기로 작정하고, 홧김에 죽은 동생의 유품으로 보관하던 서적 등을 뒷마당에 내어놓고 태워버리려 했던 점이 인정될 뿐, 피고인이 위 공소외인 소유의 **가옥을 태우겠다고** 결의하여 불을 놓았다고 볼 수 없으면, 방화 고의는 인정되지 않는다.[3]

④ ***표준판례** 방화죄는 화력이 매개물을 떠나 스스로 연소할 수 있는 상태에 이르렀을 때에 기수가 되고 반드시 목적물의 중요부분이 소실하여 그 본래의 효용을 상실한 때라야만 기수가 되는 것이 아니라고 할 것이다.[4] ***독립연소설.**

1 [120] 2. 현주건조물방화치사상죄

① 현주건조물방화죄에서 공공에 대한 위험은 구체적으로 그 **결과가 발생할** 필요는 없고, 이미 현주건조물에 대한 점화가 독립연소 정도에 이르면 기수가 되어 완료된다. 살인죄는 일신전속적인 개인적 법익을 보호하는 범죄이다. 이 사건처럼 불을 놓은 집에서 빠져 나오려는 피해자들을 막아 소사케 한 살인행위는, 별개의 범의에 의한 별개의 범죄이니 양 죄는 실체적 경합관계에 있다.[5]

② ***표준판례** 피고인들이 피해자들의 재물을 강취한 후 그들을 살해할 목적으로 현주건조물에 방화하여 사망에 이르게 한 경우, 피고인들의 행위는 강도살인죄와 현주건조물방화치사죄 모두 해당하고, 그 두 죄는 상상적 경합범관계에 있다.[6]

③ 기본범죄를 통해 고의로 중한 결과를 발생하게 한 경우에 가중 처벌하는 **부진정결과적 가중범에서,** 고의범에 대해 더 무겁게 처벌하는 규정이 없으면 결과적 가중범이 고의범에 대해 특별관계에 있으므로 결과적 가중범만 성립한다. 이와 법조경합의 관계에 있는 고의범

1) 대판 2013. 12. 12. 2013도3950.
2) 대판 2002. 3. 26. 2001도6641. 제1회.
3) 대판 1984. 7. 24. 84도1245.
4) 대판 1970. 3. 24. 70도330.
5) 대판 1983. 1. 18. 82도2341. 제9회.
6) 대판 1998. 12. 8. 98도3416. 제8회.

은 별도의 범죄를 구성하지 않는다.[1]

④ 현주건조물방화치사상죄는 **과실이** 있는 경우뿐만 아니라, **고의**가 있는 경우도 포함한다. 사람을 살해할 목적으로 현주건조물에 방화하여 사망에 이르게 하면, 현주건조물방화치사죄로 의율해야 하고 이와 더불어 살인죄와 상상적 경합범으로 처리할 것은 아니다. 다만 존속살인죄와 현주건조물방화치사죄는 상상적 경합범 관계에 있으므로, 법정형이 중한 존속살인죄로 의율함이 타당하다.[2]

[121] 3. 일반물건방화죄 1

*표준판례 노상에서 전봇대 주변에 놓인 **재활용품과 쓰레기** 등에 불을 놓아 소훼한 사안에서, 그 재활용품과 쓰레기 등은 '무주물'로서 형법 제167조 제2항에 정한 '자기 소유의 물건'에 준하는 것으로 보아야 한다. 여기에 불을 붙인 후 불상의 가연물을 집어넣어 그 화염을 키움으로써, 전선을 비롯한 주변의 가연물에 손상을 입히거나 바람에 의해 다른 곳으로 불이 옮아붙을 수 있는 공공의 위험을 발생하게 하면, 일반물건방화죄가 성립한다.[3] *무주물도 선점하면 자기물건이 되므로 이를 소훼하면 자기물건 일반방화죄가 성립함.

[122] 4. 과실폭발성물건파열죄 1

*표준판례 임차인이 자신의 비용으로 설치 · 사용하던 **가스설비의 휴즈콕크를** 아무런 조치 없이 제거하고 이사를 간 후, 가스공급을 개별적으로 차단할 수 있는 주밸브가 열려져 가스가 유입되어 폭발사고가 발생하였다. 휴즈콕크를 제거하면서 그 제거부분에 아무런 조치를 하지 않고 방치하면, 주밸브가 열리는 경우 유입되는 가스를 막을 아무런 안전장치가 없어 대형사고 가능성이 있다는 것은 평균인의 관점에서 충분히 예견할 수 있다. 임차인의 과실과 가스폭발사고 사이에 상당인과관계가 있다.[4]

[123] 5. 실 화 죄 1

*표준판례 [**다수의견**] 형법 제170조 제2항에서 말하는 '**자기의 소유에 속하는 제**166**조 또는 제**167**조에 기재한 물건**'이라 함은 '자기의 소유에 속하는 제166조에 기재한 물건 또는 자기의 소유에 속하든, 타인의 소유에 속하든 불문하고 제167조에 기재한 물건'을 의미하는 것으로 해석해야 한다. 제170조 제1항과 제2항의 관계로 보아서도 제166조에 기재한 물건(일반건조물 등) 중 타인의 소유에 속하는 것에 관하여는 제1항에서 규정하고 있기 때문에 제2항에서는 그중 자기의 소유에 속하는 것에 관하여 규정하고 있다. 그리고 제167조에

1) 대판 2008. 11. 27. 2008도7311.
2) 대판 1996. 4. 26. 96도485.
3) 대판 2009. 10. 15. 2009도7421.
4) 대판 2001. 6. 1. 99도5086.

기재한 물건에 관하여는 소유의 귀속을 불문하고 그 대상으로 삼아 규정하고 있다고 보는 것이 타당하다. 이는 죄형법정주의 원칙에서 금지되는 유추해석이나 확장해석에 해당한다고 볼 수 없다.

[반대의견] 형법 제170조 제2항은 명백히 '자기의 소유에 속하는 제166조 또는 제167조에 기재한 물건'이라고 되어 있을 뿐, '자기의 소유에 속하는 제166조에 기재한 물건 또는 제167조에 기재한 물건'이라고는 되어 있지 않다. 따라서 우리말의 보통 표현방법으로는 '**자기의 소유에 속하는**'이라는 말은 '제166조 또는 제167조에 기재한 물건'을 한꺼번에 수식하는 것으로 볼 수밖에 없다. 같은 규정이 '자기의 소유에 속하는 제166조에 기재한 물건, 또는 아무런 제한이 따르지 않는 단순한, 제167조에 기재한 물건'을 뜻하는 것으로 볼 수는 없다.[1]

1 [124] 6. 업무상실화 · 중실화죄

① 피고인이 약 2.5평 넓이의 주방에 설치된 간이온돌용 새마을보일러에 연탄을 갈아 넣으면서, 주의의무를 게을리 하여 보일러로부터 5 내지 10센티미터쯤의 거리에 **가연물질을** 그대로 두고, **신문지를** 구겨서 보일러의 공기조절구를 살짝 막아놓은 채 그 자리를 떠나버렸기 때문에 화재가 발생한 것은 중실화에 해당된다.[2]

② 피고인이 성냥불로 담배를 붙인 다음, 그 **성냥불이** 꺼진 것을 확인하지 않고 휴지가 들어 있는 플라스틱 휴지통에 던진 것은 중대한 과실이 있는 경우에 해당된다.[3]

③ 전기에 관한 **전문지식이** 없는 오락실경영자로서는, 무자격 시공자가 부실하게 공사를 하였거나, 또는 전기보안담당자가 전기공사사실을 통고받지 못하여 전기설비에 이상이 있는지 여부를 점검하지 못함으로써, 부실공사가 방화로 이어질 것을 쉽게 예견할 수는 없었다. 따라서 이를 사회통념상 화재발생에 관한 중대한 과실이라고 평가할 수 없다.[4]

④ ***표준판례** 연탄아궁이로부터 80센티미터 떨어진 곳에 쌓아둔 스폰지요, 솜 등이 연탄아궁이 쪽으로 넘어지면서 화재가 발생한 경우라고 하더라도, **예견가능성과 회피가능성이** 인정되지 않는 한 "중대한 과실"로 인해 화재가 발생한 것으로 볼 수 없다.[5] *스폰지요 등이 넘어졌다는 증거가 부족하고, 점포를 떠난 지 4시간 만에 화재가 발생한 점, 평소에도 늘 그렇게 하고 다녔다는 점 등이 판단근거로 작용함.

---

1) 대판 1994. 12. 20. 94모32 전원합의체.
2) 대판 1988. 8. 23. 88도855.
3) 대판 1993. 7. 27. 93도135.
4) 대판 1989. 10. 13. 89도204.
5) 대판 1989. 1. 17. 88도643.

Ⅳ. 일수와 수리에 관한 죄

[125] 1. 수리방해죄 1

① **수리방해죄**(*표준판례) **몽리민蒙利民**(*저수지 물을 받아쓰는 주민)들이 계속하여 20년 이상 평온 공연하게 본 건 유지溜池의 물을 사용하여 소유농지를 경작해 왔다면, 그 유지의 물을 사용할 권리가 있다고 할 것이므로 그 권리를 침해하는 행위는 수리방해죄를 구성한다.1)

② *표준판례 원천 내지 자원으로서 물의 이용이 아니라, **하수나 폐수** 등 이용이 끝난 물을 배수로를 통해 내려 보내는 것은 형법 제184조 소정의 수리에 해당하지 않는다. 그러한 배수 또는 하수처리를 방해하는 행위는 수리방해죄의 대상이 될 수 없다. 농촌주택에서 배출되는 생활하수의 배수관(소형 PVC관)을 토사로 막아 하수가 내려가지 못하게 한 경우, 수리방해죄에 해당하지 않는다.2)

③ *표준판례 수리水利를 방해한다 함은 제방을 무너뜨리거나 수문을 파괴하는 것을 포함하여 저수시설, 유수로流水路나 송 · 인수시설 또는 이들에 부설된 여러 수리용 장치를 손괴 · 변경하거나 효용을 해침으로써 **수리에 지장을** 일으키는 행위를 말한다. 수리방해죄는 타인의 수리권을 보호법익으로 하므로 수리방해죄가 성립하기 위해서는, 법령, 계약 또는 관습 등에 의해 타인의 권리에 속한다고 인정될 수 있는 물의 이용을 방해하는 것이어야 한다.3)

Ⅴ. 교통방해의 죄

[126] 1. 일반교통방해죄 1

① 주민들이 공로로 통하는 유일한 통행로로 **오랫동안 이용해** 온 폭 2m 골목길을, 자신의 소유라는 이유로 폭 50 내지 75cm 가량만 남겨두고 담장을 설치하여 주민들의 통행을 현저히 곤란하게 하였다면 일반교통방해죄를 구성한다.4)

② 불특정 다수인의 통행로로 이용되던 **도로의 토지일부 소유자라** 하더라도, 그 도로의 중간에 바위를 놓아두거나 이를 파헤침으로써 차량 통행을 못하게 한 행위는 일반교통방해죄 및 업무방해죄에 해당한다.5)

③ 피고인이 자신의 소유 토지라고 하는 사실상의 도로(구 도로) 옆에 폭 20미터의 신도로가 개통되었다. **신도로가 개통된** 후에도, 위 구도로는 여전히 아스팔트 포장도로 형태를

---

1) 대판 1968. 2. 20. 67도1677.
2) 대판 2001. 6. 26. 2001도404.
3) 대판 2001. 6. 26. 2001도404.
4) 대판 1994. 11. 4. 94도2112.
5) 대판 2002. 4. 26. 2001도6903.

유지하고 있고, 신도로와 높이가 달라 이 사건 토지를 거쳐서 신도로로 진입할 수 있도록 되어 있으므로 이 사건 토지는 여전히 사실상 도로의 필요성이 인정된다. 구도로가 더 이상 공공성을 가진 도로가 아니라고 보기는 어렵다.1)

④ 전국민주노동조합총연맹 준비위원회가 주관한 도로행진시위가 사전에 집시법에 따라 옥외집회신고를 마쳤어도, **신고의 범위와 제한을** 현저히 일탈하여 주요도로 전차선을 점거하여 행진 등을 함으로써 교통소통에 현저한 장해를 일으켰다면, 일반교통방해죄를 구성한다.2)

⑤ 피고인의 가옥 앞 도로가 폐기물 운반 차량의 통행로로 이용되어 가옥 일부에 균열 등이 발생하자 피고인이 위 도로에 **트랙터**를 세워두거나 **철책 펜스**를 설치함으로써 위 차량의 통행을 불가능하게 하거나 위 차량들의 앞을 가로막고 앉아서 통행을 일시적으로 방해한 경우, 전자의 경우에만 일반교통방해죄를 구성한다.3)

⑥ 피고인이 집시법에 따른 신고 없이 서울광장에서 개최된 '**세월호 1주기 범국민행동**' 추모제에 참석한 뒤, 다른 집회 참가자들과 함께 질서유지선을 넘어 방송차량을 따라 도로 전 차로를 점거하면서 행진하고, 행진을 제지하는 경찰과 대치하면서 도로에서 머물다가 귀가한 경우 일반교통방해죄의 공모공동정범의 책임이 있다.4)

⑦ 이 사건 토지일대는 농작물을 경작하던 농토였는데, 이 토지를 통해 큰 도로로 통행하는 주민들과 마찰이 끊이지 않았다. 이 사건 토지상에 정당한 도로개설이 되기 전까지 농작물경작지로서 이용하려는 소유자와 간편한 통로로 이용하려는 주민 사이에 **분쟁이 계속되었다면**, 이는 주민들이 자유롭게 통행할 수 있는 공공성이 있는 곳이라고 보기 어렵다.5)

⑧ 공로에 출입할 수 있는 다른 도로가 있는 상태에서 토지 소유자로부터 일시적 사용승낙을 받아 통행하거나, 토지 소유자가 개인적으로 사용하면서 **부수적으로** 타인의 통행을 묵인한 장소에 불과한 도로는 일반교통방해죄에서 말하는 육로에 해당하지 않는다.6)

⑨ 집회참가 당시 이미 다른 참가자들에 의해 교통 흐름이 차단된 상태였더라도, 교통방해를 유발한 다른 참가자들과 암묵적 · 순차적으로 공모하여 교통방해의 위법상태를 지속시켰다고 평가할 수 있으면, 일반교통방해죄가 성립한다.7)

⑩ **인근 상가의 통행로로** 이용되고 있는 토지의 사실상 지배권자가 위 토지에 철주와 철망을 설치하고 포장된 아스팔트를 걷어냄으로써 통행로로 이용하지 못하게 한 경우, 이는 일반교통방해죄를 구성하고 자구행위에 해당하지 않는다.8) *육로는 부지의 소유관계, 통행권리관계 또는 통행인의 많고 적음을 가리지 않음.

⑪ ***표준판례** 일반교통방해죄는 추상적 위험범이기 때문에 교통방해결과가 현실적으

1) 대판 1999. 7. 27. 99도1651.
2) 대판 2008. 11. 13. 2006도755.
3) 대판 2009. 1. 30. 2008도10560.
4) 대판 2018. 5. 11. 2017도9146.
5) 대판 1988. 5. 10. 88도262.
6) 대판 2017. 4. 7. 2016도12563.
7) 대판 2018. 1. 24. 2017도11408.
8) 대판 2007. 12. 28. 2007도7717. 제3회.

로 발생해야 하는 것은 아니다. 이는 또한 **계속범의 성질을** 가지고 있어서 교통방해 상태가 계속되는 한 위법상태는 계속 존재한다. 따라서 교통방해를 유발한 집회에 참가한 경우, 참가 당시 이미 다른 참가자들에 의해 교통흐름이 차단된 상태였다고 하더라도, 교통방해를 유발한 다른 참가자들과 **암묵적 · 순차적으로 공모하여** 교통방해의 위법상태를 지속시켰다고 평가할 수 있으면 일반교통방해죄가 성립한다.[1]

⑫ *표준판례 집시법에 따른 신고 없이 이루어진 집회에 참석한 참가자들이 차로 위를 행진하는 등 도로교통을 방해함으로써 통행을 불가능하게 하거나 현저하게 곤란하게 하는 경우에 일반교통방해죄가 성립한다. 이 경우에도 참가자 모두에게 당연히 일반교통방해죄가 성립하는 것은 아니고, 실제로 참가자가 집회 · 시위에 가담하여 교통방해를 유발하는 직접적인 행위를 하였거나, 참가자의 참가 경위나 관여 정도 등에 비추어 참가자에게 **공모공동정범의 죄책을** 물을 수 있는 경우라야 일반교통방해죄가 성립한다.[2]

⑬ 일반교통방해죄에서 '육로'는 일반 공중의 통행에 공용된 장소, 즉 특정인에 한하지 않고 불특정 다수인 또는 차마가 자유롭게 통행할 수 있는 **공공성을 지닌 장소를** 말하며, **공로**라고도 불린다. 그 부지의 소유관계나 통행권리관계 또는 통행인의 많고 적음 등은 가리지 않는다. 그 부지의 소유자라 하더라도 그 도로의 중간에 장애물을 놓아두거나 파헤치는 등의 방법으로 통행을 불가능하게 한 행위는 일반교통방해죄에 해당한다.[3]

[127] 2. 기차 등 전복죄 1

① 선박매몰죄의 고의가 성립하기 위해서는, 사람이 현존하는 선박에 대해 매몰행위의 실행을 개시하고 그로 인해 선박을 매몰시켰다면, 매몰의 **결과발생시** 사람이 현존하지 않았거나 범인이 선박에 있는 사람을 안전하게 대피시켰다고 하더라도, 선박매몰죄의 기수에 해당되고 이를 미수로 볼 것은 아니다.[4]

② *표준판례 형법 제187조 기차 등 전복죄는 교통방해죄 중 하나로서 그 법정형을 높게 정하고 미수, 예비 · 음모까지도 처벌대상으로 삼고 있다. '파괴' 이외의 다른 구성요건 행위인 전복, 매몰, 추락 행위도 일반적으로 상당한 정도의 손괴를 수반한다. 따라서 동조의 **'파괴'는** 전복, 매몰, 추락 등과 같은 수준의 파손을 의미하고, 그 정도에 이르지 않은 **단순한 손괴는** 포함되지 않는 것으로 해석하는 것이 합당하다.[5]

[128] 3. 과실교통방해죄 1

① 헬리콥터에 승객 3명을 태우고 운항하던 조종사가 엔진 고장이 발생한 경우, 긴급

1) 대판 2019. 4. 23. 2017도1056.
2) 대판 2018. 5. 11. 2017도9146. 제8회.
3) 대판 2021. 3. 11. 2020다229239.
4) 대판 2000. 6. 23. 99도4688.
5) 대판 2009. 4. 23. 2008도11921.

시 항법으로 **정해진 절차에** 따라 운항하지 못한 과실로 사람이 현존하는 위 항공기를 안전하게 비상 착수시키지 못하고 해상에 추락시켰다면, 업무상 과실 항공기추락죄에 해당한다.1)

② *표준판례 교통방해치사상죄는 결과적 가중범이므로 행위와 사상결과 사이에 상당인과관계가 있어야 하고, 행위 시에 결과발생을 예견할 수 있어야 한다. 교통방해 행위가 피해자의 사상결과를 발생하게 한 유일하고 직접적인 원인이 된 경우뿐만 아니라, 그 행위와 결과 사이에 **피해자나 제3자의 과실이** 개재된 때에도 그와 같은 사실이 통상 예견될 수 있으면 상당인과관계를 인정할 수 있다.2)

③ *표준판례 업무상 과실일반교통방해의 한 행위태양으로 규정한 '손괴'는, 물리적으로 파괴하여 그 효용을 상실하게 하는 것을 말한다. **성수대교의** 건설 당시의 부실제작 및 부실시공행위 등에 의해 이 사건 에스트러스가 붕괴되는 것도 위 '손괴'개념에 포함되는 것으로 풀이된다. '업무상 과실'의 주체는 일반의 **'교통왕래에 관여하는 사무'에** 직접 · 간접으로 종사하는 자이어야 한다. 이 사건 성수대교는 차량 등 통행을 주된 목적으로 하여 건설된 교량이므로, 그 건설 당시 제작, 시공을 담당한 피고인들은 '교통왕래에 관여하는 사무'에 간접적으로 관련이 있는 자에 해당한다.3) *성수대교붕괴 사건.

④ *표준판례 기관사는 운전개시 전 먼저 제동기능을 확인해야 하고 특히 장시간 정차 후 운전시는 운전개시 전 제동기 기능검사를 해야 한다. 차장은 열차출발 전에 반드시 조성상태와 제동관 관통 충기상태를 확인해야 하고 열차의 시발 전 제동관의 소정압력과 차장변의 기능 및 기관사와의 무선전화시험을 해야 한다. 피고인은 이 사건 사고열차의 기관사로서 운전개시 전 차장으로부터 차장실의 공기압력계 점검결과 등을 무전으로 수신하는 등 열차의 **제동장치 이상 유무**를 확인해야 할 업무상 주의의무가 있다. 이를 게을리 한 업무상 과실은 업무상 과실기차추락죄에 해당된다.4)

Ⅵ. 통화에 관한 죄

1 ## [129] 1. 통화위조죄

① **통화위조죄 · 위조통화행사죄** 외국에서 통용되지 않는, 즉 **강제통용력이** 없는 지폐는 그것이 비록 일반인의 관점에서 통용될 것으로 오인할 가능성이 있더라도 외국통화위조의 대상이 될 수 없다. 만일 외국통용 지폐에 통용할 것으로 오인할 가능성이 있는 지폐까지 포함시키면, 유추해석 내지 확장해석이 되어 죄형법정주의원칙에 어긋난다.5)

---

1) 대판 1990. 9. 11. 90도1486.
2) 대판 2014. 7. 24. 2014도6206.
3) 대판 1997. 11. 28. 97도1740.
4) 대판 1991. 11. 12. 91도1278.
5) 대판 2004. 5. 14. 2003도3487.

② *표준판례 한국은행권 10원짜리 주화의 표면에 하얀 약칠을 하여 100원짜리 주화와 유사한 색채를 갖도록 색채를 변경만 한 경우, 이는 일반인으로 하여금 진정한 통화로 오신케 할 정도의 새로운 화폐를 만들어 낸 것이라고 볼 수 없다.1)

③ *표준판례 위조통화행사죄의 객체인 위조통화는 진정통화로 오신케 할 정도이면 되고 반드시 진물에 흡사하거나 그 진부를 식별하기 불가능할 정도일 필요는 없다. 이 사건 전자복사기로 복사한 한국은행 10,000원권은 그 **복사 정도가 조잡하여** 진정 통화의 색채를 갖추지 못하고 흑백으로만 되어 있어 진정 통화로 오인할 염려가 전혀 없는 정도이다. 위조통화행사죄의 객체가 될 수 없다.2)

④ *표준판례 형법 제207조에서 정한 '행사할 목적'은, 유가증권위조의 경우와 달리 위조·변조한 통화를 **진정한 통화로서** 유통에 놓겠다는 목적을 말한다. 자신의 신용력을 증명하기 위해 타인에게 보일 목적으로 통화를 위조한 경우는 행사할 목적이 있다고 할 수 없다.3)

⑤ *표준판례 피고인은 행사할 목적으로 미리 준비한 물건들과 옵세트 인쇄기를 사용하여 한국은행권 100원권을 사진 찍어 그 필름 원판 7매와 이를 확대하여 현상한 인화지 7매를 만들었다. 이는 아직 통화위조 착수에 이르지 않았고 준비단계에 불과하다.4)

⑥ *표준판례 통화위조죄에 관한 규정은 공공의 거래 신용 및 안전을 보호하는 공공적 법익을 보호함을 목적으로 하고, 사기죄는 개인의 재산법익에 대한 죄여서 양 죄는 그 **보호법익을** 달리한다. 위조통화를 행사하여 재물을 불법영득하면 위조통화행사죄와 사기죄의 실체적 경합이 된다.5)

⑦ *표준판례 형법 제207조 제2항 소정의 내국에서 **'유통하는'이란**, 같은 조 제1항, 제3항 소정의 '통용하는'과 달리, 강제통용력이 없이 **사실상 거래 대가의** 지급수단이 되고 있는 상태를 가리킨다. 스위스 화폐로서 1998년까지 통용되었으나 현재는 통용되지 않고, 다만 스위스 은행에서 신권과 교환이 가능한 진폐는 형법 제207조 제2항 소정의 내국에서 '유통하는' 외국화폐에 해당하지 않는다. 위조통화임을 알고 있는 자에게 그가 이를 유통시키리라는 점을 예상하고 교부하였다면, 그 교부행위 자체가 통화에 대한 공공의 신용 또는 거래의 안전을 해할 위험이 있으므로 위조통화행사죄가 성립한다.6) *'통용'과 '유통'의 차이점 유의.

⑧ *표준판례 형법 제207조 제3항에서 '외국에서 통용하는'이란, 그 외국에서 강제통용력을 가지는 것을 의미하고, 강제통용력이 없는 지폐는, 그것이 비록 일반인의 관점에서 **통용될 것으로 오인할** 가능성이 있더라도 여기에 해당되지 않는다. 달리 해석하는 것은, 위처벌조항을 문언의 가능한 의미를 넘어 유추해석 내지 확장 해석하는 것으로서 죄형법정주

1) 대판 1979. 8. 28. 79도639.
2) 대판 1985. 4. 23. 85도570.
3) 대판 2012. 3. 29. 2011도7704.
4) 대판 1966. 12. 6. 66도1317.
5) 대판 1979. 7. 10. 79도840.
6) 대판 2003. 1. 10. 2002도3340.

의원칙에 어긋난다.1)

⑨ *표준판례 형법상 통화에 관한 죄는 **문서에 관한 죄에** 대해 특별관계에 있다. 위조된 외국 화폐 등이 강제통용력이 없는 경우, 형법 제207조 제3항에서 정한 '외국에서 통용하는 외국의 화폐'가 아니고, 국내에서 사실상 거래 대가의 지급수단도 아니면 형법 제207조 제2항에서 정한 '내국에서 유통하는 외국의 화폐'에도 해당되지 않는다. 그 화폐를 행사해도 위조통화행사죄를 구성하지 않는다. 이러한 경우에는 형법 제234조에서 정한 위조사문서행사죄 또는 위조사도화행사죄로 의율할 수 있다.2)

⑩ *표준판례 피고인들은 한국은행발행 500**원짜리** 주화의 표면 일부를 깎아내어 손상을 가하였지만 그 크기와 모양 및 대부분의 문양이 그대로 남아 있다. 이로써 기존의 500원짜리 주화의 명목가치나 실질가치가 변경되었다거나, 객관적으로 보아 일반인으로 하여금 일본국의 500**¥짜리 주화로** 오신케 할 정도의 새로운 화폐를 만들어 낸 것으로 보기는 어렵다. 일본국의 자동판매기 등이 위와 같이 가공된 주화를 일본국의 500¥짜리 주화로 오인한다는 사정을 들어 그 명목가치가 일본국의 500¥으로 변경되었다거나 일반인으로 하여금 일본국의 500¥짜리 주화로 오신케 할 정도에 이르렀다고 볼 수도 없다.3)

Ⅶ. 유가증권·인지와 우표 등에 관한 죄

1 [130] 1. 유가증권위조죄

1) 위조·변조

① *표준판례 형법 제214조의 유가증권은 증권상에 표시된 재산상 권리의 행사와 처분에 그 증권의 점유를 필요로 하는 것을 총칭한다. 유가증권은 재산권이 **증권에 화체된다는** 것과 그 권리의 행사와 처분에 증권점유를 필요로 한다는 두 가지 요소를 갖추면 되고 반드시 유통성을 가질 필요는 없다. 또한 유가증권은 일반인이 진정한 것으로 오신할 정도의 형식과 외관을 갖추고 있으면 된다. 증권이 비록 문방구 약속어음 용지를 이용하여 작성되었다고 하더라도 그 전체적인 형식·내용에 비추어 일반인이 진정한 것으로 오신할 정도의 약속어음 요건을 갖추고 있으면 당연히 형법상 유가증권에 해당한다.4)

② *표준판례 **회원용 리프트탑승권은** 그와 같은 의미에서 유가증권의 일종이고, 피고인이 발매할 권한 없이 발매기를 임의로 조작하여 리프트탑승권을 부정 발급한 행위는 유가증권인 리프트탑승권을 위조하는 행위에 해당한다. 정상적으로 발행된 유가증권뿐만 아니라 작성권한 없는 자에 의해 위조된 것도 절차에 따라 몰수되기까지는 소지자의 점유를 보호해

1) 대판 2004. 5. 14. 2003도3487.
2) 대판 2013. 12. 12. 2012도2249.
3) 대판 2002. 1. 11. 2000도3950.
4) 대판 2001. 8. 24. 2001도2832.

야 한다는 점에서 형법상 재물로서 절도죄의 객체가 된다.[1)]

③ *표준판례 위조유가증권행사죄의 유가증권은 위조된 **유가증권의 원본을** 말하는 것이지 전자복사기 등을 사용하여 기계적으로 복사한 사본은 이에 해당하지 않는다. 피고인이 위조한 선하증권의 사본을 충청은행 직원에게 교부하여 행사하였다는 위조유가증권행사의 점에 대해 무죄를 선고한 원심의 조처는 정당하다.[2)]

④ *표준판례 약속어음의 액면금액란에 자의로 합의된 금액의 한도를 엄청나게 넘는 금액을 기입하는 것은 **백지보충권의** 범위를 초월하여, 서명날인 있는 약속어음 용지를 이용한 새로운 약속어음의 발행에 해당한다. 유가증권위조죄를 구성한다.[3)]

⑤ *표준판례 공중전화카드는 문자로 기재된 부분과 자기기록 부분이 일체로써 공중전화 서비스를 제공받을 수 있는 재산상의 권리를 화체하고 있다. 이를 카드식 공중전화기의 카드 투입구에 투입함으로써 그 권리를 행사하는 것이므로, 공중전화카드는 형법 제214조의 유가증권에 해당한다. **폐공중전화카드의** 자기기록 부분에 전자정보를 기록하여 사용가능한 공중전화카드를 만든 행위는 유가증권위조죄에 해당된다.[4)]

⑥ *표준판례 유가증권변조죄에서 '변조'는 진정하게 성립된 유가증권의 내용에 권한 없는 자가 유가증권의 동일성을 해하지 않는 한도에서 변경을 가하는 것을 의미한다. 이와 같이 권한 없는 자에 의해 변조된 부분은 진정하게 성립된 부분이라고 할 수 없다. 유가증권 내용 중 권한 없는 자에 의해 **이미 변조된 부분을** 다시 권한 없이 변경하였다고 하더라도 유가증권변조죄는 성립하지 않는다.[5)]

2) 죄 수

① 유가증권은 증권상에 표시된 재산상 권리 행사와 처분에 그 증권의 점유를 필요로 하는 것을 총칭하는 것이다. 유가증권은 재산권이 **증권에 화체**된다는 것과 그 권리의 행사와 처분에 **증권의 점유**를 필요로 한다는 두 가지 요소를 갖추면 충분하고, **반드시 유통성**을 가질 필요는 없다. 또한 위 유가증권은 일반인이 진정한 것으로 오신할 정도의 형식과 외관을 갖추고 있으면 된다.[6)]

② 피고인은 피해자로부터 미리 서명날인만 받아놓은 백지약속어음에 발행일, 금액, 수취인을 함부로 기재한 후, 피해자를 상대로 한 약속어음금청구사건에서 그 청구를 대여금청구로 변경하면서, 그 소변경신청서에 약속어음을 복사한 사본을 첨부하여 제출하여 행사하였다. 위조유가증권행사죄에서 유가증권은 위조된 **유가증권의 원본을** 말하는 것이지, 복사한 사본은 이에 해당하지 않는다.[7)]

---

1) 대판 1998. 11. 24. 98도2967.
2) 대판 2010. 5. 13. 2008도10678.
3) 대판 1972. 6. 13. 72도897.
4) 대판 1998. 2. 27. 97도2483.
5) 대판 2012. 9. 27. 2010도15206.
6) 대판 2007. 7. 13. 2007도3394.
7) 대판 1998. 2. 13. 97도2922. 제2회.

③ 수표에 기재되어야 할 수표행위자의 명칭은 비록 그 칭호가 **본명이 아니라** 하더라도, 통상 그 명칭을 자기를 표시하는 것으로 거래상 사용하고 또 그렇게 인식되어 왔다면, 그것을 수표에서 자기를 표시하는 칭호로 사용할 수 있다.[1]

④ *표준판례 원래 주식회사의 **적법한 대표이사는** 회사의 영업에 관해 재판상 또는 재판외의 모든 행위를 할 권한이 있다. 따라서 대표이사가 직접 주식회사 명의의 문서를 작성하는 행위는 자격모용 사문서작성 또는 위조에 해당하지 않는 것이 원칙이다. 이는 그 문서 내용이 진실에 반하는 허위이거나 대표권을 남용하여 자기 또는 제3자의 이익을 도모할 목적으로 작성된 경우에도 마찬가지이다.[2]

⑤ 약속어음과 같이 유통성을 가진 유가증권의 위조는, 적어도 행사할 목적으로 외형상 일반인으로 하여금 진정하게 작성된 유가증권으로 **오신케** 할 수 있을 정도로 작성된 것이라면, 그 발행 명의인이 가령 실재하지 않은 **사자**死者 또는 허무인이라 하더라도 위조죄가 성립한다.[3]

⑥ 타인이 위조한 액면과 지급기일이 **백지로** 된 약속어음을, 그것이 위조 약속어음인 정을 알고도 이를 구입하여 액면란에 금액을 기입하여 어음위조를 완성하는 행위는, 백지어음 형태의 위조행위와 별개의 유가증권위조죄를 구성한다.[4]

⑦ *표준판례 이미 타인에 의해 **위조된 약속어음의** 기재사항을 권한 없이 변경하더라도 유가증권변조죄는 성립하지 않는다.[5] *유가증권 '변조'는 진정으로 성립된 유가증권을 대상으로 함.

⑧ 갑이 백지 약속어음의 액면란 등을 부당 보충하여 위조한 후, 을이 갑과 공모하여 금액란을 임의로 변경한 경우, 을의 행위는 유가증권위조나 변조에 해당하지 않는다.[6] *이미 타인에 의해 위조된 약속어음은 '변조'의 대상인 진정하게 성립된 유가증권이 아님. 그렇다고 당초의 위조와 별개의 새로운 유가증권위조도 아님.

⑨ *표준판례 위조유가증권의 **교부자와 피교부자가** 서로 유가증권위조를 공모하였거나 위조유가증권을 타에 행사하여 그 이익을 나누어 가질 것을 공모한 공범관계에 있다면, 그들 사이의 **위조유가증권 교부행위는** 그들 이외의 자에게 행사함으로써 범죄를 실현하기 위한 전단계의 행위에 불과하다. 이때 위조유가증권은 아직 범인들의 수중에 있다고 볼 것이지 행사되었다고 볼 수는 없다.[7]

⑩ *표준판례 유가증권은 그 명칭에 불구하고 재산권이 증권에 화체된다는 것과, 권리의 행사와 처분에 증권의 점유를 필요로 한다는 두 가지 요소를 갖추면 충분하다. 반드시

1) 대판 1996. 5. 10. 96도527.
2) 대판 2015. 11. 27. 2014도17894.
3) 대판 2011. 7. 14. 2010도1025.
4) 대판 1982. 6. 22. 82도677.
5) 대판 2006. 1. 26. 2005도4764.
6) 대판 2008. 12. 24. 2008도9494.
7) 대판 2010. 12. 9. 2010도12553. 제8회.

유통성을 가질 필요는 없다. **"할부구매전표"가** 소지인이 판매회사의 영업소에서 취급상품을 금액 한도 안에서 구매할 수 있는 권리가 화체된 증권이고, 그 권리 행사와 처분에 증권점유를 필요로 하는 것이라면 이는 유가증권에 속한다.[1]

⑪ *표준판례 허위작성유가증권행사죄 또는 위조유가증권행사죄에 있어서 유가증권은, 허위작성 또는 위조된 **유가증권의 원본을** 말하는 것이지, 전자복사기 등을 사용하여 기계적으로 복사한 사본은 이에 해당하지 않는다.[2]

⑫ *표준판례 **허무인명의의 유가증권이라** 할지라도 적어도 그것이 행사할 목적으로 작성되었고, 외형상 일반인으로 하여금 진정하게 작성된 유가증권으로 오신될 수 있는 정도라면 그 위조죄가 성립한다.[3]

⑬ *표준판례 어음행위자의 명칭은 반드시 어음행위자의 본명에 한하는 것은 아니고, 상호, 별명 그 밖의 거래상 본인을 가리키는 것으로 인식되는 칭호라면 어느 것이나 다 가능하다. 피고인이 그 망부의 사망 후 그의 명의를 거래상 자기를 표시하는 명칭으로 사용하여 온 경우에, **망부 명의의 어음발행은** 피고인 자신의 어음행위라고 볼 것이다. 이를 가리켜 타인의 명의를 모용하여 어음을 위조한 것이라고 할 수 없다.[4]

[131] 2. 자격모용에 의한 유가증권작성죄 1

*표준판례 주식회사의 전임 대표이사가 대표이사의 권한을 실질적으로 행사하는 자로서 후임 대표이사의 승낙을 얻어, 잠정적으로 이전부터 사용하던 자기 명의로 된 위 회사 대표이사의 명판을 이용하여 **자신을 위 회사의 대표이사로** 표시하여 약속어음을 발행, 행사한 경우 자격모용 유가증권 작성 및 동행사죄에 해당한다.[5] *합법적인 대표이사의 권한행사가 아님.

[132] 3. 허위유가증권작성죄 1

① 선하증권 기재의 화물을 인수하거나 확인하지도 않고 또한 선적할 선편조차 예약하거나 확보하지도 않은 상태에서 수출면장만을 확인한 채, 실제로 **선적한 사실이 없는** 화물을 선적하였다는 내용의 선하증권을 발행하였다면, 허위유가증권작성죄가 성립한다.[6]

② *표준판례 약속어음 발행인이 그 발행을 위해 은행에 신고한 것이 아닌 발행인의 **다른 인장을** 날인하였더라도, 그것이 발행인의 인장인 이상 그 어음의 효력에는 아무런 영향이 없으므로 허위유가증권작성죄가 성립하지 않는다.[7]

---

1) 대판 1995. 3. 14. 95도20.
2) 대판 2007. 2. 8. 2006도8480.
3) 대판 1971. 7. 27. 71도905. 사자명의 유가증권도 유가증권위조죄의 객체가 됨. 대판 2011. 7. 14. 2010도1025(*표준판례).
4) 대판 1982. 9. 28. 82도296.
5) 대판 1991. 2. 26. 90도577.
6) 대판 1995. 9. 29. 95도803.
7) 대판 2000. 5. 30. 2000도883.

③ 자기앞수표의 발행인이 수표의뢰인으로부터 **수표자금을** 입금 받지 않고 자기앞수표를 발행하더라도, 그 수표의 효력에는 아무런 영향이 없으므로 허위유가증권작성죄가 성립하지 않는다.[1)]

④ *표준판례 배서인의 주소기재는 배서의 요건이 아니므로 약속어음 배서인의 **주소를 허위로** 기재하였다고 하더라도, 배서인이 누구인지 알 수 없는 경우가 아닌 한, 약속어음상의 권리관계에 영향을 미치지 않는다. 따라서 약속어음의 권리에 영향을 미치지 않는 사항은, 그것을 허위로 기재하더라도 형법 제216조 소정의 허위유가증권작성죄에 해당되지 않는다.[2)]

⑤ *표준판례 형법 제216조 전단의 허위유가증권작성죄는 작성권한 있는 자가 자기명의로 유가증권의 효력에 영향을 미치는 기재사항에 관해 진실에 반하는 내용을 기재하는 경우에 성립한다. 자기앞수표의 발행인이 수표의뢰인으로부터 **수표자금을 입금 받지 않고** 자기앞수표를 발행하더라도, 그 수표의 효력에는 영향이 없으므로 허위유가증권작성죄가 성립하지 않는다.[3)]

1 [133] 4. 위조 등 유가증권행사죄

① **위조유가증권임을** 알고 있는 자에게 교부하였더라도 피교부자가 이를 **소통**시킬 것을 인식하고 교부하였다면, 그 교부행위 그 자체가 유가증권의 유통질서를 해할 우려가 있어 위조유가증권행사죄가 성립한다.[4)]

② 위조유가증권의 교부자와 피교부자가 서로 유가증권위조를 공모하였거나 위조 유가증권을 타에 행사하여 그 이익을 나누어 가질 것을 공모한 **공범관계에** 있다면, 위조 유가증권은 아직 범인들의 수중에 있다고 볼 것이지 행사되었다고 볼 수는 없다.[5)] *그들 사이의 교부행위는 제3자에게 행사하기 위한 범행 전 단계.

Ⅷ. 문서에 관한 죄

1 [134] 1. 문서죄 일반론

① *표준판례 문서의 형식과 외관을 갖추고 있는 이상 그 **명의인이 허무인이거나** 또는 문서의 작성일자 전에 이미 **사망하였더라도,** 그러한 문서 역시 공공의 신용을 해할 위험성이 있으므로 문서위조죄가 성립한다. 이는 공문서뿐만 아니라 사문서의 경우에도 마찬가지이다.[6)]

---

1) 대판 2005. 10. 27. 2005도4528.
2) 대판 1986. 6. 24. 84도547.
3) 대판 2005. 10. 27. 2005도4528.
4) 대판 1983. 6. 14. 81도2492.
5) 대판 2010. 12. 9. 2010도12553.
6) 대판 2005. 2. 24. 2002도18 전원합의체. 제1, 4, 7회.

② 복사문서는 사본이더라도 그 내용에서부터 규모, 형태에 이르기까지 원본을 실제 그대로 재현하여 원본을 대하는 것과 같은 감각적 인식을 갖게 한다. 오늘날 일상거래에서 복사문서가 원본에 대신하는 증명수단 기능이 증대되고 있는 실정에 비추어, 이에 대한 사회적 신용을 보호할 필요가 있으므로 **복사문서의 사본은** 문서위조 및 동행사죄의 객체인 문서에 해당한다.1)

③ 자신의 이름과 나이를 속일 목적으로 주민등록증의 이름, 주민등록번호란에 글자를 오려 붙인 후, 이를 컴퓨터 스캔 장치를 이용해 **이미지 파일로** 만들어 컴퓨터 모니터로 출력하여 타인에게 이메일로 전송하는 경우, 컴퓨터 모니터 **화면에 나타나는 이미지는** 형법상 문서에 관한 죄의 문서에 해당하지 않는다.2) *공인중개사 자격증 파일, 국립대학교 졸업증명서 파일, 전세계약서 파일 등 모두 동일함.

④ ***표준판례*** 형법상 문서에 관한 죄에 있어서 문서는, 가독적 부호로 계속적으로 물체상에 기재된 의사표시의 원본 내지 복사본으로서, 그 내용이 법률상, 사회생활상 주요증거로 사용될 수 있는 것을 말한다. 컴퓨터 **모니터 화면에 나타나는 이미지는**, 이미지 파일을 보기 위한 프로그램을 실행하면 그때마다 전자반응을 일으켜 화면에 나타나는 것에 지나지 않고, 계속해서 화면에 고정된 것도 아니다. 이는 형법상 문서에 관한 죄의 문서에 해당되지 않는다.3)

⑤ ***표준판례*** 문서위조 또는 변조의 객체가 되는 문서는 원본에 한하지 않고 **문서사본이라도** 원본과 동일한 증명수단, 사회적 기능과 신용을 가지는 것으로 인정되면 문서개념에 포함시키는 것이 상당하다. 나아가 광의의 문서개념에 포함되는 도화의 경우에도 마찬가지로 해석해야 한다.4) ***도화사본의 문서성.***

⑥ *표준판례 형법 제237조의2에 따라 전자복사기, 모사전송기 기타 이와 유사한 기기를 사용하여 복사한 문서의 사본도 문서원본과 동일한 의미를 가지는 문서로서 이를 다시 **복사한 문서의 재사본도** 문서위조죄 및 동 행사죄의 객체인 문서에 해당한다. 진정한 문서의 사본을 전자복사기를 이용하여 복사하면서 **일부 조작을** 가하여 그 사본 내용과 전혀 다르게 만드는 행위는 공공의 신용을 해할 우려가 있는 별개의 문서사본을 창출하는 행위로서 문서위조행위에 해당한다.5)

⑦ 합동법률사무소 명의로 작성된 **공증에 관한 문서**는 형법의 공문서에 해당된다. 동 합동법률사무소의 구성원인 변호사에게 허위신고를 하여 동 **합동법률사무소 명의의 공정증서에** 부실의 사실을 기재하게 한 행위는 공증증서원본부실기재죄에 해당한다.6)

⑧ 지방세의 수납업무를 일부 관장하는 시중은행의 직원이나 은행이 형법 제225조 소

---

1) 대판 1989. 9. 12. 87도506 전원합의체.
2) 대판 2007. 11. 29. 2007도7480. 제3. 6, 9회.
3) 대판 2010. 7. 15. 2010도6068. 제10회.
4) 대판 1993. 7. 27. 93도1435.
5) 대판 2000. 9. 5. 2000도2855.
6) 대판 1977. 8. 23. 74도2715 전원합의체.

정의 공무원 또는 공무소가 되는 것은 아니고, **세금수납영수증도** 공문서에 해당되지 않으므로 공문서변조죄 및 동 행사죄의 대상이 되지 않는다.[1]

⑨ 권한 없는 자가 임의로 **인감증명서의 사용용도란의** 기재를 고쳐 썼다고 하더라도, 공무원 또는 공무소의 문서 내용에 대해 변경을 가하여 새로운 증명력을 작출한 경우로 볼 수 없으므로, 공문서변조죄나 변조공문서행사죄가 성립하지 않는다.[2]

⑩ 당사자가 이혼의사확인서등본과 **간인으로 연결된 이혼신고서**를 떼어내고, 원래 이혼신고서의 내용과 다른 이혼신고서를 작성하여 이혼의사확인서등본과 함께 호적관서에 제출하였다고 하더라도, 공문서인 이혼의사확인서등본을 변조하였다거나 변조된 이혼의사확인서등본을 행사하였다고 할 수 없다.[3] *간인으로 이혼신고서가 공문서인 이혼의사확인서등본의 일부가 되었다고 볼 수 없음.

[135] 2. 사문서위조 · 변조죄

1 ### (1) 사문서위조 성립

① 피고인이 다른 서류에 찍혀 있던 갑의 **직인을 칼로 오려내어** 풀로 붙인 후, 이를 **복사하는** 방법으로 갑 명의의 추천서와 경력증명서를 위조하고 이를 행사한 경우, 위 문서는 일반인이 명의자의 진정한 사문서로 오신하기에 충분한 정도의 형식과 외관을 갖춘 것으로 인정된다.[4]

② 피고인이 회사를 인수하면서 회사 **대표이사의 명의**를 계속 사용하기로 승낙 받았다고 하더라도, 사기범행을 목적으로 실제로는 위 회사에 근무한 바 없는 제3자의 재직증명서 및 근로소득원천징수영수증 등 허위문서를 작성한 행위는 사문서위조죄를 구성한다.[5]

③ 수탁자가 신탁 받은 채권을 자신이 신탁자로부터 증여받았을 뿐, 명의신탁받은 것이 아니라고 주장하는 상황에서, 신탁자의 상속인이 수탁자의 동의를 받지 않고 그 명의의 **채권이전등록청구서를** 작성 · 행사한 행위는 사문서위조 및 위조사문서행사죄에 해당한다.[6]

④ 문서명의인이 **이미 사망하였는데도** 문서명의인이 생존하고 있다는 점이 문서의 중요한 내용을 이루거나, 그 점을 전제로 문서가 작성되었다면, 이미 문서에 관한 공공의 신용을 해할 위험이 발생하였다 할 것이다. 그런 내용의 문서에 관해 사망한 명의자의 승낙이 추정된다는 이유로 사문서위조죄의 성립을 부정할 수는 없다.[7]

⑤ 문서 작성권한의 위임이 있는 경우라고 하더라도, 그 위임을 받은 자가 그 위임받은 **권한을 초월하여** 문서를 작성한 경우는 사문서위조죄가 성립한다. 단지 위임받은 권한 범위

---

1) 대판 1996. 3. 26. 95도3073.
2) 대판 2004. 8. 20. 2004도2767.
3) 대판 2009. 1. 30. 2006도7777.
4) 대판 2011. 2. 10. 2010도8361. 제5, 6회.
5) 대판 2005. 10. 28. 2005도6088.
6) 대판 2007. 3. 29. 2006도9425.
7) 대판 2011. 9. 29. 2011도6223. 제3회.

안에서 이를 **남용하여** 문서를 작성한 것에 불과하다면, 사문서위조죄가 성립하지 않는다.[1]

⑥ 전자복사기로 복사한 문서의 사본도 문서위조죄 및 동 행사죄의 객체인 문서에 해당한다. **위조된 문서원본을** 단순히 전자복사기로 복사하여 그 사본을 만드는 행위도 공공의 신용을 해할 우려가 있는 별개의 문서사본을 창출하는 행위로서 문서위조행위에 해당한다.[2]

⑦ ***표준판례** 문서의 원본 여부가 중요한 거래에서 문서사본을 진정한 원본인 것처럼 행사할 목적으로, 다른 조작을 가하지 않고 **문서원본**을 그대로 **컬러복사기로 복사하여** 원본인 것처럼 행사한 행위는 사문서위조죄 및 동행사죄에 해당한다.[3] *복사한 문서 사본을 원본인 것처럼 행사한 행위가 사문서위조죄 및 동행사죄에 해당하는가의 판단은, 일반인이 이를 명의자의 **진정한 사문서로 오신하기에 충분한** 정도의 형식과 외관을 갖추었는가에 따라서 내려야 함.

⑧ **명의인을 기망하여 문서**를 작성케 하는 경우는 서명, 날인이 정당히 성립된 경우에도 기망자는 명의인을 이용하여 서명 날인자의 의사에 반하는 문서를 작성케 하는 것이므로 사문서위조죄가 성립한다.[4] *종중회원들에게 내용을 제대로 말하지 않고 회의록 서명날인을 받은 경우.

⑨ 사문서의 작성명의자의 **인장이** 압날되지 아니하고 **주민등록번호가** 기재되지 않았더라도, 일반인으로 하여금 그 작성명의자가 진정하게 작성한 사문서로 믿기에 충분할 정도의 형식과 외관을 갖추었으면 사문서위조죄 및 동행사죄의 객체가 된다.[5]

⑩ ***표준판례** 유효기간이 지난 **국제운전면허증에** 자신의 사진을 바꾸어 붙인 경우, 상대방이 유효기간을 쉽게 알 수 없고, 문서 자체가 진정하게 작성된 것으로서 피고인이 국제운전면허를 받은 것으로 오신하기에 충분한 정도의 형식과 외관을 갖추고 있다면, 피고인의 행위는 문서위조죄에 해당한다.[6]

⑪ 차용증에 **연대보증인의** 이름과 주민등록번호 및 주소가 함께 적혀 있다면, 비록 **날인이** 없더라도 일반인이 위 연대보증인 명의의 진정한 사문서로 오신하기에 충분하다.[7]

⑫ 실존하는 **갑으로 가장하여** 이력을 속여 회사에 취직한 자가 갑 명의 사직원, 서약서, 근로계약서를 작성한 행위는, 본명 대신에 가명을 사용한 경우와는 달라서, 각 사문서위조에 해당한다.[8]

⑬ A작가협회 회원이 타인의 명의를 도용하여 협회 교육원장을 비방하는 내용의 **호소문을 작성한 후** 이를 협회 회원들에게 우편으로 송달한 경우, 사문서위조죄와 명예훼손죄가

---

1) 대판 2012. 6. 28. 2010도690. 제5회.
2) 대판 1996. 5. 14. 96도785.
3) 대판 2016. 7. 14. 2016도2081.
4) 대판 2000. 6. 13. 2000도778.
5) 대판 1989. 8. 8. 88도2209. 제6회.
6) 대판 1998. 4. 10. 98도164, 98감도12.
7) 대판 2007. 5. 10. 2007도1674.
8) 대판 1979. 6. 26. 79도908.

각 성립하고, 이는 실체적 경합관계에 있다.[1] *구체적 요구사항을 적시한 호소문은 사실증명에 관한 문서.

⑭ ***표준판례*** 법무사가 타인의 권리의무에 중대한 영향을 미칠 수 있는 문서를 작성하면서, 법무사법 제25조에 위반하여 문서명의자 본인의 동의나 승낙 여부에 대한 확인절차를 거치지 않고, 오히려 명의자 본인의 **동의나 승낙이 없음을** 알면서도 권한 없이 문서를 작성한 경우에는 사문서위조 및 동행사죄의 고의를 인정할 수 있다.[2]

2 **(2) 사문서위조 불성립**

① 매수인으로부터 매도인과 토지매매계약체결에 관해 포괄적 권한을 위임받은 자가, 실제 매수가격보다 **높은 가격을** 매매대금으로 기재하여 매수인 명의의 매매계약서를 작성하였더라도, 그것은 작성권한 있는 자가 허위내용의 문서를 작성한 것일 뿐 사문서위조죄가 성립될 수는 없다.[3]

② 사임의사를 표시하였던 이사를 포함한 이사 3인 명의로 이사회 의사록을 작성하고 비치하거나 교부한 행위는, 사문서위조 및 위조사문서행사죄에 해당하지 않는다.[4]

③ 주식회사 **지배인이** 자신을 그 회사 대표이사로 표시하여 연대보증채무를 부담하는 취지의 회사 명의의 차용증을 작성 · 교부한 경우, 그 문서에 일부 허위 내용이 포함되거나 위 연대보증행위가 회사 이익에 반하더라도 사문서위조 및 위조사문서행사에 해당하지 않는다.[5] *적법한 지배인이 회사명의 문서를 작성하는 행위가 사문서위조에 해당할 수 없음.

④ 사문서를 작성 · 수정하면서 그 명의자의 현실적 승낙은 없었지만, 행위 당시의 모든 객관적 사정을 종합하여 명의자가 행위 당시 그 사실을 알았다면 **당연히 승낙했을** 것으로 추정되는 경우, 사문서 위 · 변조죄가 성립하지 않는다.[6]

⑤ 공급자가 세금계산서를 작성하면서 공급받은 자의 동의나 협조가 요구되지 않는 점 등에 비추어, 세금계산서상의 공급받는 자는 그 문서내용의 일부에 불과하다. 공급자가 **세금계산서**를 작성하면서 공급받는 자 란에 임의로 다른 사람을 기재하였다 하여 사문서위조죄가 성립하지는 않는다.[7]

⑥ 피해자들이 일정 한도액에 관한 **연대보증인이 될 것을 허락하고** 이에 쓰일 인감도장과 인감증명서(대출보증용)를 채무자에게 건네주었다. 채무자는 차용금증서에 동 피해자들을 연대보증인으로 하지 않고 직접 차주로 하였을 지라도, 그 문서는 권한 범위 안에서 적법하

---

1) 대판 2009. 4. 23. 2008도8527. 제6회.
2) 대판 2008. 4. 10. 2007도9987.
3) 대판 1984. 7. 10. 84도1146. 제7회.
4) 대판 2009. 5. 14. 2008도11040.
5) 대판 2010. 5. 13. 2010도1040. 제6회.
6) 대판 2003. 5. 30. 2002도235. 제1, 8회.
7) 대판 2007. 3. 15. 2007도169.

게 작성된 것으로 보아 사문서위조죄가 성립하지 않는다.[1] *동액 상당의 채무를 부담하겠다는 점에서 차이 없음.

⑦ ***표준판례*** 형법상 사문서위조죄는 행사할 목적으로 권리 · 의무 또는 사실증명에 관한 타인의 문서 또는 도화를 위조한 경우에 성립한다. 여기에서 사실증명에 관한 타인의 문서는, 권리 · 의무에 관한 문서 이외의 문서로서 **법률상 또는 사회생활상 중요한 사실을** 증명하는 문서를 말한다.[2] *허위사실을 신고한 편지는 사문서위조죄의 객체인 문서에 해당되지 않는다고 판시함. 무고죄 성립은 인정.

⑧ ***표준판례*** 사문서위조죄의 객체가 되는 문서의 **진정한 작성명의자가** 누구인지는 문서의 표제나 명칭만으로 판단해서는 안 된다. 문서의 형식과 외관은 물론 문서의 종류, 내용, 일반 거래에서 그 문서가 가지는 기능 등 제반 사정을 종합적으로 참작하여 판단해야 한다.[3] *피고인이 자신이 대표로 있는 회사의 사업자등록번호, 주소를 사용하고 같은 회사 인감을 날인하여 자신의 이름으로 작성한 확인서는 사문서위조죄의 객체가 되지 않음. 자격모용사문서작성죄를 구성할 여지는 있음.

⑨ ***표준판례*** 사문서를 작성하면서 명의자의 명시적, 묵시적인 승낙 내지 위임을 받은 경우는 사문서위조에 해당되지 않는다. 문서 작성권한의 위임이 있는 경우에도, 그 **위임받은 권한을 초월하여** 문서를 작성하면 사문서위조죄가 성립하고, 위임받은 권한의 범위 내에서 이를 남용하여 문서를 작성한 것에 불과하면 사문서위조죄가 성립하지 않는다.[4]

(3) 사문서변조 3

① ***표준판례*** 사문서변조에 있어서 그 변조 당시 명의인의 명시적, 묵시적 승낙 없이 한 것이면 변조된 문서가 명의인에게 유리하여 결과적으로 그 **의사에 합치하더라도** 사문서변조죄의 구성요건을 충족한다.[5]

② 피고인이 행사할 목적으로 권한 없이 갑 은행 발행의 피고인 명의 예금통장 기장내용 중 특정 일자 **입금자 명의를** 가리고 복사하여 통장 1매를 변조한 후 그 통장사본을 법원에 증거로 제출하여 행사한 경우, 사문서변조 및 동행사죄에 해당한다.[6]

③ 문서에 **2인 이상의** 작성명의인이 있는 때에 그 명의자의 한사람이 타명의자와 합의 없이 행사할 목적으로 그 문서내용을 변경하였을 때는 사문서변조죄가 성립된다.[7]

④ ***표준판례*** 사문서를 수정할 때 명의자가 명시적이거나 묵시적으로 승낙을 하였다면 사문서변조죄가 성립하지 않는다. 행위 당시 명의자가 현실적으로 승낙하지는 않았지만

1) 대판 1984. 10. 10. 84도1566. 제7회.
2) 대판 2008. 11. 27. 2008도7018.
3) 대판 2016. 10. 13. 2015도17777.
4) 대판 2006. 9. 28. 2006도1545.
5) 대판 1985. 1. 22. 84도2422. 제6회.
6) 대판 2011. 9. 29. 2010도14587.
7) 대판 1977. 7. 12. 77도1736. 제6회.

명의자가 그 사실을 알았다면 당연히 승낙했을 것으로 **추정되는** 경우에도 사문서변조죄가 성립하지 않는다.[1]

⑤ 컴퓨터에 저장된 경영정상화 이행 계획서 **파일이** 당시 진정하게 성립된 상태였다고 보기 어렵고, 이를 형법상 문서에 관한 죄에 있어서 문서라고 할 수도 없어서 이를 수정하더라도 사문서변조에 해당되지 않는다.[2] *컴퓨터 파일은 형법상 문서가 아님.

⑥ ***표준판례** 피고인이 제기한 이 사건 고소내용은, 피고소인인 학교장 갑이 합법적인 절차에 따라 결재하여 서울특별시교육회에 이미 제출, 접수시킨 추천서를 피추천인인 피고인의 양해를 받지 않고 임의로 무효화시켜 그 용도에 사용할 수 없게 하였다는 것이다. 비록 자기명의의 문서라 할지라도 이미 **타인(타기관)에게 접수되어** 있는 문서를 함부로 무효화 시키면 문서손괴죄를 구성한다. 따라서 그러한 내용의 범죄 될 사실을 허위로 기재하여 수사기관에 고소한 이상 무고죄 죄책을 면할 수 없다.[3]

1 ## [136] 3. 자격모용에 의한 사문서작성죄

① ***표준판례** 자격모용에 의한 사문서작성죄의 **'타인'에는** 자연인뿐만 아니라 법인, 법인격 없는 단체를 비롯하여 거래관계에서 독립한 사회적 지위를 갖고 활동하는 존재로 취급될 수 있으면 여기에 해당된다.[4]

② 주식회사의 **적법한 대표이사는** 회사의 영업에 관하여 재판상 또는 재판외의 모든 행위를 할 권한이 있으므로, 대표이사가 직접 주식회사 명의 문서를 작성하는 행위는 자격모용 사문서작성 또는 위조에 해당하지 않는 것이 원칙이다. 이는 그 문서내용이 진실에 반하는 허위이거나 대표권을 남용하여 자기 또는 제3자의 이익을 도모할 목적으로 작성된 경우에도 마찬가지이다.[5]

③ 종중의 대표자 등 임원 선임결의가 **무효인** 경우, 전임 이사들이 계속 종전 직무를 수행하면서 임원 자격으로 작성한 이사회 의사록 등은 자격을 모용하여 작성한 문서가 아니다.[6] *구 이사는 후임 이사가 선임될 때까지 종전의 직무를 수행할 수 있음.

④ 토지매수권한을 위임받은 대리인이 매도인 측 대표자와 공모하여 매매대금 일부를 착복하기로 하고 위임받은 **특정 매매금액보다** 낮은 금액을 허위로 기재한 매매계약서를 작성한 경우, 자격모용 사문서작성죄를 구성하지 않는다.[7] *특정 금액은 물론 그보다 낮은 금액에 대한 권한까지 대리인에게 위임한 것으로 보는 것이 매수인의 추정적 의사에 부합.

---

1) 대판 2015. 11. 26. 2014도781.
2) 대판 2017. 12. 5. 2014도14924.
3) 대판 1987. 4. 14. 87도177.
4) 대판 2008. 2. 14. 2007도9606.
5) 대판 2008. 12. 24. 2008도7836.
6) 대판 2007. 7. 26. 2005도4072.
7) 대판 2007. 10. 11. 2007도5838.

[137] 4. 공문서위조 · 변조죄 1

① 피고인이 행사할 목적으로 타인의 **주민등록증에 붙어있는 사진**을 떼어내고 그 자리에 피고인의 사진을 붙였다면, 이는 기존 공문서의 본질적 또는 중요부분에 변경을 가하여 새로운 증명력을 가지는 별개의 공문서를 작성한 것으로서 공문서위조죄에 해당한다.1)

② 최종 결재권자를 **보조하여** 문서의 기안업무를 담당하는 공무원이, 이미 결재를 받아 완성된 공문서에 대해 적법한 절차를 밟지 않고 그 내용을 변경한 경우, 공문서변조죄가 성립한다.2)

③ 유효기간이 경과하여 무효가된 공문서상에 '정정의 경우에는 무효로 한다'는 기재가 있더라도, **권한없는** 자가 그 유효기간과 발행일자를 정정하고 그 부분에 작성권한자의 직인을 압날하여 공문서를 작성하였다면, 공문서를 위조한 것이 된다.3)

④ 재산세 과세대장의 작성권한이 있던 자가 **인사이동** 되어 그 권한이 없어진 후 그 기재내용을 변경한 경우, 공문서변조죄에 해당한다.4)

⑤ 시장명의로 작성하여 도지사에게 송부한 환지계획인가신청서에 첨부된 당초의 도면에 잘못 표시된 부분이 있다고 하여도, 시에서 도시계획 업무를 담당한 공무원이 적법한 절차를 거치지 않고 임의로 위 도면을 정정도면과 바꿔치기 한 행위는 공문서변조, 동행사에 해당된다.5)

⑥ *표준판례 보조 직무에 종사하는 공무원이 허위공문서를 기안하여 **작성권자의 결재를** 거치지 않고 임의로 직인 등을 부정 사용하여 공문서를 완성하면 공문서위조죄가 성립한다. 이는 공문서의 작성권한 없는 사람이 허위공문서를 기안하여 작성권자의 결재를 받지 않고 공문서를 완성한 경우에도 마찬가지이다. 나아가 다른 공무원이 작성권자의 결재를 받지 않고 직인 등을 보관하는 담당자를 기망하여 작성권자의 직인을 날인하도록 하여 공문서를 완성한 때에도 공문서위조죄가 성립한다.6)

⑦ 자신의 **주민등록증 비닐커버** 위에 검은색 볼펜을 사용하여 주민등록번호 전부를 덧기재하고 투명 테이프를 붙이는 방법으로, 주민등록번호 중 출생연도를 나타내는 "71"을 "70"으로 고친 경우 공문서변조가 아니다.7) *공문서 자체에 대한 변경이 아님. 변조방법이 조잡하여 공공의 위험을 초래할 정도는 아님.

⑧ **면허증사진 위에** 다른 사진을 떨어지지 않을 정도로 풀을 약간 칠해 붙여 이를 전자복사기에 넣어 면허증 사본을 복사한 행위는, 면허증 원본을 행사할 목적이 없는 것이어서 공문서변조죄에 해당하지 않는다.8) *공문서변조죄는 변조한 공문서 자체를 진정한 것으로

1) 대판 1991. 9. 10. 91도1610. 제4회.
2) 대판 2017. 6. 8. 2016도5218. 제10회.
3) 대판 1980. 11. 11. 80도2126.
4) 대판 1996. 11. 22. 96도1862.
5) 대판 1985. 6. 25. 85도540.
6) 대판 2017. 5. 17. 2016도13912.
7) 대판 1997. 3. 28. 97도30.
8) 대판 1986. 2. 25. 85도2835.

사용하기 위한 것. 사본은 해당하지 않음.

⑨ 공무원 아닌 자가 관공서에 **허위내용의 증명원을** 제출하여 그 내용이 허위인 정을 모르는 담당공무원으로부터 그 증명원 내용과 같은 증명서를 발급받은 경우, 공문서위조죄의 간접정범으로 의율할 수는 없다.[1] *내용이 허위이기는 하지만 그 작성행위는 권한 있는 공무원에 의해 이루어진 것이므로 공문서위조죄가 성립하지 않음.

⑩ 권한 없는 자가 임의로 **인감증명서의 사용용도란의** 기재를 고쳐 썼다고 하더라도, 공무원 또는 공무소의 문서 내용에 대해 변경을 가하여 새로운 증명력을 작출한 경우라고 볼 수 없으므로 공문서변조죄나 변조공문서행사죄가 성립하지 않는다.[2]

⑪ ***표준판례*** 허위공문서작성죄 및 그 행사죄는 "공무원"만이 주체가 될 수 있는 신분범이다. 신분상 공무원이 아님이 분명한 피고인들을 허위공문서작성죄 및 그 행사죄로 처벌하려면 그에 관한 특별규정이 있어야 한다. 그들의 업무가 국가의 사무에 해당한다거나, 그들이 소속된 영상물등급위원회의 행정기관성이 인정된다는 사정만으로는 피고인들을 위 죄로 처벌할 수 없다.[3] ***영상물등급위원회 임직원은** 허위공문서작성죄의 주체가 아님.

1 [138] 5. 자격모용에 의한 공문서작성죄

① 갑 구청장이 을 구청장으로 **전보된** 후 갑 구청장의 권한에 속하는 건축허가에 관한 기안용지의 결재란에 서명을 한 것은, 자격모용에 의한 공문서작성죄를 구성한다.[4]

② ***표준판례*** 식당의 주 · 부식 구입업무를 담당하는 공무원이 주 · 부식구입요구서의 **과장결재란**에 권한 없이 자신의 서명을 한 경우, 자격모용공문서작성죄가 성립하고 공문서위조죄는 문제되지 않는다.[5] *계약 등에 의해 공무 관련 업무를 일부 대행하는 자가 작성한 문서는 공문서변조나 위조죄의 객체인 공문서에 해당하지 않음.

1 [139] 6. 사전자기록위작 · 변작죄

① ***표준판례*** 컴퓨터의 기억장치 중 하나인 **램**(RAM)**에** 올린 전자기록은 사전자기록위작 · 변작죄에서 말하는 권리의무 또는 사실증명에 관한 타인의 전자기록 등 특수매체기록에 해당한다.[6] *램에 올린 전자기록은 원본파일과 불가분으로 원본파일의 개념적 연장에 있음.

② **원본파일**의 변경까지 초래하지는 않았으나 램에 올린 전자기록에 허구의 내용을 권한 없이 수정 입력한 경우, 그 자체로 사전자기록변작죄의 기수에 이르렀다.[7]

---

1) 대판 2001. 3. 9. 2000도938.
2) 대판 2004. 8. 20. 2004도2767.
3) 대판 2009. 3. 26. 2008도93.
4) 대판 1993. 4. 27. 92도2688.
5) 대판 2008. 1. 17. 2007도6987.
6) 대판 2003. 10. 9. 2000도4993.
7) 위 판례.

③ *표준판례 사서증서 인증을 촉탁 받은 공증인이 당사자가 공증인의 면전에서 사서증서에 서명 또는 날인을 하거나, 본인이나 그 대리인이 사서증서의 서명 또는 **날인이 본인의 것임을** 확인한 바가 없음에도 그렇게 한 것처럼 인증서에 기재하였다면, 허위공문서작성죄의 죄책을 면할 수 없다.[1]

④ *표준판례 사전자기록위작 · 변작죄에서 전자기록은 개인 또는 법인이 전자적 방식에 의한 정보의 생성 · 처리 등에 사용되어 증명적 기능을 수행한다. '**사무처리를 그르치게 할 목적**'은 위작 또는 변작된 전자기록이 사용됨으로써 위와 같은 시스템을 설치 · 운영하는 주체의 사무처리를 잘못되게 하는 것을 말한다.[2]

⑤ 컴퓨터 등 전산망 시스템을 이용하는 과정에서 사전자기록 등 특수매체기록 작성 등에 관해 권한 있는 사람이 그 **권한을 남용하여 허위정보를** 입력함으로써 시스템 설치 · 운영 주체의 의사에 반하는 전자기록을 생성하는 행위는 사전자기록의 '위작'에 해당된다. 피고인들이 가상화폐거래소 은행계좌 등에 원화 등의 실제 입금 없이 가상화폐 거래시스템에서 생성한 **차명계정에** 원화 포인트 등을 입력한 행위는 위 거래시스템을 설치 · 운영하는 회사와의 관계에서 그 권한을 남용하여 허위정보를 입력함으로써 위 회사의 의사에 반하는 전자기록을 생성한 경우로서 형법 제232조의2에서 정한 '위작'에 해당한다.[3] *사전자기록위작죄는 **유형위조는 물론 무형위조도** 포함한다는 판결. 그러나 무형위조를 포함시키는 것은 지나친 확대해석으로서 죄형법정주의원칙에 어긋난다는 소수의견 있음. 공문서의 경우에는 유형위조, 무형위조 모두 처벌하지만 사문서의 경우는 원칙적으로 무형위조를 처벌하지 않는다는 것을 근거로 제시함.

[140] 7. 공전자기록위작 · 변작죄 1

① 경찰관이 고소사건을 처리하지 않았음에도 경찰범죄정보시스템에 그 사건을 검찰에 송치한 것으로 **허위사실을** 입력한 행위는, 공전자기록위작죄에서 말하는 위작에 해당한다.[4]

② 공군 복지근무지원단 부사관이 창고 관리병으로 하여금 위 지원단의 업무관리시스템인 복지전산시스템에, 자신이 그 전에 이미 횡령한 바 있는 면세주류를 마치 정상적으로 판매한 것처럼 **허위로 입력하게** 한 경우, 공전자기록위작 · 변작죄의 '사무처리를 그르치게 할 목적'이 인정된다.[5]

③ 갑의 업무를 보조하는 을은 체비지 현장에 출장을 나간 사실이 없고 갑만이 체비지 현장에 나갔음에도, 갑과 을이 공모하여 을이 직접 그 출장을 나간 것처럼 부천시청 행정지식관리시스템에 **허위정보를** 입력하여 출장복명서를 생성한 후, 이를 그 정을 모르는 위 시청

---

1) 대판 2007. 1. 25. 2006도3844.
2) 대판 2008. 4. 24. 2008도294.
3) 대판 2020. 8. 27. 2019도11294.
4) 대판 2005. 6. 9. 2004도6132.
5) 대판 2010. 7. 8. 2010도3545.

도시과장에게 전송한 것은, 갑에게 공전자기록등위작 및 위작공전자기록등행사의 범의가 인정된다.[1]

④ 등기 경료 당시에는 실체권리관계에 부합하지 않은 등기의 경우에, **사후에 이해관계인들이** 동의 또는 추인하여 실체권리관계에 부합하게 되더라도 공정증서원본부실기재 및 동행사죄의 성립에는 아무런 영향이 없다.[2]

⑤ 부동산 매수인이 매도인과 사이에 부동산의 소유권이전에 관한 물권적 합의가 없는 상태에서, 소유권이전등기신청에 관한 대리권 없이 단지 소유권이전등기에 필요한 서류를 보관하고 있을 뿐인 **법무사를 기망하여** 매수인 명의의 소유권이전등기를 신청하게 한 경우, 공정증서원본부실기재죄를 구성한다.[3]

⑥ 부동산 거래당사자가 '거래가액'을 시장 등에게 거짓으로 신고하여 받은 신고필증을 기초로 **사실과 다른 내용의 거래가액이** 부동산등기부에 등재되도록 한 경우, 공전자기록 등 부실기재죄 및 부실기재공전자기록 등 행사죄가 성립하지 않는다.[4]

⑦ *표준판례 전자기록의 '위작'은 권한 없는 사람이 전자기록을 작출하거나 정보를 입력하는 경우는 물론이고, 정보의 입력 권한을 부여받은 사람이 그 **권한을 남용하여** 허위정보를 입력하는 경우도 포함한다. 이때 '허위정보'는 진실에 반하는 내용을 의미한다. 관계 법령에 의해 요구되는 자격이 없음에도 있는 것처럼 고의로 정보를 입력하였더라도, 그 전제 또는 관련된 **사실관계의 내용에** 거짓이 없으면 허위정보를 입력하였다고 볼 수 없다.[5]

⑧ 공전자기록위작 · 변작죄의 행위주체인 '공무원'은 법령에 의해 공무원의 지위를 가진 자를 말하고, '공무소'는 공무원이 직무를 행하는 관청 또는 기관을 말한다. 따라서 그 행위주체가 **공무원과 공무소가 아닌 경우에는** 형법 또는 특별법에 의해 공무원 등으로 의제되는 경우를 제외하고는, 계약 등에 의해 공무와 관련되는 업무를 일부 대행하는 경우가 있더라도 공무원 또는 공무소가 될 수 없다. 형벌법규의 구성요건인 공무원 또는 공무소를 법률의 규정도 없이 확장 해석하거나 유추 해석하는 것은 죄형법정주의 원칙에 반하기 때문이다.[6]

1 [141] 8. 허위진단서작성죄

① 허위진단서작성죄는 원래 허위 증명을 금지하려는 것이므로, 진단서 내용이 실질상 진실에 반하는 기재여야 할 뿐 아니라 그 내용이 허위라는 의사의 주관적 인식이 필요하다. 그러한 인식은 **미필적 인식으로도** 충분하나, 이에 대하여는 검사가 증명책임을 진다.[7]

② 사체검안의가 빙초산의 성상이나 이를 마시고 사망하는 경우의 소견에 대해 알지 못

1) 대판 2007. 7. 27. 2007도3798.
2) 대판 2001. 11. 9. 2001도3959. 제2회.
3) 대판 2006. 3. 10. 2005도9402.
4) 대판 2013. 1. 24. 2012도12363. 제3회.
5) 대판 2011. 5. 13. 2011도1415.
6) 대판 2020. 3. 12. 2016도19170.
7) 대판 2017. 11. 9. 2014도15129.

함에도, 변사자가 '약물음독', '빙초산을 먹고 자살하였다'는 취지로 사체검안서를 작성한 경우, 검안서작성에 허위성이 인정된다.[1]

③ 비록 의사의 진단결과를 표시하는 문서의 명칭이 **소견서**로 되어 있더라도, 그 내용이 의사가 진찰한 결과 알게 된 병명이나 상처의 부위, 정도 또는 치료기간 등의 건강상태를 증명하기 위해 작성된 것이라면, 허위진단서작성죄의 진단서에 해당된다.[2]

④ 의사가 진단서에 환자에 대한 진단결과 또는 향후 치료의견 등을 함께 제시하고 그와 결합하여 수형생활 또는 **수감생활의** 가능 여부에 대해 판단한 경우, 그 전체가 환자의 건강상태를 나타내는 의료적 판단에 해당한다.[3] *진료의견이 허위이면 수감생활 의견도 허위.

⑤ ***표준판례** 허위진단서작성죄가 성립하기 위해서는 진단서 내용이 진실에 반하는 기재여야 할 뿐 아니라 그 내용이 허위라는 의사의 **주관적 인식이** 필요하다. 의사가 주관적으로 진찰을 소홀히 했다든가 착오를 일으켜 오진한 결과, 객관적으로 진실에 반하는 진단서를 작성하였다면, 허위진단서작성죄가 성립하지 않는다.[4] *허위진단서작성에 대한 인식이 없음.

⑥ 의사인 피고인이 환자의 인적사항, 병명, 입원기간 및 그러한 입원사실을 확인하는 내용이 기재된 '**입퇴원 확인서**'를 허위로 작성한 경우, 허위진단서작성죄에 해당되지 않는다.[5] *입퇴원 확인서는 허위진단서작성죄의 진단서가 아님.

⑦ ***표준판례** **공무원인 의사**가 공무소의 명의로 허위진단서를 작성한 경우에는 허위공문서작성죄만 성립하고 허위진단서작성죄는 별도로 성립하지 않는다.[6] *허위진단서작성죄의 대상은 공무원이 아닌 의사가 사문서로서 진단서를 작성한 경우에 한정.

[142] 9. 허위공문서작성죄

(1) 성립요건 1

① 소유권이전등기와 근저당권설정등기의 신청이 동시에 이루어지고 그와 함께 등본의 교부신청이 있는 경우에, 등기공무원이 소유권이전등기만 기입하고 **근저당권설정등기는** 기입하지 않고 등기부등본을 발급하였다면, 비록 그 등기부등본의 기재가 등기부의 기재와 일치하더라도, 그 등기부등본은 허위공문서에 해당한다.[7]

② 인감증명서 발급업무를 담당하는 공무원이, 발급을 신청한 본인이 **직접 출두한** 바 없음에도 불구하고 본인이 직접 신청하여 발급받은 것처럼 인감증명서에 기재하였다면, 이는 공문서위조죄가 아닌 허위공문서작성죄를 구성한다.[8]

---

1) 대판 2001. 6. 29. 2001도1319.
2) 대판 1990. 3. 27. 89도2083.
3) 대판 2017. 11. 9. 2014도15129.
4) 대판 2006. 3. 23. 2004도3360.
5) 대판 2013. 12. 12. 2012도3173.
6) 대판 2004. 4. 9. 2003도7762. 제1, 6회.
7) 대판 1996. 10. 15. 96도1669.
8) 대판 1997. 7. 11. 97도1082.

③ 허위공문서작성죄의 객체가 되는 문서는 문서상 **작성명의인이** 명시된 경우뿐 아니라, 작성명의인이 명시되어 있지 않더라도 문서의 형식, 내용 등 문서 자체에 의해 누가 작성하였는지 추지할 수 있을 정도의 것이면 된다.1)

④ 피고인들이 물품검사를 하면서 전체량의 일부만을 추출하여 실물검사를 하였음에도, 이를 초과하여 외관검사를 행한 수량 중의 일정량을 실물 검사한 것처럼 보고서를 작성하였다 하여도, 그것이 **업무상 관행에** 따른 것이라면 허위공문서 작성의 인식이 없다고 할 것이다.2)

⑤ 공무원이 여러 차례 출장반복의 번거로움을 회피하고 민원사무를 신속히 처리한다는 방침에 따라, 사전에 출장 조사한 다음 출장조사내용이 변동 없다는 확신하에 **출장복명서를** 작성하고, 다만 그 출장일자를 작성일자로 기재한 것이라면 허위공문서작성의 범의가 있었다고 볼 수 없다.3)

⑥ 피고인들을 비롯한 경찰관들이 피의자들을 현행범으로 체포하거나 현행범인체포서를 작성할 때, 체포사유 및 변호인선임권을 고지하였다는 내용의 **허위의 현행범인체포서와 확인서**를 작성한 경우, 허위공문서작성에 대한 범의가 인정된다.4)

⑦ 면사무소 호적계장이 면장의 결재 없이 호적의 출생년란, 주민등록번호란에 **허위내용의 호적정정** 기재를 한 경우에는, 공문서위조 및 동행사죄를 구성하는 것은 별론으로 하고 허위공문서작성죄에 해당할 수는 없다.5)

2 ### (2) 간법정범 성부문제

① 경찰서 보안과장인 피고인이 갑에 대한 **음주운전자 적발보고서를** 찢어버리고, 부하로 하여금 일련번호가 동일한 가짜 음주운전 적발보고서에 을에 대한 음주운전 사실을 기재하고 이를 주취운전자 음주측정처리부에 기재토록 한 경우, 을이 음주운전으로 처벌을 받았는지 여부와 관계없이 허위공문서작성 및 동 행사죄의 간접정범에 해당한다.6)

② ***표준판례** 출원에 대한 심사업무를 담당하는 공무원이 출원인의 **출원사유가 허위**라는 사실을 알면서도, 결재권자로 하여금 오인, 착각, 부지를 일으키게 하고, 그 오인, 착각, 부지를 이용하여 인 · 허가처분에 대한 결재를 받아낸 경우는, 위계에 의한 공무집행방해죄가 성립한다.7)

③ 예비군 중대장이 예비군훈련에 불참한 예비군대원이 훈련에 참석한 양 **허위내용의 학급편성명부를** 작성, 행사하였다면, 그 후 소속대대장에게 보고하지 않은 것은 허위공문서 작성 당시에 있었던 직무위배의 위법상태가 그대로 계속된 것에 불과하므로, 별도의 직무유

---

1) 대판 2019. 3. 14. 2018도18646. 제10회.
2) 대판 1982. 7. 27. 82도1026.
3) 대판 2001. 1. 5. 99도4101.
4) 대판 2010. 6. 24. 2008도11226.
5) 대판 1990. 10. 12. 90도1790.
6) 대판 1996. 10. 11. 95도1706.
7) 대판 1997. 2. 28. 96도2825. 제2회.

기죄가 성립하여 양죄가 실체적 경합범이 된다고 할 수 없다.[1)]

④ 피고인이 건축물조사 및 가옥대장 정리업무를 담당하는 지방행정서기를 교사하여, **무허가건물을** 허가받은 건축물인 것처럼 가옥대장 등에 등재케 하여 허위공문서 등을 작성케 한 사실이 인정된다면, 허위공문서작성죄의 교사범으로 처단한 것은 정당하다.[2)]

⑤ 공무원이 아닌 자는 공정증서원본부실기재죄의 경우를 제외하고는 허위공문서작성죄의 간접정범으로 처벌할 수 없다. 그러나 **공무원이 아닌 자가** 공무원과 공동하여 허위공문서작성죄를 범한 때에는, 공무원이 아닌 자도 형법 제33조, 제30조에 의하여 허위공문서작성죄의 공동정범이 된다.[3)]

⑥ 공문서의 작성권한이 있는 공무원의 직무를 보좌하는 자가 그 직위를 이용하여 행사목적으로 허위내용이 기재된 문서 초안을 그 정을 모르는 상사에게 제출하여 결재하도록 하는 등의 방법으로 허위공문서를 작성하게 하였다. 이 경우 간접정범이 성립하고 이와 공모한 자 역시 그 **간접정범의 공범으로서의** 죄책을 면할 수 없다. 여기서 말하는 공범은 반드시 공무원신분이 있는 자로 한정되는 것은 아니다.[4)]

[143] 10. 공정증서원본부실기재죄

(1) 성 립 1

① 실제로는 채권 · 채무관계가 존재하지 아니함에도 공증인에게 **허위신고를** 하여 가장된 금전채권에 대해 공정증서원본을 작성하고 이를 비치하게 한 것이라면, 공정증서원본부실기재죄 및 부실기재공정증서원본행사죄의 죄책을 면할 수 없다.[5)]

② 상법상 납입가장죄에 있어서, 당초부터 진실한 주금납입으로 회사 자금을 확보할 의사 없이 형식상 주금을 납입하고 **주금납입증명서를** 교부받아 설립등기 등 절차를 마친 다음 바로 그 납입한 돈을 인출하면, 실질적으로 회사의 자본이 늘어난 것이 아니어서 납입가장죄 및 공정증서원본부실기재죄와 부실기재공정증서원본행사죄가 성립한다.[6)]

③ 실제로는 채권 · 채무관계가 존재하지 않는데도 **허위채무를** 가장하고 이를 담보한다는 명목으로 허위의 근저당권설정등기를 마친 것이라면, 등기공무원에게 허위신고를 하여 등기부에 부실사실을 기재하게 한 때에 해당하므로, 공정증서원본 등 부실기재죄 및 부실기재공정증서원본 등 행사죄가 성립한다.[7)]

④ 피고인들이 중국 국적의 조선족 여자들과 참다운 부부관계를 설정할 의사 없이, 단지 그들의 국내 취업을 위한 입국의 목적으로 **형식상 혼인하기로** 한 것이라면, 우리나라 법

---

1) 대판 1982. 12. 28. 82도2210.
2) 대판 1983. 12. 13. 83도1458.
3) 대판 2006. 5. 11. 2006도1663.
4) 대판 1992. 1. 17. 91도2837.
5) 대판 2008. 12. 24. 2008도7836.
6) 대판 2004. 6. 17. 2003도7645 전원합의체.
7) 대판 2017. 2. 15. 2014도2415.

에 의하여 혼인의 실질적 성립요건을 갖추지 못하여 효력이 없고, 효력이 없는 혼인신고를 한 이상 공정증서원본부실기재 및 동행사 죄의 죄책을 면할 수 없다.[1]

⑤ 소유권이전등기 경료 **당시에는** 실체권리관계에 부합하지 않은 등기인 경우, 사후에 이해관계인들의 동의 또는 추인 등의 사정으로 실체권리관계에 부합하게 된다 하더라도 공정증서원본부실기재 및 동행사죄의 성립에는 영향이 없다.[2]

2 (2) 불 성 립

① **사업자등록증은** 단순한 사업사실의 등록을 증명하는 증서에 불과하고, 그에 의해 사업을 할 수 있는 자격이나 요건을 갖추었음을 인정하는 것은 아니어서 형법 제228조 제1항에 정한 '등록증'에 해당하지 않는다.[3]

② 자동차운전면허증 재교부신청서의 사진란에 본인의 사진이 아닌 **다른 사람의 사진을** 붙여 제출함으로써, 담당공무원으로 하여금 **자동차운전면허대장에** 부실사실을 기재하게 한 경우 자동차운전면허대장은 공정증서원본에 해당하지 않는다.[4] *자동차운전면허대장은 운전면허사무집행의 편의를 위한 사실증명에 관한 것. 권리의무를 부여하는 것이 아님.

③ ***표준판례** 법원에 **허위내용의 조정신청서를** 제출하여 판사로 하여금 조정조서에 부실사실을 기재하게 한 경우, 조정조서가 공정증서원본에 해당한다고 판단하여 유죄로 인정한 원심판단은 법리오해의 위법이 있다.[5] *조정절차에서 작성되는 조정조서는 공문서가 아님.

④ 양도인이 허위채권에 관하여 그 정을 모르는 양수인과 실제로 **채권양도의 법률행위를** 한 이상, 공증인에게 그러한 채권양도의 법률행위에 관한 공정증서를 작성하게 하였다고 하더라도, 그 공정증서가 증명하는 사항에 관하여는 부실의 사실을 기재하게 하였다고 볼 것은 아니다. 따라서 공정증서원본부실기재죄가 성립하지 않는다.[6] *공정증서가 양도되는 채권의 진정성을 증명하는 것은 아님.

⑤ 부동산 거래당사자가 **'거래가액'을** 시장 등에게 거짓으로 신고하여 받은 신고필증을 기초로, 사실과 다른 내용의 거래가액이 부동산등기부에 등재되도록 한 경우, 공전자기록등부실기재죄 및 부실기재공전자기록등행사죄가 성립하지 않는다.[7] *부동산등기부에 기재되는 거래가액은 부동산거래의 투명성 확보에 있을 뿐, 당해 **부동산의 권리의무관계에** 중요한 의미를 갖는 사항은 아님.

⑥ 어떤 부동산에 관하여 피상속인에게 실체상의 권리가 없더라도 재산상속인이 상속을 원인으로 한 **소유권이전등기를** 경료한 경우, 그 등기는 당시 등기부상의 권리관계를 나타

---

1) 대판 1996. 11. 22. 96도2049.
2) 대판 1998. 4. 14. 98도16.
3) 대판 2005. 7. 15. 2003도6934.
4) 대판 2010. 6. 10. 2010도1125.
5) 대판 2010. 6. 10. 2010도3232.
6) 대판 2004. 1. 27. 2001도5414.
7) 대판 2013. 1. 24. 2012도12363.

내는 것에 불과하므로, 그와 같은 등기절차를 밟았다 하여 공정증서원본부실기재나 동행사죄가 성립할 수 없다.1)

⑦ 협의상 이혼의 의사표시가 기망에 의해 이루어진 것일지라도, 그것이 취소되기까지는 유효하게 존재한다. 협의상 이혼의사의 합치에 따라 이혼신고를 하여 호적에 그 **협의상 이혼사실이** 기재되었다면, 이는 공정증서원본부실기재죄에 정한 부실사실에 해당하지 않는다.2)

⑧ 재건축조합 임시총회의 소집절차나 결의방법이 법령이나 정관에 위반되어 임원개임결의가 사법상 무효라고 하더라도, **실제로** 재건축조합의 조합총회에서 그와 같은 내용의 임원개임결의가 이루어졌고, 그 결의에 따라 임원변경등기를 마쳤다면 공정증서원본부실기재죄가 성립하지 않는다.3) *총회결의의 사법私法상 효력 여부는 공무원에 대한 허위신고의 대상이 아님.

⑨ 신주발행이 판결로써 무효로 확정되기 이전에 그 신주발행사실을 담당 공무원에게 신고하여 공정증서인 법인등기부에 기재하게 하였다고 하여, 그 행위가 공무원에 대한 허위신고가 되는 것은 아니다.4) ***신주발행의 무효**는 소에 의해서 미래지향적으로만 효력이 있음.

⑩ 허위 보증서를 발급받아 부동산소유권이전등기에 관한 특별조치법에 의거 소유권이전등기를 거쳤더라도, 그것이 권리의 **실체관계에** 부합하는 등기라면 공정증서에 부실의 사실을 기재하였다고 할 수 없다.5)

⑪ 등기의무자와 등기권리자(피고인) 간의 소유권이전등기신청의 **합의에 따라** 소유권이전등기가 된 이상, 등기의무자 명의의 소유권이전등기가 원인이 무효인 등기로서 피고인이 그 점을 알고 있었더라도, 피고인이 등기부에 부실사실을 기재하게 하였다고 볼 것은 아니다.6)

⑫ 주식회사의 임시주주총회가 정관상 요구되는 이사회의 결의나 소집절차 없이 이루어졌더라도, 주주 전원이 참석하여 총회를 개최하는 데 동의하고 아무런 이의 없이 **만장일치로** 결의가 이루어지고, 그것에 따른 등기는 실체관계에 부합하므로 이를 부실사항을 기재한 등기라고 할 수 없다.7)

⑬ 사문서위조나 공정증서원본 부실기재가 성립한 후, 사후에 피해자의 **동의 또는 추인** 등의 사정으로 문서에 기재된 대로 효과의 승인을 받거나, 등기가 실체적 권리관계에 부합하게 되었다 하더라도, 이미 성립한 범죄에는 아무런 영향이 없다.8)

⑭ ***표준판례** 공정증서원본에 기재된 사항이 없거나 외관상 있더라도 무효에 해당되는 하자가 있으면, 그 기재는 부실기재에 해당한다. 그러나 기재된 사항이나 그 원인된 법률행위가 객관적으로 존재하고, 다만 거기에 **취소사유인 하자가** 있을 뿐인 경우, 취소되기 전

1) 대판 1987. 4. 14. 85도2661.
2) 대판 1997. 1. 24. 95도448.
3) 대판 2004. 10. 15. 2004도3584.
4) 대판 2007. 5. 31. 2006도8488.
5) 대판 1984. 12. 11. 84도2285.
6) 대판 2011. 7. 14. 2010도1025.
7) 대판 2014. 5. 16. 2013도15895.
8) 대판 1999. 5. 14. 99도202.

에 공정증서원본에 기재된 이상, 그 기재는 공정증서원본의 부실기재에 해당하지 않는다.[1]

⑮ 공정증서원본부실기재죄 및 동 행사죄에서 규정한 '공정증서원본'에는 **공정증서의 정본正本이** 포함된다고 볼 수 없다. 부실의 사실이 기재된 공정증서정본을 그 정을 모르는 법원 직원에게 교부한 행위는 부실기재공정증서원본행사죄에 해당하지 않는다.[2]

⑯ 주식회사의 발기인 등이 상법 등 **법령에 정한 요건과 절차에** 따라 회사설립등기를 한 경우, 그 기재 내용은 특별한 사정이 없는 한 부실의 사실에 해당하지 않는다. 발기인 등이 회사를 설립할 당시 회사를 실제로 운영할 의사 없이 회사를 이용한 범죄 의도나 목적이 있었다거나, 회사의 인적·물적 조직 등 영업의 실질을 갖추지 않았다는 이유만으로는 부실사실을 법인등기부에 기록하게 한 것으로 볼 수 없다.[3] *회사명의의 대포통장을 유통시킬 목적이었을 뿐 자본금을 납입하거나 회사를 설립한 사실이 없음.

1 [144] 11. 위조사문서행사죄

① 사진기나 복사기 등을 사용하여 기계적인 방법으로 원본을 복사한 복사문서는 사본이라고 하더라도 문서위조죄 및 위조문서행사죄의 객체인 문서에 해당한다. 위조한 문서를 **모사전송**(facsimile)**의** 방법으로 타인에게 제시하는 행위도 위조문서행사죄를 구성한다.[4]

② 피고인이 위조·변조한 공문서의 **이미지 파일을** 갑 등에게 이메일로 송부하여 프린터로 출력하게 함으로써 '행사'하였다는 내용으로 기소되었다. 갑 등은 출력 당시 위 파일이 위조된 것임을 알지 못한 경우, 피고인의 행위는 위조·변조공문서행사죄를 구성한다.[5]

③ 휴대전화 신규 가입신청서를 위조한 후 이를 스캔한 **이미지 파일**을 제3자에게 이메일로 전송한 사안에서, 이미지 파일 자체는 문서에 관한 죄의 '문서'에 해당하지 않는다. 그러나 이를 전송하여 컴퓨터 **화면상으로 보게** 한 행위는 이미 위조한 가입신청서를 행사한 것에 해당하므로 위조사문서행사죄가 성립한다.[6]

④ 위조사문서 행사는 상대방으로 하여금 위조된 문서를 인식할 수 있는 상태에 둠으로써 기수가 되고, 상대방이 실제로 그 내용을 인식하여야 하는 것은 아니다. 위조된 문서를 우송한 경우에도 그 문서가 상대방에게 **도달한 때에** 기수가 되고, 상대방이 실제로 그 문서를 보아야 하는 것은 아니다.[7]

1 [145] 12. 공문서부정행사죄

① ***표준판례** 자동차 대여업체 직원들에게 타인의 운전면허증을 자신의 것인 양 제시

1) 대판 2018. 6. 19. 2017도21783.
2) 대판 2002. 3. 26. 2001도6503. 제9회.
3) 대판 2020. 2. 27. 2019도9293.
4) 대판 1994. 3. 22. 94도4.
5) 대판 2012. 2. 23. 2011도14441. 제5, 9회.
6) 대판 2008. 10. 23. 2008도5200. 제1, 3, 8회.
7) 대판 2005. 1. 28. 2004도4663. 제5회.

한 경우, 피고인들의 행위는 부정한 목적으로 사용한 것이기는 하지만 운전면허증의 **본래 용도에** 따른 사용행위라 할 것이므로 공문서부정행사죄에 해당한다.[1]

② 운전면허증은 공문서로서 운전면허증에 표시된 사람이 운전면허시험에 합격한 사람이라는 '**자격증명**'과, 이를 지니고 있으면서 내보이는 사람이 바로 그 사람이라는 '**동일인증명**'**의** 기능을 동시에 가지고 있다. 운전면허증은 운전면허를 받은 사람의 동일성 및 신분을 증명하기에 충분하고 그 기재 내용의 진실성도 담보되어 있다. 그럼에도 운전면허증의 사용목적이 자격증명으로만 한정되어 있다고 해석하는 것은 합리성이 없다. 인감증명법, 공직선거 및 선거부정방지법, 부동산등기법, 주민등록법 등도 운전면허증을 신분확인수단으로 인정하거나 예상하고 있다. 금융기관과 거래에서도 운전면허증에 의한 실명확인이 인정되고 있는 등 현실적으로 운전면허증은 주민등록증과 대등한 신분증명서로 널리 사용되고 있다. 따라서 제3자로부터 신분확인을 위해 신분증명서의 제시를 요구받고 **다른 사람의 운전면허증을** 제시한 행위는, 그 사용목적에 따른 행사로서 공문서부정행사죄에 해당한다고 보는 것이 옳다.[2] *지나치게 처벌범위가 확대되어 죄형법정주의에 반한다는 반대의견 있음.

③ ***표준판례** 피고인이 기왕에 습득한 **타인의 주민등록증을** 피고인 가족의 것이라고 제시하면서, 그 주민등록증상의 명의 또는 가명으로 이동전화 가입신청을 한 경우, 타인의 주민등록증을 본래의 사용용도인 신분확인용으로 사용한 것으로 볼 수 없어 공문서부정행사죄가 성립하지 않는다.[3] *사용권한자와 용도가 특정되어 있는 공문서를 그 **본래용도에** 따라 사용하지 않으면 공문서부정행사죄 성립하지 않음.

④ **주민등록표등본은** 사용권한자가 특정되어 있지 않고 용도도 다양하며, 반드시 본인이나 세대원만이 사용할 수 있는 것은 아니다. 타인의 주민등록표등본을 아무런 관련 없는 사람이 마치 자신의 것인 것처럼 행사하였다고 하더라도 공문서부정행사죄가 성립되지 않는다.[4]

⑤ 어떤 선박이 사고를 낸 것처럼 허위로 사고신고를 하면서 그 선박의 **선박국적증서와 선박검사증서를** 함께 제출하였다고 하더라도, 선박국적증서와 선박검사증서는 위 선박의 국적과 항행할 수 있는 자격을 증명하기 위한 용도로 사용된 것일 뿐, 그 본래의 용도를 벗어나 행사된 것으로 보기는 어려우므로 공문서부정행사죄에 해당하지 않는다.[5]

⑥ ***표준판례** 실질적인 채권채무관계 없이 당사자 합의로 작성한 '**차용증 및 이행각서**'**는** 사용권한자가 특정되어 있지 않고 용도도 다양하다. 설령 피고인이 그 작성명의인들의 의사에 의하지 않고 '차용증 및 이행각서'상의 채권이 실제로 존재하는 것처럼 그 지급을 구하는 민사소송을 제기하면서, 소지하고 있던 위 '차용증 및 이행각서'를 법원에 제출하였더라도 그것은 사문서부정행사죄에 해당하지 않는다.[6]

---

1) 대판 1998. 8. 21. 98도1701.
2) 대판 2001. 4. 19. 2000도1985 전원합의체. 제10회.
3) 대판 2003. 2. 26. 2002도4935. 제3회.
4) 대판 1999. 5. 14. 99도206. 제3회.
5) 대판 2009. 2. 26. 2008도10851. 제3, 9회.
6) 대판 2007. 3. 30. 2007도629. 제9회.

⑦ 자동차 등의 운전자가 운전 중에 경찰공무원으로부터 운전면허증 제시를 요구받은 경우, 운전면허증의 특정된 용법에 따른 행사는 도로교통법 관계 법령에 따라 발급된 운전면허증 자체를 제시하는 것으로 보아야 한다. 이 경우 자동차 등의 운전자가 경찰공무원에게 **다른 사람의 운전면허증을 촬영한 이미지파일을** 휴대전화 화면 등을 통해 보여주는 행위는 운전면허증의 특정된 용법에 따른 행사라고 볼 수 없다. 이러한 행위는 공문서부정행사죄를 구성하지 않는다.1)

Ⅸ. 인장에 관한 죄

1 [146] 1. 사인위조 · 부정행사죄

① *표준판례 문서는 사람의 동일성을 표시하기 위해 사용되는 일정한 상형인 인장, 사람의 인격상의 동일성 이외의 사항에 대해서 그 동일성을 증명하기 위한 부호인 기호와 구분된다. 이른바 **생략문서도**, 그것이 사람 등의 동일성을 나타내는 데 그치지 않고, 그 이외의 사항도 증명, 표시하는 한 인장이나 기호가 아니라 문서로서 취급해야 한다.2)

② *표준판례 피고인이 타인 행세를 하며 피의자로 조사를 받은 다음 경찰관이 작성한 피의자신문조서 말미에 **타인의 서명 및 무인을** 하고, 타인의 이름이 기재된 수사과정확인서에 무인을 한 경우, 피고인에게 **사서명 등 위조죄** 및 위조사서명 등 행사죄가 성립한다.3) *문제가 된 이 사건 문서는 아직 완성되지 않았음. 문서의 완성과 상관없이 일단 서명 등이 완성되면 서명 등 위조죄는 성립함.

③ *표준판례 문서위조죄에서 이미 사망한 사람 명의의 문서를 위조하거나 이를 행사하더라도 사문서위조나 동행사죄는 성립하지 않는다. 이와 죄질을 같이하는 인장위조죄의 경우에도 **사망자 명의의 인장을** 위조, 행사하는 소위는 사인위조 및 동행사죄가 성립하지 않는다고 해석하는 것이 타당하다.4)

1 [147] 2. 공인위조 · 부정행사죄

① *표준판례 형법 제239조 제1항 사인위조죄는 그 명의인의 의사에 반해 위법하게 행사할 목적으로 권한 없이 타인의 인장을 위조한 경우에 성립한다. 타인의 인장을 조각할 당시에 그 명의자로부터 명시적이거나 묵시적인 **승낙 내지 위임을 받았다면** 인장위조죄는 성립하지 않는다.5)

1) 대판 2019. 12. 12. 2018도2560.
2) 대판 1995. 9. 5. 95도1269.
3) 대판 2011. 3. 10. 2011도503.
4) 대판 1984. 2. 28. 82도2064.
5) 대판 2014. 9. 26. 2014도9213.

② *표준판례 형법 제239조 제1항 인장위조죄는 그 명의인의 의사에 반해 위법하게 **행사할 목적이** 있어야 한다. 타인의 인장을 조각하여 그 명의인의 승낙을 얻어 그의 문서를 작성하는 데 사용할 의도로 인장을 조각하였다. 그러나 그 명의인의 승낙을 얻지 못하여 이를 사용하지 않고 명의인에게 돌려주었다면, 특별한 사정이 없는 한 행사목적이 있었다고 인정할 수 없다.[1]

③ *표준판례 자동차관리법 제71조에 규정하고 있는 자동차등록번호판의 부정사용은, 진정하게 만들어진 자동차등록번호판을 권한 없이 또는 권한을 남용하여 사용하는 행위를 말한다. 어떤 자동차의 등록번호판을 **다른 자동차에 부착하는** 것은, 그로 말미암아 일반인으로 하여금 자동차의 동일성에 관한 오인을 불러일으키는 행위이므로, 그 자체만으로 자동차 등록번호판의 부정사용에 해당한다 할 것이다.[2]

④ *표준판례 피고인은 다른 차량의 정상적인 등록번호판을 떼어내 그 위에 흰색 페인트를 칠한 다음, 검은색 페인트로 차량번호를 기재하는 방법으로 자동차번호판을 위조하였다. 비록 정교한 수준에 이르지 못하였더라도 실제 자동차등록번호판과 모양, 크기, 글자의 배열 등이 유사하여 일반인으로 하여금 진정한 번호판으로 오신하게 할 염려가 있다고 보인다. '공기호인 자동차등록번호판의 행사'는 자동차의 운행, 즉 정해진 길을 따라 차량을 운전하는 것뿐만 아니라 **자동차를 고정해 놓고** 사용하는 경우도 포함한다. 피고인의 행위는 공기호위조죄에 해당된다.[3]

⑤ *표준판례 형법 제238조 제1항 공기호인 자동차등록번호판 부정사용은 진정하게 만들어진 자동차등록번호판을 권한 없는 자 또는 권한을 남용하여 사용하는 행위이다. 같은 조 **제2항의 행사죄는** 부정사용한 공기호인 자동차등록번호판을 마치 진정한 것처럼 그 용법에 따라 사용하는 행위를 말한다. 사용행위인 행사는, 그것이 부착된 **자동차를 운행하는** 것을 의미하고, 그 운행과 별도로 부정사용한 자동차등록번호판을 타인에게 제시하는 등 행위가 있어야 그 행사죄가 성립하는 것은 아니다.[4]

X. 음용수에 관한 죄

[148] 1. 수도불통죄 1

① **수도불통죄**(*표준판례) 비록 적법한 절차를 밟지 아니한 수도라 할지라도, 그것이 현실로 공중생활에 필요한 음용수를 공급하고 있는 시설로 되어있는 이상, 당해 시설을 불법하게 손괴하여 수도를 불통케 하였을 때에는 수도불통으로 봄이 타당하다.[5]

---

1) 대판 1992. 10. 27. 92도1578.
2) 대판 2006. 9. 28. 2006도5233.
3) 대판 2016. 4. 29. 2015도1413.
4) 대판 1997. 7. 8. 96도3319.
5) 대판 1957. 2. 1. 4289형상317.

② *표준판례 B시장 내의 수도는 시장상인들로 구성된 번영회에서 용산구청장의 허가를 얻어 시설한 **사설상수도**이다. 이 수도에 대한 관리책임자 피고인 3명은 3개월분의 수도 사용료를 내지 않은 F, G에 대해 단수조치를 하였는데, 그 전에 번영회총회의 결의를 거쳤고 사전 경고까지 하였다. 다른 대상자 H로부터는 단수에 대한 승낙을 받은 연후에 단수조치를 시행하였다. 사정이 그렇다면 본건 단수행위에는 위법성이 있다고 볼 수 없다.[1)]

XI. 성풍속에 관한 죄

1 [149] 1. 음행매개죄

① 청소년인 피해자는 숙식의 해결 등 생활비 조달이 매우 어려운 처지에 놓이게 되어, 피고인을 만나 함께 잠을 자는 방법으로 숙소를 해결하는 방법 밖에 없었다. 피해자는 피고인의 성교 요구를 거절하면 야간에 집 또는 여관에서 쫓겨날 것이 두려워 어쩔 수 없이 성교를 할 수밖에 없었다. 피고인이 피해자에게 제공한 편의는 **성교대가로 제공한** 것이라고 인정함이 상당하다.[2)]

② 제작한 영상물이 객관적으로 아동 · 청소년이 등장하여 성적 행위를 하는 내용을 표현한 영상물에 해당하는 경우, 대상이 된 **아동 · 청소년의 동의하에** 촬영하거나 사적인 소지 · 보관을 1차적 목적으로 제작하더라도 청소년성보호법의 '아동 · 청소년이용음란물'을 '제작'한 것에 해당한다.[3)] *아동 · 청소년의 미성숙, 충동성, 경제적 비독립성과 엄중한 처벌의 필요성.

③ *표준판례 형법 제242조 소정 미성년자에 대한 음행매개죄의 성립에는 그 미성년자가 음행의 상습이 있거나 그 음행에 자진 동의한 사실은 하등 영향을 미치는 것이 아니다.[4)]

④ 아동 · 청소년성착취물의 제작 · 배포 등 죄(청소년성보호법 제11조)에서 말하는 **'영리의 목적'은** 위 법률이 정한 구체적 위반행위를 하면서 재산적 이득을 얻으려는 의사 또는 이윤을 추구하는 의사를 말한다. 이는 널리 경제적 이익을 취득할 목적을 말하는 것으로서 반드시 아동 · 청소년이용음란물 배포 등 위반행위의 직접적인 대가가 아니라 위반행위를 통해 **간접적으로 얻게 될 이익을** 위한 경우에도 영리목적이 인정된다.[5)]

1 [150] 2. 음화반포 등 죄

① 문학성 내지 예술성과 음란성은 차원을 달리하는 관념이므로 어느 문학작품이나 예

---

1) 대판 1977. 11. 22. 77도103.
2) 대판 2002. 3. 15. 2002도83.
3) 대판 2015. 2. 12. 2014도11501, 2014전도197. 제8회.
4) 대판 1955. 7. 8. 4288형상37.
5) 대판 2020. 9. 24. 2020도8978.

술작품에 **문학성 내지 예술성이** 있다고 하여 그 작품의 음란성이 당연히 부정되는 것은 아니다. 다만 그 작품의 문학적 · 예술적 가치, 주제와 성적 표현의 관련성 정도 등에 따라서는, 그 음란성이 완화되어 결국은 형법이 처벌대상으로 삼을 수 없게 되는 경우가 있을 수 있다.1)

② *표준판례 형법 제243조에 규정된 '음란한 도화'는 일반 보통인의 성욕을 자극하여 성적 흥분을 유발하고 **정상적인 성적 수치심을** 해하여 성적 도의관념에 반하는 것을 가리킨다. 성에 관한 노골적이고 상세한 표현의 정도와 수법, 당해 도화를 전체로서 보았을 때 주로 독자의 호색적 흥미를 돋구는 것으로 인정되느냐의 여부 등을 검토, 종합하여 건전한 사회통념에 비추어 판단한다. 예술성과 음란성은 차원을 달리하는 관념이므로 어느 예술작품에 **예술성이** 있다고 하여 그 작품의 음란성이 당연히 부정되는 것은 아니다.2)

③ 음란물이 문학적 · 과학적 · 의학적 표현 등과 결합되는 경우, 이러한 **결합 표현물에** 의한 표현행위는 공중도덕이나 사회윤리를 훼손하는 것은 아니다. 이는 법질서 전체의 정신이나 그 배후에 놓여 있는 사회윤리 내지 사회통념에 비추어 용인될 수 있는 행위로서 형법 제20조 '사회상규에 위배되지 아니하는 행위'에 해당된다.3)

④ *표준판례 어떤 물건을 음란하다고 평가하려면, 그 물건을 전체적으로 관찰하여 볼 때 **단순히 저속하다는** 느낌을 주는 정도를 넘어 사람의 존엄성과 가치를 심각하게 훼손 · 왜곡하였다고 평가할 수 있을 정도로, 노골적으로 사람의 특정 성적 부위 등을 적나라하게 표현 또는 묘사하는 것이어야 한다.4)

⑤ *표준판례 음란성 판단은 법관이 일정한 가치판단에 따라 내릴 수 있는 규범적인 개념이라 할 것이어서 그 최종적인 판단주체는 어디까지나 당해 **사건을 담당하는 법관**이다. 음란성을 판단할 때 법관은 자신의 정서가 아닌 일반 보통인의 정서를 규준으로 하여 이를 판단하면 충분하다. 법관이 일일이 일반 보통인을 상대로, 과연 당해 문서나 도화 등이 그들의 성욕을 자극하여 성적 흥분을 유발하거나 정상적인 성적 수치심을 해하여 성적 도의관념에 반하는 것인지 여부를 묻는 절차를 거쳐야 하는 것은 아니다.5)

⑥ 컴퓨터 **프로그램파일은** 문서, 도화, 필름 기타 물건에 해당한다고 할 수 없으므로, 음란한 영상화면을 수록한 **컴퓨터 프로그램파일**을 컴퓨터 통신망을 통해 전송하는 방법으로 판매한 행위는, 전기통신기본법 제48조의2의 규정을 적용할 수 있음은 별론으로 하고, 형법 제243조(음화 등 반포죄)의 규정을 적용할 수 없다.6)

⑦ 불특정 · 다수인이 이용할 수 있도록 **음란한 부호 등에 링크해** 놓는 행위는, 전체로 보아 음란한 부호 등을 **공연히 전시한다는** 구성요건을 충족한다고 봄이 상당하다. 이러한 해

1) 대판 2000. 10. 27. 98도679.
2) 대판 2002. 8. 23. 2002도2889.
3) 대판 2017. 10. 26. 2012도13352.
4) 대판 2014. 7. 24. 2013도9228.
5) 대판 1995. 2. 10. 94도2266.
6) 대판 1999. 2. 24. 98도3140.

석은 죄형법정주의에 반하는 것이 아니라 오히려 정보통신망이용촉진법의 입법취지에도 부합한다.[1]

1 [151] 3. 공연음란죄

① 고속도로에서 승용차를 손괴하거나 타인에게 상해를 가하는 등의 행패를 부리던 자가, 이를 제지하려는 경찰관에 대항하여 공중 앞에서 **알몸이 되어** 성기를 노출한 경우, 음란한 행위에 해당하고 그 인식도 있었다고 인정된다.[2]

② 공연음란죄에서 '음란한 행위'는 그 행위가 반드시 **성행위를** 묘사하거나 **성적인 의도를** 표출할 것을 요하는 것은 아니다. 피고인은 참전비의 알몸 등을 표현한 여인의 조각상을 배경으로 바지와 팬티를 내리고 성기와 엉덩이를 노골적으로 노출하였으며, 그 노출 상태에서 성기와 엉덩이를 가리려는 노력을 전혀 하지 않았고, 상당한 시간 동안 그 노출 행위를 지속하였다. 당시는 야간이었지만 조명 등으로 그 주위가 어둡지 않았기 때문에 통행인들은 피고인의 행위와 옷차림, 모습 등을 쉽게 알아차릴 수 있었다. 이러한 행위는 단순히 다른 사람에게 부끄러운 느낌이나 불쾌감을 주는 정도를 넘어, 일반 **보통인의 정상적인 성적 수치심을** 해하여 성적 도의관념에 반하는 행위에 해당한다고 볼 수 있다.[3] *경범죄처벌법의 처벌기준을 넘어선 것으로 판단함.

③ 말다툼 후 항의하는 과정에서 바지와 팬티를 내리고 **엉덩이를** 노출시킨 행위는 사람에게 부끄러운 느낌이나 불쾌감을 주는 정도에 불과하고, 정상적인 성적 수치심을 해할 정도에 해당한다고 보기는 어렵다.[4]

④ **연극공연행위의 음란성의** 판단에 있어서는 당해 공연행위의 성에 관한 노골적이고 상세한 묘사 · 서술의 정도와 그 수법, 묘사 · 서술이 행위 전체에서 차지하는 비중, 공연행위에 표현된 사상 등과 묘사 · 서술과의 관련성, 연극작품의 구성이나 전개 또는 예술성 · 사상성 등에 의한 성적 자극의 완화의 정도, 이들의 관점으로부터 당해 공연행위를 전체로서 보았을 때 주로 관람객들의 **호색적 흥미를** 돋구는 것으로 인정되느냐 여부 등의 여러 점을 검토하는 것이 필요하다. 이들의 사정을 종합하여 **그 시대의 건전한 사회통념에** 비추어 그것이 공연히 성욕을 흥분 또는 자극시키고 또한 보통인의 정상적인 성적 수치심을 해하고, 선량한 성적 도의관념에 반하는 것이라고 할 수 있는가 여부에 따라 결정되어야 한다.[5] ***연극 미란다 사건.**

---

1) 대판 2003. 7. 8. 2001도1335.
2) 대판 2000. 12. 22. 2000도4372.
3) 대판 2020. 1. 16. 2019도14056.
4) 대판 2004. 3. 12. 2003도6514.
5) 대판 1996. 6. 11. 96도980.

XII. 도박과 복표에 관한 죄

[152] 1. 도 박 죄 1

① *표준판례 피고인 등이 **사기도박에** 필요한 준비를 갖추고 피해자들에게 도박에 참가하도록 권유한 때 또는 늦어도 그 정을 알지 못하는 피해자들이 도박에 참가한 때는 이미 사기죄의 실행에 착수한 것이다. 그 후에 사기도박을 숨기기 위해 **얼마간 정상적인 도박을** 하였더라도, 이는 사기죄의 실행행위에 포함되는 것이어서 사기죄만 성립하고 도박죄는 따로 성립하지 않는다.[1)]

② 마사회가 시행하는 경주를 이용하여 도박행위를 한 경우, 당사자의 능력이 승패의 결과에 영향을 미친다고 하더라도 **다소라도 우연성의 사정에** 의하여 영향을 받게 되는 때에는 도박죄가 성립할 수 있다.[2)]

③ 예외적으로 내국인의 출입을 허용하는 폐광지역 개발지원에 관한 특별법 등에 따라 카지노에 출입하는 것은, 법령에 의한 행위로 위법성이 조각된다. 그러나 도박죄를 처벌하지 않는 **외국 카지노에서** 한 도박이라는 사정만으로 그 위법성이 조각된다고 할 수는 없다.[3)]

④ *표준판례 도박은 '재물을 걸고 우연에 의해 재물의 득실을 결정하는 것'을 의미한다. 여기서 '우연'이란 주관적으로 '당사자에 있어서 확실히 예견 또는 자유로이 지배할 수 없는 사실에 관해 승패를 결정하는 것'을 말하고, 객관적으로 불확실할 것을 요구하지 아니한다. 당사자의 능력이 승패결과에 영향을 미친다고 하더라도, **다소라도 우연성의** 사정에 의해 영향을 받게 되면 도박죄가 성립할 수 있다.[4)]

⑤ 도박의 습벽이 있는 자가 타인의 도박을 방조하면 상습도박방조죄에 해당한다. 도박의 습벽이 있는 자가 도박을 하고 또 도박방조를 하였을 경우, 상습도박방조의 죄는 무거운 **상습도박죄에** 포괄시켜 1죄로서 처단해야 한다.[5)]

⑥ *표준판례 상습도박죄의 상습성은 반복하여 도박행위를 하는 습벽으로서 행위자 속성을 말한다. 이러한 습벽의 유무는 도박전과나 도박횟수 등이 중요한 판단자료가 되나, 도박전과가 없더라도 도박의 성질과 방법, 도금의 규모, 도박에 가담하게 된 태양 등 제반 사정을 참작하여 상습성을 인정할 수 있다. 폐광지역 개발 지원에 관한 특별법 등에 따라 카지노에 출입하는 것은 법령에 의한 행위로 위법성이 조각되지만, 도박죄를 처벌하지 않는 **외국 카지노에서** 도박을 했다는 사정만으로 그 위법성이 조각되는 것은 아니다.[6)]

---

1) 대판 2011. 1. 13. 2010도9330. 제9회.
2) 대판 2014. 6. 12. 2013도13231.
3) 대판 2004. 4. 23. 2002도2518.
4) 대판 2008. 10. 23. 2006도736.
5) 대판 1984. 4. 24. 84도195.
6) 대판 2017. 4. 13. 2017도953.

1 [153] 2. 도박개장죄

① 피고인이 인터넷 사이트 회원들에게 도박을 하게 하고 매회 해당 판돈, 게임코인 환전, 게임머니 송금 등에 대한 **일정비율의 수수료를** 받은 행위는 도박개장죄에 해당한다.[1]

② 피고인이 가맹점을 모집하여 인터넷 도박게임이 가능하도록 시설 등을 설치하고 도박게임 프로그램을 가동하던 중, 문제가 발생하여 **더 이상 영업으로** 나아가지 못하였더라도 도박개장죄는 이미 '기수'에 이른 것으로 보아야 한다.[2]

③ *표준판례 도박개장죄는 영리목적으로 스스로 주재자가 되어 그 지배하에 도박장소를 개설함으로써 성립하는 **도박죄와는 별개의** 독립된 범죄이다. '도박'은 참여한 당사자가 재물을 걸고 우연한 승부에 의해 재물의 득실을 다투는 것을 의미한다. '영리목적'은 도박개장의 대가로 불법한 재산상 이익을 얻으려는 의사를 의미한다.[3]

④ *표준판례 도박개장죄에서 '영리목적'은 도박개장의 대가로 불법한 재산상 이익을 얻으려는 의사를 의미한다. 반드시 도박개장의 직접 대가가 아니라 도박개장을 통해 간접적으로 얻게 될 이익을 위한 경우도 포함한다. 또한 현실적으로 그 이익을 얻었을 것을 요하는 것도 아니다. **성인 피시**(PC)**방 운영자가** 손님들로 하여금 컴퓨터에 접속하여 인터넷 도박게임을 하고 게임머니의 충전과 환전을 하도록 하면서, 게임머니의 일정 금액을 수수료 명목으로 받은 행위는 도박개장죄에 해당된다.[4]

⑤ *표준판례 피고인은 음란물유포 인터넷사이트를 운영하면서 정보통신망 법 위반죄와 도박개장방조죄로 비트코인(Bitcoin)을 취득하였다. 비트코인은 경제적 가치를 디지털로 표상하여 전자적으로 이전, 저장 및 거래가 가능하도록 한, 이른바 '가상화폐'의 일종이다. 피고인은 위 음란사이트를 운영하면서 사진과 영상을 이용하는 이용자 및 음란사이트에 광고를 원하는 광고주들로부터 비트코인을 대가로 지급받은 점에 비추어 **비트코인은 재산가치가** 있는 무형의 재산으로 보아야 한다. 비트코인을 몰수할 수 있다고 본 원심판단은 정당하다.[5]

1 [154] 3. 복표발매죄

*표준판례 원심이 복표의 개념요소를, ㉠ 특정한 표찰일 것, ㉡ 그 표찰을 발매하여 다수인으로부터 금품을 모을 것, ㉢ 추첨 등 우연한 방법에 의해 다수인 중 일부 당첨자에게 재산상 이익을 주고 다른 참가자에게 손실을 줄 것의 세 가지로 파악한 것은 정당하다. 어떠한 표찰의 기본성질이 위와 같다면, 거기에 광고 등 다른 기능이 일부 가미되어 있는 관계로, 당첨되지 않은 참가자의 손실을 그 **광고주 등 다른 사업주들이** 대신 부담한다고 하더라도 복표의 성질을 상실하는 것은 아니다.[6]

---

1) 대판 2008. 9. 11. 2008도1667.
2) 대판 2009. 12. 10. 2008도5282.
3) 대판 2013. 11. 28. 2012도14725.
4) 대판 2008. 10. 23. 2008도3970.
5) 대판 2018. 5. 30. 2018도3619.
6) 대판 2003. 12. 26. 2003도5433.

XIII. 신앙에 관한 죄

[155] 1. 장례식 등 방해죄 1

*표준판례 장례식방해죄는 장례식의 평온과 공중의 추모감정을 보호법익으로 하는 이른바 추상적 위험범으로서 범인의 행위로 인해 장례식이 현실적으로 저지 내지 방해되는 결과까지 발생할 필요는 없다. 방해행위의 수단과 방법에는 아무런 제한이 없어서 일시적 행위도 무방하나, 적어도 객관적으로 보아 장례식의 평온한 수행에 지장을 줄 만한 행위를 하여 **장례식의 절차와 평온을 저해할 위험이** 초래될 수 있는 정도는 되어야 비로소 장례식방해죄가 성립한다.1)

[156] 2. 사체유기, 분묘발굴죄 1

① *표준판례 분묘발굴죄는 그 분묘에 대해 아무런 권한 없는 자나, 또는 권한이 있는 자라도 **사체에 대한 종교적 양속에** 반하여 함부로 이를 발굴하는 경우만을 처벌대상으로 삼는 취지라고 보아야 한다. 법률상 그 분묘를 수호, 봉사하며 관리하고 처분할 권한이 있는 자 또는 그로부터 정당하게 승낙을 얻은 자가, 사체에 대한 종교적, 관습적 양속에 따른 존숭의 예를 갖추어 이를 발굴하는 경우에 그 행위 위법성은 조각된다. 한편 분묘에 대한 봉사, 수호 및 관리, 처분권은 종중이나 그 후손들 모두에게 속하여 있는 것이 아니라, 오로지 그 분묘에 관한 호주상속인에게 전속한다.2)

② 살인, 강도살인 등의 목적으로 사람을 살해한 자가, 그 살해목적을 수행하면서 사후 사체의 발견을 불가능 또는 심히 곤란하게 하려는 의사로, **인적이 드문 장소로** 피해자를 유인하거나 실신한 피해자를 끌고 가서 그곳에서 살해하고 사체를 그대로 둔 채 도주한 경우에는, 비록 결과적으로 사체의 발견이 현저하게 곤란을 받는 사정이 생기더라도 별도로 사체은닉죄가 성립하지 않는다.3)

③ 사람을 살해한 다음 그 범죄흔적을 은폐하기 위해 그 시체를 **다른 장소로 옮겨** 유기하였을 때에는, 살인죄와 사체유기죄의 경합범이 성립하고 사체유기를 불가벌적 사후행위라 할 수 없다.4)

---

1) 대판 2013. 2. 14. 2010도13450.
2) 대판 2007. 12. 13. 2007도8131.
3) 대판 1986. 6. 24. 86도891. 제8회.
4) 대판 1984. 11. 27. 84도2263.

제 3 편 국가적 법익에 대한 죄

Ⅰ. 국가의 존립에 대한 죄

1 ### [157] 1. 내 란 죄

① 비상계엄 전국 확대조치의 강압적 효과가 국헌문란의 목적을 가진 자에 의해 목적을 달성하기 위한 수단으로 이용되는 경우, **비상계엄의 전국확대조치는** 내란죄 구성요건인 폭동 내용의 협박행위가 되므로, 이는 내란죄의 폭동에 해당한다. 또한 그와 같은 비상계엄의 전국 확대는 우리나라 전국의 평온을 해하는 정도에 이르렀음을 인정할 수 있다.[1)]

② *표준판례 5.18내란 행위자들이 비상계엄을 전국적으로 확대하는 것에 항의하기 위해 일어난 **광주시민들의 시위는**, 헌정질서를 수호하기 위한 정당한 행위였음에도 이를 난폭하게 진압하여 대통령과 국무위원들을 위협하고 외포하게 하였다면, 그 시위진압행위는 헌법기관인 대통령과 국무위원들을 강압하여 그 권능행사를 불가능하게 한 것이므로 국헌문란에 해당한다.[2)]

③ 내란죄는 다수인이 결합하여 국헌문란 목적으로 한 지방의 평온을 해할 정도의 폭행 · 협박행위를 하면 기수가 되고, 그 **목적의 달성 여부는** 이와 무관한 것으로 해석된다. 다수인이 한 지방의 평온을 해할 정도의 폭동을 하였을 때, 이미 내란의 구성요건은 완전히 충족된다고 할 것이어서 **상태범으로** 보아야 한다.[3)]

④ 내란죄에서 특정인 또는 일정 범위 내의 한정된 집단에 대한 살해가 내란의 와중에 폭동에 수반하여 일어난 것이 아니라, 그것 자체가 의도적으로 실행된 경우, 살인행위는 내란에 흡수될 수 없고 **내란목적살인죄** 별죄를 구성한다.[4)]

⑤ *표준판례 내란죄에서 **국헌문란의 목적은** 현행 헌법 또는 법률이 정한 정치적 기본조직을 불법으로 파괴하는 것을 말한다. 구체적인 국가기관인 자연인만을 살해하거나, 그 계승을 기대하는 것은 이에 해당되지 않으나 반드시 초법규적인 의미는 아니다. 공산, 군주 또는 독재제도로 변경해야 하는 것은 더욱 아니고, 그 목적은 엄격한 증명사항에 속하고 직접적임을 요하나 결과발생의 희망, 의욕을 필요로 하는 것은 아니다. 확정적 인식을 요하지 않고 미필적 인식이면 충분하다(다수의견).[5)] ***10.26 사건.** 달라진 정치상황에서 초법규적으로 ('저항권이론') 처벌할 수 없음, 쿠데타가 바로 국헌문란의 목적은 아니고 대통령 자연인의 살

1) 대판 1997. 4. 17. 96도3376 전원합의체. 제3회.
2) 위 판례.
3) 위 판례. 제8회.
4) 위 판례.
5) 대판 1980. 5. 20. 80도306.

해와 대통령이라는 헌법기관의 전복은 구별해야 한다는 소수의견 있음.

[158] 2. 내란목적살인, 내란 예비 · 음모죄 1

① *표준판례 내란목적살인죄는 국헌을 문란할 목적을 가지고 직접적인 수단으로 사람을 살해함으로써 성립하는 범죄이다. 국헌문란의 목적을 달성함에 있어 내란죄가 '폭동'을 그 수단으로 함에 비하여 **내란목적살인죄는** '살인'을 그 수단으로 하는 점에서 두 죄는 구별된다. 내란의 실행과정에서 폭동행위에 수반하여 개별적으로 발생한 살인행위는 내란행위의 한 구성요소를 이루는 것이므로 내란행위에 흡수되어 내란목적살인의 별죄를 구성하지 않는다. 그러나 특정인 또는 일정한 범위 내의 한정된 집단에 대한 살해가 내란의 와중에 폭동에 수반하여 일어난 것이 아니라 그것 자체가 의도적으로 실행된 경우에는, 이러한 살인행위는 내란에 흡수될 수 없고 내란목적살인의 별죄를 구성한다.[1]

② 특정 정당 소속의 국회의원 피고인 갑 및 지역위원장 피고인 을이 공모하여, 이른바 조직원들과 두 차례 회합을 통해 회합 참석자 130여 명에게 한반도에서 전쟁이 발발하는 등 유사시에 상부명령이 내려지면, 바로 전국 각 권역에서 **국가기간시설 파괴 등 폭동을** 할 것을 주장함으로써, 내란죄를 범할 것을 선동하였다는 내용으로 기소된 사안에서, 피고인들에게 유죄를 인정한 원심판단은 정당하다.[2] *통진당 이석기 내란선동사건.

[159] 3. 간 첩 죄 1

① 간첩죄에서 **국가기밀은** 순전한 의미의 국가기밀에 국한할 것이 아니고 정치, 경제, 사회, 문화 등 각 방면에 걸쳐서, 대한민국 국방정책상 북한에 알리지 않거나 확인되지 아니함이 이익이 되는 모든 사항을 포함한다. 지령에 의해 **민심동향을 파악 · 수집**하는 것도 이에 해당된다. 그 탐지 · 수집 대상이 우리 국민의 해외교포사회에 대한 정보여서 그 기밀사항이 국외에 존재한다고 해도 국가기밀에 포함된다.[3]

② *표준판례 국가보안법의 기밀개념은 반국가단체에 확인되지 않는 것이 대한민국에게 이익이 되는 모든 사실로서, 적법한 절차를 거쳐 이미 일반인에게 널리 알려진 **공지의 사실은** 여기에 속하지 않는다. 그것들이 공지되었다고 하기 위해서는 신문, 방송 등 대중매체나 통신수단의 발달 등 여러 사정에 비추어 반국가단체 또는 그 지령을 받은 자가 더 이상 탐지 · 확인할 필요가 없어야 한다. 누설할 경우 **실질적 위험성이** 있는지 여부는 안보사항 등이 고려되는 건전한 상식과 사회통념에 따라 판단한다. 사소한 기밀도 누설될 경우 반국가단체에는 이익이 되고, 대한민국에는 불이익을 초래할 위험성이 명백하면 기밀에 속한다.[4] [5]

1) 대판 1997. 4. 17. 96도3376 전원합의체.
2) 대판 2015. 1. 22. 2014도10978 전원합의체.
3) 대판 1988. 11. 8. 88도1630.
4) 대판 1997. 7. 16. 97도985 전원합의체.
5) 대판 2011. 3. 13. 2009도320.

③ 국가보안법의 국가기밀은 일반인에게 알려지지 않은 것으로서, 그 내용이 누설될 경우 국가안전에 명백한 위험을 초래할 만큼 **실질가치를** 지닌 사실, 물건 또는 지식으로 해석해야 한다. 이와 같이 한정해석을 하는 한 헌법에 위반되지 않는다.1)

④ ***표준판례** 간첩행위는 기밀에 속한 사항 또는 도서, 물건을 탐지 · 수집한 때 기수가 된다. 따라서 간첩이 이미 탐지 · 수집하여 지득하고 있는 사항을 **타인에게** 보고 · 누설하는 행위는, 간첩의 사후행위로서 처벌대상이 되는 간첩행위 자체라고 할 수 없다.2) ***조봉암 재심사건**의 한 내용.

1 [160] 4. 국기 · 국장모독죄

① ***표준판례** 형법 제105조 중 국기에 관한 부분('심판대상조항', '**국기모독죄**')이 명확성원칙에 위배되는 여부가 문제가 된 사건이다. '대한민국을 모욕'한다는 것은 '국가공동체인 대한민국의 사회적 평가를 저해할 만한 추상적 또는 구체적 판단이나 경멸적 감정을 표현하는 것'을 의미한다. 심판대상조항이 지닌 약간의 불명확성은 법관의 통상적 · 보충적 해석으로 보완될 수 있다. 따라서 심판대상조항은 명확성원칙에 위반되지 않는다. 심판대상조항은 국기를 존중, 보호함으로써 국가의 권위와 체면을 지키고, 국민들이 **국기에 대해 가지는 존중의 감정을** 보호하려는 목적에서 입법된 것이다. 국기모독 행위를 처벌한다고 하여 정부나 정권, 제도에 대한 비판을 허용하지 않는 것으로 볼 수 없다. 형법 제정 이후 국기모독죄로 기소되거나 처벌된 사례가 거의 없으며, 심판대상조항의 법정형은 법관이 구체적 사정을 고려하여 합리적으로 양형할 수 있도록 규정되어 있다. 그러므로 심판대상조항은 **과잉금지원칙에** 위배되어 청구인의 표현의 자유를 침해한다고 볼 수 없고, 표현의 자유의 본질적 내용을 침해한다고도 할 수 없다(다수의견).3) *처벌대상을 '공용에 공하는 국기'로 제한하거나, '대한민국을 모욕할 목적'이라는 초과주관적 요소가 규제범위를 확대하여 표현의 자유를 침해한다는 소수의견 있음.

② ***표준판례** 피고인들이 국기에 대한 존중과 경의의 표시방법으로 **주목함으로써** 하는 것을 받아들이는 이상, 그들이 교리상 국기에 대해 절을 해서는 안 된다는 말을 했다 해서 바로 피고인들에게 국기를 비기할 고의나 국기를 모독할 목적이 있었다고 볼 수 없다.4)

1 [161] 5. 외교상 기밀누설죄

***표준판례** 외교상 기밀은 외국과 관계에서 국가가 보지해야 할 기밀로서, 외교정책상 외국에 대해 비밀로 하거나 확인되지 않는 것이 **대한민국의 이익이 되는 모든 정보자료를** 말

1) 헌재 1997. 1. 16. 89헌마240.
2) 대판 2011. 1. 20. 2008재도11 전원합의체.
3) 헌재 2019. 12. 27. 2016헌바96.
4) 대판 1975. 7. 22. 74도213.

한다. 이 사건에서 피고인들이 "말"지 특집호에 공개한 사항 중 외교상 기밀에 해당한다고 기소된 사항들은, 모두 위 공개 전에 이미 외국 언론에 보도된 내용들이거나 외신을 통해 국내 언론사에 배포된 것으로 추단된다. 이와 같은 경위로 외국에 이미 널리 알려져 있는 사항은, 특단의 사정이 없는 한 이를 비밀로 하거나 확인되지 아니함이 외교정책상의 이익이 된다고 할 수 없다.1)

Ⅱ. 국가의 기능에 대한 죄

[162] 1. 직무유기죄

(1) 직무유기죄 성립 1

① 직무유기죄에서 '직무를 유기한 때'란 공무원이 추상적 성실의무를 태만히 하는 일체의 경우에 성립하는 것이 아니라, 직장의 무단이탈, **직무의 의식적인 포기** 등과 같이 국가기능을 저해하고 국민에게 피해를 야기 시킬 가능성이 있는 경우를 말한다. 그리하여 일단 직무집행의 의사로 자신의 직무를 수행한 이상, 직무집행의 내용이 **위법하다는 이유**로 직무유기죄가 성립하는 것은 아니다. 공무원이 태만 · 분망 또는 착각 등으로 인한 직무수행, 형식적 또는 소홀한 직무수행에 불과한 것도 직무유기죄에 해당되지 않는다.2)

② 경찰관인 피고인이 벌금미납자로 지명수배되어 있던 갑을 **세 차례 만나고도** 그를 검거하는 등 필요한 조치를 취하지 않은 것은 직무유기에 해당한다.3)

③ 피고인인 세무공무원 갑은 다른 직원 을의 서랍 속에 병에 대한 양도소득세 **과세자료가 은닉되어** 있는 것을 발견하였다. 이 자료은닉이 고의적이고 병의 수차례에 걸친 전출사실을 알고 있었다면, 갑은 이 자료를 조속히 처리하여 조세징수권을 행사해야 할 의무가 있다. 이를 태만히 한 갑의 행위는 직무유기에 해당된다.4)

④ 하나의 행위가 **부작위범인 직무유기죄와 작위범인 허위공문서작성 · 행사죄**의 구성요건을 동시에 충족하는 경우, 공소제기권자는 재량에 의해 작위범인 허위공문서작성 · 행사죄로 공소를 제기하지 않고 부작위범인 직무유기죄로만 공소를 제기할 수도 있다.5)

⑤ ***표준판례** 직무유기죄에서 작위의무를 수행하지 않음으로써 구성요건에 해당하는 사실이 있었고, 그 후에도 계속하여 그 작위의무를 수행하지 않는 위법한 부작위상태가 계속되는 한 가벌적 위법상태는 계속 존재한다. 형법 제122조 후단("공무원이 정당한 이유 없이 직무를 유기한 때")은 이를 전체적으로 보아 1죄로 처벌하는 취지로 해석되므로 즉시범이 아닌

1) 대판 1995. 12. 5. 94도2379.
2) 대판 2014. 4. 10. 2013도229.
3) 대판 2011. 9. 8. 2009도13371. 제8회.
4) 대판 1984. 4. 10. 83도1653.
5) 대판 2008. 2. 14. 2005도4202.

계속범으로 보아야 한다.1)

⑥ 쟁의행위에 참가한 일부 조합원이 병가 중이어서 직무유기죄 주체로 될 수는 없다 하더라도 직무유기죄의 주체가 되는 다른 조합원들과 **공범관계가** 성립하면, 쟁의행위에 참가한 조합원들 모두 직무유기죄로 처벌된다.2)

⑦ 직무유기죄는 이른바 **부진정부작위범으로서** 구체적으로 그 직무를 수행하여야 할 작위의무가 있는데도, 이러한 직무를 버린다는 인식으로 그 작위의무를 수행하지 않음으로써 성립한다.3)

⑧ *표준판례 피고인은, 출원인이 어업허가를 받을 수 없는 자라는 사실을 알면서도 그 직무상 의무에 따른 적절한 조치를 취하지 않고 오히려 부하직원으로 하여금 어업허가 처리기안문을 작성하게 한 다음, 피고인 스스로 중간결재를 하는 등 위계로써 농수산국장의 최종결재를 받았다. 이는 직무위배의 위법상태가 위계에 의한 공무집행방해행위 속에 포함되어 있는 것으로 보아야 한다. 이와 같은 경우에는 **작위범인 위계에 의한 공무집행방해죄만이** 성립하고, **부작위범인** 직무유기죄는 따로 성립하지 아니한다.4)

⑨ *표준판례 사법경찰리 직무취급을 겸하여 산림법위반의 범죄수사에 종사하는 공무원이 특정범죄가중법위반의 범죄사실을 인지하고도 필요한 조치를 취하지 않고, 그 범죄사실을 은폐하기 위해 그 직무에 관한 허위 공문서를 작성 행사하였다면, 특정범죄가중법 제15조 **특수직무유기죄가** 성립한다.5) *특정범죄가중법의 특수직무유기죄는 형법의 직무유기죄와 다른 새로운 범죄유형임.

⑩ *표준판례 지방자치법 제35조 이하에 의하면 **지방의회의원은** 여러 가지 공적인 사무를 담당하도록 규정하고 있다. 공직자윤리법에 의하면 지방의회의원도 공직자로 보아 재산등록 대상자로 규정하고 있다. 비록 지방의회의원이 일정한 비용을 지급받을 뿐 정기적인 급여를 지급받지는 않더라도 공무를 담당하고 있는 이상 지방의회의원은 형법상 공무원에 해당한다.6)

2
(2) 직무유기죄 불성립

① 공무원이 어떤 위법사실을 발견하고도 직무상 의무에 따른 적절한 조치를 취하지 않고 위법사실을 적극적으로 은폐할 목적으로 허위공문서를 작성·행사한 경우, **직무위배의 위법상태는** 허위공문서작성 당시부터 그 속에 포함되는 것으로 작위범인 허위공문서작성, 동행사죄만 성립하고 부작위범인 직무유기죄는 따로 성립하지 않는다.7)

---

1) 대판 1997. 8. 29. 97도675. 제9회.
2) 대판 1997. 4. 22. 95도748.
3) 대판 1983. 3. 22. 82도3065.
4) 대판 1997. 2. 28. 96도2825.
5) 대판 1984. 7. 24. 84도705.
6) 대판 1997. 3. 11. 96도1258.
7) 대판 1993. 12. 24. 92도3334.

② 피고인이 치안책임자(경찰서장)로서 그 관내에서 일어난 총기난동사건에 대해 전혀 **효과적 대응책을** 강구하지 못한 사실은 인정되지만, 사상자가 수십 명 발생할 정도로 매우 어려웠던 상황을 감안하면, 피고인의 대응조치가 적절하지 못하였다는 사정만으로 형법상 직무유기죄가 성립한다고 볼 수 없다.1)

③ 일직사관인 피고인이 순찰 및 검사 등을 하지 않고 잠을 잔 것은 **충근의무위반**이라고 하겠으나, 유사시에 근무장소에서 깨어 직무수행에 임할 수 있는 상황(상황실로부터 피고인이 누운 침상까지는 2미터 정도의 거리) 가운데 잠을 잔 것이므로, 피고인이 고의로 직무를 포기하거나 이탈한 것으로 볼 수 없다.2)

④ 지방자치단체장이 전국공무원노동조합이 주도한 파업에 참가한 소속 공무원들에 대해 관할 **인사위원회에** 징계의결요구를 하지 않고, 가담 정도의 경중을 가려 자체 인사위원회에 징계의결요구를 하거나 훈계처분을 하도록 지시한 행위는, 직무유기에 해당하지 않는다.3)
*직장 무단이탈이나 직무의 의식적인 포기에 준하는 것으로 평가할 수 없음.

⑤ 위법건축물이 발생하지 않도록 자신은 물론 소관 부하직원들로 하여금 예방 단속해야 할 직무상 의무 있는 자가 위법건축을 하도록 타인을 교사한 경우, 위 **직무위배의 위법상태는** 건축법위반 교사행위에 내재되어 있으므로 건축법위반교사죄와 직무유기죄는 실체적 경합범이 되지 않는다.4)

⑥ ***표준판례** 피고인이 검사로부터 범인을 검거하라는 지시를 받고도 직무상 적절한 조치를 취하지 않고, 오히려 범인에게 전화로 도피하라고 권유하여 그를 도피시킨 범인도피행위 속에 직무위배의 위법상태가 포함되어 있는 것으로 보아야 한다. 이 경우에 **작위범인 범인도피죄만** 성립하고 부작위범인 직무유기죄는 따로 성립하지 않는다.5)

⑦ 피고인이 공소외 주식회사의 폐수배출시설 폐쇄명령 불이행 사실을 은폐하는 데 행사할 목적으로 출장복명서의 폐쇄명령 이행사항 확인란을 허위로 작성한 경우, 피고인의 직무위배의 위법상태는 출장복명서를 허위로 작성할 당시부터 그 속에 포함되어 있으므로 **허위공문서작성죄만** 성립하고, 직무유기죄는 따로 성립하지 않는다.6)

⑧ ***표준판례** 직무유기죄에서 일단 **직무집행의사로** 자신의 직무를 수행한 경우에는, 그 직무집행 내용이 위법한 것으로 평가된다는 점만으로 직무유기죄가 성립하는 것은 아니다. 공무원이 태만·분망 또는 착각 등으로 인해 직무를 성실히 수행하지 않는 경우나, 형식적으로 또는 소홀히 직무를 수행한 탓으로 적절한 직무수행에 이르지 못한 것에 불과한 경우에도 직무유기죄는 성립하지 않는다.7)

---

1) 대판 1983. 1. 18. 82도2624.
2) 대판 1984. 3. 27. 83도3260.
3) 대판 2007. 7. 12. 2006도1390. 제3회.
4) 대판 1980. 3. 25. 79도2831.
5) 대판 1996. 5. 10. 96도51.
6) 대판 2004. 3. 26. 2002도5004.
7) 대판 2013. 4. 26. 2012도15257.

1 [163] 2. 피의사실공표, 공무상비밀누설죄

① 피해자의 진술 외에 다른 직접 증거가 없고 피의자가 피의사실을 강력히 부인하고 있어 **보강수사가** 필요한 상황인데도, 검사가 마치 피의자의 범행이 확정된 듯한 표현을 사용하여 각 언론사의 기자들을 상대로 언론보도를 전제로 피의사실을 공표한 경우, 피의사실공표죄에 해당한다.[1]

② 검찰 고위간부가, 특정 사건에 대한 수사가 진행 중인 상태에서 해당 사안에 관한 수사책임자의 잠정적 판단 등 **수사팀의 내부상황을** 확인한 뒤, 그 내용을 수사 대상자 측에 전달한 행위는 공무상 비밀누설에 해당한다.[2]

③ *표준판례 담당공무원이 수해복구 공사계약을 수의계약방식으로 체결하기로 하면서, 미리 선정된 공사업체에 공사 **예정가격을** 알려준 행위는 공무상 비밀누설죄에 해당한다.[3]

④ *표준판례 감사원 감사관이 공개한 기업의 비업무용 부동산 보유실태에 관한 감사원 보고서 내용은 공무상 비밀에 해당되지 않는다.[4] *그러한 사항이 공개됨으로써 국가기능이 위협받을 것은 없음.

⑤ 피의사실, 피의자 및 피해자의 인적사항, 피해자의 상해 정도 또는 **피의자의 신병처리 지휘내용** 등에 관한 내용은, 법령에 의한 직무상 비밀대상으로 보기 어렵다.[5] *수사방해나 개인의 사생활보호와 관련 없음.

⑥ 형법 제127조는 공무원 또는 공무원이었던 자가 법령에 의한 직무상 비밀을 누설하는 행위만을 처벌하고 있을 뿐, **직무상 비밀을 누설 받은 상대방을** 처벌하는 규정이 없는 점에 비추어, 직무상 비밀을 누설 받은 자에 대하여는 공범에 관한 형법총칙 규정이 적용될 수 없다.[6] *2인 이상의 서로 대향된 행위의 존재를 필요로 하는 대향범에 대해서는 형법총칙 공범규정이 적용될 수 없음.

1 [164] 3. 직권남용죄

① 직권남용죄는 공무원이 그 **일반적 직무권한에** 속하는 사항을 위법·부당하게 행사하는 것, 즉 형식적·외형적으로는 직무집행으로 보이나 실질적으로는 정당한 권한 이외의 행위를 하는 경우이다. 공무원의 일반적 권한에 속하는 사항은 명문의 법령상 근거뿐만 아니라 법·제도를 종합적, 실질적으로 관찰해서, 그것이 해당 공무원의 직무권한에 속한다고 해석되는 경우이다. 이를 남용해서 상대방으로 하여금 **의무 없는 일을** 행하게 하거나, 상대방의 권리를 방해하면 직권남용죄에 해당된다.[7]

---

1) 대판 2001. 11. 30. 2000다68474.
2) 대판 2007. 6. 14. 2004도5561.
3) 대판 2008. 3. 14. 2006도7171.
4) 대판 1996. 5. 10. 95도780.
5) 대판 2003. 6. 13. 2001도1343.
6) 대판 2017. 6. 19. 2017도4240. 제8회.
7) 대판 2019. 3. 14. 2018도18646. 제9회.

② 상급 경찰관이 직권을 남용하여 부하 경찰관들의 **수사를 중단시키거나** 사건을 다른 경찰관서로 이첩하게 한 경우, '권리행사를 방해함으로 인한 직권남용권리행사방해죄'는 성립하지만, '의무 없는 일을 하게 함으로 인한 직권남용권리행사방해죄'는 별개로 성립하지 않는다.[1]

③ ***표준판례** 검찰의 고위간부가 내사 담당 검사로 하여금 **내사를 중도에서** 그만두고 종결처리토록 한 행위는 직권남용권리행사방해죄에 해당한다.[2]

④ 수사에 관하여 일반적 직무권한을 가진 검사가 실제로는 **개인적 목적을** 위해 수용자를 소환하면서도, 수사목적이라는 명분을 내세워 교도관리에게 수용자에 대한 소환요구 또는 출석요구를 한 경우 직권남용죄가 성립한다.[3]

⑤ **해군본부 법무실장인** 피고인이 국방부 검찰수사관 갑에게 군내 납품비리 수사와 관련한 수사기밀사항을 보고하게 한 경우는 직권남용권리행사방해죄가 인정된다.[4] *일반적 직무권한 범위를 일탈.

⑥ 변호사가 위법하게 체포된 피의자의 접견을 요청하였는데 반응이 없자 피의자가 탄 승합차을 막아섰다. 이에 사법경찰관은 변호사를 **공무집행방해죄의 현행범으로** 체포하였다. 사법경찰관이 체포 당시 상황을 합리적으로 판단하였으면 체포요건이 충족되지 않음을 충분히 알 수 있었는데도, 이를 용인한 채 재량범위를 벗어나서 사람을 체포하여 권리행사를 방해하였다면, 직권남용체포죄와 직권남용권리행사방해죄가 성립한다.[5]

⑦ ***표준판례** 직권남용권리행사방해죄에서 '직권남용'은 공무원이 그 일반적 **직무권한에 속하는 사항에** 관해 직권행사에 가탁하여 실질적, 구체적으로 위법·부당한 행위를 하는 것을 의미한다. 공무원이 직무와 상관없이 단순히 개인적 친분에 근거하여 문화예술 활동에 대한 지원을 권유하거나 협조를 의뢰한 것에 불과한 경우까지 직권남용에 해당한다고 할 수는 없다. 직권남용죄에서 말하는 '의무'는 법률상 의무를 가리키고, 단순한 심리적 의무감 또는 도덕적 의무는 이에 해당하지 않는다.[6]

⑧ ***표준판례** 공무원이 자신의 직무권한에 속하는 사항에 관하여 실무 담당자로 하여금 그 직무집행을 보조하는 사실행위를 하도록 하는 것은 자신의 직무집행으로 귀결된다. 원칙적으로 직권남용권리행사방해죄에서 말하는 '의무 없는 일을 하게 한 때'에 해당한다고 할 수 없다. 직무집행의 기준과 절차가 법령에 구체적으로 명시되어 있고, **실무 담당자에게도** 직무집행 기준을 적용하고 절차에 관여할 **고유한 권한과 역할이** 부여되어 있는 경우, 실무 담당자로 하여금 그러한 기준과 절차에 위반하여 직무집행을 보조하게 하면 '의무 없는 일을 하게 한 때'에 해당한다.[7]

---

1) 대판 2010. 1. 28. 2008도7312. 제9회.
2) 대판 2007. 6. 14. 2004도5561.
3) 대판 2006. 5. 26. 2005도6966.
4) 대판 2011. 7. 28. 2011도1739.
5) 대판 2017. 3. 9. 2013도16162.
6) 대판 2009. 1. 30. 2008도6950.
7) 대판 2011. 2. 10. 2010도13766.

⑨ *표준판례 직권남용권리행사방해죄의 권리행사방해는 법령상 행사할 수 있는 권리의 정당한 행사를 방해하는 것을 말한다. 이에 해당하려면 구체화된 권리의 **현실적 행사가 방해된** 경우여야 한다. 따라서 공무원의 직권남용행위가 있었더라도 현실적으로 권리행사방해라는 결과가 발생하지 않았으면 본죄의 기수를 인정할 수 없다.[1)]

⑩ 직권남용죄의 "직권남용"은 형식적, 외형적으로는 직무집행으로 보이나 그 실질은 정당한 권한 이외의 행위를 하는 경우를 의미한다. 따라서 직권남용은 공무원이 그의 일반적 권한에 속하지 않는 행위를 하는 경우인 지위를 이용한 불법행위와 구별된다. 또 직권남용죄에서 말하는 "의무"는 법률상 의무를 가리키고, 단순한 **심리적 의무감 또는 도덕적 의무**는 이에 해당하지 않는다.[2)]

⑪ 직권남용권리행사방해죄는 공무원이 직권을 남용하는 행위를 하였다는 것 외에 현실적으로 다른 사람에게 법령상 의무 없는 일을 하게 하였거나, 다른 사람의 **구체적인 권리행사를 방해하는 결과가** 발생해야 한다. 공무원이 직권을 남용하여 공무원 또는 유관기관의 임직원으로 하여금 하게 한 일이, 형식과 내용에서 직무범위 안에 속한 사항이고, 법령 등에 따라 준수해야 할 원칙, 기준 등을 위반하지 않았으면, 법령상 의무 없는 일을 하게 한 때에 해당하지 않는다.[3)] *김기춘 사건.

⑫ 공무원이 한 행위가 직권남용에 해당한다고 하여 그러한 이유만으로 상대방이 한 일이 '의무 없는 일'에 해당하지는 않는다. '의무 없는 일'에 해당하는지는 직권남용과 별도로 상대방이 그러한 일을 할 법령상 의무가 있는지 살펴 판단해야 한다. 직권남용 행위의 **상대방이 일반사인인** 경우 특별한 사정이 없는 한 직권에 대응하여 따라야 할 의무는 없다. 그에게 어떤 행위를 하게 하였다면 '의무 없는 일을 하게 한 때'에 해당할 수 있다.[4)]

⑬ 직권남용권리행사방해죄는 공무원에게 직권이 존재하는 것을 전제로 한다. 공무원이 퇴임하면 위와 같은 직권이 존재하지 않으므로, 퇴임 전 공모한 범행에 관한 기능적 행위지배가 계속되었다고 인정할 만한 특별한 사정이 없는 한, **퇴임 후의 범행에** 관하여는 공범으로서 책임을 지지 않는다.[5)]

1 [165] 4. 불법체포 · 감금죄

① 즉결심판 피의자의 정당한 귀가요청을 거절한 채 다음날 즉결심판법정이 열릴 때까지 피의자를 경찰서 **보호실에** 강제 유치시키려고, 피의자를 경찰서 내 즉결피의자 대기실에 10－20분 동안 있게 한 행위는 불법감금죄에 해당한다.[6)]

---

1) 대판 2008. 12. 24. 2007도9287; 2006. 2. 9. 2003도4599. 제9회.
2) 대판 1991. 12. 27. 90도2800. 제9회.
3) 대판 2020. 1. 30. 2018도2236 전원합의체.
4) 대판 2020. 2. 13. 2019도5186.
5) 위 판례.
6) 대판 1997. 6. 13. 97도877.

② 감금죄는 **간접정범의** 형태로도 행하여질 수 있다. 인신구속에 관한 직무를 행하는 자 또는 이를 보조하는 자가, 피해자를 구속하기 위해 진술조서 등을 허위로 작성한 후 이를 기록에 첨부하여 구속영장을 신청하고, 이 사정을 모르는 검사와 영장전담판사를 기망하여 구속영장을 발부받은 후 피해자를 구금하였다면 **직권남용감금죄가** 성립한다.[1]

③ *표준판례 불법체포 · 감금죄는 형사소송법의 재심사유가 규정하는 대표적인 직무범죄로서 헌법상 영장주의를 관철하기 위한 것이다. 수사기관이 영장주의를 배제하는 **위헌적 법령에 따라** 체포 · 구금을 한 경우, 비록 그것이 형식상 존재하는 당시의 법령에 따른 행위라고 하더라도, 그 법령 자체가 위헌이라면 결과적으로 그 수사에 기초한 공소제기에 따른 유죄의 확정판결에는 수사기관이 형법 제124조의 불법체포 · 감금죄를 범한 경우와 마찬가지의 중대한 하자가 있다고 보아야 한다.[2]

[166] 5. 뇌 물 죄

(1) 일 반 론 1

① 뇌물죄는 직무집행의 공정과 이에 대한 사회의 신뢰에 기하여 **직무행위의 불가매수성을** 직접 보호법익으로 한다. 따라서 뇌물성은 의무위반행위나 청탁의 유무 및 금품수수 시기와 직무집행 행위의 전후를 가리지 않는다. 뇌물죄에서 말하는 '직무'에는 법령에 정해진 직무뿐만 아니라 그와 관련 있는 직무, 과거에 담당하였거나 장래에 담당할 직무 외에 사무분장에 따라 현실적으로 담당하지 않는 직무라도 법령상 일반적 직무권한에 속하는 직무 등 공무원이 그 직위에 따라 공무로 담당할 일체의 직무를 포함한다.[3]

② 뇌물공여죄와 뇌물수수죄가 **필요적 공범관계에** 있다 함은 법률상 범죄실행이 다수인의 협력을 필요로 하는 것을 가리키는 것으로서 범죄성립에 행위의 공동을 필요로 하는 것에 불과하다. 다시 말하면 뇌물공여죄가 성립하기 위해서는 뇌물을 공여하는 행위와 상대방측에서 이를 받아들이는 행위(부작위 포함)가 필요할 뿐이지, 반드시 상대방측에 뇌물수수죄가 성립해야 하는 것은 아니다.[4]

1) 직무관련성

① 뇌물죄에서 말하는 '직무'는 법령에 정해진 직무뿐만 아니라 그와 관련 있는 직무, 과거에 담당하였거나 장래에 담당할 직무 외에, 사무분장에 따라 현실적으로 담당하지 않는 직무라도 **법령상 일반적 직무권한에** 속하는 직무 등 공무원이 그 직위에 따라 공무로 담당할 일체의 직무를 포함한다.[5]

② 국책사업의 사업자 선정도 대통령의 직무범위에 속하거나 그 직무와 밀접한 관계가

1) 대판 2006. 5. 25. 2003도3945.
2) 대결 2018. 5. 2. 2015모3243.
3) 대판 2013. 11. 28. 2013도9003.
4) 대판 1987. 12. 22. 87도1699. 제1, 8회.
5) 대판 2003. 6. 13. 2003도1060. 제3회.

있는 행위이므로, 이에 관하여 **대통령에게** 금품을 공여하면 바로 뇌물공여죄가 성립하고, 대통령이 실제로 영향력을 행사하였는지 여부는 범죄 성립에 영향을 미치지 않는다.[1]

③ 피고인은 소속 부대 병사의 부친으로부터 우리 아들을 잘 돌봐달라는 부탁을 받은 그 병사를 **빨래방 관리병으로** 선발하는 등 편의를 봐준 사실이 인정된다. 그 부친으로부터 수수한 빨래방 공사비용, 부대 체육대회 비용 등은 위 병사의 보직 유지 및 군 복무 편의의 대가로서 뇌물에 해당한다.[2]

④ 경찰관이 **재건축조합** 직무대행자에 대한 진정사건을 수사하면서, 진정인측의 재건축 설계업체로 선정되기를 희망하던 건축사사무소 대표로부터 금원을 수수한 경우, 금원의 수수와 경찰공무원의 직무인 진정사건 수사와 관련성을 배척할 수 없다.[3]

⑤ 국회의원이 특정 협회로부터 요청받은 자료를 제공하고 그 대가로서 **후원금 명목**으로 금원을 교부받은 경우, 직무관련성이 있어 뇌물죄가 성립한다.[4]

⑥ 공무원이 **직무대상이** 되는 사람으로부터 금품 기타 이익을 받으면, 사회상규에 비추어 볼 때 의례상의 대가, 개인적인 친분관계에 의한 교분상의 필요 등 명백히 특별한 사정이 없는 한 직무 관련성이 인정된다. 그리고 공무원의 **직무와 관련하여** 금품을 주고받았다면, 비록 사교적 의례의 형식을 빌었더라도 수수한 금품은 뇌물이 된다.[5]

⑦ 서울대학교 의과대학 교수 겸 서울대학교병원 의사가 구치소로 왕진을 나가 진료하고 진단서를 작성해 주거나 법원의 사실조회에 회신을 해주는 것은, **의사의 진료업무이지** 교육공무원인 서울대학교 의과대학 교수의 직무와 관련 있는 행위는 아니므로 뇌물수수의 공소사실에 대해 무죄를 선고한 원심의 조치는 정당하다.[6]

⑧ 법원의 **참여주사가** 공판에 참여하여 양형에 관한 사항의 심리내용을 공판조서에 기재하더라도, 이를 가지고 형사사건의 양형이 참여주사의 직무와 밀접한 관계가 있는 사무라고 할 수는 없다. 참여주사가 형량을 감경케 하여 달라는 청탁과 함께 금품을 수수하였더라도 뇌물수수죄 주체가 될 수 없다.[7]

⑨ ***표준판례*** 뇌물죄는 금품이 직무에 관하여 수수된 것으로 족하고 개개 직무행위와 대가관계에 있을 필요는 없으며, 그 직무행위가 특정된 것일 필요도 없다. 공무원의 직무와 관련하여 금품을 주고받았다면, 비록 **사교적 의례의** 형식을 빌렸더라도 수수한 금품은 뇌물이 된다. 공무원이 얻는 직무와 대가관계가 있는 부당한 이익으로서 뇌물에 해당하는지 또는 사회상규에 따른 의례상 대가 혹은 개인적 친분관계에 따른 교분상 필요에 의한 것으로서 직무와 관련성이 없는 것인지는, 당해 공무원의 직무 내용, 직무와 이익 제공자의 관계 등을

---

1) 대판 1997. 4. 17. 96도3377 전원합의체.
2) 대판 2004. 5. 28. 2004도1442.
3) 대판 2007. 4. 27. 2005도4204.
4) 대판 2009. 5. 14. 2008도8852.
5) 대판 2017. 1. 12. 2016도15470.
6) 대판 2006. 6. 15. 2005도1420.
7) 대판 1980. 10. 14. 80도1373. 제3회.

함께 참작하여 판단한다.[1]

⑩ *표준판례 뇌물수수자가 법률상 소유권 취득의 요건을 갖추지는 않았더라도 뇌물로 제공된 물건에 대한 점유를 취득하고 뇌물공여자 또는 법률상 소유자로부터 **반환을 요구**받지 않았다. 이 경우에 그는 그 물건에 대한 실질적인 사용 · 처분권한을 갖게 되어 그 물건 자체를 뇌물로 받은 것으로 보아야 한다. 뇌물수수자가 뇌물공여자에 대한 내부관계에서 물건에 대한 실질적인 사용 · 처분권한을 취득하였으나, 소유권 이전의 형식적 요건을 유보하는 경우에는 그 물건을 뇌물로 받았다고 보아야 한다. 뇌물수수자가 교부받은 물건을 뇌물공여자에게 반환할 것이 아니므로 뇌물수수자에게 영득의사도 인정된다.[2] *박근혜 · 이재용 사건.

⑪ *표준판례 뇌물죄에서 직무는 과거에 담당하였거나 장래 담당할 직무 및 사무분장에 따라 현실적으로 담당하지 않는 직무를 가리지 않는다. 특정경제범죄법 제5조 제1항 소정의 "금융기관의 임 · 직원이 그 직무에 관하여"라 함은 금융기관의 임직원이 **그 지위에 수반하여** 취급하는 일체의 사무를 말한다. 그 권한에 속하는 직무행위뿐만 아니라 이에 밀접한 관계가 있는 경우와, 그 직무에 관련하여 사실상 처리하고 있는 행위까지도 모두 포함한다. 또한 그 직무가 독립적인 권한에 기한 것이든 상사의 직무를 보조하는 지위에 기한 것이든 구별하지 않는다.[3]

⑫ *표준판례 뇌물죄가 직무집행의 공정과 이에 대한 사회의 신뢰를 그 보호법익으로 한다. 공무원이 그 이익을 수수하는 것으로 인하여 사회일반으로부터 **직무집행의 공정성을 의심받게** 되는지 여부도 뇌물죄 성부의 판단기준이 된다. 뇌물죄에서 말하는 직무에는 공무원이 법령상 관장하는 직무 그 자체뿐만 아니라 직무와 밀접한 관계가 있는 행위 또는 관례상이나 사실상 관여하는 직무행위도 포함된다.[4]

2) 부당한 이익

① **포괄적 뇌물개념, 포괄적 판단방법** 뇌물죄는 직무집행의 공정과 이에 대한 사회의 신뢰 및 직무행위의 불가매수성을 보호법익으로 하므로 특별한 청탁이나 부정한 행위를 필요로 하는 것은 아니다. 또한 금품이 직무에 관하여 수수된 것이면 족하고 **개개의 직무행위와 대가관계에** 있을 필요는 없으며, 그 직무행위가 특정된 것일 필요도 없다. 공무원이 얻는 이익이 부당한 이익으로서 뇌물에 해당하는지 여부는, 당해 공무원의 직무내용 등 제반 사정과 함께 공무원이 그 이익을 수수함으로써 사회일반으로부터 **직무집행의 공정성을 의심받게** 되는지 여부도 판단기준이 된다.[5]

② 공무원이 그 직무대상이 되는 사람으로부터 금품 기타 이익을 받은 때에는, 사회상규에 비추어 의례상의 대가에 불과한 것으로 여겨지거나, 개인적 친분관계가 있어서 교분상

---

1) 대판 2018. 5. 15. 2017도19499.
2) 대판 2019. 8. 29. 2018도13792 전원합의체.
3) 대판 1994. 3. 22. 93도2962.
4) 대판 2002. 3. 15. 2001도970.
5) 대판 2007. 4. 27. 2005도4204. 제7회.

필요에 의한 것으로 명백하게 인정할 수 있는 경우 등 특별한 사정이 없는 한, 직무관련성이 인정된다. 공무원의 직무와 관련하여 금품을 수수하면, 비록 **사교적 의례의 형식을 빌어** 금품을 주고받았더라도 그 수수한 금품은 뇌물이 된다.[1)]

③ 재개발주택조합의 조합장이 그 재직 중 고소하거나 고소당한 사건의 수사를 담당한 경찰관에게 액수 미상의 프리미엄이 예상되는 조합아파트 1세대를 분양해 준 경우, 예상되는 **프리미엄 금액이** 불확실하더라도, 조합장이 선택한 수분양자가 되어 분양계약을 체결한 것 자체가 경제적 이익으로 볼 수 있으므로 뇌물공여죄에 해당한다.[2)]

④ 뇌물죄에서 뇌물의 내용인 이익이라 함은 금전, 물품 기타의 재산적 이익뿐만 아니라 사람의 수요 · 욕망을 충족시키기에 충분한 일체의 유형 · 무형의 이익을 포함한다. 제공된 것이 **성적 욕구의 충족이라고** 하여 달리 볼 것은 아니다.[3)]

⑤ 공무원이 수수한 금품에 직무행위와 대가관계가 있는 부분과 그렇지 않은 부분이 **불가분적으로** 결합되어 있으면, 수수한 금품 '전액'이 직무행위에 대한 대가로 수수한 뇌물이 된다.[4)]

⑥ 뇌물죄에 있어서 금품을 수수한 장소가 공개된 공사현장이었고, 금품을 수수한 공무원이 이를 공사현장 인부들의 식대 또는 공사의 홍보비 등으로 소비하였을 뿐 **자신의 사리를** 취한 바 없다 하더라도 뇌물성은 인정된다.[5)]

⑦ **수의계약을** 체결하는 공무원이 해당 공사업자와 적정한 금액 이상으로 계약금액을 부풀려서 계약하고, 부풀린 금액을 자신이 되돌려 받기로 사전에 약정하고, 그에 따라 수수한 돈은 성격상 뇌물이 아니고 **횡령금에** 해당한다.[6)]

⑧ 뇌물죄에서 수뢰자가 증뢰자에게서 돈을 받은 사실은 시인하면서도 뇌물로 받은 것이 아니라 **빌린 것이라고** 주장하는 경우, 수뢰자가 그 돈을 실제로 빌린 것인지는 수뢰자가 증뢰자에게서 돈을 수수한 동기, 전달 경위 및 방법, 수뢰자와 증뢰자의 관계 등 증거에 의해 나타나는 객관적 사정을 종합하여 판단해야 한다.[7)]

⑨ 공무원이 뇌물로 **투기적 사업에** 참여할 기회를 제공받은 경우, 뇌물수수죄의 기수시기는 투기적 사업에 참여하는 행위가 종료된 때로 보아야 하며, 그 행위가 종료된 후 경제사정의 변동 등으로 당초 예상과 달리 그 사업 참여로 아무런 이득을 얻지 못한 경우라도 뇌물수수죄 성립에는 영향이 없다.[8)]

⑩ 공무원이 직접 뇌물을 받지 않고 증뢰자로 하여금 **다른 사람에게** 뇌물을 공여하도록 한 경우에는, 그 다른 사람이 뇌물을 받음으로써 공무원은 그만큼 지출을 면하는 등 사회통

1) 대판 2002. 7. 26. 2001도6721. 제7회.
2) 대판 2002. 11. 26. 2002도3539.
3) 대판 2014. 1. 29. 2013도13937.
4) 대판 2009. 8. 20. 2009도4391.
5) 대판 1985. 5. 14. 83도2050.
6) 대판 2007. 10. 12. 2005도7112.
7) 대판 2011. 11. 10. 2011도7261.
8) 대판 2002. 5. 10. 2000도2251. 제1회.

념상 공무원이 **직접 받은 것과** 같이 평가할 수 있는 관계가 있는 경우에 한하여 형법 제129조 제1항 뇌물수수죄가 성립한다.1) *제3자 뇌물제공죄가 아님.

⑪ 뇌물죄는 공무원의 직무집행의 공정과 이에 대한 사회의 신뢰, 직무행위의 불가매수성을 보호법익으로 하기 때문에 뇌물성을 인정하는 데 **특별한 청탁이** 있어야 하는 것은 아니다. 공무원이 이익을 수수하는 것으로 인해 사회 일반으로부터 **직무집행의 공정성을 의심받게** 되는지 여부도 뇌물죄의 판단기준이 된다. 공무원이 그 직무대상이 되는 사람으로부터 금품 기타 이익을 받으면 특별한 사정이 없는 한 직무와 관련성이 있다고 볼 수 있고, 비록 **사교적 의례의** 형식을 빌어 금품을 주고받았더라도 그 수수한 금품은 뇌물이 된다.2)

⑫ 공소시효는 범죄행위를 종료한 때로부터 진행하는 것인데, 공무원이 그 직무에 관하여 **금전을 무이자로** 차용한 경우에는 그 차용 당시에 금융이익 상당의 뇌물을 수수한 것으로 보아야 하므로 그 공소시효는 금전을 무이자로 차용한 때로부터 기산한다.3)

(2) 단순수뢰죄 2

1) 주 체

① 공무원이 직무와 관련하여 뇌물수수를 약속하고 **퇴직 후** 이를 수수하는 경우, 뇌물약속죄 및 사후수뢰죄가 성립할 뿐 뇌물수수죄는 성립하지 않는다.4)

② 법령에 기한 임명권자에 의해 임용되어 공무에 종사해 온 사람이 나중에 그가 **임용결격자였음이** 밝혀져 당초의 임용행위가 무효라고 하더라도, 그가 실제로 공무를 수행한 이상 공무 수행의 공정과 직무행위의 불가매수성은 여전히 보호되어야 한다. 따라서 이러한 사람이 직무와 관련하여 뇌물을 수수하면 수뢰죄로 처벌할 수 있다.5)

③ 도시 및 주거환경정비법상 **정비사업조합의 임원이** 조합임원의 지위를 상실한 후에도 조합임원으로 등기되어 있는 상태에서 계속하여 실질적으로 조합임원으로서 직무를 수행해 온 경우, 그 조합임원을 같은 법 제84조에 따라 형법상 뇌물죄의 적용에서 '공무원'으로 보아야 한다.6)

2) 행위 등

① 공무원인 피고인은 부동산업자로부터 건축허가를 내줄 것을 부탁받고 3,000만 원 권 **자기앞수표가 든 봉투를** 건네받았는데, 그 후 위 부동산업자와 수시로 통화하면서도 이를 즉시 그에게 돌려주지 않고 10일가량 가지고 있다가 돌려주었다. 피고인은 영득의사로 위 자기앞수표를 뇌물로 받은 것으로 판단된다.7) *영득의사로 수수후 고액수표의 사용이 용이하지

1) 대판 2002. 4. 9. 2001도7056. 제1, 6회.
2) 대판 2019. 11. 28. 2018도20832.
3) 대판 2012. 2. 23. 2011도7282. 제10회.
4) 대판 2008. 2. 1. 2007도5190.
5) 대판 2014. 3. 27. 2013도11357. 제6, 7회.
6) 대판 2016. 1. 14. 2015도15798.
7) 대판 2012. 8. 23. 2010도6504.

않은 것으로 판단.

② 뇌물죄는 금품이나 재산상 이익 등이 반드시 공여자와 수뢰자 사이에 직접 수수될 필요는 없고, 그 사이에서 **제3자가** 먼저 공여자를 대신하여 자신의 자금으로 수뢰자에게 지급한 다음 공여자로부터 그 금액을 상환 받는 방식으로 수수되었다 할지라도 뇌물수수죄의 죄책을 면할 수 없다.1)

③ 피고인이 택시를 타고 떠나려는 순간 뒤쫓아 와서 돈뭉치를 **창문으로 던져 넣고** 가버려 그대로 귀가하였다가 다음날 바로 다른 사람을 시켜 이를 반환한 경우, 피고인에게는 뇌물을 수수할 의사가 있었다고 볼 수 없다.2)

④ 뇌물을 수수한다는 것은 영득의사로 받는 것을 말하고, 후일 기회를 보아서 **반환할 의사로서** 일단 받아둔 데 불과하다면 뇌물수수라고 할 수 없다.3)

⑤ 공무원이 공소외인과 사전 공모하여 밀수행위를 함으로써 관세포탈의 공동정범이 된 경우, 위 공소외인으로부터 금품을 수수한 것은 위 **공동정범들간의** 이익분배에 지나지 않아서 뇌물수수가 될 수 없다.4)

⑥ **뇌물약속죄에서** 뇌물의 약속은 직무와 관련하여 장래에 뇌물을 주고받겠다는 의사가 합치하면 성립하고, **뇌물의 가액은** 문제되지 않는다. 또한 뇌물의 목적물이 이익인 경우에 그 가액이 확정되어 있지 않아도 뇌물약속죄가 성립한다. 그러나 특정범죄가중법에는 약속한 뇌물의 가액이 1억 원 이상이라는 것이 범죄구성요건으로 되어 있으므로 그 가액을 엄격하고 신중하게 산정해야 한다.5)

⑦ 인천광역시장인 갑은 건설업자 을을 만나 술을 마시고 헤어지면서, 을이 광주에서 여기까지 가져온 조그만 선물로서 별것도 아니니 성의로 받아달라는 취지의 말을 하면서 꼼꼼히 포장된 굴비상자를 을이 갑의 여동생 아파트에 갖다 주었다. 갑은 이를 방치하고 있다가 그 속에 현금 2억 원이 든 사실을 알고, 중국 출장을 마치고 돌아온 다음 날 인천시청 감사관실에 설치된 클린신고센터에 신고하였다. 갑에게 수뢰의 범의가 있었다고 인정할 수 없다.6) ***필요적 공범관계에서** 뇌물수수죄가 성립해야 뇌물공여죄가 되는 것은 아님. 갑은 무죄, 을은 뇌물공여죄.

⑧ 공무원이 직무집행 의사 없이 또는 직무처리와 대가적 관계없이 타인을 공갈하여 재물을 교부하게 한 경우에는 **공갈죄만** 성립하고 뇌물공여죄는 성립하지 않는다.7)

⑨ 뇌물을 수수하면서 공여자를 **기망한** 점이 있다 하여도 뇌물수수죄, 뇌물공여죄의 성립에는 영향이 없다. 이 경우 뇌물을 수수한 공무원에 대하여는 한 개의 행위가 뇌물죄와 사

---

1) 대판 2008. 6. 12. 2006도8568.
2) 대판 1979. 7. 10. 79도1124.
3) 대판 1989. 7. 25. 89도126.
4) 대판 1980. 2. 26. 79도3095.
5) 대판 2016. 6. 23. 2016도3753.
6) 대판 2006. 2. 24. 2005도4737. 제1, 6, 10회.
7) 대판 1994. 12. 22. 94도2528. 제1, 6, 9회.

기죄의 각 구성요건에 해당하므로 형법 제40조 상상적 경합으로 처단해야 한다.[1]

⑩ 산악회 지부가 사업자로부터 등반대회 **행사용 수건을** 교부받은 것은, 이 산악회 지부 고문으로 있는 군수가 이를 교부받은 것과 동일하게 볼 수는 없으므로 형법 제129조 제1항 뇌물수수죄가 되지는 않는다.[2]

⑪ 금품이나 이익 전부에 관하여 뇌물수수죄의 공동정범이 성립한 이후에, 뇌물이 실제로 공동정범인 공무원 또는 비공무원 중 누구에게 귀속되었는지는 이미 성립한 뇌물수수죄에 영향을 미치지 않는다. 공무원과 비공무원이 사전에 **뇌물을 비공무원에게 귀속시키기로** 모의하였거나, 뇌물의 성질상 비공무원이 사용하거나 소비할 것이라고 하더라도, 이러한 사정은 뇌물수수죄의 공동정범이 성립한 이후 뇌물의 처리에 관한 것에 불과하므로 뇌물수수죄가 성립하는데 영향이 없다.[3] *박근혜 · 이재용 사건.

⑫ 뇌물수수죄에서 말하는 '수수'란 받는 것, 즉 뇌물을 취득하는 것이다. 여기에서 취득이란 **뇌물에 대한 사실상의 처분권을** 획득하는 것을 의미하고, 뇌물인 물건의 법률상 소유권까지 취득해야 하는 것은 아니다. 뇌물수수자가 법률상 소유권 취득의 요건을 갖추지는 않았더라도, 뇌물로 제공된 물건에 대한 점유를 취득하고 뇌물공여자 또는 법률상 **소유자로부터 반환을 요구받지 않는** 관계에 이른 경우에는, 그 물건에 대한 실질적인 사용 · 처분권한을 갖게 되어 그 물건 자체를 뇌물로 받은 것으로 보아야 한다.[4] *박근혜 · 이재용 사건.

⑬ 경기도청 수산과장인 피고인 A는 2013년 11월경 김포어촌계장 피고인 B로부터 "선물을 할 사람이 있으면 새우젓을 보내주겠다"라는 말을 듣고 이를 승낙한 뒤 새우젓을 보내고자 하는 사람들의 명단(329명, 총 1118만6천 원)을 피고인 B에게 보내주고 B로 하여금 위 사람들에게 피고인 A의 이름을 적어 마치 피고인 A가 선물을 하는 것처럼 새우젓을 보내도록 했다. 뇌물죄는 공여자의 출연에 의한 수뢰자의 영득의사의 실현으로서, 공여자의 특정은 직무행위와 관련이 있는 이익의 부담 주체라는 관점에서 파악해야 할 것이므로, 금품이나 재산상 이익 등이 반드시 **공여자와 수뢰자 사이에 직접 수수될** 필요는 없다. 피고인 B는 피고인 A가 지정한 사람들에게 피고인 A의 이름을 발송인으로 기재하여 배송업체를 통해 배송업무를 대신하여 주었을 뿐이다. 위 새우젓을 받은 사람들은 새우젓을 보낸 사람을 피고인 B가 아닌 피고인 A로 인식하였다. 한편 피고인 B와 피고인 A 사이에 새우젓 제공에 관한 의사의 합치가 존재하고 위와 같은 제공방법에 관하여 피고인 A가 양해한 것으로 보인다. **피고인 B의 새우젓 출연에 의한 피고인 A의 영득의사가** 실현되어 형법 제129조 제1항의 뇌물공여죄(피고인 B) 및 뇌물수수죄(피고인 A)가 성립한다고 보아야 한다.[5] *2심은 사회통념상 위 329명이 새우젓을 받은 것을 피고인 A가 직접 받은 것과 같이 평가할 수 있는 관계라고 인정하기에 부족하다고 보아 A와 B에게 무죄를 선고함.

---

1) 대판 2015. 10. 29. 2015도12838. 제9회.
2) 대판 2002. 4. 9. 2001도7056.
3) 대판 2019. 8. 29. 2018도13792 전원합의체.
4) 위 판례.
5) 대판 2020. 9. 24. 2017도12389.

⑭ **뇌물공여죄와 뇌물수수죄** 사이와 같은 이른바 대향범 관계에 있는 자는 서로 대향된 행위의 존재를 필요로 할 뿐 각자 자신의 구성요건을 실현하고 별도의 형벌규정에 따라 처벌된다. 이는 2인 이상이 가공하여 공동의 구성요건을 실현하는 공범관계에 있는 자와는 본질적으로 다르다. 대향범 관계에 있는 자 사이에서는 각자 상대방의 범행에 대해 형법 총칙의 공범규정이 적용되지 않는다.1)

⑮ 자동차를 뇌물로 공여한 경우 자동차등록원부에 뇌물수수자가 그 소유자로 등록되지 않았더라도 자동차의 사실상 소유자로서 **자동차에 대한 실질적인 사용** 및 처분권한이 있으면 자동차 자체를 뇌물로 취득한 것으로 보아야 한다. 원심이 자동차 자체를 뇌물로 공여한 것으로 하려면 그 수수자가 자동차에 대한 법률상 소유권을 취득해야 한다고 본 것은 적절하지 않다.2)

3 ### (3) 기타 범죄유형

1) 사전수뢰죄

도시개발조합 임원인 조합장 또는 상무이사로 선출될 상당한 개연성이 있는 피고인들이 그 담당할 직무에 관하여 청탁을 받고, **소유권이전등기를** 마칠 수 있는 기회를 제공받는 방법으로 이익을 수수한 경우, 사전수뢰죄가 성립한다.3)

2) 제3자 뇌물공여죄

① 성남시장이 정자 · 백궁지구의 도시설계변경 및 건축허가 관련 업무를 처리하며, 위 지구에 주상복합아파트 건설사업을 추진하는 갑으로부터 이에 관한 편의를 제공해 달라는 묵시적 청탁을 받고, 위 주상복합아파트의 건축설계용역을 을 업체에 도급하여 달라고 갑에게 부탁한 경우, 제3자 뇌물제공죄에 해당된다.4) *을 업체가 **건축설계용역계약을** 체결한 것이 부정한 청탁에 대한 대가.

② 도지사가 제3자로부터 **복지재단 출연금의** 형태로 거액을 수수한 행위는, 관광지구 추가지정 및 관련 절차의 진행에 있어서, 이를 총괄하는 도지사의 직무와 관련하여 제3자 뇌물공여죄에서 뜻하는 **광의의 부정한 청탁을** 매개로 이루어진 것에 해당된다.5)

③ 공정거래위원회 위원장인 피고인이 이동통신회사가 속한 그룹의 구조조정본부장으로부터, 당해 이동통신회사의 기업결합심사에 대해 선처를 부탁받으면서, 특정 **사찰에 대한 시주를** 요청하여 시주금을 제공케 하였다. 그 부탁한 직무가 피고인의 재량권한에 속하더라도 '부정한 청탁'에 해당하여 제3자뇌물수수죄가 성립한다.6)

④ 구청장인 피고인은 구청 관내의 공사 인 · 허가와 관련하여, 갑 회사로부터 묵시적인

---

1) 대판 2015. 2. 12. 2012도4842. 제10회.
2) 대판 2006. 5. 26. 2006도1716. 제10회.
3) 대판 2010. 5. 13. 2009도7040.
4) 대판 2007. 11. 16. 2004도4959.
5) 대판 2007. 1. 26. 2004도1632.
6) 대판 2006. 6. 15. 2004도3424.

부정한 청탁을 받고 5억 원 상당의 경로당 누각을 제3자인 구에 **기부채납하게** 하였다는 등의 제3자뇌물제공으로 기소되었다. 기부채납 재산을 취득한 지방자치단체인 구는 '제3자뇌물제공죄의 제3자'가 될 수 없는 것은 아니다. 그러나 위 기부채납이 피고인의 직무와 관련한 부정한 청탁의 대가로 제공된 것이라고 단정할 수 없다는 이유로 무죄를 선고한 원심판단의 결론은 정당하다.[1)]

⑤ 공무원이 뇌물공여자로 하여금 공무원과 뇌물수수죄의 공동정범 관계에 있는 **비공무원에게 뇌물을 공여**하게 한 경우에는, 공동정범의 성질상 공무원 자신에게 뇌물을 공여하게 한 것으로 볼 수 있다. 공무원과 공동정범 관계에 있는 **비공무원은 제3자뇌물수수죄에서** 말하는 제3자가 될 수 없다. 공무원과 공동정범 관계에 있는 비공무원이 뇌물을 받은 경우에는, 공무원과 함께 뇌물수수죄의 공동정범이 성립하고 제3자뇌물수수죄는 성립하지 않는다.[2)] *박근혜 · 이재용 사건.

⑥ *표준판례 '부정한 청탁'은 청탁이 위법 · 부당한 직무집행을 내용으로 하는 경우는 물론, 청탁의 대상이 된 직무집행 그 자체는 위법 · 부당하지 않더라도, 직무집행을 어떤 대가관계와 연결시켜 **직무집행에 관한 대가의 교부**를 내용으로 하는 경우도 포함한다. 부정한 청탁의 내용은 공무원의 직무와 제3자에게 제공되는 이익 사이의 대가관계를 인정할 수 있을 정도로 특정하면 충분하고, 이미 발생한 현안뿐만 아니라 **장래 발생될 것으로 예상되는** 현안도 가능하다. 부정한 청탁은 명시적인 의사표시뿐만 아니라 당사자 사이에 공통의 인식이나 양해가 있는 경우에는 묵시적 의사표시로도 가능하다.[3)] *박근혜 · 이재용 사건.

⑦ *표준판례 제3자뇌물수수죄에서 제3자는 행위자와 공동정범 이외의 사람을 말하고, 교사자나 방조자도 포함될 수 있다. 그러므로 공무원 또는 중재인이 부정한 청탁을 받고 제3자에게 뇌물을 제공하게 하고, 제3자가 그러한 공무원 또는 중재인의 범죄행위를 알면서 방조한 경우에는, 그에 대한 별도의 처벌규정이 없더라도 방조범에 관한 형법총칙의 규정이 적용되어 **제3자뇌물수수방조죄가** 인정될 수 있다.[4)]

⑧ *표준판례 제3자뇌물제공죄에서 공무원이 '그 직무에 관하여 부정한 청탁을 받을 것'을 요건으로 하는 취지는, 처벌범위가 불명확해지지 않도록 하기 위한 것이다. **묵시적 의사표시에** 의한 부정한 청탁은, 청탁 대상이 되는 직무집행의 내용과 제3자에게 제공되는 이익이 그 직무집행에 대한 대가라는 점에 대해, 공무원과 이익 제공자 사이에 공통의 인식이나 양해가 있어야 한다. 그러한 인식이나 양해 없이 **막연히 선처해** 줄 것이라는 기대나, 직무집행과 무관한 다른 동기로 제3자에게 금품을 공여한 경우는, 묵시적 의사표시에 의한 부정한 청탁에 속하지 않는다.[5)]

---

1) 대판 2011. 4. 14. 2010도12313.
2) 대판 2019. 8. 29. 2018도2738 전원합의체. 제9회.
3) 대판 2019. 8. 29. 2018도13792 전원합의체.
4) 대판 2017. 3. 15. 2016도19659. 제9회.
5) 대판 2014. 9. 4. 2011도14482.

⑨ 공무원이 **직무관련자에게 제3자와 계약을 체결**하도록 요구하여 계약 체결을 하게 한 행위가 제3자뇌물수수죄의 구성요건과 직권남용권리행사방해죄의 구성요건에 모두 해당하는 경우에는, 제3자뇌물수수죄와 직권남용권리행사방해죄가 각각 성립한다. 이는 사회 관념상 하나의 행위가 수 개의 죄에 해당하는 경우이므로, 두 죄는 형법 제40조의 상상적 경합관계에 있다.[1]

3) 수뢰후부정처사죄

① 예비군 중대장이 소속예비군으로부터 금원을 교부받고, 그가 예비군훈련에 불참하였음에도 불구하고 참석한 것처럼 허위내용의 중대학급편성명부를 작성, 행사한 경우라면, **수뢰후부정처사죄** 외에 별도로 허위공문서작성 및 동행사죄가 성립하고, 이들 죄와 수뢰후부정처사죄는 각각 상상적 경합관계에 있다.[2]

② 공무원이 주식회사로부터 뇌물을 받은 후 관계 법령에 대한 충분한 연구, 검토 없이, 위 회사에 유리한 쪽으로 법령을 해석하여 감액 처분하였더라도, 위 **감액처분이 위법하지 않으면** 수뢰후부정처사죄를 범하였다고 볼 수는 없다.[3] *감액처분이 정당한 경우.

③ 수뢰후부정처사죄에서 '형법 제129조 및 제130조의 죄를 범하여'란 반드시 뇌물수수 등의 행위가 완료된 이후에 부정한 행위가 이루어져야 함을 의미하는 것은 아니다. 결과적 가중범 등의 기본행위와 마찬가지로 **뇌물수수 등의 행위를 하는 중에** 부정행위를 한 경우도 포함한다. 따라서 단일하고도 계속된 범의 아래 일정 기간 반복하여 뇌물수수 행위와 부정행위가 행하여진 경우, 최후의 부정행위 이후에 저질러진 뇌물수수 행위도 최후의 부정행위 이전의 뇌물수수 행위 및 부정행위와 함께 수뢰후부정처사죄의 포괄일죄로 처벌된다.[4]

4) 부정처사후수뢰죄

① 공사의 입찰업무를 담당하고 있는 장교가 그 공사의 **입찰예정가격을 응찰자에게** 미리 알려준 소위는 형법 제131조 제2항의 부정한 행위에 해당한다. 입찰이 끝난 후 20여일이 경과한 후 전속시의 **전별금 명목으로** 금원을 받았더라도, 이는 직무행위의 부정행위와 관련된 금품수수에 해당하여 사후수뢰죄를 구성한다.[5]

② 공무원인 피고인은 군수품구입 계약체결 과정에서 회사가 애초에 제시하려고 했던 견적가를 국방부 군수본부의 계약 목표가에 맞추어 상향 조작하여, 그 금액에 구매계약을 체결하게 함으로써 특정범죄가중법상의 국고손실죄를 범하였다. 피고인이 다른 공범들로부터 지급받은 금원은 **공동정범들 사이의 내부적 이익분배에** 불과하여 별도로 사후수뢰죄를 구성하지 않는다.[6]

---

1) 대판 2017. 3. 15. 2016도19659. 제9회.
2) 대판 1983. 7. 26. 83도1378.
3) 대판 1995. 12. 12. 95도2320.
4) 대판 2021. 2. 4. 2020도12103.
5) 대판 1983. 4. 26. 82도2095.
6) 대판 1997. 2. 25. 94도3346.

5) 사후수뢰죄

국가공무원이 지방자치단체의 업무에 관하여 전문가로서 **위원 위촉을** 받아 한시적으로 직무를 수행한 후 그 위촉이 종료되면 새로 보유하였던 공무원 지위는 소멸한다. 그 이후에 종전에 위촉받아 수행한 직무에 관하여 금품을 수수하면, **사후수뢰죄에** 해당할 수 있음은 별론으로 하고 일반 수뢰죄로 처벌할 수는 없다.[1]

6) 알선수뢰죄

A. **구성요건**

① 알선수뢰죄에 있어서 "공무원이 그 지위를 이용하여"라 함은, 다른 공무원이 취급하는 사무처리에 **법률상, 사실상 영향을** 줄 수 있는 관계에 있는 공무원이 그 지위를 이용하는 경우에 해당된다. 그 사이에 상하관계, 협동관계, 감독권한 등의 특수한 관계가 있을 필요는 없다.[2]

② 피고인에게 뇌물로 제공되었다는 자동차는 **리스차량으로** 리스회사 명의로 등록되어 있다. 리스계약이 종료되어 리스회사에서 반환을 요구하면 피고인은 응할 수밖에 없는 점 등에 비추어 볼 때, 자동차 자체를 뇌물로 수수한 것으로 볼 수는 없다.[3] *자동차에 대한 실질적 처분권한이 있으면 뇌물.

③ 피고인 갑은 중부지방국세청 조사담당관인 공소외 을이 제1세무서 총무과장으로 근무할 당시 제1세무서장이었고, 이 사건 당시 위 지방국세청 산하 제2세무서장으로 근무하고 있었다. 그렇다면 갑은 이 사건 양도소득세 관련 을의 직무에 관하여 **사실상 영향력을** 행사할 수 있는 지위에 있었다고 인정할 수 있다. 피고인 갑이 을의 직무에 속한 사항의 알선에 관하여 수뢰하였다고 인정한 조치는 정당하다.[4] *옛 **부하**에 대한 영향력.

④ 구청 공무원이 유흥주점 업주에게 '유흥주점 영업과 관련하여 세금이나 영업허가 등에 관하여 문제가 생기면 다른 **담당 공무원에게 부탁하여** 도움을 주겠다'면서 그 대가로 1,000만 원을 요구한 경우, 알선뇌물요구죄에 해당된다.[5]

⑤ 알선뇌물수수죄가 성립하려면 뇌물수수 명목이 다른 공무원의 직무에 속하는 사항의 알선에 관련된 것임이 어느 정도 구체적으로 나타나야 한다. 단지 상대방으로 하여금 잘 보이면 어떤 도움을 받을 수 있다거나, 손해를 입을 염려가 없을 것이라는 정도의 **막연한 기대감 정도**로는 부족하다.[6]

⑥ ***표준판례** 알선수뢰죄에서 "공무원이 그 지위를 이용한다"함은 다른 공무원이 취급하는 **사무처리에 영향을** 줄 수 있는 관계에 있으면 족하고, 반드시 상하관계, 협동관계, 감독관계 등 특수한 지위에 있음을 요하지 않는다. "다른 공무원의 직무에 속한 사항의 알선행

---

1) 대판 2013. 11. 28. 2013도10011.
2) 대판 1995. 1. 12. 94도2687.
3) 대판 2006. 4. 27. 2006도735.
4) 대판 1994. 10. 21. 94도852. 제5회.
5) 대판 2009. 7. 23. 2009도3924.
6) 대판 2017. 12. 22. 2017도12346.

위"는, 그 공무원의 직무에 속하는 사항에 관한 것이면 되는 것이지, 그것이 반드시 부정행위라거나 그 직무에 관해 결재권한이나 최종결정권한을 갖고 있어야 하는 것은 아니다.[1]

B. **특정범죄가중법의 알선수재죄**

① 특정경제범죄법 제7조에서 말하는 '알선'은 '일정한 사항에 관하여 어떤 사람과 그 상대방 사이에 서서 중개하거나 편의를 도모하는 행위'를 의미한다. 금융기관 임직원의 직무에 속한 사항의 알선에는 수수한 금품 사이에 전체적 · 포괄적으로 대가관계가 있으면 족하다. 다만 금품 등을 공여하는 자가 금품 등을 수수하는 자에게 잘 보이면, 그로부터 어떤 도움을 받을 수 있다거나 손해를 입을 염려가 없다는 정도의 **막연한 기대감 속에 금품 등을 교부**하고, 금품 등을 수수하는 자 역시 공여자가 그러한 기대감을 가지고 금품 등을 교부하는 것이라고 짐작하면서 이를 수수하였을 뿐, **구체적으로 도와달라거나** 특정한 부탁을 한 사실이 없다면 위 죄가 성립한다고 볼 수 없다.[2]

② 피고인은 갑과 춘천시장에게 뇌물공여를 하기로 공모하고 그 행위를 분담하기로 하였다. 피고인이 그와 **공동정범의 관계에** 있던 갑으로부터 뇌물로 공여할 금품을 교부받았더라도, 그 행위는 상호간의 **뇌물공여를 위한 예비행위에** 불과하고 자신의 이익을 위해 돈을 받은 것으로 볼 수는 없다. 피고인은 특정범죄가중법의 알선수재죄에 해당되지 않는다.[3]

③ 육군본부 정보작전지원참모부에서 조직진단관으로 근무하는 3급 군무원 피고인이 장군진급심사를 앞두고 있던 갑으로부터, 인사참모부 선발관리실장인 을에게 부탁하여 장군진급이 되도록 하여 달라는 부탁을 받고 합계 5,000만 원을 받았다. 피고인이 위 금원을 수수할 당시 을의 진급업무와 관련하여 **사실상 영향을 줄 수 있는 관계**에 있지 않았다면, 특정범죄가중법상의 알선수뢰죄에 해당하지 않는다.[4]

7) 뇌물공여죄 · 증뢰물전달죄

① 증뇌물전달행위에 공할 목적으로 제3자에게 금품을 교부한 경우에, 그 후 수뢰할 사람이 전달받은 금품을 곧바로 **증뢰자에게 반환**하였더라도 제3자 뇌물교부죄의 성립에는 영향이 없다.[5]

② 피고인이 자신의 공무원으로서의 직무와 무관하게 군의관 등의 직무에 관하여 뇌물에 공할 목적의 금품이라는 정을 알고, 이를 **전달해 준다는** 명목으로 취득한 경우라면 제3자 뇌물취득죄가 성립된다.[6]

③ 배임수재자는 배임증재자가 무상으로 빌려준 물건을 인도받아 사용하고 있던 중 공무원이 되었는데, 배임증재자가 배임수재자에게 뇌물공여의 뜻을 밝히고 물건을 **계속하여** 배

---

1) 대판 1992. 5. 8. 92도532.
2) 대판 2012. 9. 13. 2011도16066.
3) 대판 2010. 4. 15. 2009도11146.
4) 대판 2010. 11. 25. 2010도11460.
5) 대판 1983. 6. 28. 82도3129.
6) 대판 2002. 6. 14. 2002도1283.

임수재자가 사용할 수 있는 상태로 둔 경우, 뇌물공여죄는 성립하지 않는다.1) *새롭게 뇌물로 제공하는 이익이 없음.

④ 제3자 증뢰물전달죄는 제3자가 증뢰자로부터 교부받은 금품을 수뢰할 사람에게 전달하였는지 여부에 관계없이, 제3자가 그 정을 알면서 금품을 교부받음으로써 성립한다. 나아가 제3자가 그 교부받은 금품을 수뢰할 사람에게 전달하였다고 하여, **증뢰물전달죄 외에 별도로 뇌물공여죄가** 성립하는 것은 아니다.2)

8) 뇌물의 몰수 · 추징

① 피고인이 향응을 제공받는 자리에 피고인 스스로 **제3자를 초대하여** 함께 접대를 받은 경우, 그 제3자가 피고인과 별도의 지위에서 접대를 받는 공무원이라는 등의 특별한 사정이 없는 한, 그 제3자의 접대에 요한 비용도 피고인의 접대에 요한 비용에 포함시켜 피고인의 수뢰액으로 보아야 한다.3)

② 금품의 **무상대여를** 통해 위법한 재산상 이익을 취득한 경우, 범인이 받은 부정한 이익은 그로 인한 금융이익 상당액이고, 이것이 추징대상이 된다. 여기에서 금융이익 상당액은 범인이 금융기관으로부터 통상적 방법으로 자금을 차용하였을 때 부담하게 될 대출이율을 기준으로 한다. 그 대출이율을 알 수 없는 경우에는 민법 또는 상법에서 규정하고 있는 법정이율을 기준으로, 금품수수일로부터 약정된 변제기까지 금품을 무이자로 차용하여 얻은 금융이익을 추징하여야 한다.4)

③ 뇌물을 받은 자가 그 뇌물을 **그대로 보관하고** 있다가 이를 공여자에게 반환하였다면, 증뢰자로부터 몰수 또는 추징을 할 것이지 피고인으로부터 추징할 수 없다.5)

④ 1985. 6월 초에 교부받은 뇌물 200만 원 상당액을 1985. 9. 3일에 증뢰자의 거래은행구좌에 온라인으로 입금하여 반환하였다면, 그 반환시기 등에 비추어 반환한 돈 200만 원이 **뇌물로 교부받았던 바로 그 돈이었다고** 보기 어려우므로, 그 가액상당을 수뢰자로부터 추징한 조치는 적법하다.6)

⑤ 갑이 피해자 을로부터 공무원이 취급하는 사무에 대한 청탁명목으로 받은 금 300만 원 중 금 20만 원은 **경비로** 사용하고, 금 280만 원은 을에게 반환하라고 공범인 병에게 돌려주자 병이 이를 소비한 경우, 갑으로부터 금 300만 원을 추징해야 한다.7)

⑥ 뇌물로 받은 돈을 은행에 **예금한** 경우 그 예금행위는 뇌물의 처분행위에 해당하므로, 그 후 수뢰자가 같은 액수의 돈을 증뢰자에게 반환하였더라도, 이를 뇌물 그 자체의 반환으로 볼 수 없으니, 이러한 경우에는 수뢰자로부터 그 가액을 추징해야 한다.8)

---

1) 대판 2015. 10. 15. 2015도6232.
2) 대판 1997. 9. 5. 97도1572. 제1, 5회.
3) 대판 2001. 10. 12. 99도5294. 제5회.
4) 대판 2014. 5. 16. 2014도1547. 제8회.
5) 대판 1984. 2. 28. 83도2783. 제3회.
6) 대판 1986. 12. 23. 86도2021.
7) 대판 1989. 2. 28. 88도2405.
8) 대판 1996. 10. 25. 96도2022.

⑦ 수뢰자가 **자기앞수표를** 뇌물로 받아 이를 소비한 후, 자기앞수표 상당액을 증뢰자에게 반환하였더라도 뇌물 그 자체를 반환한 것은 아니므로 이를 몰수할 수 없고, 수뢰자로부터 그 가액을 추징해야 한다.1)

⑧ 공무원의 직무에 속한 사항의 알선에 관하여 금품을 받으면서 타인의 동의하에 그 **타인 명의의 예금계좌로** 입금 받는 방식을 취하였다고 하더라도, 이는 범인이 받은 금품을 관리하는 방법의 하나에 지나지 아니하므로, 그 가액 역시 범인으로부터 추징하여야 한다.2)

⑨ 공무원의 직무에 속한 사항의 알선에 관하여 금품을 받고, 그 금품 중의 일부를 받은 취지에 따라 청탁과 관련하여 관계 공무원에게 뇌물로 공여한 경우, 그 부분 이익은 실질적으로 범인에게 귀속된 것이 아니어서 이를 제외한 **나머지 금품만을** 몰수하거나 그 가액을 추징해야 한다.3)

⑩ 범인이 알선 대가로 수수한 금품에 관하여 소득신고를 하고 이에 관해 법인세 등 **세금을 납부하였다고** 하더라도, 이는 범인이 자신의 알선수재행위를 정당화시키기 위한 것이거나, 범인 자신의 독자적인 판단에 따라 소비하는 방법의 하나에 지나지 아니하므로 이를 추징에서 제외할 것은 아니다.4)

⑪ 공무원이 뇌물을 받는 데 필요한 경비를 지출한 경우, 그 경비는 뇌물수수의 **부수적 비용에** 불과하여 뇌물의 가액과 추징액에서 공제할 항목에 해당하지 않는다. 뇌물을 받는 주체가 아닌 자가 수고비로 받은 부분이나, 뇌물을 받기 위해 형식적으로 체결된 용역계약에 따른 비용으로 사용된 부분은 뇌물수수의 부수적 비용에 지나지 않는다.5)

⑫ **수인이 공동하여** 뇌물을 수수한 경우에 공범자는 자기의 수뢰액뿐만 아니라 다른 공범자의 수뢰액에 대해서도 그 죄책을 면할 수 없다. 특정범죄가중법 제2조 제1항 적용 여부를 가리는 수뢰액을 정할 때에도 **공범자 전원의** 수뢰액을 합한 금액을 기준으로 해야 하고, 각 공범자들이 실제로 취득한 금액이나 분배받기로 한 금액을 기준으로 할 것은 아니다.6)

⑬ 형법 제134조는 뇌물에 공할 금품을 필요적으로 몰수하고 이를 몰수하기 불가능한 때에는 그 가액을 추징하도록 규정하고 있다. 몰수는 특정된 물건에 대한 것이고 추징은 본래 몰수할 수 있음을 전제로 하는 것임에 비추어, **뇌물에 공할 금품이 특정되지 않은 것은** 몰수할 수 없고 그 가액을 추징할 수도 없다.7)

⑭ 여러 사람이 **공동으로 뇌물을 수수한** 경우 그 가액을 추징하려면, 실제로 분배받은 금품만을 개별적으로 추징해야 하고 수수금품을 개별적으로 알 수 없을 때에는 평등하게 추징해야 한다. 뇌물을 수수한 자가 공동수수자가 아닌 교사범 또는 종범에게 **뇌물 중 일부를**

1) 대판 1999. 1. 29. 98도3584. 제1, 3, 9회.
2) 대판 2006. 10. 27. 2006도4659. 제8회.
3) 대판 2002. 6. 14. 2002도1283.
4) 대판 2010. 3. 25. 2009도11660.
5) 대판 2017. 3. 22. 2016도21536. 제8회.
6) 대판 1999. 8. 20. 99도1557. 제9회 사례.
7) 대판 1996. 5. 8. 96도221. 제7회.

사례금 등의 명목으로 교부하였다면, 이는 뇌물을 수수하는 데 따르는 부수적 비용의 지출 또는 뇌물의 소비행위에 지나지 아니하므로, 뇌물수수자에게서 수뢰액 전부를 추징해야 한다.[1]

⑮ 형법 제48조 제1항의 '범인'에는 공범자도 포함되므로 **피고인의 소유물은 물론 공범자의 소유물**도 그 공범자의 소추 여부를 불문하고 몰수할 수 있다. 여기의 공범자에는 공동정범, 교사범, 방조범에 해당하는 자는 물론 필요적 공범관계에 있는 자도 포함된다.[2]

[167] 6. 공무방해죄

(1) 일반공무집행방해죄 1

1) 일 반 론

① *표준판례 형법 제136조에서 정한 공무집행방해죄는 직무를 집행하는 공무원에 대하여 폭행 또는 협박한 경우에 성립하는 범죄이고, **추상적 위험범으로서** 구체적으로 **직무집행의 방해라는 결과발생**을 요하지 않는다.[3]

② *표준판례 경찰관들이 **임의동행을 거절하는** 사람을 강제로 연행하려고 한 것이라면, 이는 적법한 공무집행에 해당하지 아니하므로 이를 거부하는 방법으로 경찰관을 폭행·협박하여도 공무집행방해죄는 성립하지 않는다.[4] *정당방위에 해당하여 위법성이 조각.

③ 경찰서에 설치되어 있는 **보호실은** 경찰업무의 편의 등을 위한 수용시설로서 사실상 설치, 운영되고 있으나, 현행법상 그 설치근거나 운영 및 규제에 관한 법령의 규정은 없다. 경찰관직무집행법상의 제한적 운용의 경우를 제외하고는, 구속영장을 발부받지 않고 피의자를 보호실에 유치함은 영장주의에 위배되는 위법한 구금으로서 적법한 공무수행이라고 볼 수 없다.[5]

2) 직무집행의 적법성

A. 적법성 인정

① 공무집행방해죄의 '적법한' 공무집행은 그 행위가 공무원의 추상적 권한에 속할 뿐 아니라 **구체적으로도** 그 권한 내에 있어야 하며 또한 직무행위의 요건과 방식을 갖추어야 한다. 공무원의 어떤 공무집행이 적법한지 여부는 행위 당시의 구체적 상황에 따라 객관적·합리적으로 판단해야 한다.

② 재개발지역 내 주민들이 철거에 반대하여 건물 옥상에 망루를 설치하고 농성하던 중, 피고인 등이 던진 **화염병에** 의해 발생한 화재로 일부 농성자 및 진압작전 중이던 일부 경찰관이 사망하거나 상해를 입었다. 경찰의 농성 진압작전이 위법한 직무집행이 아니므로

1) 대판 2011. 11. 24. 2011도9585. 제7, 9회.
2) 대판 2006. 11. 23. 2006도5586. 제8회.
3) 대판 2018. 3. 29. 2017도21537. 제8회.
4) 대판 1991. 5. 10. 91도453.
5) 대판 1994. 3. 11. 93도958.

피고인들의 행위는 특수공무집행방해치사상죄에 해당된다.[1] *용산참사 사건.

③ 제주시청 소속 공무원들이 **철야농성을** 위해 일반국도의 보도에 천막을 설치하는 것을 제지하자, 피고인들이 위 공무원에게 폭행을 가한 행위는 도로관리권에 근거한 적법한 공무집행을 방해한 행위이다.[2]

④ 경찰관들이 **미란다 원칙** 고지사항의 일부만 고지하고 신원확인절차를 밟으려는 순간, 범인이 유리조각을 쥐고 휘둘러 이를 제압하려는 경찰관들에게 상해를 입힌 경우, 그 제압과정 중이나 후에 지체 없이 미란다 원칙을 고지하면 되는 것이므로, 위 경찰관들의 긴급체포업무는 정당한 직무집행에 속한다.[3]

⑤ 경찰관이 **신분증을** 제시하지 않고 불심검문을 하였으나, 검문하는 사람이 경찰관이고 검문하는 이유가 범죄행위에 관한 것임을 피고인이 알고 있었던 경우, 그 불심검문은 적법한 공무집행에 속한다.[4]

⑥ 시위참가자들이 경찰관들의 **위법한 제지 행위에** 대항하는 과정에서 공동하여, 경찰관들에게 PVC파이프를 휘두르거나 진압방패와 채증장비를 빼앗는 등 폭행행위를 한 것은 정당행위나 정당방위에 해당하지 않는다.[5] *소극적 방어행위를 넘어 **공격의사를** 보인 것은 수단·방법의 상당성이 없음.

⑦ 음주운전 신고를 받고 출동한 경찰관이 만취한 상태로 시동이 걸린 차량 운전석에 앉아있는 피고인을 발견하고 음주측정을 위해 하차를 요구함으로써 도로교통법 제44조 제2항이 정한 **음주측정에 관한 직무에 착수하였다고** 할 것이다. 피고인이 차량을 운전하지 않았다고 다투자 경찰관이 지구대로 가서 차량 블랙박스를 확인하자고 한 것은 음주측정에 관한 직무 중 '운전' 여부 확인을 위한 임의동행 요구에 해당한다. 피고인이 차량에서 내리자마자 도주한 것을 임의동행 요구에 대한 거부로 보더라도, 경찰관이 음주측정에 관한 직무를 계속하기 위해 **피고인을 추격하여 도주를 제지한** 것은 도로교통법상 음주측정에 관한 일련의 직무집행 과정에서 이루어진 행위로써 정당한 직무집행에 해당한다.[6]

B. **적법성 부정**

① 경찰관직무집행법(제2조 제2호)의 **범죄예방을** 위한 경찰관의 제지조치가 적법한 직무집행으로 평가될 수 있기 위해서는, 형사처벌 대상이 되는 행위가 눈앞에서 막 이루어지려고 하는 것이 객관적으로 인정되고, 그 행위를 당장 제지하지 않으면 곧 생명 · 신체에 위해를 미치거나 재산에 중대한 손해를 끼칠 우려가 있는 상황이어야 한다.[7]

② 공소외인의 행위가 법정형 5만 원 이하의 벌금, 구류 또는 과료에 해당하는 **경미한**

---

1) 대판 2010. 11. 11. 2010도7621.
2) 대판 2014. 2. 27. 2013도9990.
3) 대판 2007. 11. 29. 2007도7961.
4) 대판 2014. 12. 11. 2014도7976.
5) 대판 2009. 6. 11. 2009도2114.
6) 대판 2020. 8. 20. 2020도7193.
7) 대판 2018. 12. 13. 2016도19417.

범죄에 불과한 경우, 비록 그가 현행범인이라고 하더라도 영장 없이 체포할 수는 없다. 또한 범죄의 사전진압이나 **교통단속의** 목적만을 이유로 그에게 임의동행을 강요할 수도 없다. 경찰관이 그의 의사에 반하여 강제로 연행하려고 한 행위는 적법한 공무집행이라고 볼 수 없어, 이를 제지하기 위해 경찰관을 폭행한 경우에도 공무집행방해죄에 해당되지 않는다.

③ 경찰관의 **오만한 단속 태도에** 항의한다고 하여 피고인을 그 의사에 반해 교통초소로 연행해 갈 권한은 경찰관에게 없다. 이러한 강제연행에 항거하는 와중에서 경찰관의 멱살을 잡는 등 폭행을 가하였다고 하여도 공무집행방해죄가 성립하지 않는다.1)

④ 검사가 참고인 조사를 받는 줄 알고 검찰청에 **자진출석한** 변호사사무실 사무장을 합리적 근거 없이 긴급체포하자, 그 변호사가 이를 제지하는 과정에서 위 검사에게 상해를 가한 것은 정당방위에 해당한다.2)

⑤ 음주운전을 종료한 후 40분 이상 경과한 시점에 길가에 앉아 있던 피고인에게서 **술 냄새가** 난다는 점만을 근거로, 피고인을 음주운전 현행범으로 체포한 것은 적법한 공무집행이라고 볼 수 없다.3) *방금 음주운전을 실행한 범인이라는 죄증이 명백하지 않음.

⑥ 피고인이 경찰관의 불심검문을 받아 운전면허증을 교부한 후 경찰관에게 큰 소리로 욕설을 하였는데, 경찰관이 피고인을 **모욕죄의 현행범으로** 체포하려고 하자 피고인이 반항하면서 경찰관에게 상해를 가하였다. 피고인의 행위는 정당방위에 해당된다.4)

⑦ 집시법에 의한 위법한 집회 · 시위가 장차 특정지역에서 개최될 것이 예상된다고 하더라도, 이와 시간적 · 장소적으로 근접하지 않은 **다른 지역에서** 그 집회 · 시위에 참가하기 위해 출발 또는 이동하는 행위를 함부로 제지하는 것은, 행정상 **즉시강제인 경찰관의 제지범위**를 명백히 넘어 허용될 수 없다. 이러한 제지행위는 공무원의 적법한 직무집행이 아니다.5)

⑧ 순찰 중이던 경찰관이 교통사고를 낸 차량이 도주하였다는 무전연락을 받고 주변을 수색하다가, 범퍼 등의 파손상태로 보아 사고차량으로 인정되는 차량에서 내리는 사람을 발견한 경우, **준현행범으로서** 영장 없이 체포할 수 있다.6)

⑨ 교통경찰관이 교통단속 업무를 수행하면서 피고인이 신호위반을 하였다고 하더라도 **범칙금납부통고서**를 받지 않겠다는 의사를 분명히 밝힌 이상, 피고인에 대해 지체 없이 즉결심판 출석통지서를 교부하여 즉결심판청구절차로 나아가야 한다. 이러한 절차를 밟지 않고 범칙금납부 통고처분을 강행할 목적으로 무리하게 운전면허증 제시를 계속 요구한 것은 적법한 교통단속 업무로 볼 수 없다.7)

⑩ 집시법(제2조 제5호)의 **질서유지선은** 띠, 방책 등 도로교통법상 안전표지로 설정된 경

---

1) 대판 1992. 2. 11. 91도2797.
2) 대판 2006. 9. 8. 2006도148.
3) 대판 2007. 4. 13. 2007도1249.
4) 대판 2011. 5. 26. 2011도3682.
5) 대판 2008. 11. 13. 2007도9794.
6) 대판 2000. 7. 4. 99도4341.
7) 대판 2004. 7. 9. 2003도8336.

계표지를 말하므로, **경찰관을 배치하는 방법**으로 설정된 질서유지선은 여기에 해당되지 않는다. 따라서 질서유지선 효용침해로 인한 집시법위반죄(동법 제24조 제3호)는 질서유지선이 적법하게 설정된 경우에 한하여 성립한다.[1] *경찰관들이 집회, 시위 장소에 줄지어 서는 등의 방법은 집시법에서 정한 질서유지선이라고 할 수 없음.

⑪ ***표준판례*** 공무집행방해죄는 공무원의 직무집행이 적법한 경우에 한하여 성립한다. 이러한 **적법성이 결여된** 직무행위를 하는 공무원에게 대항하여 폭행이나 협박을 가하였다고 하더라도 이를 공무집행방해죄로 다스릴 수는 없다. 이때 적법한 공무집행이라 함은, 그 행위가 공무원의 추상적 권한에 속할 뿐 아니라 구체적 직무집행에 관한 법률상 요건과 방식을 갖춘 경우를 가리킨다.[2]

3) 폭행 · 협박

① 피고인의 집에서 심한 고성과 욕설, 시끄러운 음악 소리 등으로 소란스럽다는 112신고를 받고 출동한 경찰관 갑, 을이 인터폰으로 문을 열어달라고 하였으나 욕설을 하였고, 경찰관들이 피고인을 만나기 위해 전기차단기를 내리자 화가 나 식칼을 들고 나와 욕설을 하면서 경찰관들을 향해 **찌를 듯이 협박한** 행위는 특수공무집행방해죄에 해당한다.[3]

② 수산업협동조합 조합장인 피고인이 수사 중인 해양경찰서 소속 경찰공무원인 갑에게 전화를 걸어 수사에 대해 강하게 항의하면서, 해양경찰청 고위간부들과 친분관계를 이용하여 갑에게 **인사상 불이익을** 가하겠다고 폭언한 것은, 갑이 객관적으로 공포심을 느끼기에 충분한 해악의 고지에 속한다.[4]

③ 피고인이 노조원들과 함께 경찰관인 피해자들이 파업투쟁 중인 공장에 진입할 경우에 대비하여 **미리 윤활유나 철판조각을** 바닥에 뿌려 놓았고, 피해자들이 이에 미끄러져 넘어지거나 철판조각에 찔려 다친 경우, 특수공무집행방해치상죄에 해당하지 않는다.[5] *공무방해죄의 폭행에 해당하지 않음.

4) 죄 수

① 공무집행방해죄에 있어서의 범의는 상대방이 직무를 집행하는 공무원이라는 사실, 그리고 이에 대해 폭행 또는 협박을 한다는 사실을 인식하는 것을 내용으로 한다. 그 인식이 불확정적이더라도 소위 미필적 고의가 인정되며 직무집행에 대한 **방해의사를** 필요로 하지 않는다.[6]

② 범죄피해 신고를 받고 출동한 **두 명의 경찰관에게** 욕설을 하면서 차례로 폭행을 하여 신고처리 및 수사업무의 정당한 직무집행을 방해한 경우, 동일한 장소, 동일한 기회에 이루어

1) 대판 2019. 1. 10. 2016도21311.
2) 대판 2011. 5. 26. 2010도10305. 제10회.
3) 대판 2018. 12. 13. 2016도19417.
4) 대판 2011. 2. 10. 2010도15986. 제3회.
5) 대판 2010. 12. 23. 2010도7412.
6) 대판 1995. 1. 24. 94도1949.

진 폭행행위는 사회관념상 1개의 행위로 평가하는 것이 상당하여 상상적 경합관계에 있다.[1]

③ **절도범인이** 체포를 면탈할 목적으로 경찰관에게 폭행 협박을 가한 때에는 준강도죄와 공무집행방해죄를 구성하고 양죄는 상상적 경합관계에 있다. 그러나 **강도범인이** 체포를 면탈할 목적으로 경찰관에게 폭행을 가한 때에는 강도죄와 공무집행방해죄는 실체적 경합관계에 있다.[2]

④ ***표준판례** 업무방해죄와 공무집행방해죄는 그 보호법익과 보호대상이 상이하고 공무집행방해죄의 행위유형은 제한되어 있다. 즉 공무집행방해죄는 폭행, 협박에 이른 경우를 구성요건으로 삼고 있을 뿐, 이에 이르지 않은 위력 등에 의한 경우는 구성요건 대상으로 삼고 있지 않다. 형법이 업무방해죄와 별도로 공무집행방해죄를 규정하고 있는 것은, **사적 업무와 공무를 구별하여** 공무에 관해서는 공무원에 대한 폭행, 협박 또는 위계의 방법으로 그 집행을 방해하는 경우에 한하여 처벌하겠다는 취지라고 보아야 한다. 따라서 공무원이 직무상 수행하는 공무를 방해하는 행위에 대해서는 업무방해죄로 의율할 수 없다고 해석함이 상당하다.[3] *공무의 성질상 그 집행을 방해하는 자를 배제할 수 있는 강제력을 가지지 않은 공무원에 대해 폭행, 협박에 이르지 않는 위력 등에 의한 저항행위가 있는 경우에는, 일반 개인에 대한 업무방해행위와 아무런 차이가 없으므로 업무방해죄로 처벌되어야 한다는 반대 의견 있음.

(2) 기타 범죄유형 2

1) 위계에 의한 공무집행방해죄

A. 위계 인정

① 피고인이 마치 그의 형인 양 시험감독자를 속이고 원동기장치 자전거운전면허시험에 **대리로** 응시하였다면, 피고인의 소위는 위계에 의한 공무집행방해죄가 성립한다.[4]

② ***표준판례** 담당자가 아닌 공무원이 출원인의 청탁을 들어줄 목적으로 자신의 업무도 아닌 일을 담당공무원을 대신하여 처리하면서, 위계를 써서 **담당공무원으로** 하여금 오인, 착각, 부지를 일으키게 하여 인·허가 처분을 하게 하였다면 위계에 의한 공무집행방해죄가 성립한다.[5]

③ 외국 주재 한국영사관에 **허위자료를** 첨부하여 비자발급신청을 하고, 이에 업무담당자가 충분히 심사하였으나 신청사유 및 소명자료가 허위임을 발견하지 못하여 신청을 수리한 경우, 위계에 의한 공무집행방해죄가 성립한다.[6] *업무담당자의 **불충분한 심사가** 아니라 신청인의 위계행위가 원인.

---

1) 대판 2009. 6. 25. 2009도3505.
2) 대판 1992. 7. 28. 92도917. 제6회.
3) 대판 2009. 11. 19. 2009도4166 전원합의체.
4) 대판 1986. 9. 9. 86도1245.
5) 대판 2008. 3. 13. 2007도7724.
6) 대판 2009. 2. 26. 2008도11862.

④ 음주운전을 하다가 교통사고를 야기한 후 그 형사처벌을 면하기 위해 **타인의 혈액을** 자신의 혈액인 것처럼 교통사고조사 경찰관에게 제출하여 감정하도록 한 행위는, 수사기관의 착오를 이용하여 적극적으로 피의사실에 관한 증거를 조작한 것으로서 위계에 의한 공무집행방해죄가 성립한다.1)

⑤ 지방자치단체의 **공사입찰에** 허위서류를 제출하여 입찰참가자격을 얻고 낙찰자로 결정되어 계약을 체결한 행위는 위계에 의한 공무집행방해죄를 구성한다.2)

⑥ 지방의회 의장 선거의 **감표위원이** 사전에 투표용지에 감표위원 확인도장을 날인하면서, 누가 어떤 후보에게 투표하였는지 구별할 수 있도록 투표용지에 표시하고 그 용지에 의해 투표가 행해진 경우, 그 자체만으로 위계에 의한 공무집행방해죄가 성립한다.3) *의원들의 비밀성침해에 대한 인지가 요건은 아님.

⑦ 변호사가 **접견을 핑계로** 수용자를 위해 휴대전화와 증권거래용 단말기를 구치소 내로 몰래 반입하여 이용하게 한 행위는 위계에 의한 공무집행방해죄에 해당한다.4)

⑧ 피고인들이 공모하여 **허위 물량배정계획서와** 일괄 작성한 견적서를 지방조달청에 제출하여, 위계로써 지방조달청장의 단체수의계약 체결에 관한 정당한 직무집행을 방해하였다는 내용으로 기소된 사안에서, 피고인들에게 유죄를 인정한 원심판결은 정당하다.5) *신청인의 허위 소명자료가 행정관청의 충분한 심사를 통과할 정도인 경우.

⑨ 피고인은 개인택시 운송사업면허를 양도할 수 없는 조건임에도 질병이 있는 노숙자를 양도인으로 위장하여 의사의 진료를 받게 하여 **허위진단서를 발급**받았다. 이 진단서를 행정관청에 개인택시 양도, 양수 인가를 위한 소명자료로 제출하여 인가처분을 받은 행위는 위계에 의한 공무집행방해죄에 해당된다.6)

B. **위계 부정**

① 피의자나 참고인이 아닌 자가 자발적이고 계획적으로 피의자를 가장하여 수사기관에 대해 **허위사실을 진술**하더라도 위계에 의한 공무집행방해죄에 해당되지 않는다.7) *진실을 밝히는 것은 수사기관의 의무, 피의자 외 모든 사람은 수사기관에 대해 **항상 진실을** 말해야 할 법적 의무는 없음.

② 피의자 등이 수사기관에 대해 허위사실을 진술하거나 **허위증거**를 제출하였더라도 위계공무집행방해죄는 성립하지 않는다.8) *피의자 등이 허의증거를 조작, 제출함으로써 수사기관이 충실한 수사를 했더라도 허위임을 밝힐 수 없는 정도가 되어야 함.

---

1) 대판 2003. 7. 25. 2003도1609.
2) 대판 2003. 10. 9. 2000도4993.
3) 대판 2009. 9. 10. 2009도6541.
4) 대판 2005. 8. 25. 2005도1731.
5) 대판 2011. 5. 26. 2011도1484.
6) 대판 2002. 9. 4. 2002도2064. 제3회.
7) 대판 1977. 2. 8. 76도3685.
8) 대판 2019. 3. 14. 2018도18646.

③ 민사소송을 제기하면서 피고의 **주소를 허위로** 기재하여 법원공무원으로 하여금 변론기일소환장 등을 허위주소로 송달케 하였다는 사실만으로는 위계에 의한 공무집행방해죄가 성립한다고 볼 수 없다.1) *법원공무원이 방해를 받은 구체적인 직무집행 없음.

④ 행정관청이 인허가심사를 하면서 출원자가 제출한 허위의 출원사유나 허위의 소명자료를 가볍게 믿고 인가 또는 허가를 하였다면, 이는 행정관청의 **불충분한 심사에** 기인한 것이어서 출원자의 위계가 결과발생의 주된 원인이라 할 수 없으므로 위계에 의한 공무집행방해죄를 구성하지 않는다.2) *출원사유의 사실부합 여부를 가려내는 것이 행정관청의 임무.

⑤ 과속단속카메라에 촬영되더라도 불빛을 반사시켜 **차량 번호판이** 식별되지 않도록 하는 기능이 있는 제품('파워매직세이퍼')을 차량 번호판에 뿌린 상태로 차량을 운행한 행위만으로는 위계에 의한 공무집행방해죄에 해당한다고 보기는 어렵다.3) *통상적인 업무처리과정에서 적발이 어려운 위계는 아님.

⑥ 초등학교를 졸업하였음에도 초등학교 중퇴 이하의 학력자라는 **허위내용의** 인우보증서를 첨부하여 운전면허 구술시험에 응시하였다는 사실만으로는 위계에 의한 공무집행방해죄가 성립하지 않는다.4) *자동차운전면허처리지침의 문제. 초등학교 졸업 이상의 학력을 가진 문맹자가 구술시험을 통해 운전면허를 취득할 수 있는 기회를 합리적 근거 없이 제한.

⑦ 가처분 신청시 당사자가 허위주장을 하거나 **허위증거를** 제출하였더라도, 그것만으로 법원의 구체적이고 현실적인 어떤 직무집행이 방해되었다고 볼 수 없으므로 위계에 의한 공무집행방해죄가 성립하지 않는다.5) *당사자의 허위주장에도 불구하고 진실을 밝히는 것이 법원의 직무.

⑧ ***표준판례** 범죄행위가 법원경매업무를 담당하는 집행관의 구체적인 직무집행을 저지하거나 현실적으로 곤란하게 하는 데까지는 이르지 않고 입찰의 공정을 해하는 정도의 행위라면, **경매 · 입찰방해죄에만** 해당될 뿐, 위계에 의한 공무집행방해죄에는 해당되지 않는다.6)

⑨ 담당 공무원들 **모두가 공모 또는 양해하고** 부정한 행위가 이루어졌다면, 이로 말미암아 오인 등을 일으킨 상대방이 있다고 할 수 없으므로, 그러한 행위는 위계에 의한 공무집행방해죄의 위계에 해당한다고 볼 수 없다.7)

⑩ 위계에 의한 공무집행방해죄에서 위계라 함은 상대방이 이에 따라 그릇된 행위나 처분을 해야만 이 죄가 성립한다. 만약 범죄행위가 구체적인 **공무집행을 저지하거나 현실적으로 곤란**하게 하는 데까지는 이르지 않고 미수에 그친 경우에는 위계에 의한 공무집행방해죄로 처벌할 수 없다.8)

1) 대판 1996. 10. 11. 96도312.
2) 대판 2010. 10. 28. 2008도9590.
3) 대판 2010. 4. 15. 2007도8024.
4) 대판 2007. 3. 29. 2006도8189.
5) 대판 2012. 4. 26. 2011도17125. 제3회.
6) 대판 2000. 3. 24. 2000도102.
7) 대판 2015. 2. 26. 2013도13217.
8) 대판 2003. 2. 11. 2002도4293. 제1회.

2) 인권옹호직무방해죄

*표준판례 검사가 긴급체포 등 강제처분의 적법성에 의문을 갖고 대면조사를 위한 피의자 인치를 2회에 걸쳐 명하였으나 이를 이행하지 않은 사법경찰관에게 **인권옹호직무명령불준수죄와** 직무유기죄를 모두 인정하고 두 죄를 상상적 경합관계로 처리한 원심판단은 정당하다.[1)]

3) 공무상 비밀표시무효죄

① 채권자 갑에 의해 압류된 피고인 소유 유체동산을 다시 채권자 을이 조사절차를 취하는 경우, 을에 대한 관계에서도 압류효력이 미친다. 피고인이 **갑에 대한 변제사실만** 가지고는 압류효력이 없다고 할 수 없고, 이를 처분한 피고인에게 공무상 비밀표시무효에 관한 범의가 인정된다.[2)]

② 공무원이 그 직무에 관하여 실시한 봉인 등의 표시를 손상 또는 은닉 기타 방법으로 그 효용을 해함에 있어서, 그 봉인 등의 표시가 법률상 효력이 없다고 믿었다는 사정만으로 공무상표시무효죄의 죄책을 면할 수 없다.[3)] *오신에 **정당한 이유가** 있어야 함.

③ 법원의 가처분 결정에 따라서 집달관이 한 강제처분표시의 효력은 그 가처분 결정이 적법한 절차에 의해 취소되지 않는 한 지속된다. 그 가처분 결정이 가령 **부당한** 것이라 하더라도 그 효력을 부정할 수는 없다.[4)]

④ 공무원이 실시한 봉인 등의 표시에 절차상 또는 **실체상 하자가** 있다고 하더라도 객관적 · 일반적으로 그것이 공무원이 그 직무에 관해 실시한 봉인 등으로 인정할 수 있는 상태에 있다면, 적법한 절차에 의해 취소되지 않는 한 공무상표시무효죄의 객체로 된다.[5)]

⑤ 피고인이 특허권을 침해하였다는 소명이 있다는 이유로 가처분집행이 행하여졌으나, 후일 본안소송에서 특허가 무효라는 취지의 대법원 판결이 선고되어 그 **피보전권리의 부존재가** 확정된 경우에도, 피고인에 대한 공무상표시무효죄가 성립하는 데는 아무 영향이 없다.[6)]

⑥ 압류집행을 하면서 그 압류물을 **종전과** 같이 사용할 수 있는 상태대로 압류하여 채무자에게 보관시킨 경우, 채무자는 압류 그대로의 상태에서 종전과 같은 방법으로 그 압류물을 사용할 수 있다.[7)]

4) 부동산강제집행효용침해죄

부동산강제집행효용침해죄의 객체인 강제집행으로 명도 또는 인도된 부동산에는 강제집행으로 **퇴거집행된 부동산을** 포함한다고 해석된다. 따라서 퇴거집행이 된 판시 지상주차장

---

1) 대판 2010. 10. 28. 2008도11999.
2) 대판 1981. 10. 13. 80도1441.
3) 대판 2000. 4. 21. 99도5563.
4) 대판 1985. 7. 9. 85도1165.
5) 대판 2001. 1. 16. 2000도1757.
6) 대판 2007. 3. 15. 2007도312.
7) 대판 1969. 6. 24. 69도481.

에 침입한 피고인의 행위는 부동산강제집행효용침해죄에 해당된다.[1]

5) 공용서류 등 무효죄

① 공용서류무효죄에서, 공무원이 작성하는 공문서는 상사가 **결재하는 단계에** 있으면 작성자는 결재자인 상사와 상의하여 언제든지 그 내용을 변경 또는 삭제할 수 있다. 그 내용을 정당하게 변경하는 경우는 물론 내용을 허위로 변경하더라도, 그 행위가 허위공문서작성죄에 해당할지언정 따로 공용서류무효죄에 해당되지는 않는다.[2]

② 형사사건을 조사하던 경찰관이 스스로 판단하여 자신이 보관하던 **진술서**를 임의로 피고인에게 넘겨준 것이라면, 위 진술서의 보관책임자인 경찰관은 장차 이를 공무소에서 사용하지 않고 폐기할 의도로 처분한 것으로 보아야 할 것이므로 공용서류의 성격을 상실하였다고 보아야 한다.[3]

6) 특수공무방해치사상죄

① 100여 명의 학생들에 의해 **감금당한** 전투경찰대원들을 구출하기 위해 경찰관들이 대학교 도서관으로 진입하려 하자 피고인들이 이를 저지하기 위해 화염병을 사용하려고 하였다. 농성학생들 중 일부가 도서관 복도 중앙에 널려있는 화염병 상자 주위에 석유를 뿌리고, 불을 붙인 화염병을 상자 쪽으로 던짐으로써 화재가 발생하여 경찰관들 중 일부가 사상에 이르렀다면, 피고인들의 행위는 특수공무방해치사상죄를 구성한다.[4]

② 신호위반에 따른 **정지 지시를** 무시하고 도주하던 사람이 자동차 앞 범퍼로 경찰관을 들이받고, 차 본넷 위에 경찰관을 매단 채 그대로 차를 몰고 진행하던 중 인도에 있던 가로수를 들이받아 결국 경찰관을 사망하게 한 경우, 특수공무방해치사죄에 해당한다.[5] *자동차가 위험한 물건.

[168] 7. 도주와 범인은닉죄

(1) 도 주 죄 1

표준판례 피고인 갑의 동생인 을은 수감되어 있던 서산시 소재 용병원에서 간수자를 폭행하고 병원에서 탈주함으로써 을의 도주죄는 기수에 달하였다. 그 후 갑은 일단 구금시설로부터 탈주에 성공한 을이 보다 멀리 도피할 수 있도록 을에게 **승용차를 인도해** 주었다. 갑의 이 행위는 을의 도주범행이 종료한 이후의 행위로서 도주원조죄에 해당하지 않는다.[6] *갑의 행위는 범인도피죄에 해당.

---

1) 대판 2003. 5. 13. 2001도3212.
2) 대판 1995. 11. 10. 95도1395.
3) 대판 1999. 2. 24. 98도4350.
4) 대판 1990. 6. 22. 90도764.
5) 대판 2008. 2. 28. 2008도3.
6) 대판 1991. 10. 11. 91도1656. 제8, 9회.

2 ## (2) 범인은닉죄

1) 주체 · 객체

① 범인이 타인으로 하여금 허위자백을 하게 하는 등 범인도피죄를 범하게 하는 경우는 방어권의 남용으로 **범인도피교사죄에** 해당할 수 있다. 이 경우 방어권의 남용이라고 볼 수 있는지 여부는, 도피하게 하는 행위의 태양과 내용, 행위 당시의 구체적 상황 등을 종합하여 판단해야 한다.[1)]

② *표준판례 공범자의 범인도피행위 도중에 그 범행을 인식하면서 그와 공동의 범의를 가지고 기왕의 범인도피상태를 이용하여 **스스로 범인도피행위를** 계속한 경우에는 범인도피죄의 공동정범이 성립하고, 이는 공범자의 범행을 방조한 종범의 경우도 마찬가지이다.[2)]

③ 범인에게 적용할 수 있는 죄가 교통사고처리특례법에 한정된다고 해도 자동차종합보험 가입사실만으로 범인의 행위가 형사소추 또는 처벌을 받을 가능성이 없는 경우에 해당한다고 단정할 수 없다. 아울러 피고인이 수사기관에 적극적으로 **자신이 운전자라는** 허위사실을 진술함으로써 실제 운전자인 범인을 도피하게 하였다면, 그로써 국가의 형사사법 작용은 곤란 또는 불가능하게 되는 것이어서, 이는 범인도피죄에 해당한다.[3)]

④ *표준판례 범인도피죄에서 정한 '죄를 범한 자'는 범죄혐의를 받아 수사대상이 되어 있는 사람이면, 그가 **진범인지 여부**를 묻지 않고 이에 해당한다. 그리고 '죄를 범한 자'가 자신을 위해 타인으로 하여금 범인도피죄를 범하게 하는 행위는 방어권의 남용으로 범인도피교사죄에 해당한다.[4)]

2) 은닉 · 도피

A. **범인도피죄 성립**

① 범인 아닌 자가 수사기관에서 **범인임을 자처하고** 허위사실을 진술하여 진범의 체포와 발견에 지장을 초래하게 한 행위는 범인은닉죄에 해당한다.[5)]

② 범인이 기소중지자임을 알고도 범인의 부탁으로 다른 사람 명의로 **대신 임대차계약을** 체결해 준 경우, 비록 임대차계약서가 공시되는 것은 아니라 하더라도, 수사기관이 탐문수사나 신고를 받아 범인을 발견하고 체포하는 것을 곤란하게 하여 범인도피죄에 해당한다.[6)]

③ 수사기관에서 조사받는 피의자가, 사실은 게임장 · 오락실 · 피씨방 등의 종업원임에도 불구하고 실제 업주라고 진술하는 것에서 나아가, 게임장 등의 운영 경위, 자금 출처, 게임기 등의 구입 경위, 점포의 임대차계약 체결 경위 등에 관해서까지 **적극적으로 허위로** 진술하거나 허위자료를 제시하는 경우, 범인도피죄를 구성할 수 있다.[7)]

---

1) 대판 2014. 4. 10. 2013도12079.
2) 대판 2012. 8. 30. 2012도6027.
3) 대판 2000. 11. 24. 2000도4078.
4) 대판 2014. 3. 27. 2013도152.
5) 대판 1996. 6. 14. 96도1016.
6) 대판 2004. 3. 26. 2003도8226.
7) 대판 2010. 1. 28. 2009도10709.

④ ***표준판례** 무면허 운전으로 사고를 낸 사람이 동생을 경찰서에 **대신 출두시켜** 피의자로 조사받도록 한 행위는 범인도피교사죄를 구성한다.[1] *범인의 자기도피 교사와 친족간의 특례적용에 관한 판결.

⑤ 피고인이 처로 하여금 피고인을 위한 범인 도피범행을 돕도록 하기 위해 처에게 사고발생 경위, 도주 경위 등에 관해 상세한 정보를 제공하여 주는 등의 방법으로, 처로 하여금 심리적으로 안정할 수 있도록 한 행위는 **범인도피방조에** 해당한다.[2]

B. **범인도피죄 불성립**

① 범인도피죄에 있어서 단순히 안부를 묻거나 통상적인 인사말 등만으로는 범인을 도피하게 한 것이라고 할 수 없을 것이다. 주점 개업식 날 찾아 온 범인에게 '도망다니면서 이렇게 와 주니 고맙다. **항상 몸조심하고 주의하여** 다녀라. 열심히 살면서 건강에 조심하라'고 말한 것은, **단순한 안부인사에** 불과한 것으로 범인을 도피하게 한 것으로 볼 수 없다.[3]

② 수사기관에서 조사받는 피의자가, 사실은 게임장 · 오락실 · 피씨방 등의 종업원임에도 불구하고 **자신이 실제 업주라고** 허위로 진술하는 행위는 범인도피죄를 구성하지 않는다.[4] *범인도피죄가 성립하기 위해서는 수사기관을 착오에 빠뜨리기 위한 적극적 행위가 있어야 함. 예컨대 업주를 숨기고 자신이 대신하여 처벌받는 '바지사장'의 역할을 맡기로 하였거나, 적극적인 허위진술, 허위자료를 제출한 경우 등.

③ 공범이 더 있다는 사실을 숨긴 채 허위보고를 하고, 조사를 받고 있는 범인에게 다른 공범이 더 있음을 **실토하지 못하도록** 하는 등의 행위를 하였다면 범인도피죄가 성립한다.[5]

④ 참고인이 수사기관에서 진술을 하면서 단순히, 범인으로 체포된 사람과 자신이 목격한 범인이 **동일함에도** 불구하고 동일한 사람이 아니라고 허위진술을 한 정도의 것만으로는 바로 범인도피죄를 구성한다고 할 수 없다.[6]

⑤ 참고인이 수사기관에서 조사를 받으면서 그가 알고 있는 사실을 묵비하거나 허위로 진술하였다고 하더라도, 그것이 **적극적으로** 수사기관을 기만하여 착오에 빠지게 할 정도가 아닌 한 범인도피죄를 구성하지 않는다. 이러한 법리는 피의자가 수사기관에서 공범에 관해 묵비하거나 허위로 진술한 경우에도 그대로 적용된다.[7]

⑥ 폭행사건 현장의 참고인이 출동한 경찰관에게 범인의 이름 대신 **허무인의 이름을** 대면서 구체적인 인적사항에 대한 언급을 피한 경우, 범인도피죄가 성립하지 않는다.[8] *원래

1) 대판 2006. 12. 7. 2005도3707. 제1, 3, 6회.
2) 대판 2008. 11. 13. 2008도7647.
3) 대판 1992. 6. 12. 92도736.
4) 대판 2012. 8. 30. 2010도13694.
5) 대판 1995. 12. 26. 93도904.
6) 대판 1987. 2. 10. 85도897.
7) 대판 2008. 12. 24. 2007도11137.
8) 대판 2008. 6. 26. 2008도1059.

수사기관은 피의자나 참고인의 진술 여하에 불구하고 피의사실을 인정할 만한 객관적 증거를 조사해야 할 권리와 의무가 있음. 참고인의 묵비나 허위진술이 적극적으로 수사기관을 기만하여 착오에 빠지게 할 정도가 아닌 한 범인도피죄를 구성하지 않음.

⑦ 도로교통법위반으로 **체포된 범인이** 타인의 성명을 모용한다는 정을 알면서 신원보증인으로서 신원보증서에 자신의 인적 사항을 허위로 기재하여 제출한 경우, 범인도피죄가 성립되지 않는다.[1] *보증인에게 법적으로 진실한 서류를 작성 · 제출할 의무가 부과된 것은 아님.

⑧ 참고인이 실제 범인이 누군지도 정확하게 모르는 상태에서, 수사기관에서 실제 범인이 아닌 어떤 사람을 범인이 **아닐지도 모른다고** 생각하면서도 그를 범인이라고 지목하는 허위의 진술을 한 경우, 범인도피죄로 처벌할 수는 없다.[2] *범인의 발견 및 체포를 곤란하게 할 의도 여부가 관건.

⑨ ***표준판례** 공범 중 1인이 수사절차에서 참고인 또는 피의자로 조사받으면서 **자기 범행을 구성하는** 사실관계에 대해 허위로 진술하고 허위자료를 제출하는 것은, 자신의 범행에 대한 방어권 행사의 범위를 벗어난 것으로 볼 수 없다. 이러한 행위가 다른 **공범을 도피하게** 하는 결과가 되더라도 범인도피죄로 처벌할 수 없다. 이때 공범이 이러한 행위를 교사하였더라도 범죄가 될 수 없는 행위를 교사한 것에 불과하여 범인도피교사죄가 성립하지 않는다.[3]

3) 죄수와 친족 간 특례

① 하나의 행위가 부작위범인 직무유기죄와 작위범인 범인도피죄의 구성요건을 동시에 충족하는 경우, 공소제기권자는 재량으로 작위범인 범인도피죄로 공소를 제기하지 않고 **부작위범인 직무유기죄로** 공소를 제기할 수도 있다.[4]

② 경찰공무원이 지명수배 중인 범인을 발견하고도 직무상 의무에 따른 적절한 조치를 취하지 않고 오히려 범인을 도피하게 한 경우, 범인도피죄 외에 **직무유기죄가 따로** 성립하지는 않는다.[5]

③ 갑녀는 **사실혼관계에** 있는 을이 교통사고로 벌금 이상의 형에 해당하는 죄를 범한 자라는 것을 인식하면서도, 사건 당일 그 증거물인 사고차량을 치워 수리하도록 하는 한편, 을을 외국으로 도피하게 한 경우에는 범인도피죄, 증거인멸죄가 성립한다.[6] *사실혼관계는 친족간의 범행특례에 해당하지 않음.

1) 대판 2003. 2. 14. 2002도5374. 제9회.
2) 대판 1997. 9. 9. 97도1596. 제1회.
3) 대판 2018. 8. 1. 2015도20396. 제9회.
4) 대판 1999. 11. 26. 99도1904. 제1, 2회.
5) 대판 2017. 3. 15. 2015도1456.
6) 대판 2003. 12. 12. 2003도4533.

[169] 8. 위증과 증거인멸죄

(1) 위 증 죄 1

1) 단순위증죄

A. 선서한 증인

① **소송절차가 분리된** 공범인 공동피고인에 대해 증인적격을 인정하고 그 자신의 범죄사실에 대해 신문하더라도 피고인으로서 진술거부권 내지 자기부죄거부특권을 침해한다고 할 수 없다. 따라서 증인신문절차에서 증언거부권이 고지되었음에도 피고인이 자기의 범죄사실에 대해 **증언거부권을** 행사하지 않고 허위로 진술하였다면 위증죄가 성립한다.[1)]

② 공범인 **공동피고인은** 당해 소송절차에서는 피고인의 지위에 있으므로 다른 공동피고인에 대한 공소사실에 관해 증인이 될 수 없다. 그러나 소송절차가 분리되어 피고인의 지위에서 벗어나게 되면, 다른 공동피고인에 대한 공소사실에 관하여 증인이 될 수 있다.[2)]

③ 제3자가 **심문절차로** 진행되는 가처분신청사건에서 증인으로 출석하여 선서하고 진술하면서 허위의 공술을 하였더라도 그 선서는 법률상 근거가 없어 무효라고 할 것이므로 위증죄가 성립하지 않는다.[3)] *가처분사건의 변론사건이 아닌 심문절차의 경우에는 제3자의 증인선서에 관한 명문규정 없음.

④ **민사소송의 당사자는** 증인능력이 없으므로 증인으로 선서하고 증언하였더라도 위증죄 주체가 될 수 없다. 이러한 법리는 민사소송에서 당사자인 법인의 대표자 경우에도 마찬가지로 적용된다.[4)]

⑤ ***표준판례** 헌법 제12조 제2항에 정한 불이익진술의 강요금지원칙을 구체화한 자기부죄거부특권에 관한 것이거나, 기타 증언거부사유가 있음에도 증인이 **증언거부권을** 고지받지 못함으로 인하여 그 증언거부권을 행사하는 데 **사실상 장애가** 초래되었다고 볼 수 있는 경우, 위증죄 성립을 부정해야 한다.[5)]

⑥ **민사소송절차에** 증인으로 출석한 피고인이 재판장으로부터 증언거부권을 고지 받지 않은 상태에서 허위증언을 한 경우, 증인으로서 적법하게 선서를 마치고 허위진술을 하였으면 위증죄에 해당한다.[6)] *형사소송법과 달리 민사소송법에는 증언거부권 고지에 관한 규정이 없음.

⑦ 전 남편에 대한 음주운전사건의 증인으로 법정에 출석한 전처가 증언거부권을 고지받지 않은 채 공소사실을 부인하는 전 남편의 변명에 부합하는 내용을 **적극적으로** 허위 진술한 경우 위증죄가 성립한다.[7)] *진술내용을 종합적으로 판단할 때 증언거부권에 대한 실질적

---

1) 대판 2012. 10. 11. 2012도6848, 2012전도143.
2) 대판 2008. 6. 26. 2008도3300. 제7회.
3) 대판 2003. 7. 25. 2003도180.
4) 대판 1998. 3. 10. 97도1168.
5) 대판 2013. 5. 23. 2013도3284.
6) 대판 2011. 7. 28. 2009도14928. 제5회.
7) 대판 2010. 2. 25. 2007도6273. 제2회.

침해 없음. 증언거부권을 고지 받았더라도 상황은 동일.

⑧ 피고인이 마약류관리에 관한 법률 위반(향정)죄로 이미 유죄판결을 받아 확정된 후 별건으로 기소된 공범 갑에 대한 피고사건의 증인으로 출석하여 허위진술을 한 경우, 피고인에게는 **증언거부권이 없으므로** 증언에 앞서 증언거부권을 고지 받지 못하였더라도 증인신문 절차상 잘못이 없어서 위증죄가 성립한다.[1] *자기부죄거부특권에 해당되지 않음. 이미 확정판결을 받았기 때문에 자기에게 불리한 진술이 아님.

⑨ 자신의 강도상해 범행을 일관되게 부인하였으나 **유죄판결이 확정된** 피고인이 별건으로 기소된 공범의 형사사건에서 자신의 범행사실을 부인하는 증언을 한 경우 위증죄가 성립한다.[2] *증언거부권 없음, 자신의 범행을 시인하는 진술에 대한 기대가능성 있음(*법률근거도 없는 기대가능성 일반론을 끌어들인 문제점. 행위자 개인의 관점에서 보면 자신의 범행을 시인하는 진술에 대한 기대가능성 전혀 없음. 유죄확정 판결 자체를 절대가치로 두고 있음. 지나친 형식논리).

⑩ 사촌관계에 있는 갑의 도박 사실 여부에 관하여 **증언거부사유가 발생**하게 되었는데도, 재판장으로부터 **증언거부권을 고지 받지 못한 상태**에서 허위 진술을 하였더라도 위증죄는 성립하지 않는다.[3] *증언거부권의 불고지가 증언거부권의 행사에 장애를 초래함.

⑪ ***표준판례** 증인신문절차에서 법률에 규정된 증인보호규정이 지켜지지 않은 경우에는 원칙적으로 허위진술을 한 증인을 위증죄로 처벌할 수 없다. 그러나 당해 사건에서 증인 보호에 사실상 장애가 초래되었다고 볼 수 없는 경우까지 예외 없이 위증죄성립을 부정할 것은 아니다. 재판장이 신문 전에 **증언거부권을 고지하지** 않은 경우에도, 증인이 침묵하지 않고 진술한 것이 자신의 진정한 의사에 의한 것인지 여부를 기준으로 위증죄 성립여부를 판단한다. 그러므로 헌법 제12조 제2항에 정한 불이익 진술의 강요금지 원칙을 구체화한 **자기부죄거부특권에** 관한 것이거나, 기타 **증언거부사유가** 있음에도 증인이 증언거부권을 고지 받지 못함으로써 그 증언거부권을 행사하는 데 사실상 장애가 초래되었다고 볼 수 있는 경우에는 위증죄 성립을 부정해야 한다.[4]

B. **허위의 진술**

① **주관설**(***표준판례**) 위증죄는 법률에 따라서 선서한 증인이 사실에 관하여 **기억에 반하는 진술을** 한 때에 성립한다. 증인의 진술이 경험한 사실에 대한 법률적 평가이거나 단순한 의견에 지나지 않는 경우에는 허위공술이라고 할 수 없다. 경험한 객관적 사실에 대한 증인 나름의 법률적·주관적 평가나 의견을 부연한 부분에 다소의 오류나 모순이 있더라도 위증죄가 되는 것은 아니다.[5]

② 피고인 갑은 민사법정에서 증언을 하면서, 이 사건 임야를 관리하기 전에 을이 위

---

1) 대판 2011. 11. 24. 2011도11994.
2) 대판 2008. 10. 23. 2005도10101. 제1, 3, 6, 7, 8, 9회.
3) 대판 2010. 2. 25. 2009도13257. 제5, 7회.
4) 대판 2010. 1. 21. 2008도942 전원합의체.
5) 대판 2009. 3. 12. 2008도11007. 제2회.

임야의 소유자로서 이를 관리한 여부는 **모르는 일이었음에도** 불구하고, 피고측 변호사의 신문에 대해 "증인이 관리하기 전에도 을은 위 임야에 대해 사실상 소유자로서 관리하여 온 것이 틀림없다"는 취지로 **자기기억에** 반하는 답변을 하였다. 을이 위 임야의 사실상 소유자로서 관리한 여부와는 관계없이 피고인 갑은 위증죄 죄책을 면할 수 없다.1) *증언내용이 객관적 사실에 부합해도 위증죄 성립.

C. **고 의**

① 증인의 증언이 기억에 반하는 허위진술인지 여부는, 그 증언의 단편적인 구절에 구애될 것이 아니라 **증언 전체를 일체로** 파악하여 판단해야 한다. 증언의 전체적 취지가 객관적 사실과 일치되고, 그것이 기억에 반하는 공술이 아니라면 **사소한 부분이** 기억과 일치하지 않더라도 위증이 될 수 없다.2)

② 타인으로부터 전해들은 금품의 전달사실을 마치 **증인 자신이** 전달한 것처럼 진술한 것은, 증인의 기억에 반하는 허위진술이므로 위증죄에 해당한다.3)

③ 피고인으로부터 위증의 교사를 받은 갑이, 관련사건의 제1심 제9회 공판기일에 증인으로 출석하여 한 허위 진술이 철회 · 시정된 바 없이 증인신문절차가 종료되었다. 그 후 증인으로 다시 신청 · 채택된 갑이 위 관련사건의 제21회 공판기일에 다시 출석하여 종전 선서의 효력이 유지됨을 고지 받고 증언하면서, **종전 기일에** 한 허위진술을 철회하였다. 그럼에도 갑의 행위가 이미 위증죄 기수에 이른 것에는 영향이 없다.4)

④ 증인이 무엇인가 착오에 빠져 기억에 반한다는 인식 없이 증언하였음이 밝혀진 경우, 위증의 범의를 인정할 수 없다.5)

⑤ 증인이 법정에서 선서 후 증인진술서에 기재된 구체적 내용을 진술하지 않고, 단지 그 증인진술서에 **기재된 내용이 사실대로라는** 취지의 진술만을 하였다. 이 경우 증인이 그 증인진술서에 기재된 구체적 내용을 기억하여 반복 진술한 것으로 볼 수는 없으므로, 가사 거기에 기재된 내용에 허위가 있더라도, 그 부분을 법정에서 증언한 것으로 보아 위증죄로 처벌할 수는 없다.6)

D. **공범과 죄수**

① ***표준판례** 피고인이 자기 형사사건에 관해 허위진술을 하는 것은, 피고인의 형사소송 방어권을 인정하는 취지에서 처벌대상이 되지 않으나, 법률에 의해 선서한 증인이 타인의 형사사건에 관해 위증을 하면 위증죄가 성립한다. 따라서 **자기 형사사건에** 관해 **타인을 교사하여** 위증죄를 범하게 하는 것은 방어권의 남용에 해당되어 교사범의 죄책을 부담한다.7)

---

1) 대판 1989. 1. 17. 88도580. 제2회.
2) 대판 1996. 3. 12. 95도2864.
3) 대판 1990. 5. 8. 90도448.
4) 대판 2010. 9. 30. 2010도7525. 제8회.
5) 대판 1991. 5. 10. 89도1748.
6) 대판 2010. 5. 13. 2007도1397.
7) 대판 2004. 1. 27. 2003도5114. 제2, 6, 8, 9회.

② 행정소송사건의 같은 심급에서 변론기일을 달리하여 수차 증인으로 나가 수 개의 허위진술을 하더라도, **최초 한 선서의 효력**을 유지시킨 후 증언한 이상 1개의 위증죄를 구성함에 그친다.[1]

③ 하나의 사건에 관하여 한 번 선서한 증인이 **같은 기일에 여러 가지 사실**에 관하여 기억에 반하는 허위진술을 한 경우, 이는 하나의 범죄의사에 의하여 계속하여 허위진술을 한 것으로서 포괄하여 1개의 위증죄를 구성한다.[2]

2) 모해위증죄

*표준판례 형법 제152조 제1항과 제2항은 위증을 한 범인이 형사사건의 피고인 등을 '모해할 목적'을 가지고 있었는가에 따라서 범인에게 과할 형의 경중을 구별하고 있다. 이는 바로 형법 제33조 단서의 "신분관계로 인하여 형의 경중이 있는 경우"에 해당한다. 피고인이 갑을 모해할 목적으로 을에게 위증을 교사한 이상, 정범인 을에게 모해목적이 없었다고 하더라도, 형법 제33조 단서의 규정에 의해 피고인을 **모해위증교사죄로** 처벌할 수 있다. 형법 제31조 제1항은 협의의 공범의 일종인 교사범이 그 성립과 처벌에 있어서 정범에 종속한다는 일반적인 원칙을 선언한 것에 불과하고, 신분관계로 인하여 형의 경중이 있는 경우에 신분이 있는 자가 신분이 없는 자를 교사하여 죄를 범하게 한 때에는 형법 **제33조 단서가** 형법 제31조 제1항에 우선하여 적용됨으로써 **신분이 있는 교사범이** 신분이 없는 정범보다 중하게 처벌된다.[3]

3) 허위감정죄

*표준판례 허위감정죄는 고의범이므로, 비록 감정내용이 객관적 사실에 반하더라도 감정인의 **주관적 판단에** 반하지 않는 이상 허위인식이 없어 허위감정죄로 처벌할 수 없다. 감정인이 감정사항의 일부를 **타인에게 의뢰하여** 그 감정 결과를 감정인 명의로 법원에 제출한 경우, 그 타인은 감정인의 업무보조자에 불과하고, 감정의견은 감정인 자신의 의견과 판단을 나타내는 것이므로 감정인으로서는 그 감정 결과의 적정성을 당연히 확인하였다고 볼 것이다. 감정인이 동일한 감정명령사항에 대해 수차례에 걸쳐 허위 감정보고서를 제출하는 경우에는, 각 감정보고서 제출행위시마다 각기 허위감정죄가 성립하지만, 이는 단일한 범의 하에 한 것으로서 포괄하여 1개의 허위감정죄를 구성한다.[4]

2 ### (2) 증거인멸죄

① 증거은닉죄에 있어서 "타인의 형사사건 또는 징계사건"이라 함은 이미 수사가 개시되거나 징계절차가 개시된 사건만이 아니라, **수사 또는 징계절차 개시전이라도** 장차 형사사건 또는 징계사건이 될 수 있는 사건을 포함한다. 피고인이 위와 같이 교사하여 증거를 은닉

---

1) 대판 2007. 3. 15. 2006도9463.
2) 대판 1998. 4. 14. 97도3340. 제8회.
3) 대판 1994. 12. 23. 93도1002.
4) 대판 2000. 11. 28. 2000도1089.

케 할 당시, 아직 그 실화사건에 관한 수사나 징계절차가 개시되기 전이었다고 하여도 증거은닉죄의 교사범이 성립한다.1)

② 피고인 자신이 직접 형사처분이나 징계처분을 받게 될 것을 두려워한 나머지 자기의 이익을 위해 그 증거가 될 자료를 인멸하였다면, 그 행위가 동시에 **다른 공범자의 형사사건이나 징계사건**에 관한 증거를 인멸한 결과가 된다고 하더라도 이를 증거인멸죄로 다스릴 수 없다.2) *공범자가 아닌 자의 형사사건이나 징계사건도 마찬가지.

③ ***표준판례*** 자신의 형사사건에 관한 증거은닉을 위하여 타인에게 도움을 요청하는 행위 역시 원칙적으로 처벌되지 않는다. 다만 그것이 **방어권의 남용이라고** 볼 수 있을 때에는 증거은닉교사죄로 처벌할 수 있다.3)

④ 증거위조죄에서 타인의 형사사건은 증거위조 행위시에 아직 수사절차가 개시되기 전이라도 장차 형사사건이 될 수 있는 것까지 포함한다. 그 형사사건이 기소되지 아니하거나 **무죄가 선고되더라도** 증거위조죄의 성립에는 영향이 없다.4)

⑤ 증거인멸죄에서 타인의 형사사건에 관한 증거를 위조한다 함은 증거 자체를 위조함을 말하는 것이고, **참고인**이 수사기관에서 허위 진술을 하는 것은 이에 포함되지 않는다.5)

⑥ ***표준판례*** 참고인이 타인의 형사사건 등에 관해 **제3자와 대화를** 하면서 허위로 진술하고, 그 진술이 담긴 대화 내용을 녹음한 녹음파일 또는 이를 녹취한 녹취록을 만들어 수사기관 등에 제출하는 행위는 증거위조죄를 구성한다.6) *녹음은 허위증거를 새로 만드는 행위.

⑦ **참고인이** 타인의 형사사건 등에서 직접 진술 또는 증언하는 것을 대신하거나, 그 진술 등에 앞서서 허위의 사실확인서나 진술서를 작성하여 수사기관 등에 제출하거나 또는 제3자에게 교부하여 제3자가 이를 제출한 것은, 참고인이 수사기관에서 허위진술을 하는 것과 차이가 없으므로 증거위조죄를 구성하지 않는다.7)

⑧ 경찰서 방범과장이, 부하직원으로부터 오락실을 단속하여 압수한 증거물을 보고받고, 적절한 조치를 취하는 대신 이를 오락실 업주에게 돌려주게 한 것은 **작위범인 증거인멸죄만** 성립하고 부작위범인 직무유기죄는 별도로 성립하지 않는다.8)

⑨ 자기의 형사 사건에 관한 증거를 인멸하기 위해 타인을 교사하여 죄를 범하게 한 자에 대하여는 **증거인멸교사죄가** 성립한다.9)

⑩ 증거위조죄에서 '위조'는 새로운 증거의 창조를 의미하므로 존재하지 않는 증거를 이전부터 존재하고 있는 것처럼 작출하는 행위도 증거위조에 해당한다. 증거가 문서의 형식

---

1) 대판 1982. 4. 27. 82도274.
2) 대판 2013. 11. 28. 2011도5329. 제4, 8회.
3) 대판 2016. 7. 29. 2016도5596.
4) 대판 2011. 2. 10. 2010도15986.
5) 대판 1995. 4. 7. 94도3412.
6) 대판 2013. 12. 26. 2013도8085, 2013전도165. 제4회.
7) 대판 2015. 10. 29. 2015도9010. 제3회.
8) 대판 2006. 10. 19. 2005도3909 전원합의체. 제4, 7회.
9) 대판 2000. 3. 24. 99도5275. 제4회.

을 갖는 경우 증거위조죄에 있어서의 증거에 해당하는지 여부가 그 **작성권한의 유무나 내용의 진실성에** 좌우되는 것은 아니다.[1]

⑪ 노동조합 지부장인 피고인 갑이 업무상 횡령 혐의로 조합원들로부터 고발을 당하자, 피고인 을과 공동하여 조합 회계서류를 무단 폐기한 후, 폐기에 정당한 근거가 있는 것처럼 피고인 을로 하여금 조합 **회의록을 조작하여** 수사기관에 제출하도록 교사하였다. 피교사자인 피고인 을이 증거변조죄 및 변조증거사용죄로 처벌되지 않은 이상, 피고인 갑에 대해 공범인 교사범은 물론 그 간접정범도 성립하지 않는다.[2] *회의록의 변조 · 사용은 문서손괴죄 형사사건에 관한 증거의 변조 · 사용.

⑫ *표준판례 증거인멸죄에서 범인 자신이 한 증거인멸행위는 형사소송에서 피고인에게 방어권을 인정하는 취지와 상충하므로 처벌대상이 되지 않는다. 그러나 타인이 타인의 형사사건에 관한 증거를 그 이익을 위해 인멸하는 행위를 하면 증거인멸죄가 성립한다. 그러므로 **자기 형사사건에** 관한 증거를 인멸하기 위해 타인을 교사하여 죄를 범하게 한 자에 대해서도 교사범의 죄책을 부담시키는 것이 상당하다.[3]

⑬ *표준판례 피고인 자신이 직접 형사처분이나 징계처분을 받게 될 것을 두려워한 나머지 자기이익을 위해 그 증거가 될 자료를 인멸하였다면, 그 행위가 동시에 **다른 공범자의 형사사건이나** 징계사건에 관한 증거를 인멸한 결과가 되더라도 증거인멸죄로 다스릴 수 없다. 이 법리는 그 행위가 피고인의 공범자가 아닌 자의 형사사건이나 징계사건에 관한 증거를 인멸한 결과가 되는 경우에도 마찬가지이다.[4]

[170] 9. 무 고 죄

1 ### (1) 무고죄 성립

① 비록 외관상으로는 타인 명의의 고소장을 대리하여 작성하고 제출하는 형식으로 고소가 이루어진 경우라 하더라도, 그 명의자는 고소 의사 없이 이름만 빌려준 것에 불과하고, **명의자를 대리한 자**가 실제 고소 의사를 가지고 고소행위를 주도한 경우라면, 그 명의자를 대리한 자를 무고죄의 주체로 인정해야 한다.[5]

② 피고인 갑은 도박현장에서 을에게 도박자금으로 120만 원을 빌려주었다가 이를 돌려받지 못하게 되자, 위 금원을 **도박자금으로** 빌려주었다는 사실을 감추고 단순한 대여금인 것처럼 하여 을을 고소하였다. 갑의 행위는 무고죄에 해당된다.[6] *범죄사실의 성립여부에 직접 영향을 줄 정도가 관건, 경찰서 고소보충진술에서 단순한 대여금용도 묵비차원을 넘어 사건경과에 대해 완전히 해로운 시나리오를 쓴 것은 수사기관의 형사처분에 직접 영향을 미침.

1) 대판 2007. 6. 28. 2002도3600. 제4회.
2) 대판 2011. 7. 14. 2009도13151. 제6회.
3) 대판 1965. 12. 10. 65도826 전원합의체.
4) 대판 1995. 9. 29. 94도2608.
5) 대판 2007. 3. 30. 2006도6017.
6) 대판 2004. 1. 16. 2003도7178. 제4회.

③ 피고인 자신이 **상대방의 범행에 공범으로 가담**하였음에도 자신의 가담사실을 숨기고 **상대방만을 고소한 경우**, 피고인의 고소내용이 상대방의 범행 부분에 관한 한 진실에 부합하므로 이를 허위사실로 볼 수 없다. 상대방의 범행에 피고인이 공범으로 가담한 사실을 숨겼더라도 전체적으로 상대방의 범죄사실의 성립 여부에 직접 영향을 줄 정도는 아니므로 무고죄가 성립하지 않는다.[1]

④ 1통의 고소, 고발장에 의해 수개의 혐의사실을 들어 무고로 고소, 고발한 경우 그중 일부사실은 진실이나 다른 사실이 허위인 때에는, 그 **허위사실부분만이 독립**하여 무고죄를 구성한다. 위증으로 고소, 고발한 사실 중 위증한 당해사건의 요증사항이 아니고, **재판결과에 영향을 미친 바 없는** 사실만이 허위로 인정되더라도 무고죄 성립에는 영향이 없다.[2]

⑤ 무고죄에서 형사처분 또는 징계처분을 받게 할 목적은 허위신고를 하면서 다른 사람이 그로 인해 형사 또는 징계처분을 받게 될 것이라는 인식이 있으면 족하고, 그 **결과발생을 희망하는 것까지** 요하는 것은 아니다. 따라서 고소인이 고소장을 수사기관에 제출한 이상 그러한 인식은 있었다고 보아야 한다.[3]

⑥ ***표준판례** 무고죄에서 형사처분을 받게 할 목적은, 허위신고를 하여 다른 사람이 형사처분을 받게 될 것이라는 인식이 있으면 족하고, 그 결과발생을 희망할 필요는 없다. 무고죄의 범의는 반드시 확정적 고의임을 요하지 않으므로 신고자가 **진실하다는 확신 없는** 사실을 신고하면 무고죄는 성립하고, 그 신고사실이 허위라는 것을 확신할 것까지는 없다.[4] ***국세청장에게** 탈세혐의사실에 관한 허위 진정서를 제출하였다면 무고죄가 성립함. 국세청장은 조세범칙행위에 대해 벌금 상당액의 통고처분을 하거나 검찰에 고발할 수 있는 권한이 있음.

(2) 무고죄 불성립 2

① 피고인 갑이 을에게 교부한 금원은 차용금 명목이 아니라, 을이 그 금원을 이용하여 도박에 참가하여 도박에서 이긴 경우 수익금을 반으로 나누는 조건으로 지원해 준 **도박자금이었음**에도 불구하고, 을로 하여금 형사처분을 받게 할 목적으로, 을이 변제할 의사 없이 고소인 갑으로부터 차용금 명목으로 금원을 교부받아 이를 편취하였다고 허위사실을 신고한 경우, 무고죄를 구성하지 않는다.[5] *범죄사실의 성부에 영향을 줄 정도의 **중요한 부분을** 허위로 신고하였다고 할 수 없음.

② 피고인이 갑으로부터 강간을 당한 것이 사실인 이상, 이를 고소하면서 강간으로 입은 것이 아닌 상해사실을 포함시켰다 하더라도, 이는 고소내용의 **정황을 과장한** 것에 지나지 아니하여 따로 무고죄를 구성하지 않는다.[6]

---

1) 대판 2010. 2. 25. 2009도1302. 제4회.
2) 대판 1989. 9. 26. 88도1533. 제2, 4회.
3) 대판 2006. 8. 25. 2006도3631. 제2회.
4) 대판 1991. 12. 13. 91도2127.
5) 대판 2004. 12. 9. 2004도2212.
6) 대판 1983. 1. 18. 82도2170.

③ 신고자가 그 신고내용을 허위로 믿었다 하더라도, 그것이 **객관적으로 진실한** 사실에 부합할 때에는 허위사실의 신고에 해당하지 않아 무고죄가 성립하지 않는다.[1]

④ 피고인 자신이 상대방의 범행에 **공범으로 가담하였음에도** 자신의 가담사실을 숨기고 상대방만을 고소한 경우, 피고인의 고소내용이 상대방의 범행 부분에 관한 한 진실에 부합하고 허위의 사실로 볼 수 없으므로 무고죄가 성립하지 않는다.[2] *상대방의 범죄사실 성립여부에 직접 영향을 줄 정도는 아님.

⑤ 무고죄에서 신고한 사실이 허위사실이라는 점에 관하여는 **적극적 증명이** 있어야 한다. 신고사실의 **진실성을 인정할 수 없다**는 점만으로 곧 그 신고사실이 객관적 진실에 반하는 허위사실이라고 단정할 수 없다.[3]

⑥ ***표준판례*** 성폭행 등의 피해를 입었다는 신고사실에 관하여 불기소처분 내지 무죄판결이 내려졌다고 하여, 그 자체를 **무고를 하였다는** 적극적 근거로 삼아 신고내용을 허위라고 단정해서는 안 된다. **진정한 피해자라면** 마땅히 이렇게 하였을 것이라는 기준을 내세워 성폭행 등의 피해를 입었다는 점 및 신고에 이르게 된 경위 등에 관한 변소를 쉽게 배척해서는 안 된다.[4] *피해자가 처했던 특별한 사정을 충분히 고려해야 함.

⑦ 타인으로 하여금 형사처분을 받게 할 목적으로 공무소에 허위사실을 신고하였으나, 그 사실이 친고죄로서 그에 대한 **고소기간이 경과하여** 공소를 제기할 수 없음이 그 신고내용 자체에 의해 분명하였다. 이 경우에는 위 신고행위가 당해 국가기관의 직무를 그르치게 할 위험이 없으므로 무고죄가 성립하지 않는다.[5]

⑧ 타인으로 하여금 형사처분을 받게 할 목적으로 공무소에 허위사실을 신고하였는데, 신고된 범죄사실에 대한 **공소시효가 완성되었음이** 신고 내용 자체에 의해 분명하였다. 이 경우에는 형사처분의 대상이 되지 않으므로 무고죄가 성립하지 않는다.[6]

3 ### (3) 고의, 죄수 등

① 무고죄에서 허위사실 적시의 정도는, 수사관서 또는 감독관서에 대해 수사권 또는 징계권의 발동을 촉구하는 정도의 것이면 충분하고, 반드시 범죄구성요건 사실이나 징계요건 사실을 **구체적으로 명시해야** 하는 것은 아니다.[7]

② 객관적으로 고소사실에 대한 공소시효가 완성되었더라도, 고소를 제기하면서 마치 공소시효가 **완성되지 아니한** 것처럼 고소한 경우에는, 국가기관의 직무를 그르칠 염려가 있으므로 무고죄를 구성한다.[8]

---

1) 대판 1991. 10. 11. 91도1950.
2) 대판 2008. 8. 21. 2008도3754.
3) 대판 2014. 2. 13. 2011도15767. 제10회.
4) 대판 2019. 7. 11. 2018도2614.
5) 대판 1998. 4. 14. 98도150. 제9, 10회.
6) 대판 1994. 2. 8. 93도3445. 제9회.
7) 대판 2014. 12. 24. 2012도4531.
8) 대판 1995. 12. 5. 95도1908. 제4회.

③ 허위로 신고한 사실이 무고행위 당시 형사처분 대상이 될 수 있었던 경우에 무고죄는 기수에 이르고, 이후 그러한 사실이 형사범죄가 되지 않는 것으로 **판례가 변경되었더라도** 이미 성립한 무고죄에는 영향을 미치지 않는다.1)

④ 피고인이 최초에 작성한 허위내용의 고소장을 경찰관에게 제출하였을 때 이미 허위사실의 신고가 수사기관에 도달하여 무고죄는 기수에 이른 것이다. 그 후에 그 **고소장을 되돌려** 받았더라도 무고죄 성립에는 영향이 없다.2)

⑤ 무고죄의 신고는 자발적인 것이어야 하고 수사기관 등의 추문推問, 즉 수사기관 등이 추궁하여 캐어묻거나 진술을 이끌어내는 과정에서 허위진술을 하는 것은 무고죄를 구성하지 않는다. 그러나 당초 고소장에 기재하지 않은 사실을 수사기관에서 고소보충조서를 받을 때 **자발적으로 진술**하였다면, 이 진술 부분까지 신고한 것으로 보아야 한다.3)

⑥ *표준판례 무고죄에서 허위사실의 신고는, 신고사실이 객관적 사실에 반한다는 것을 확정적이거나 미필적으로 인식하고 신고하는 것을 말한다. 설령 고소사실이 객관적 사실에 반하는 허위의 것이라 할지라도, 그 **허위성에 대한 인식이** 없을 때에는 무고에 대한 고의가 인정되지 않는다. 고소내용이 터무니없는 허위사실이 아니고 사실에 기초하여 그 정황을 다소 과장한 데 지나지 않은 경우에는 무고죄가 성립하지 않는다.4)

⑦ 무고죄에서 형사처분 또는 징계처분을 받게 할 목적은, 허위신고를 하면서 다른 사람이 형사 또는 징계처분을 받게 될 것이라는 인식이 있으면 족하고 그 **결과발생을 희망**하는 것까지 요하는 것은 아니다. 따라서 고소인이 고소장을 수사기관에 제출한 이상 그러한 인식은 있었다고 보아야 한다.5)

⑧ 스스로 본인을 무고하는 자기무고는 무고죄의 구성요건에 해당하지 않는다. 그러나 **피무고자의 교사 · 방조 하에** 제3자가 피무고자에 대한 허위사실을 신고하면 제3자의 행위는 무고죄에 해당한다. 따라서 제3자를 교사 · 방조한 피무고자도 교사 · 방조범의 죄책을 부담한다.6)

⑨ 피고인이 변호사인 피해자로 하여금 징계처분을 받게 할 목적으로, 서울지방변호사회 회장에게 **허위내용 진정서를** 제출한 경우는 무고죄에 해당된다.7)

⑩ *표준판례 **피무고자의 승낙을** 받아 허위사실을 기재한 고소장을 제출하였다면, 피무고자에 대한 형사처분이라는 결과발생을 의욕한 것은 아니라 하더라도 적어도 그러한 결과발생에 대한 미필적인 인식은 있었던 것으로 보아야 한다.8)

---

1) 대판 2017. 5. 30. 2015도15398. 제9, 10회.
2) 대판 1985. 2. 8. 84도2215. 제4회.
3) 대판 2014. 2. 21. 2013도4429.
4) 대판 2003. 1. 24. 2002도5939.
5) 대판 2014. 3. 13. 2012도2468.
6) 대판 2008. 10. 23. 2008도4852. 제4, 6, 9회.
7) 대판 2010. 11. 25. 2010도10202.
8) 대판 2005. 9. 30. 2005도2712. 제3회.

⑪ 자기 자신을 무고하기로 **제3자와 공모하고** 이에 따라 무고행위에 가담하였더라도, 이는 자기 자신에게는 무고죄 구성요건에 해당하지 않아 범죄가 성립할 수 없는 행위를 실현하고자 한 것이므로, 무고죄의 공동정범으로 처벌할 수 없다.[1]

⑫ ***표준판례** 피고인이 **사립대학교 교수인** 피해자들로 하여금 징계처분을 받게 할 목적으로 법정부 국민포털인 국민신문고에 민원을 제기한 경우, 피해자들은 사립학교 교원이므로 피고인의 행위는 무고죄에 해당하지 않는다.[2] *무고죄의 '징계처분'은 공법상의 감독관계에서 나오는 신분적 제재. 사립학교 교원은 사법적私法的 법률관계의 적용대상.

⑬ ***표준판례** 무고죄의 자백 · 자수의 특례(제157조)에서 '재판이 확정되기 전'의 요건에는, 피고인의 고소사건 수사결과 피고인의 무고 혐의가 밝혀져 피고인에 대한 공소가 제기되고, 피고소인에 대해서는 **불기소결정이** 내려져 재판절차가 개시되지 않은 경우도 포함된다.[3] *자백에 따른 형의 필요적 감면조치를 해야 함.

1) 대판 2017. 4. 26. 2013도12592. 제9회.
2) 대판 2014. 7. 24. 2014도6377. 제10회.
3) 대판 2018. 8. 1. 2018도7293. 제10회.

판례색인

사항색인

[ㅇ]

[ㅈ]

고려대학교 법과대학 졸업
독일 Frankfurt a. M. 대학 법학박사(Dr. jur.)
고려대학교 법학전문대학원 명예교수

Der Grundsatz der Verhältnismaßigkeit im Maßregelrecht des StGB(1985)
형법총론(제15판, 2021)
형법각론(제12판, 2021)
형사소송법(공저, 제2판, 2020)
형사정책(공저, 2019)

2022년판 **형법기본판례**

2021년 6월 10일 제 1 판 인쇄
2021년 6월 20일 제 1 판 발행

저 자 배 종 대
발행인 임 권 규
발행처 **홍 문 사**

05855 서울시 송파구 송파대로 167 테라타워 B동 802호
등록 1993. 6. 24. 제1-1543호
TEL. 712-5311(代) FAX. 716-5311

값 29,000원

ISBN 978-89-7770-703-0 93360